대학장구상설(大學章句詳說)

이 저서는 2017년 대한민국 교육부와 한국연구재단의 지원을 받아 수행된 연구임
(NRF-2017S1A5B4056044)

호산 박문호의 칠서주상설 18

대학장구상설(大學章句詳說)

책임역주(주저자): 신창호
전임역주: 김학목·윤원현·조기영
공동역주: 김언종·임헌규·허동현

일러두기

1. 본서는 1921년 풍림정사(楓林精舍)에서 간행된 박문호의 『칠서주상설(七書註詳說)』(한국학중앙연구원 장서각 소장)을 저본으로 하였다. 아울러 아세아문화사(亞細亞文化社)에서 간행한 『호산전서(壺山全書)』(1~8, 1987~1990)를 참고하였고, <호산 박문호의 『칠서주상설』 연구번역총서>의 번호 순서는 『호산전서』(제4~5책)의 목차에 따랐다.

2. 원전(原典)은 직역(直譯)을 원칙으로 하되, 필요한 경우에는 현대적 의미를 고려하여 의역(意譯)하며 풀이하였다. 원문은 번역문과 함께 제시하되, 원문을 앞에 번역문을 뒤에 배치하였다.

3. 역주(譯註)의 경우 각주(脚註)로 처리하고, 간단한 용어나 개념 설명은 본문에서 그대로 병기하여 노출하였다(예: 잡기(雜記: 잡다하게 기록함)). 주석은 인용 출처 및 근거를 찾아 제시하고, 관련 자료의 원문 또는 번역문을 수록하였다. 내용이 중복되는 부분일지라도 편장이 달라질 경우에는 다시 수록하여 연구 토대 자료로서의 편리성을 도모하였다.

4. 원전의 원문은 칠서의 '경문(經文)', 주자의 주석인 '주주(朱註)', 박문호의 주석인 '상설(詳說)'로 구분하되, '경문-주주-상설'순으로 글자의 모양과 크기를 달리 하였다. 경문의 경우, 별도로 경문이라는 표시 없이 편장별로 번호를 붙였다(예: 『논어』「선진」 1장 첫 구절은 「선진」이 『논어』의 제11편이므로 [11-1-1]로 표시; 나머지 경전도 편-장-절의 순서에 따라 번호를 매김).

5. 경전의 맨 앞부분에 '별도의 권(卷)으로 나누어져 있지 않는 부분'은 편의상 <권0>으로 표기하여 구분하였다.

6. 박문호의 주석인 '상설(詳說)'은 모든 구절에 ○를 붙여 의미를 분명하게 하였다.

7. 원문의 표점 작업은 연구번역 저본과 참고로 활용한 판본을 대조하여 정돈하였다. 『칠서주상설』 편제의 특성상, 혼란의 소지가 있는 부분은 번역에서 원전을 다시 제시하였다. 필요한 경우에는 원문이나 각주에서 경전(經傳;『 』)이나 편명(篇名;「 」), 구두(句讀); , ; .) 인용문(따옴표; " " ; ' ') 강조점(따옴표; ' ') 등을 구분하여 표시하였다.

8. 원전의 특성상, 경문의 바로 아래에 제시되어 있는 음운(音韻)이나 음가(音價)는 호산이 주자의 주석을 재인용한 것이 대부분이므로 상설(詳說)로 되어 있더라도 주주(朱註)로 처리하였다.

9. 원문이나 역주 가운데, 인명이나 개념어는 기본적으로 한글과 한문을 병기하되, 상황에 맞추어서 정돈하였다(예: 주자(朱子)의 경우, 때로는 주희(朱熹)로 표기하고, 개념어는 원문을 그대로 노출하기도 하고 풀이하기도 하였는데, 도(道)의 경우, 도리(道理), 이치(理致), 방법(方法) 등으로 해석함).

차례

일러두기 / 4

대학장구서상설 / 11

경1장(經一章)

[經1-1] 大學之道, 在明明德, 在親民, 在止於至善. / 71

[經1-2] 知止而后有定, 定而后能靜, 靜而后能安, 安而后能慮, 慮而后能得. / 93

[經1-3] 物有本末, 事有終始, 知所先後, 則近道矣. / 100

[經1-4] 古之欲明明德於天下者, 先治其國; 欲治其國者, 先齊其家; 欲齊其家者, 先修其身; 欲修其身者, 先正其心; 欲正其心者, 先誠其意; 欲誠其意者, 先致其知; 致知在格物. / 104

[經1-5] 物格而后知至, 知至而后意誠, 意誠而后心正, 心正而后身修, 身修而后家齊, 家齊而后國治, 國治而后天下平. / 119

[經1-6] 自天子以至於庶人, 壹是皆以修身爲本. / 126

[經1-7] 其本亂而末治者否矣. 其所厚者薄, 而其所薄者厚, 未之有也. / 128

전1장(「傳」之首章)

[傳1-1] 「康誥」曰: "克明德". / 136

[傳1-2] 「大甲」曰: "顧諟天之明命." / 138

[傳1-3] 「帝典」曰: "克明峻德." / 142

[傳1-4] 皆自明也. / 143

전2장(「傳」之二章)

[傳2-1] 湯之「盤銘」曰: "苟日新, 日日新, 又日新." / 147

[傳2-2] 「康誥」曰: "作新民." / 153

[傳2-3] 詩 曰: "周雖舊邦, 其命維新." / 155

[傳2-4] 是故, 君子, 無所不用其極./ 156

전3장(「傳」之三章)

[傳3-1] 詩 云：＂邦畿千里, 惟民所止.＂/ 160

[傳3-2] 詩 云：＂緡蠻黃鳥! 止于丘隅.＂ 子曰：＂於止, 知其所止, 可以人而不如鳥乎?＂/ 161

[傳3-3] 詩 云：＂穆穆文王! 於緝熙敬止.＂ 爲人君, 止於仁; 爲人臣, 止於敬; 爲人子, 止於孝; 爲人父, 止於慈; 與國人交, 止於信./ 164

[傳3-4] 詩 云：＂瞻彼淇澳, 菉竹猗猗. 有斐君子! 如切如磋, 如琢如磨. 瑟兮僩兮, 赫兮喧兮, 有斐君子! 終不可諼兮.＂ ＇如切如磋＇者, 道學也; ＇如琢如磨＇者, 自修也. ＇瑟兮僩兮＇者, 恂慄也; ＇赫兮喧兮＇者, 威儀也; ＇有斐君子! 終不可諼兮＇者, 道盛德至善, 民之不能忘也./ 168

[傳3-5] 詩 云：＂於戲! 前王不忘.＂ 君子, 賢其賢而親其親; 小人, 樂其樂而利其利, 此以没世不忘也./ 179

전4장(「傳」之四章)

[傳4-1] 子曰：＂聽訟, 吾猶人也, 必也使無訟乎.＂ 無情者, 不得盡其辭, 大畏民志, 此謂知本./ 187

[傳4-2] 此謂＇知本＇./ 195

전5장(「傳」之五章)

[傳5-1] 此謂＇知之至＇也./ 196

전6장(「傳」之六章)

[傳6-1] 所謂＇誠其意＇者, 毋自欺也, 如惡惡臭, 如好好色, 此之謂＇自謙＇. 故君子必愼其獨也./ 210

[傳6-2] 小人閒居, 爲不善, 無所不至, 見君子而后, 厭然揜其不善, 而著其善, 人之視己, 如見其肺肝然, 則何益矣? 此謂＇誠於中, 形於外.＇ 故君子, 必愼其獨也./ 225

[傳6-3] 曾子曰：＂十目所視, 十手所指, 其嚴乎.＂/ 231

[傳6-4] 富潤屋, 德潤身, 心廣體胖. 故君子, 必誠其意./ 234

전7장(「傳」之七章)

[傳7-1] 所謂'修身, 在正其心'者, 身有所忿懥, 則不得其正; 有所恐懼, 則不得其正; 有所好樂, 則不得其正; 有所憂患, 則不得其正./ 244

[傳7-2] 心不在焉, 視而不見, 聽而不聞, 食而不知其味./ 253

[傳7-3] 此謂'修身, 在正其心'./ 258

전8장(「傳」之八章)

[傳8-1] 所謂齊其家, 在修其身者, 人之其所親愛而辟焉, 之其所賤惡而辟焉, 之其所畏敬而辟焉, 之其所哀矜而辟焉, 之其所敖惰而辟焉. 故好而知其惡, 惡而知其美者, 天下鮮矣./ 263

[傳8-2] 故諺有之曰: 人莫知其子之惡, 莫知其苗之碩./ 269

[傳8-3] 此謂身不修, 不可以齊其家./ 272

전9장(「傳」之九章)

[傳9-1] 所謂治國, 必先齊其家者, 其家不可敎, 而能敎人者, 無之. 故君子不出家, 而成敎於國. 孝者, 所以事君也, 弟者, 所以事長也, 慈者, 所以使衆也./ 274

[傳9-2] 「康誥」曰:"如保赤子", 心誠求之, 雖不中不遠矣. 未有學養 子而后嫁者也./ 279

[傳9-3] 一家仁, 一國興仁, 一家讓, 一國興讓, 一人貪戾, 一國作亂, 其機如此. 此謂一言僨事, 一人定國./ 284

[傳9-4] 堯舜帥天下以仁, 而民從之, 桀紂帥天下以暴, 而民從之, 其所令反其所好, 而民不從. 是故君子有諸己而後求諸人, 無諸己而後非諸人. 所藏乎身不恕, 而能喻諸人者, 未之有也./ 289

[傳9-5] 故治國在齊其家./ 294

[傳9-6] 詩 云: "桃之夭夭, 其葉蓁蓁. 之子于歸, 宜其家人." 宜其家人, 而后可以敎國人./ 295

[傳9-7] 詩 云: "宜兄宜弟." 宜兄宜弟, 而后可以敎國人./ 297

[傳9-8] 詩 云: "其儀不忒, 正是四國." 其爲父子兄弟足法, 而后民法之也./ 298

[傳9-9] 此謂治國在齊其家./ 300

전10장(「傳」之十章)

[傳10-1] 所謂平天下在治其國者, 上老老而民興孝, 上長長而民興弟, 上恤孤而民不倍, 是以君子有絜矩之道也./ 306

[傳10-2] 所惡於上, 毋以使下, 所惡於下, 毋以事上. 所惡於前, 毋以先後, 所惡於後, 毋以從前. 所惡於右, 毋以交於左, 所惡於左, 毋以交於右. 此之謂絜矩之道./ 318

[傳10-3] 詩 云: "樂只君子, 民之父母." 民之所好好之, 民之所惡惡之, 此之謂民之父母./ 327

[傳10-4] 詩 云 : "節彼南山, 維石巖巖. 赫赫師尹, 民具爾瞻." 有國者不可以不愼, 辟則爲天下僇矣./ 329

[傳10-5] 詩 云 : "殷之未喪師, 克配上帝, 儀監于殷. 峻命不易." 道得衆則得國, 失衆則失國./ 331

[傳10-6] 是故, 君子先愼乎德. 有德此有人, 有人此有土, 有土此有財, 有財此有用./ 336

[傳10-7] 德者, 本也, 財者, 末也./ 338

[傳10-8] 外本內末, 爭民施奪./ 339

[傳10-9] 是故財聚則民散, 財散則民聚./ 341

[傳10-10] 是故言悖而出者, 亦悖而入, 貨悖而入者, 亦悖而出./ 342

[傳10-11] 「康誥」曰 : "惟命不于常." 道善則得之, 不善則失之矣./ 343

[傳10-12] 楚書 曰 : "楚國無以爲寶, 惟善以爲寶."/ 345

[傳10-13] 舅犯曰 : "亡人無以爲寶, 仁親以爲寶."/ 347

[傳10-14] 「秦誓」曰 : "若有一个臣, 斷斷兮無他技, 其心休休焉, 其如有容焉. 人之有技, 若己有之, 人之彥聖, 其心好之, 不啻若自其口出, 寔能容之, 以能保我子孫黎民, 尙亦有利哉. 人之有技, 媢疾以惡之, 人之彥聖, 而違之俾不通, 寔不能容, 以不能保我子孫黎民, 亦曰殆哉."/ 350

[傳10-15] 唯仁人放流之, 迸諸四夷, 不與同中國. 此謂唯仁人爲能愛人, 能惡人./ 355

[傳10-16] 見賢而不能擧, 擧而不能先, 命也, 見不善而不能退, 退而不能遠, 過也./ 357

[傳10-17] 好人之所惡, 惡人之所好, 是謂拂人之性, 菑必逮夫身./ 360

[傳10-18] 是故君子有大道, 必忠信以得之, 驕泰以失之./ 363

[傳10-19] 生財有大道, 生之者衆, 食之者寡, 爲之者疾, 用之者舒, 則財恒足矣./ 368

[傳10-20] 仁者以財發身, 不仁者以身發財./ 371

[傳10-21] 未有上好仁, 而下不好義者也, 未有好義其事不終者也, 未有府庫財, 非其財者也./ 373

[傳10-22] 孟獻子曰："畜馬乘不察於鷄豚, 伐冰之家不畜牛羊, 百乘之家不畜聚斂之臣, 與其有聚斂之臣, 寧有盜臣." 此謂國不以利爲利, 以義爲利也./ 375

[傳10-23] 長國家而務財用者, 必自小人矣. 彼爲善之, 小人之使爲國家, 菑害竝至, 雖有善者, 亦無如之何矣. 此謂國不以利爲利, 以義爲利也./ 380

권0
대학장구상설
大學章句詳說

대학장구서상설(大學章句序詳說)

詳說

○ 尤菴曰 : "『庸』·『學』在『禮記』中只是一篇文字, 朱先生旣分章, 又析句, 仍著註說於其下, 謂之'章句'."1)

우암(尤菴 : 宋時烈)이 말하였다. "『중용(中庸)』과 『대학(大學)』은 『예기』 가운데 한 편의 글일 뿐이기 때문에, 주 선생(朱先生 : 朱熹)은 장(章)을 나누고 또 구(句)를 가른 뒤에 이어서 그 아래에 주석을 붙여 '장구(章句)'라고 하였다."

○ 按 : '章句', 『庸』·『學』之註名, 與『論』·『孟』註之名'集註'者同. 蓋就此一篇分其章, 析其句, 著註於其間, 而仍以'章句'名其註.

내가 생각하건대, '장구(章句)'는 『중용(中庸)』과 『대학(大學)』의 주석에 대한 명칭이니 『논어(論語)』와 『맹자(孟子)』의 주석에 대해 '집주(集註)'라고 이름 붙인 것과 같다. 대개 이 편(篇)에 대해 장(章)을 나누고 구(句)를 가르고서, 그 사이에 주석을 붙이고 이어 '장구(章句)'로써 그 주석의 이름으로 하였다.

○ 析句卽定句絕也.

구(句)를 가르는 일은 곧 문장이 끊어지는 곳을 확정한 것이다.

○ 名註以'章句', 前乎朱子已有王逸『楚辭章句』云.

주석을 '장구(章句)'라고 이름 붙인 것은 주자 이전에 이미 왕일(王逸)2)의 『초사장구(楚辭章句)』가 있었다고 한다.

朱註

『大學』之書, 古之大學所以敎人之法也.

『대학(大學)』이라는 책은 옛날 태학(太學)에서 사람들을 가르치던 규범이었다.

---

1) 송시열(宋時烈), 『송자대전(宋子大全)』 권105, 「답심명중(答沈明仲)」에는 "『庸』·『學』在『禮記』中只是一片文字, 故朱先生旣分章又析句而謂之'章句'. 仍着註說於其下矣. 『論』·『孟』亦有'章句'字.(『중용(中庸)』과 『대학(大學)』은 『예기』 가운데 한 편의 글일 뿐이기 때문에 주 선생(朱先生 : 朱熹)이 장(章)을 나누고 구(句)를 가른 뒤에 '장구(章句)'라고 이름 붙였다. 이어서 그 아래에 주석을 붙였다. 『논어(論語)』와 『맹자(孟子)』에도 또한 '장구(章句)'라는 글자가 있다.)"라고 되어 있다.

2) 왕일(王逸, 89?~158) : 자는 숙사(叔師)이고, 동한(東漢)시대 남군 의성(南郡宜城 : 현 호북성 양양<襄陽> 의성현) 사람이다. 안제(安帝) 원초(元初) 연간에 교서랑(校書郎)이 되었고, 순제(順帝) 때 시중(侍中)에 발탁되었으며 환제(桓帝) 때는 예주자사(豫州刺史), 예장태수(豫章太守) 등을 역임하였다. 저서에 부(賦), 뇌(誄), 서(書), 논(論) 등 모두 21편의 문장과 한시(漢詩) 123수를 지었지만 대부분 없어졌고, 굴원을 애도한 『구사(九思)』가 현존한다. 명나라 사람이 편집한 『왕숙사집(王叔師集)』이 있다. 특히 그의 『초사장구(楚辭章句)』는 가장 완정한 최초의 『초사』 주석본으로 후세 『초사』 연구에서 중시되고 있다.

|詳說|

○ 此以書名言也. 下文云'此篇', 云'其書'者, 皆是也.
'『대학(大學)』'지서『大學』之書'라고 한 것은 책 이름으로 말하였다. 아래 글에서 '이 편'이라 하고 '그 책'이라고 한 것은 모두 이것이다.

○ 此以學宮言也. 下文'皆入大學' 及 '古者大學' 同.
'고지대학소이교인지법야(古之大學所以敎人之法也)'에서 '고지대학(古之大學)'은 학궁(學宮)으로 말한 것이다. 아래 글에서 '모두 태학에 들어간다'라고 한 것과 '옛날에는 태학이었다'라고 한 것은 같은 의미이다.

○ 此爲第一節.
여기까지가 제1절이다.

○ 此二句總提而起之, 與「中庸序」首二句同.
위의 두 구절은 『대학(大學)』에 대해 총괄적으로 제기한 것으로, 「중용장구서(中庸章句序)」의 첫 두 구절3)과 마찬가지이다.

|朱註|

蓋自天降生民, 則旣莫不與之以仁義禮智之性矣.
대개 하늘이 사람을 생겨나게 할 때부터 이미 인의예지(仁義禮智)의 성(性)을 부여하지 않음이 없었다.

|詳說|

○ 此本推廣天地之初生人之始而言, 而亦當通凡古今人生之初者耳.
'개자천강생민(蓋自天降生民)'이라 함은 본래 하늘과 땅이 처음으로 사람을 생겨나게 한 시초를 미루어 넓혀서 말하였고, 또한 마땅히 예나 지금이나 사람이 생겨난 처음의 상황을 통달하는 것일 뿐이다.

---

3) 『중용장구(中庸章句)』「서(序)」의 첫 두 구절은 "中庸何爲而作, 子思子憂道學之失其傳而作也.(중용은 어찌하여 저술했는가? 자사 선생이 도학의 바른 전달이 없어질까 염려하여 이를 바르게 전하려고 저술한 것이다.)"이다.

○ 天降生民, 言天降衷而生此民也. 或云'天降生此民', 又或云'天降此生民'者, 恐皆不然.

　　'개자천강생민(蓋自天降生民)'에서 '천강생민(天降生民 : 하늘이 사람을 생겨나게 함)'은 하늘이 충(衷 : 中 : 속마음)을 내려 이 백성들을 생겨나게 했음을 말한다. 어떤 사람은 '하늘이 이 백성들을 내려서 생겨나게 했다'라 하고, 또 어떤 사람은 '하늘이 이 백성을 내렸다'라고 하는데, 아마 모두 그렇지 않을 것이다.

○ 朱子曰 : "性是道理之在我者耳. 凡此四者具於人心, 乃是性之本然."4)

　　'즉기막불여지이인의예지지성의(則旣莫不與之以仁義禮智之性矣)'에서 '인의예지지성(仁義禮智之性)'에 대해, 주자가 말하였다. "성(性)은 도리가 나에게 있는 것일 뿐이다. 무릇 인·의·예·지 네 가지는 사람의 마음에 갖추어지니, 곧 성(性)의 본디 그러함이다."5)

○ 新安陳氏曰 : "六經言性, 自『書』'上帝降衷于下民, 若有恒性'始. 此謂天降生民, 與之以性, 亦本『書』之意而言."6)

　　'즉기막불여지이인의예지지성의(則旣莫不與之以仁義禮智之性矣)'와 관련하여, 신안 진씨(新安陳氏 : 陳櫟)가 말하였다. "육경에서 성(性)을 말한 것은 『서경』에서 '상제(上帝)가 백성들에게 충(衷 : 속마음)을 내려줌에 순조롭게 불변하는 성(性)을 가지게 되었다.'7)라고 한 것에서 시작되었다. 여기에서 이른바 하늘이 사람을 생겨나게 할 때부터 이미 인의예지(仁義禮智)의 성(性)을 부여하였다고

---

4) 주희(朱熹), 『주문공문집(朱文公文集)』 권74, 「옥산강의(玉山講義)」에는 "大凡天之生物, 各付一性. 性非有物, 只是一箇道理之在我者耳 …… 凡此四者具於人心, 乃是性之本體.(대개 하늘이 만물을 생겨나게 할 때 각각 하나의 성(性)을 부여한다. 성은 구체적인 어떤 것이 아니고 다만 하나의 도리가 나에게 있는 것일 뿐이다 …… 무릇 인·의·예·지 넷은 사람의 마음에 갖추어지니, 곧 성(性)의 본체다.)"라고 되어 있다.

5) 『주자어류(朱子語類)』 권5 「성리2(性理二)」, <성.정.심.의 등 명칭의 의미(性情心意等名義)> 7조목~14조목에는 성(性)과 관련하여 다음과 같은 아주 짤막한 언급들이 있다. "生之理謂性.(낳는 이치를 성이라고 한다.) 性只是此理.(성은 이 리일뿐이다.) 性是合當底.(성은 합당한 것이다.) 性則純是善底.(성은 순수하게 선한 것이다.) 性是天生成許多道理.(성은 하늘이 생성한 허다한 도리이다.) 性是許多理散在處爲性.(성은 허다한 리이며 산재한 곳이 성이다.) 性是實理, 仁義禮智皆具.(성은 실제의 이치이니 인의예지를 모두 갖추었다.)"

6) 호광 편(胡廣 編), 『대학장구대전(大學章句大全)』 「서(序)」에 진력(陳櫟)의 말로 "『書』云, '惟皇上帝, 降衷于下民, 若有恒性.'六經言性自此始. 謂天降生民而與之以性, 亦本『書』之意而言(『書』에서 '상제(上帝)가 백성들에게 충(衷)을 내려줌에 순조롭게 불변하는 성(性)을 가지게 되었다.'라고 하였는데, 육경에서 성(性)을 말한 것은 여기에서부터 시작되었다. 이른바 하늘이 사람을 생겨나게 할 때부터 이미 인의예지(仁義禮智)의 성(性)을 부여하였다고 한 것도 역시 『서』의 뜻에 근본해서 말한 것이다.)"라고 실려 있다.

7) 상제(上帝)가 백성들에게 충(衷)을 내려줌에 순조롭게 불변하는 성(性)을 가지게 되었다 : 『서』「상서(商書)·탕고(湯誥)」.

한 언급도 또한 『서경』의 뜻에 기초하여 말한 것이다."

○ 按 : 此云'敎人'·云'生民', 而不及物, 是專就人性上說也. 以之與『中庸』首章註參看, 則可知『庸』註之及物爲帶說耳.
'즉기막불여지이인의예지지성의(則旣莫不與之以仁義禮智之性矣)'와 관련해서, 내가 생각하건대 여기에서 '사람들을 가르친다'라 하고, '사람들을 생겨나게 했다'라고 하면서 사물에까지 미치지 않은 것은 오로지 사람의 성(性)에서 말한 것이다. 이것을 『중용(中庸)』 첫 장(章)의 주석[8]과 참조해 보면 『중용(中庸)』 첫 장의 주석이 사물에까지 미친 것은 붙여서 말한 것일 뿐이라는 것을 알 수 있다.

○ 雲峯胡氏曰 : "朱子四書釋仁·義·禮, 皆兼體用言, '智'字未有明釋. 智, 則心之神明, 所以妙衆理而宰萬物者也. 番陽沈氏云 : '智者, 函天理動靜之機, 具人事是非之鑑.'"[9]
'즉기막불여지이인의예지지성의(則旣莫不與之以仁義禮智之性矣)'와 관련해서, 운봉 호씨(雲峯胡氏 : 胡炳文)가 말하였다. "주자가 사서(四書)에서 인(仁)·의(義)·예(禮)를 풀이한 것은 모두 본체와 작용을 겸해서 말했는데, '지(智)'자에 대해서는 분명하게 풀이하지 않았다. 지(智)는 마음의 신령한 밝음으로써 온갖 이치를 갖추어 만물을 재제(宰制)하는 것이다. 파양 심씨(番陽沈氏 : 沈貴珤)[10]는 '지(智)는 천리(天理)의 움직임과 고요함의 기틀을 머금어 인사(人事)의 옳고 그름의 거울을 갖춘 것이다'라고 말하였다."

---

8) 『중용(中庸)』 첫 장(章)의 주석 : 『중용(中庸)』 첫 장(章) 즉 '천명지위성(天命之謂性)'에 대한 주자의 주석은 "하늘이 음양·오행으로 만물을 조화하여 생겨나게 함에 기(氣)로써 형체를 이루고 리(理) 또한 부여하니 명령하는 것과 같다. 이에 사람과 사물이 생겨남에 각각 그 부여 받은 리(理)를 얻은 것에 따라서 그것으로써 건순(健順)·오상(五常)의 덕(德)을 삼으니, 이른바 성(性)이라는 것이다.(天以陰陽五行化生萬物, 氣以成形而理亦賦焉, 猶命令也. 於是, 人物之生, 因各得其所賦之理, 以爲健順五常之德, 所謂性也.)"라고 되어 있다.
9) 호병문(胡炳文), 『사서통(四書通)』「대학통(大學通)·대학주자서(大學朱子序)」에는, "朱子四書, 釋仁曰'心之德, 愛之理', 義曰'心之制, 事之宜', 禮曰'天理之節文, 人事之儀則', 皆兼體用. 獨'智'字未有明釋. 嘗欲竊取朱子之意以補之曰, '智則心之神明, 所以妙衆理而宰萬物者也.' 番陽沈氏云, '智者, 函天理動靜之機, 具人事是非之鑑.'(주자가 사서(四書)에서 인(仁)을 풀이하여 '마음의 덕이고 사랑의 이치이다'라 했고, 의(義)를 풀이하여 '마음의 제재이고 일의 마땅함이다'라고 했으며, 예(禮)를 풀이하여 '천리(天理)의 절문(節文 : 꾸밈을 절도에 맞게 함)이고 인사(人事)의 의칙(儀則 : 따라야 할 법칙)이다'라고 한 것은 모두 본체와 작용을 겸해서 말했는데, 유독 '지(智)'자에 대해서는 분명하게 풀이하지 않았다. 일찍이 내가 주자의 뜻을 취하여 그것을 보충하여 '지(智)는 마음의 신령한 밝음으로써 온갖 이치를 갖추어 만물을 재제(宰制)하는 것이다'라고 말하려고 하였다. 파양 심씨(番陽沈氏 : 沈貴珤)는 '지(智)는 천리(天理)의 움직임과 고요함의 기틀을 머금어 인사(人事)의 옳고 그름의 거울을 갖춘 것이다'라고 말하였다.)"라고 되어 있다.
10) 심귀보(沈貴珤) : 자는 성숙(成叔)이고 남송 시대 요주 덕흥(饒州德興 : 현 강서성 소속) 사람이다. 동정(董鼎)의 제자이고 저서로 『정몽의해(正蒙疑解)』가 있었다고 한다.

○ 農巖曰 : "智之訓, 雲峰·番陽說未明, 是'以理妙理, 以理函理'也.11) 若云'別之理, 心之貞', 則似無病矣.12)"
  '즉기막불여지이인의예지지성의(則旣莫不與之以仁義禮智之性矣)'와 관련해서, 농암(農巖 : 金昌協)13)이 말하였다. "지(智)에 대한 훈고는 운봉(雲峰 : 胡炳文)과 파양(番陽 : 沈貴珤)의 주장이 분명하지 않으니, 이것은 리(理)로써 리(理)를 갖추고 리로써 리를 머금은 것이다. 만약 '구별의 이치이고 마음의 올곧음이다'라고 말한다면 병통이 없을 것 같다."

○ 按 : 雲峰說是『或問』致知, 平聲'知'字之訓也. 而今取作去聲'智'字之訓, 果誤矣. 雖然, '貞'字恐亦合更商也.
  내가 생각하건대, 운봉(雲峰 : 胡炳文)의 주장은 『대학혹문』 치지(致知)에서 평성(平聲) '지(知)'자에 대한 훈고이다.14) 그런데 이제 거성(去聲) '지(智)'자에 대한 훈고로 취했으니, 과연 잘못되었다. 비록 그렇지만 농암(農巖 : 金昌協)이 말한 '심지정(心之貞)'에서 '정(貞)'도 아마 마땅히 더욱 논의해야할 것이다.

朱註

然其氣質之稟,15) 或不能齊. 是以不能皆有以知其性之所有而全之也.

---

11) 智之訓, 雲峰·番陽說未明, 是'以理妙理, 以理函理'也 : 김창협(金昌協), 『농암집(農巖集)』 권14, 「답민언휘(答閔彦暉)」에는 "竊謂兩說, 只說得心之知覺, 與'智'字不相干涉. 智乃人心是非之理, 確然而有準則者也; 知覺則此心虛靈之用, 神妙而不可測者也. 夫以知覺, 專爲智之用, 猶不可, 况直以言智可乎? 且智則理也, 而謂之妙衆理, 謂之涵天理, 則是以理妙理, 以理涵理, 恐尤未安也.(내가 생각하건대, 이 두 가지 주장은 다만 마음의 지각만을 말한 것으로, '지(智)'자와는 아무 상관이 없다. 지(智)는 곧 사람의 마음의 시비(是非)의 이치로서 확연하여 준칙이 있는 것이고, 지각은 이 마음의 허령(虛靈)한 작용으로서 신묘하여 헤아릴 수 없는 것이다. 무릇 지각을 오로지 지(智)의 작용이라고만 하는 것도 안 되는데, 하물며 곧바로 지(智)라고 할 수 있겠는가? 그리고 지(智)는 리(理)인데 그것을 온갖 이치를 갖춘다고 하고, 천리(天理)를 머금고 있다고 말한다면, 이것은 리(理)로써 리(理)를 갖추고 리로써 리를 머금은 것이니 아마 더욱 온당치 않을 것이다.)"라고 되어 있다.

12) 若云'別之理, 心之貞', 則似無病矣 : 김창협(金昌協), 『농암집(農巖集)』 권16 「답이현익(答李顯益)」이다.

13) 김창협(金昌協, 1651~1708) : 본관은 안동이다. 자는 중화(仲和)이고, 호는 농암(農巖) 또는 삼주(三洲)이며, 시호는 문간(文簡)이다. 1669년 진사시에 합격하고, 1682년 증광문과에 전시장원으로 급제하여 벼슬길에 올랐다. 병조좌랑, 사헌부지평, 함경북도병마평사(咸鏡北道兵馬評事), 이조정랑, 동부승지, 대사성, 예조참의, 대간 등의 요직을 두루 역임하였다. 학문적으로는 이황(李滉)과 이이(李珥)의 설을 절충했다고 평가된다. 저서에 『농암집』, 『주자대전차의문목(朱子大全箚疑問目)』, 『논어상설(論語詳說)』, 『오자수언(五子粹言)』, 『이가시선(二家詩選)』 등이 있고, 편저로는 『강도충렬록(江都忠烈錄)』, 『문곡연보(文谷年譜)』 등이 있다.

14) 『대학혹문』 치지(致知)에서 평성(平聲) '지(知)'자에 대한 훈고이다 : 주희(朱熹), 『대학혹문(大學或問)』에서 치지(致知)를 설명하면서, "그런데 (若夫에서 '夫' 자는 음이 扶이다) 지(知)는 마음의 신령한 밝음으로써 온갖 이치를 갖추어 만물을 재제(宰制)하는 것이다.(若夫(音扶)知則心之神明, 妙衆理而宰萬物者也.)"라고 하였다.

15) 氣質之稟 : 『주자어류(朱子語類)』 권14, 「대학1(大學1)」 55조목에는 기질을 품부 받은 내용에 대해, 문인

그러나 그 기질을 품부한 것이 혹 가지런하지 못하다. 이 때문에 모두 그 성(性)을 가지고 있다는 것을 알아서 그것을 온전하게 할 수는 없다.

詳說

○ 退溪曰 : "呼吸·運動, 氣也; 耳目·形體, 質也. 氣陽而質陰也."16)

'연기기질지품(然其氣質之稟)'에서 '기질(氣質)'에 대해, 퇴계(退溪 : 李滉)가 말하였다. "호흡과 운동은 기(氣)이다. 눈과 귀 및 형체는 질(質)이다. 기는 양이고 질은 음이다."

○ '或'字有商量.

'혹불능제(或不能齊)'에서 '혹(或)'이라는 글자는 헤아릴 것이 있다.

○ 不及物欲者, 氣稟足以該物欲也. 蓋稟清者不蔽於物欲, 稟濁者爲物欲所蔽耳.

'연기기질지품, 혹불능제(然其氣質之稟, 或不能齊)'라고 하여 물욕(物欲)을 언급하지 않은 것은 기의 품부가 물욕을 포괄하기에 충분하기 때문이다. 대개 기(氣)의 맑은 것을 품부한 자는 물욕에 가려지지 않고 탁한 것을 품부한 자는 물욕에 가려지기 때문이다.

인 임각(林恪)과의 문답을 다음과 같이 기록하고 있다. "亞夫問: "大學序云: '旣與之以仁義禮智之性, 又有氣質之稟.' 所謂氣質, 便是剛柔·强弱·明快·遲鈍等否?" 曰: "然." 又云: "氣, 是那初稟底; 質, 是成這模樣了底. 如金之礦, 木之萌芽相似." 又云: "只是一箇陰陽五行之氣, 滾在天地中, 精英者爲人, 渣滓者爲物; 精英之中又精英者, 爲聖, 爲賢; 精英之中渣滓者, 爲愚, 爲不肖." 恪.("난아부: 『대학(大學)』 서문에서 '이미 인의예지의 성을 부여하고 또 품부 받은 기질이 있다.'고 하였습니다. 이른바 기질은 강유(剛柔)·강약(强弱)·명쾌(明快)·지둔(遲鈍) 같은 것이 아닙니까? 주자: 그렇다. 주자: 기는 처음 품부된 것이고, 질은 이러한 모양이 이루어지는 것이다. 마치 쇳돌이나 나무의 싹과 비슷하다. 주자: 음양오행의 기가 하늘과 땅 가운데 흘러들어 빼어난 것이 사람이 되고 찌꺼기는 사물이 되니, 빼어난 것 가운데 빼어난 것은 성인이 되고 현인이 된다. 빼어난 것 가운데 찌꺼기는 우둔한 사람이 되고 불초한 사람이 된다.")
16) 이황(李滉), 『퇴계선생문집(退溪先生文集)』 권35, 「답이굉중(答李宏仲)」에는 "'氣質'二字之異亦明甚. 氣如俗言氣運, 質如俗言形質. 人物稟生之初, 氣以成質; 有生之後, 氣行於質之中. 氣陽而質陰, 氣以知, 質以行也. 大呼吸運動, 氣也. 聖人與衆人皆有之, 聖人能知, 而衆人不能知, 氣之淸濁不同故也. 耳目形體, 質也. 聖人與衆人皆有之, 聖人能行, 而衆人不能行, 質之粹駁不齊故也.('기질(氣質)'이라는 두 글자의 차이 또한 매우 분명하다. 기(氣)는 예컨대 세속에서 기운이라고 말하는 것과 같고, 질(質)은 예컨대 세속에서 형질이라고 말하는 것과 같다. 사람과 사물은 생명을 품부받는 처음에는 기(氣)로써 질(質)을 이루고, 생명이 있은 뒤에는 기(氣)가 질(質) 가운데서 행한다. 기는 양이고 질은 음이며, 기로써 알고 질로써 실행한다. 무릇 호흡과 운동은 기이다. 성인과 보통 사람들이 모두 그것을 가지고 있는데, 성인은 알 수 있지만 보통 사람들이 알 수 없는 것은 기의 맑고 탁함이 같지 않기 때문이다. 눈과 귀 및 형체는 질이다. 성인과 보통 사람들이 모두 그것을 가지고 있는데, 성인은 실행할 수 있지만 보통 사람들이 실행할 수 없는 것은 질의 순수함과 잡박함이 가지런하지 않기 때문이다.)"라고 되어 있다.

○ '有以'二字有商量.

'시이불능개유이지기성지소유이전지야(是以不能皆有以知其性之所有而全之也)'에서 '유이(有以)'라는 두 글자는 헤아릴 것이 있다.

○ 新安陳氏曰 : "性之所有, 卽仁義禮智也. 性無智愚·賢不肖之殊, 惟氣有淸濁, 淸者能知而濁者不能知; 質有粹駁, 粹者能全而駁者不能全. 知性之所有屬知, 全性之所有屬行. 知行二者, 該盡一部『大學』意."17)

'시이불능개유이지기성지소유이전지야(是以不能皆有以知其性之所有而全之也)'와 관련해서, 신안 진씨(新安陳氏 : 陳櫟)가 말하였다. "성(性)이 가지고 있는 것은 인의예지이다. 성(性)에는 지혜로운 사람과 어리석은 사람, 현명한 사람과 못난 사람의 다름이 없는데, 오직 기(氣)에 맑음과 탁함이 있어서 맑은 사람은 알 수 있고, 탁한 사람은 알 수 없으며, 또 오직 질(質)에 순수함과 잡박함이 있어서 순수한 사람은 그것을 온전하게 할 수 있고, 잡박한 사람은 그것을 온전하게 할 수 없다. 성(性)이 가지고 있는 것을 아는 것은 앎에 속하고 성이 가지고 있는 것을 온전하게 하는 것은 실행에 속한다. 앎과 실행 이 둘은 『대학(大學)』의 뜻에 완전히 갖추어져 있다."

朱註

─有聰明睿智能盡其性者, 出於其間,

어떤 사람이 총명(聰明)하고 예지(叡智)하여 그 성(性)을 다 발현할 수 있는 자가 그 사이에서 나오면,

詳說

○ 沙溪曰 : "當以'或有'意看."

---

17) 호광 편(胡廣 編), 『대학장구대전(大學章句大全)』「서(序)」에 진력(陳櫟)의 말로서 "性之所有, 卽仁義禮智是也. 性無智愚·賢不肖之殊, 惟氣有淸濁, 淸者能知而濁者不能知, 故不能皆知; 質有粹駁, 粹者能全, 而駁者不能全, 故不能皆全. 知性之所有屬知, 全性之所有屬行. 知行二者, 該盡一部『大學』, 意已寓於此矣.(성(性)이 가지고 있는 것은 인의예지가 이것이다. 성(性)에는 지혜로운 사람과 어리석은 사람, 현명한 사람과 못난 사람의 다름이 없는데, 오직 기(氣)에 맑음과 탁함이 있어서 맑은 사람은 알 수 있고, 탁한 사람은 알 수 없기 때문에 모두 알 수 없는 것이다. 또 오직 질(質)에 순수함과 잡박함이 있어서 순수한 사람은 그것을 온전하게 할 수 있고, 잡박한 사람은 그것을 온전하게 할 수 없기 때문에 모두 온전하게 할 수 없는 것이다. 성(性)이 가지고 있는 것을 아는 것은 앎에 속하고 성이 가지고 있는 것을 온전하게 하는 것은 실행에 속한다. 앎과 실행 이 둘은 『대학(大學)』에 완전히 갖추어져 있으니, 그 뜻이 이미 여기에 깃들어 있다.)"라고 실려 있다.

'일유총명예지능진기성자(一有聰明睿智能盡其性者)'에서 '일유(一有)'에 대해, 사계(沙溪 : 金長生)[18]가 말하였다. "'일유(一有)'는 마땅히 '혹유(或有 : 혹시라도 −함이 있다면)'라는 뜻으로 보아야 한다."

○ 新安陳氏曰 : "是就淸濁·粹駁不齊中, 指出極淸極粹者言之. '聰明睿智', 生知之聖也, 與'知性'相應; '能盡其性', 安行之聖也, 與'全之'相應. 常人必先知其性, 方可望全其性, 故於中下一'而'字; 聖人不待知而方全,[19] 故只平說."[20]

'일유총명예지능진기성자(一有聰明睿智能盡其性者)'와 관련해서, 신안 진씨(新安陳氏 : 陳櫟)가 말하였다. "이것은 기(氣)의 맑음과 흐림, 질(質)의 순수함과 잡박함이 가지런하지 않은 가운데 지극히 맑고 지극히 순수한 사람을 지적해서 말한 것이다. '총명(聰明)하고 예지(叡智)함'이라는 것은 태어나면서부터 아는 성인이니 앞 구절 '시이불능개유이지기성지소유이전지야(是以不能皆有以知其性之所有而全之也)'에서 '지기성(知其性 : 그 성(性)을 앎)'과 상응하고, '그 성(性)을 다 발현할 수 있음'이라는 것은 편안하게 실행하는 성인이니 앞 구절 '시이불능개유이지기성지소유이전지야(是以不能皆有以知其性之所有而全之也)'에서 '전지(全之 : 그것을 온전하게 함)'와 상응한다. 보통 사람들은 반드시 먼저 그 성(性)을 알아야 비로소 그 성을 온전히 하기를 기대할 수 있기 때문에 앞 구절 '시이불능개유이지기성지소유이전지야(是以不能皆有以知其性之所有而全之也)'라는 말 중간에 '이(而)' 자를 썼지만, 성인은 아는 것을 기다리지 않고 바로 온전하기 때문에 다만 연이어서 말하였다."

○ 農巖曰 : "'聰明睿智'應上'氣質不齊'句; '能盡其性'應上'知而

---

18) 김장생(金長生, 1548~1631) : 본관은 광산(光山)이고 자는 희원(希元)이며, 호는 사계(沙溪)이고 시호는 문원(文元)이다. 한양 정릉동(貞陵洞 : 현 서울 중구 정동)에서 태어났다. 1560년 송익필(宋翼弼)로부터 사서(四書)와 『근사록(近思錄)』 등을 배웠고, 20세 무렵에 이이(李珥)의 문하에 들어갔다. 1578년 학행(學行)으로 천거되어 창릉참봉(昌陵參奉)이 되고, 성균관 사업(司業), 집의(執義), 공조참의, 형조참판 등을 역임하였다. 인조반정 이후로는 서인의 영수격으로 영향력이 매우 컸다. 학문적으로 송익필, 이이, 성혼 등의 영향을 받았다. 이이와 성혼(成渾)을 제향하는 황산서원(黃山書院)을 세웠다. 특히 둘째 아들이 그와 함께 문묘에 종사된 유명한 신독재(愼獨齋) 김집(金集, 1574~1656)이다. 저서로는 1583년 첫 저술인 『상례비요(喪禮備要)』 4권을 비롯, 『가례집람(家禮輯覽)』・『전례문답(典禮問答)』・『의례문해(疑禮問解)』 등 예에 관한 것으로서, 조선 예학의 기반을 마련하였다. 스승 이이가 시작한 『소학집주(小學集註)』를 1601년에 완성하고 『근사록석의(近思錄釋疑)』, 『경서변의(經書辨疑)』, 시문집을 모은 『사계선생전서(沙溪先生全書)』가 있다.

19) 聖人不待知而方全 : 호광 편(胡廣 編), 『대학장구대전(大學章句大全)』 「서(序)」에는 "聖人合下生知安行, 不待知而方全.(성인은 원래 태어나면서부터 알고 편안하게 실행하니 아는 것을 기다리지 않고 바로 온전하다.)"라고 되어 있다.

20) 호광 편(胡廣 編), 『대학장구대전(大學章句大全)』 「서(序)」.

全之'句."21)

'일유총명예지능진기성자(一有聰明睿智能盡其性者)'와 관련해서, 농암(農巖 : 金昌協)22)이 말하였다. "'총명(聰明)하고 예지(叡智)함'을 위의 '기질이 가지런하지 않다'라는 구절에 대응하고 '그 성(性)을 다 발현할 수 있음'을 위의 '알아서 그 것을 온전히 한다'라는 구절에 대응한다."

○ 尤菴曰 : "以盡性對窮理, 則盡性屬行; 若專言盡性, 則兼知行."23)

'일유총명예지능진기성자(一有聰明睿智能盡其性者)'와 관련해서, 우암(尤菴 : 宋時烈)이 말하였다. "성(性)을 다 발현하는 것으로써 이치를 궁구하는 것에 짝을 지으면 성을 다 발현하는 것은 실행에 속하고 만약 오로지 성을 다 발현하는 것만으로 말하면 앎과 실행을 겸하는 것이다."

○ 生人之間.

'출어기간(出於其間)'이라고 한 것은 사람을 생겨나게 하는 사이를 가리킨다.

朱註

則天必命之以爲億兆之君師, 使之治而敎之, 以復其性.
하늘이 반드시 그에게 명하여 만백성의 군주와 스승으로 삼아,24) 그에게 백성을

---

21) 김창협(金昌協),『농암집(農巖集)』권16,「답이현익(答李顯益)」에는 "問 : 新安陳氏曰, '聰明睿智, 生知之聖云云.' 此當以'聰明睿智', 應上'氣質不齊'一句; '能盡其性', 應上'知而全之'一句. 陳說恐非是. 答 : 來說得之.(질문 : '신안 진씨(新安陳氏 : 陳櫟)가 '총명(聰明)하고 예지(叡智)함이라는 것은 태어나면서부터 아는 성인이니 ······'라고 말했는데, 이것은 마땅히 '총명(聰明)하고 예지(叡智)함'을 위의 '기질이 가지런하지 않다'라는 구절에 대응시키고 '그 성(性)을 다 발현할 수 있음'을 위의 '알아서 그것을 온전히 한다'라는 구절에 대응시켜야 할 것입니다. 진씨(陳氏 : 陳櫟)의 주장은 옳지 않은 것 같습니다." 답변 : "그대의 말이 옳다.")"라고 되어 있다.
22) 김창협(金昌協, 1651~1708) : 본관은 안동이다. 자는 중화(仲和)이고, 호는 농암(農巖) 또는 삼주(三洲)이며, 시호는 문간(文簡)이다. 1669년 진사시에 합격하고, 1682년 증광문과에 전시장원으로 급제하여 벼슬길에 올랐다. 병조좌랑, 사헌부지평, 함경북도병마평사(咸鏡北道兵評事), 이조정랑, 동부승지, 대사성, 예조참의, 대사간 등의 요직을 두루 역임하였다. 학문적으로는 이황(李滉)과 이이(李珥)의 설을 절충했다고 평가된다. 저서에 『농암집』, 『주자대전차의문목(朱子大全箚疑問目)』, 『논어상설(論語詳說)』, 『오자수언(五子粹言)』, 『이가시선(二家詩選)』 등이 있고, 편저로는 『강도충렬록(江都忠烈錄)』, 『문곡연보(文谷年譜)』 등이 있다.
23) 송시열(宋時烈),『송자대전(宋子大全)』권105,「답심명중(答沈明仲)」에는 "然專言盡性, 則盡性兼知行; 若以盡性對窮理, 則盡性專屬行.(그러나 오로지 성(性)을 다 발현하는 것만으로 말하면 성을 다 발현하는 것은 앎과 실행을 겸하는 것이고, 만약 성을 다 발현하는 것으로써 이치를 궁구하는 것에 짝을 지으면 성을 다 발현하는 것은 오로지 실행에만 속한다.)"라고 되어 있다.
24) 하늘이 반드시 그에게 명하여 만백성의 군주와 스승으로 삼아 :『주자어류(朱子語類)』권14,「대학1(大學

다스리고 가르쳐서 백성들의 성(性)을 회복하도록 할 것이다.

詳說

○ 朱子曰 : "天却自做不得, 所以必得聖人以敎化百姓.[25] 孔子雖不爲帝王, 然做出許多事, 以敎天下後世, 是亦天命也.[26]"

위 구절과 관련하여 주자가 말하였다. "그러나 하늘은 도리어 스스로 할 수 없기 때문에 반드시 성인을 얻어서 백성을 교화시켰다. 공자는 비록 제왕은 되지 못했지만, 많은 일들을 해서 세상의 후세를 가르쳤으니, 이 또한 천명이다."

○ 新安陳氏曰 : "君以治之, 師以敎之, 變化其氣質, 復還其本性. 以上四箇'性'字須融貫看透."[27]

위 구절과 관련하여 신안 진씨(新安陳氏 : 陳櫟)가 말하였다. "군주로서 그들을 다스리고 스승으로써 그들을 가르쳐서 그 기질을 변화시켜 그 본성을 회복시킨다. 이상에서 말한 네 개의 '성(性)' 자[28]는 모름지기 융회 관통해서 명확하게

一)」57조목에 다음과 같이 설명하고 있다. "물었다. '하늘이 명령을 내려 천하 모든 백성의 군주요 스승으로 삼는다.'라고 했는데, 하늘이 어떻게 명령을 내립니까?' 주희가 말하였다. '인심으로 귀결되는 것이 곧 천명이다.' 물었다. '공자는 왜 천명을 받지 못했을까요?' 주희가 말하였다. '『중용』에 '큰 덕이 있는 사람은 반드시 그 지위를 얻는다.'고 하였는데, 공자는 도리어 지위를 얻지 못했다. 기수(氣數)의 어그러짐이 이렇게 극에 이르렀기 때문에 돌이킬 수 없었다.'(問 : "天必命之以爲億兆之君師", 天何命之?' 曰 : '只人心歸之, 便是命.' 問 : '孔子如何不得命?' 曰 : ''「中庸」云 : '大德必得其位', 孔子卻不得. 氣數之差至此極, 故不能反.')"

25) 天却自做不得, 所以必得聖人以敎化百姓 : 『주자어류(朱子語類)』 권14, 「대학1(大學一)」 58조목에는 "問'繼天立極.' 曰 : '天只生得許多人物, 與你許多道理. 然卻自做不得, 所以生得聖人爲之修道立敎, 以敎化百姓, 所謂'裁成天地之道, 輔相天地之宜'是也. 蓋天做不得底, 卻須聖人爲他做也.'('하늘을 계승하여 사람의 표준을 세운다'라는 것에 대해 물었다. 주자가 대답하였다. '하늘은 다만 수많은 사람과 사물을 생겨나게 하고 그것들에게 수많은 도리를 부여하였다. 그러나 하늘은 도리어 스스로 할 수 없기 때문에 성인을 생겨나게 하여 도를 닦고 가르침을 세워서 백성을 교화하도록 하였으니, 이른바 '천지의 도를 마름질하고, 천지의 마땅함을 돕는다'라고 한 것이 이것이다. 대개 하늘이 할 수 없는 것은 또한 반드시 성인이 그를 위해 해야 하기 때문이다.')"라고 되어 있다.

26) 孔子雖不爲帝王, 然做出許多事, 以敎天下後世, 是亦天命也 : 『주자어류(朱子語類)』 권14, 「대학1(大學一)」 56조목에는 "問 : "一有聰明睿智能盡其性者, 則天必命之以爲億兆之君師', 何處見得天命處?' 曰 : '此也如何知得? 只是才生得一箇恁地底人, 定是爲億兆之君師, 便是天命之也. 他旣有許多氣魄才德, 決不但已, 必統御億兆之衆, 人亦自是歸他. 如三代已前聖人都是如此. 及至孔子, 方不然. 然雖不爲帝王, 也閒他不得, 也做出許多事來, 以敎天下後世, 是亦天命也.'(물었다. "어떤 총명(聰明)하고 예지(叡智)하여 그 성(性)을 다 발현할 수 있는 자가 있으면, 하늘은 그에게 명하여 만백성의 군주와 스승으로 삼을 것이다'라고 하였는데, 어디에서 천명을 알 수 있겠습니까?' 주자가 대답하였다. '이것을 어떻게 알 수 있겠는가? 다만 그러한 사람이 생겨나자마자 반드시 만백성의 군주와 스승이 되니, 이것이 바로 하늘이 명한 것이다. 그는 이미 많은 기백(氣魄)과 재덕(才德)이 있어서, 결코 그만두지 않을 뿐만 아니라 반드시 수많은 백성들을 거느릴 것이고, 사람들 또한 당연히 그에게 귀의할 것이다. 예컨대 삼대(三代) 이전의 성인들은 모두 이와 같았다. 공자에 이르러서 그렇게 되지 않았다. 그러나 비록 제왕은 되지 못했지만, 또한 그를 막지 못했고, 또한 많은 일들을 해서 세상의 후세를 가르쳤으니, 이 또한 천명이다.')"라고 되어 있다.

27) 호광 편(胡廣 編), 『대학장구대전(大學章句大全)』 「서(序)」.

28) 네 개의 '성(性)' 자 : 능진기성(能盡其性 : 그 성을 다 발현함), 선지기성(先知其性 : 먼저 그 성을 앎), 전

보아야 한다."

○ 又曰：" 此「序」分六節, 精義尤在第二節, 曰'知其性之所有而全之', 曰'教之以復其初'是也. 朱子論學, 必以復性初爲綱領要歸. 『論語』首註'學'字曰'人性皆善, 明善復初'; 「小學題辭」曰'人性之綱, 乃復其初';29) 此書首釋'明明德'亦曰'遂明之以復其初'; 與此『序』凡四致意焉. 學者欲知性之所有,30) 在格物·致知; 欲復全其性之所有, 在誠意·正心·修身以力於行而已."31)

위 구절과 관련하여 신안 진씨(新安陳氏 : 陳櫟)가 또 말하였다. "이「서(序)」는 여섯 단락으로 나누어지는데 그 정밀한 뜻은 특히 제2절에 있으니, '성(性)이 가지고 있는 것을 알아서 그것을 온전히 한다'라고 한 말과 '백성들을 가르쳐서 그 처음을 회복시킨다'라고 한 말 이것이다. 주자가 배움을 논할 때는 반드시 성(性)의 처음을 회복하는 것을 강령의 요지로 삼았다. 『논어(論語)』에서 처음 '학(學)'자를 주석하여 '사람의 본성은 모두 선(善)하니 선함을 밝혀 그 처음을 회복해야 한다'라고 하였고,32) 「소학제사(小學題辭)」에서는 '사람 본성의 강령이니 이에 그 처음을 회복해야 한다'라고 하였으며, 이 책 즉 『대학(大學)』에서도 처음에 '명명덕(明明德 : 밝은 덕을 밝힘)'을 주석하여 '마침내 그것을 밝혀서 그 처음을 회복한다'라고 하였으니, 이「서(序)」에서 말한 것과 함께 모두 네 곳에서 관심을 집중하였다. 배우는 사람들이 성(性)이 가지고 있는 것을 알려고 하면 격물·치지에 달려 있고, 그 성이 가지고 있는 것을 회복하여 온전히 하려고 하면 성의·정심·수신하여 실천에 힘쓰는 것에 달려 있을 뿐이다."

기성(全其性 : 그 성을 온전히 함), 복환기본성(復還其本性 : 그 본성을 회복함)이라는 네 구절에서 '성(性)'자를 가리킨다.

29) 「小學題辭」曰'人性之綱, 乃復其初' : 호광 편(胡廣 編), 『대학장구대전(大學章句大全)』 「서(序)」에는 "「小學題辭」曰'仁義禮智, 人性之綱'; 曰'德崇業廣, 乃復其初'("「소학제사(小學題辭)」에서 '인의예지는 사람의 본성의 강령이다'라 말했고, '덕이 높고 공업(功業)이 광대함은 바로 그 처음을 회복하는 것이다.')"라고 되어 있다.

30) 學者欲知性之所有 : 호광 편(胡廣 編), 『대학장구대전(大學章句大全)』 「서(序)」에는 "聖人盡性, 盡其本全者也. 學者復其性, 復而後能全也, 欲知性之所有(성인이 성(性)을 다 발현하는 것은 그 본래 온전한 것을 다 발현하는 것이다. 배우는 사람들이 그 성(性)을 회복하는 것은 회복한 뒤에 온전히 할 수 있는 것이니, 성(性)이 가지고 있는 것을 알려면)"라고 되어 있다.

31) 호광 편(胡廣 編), 『대학장구대전(大學章句大全)』 「서(序)」.

32) 『논어(論語)』에서 처음 '학(學)'자를 주석하여 '사람의 본성은 …… 회복해야 한다'라고 하였고 : 『논어(論語)』 「학이(學而)」 제1장 주석에서 주자는 "사람의 본성(本性)은 모두 선(善)하지만, 이것을 깨닫는 데 먼저 깨닫고 뒤에 깨닫는 차이가 있으니, 뒤에 깨닫는 자는 반드시 먼저 깨달은 자가 한 것을 본받아야 선함을 밝혀 그 처음을 회복할 수 있다.(人性皆善, 而覺有先後, 後覺者, 必效先覺之所爲, 乃可以明善而復其初也.)"라고 하였다.

○ 按 : 陳氏以‘明德’爲性者, 恐得之.
　　내가 생각하건대, 진씨(陳氏 : 陳櫟)가 '명덕(明德 : 밝은 덕)'을 본성으로 여긴 것은 아마 잘 본 것 같다.

○ 尤菴曰 : "『中庸』無'心'字, 故「序」言心特詳; 『大學』只於用人理財處略言性, 而非言性之本體, 故「序」言性特詳. 朱子爲人之意切矣."33)
　　위 구절과 관련하여 우암(尤菴 : 宋時烈)이 말하였다. "『중용(中庸)』에는 '심(心)'자가 없기 때문에 주자는 「서(序)」에서 심(心)을 특별히 상세하게 말했고, 『대학(大學)』에서는 다만 사람을 부리거나 재물을 관리하는 측면에서 약간 언급했지 성(性)의 본체를 말한 것이 아니기 때문에 주자는 「서(序)」에서 성(性)을 특별히 상세하게 말하였다. 주자가 사람들을 위하는 뜻이 절실하다."

○ '性'字, 此「序」之骨子.
　　'성(性)'자는 이 「서문」의 핵심이다.

朱註

此伏羲·神農·黃帝·堯·舜所以繼天立極, 而司徒之職·典樂之官所由設也.
이것은 복희(伏羲)·신농(神農)·황제(黃帝)·요(堯)·순(舜)이 하늘을 계승하여 사람의 표준을 세운 것이고, 사도(司徒)의 직책과 전악(典樂)의 관직을 이 때문에 설치한 것이다.

詳說

○ 新安陳氏曰 : "代天立標準."34)
　　'차복희·신농·황제·요·순소이계천입극(此伏羲·神農·黃帝·堯·舜所以繼天立極)'이라는 말에 대해, 신안 진씨(新安陳氏 : 陳櫟)가 말하였다. "하늘을 대신하여 표준

---

33) 송시열(宋時烈), 『송자대전(宋子大全)』 권131 「간서잡록(看書雜錄)」에는 "『中庸』無一'心'字, 故於序文言心特詳; 『大學』言性, 只於用人理財處略說過, 而非言性之本體, 故於序文言性特詳. 朱子爲人之意可謂切矣.(『중용(中庸)』에는 '심(心)'자가 하나도 없기 때문에 주자는 서문에서 심(心)을 특별히 상세하게 말했고, 『대학(大學)』에서는 성(性)을 말했지만, 다만 사람을 부리거나 재물을 관리하는 측면에서 약간 언급하였지 성(性)의 본체를 말한 것이 아니기 때문에 주자는 서문에서 성(性)을 특별히 상세하게 말하였다. 주자가 사람들을 위하는 뜻이 절실함을 알 수 있겠다.)"라고 되어 있다.
34) 호광 편(胡廣 編), 『대학장구대전(大學章句大全)』 「서(序)」.

을 세운 것이다."

○ 此以身敎也, 指羲·農·黃帝.
'차복희·신농·황제·요·순소이계천입극(此伏羲·神農·黃帝·堯·舜所以繼天立極)'이라고 한 것은 몸소 가르친 것이니, 복희, 신농, 황제를 가리킨다.

○ 見『書』「舜典」.
'이사도지직·전악지관소유설야(而司徒之職·典樂之官所由設也)'에서 '사도지직·전악지관(司徒之職·典樂之官)'에 대해서는『서(書)』「순전(舜典)」을 보인다.

○ 雲峰胡氏曰 : "司徒統敎百姓, 典樂專敎冑子."35)
'이사도지직·전악지관소유설야(而司徒之職·典樂之官所由設也)'에서 '사도지직·전악지관(司徒之職·典樂之官)'에 대해, 운봉 호씨(雲峯胡氏 : 胡炳文)가 말하였다. "사도(司徒)는 백성들을 총괄하여 가르치고 전악(典樂)은 오로지 제왕과 귀족의 장자(長子)를 가르친다."

○ 此以官敎也, 指堯·舜.
'이사도지직·전악지관소유설야(而司徒之職·典樂之官所由設也)'라고 했는데, 이것은 관료로써 가르친 것이니, 요·순을 가리킨다.

○ 新安陳氏曰 : "上文說其理, 此實之以其事. 此時敎已立, 而敎之法未備, '學'之名未聞也."36)
위 구절과 관련하여, 신안 진씨(新安陳氏 : 陳櫟)가 말하였다. "위 글 즉 '즉천필명지이위억조지군사, 사지치이교지, 이복기성(則天必命之以爲億兆之君師, 使

---

35) 호병문(胡炳文),『사서통(四書通)』「대학통(大學通)·대학주자서(大學朱子序)」에는, "朱子四書, 釋仁曰 '心之德, 愛之理', 義曰 '心之制, 事之宜', 禮曰'天理之節文, 人事之儀則', 皆兼體用, 獨 '智'字未有明釋. 嘗欲竊取朱子之意以補之曰, '智則心之神明, 所以妙衆理而宰萬物者也'. 番陽沈氏云, '智者, 涵天理動靜之機, 具人事是非之鑑'.(주자가 사서(四書)에서 인(仁)을 풀이하여 '마음의 덕이고 사랑의 이치이다'라 했고, 의(義)를 풀이하여 '마음의 제재이고 일의 마땅함이다'라고 했으며, 예(禮)를 풀이하여 '천리(天理)의 절문(節文 : 꾸밈을 절도에 맞게 함)이고 인사(人事)의 의칙(儀則 : 따라야 할 법칙)이다'라고 한 것은 모두 본체와 작용을 겸해서 말했는데, 유독 '지(智)'자에 대해서는 분명하게 풀이하지 않았다. 일찍이 내가 주자의 뜻을 취하여 그것을 보충하여 '지(智)는 마음의 신령한 밝음으로써 온갖 이치를 갖추어 만물을 재제(宰制)하는 것이다'라고 말하려고 하였다. 파양 심씨(番陽沈氏 : 沈貴珤)는 '지(智)는 천리(天理)의 움직임과 고요함의 기틀을 머금어 인사(人事)의 옳고 그름의 거울을 갖춘 것이다'라고 말하였다.)"라고 되어 있다.

36) 호광 편(胡廣 編),『대학장구대전(大學章句大全)』「서(序)」.

之治而教之, 以復其性)'은 그 이치를 말한 것이고, 여기에서는 그 일로써 그것을 실질되게 하였다. 이때에 가르침이 이미 세워졌지만 가르치는 법도가 아직 갖추어지지 않았기 때문에 '학(學 : 학교)'이라는 명칭을 듣지 못하였다."

朱註
三代之隆, 其法寖備, 然後王宮·國都以及閭巷莫不有學.
삼대(三代)가 융성했을 때에 그 법도가 점점 갖추어졌고, 그러한 뒤에 왕궁과 나라의 도읍으로부터 시골 마을에 이르기까지 학교가 있지 않은 곳이 없었다.

詳說
○ 天子之子入王宮之學, 公·卿·大夫之子入國都之學, 庶人子弟入閭巷之學.
천자의 자식은 왕궁의 학교에 들어가고, 공(公)·경(卿)·대부(大夫)의 자식은 나라 도읍의 학교에 들어가며, 서인의 자제들은 시골 마을의 학교에 들어간다.

朱註
人生八歲, 則自王公, 以下至於庶人之子弟, 皆入小學,
사람이 태어나 8세가 되면 왕공(王公)으로부터 아래로 서인의 자제에 이르기까지 모두 소학(小學)에 들어가서,

詳說
○ 照'生民'之'生'字.
'인생팔세(人生八歲)'에서 '생(生)' 자는 위의 '천강생민(天降生民 : 하늘이 사람을 생겨나게 함)'이라고 할 때 '생민(生民)'의 '생(生)' 자를 비추어 본 것이다.

○ 天子.
'즉자왕공(則自王公)'에서 '왕(王)'은 천자이다.

○ 句.
'즉자왕공(則自王公)'은 문장이 끊어지는 곳이다.

○ 非必俊秀.
'이하지어서인지자제(以下至於庶人之子弟)'에서 '서인지자제(庶人之子弟)'는 꼭 준수한 아이들만을 가리키는 것이 아니다.

○ 八歲入小學, 出『白虎通』.
위 구절에서, 8세에 소학에 들어간다는 것은 『백호통(白虎通)』에 나온다.37)

○ 『尙書大傳』曰 : "十三入小學."38)
위 구절과 관련하여, 『상서대전(尙書大傳)』에서 말하였다. "13세에 소학에 들어간다."

朱註

而敎之以灑掃·應對·進退之節, 禮·樂·射·御·書·數之文.
물 뿌리고 쓸며, 응대(應對)하며, 나아가고 물러가는 절도와 예(禮)·악(樂)·사(射)·어(御)·서(書)·수(數)의 명칭을 가르친다.

詳說

○ 幷去聲.
'이교지이쇄소(而敎之以灑掃)'에서 '쇄소(灑掃)'는 모두 거성(去聲)이다.

○ 見『論語』「子張」.
'이교지이쇄소·응대·진퇴지절(而敎之以灑掃·應對·進退之節)'이라는 말은 『논어(論語)』「자장(子張)」에 보인다.39)

---

37) 8세에 소학에 들어간다는 것은 『백호통(白虎通)』에 나온다 : 『백호통(白虎通)』 권4, 「벽옹(辟雍)」에는 "8세에 젖니를 갈면서 비로소 인지능력이 있게 되니 학교에 들어가서 글씨쓰기와 계산하기를 배운다.(八歲毀齒, 始有識知, 入學學書計.)"라고 되어 있다.

38) 정현(鄭玄) 주(註)·공영달(孔穎達) 소(疏), 『예기주소(禮記註疏)』 권13, 「왕제(王制)」에서 "『尙書周傳』云, '王子·公·卿·大夫·元士之適子, 十五入小學, 二十入大學.' 又『書傳』略說餘子, 十三入小學, 十八入大學.(『상서주전(尙書周傳)』에서 '왕의 자식과 공·경·대부·원사(元士)의 적자는 15세에 소학에 들어가고, 20세에 태학에 들어간다.'라고 하였다. 또 『서전(書傳)』에서는 대략 적장자 이외의 자식들은 13세에 소학에 들어가고 18세에 태학에 들어간다고 말하였다.)"라고 하였다.

39) '이교지이쇄소·응대·진퇴지절(而敎之以灑掃·應對·進退之節)'이라는 말은 『논어(論語)』「자장(子張)」 편에 보인다 : 『논어(論語)』「자장(子張)」 제12장에서 "자유(子游)가 말하였다. '자하(子夏)의 제자들은 물 뿌리고 쓸며, 응대(應對)하며, 나아가고 물러가는 예절을 감당해서는 괜찮지만, 이것은 말단이다. 그것에 근본하는 것은 없으니, 어찌하겠는가?'(子游曰 : '子夏之門人小子當灑掃·應對·進退則可矣, 抑末也. 本之則無, 如之何?')"라고 하였다.

○ 番陽齊氏曰 : "三者言節, 有品節存焉."40)

'이교지이쇄소·응대·진퇴지절(而敎之以灑掃·應對·進退之節)'과 관련하여, 파양 제씨(番陽齊氏 : 齊夢龍)41)가 말하였다. "이 셋은 절도를 말하니, 거기에는 품행과 절도가 있다."

○ 見『周禮』「大司徒」.

'예·악·사·어·서·수지문(禮·樂·射·御·書·數之文)'은 『주례』「지관사도(地官司徒) 대사도(大司徒)」에 보인다.

○ 番陽齊氏曰 : "六者非八歲以上者所能盡究其事, 故言文. 文者, 名物之謂也, 非其事也."42)

'예·악·사·어·서·수지문(禮·樂·射·御·書·數之文)'과 관련하여, 파양 제씨(番陽齊氏 : 齊夢龍)가 말하였다. "이 여섯 가지는 8세 이상의 아이가 그 일을 다 궁구할 수 있는 것이 아니기 때문에 명칭이라고 말하였다. 명칭은 이름과 특징을 말하니, 그 일이 아니다."

○ 按 : 『論語』'遊藝'註以文與法分言之, 而此槪言文者, 統於禮·樂也, 抑射·御·書·數亦皆有其文云.

내가 생각하건대, 『논어(論語)』'유어예(游於藝)'에 대한 주석에서 육예(六藝)에 대해 명칭과 법도로 나누어 말했는데,43) 여기에서 개괄하여 명칭이라고 말한 것은 예(禮)·악(樂)에 총괄한 것이다. 그렇지만 사(射)·어(御)·서(書)·수(數)에도 역시 모두 그 명칭이 있다고 할 수 있을 것이다.

朱註

及其十有五年, 則自天子之元子·衆子, 以至公·卿·大夫·元士之適子, 與凡民之俊秀, 皆入大學,

---

40) 호광 편(胡廣 編), 『대학장구대전(大學章句大全)』「서(序)」.
41) 제몽룡(齊夢龍) : 자는 각옹(覺翁)이고 호는 절초(節初)이며, 원(元)나라 때 파양(番陽 : 현 강소성 파양현) 사람이다. 주희의 4전(傳) 제자로서 『역』과 『효경』 등에 관련 저술이 있었다고 한다.
42) 호광 편(胡廣 編), 『대학장구대전(大學章句大全)』「서(序)」.
43) 『논어(論語)』'유어예(游於藝)'에 대한 주석에서 육예(六藝)에 대해 명칭과 법도로 나누어 말했는데 : 『논어(論語)』「술이(述而)」제6장 '유어예(游於藝)'에 대한 주자 주석에서 "예(藝)는 곧 예(禮)·악(樂)의 명칭과 사(射)·어(御)·서(書)·수(數)의 법도이니, 모두 지극한 이치가 깃들어 있고 일상생활에서 빠트릴 수 없는 것이다.(藝, 則禮樂之文, 射御書數之法, 皆至理所寓而日用之不可闕者也.)"라고 되어 있다.

15세에 이르면 천자의 원자(元子)·중자(衆子 : 적장자 이외의 자식)로부터 공(公)·
경(卿)·대부(大夫)·원사(元士)의 적자(嫡子)와 모든 백성의 준수(俊秀)한 자에 이르
기까지 모두 태학(太學)에 들어가서

> 詳說

○ '又'通.
'급기십유오년(及其十有五年)'에서 '유(有)' 자는 '우(又 : 또)'자와 통한다.

○ 新安陳氏曰 : "元子繼世有天下, 衆子建爲諸侯."44)
'즉자천자지원자·중자(則自天子之元子·衆子)'에 대해, 신안 진씨(新安陳氏 : 陳
櫟)가 말하였다. "원자(元子)는 세대를 계승하여 천하를 다스리고, 중자(衆子)는
제후로 세워진다."

○ 上士.
'이지공·경·대부·원사지적자(以至公·卿·大夫·元士之適子)'에서 '원사(元士)'는 상사
(上士)이다.

○ 音'的'.
'이지공·경·대부·원사지적자(以至公·卿·大夫·元士之適子)'에서 '적(適)' 자는 음이
'적(的)'이다.

○ 新安陳氏曰 : "凡民, 惟賢者得入, 不比小學無貴賤賢愚皆得入
也.."45)
'여범민지준수(與凡民之俊秀)'에 대해, 신안 진씨(新安陳氏 : 陳櫟)가 말하였다.
"모든 백성들 가운데 오직 현명한 사람만이 들어갈 수 있으니, 귀한 자와 천한
자, 현명한 자와 어리석은 자를 가릴 것 없이 모두 들어갈 수 있는 소학과는 같
지 않다."

○ 按 : 天子則勿論元·衆, 公以下惟適子, 而凡民又惟俊秀, 此貴

---
44) 호광 편(胡廣 編), 『대학장구대전(大學章句大全)』「서(序)」.
45) 호광 편(胡廣 編), 『대학장구대전(大學章句大全)』「서(序)」.

賤之敎也.

내가 생각하건대, 천자는 원자(元子)나 중자(衆子)를 따지지 않고, 공(公) 이하는 오직 적자(適子)만 태학에 들어갈 수 있는데, 백성 중에는 또 오직 준수한 자만 태학에 들어갈 수 있는 것은 귀한 자와 천한 자를 구별하는 교육이다.

○ 十五入大學, 出『白虎通』.

위 구절과 관련하여, 15세에 태학에 들어간다는 말은 『백호통(白虎通)』에 나온다.46)

○ 『尙書大傳』曰 : "二十入大學."47)

위 구절과 관련하여, 『상서대전(尙書大傳)』에서 말하였다. "20세에 태학에 들어간다."

朱註

而敎之以窮理·正心·修己·治人之道.

이치를 궁구하고 마음을 바로잡으며 자신을 수양하고 남을 다스리는 도(道)를 가르쳤다.

詳說

○ 格致.

'이교지이궁리(而敎之以窮理)'에서 '궁리(窮理)'는 격물(格物)·치지(致知)이다.

○ 誠·正·修.

'정심·수기(正心·修己)'는 성의(誠意)·정심(正心)·수신(修身)이다.

---

46) 15세에 태학에 들어간다는 말은 『백호통(白虎通)』에 나온다 : 『백호통(白虎通)』 권4, 「벽옹(辟雍)」에는 "7+8인 15세에 음양이 갖추어지기 때문에 15세에 성장한 아동 가운데 지향이 분명한 아이는 태학에 들어가 경술(經術)을 배운다.(七八十五, 陰陽備, 故十五成童志明, 入太學, 學經術.)"라고 하였다.

47) 정현(鄭玄) 주(註)·공영달(孔穎達) 소(疏), 『예기주소(禮記註疏)』 권13, 「왕제(王制)」에서 "『尙書周傳』云, '王子·公·卿·大夫·元士之適子, 十五入小學, 二十入大學.' 又『書傳』略說餘子, 十三入小學, 十八入大學.(『상서주전(尙書周傳)』에서 '왕의 자식과 공·경·대부·원사(元士)의 적자는 15세에 소학에 들어가고, 20세에 태학에 들어간다.'라고 하였다. 또 『서전(書傳)』에서는 대략 적장자 이외의 자식들은 13세에 소학에 들어가고 18세에 태학에 들어간다고 말하였다.)"라고 하였다.

○ 齊·治·平.
'치인지도(治人之道)'는 제가(齊家)·치국(治國)·평천하(平天下)이다.

○ 新安陳氏曰：“窮理，知之事；正心以下，行之事. 三代有小學·大學之敎法，而未有書也.”48)
위 구절과 관련하여, 신안 진씨(新安陳氏 : 陳櫟)가 말하였다. "궁리(窮理)는 앎의 일이고, 정심(正心) 이하는 실행의 일이다. 삼대(三代)에 소학과 태학의 교육 법도가 있었지만, 글이 없었다."

朱註

此又學校之敎·大小之節所以分也.
이것은 또 학교의 가르침에 크고 작은 절차가 나누어진 근거이다.

詳說

○ 音效，下幷同.
'차우학교지교(此又學校之敎)'에서 '교(校)'자는 음이 효(效)이고 아래도 모두 마찬가지이다.

○ 此句收上文'寢備'句.
위 구절은 앞의 글 '삼대지융, 기법침비, 연후왕궁·국도이급여항막불유학(三代之隆, 其法寢備, 然後王宮·國都以及閭巷莫不有學)'을 거두어들여 정리한 것이다.

○ '此'·'所'二字照應上節末'此'·'所'二字文勢.
'차우학교지교·대소지절소이분야(此又學校之敎·大小之節所以分也)'에서 '차(此)'자와 '소(所)'자는 앞 단락 끝부분 '차복희·신농·황제·요·순소이계천입극(此伏羲·神農·黃帝·堯·舜所以繼天立極)'에서 '차(此)'자와 '소(所)'자와 문장 기세가 호응한다.

朱註

---
48) 호광 편(胡廣 編), 『대학장구대전(大學章句大全)』「서(序)」.

夫以學校之設, 其廣如此, 敎之之術, 其次第節目之詳又如此, 而其所以爲敎, 則又皆本之人君躬行心得之餘, 不待求之民生日用彝倫之外. 是以當世之人無不學.

무릇 학교의 설치가 그 넓음이 이와 같고, 교육 방법이 그 차례와 항목의 상세함이 또 이와 같으며, 그 교육하는 근거는 또 모두 군주가 몸소 실행하고 마음에 얻은 나머지에 근본하고, 백성들이 일상생활에서 지켜야 할 올바른 도리 이외의 것을 구하려고 하지 않았다. 이 때문에 당시 사람들은 배우지 않은 경우가 없었다.

詳說

○ 音扶.
'부이학교지설(夫以學校之設)'에서 '부(夫)'자는 음이 부(扶)이다.

○ 此又申論上文 '學'·'敎' 二事. 此下又收歸於上節 '君師'·'生民' 兩項.
'부이학교지설, 기광여차, 교지지술, 기차제절목지상우여차(夫以學校之設, 其廣如此, 敎之之術, 其次第節目之詳又如此)'라고 한 것은, 또 앞의 글에서 '학교'와 '교육' 두 가지 일을 거듭 밝혀 논한 것이다. 이 아래는 또 앞 단락의 '군주와 스승'과 '백성들' 두 가지 항목을 거두어들여 귀결한다.

○ 照 '君師'.
'즉우개본지인군궁행심득지여(則又皆本之人君躬行心得之餘)'라고 한 것은, '군주와 스승'을 비추어 본 것이다.

○ 新安陳氏曰 : "言君身爲立敎之本, 卽所謂億兆君師·繼天立極者也. 躬行仁義禮智之道, 而有得於心也."[49]
'즉우개본지인군궁행심득지여(則又皆本之人君躬行心得之餘)'라고 한 것과 관련하여, 신안 진씨(新安陳氏 : 陳櫟)가 말하였다. "이것은 군주의 몸은 가르침을

---

49) 호광 편(胡廣 編), 『대학장구대전(大學章句大全)』 「서(序)」에는 진력(陳櫟)의 말로 "上言學校施敎之法, 此言君身爲立敎之本, 卽所謂爲億兆君師·繼天立極者也. '躬行心得', 謂躬行仁義禮智之道, 心得仁義禮智之德, 卽行道而有得於心也.(앞에서는 학교에서 교육을 시행하는 법도를 말했고, 여기에서는 군주의 몸은 가르침을 세우는 근본이 되니 곧 이른바 만백성의 군주와 스승이고 하늘을 계승하여 표준을 세우는 사람이라는 것을 말한다. '몸소 실행하고 마음에 얻는다'라는 것은 인의예지의 도(道)를 몸소 실행하여 인의예지의 덕을 마음에 얻은 것이니 곧 도를 실행하여 마음에 얻는 것이 있다는 것이다.)"라고 실려 있다.

세우는 근본이 되니 곧 이른바 만백성의 군주와 스승이고 하늘을 계승하여 표준을 세우는 사람이라는 것을 말한다. 인의예지의 도(道)를 몸소 실행하여 마음에 얻은 것이 있다는 것이다."

○ 照'生民'.
'부대구지민생일용이륜지외(不待求之民生日用彛倫之外)'라고 한 것은 '백성들'을 비추어 본 것이다.

○ '彛倫'卽所謂'降衷'者也.
'부대구지민생일용이륜지외(不待求之民生日用彛倫之外)'에서 '이륜(彛倫)'은 곧 이른바 '하늘이 충(衷 : 中)을 내려준 것'이다.

○ 王至庶人.
'시이당세지인무불학(是以當世之人無不學)'에서 '당세지인(當世之人)'은 왕에서부터 서민들까지를 말한다.

○ 照上文二'皆入'.
'시이당세지인무불학(是以當世之人無不學)'에서 '무불학(無不學)'은 앞의 글에서 두 번 '모두 들어간다'라고 한 것 즉 '개입소학(皆入小學)'과 '개입태학(皆入大學)'을 비추어 본 것이다.

朱註

其學焉者, 無不有以知其性分之所固有, 職分之所當爲, 而各俛焉以盡其力.
배운 자들은 그 성분(性分 : 성의 본분)이 본디 가지고 있는 것과 직분(職分 : 직위의 본분)에 마땅히 해야 할 것을 알아서 각각 힘써 그 힘을 다 발휘하지 않음이 없었다.[50]

---

50) 각각 힘써 그 힘을 다 발휘하지 않음이 없었다 : 『주자어류(朱子語類)』 권14, 「대학1(大學一)」 59조목에는 힘서 그 힘을 발휘하는 문제를 다음과 같이 설명한다. " 물었다. ''각각 힘써 그 힘을 다 발휘하지 않음이 없었다.'라고 하였는데, '면(俛)'자는 무슨 뜻입니까?' 주희가 말하였다. ''면(俛)'이라는 글자는 반대 의견을 주장하는 것이고, 장차 없애려는 뜻일 뿐이다.'(問 : "各俛焉以盡其力.' 下此'俛'字何謂?' 曰 : "'俛'字者, 乃是刺著頭, 只管傲將去底意思.')"

詳說
○ 去聲, 下同.
'무불유이지기성분지소고유(無不有以知其性分之所固有)'에서 '분(分)'자는 거성(去聲)이고, 아래도 마찬가지이다.

○ 照上'彛倫'.
'무불유이지기성분지소고유(無不有以知其性分之所固有)'에서 '성분지소고유(性分之所固有)'는 앞의 '부대구지민생일용이륜지외(不待求之民生日用彛倫之外)'에서 '이륜(彛倫)'을 비추어 본 것이다.

○ 照上'躬行'. 蓋職莫大於爲君.
'직분지소당위(職分之所當爲)'라고 한 것은 앞의 '즉우개본지인군궁행심득지여(則又皆本之人君躬行心得之餘)'에서 '궁행(躬行)'을 비추어 본 것이다. 대개 직분은 군주노릇 하는 것보다 큰 것이 없다.

○ 音免.
'이각면언이진기력(而各俛焉以盡其力)'에서 '면(俛)'자는 음이 면(免)이다.

○ 新安陳氏曰 : "性分固有, 卽仁義禮智, 是理, 是體; 職分當爲, 如子孝·臣忠之類, 是事, 是用. 知性分·職分是知之事, 俛焉·盡力是行之事, 與前'知性之所有而全之'相照應."51)
위 구절과 관련하여 신안 진씨(新安陳氏 : 陳櫟)가 말하였다. "성분(性分)이 본디 가지고 있는 것은 곧 인의예지이니, 리(理)이고 본체이다. 직분(職分)에 마땅히 해야 하는 것은 예컨대 자식으로서는 효도해야 하고 신하로서는 충성하는 것 따위이니, 일[事]이고 작용이다. 성분과 직분은 앎의 일이고 그것에 힘쓴 것과 힘을 다 발휘하는 것은 실행의 일임을 아는 것은 앞에서 '성(性)'을 가지고 있다는 것을 알아서 그것을 온전하게 하는 것'과 서로 호응한다."

朱註
此古昔盛時, 所以治隆於上, 俗美於下, 而非後世之所能及也.

---

51) 호광 편(胡廣 編), 『대학장구대전(大學章句大全)』「서(序)」.

이것은 옛날 융성할 때 다스림이 위에서 융숭하고 풍속이 아래에서 아름다워 후세에서 미칠 수 있는 것이 아닌 까닭이다.

詳說

○ 去聲, 下幷同.
'소이치융어상(所以治隆於上)'에서 '치(治)'자는 거성(去聲)이고, 아래도 모두 마찬가지이다.

○ 又照上'躬行'句.
'소이치융어상(所以治隆於上)'에서 '융어상(隆於上)'은 또 앞의 '즉우개본지인군궁행심득지여(則又皆本之人君躬行心得之餘)'라는 구절을 비추어 본 것이다.

○ 又照上'彝倫'句.
'속미어하(俗美於下)'라고 한 것은 또 앞의 '부대구지민생일용이륜지외(不待求之民生日用彝倫之外)'라는 구절을 비추어 본 것이다.

○ 此收上文'三代之隆'句.
'이비후세지소능급야(而非後世之所能及也)'라고 한 것은 앞의 글 '삼대지융, 기법침비, 연후왕궁·국도이급여항막불유학(三代之隆, 其法寢備, 然後王宮·國都以及閭巷莫不有學)'이라는 구절을 거두어들인 것이다.

○ '此'·'所'二字又照應上節末句文勢.
'차고석성시, 소이치융어상(此古昔盛時, 所以治隆於上)'에서 '차(此)'자와 '소(所)'자는 또 앞 단락 끝부분 구절 '차복희·신농·황제·요·순소이계천입극(此伏羲·神農·黃帝·堯·舜所以繼天立極)'의 문장 기세와 호응한다.

○ 此「序」六節之末, 二'也'字·二'矣'字·一'焉'字·一'云'字, 此其分斷界限之字眼云.
이 「대학장구서(大學章句序)」 6개 단락의 끝은 '야(也)'자와 '의(矣)'자를 두 번씩 쓰고, '언(焉)'자와 '운(云)'자를 한 번씩 썼는데, 이것은 그 경계를 가르는 어휘라고 할 수 있다.

○ 此爲第二節.
여기까지가 제2절이다.

○ '後世'句引起下節.
'이비후세지소능급야(而非後世之所能及也)'라는 구절은 아래 단락을 일으킨다.

朱註
及周之衰, 賢聖之君不作, 學校之政不修, 敎化陵夷, 風俗頹敗. 時則有若孔子之聖, 而不得君師之位, 以行其政敎.
주(周)나라가 쇠퇴해지자 현명하고 성(聖)스러운 군주가 나오지 않아 학교의 정사(政事)가 닦아지지 못해, 교화가 침체되어 풍속이 무너졌다. 이때에는 공자와 같은 성인이 있었어도 군주와 스승의 지위를 얻어서 정사와 교육을 시행할 수 없었다.

詳說
○ 仍蒙上節三代而言.
'급주지쇠(及周之衰)'라고 한 것은 앞 단락 삼대(三代)를 이어받아 말한 것이다.

○ 四句事皆相因.
'현성지군부작, 학교지정불수, 교화능이, 풍속퇴패(賢聖之君不作, 學校之政不修, 敎化陵夷, 風俗頹敗)'라고 한 네 개 구절의 일은 모두 서로 이어진다.

○ 照上'君師'.
'시즉유약공자지성, 이부득군사지위(時則有若孔子之聖, 而不得君師之位)'라고 한 것은 앞의 '군주와 스승'이라는 말을 비추어 본 것이다.

○ 一切與上二節相反.
'시즉유약공자지성, 이부득군사지위, 이행기정교(時則有若孔子之聖, 而不得君師之位, 以行其政敎)'라고 한 것은 모든 일이 앞의 두 단락과 상반된다.

○ 新安陳氏曰 : "當天地氣運衰時."52)

'시즉유약공자지성, 이부득군사지위, 이행기정교(時則有若孔子之聖, 而不得君師之位, 以行其政教)'라는 구절과 관련하여, 신안 진씨(新安陳氏：陳櫟)가 말하였다. "공자는 천지의 기운이 쇠퇴할 때를 맞았다."

朱註
於是獨取先王之法, 誦而傳之, 以詔後世.
이에 홀로 선왕의 법(法)을 취하여, 외워 전해서 후세에 알려서 가르쳐주었다.

詳說
○ 三代.
'어시독취선왕지법(於是獨取先王之法)'에서 '선왕(先王)'은 삼대(三代)를 가리킨다.

○ 告教.
'이조후세(以詔後世)'에서 '조(詔)'자는 알려서 가르쳐준다는 것이다.

朱註
若「曲禮」・「少儀」・「內則」・「弟子職」諸篇, 固小學之支流餘裔,
「곡례(曲禮)」・「소의(少儀)」・「내칙(內則)」・「제자직(弟子職)」 같은 여러 편(篇)들은 본디 소학의 지류(支流)와 말류(末流)이며,

詳說
○ 去聲.
'「소의」(「少儀」)'에서 '소(少)'자는 거성(去聲)이다.

○ 幷『禮記』篇名.
'「곡례(曲禮)」・「소의(少儀)」・「내칙(內則)」'은 모두 『예기』의 편명이다.

---

52) 호광 편(胡廣 編), 『대학장구대전(大學章句大全)』「서(序)」에 진력(陳櫟)의 말로 "皇帝生當天地氣運盛時, 所以達而在上, 以身爲教, 而道行於當世. 孔子當天地氣運衰時, 不免窮而在下, 以言爲教, 傳諸其徒, 而道明於後世而已.(황제(皇帝)는 천지의 기운이 융성할 때 생겨 나왔기 때문에 현달하여 윗자리에 있으면서 몸소 교육했고 도(道)가 당시에 행해졌다. 공자는 천지의 기운이 쇠퇴할 때를 맞아 곤궁하여 아래 자리를 모면하지 못해서 말로 교육했고 그 문도들에게 전하여 도(道)가 후세에 밝혀졌을 따름이다.)"라고 실려 있다.

○『管子』篇名.
  '「제자직(弟子職)」'은『관자(管子)』의 편명이다.53)

---

53)『관자』제59장의「제자직」은 '학생들이 지켜야 하는 법도'로 전체가 9장으로 구성되어 있다. 첫 장은 학업(學業)과 덕행(德行)을 함께 말하고 있어 총칙(總則)이고, 나머지 8장은 이른 아침의 할 일, 수업하고 빈객을 응대하는 일, 시식(侍食), 취찬(就餐), 쇄소(灑掃), 집촉(執燭), 선생님의 잠자리 돌보기, 복습 공부의 원칙 등을 다루고 있다. 이 모든 사항은 학생들이 덕(德)에 나아가고, 학업을 닦으며, 스승을 섬기는 규칙들이라 할 수 있다. 전문은 아래와 같다. "先生施敎, 弟子是則, 溫恭自虛, 所受是極. 見善從之, 聞義則服. 溫柔孝悌, 毋驕恃力. 赤卑虛邪, 行必止直. 遊居有常, 必就有德. 顔色整齊, 中心必式. 夙興夜寐, 衣帶必飾. 朝益暮習, 小心翼翼. 一此不解, 是謂學則. 少者之事, 夜寐蚤作. 旣拚盥漱, 執事有恪, 攝衣共盥, 先生乃作. 沃盥徹盥, 汛拚正席, 先生乃坐. 出入恭敬, 如見賓客. 危坐鄕師, 顔色毋怍. 受業之紀, 必由長始. 一周則然, 其餘則否. 始誦必作, 其次則已. 凡言與行, 思中以爲紀, 古之將興者, 必由此始. 後至就席, 狹坐則起. 若有賓客, 弟子駿作, 對客無讓, 應且遂行, 趨進受命. 所求雖不在, 必以命反. 反坐復業, 若有所疑, 奉手問之. 師出皆起. 至於食時, 先生將食, 弟子饌饋. 攝衽盥漱, 跪坐而饋, 置醬錯食, 陳膳毋悖. 凡置彼食, 鳥獸魚鼈, 必先菜羹, 羹胾中別, 胾在醬前, 其設要方. 飯是爲卒, 左酒右醬, 告具而退, 奉手而立. 三飯二斗, 左執虛豆, 右執挾匕, 周還而貳, 唯嗛之視. 同嗛以齒, 周則有始, 柄尺不跪, 是謂貳紀. 先生已食, 弟子乃徹, 趨走進漱. 拚前斂祭. 先生有命, 弟子乃食, 以齒相要, 坐必盡席, 飯必奉擥, 羹不以手, 亦有雜膝, 母有隱肘, 旣食乃飽, 循咡覆手, 振衽掃席, 已食者作, 摳衣而降. 旋而鄕席, 各徹其饋, 如於賓客. 旣徹幷器, 乃還而立. 凡拚之道, 實水于盤, 攘袂及肘, 堂上則播麈, 室中握手. 執箕膺擖, 厥中有帚. 入戶而立, 其儀不忒. 執帚下箕, 倚于戶側. 凡拚之紀, 必由奧始, 俯仰磐折, 拚毋有徹, 拚前而退, 聚于戶內; 坐板排之, 以葉適己, 實帚于箕. 先生若作, 乃興而辭, 坐執而立, 遂出棄之. 旣拚反立, 是協是稽. 暮食復禮, 昏將擧火, 執燭隅坐. 錯總之法, 橫于坐所, 櫛之遠近, 乃承厥火, 居句如矩. 蒸間容蒸, 然者處下, 奉椀以爲緖. 右手執燭, 左手正櫛, 有墮代燭, 交坐毋倍尊者, 乃取燃櫛, 遂出是去. 先生將息, 弟子皆起, 敬奉枕席, 問所何趾, 俶衽則請, 有常則否. 先生旣息, 各就其友, 相切相磋, 各長其儀. 周則復始, 是謂弟子之紀.(<총칙>: 선생이 가르침을 베풀면 제자는 이를 본받아야 한다. 온량(溫良)하고 공경하며 겸허(自虛)하면 가르침을 받은 것이 지극하게 된다. 선(善)을 보면 이를 쫓고, 올바른 도리(義)를 들으면 실천한다. 온유하고 효성스러우며 교만하거나 자신의 용맹을 믿지 않아야 한다. 뜻(志)이 헛되거나 사악하지 않아야 하며 행동은 반드시 곧고 바르게 해야 한다. 외출할 때에는 일정한 법도가 있어야 하며 반드시 덕이 있는 사람을 가까이 해야 한다. 겉으로 드러나는 안색은 정숙하고 장중해야 하며, 마음 속은 반드시 법도에 합당해야 한다. 일찍 일어나고 밤늦게 자며 옷과 허리띠는 반드시 가지런히 해야 하며 아침에는 선생의 가르침을 받고 저녁에는 배운 것을 익히며, 삼가 익히고 신중히 해야 한다. 이 일을 한결같이 하고 게을리 하지 않는 것을 배우는 법도라 한다. ①어린이가 마땅히 해야 할 일은 밤늦게 자고 아침 일찍 일어나야 한다. 자리에서 기상하는 순간 자리를 청소하고 세수하고 양치질하며 맡아 하는 일을 공손하게 한다. 옷매무새를 바르게 하고 세숫물을 받들고 선생이 일어나기를 기다린다. 선생이 세수하시거든 세수 도구를 치우고, 집안을 청소하고 공부할 좌석을 정돈하고 선생이 앉는다. 선생의 앞에서 출입을 할 때에는 공경하여 손님을 맞이하듯 해야 한다. 공부를 하기 위해 바르게 앉고 얼굴은 스승을 향하며 안색은 단정히 하고 용모가 변하지 않아야 한다. ②제자가 선생을 쫓아 학습하는 차례는 반드시 연장자로부터 시작하는 것이니 1년 동안은 그렇게 하고, 그 나머지는 그렇게 하지 않으며 재능에 따라 배운다. 처음 선생을 따라 암송할 때는 반드시 일어서고 그 다음부터는 그렇게 하지 않는다. 모든 말과 행동은 중용을 법도로 삼기를 생각한다. 옛날에 학업을 성취하려고 하는 자는 반드시 이와 같이 시작하였다. 늦게 온 사람이 자기 자리에 나아갈 때 곁에 앉은 사람은 일어나 길을 양보해 주어야 한다. 만약 손님이 오신다면 제자는 재빨리 몸을 일으킨다. 손님을 대할 때 냉담하게 하지 않으며, 한편으로 응대하고 한편으로 행동해야 하며, 급히 나아가 명을 받아야 한다. 손님이 찾는 사람이 계시지 않더라도 반드시 돌아와 알리고, 되돌아가 공부를 계속한다. 의심나는 바가 있으면 공손하게 질문한다. 스승이 나가시면 모두 일어난다. ③식사시간이 되어 선생이 식사를 드시려거든 제자가 밥과 반찬을 올린다. 옷매무새를 바르게 하고 세수하고 양치질하며, 꿇어앉아 선생에게 음식을 드린다. 간장을 놓고 음식을 진열하고 반찬을 펴놓을 때 법도를 어기지 말라. 선생에게 식사를 올리는 순서는 조수(鳥獸) 어별(魚鼈)과 같은 반찬에는 반드시 먼저 나물국을 올린다. 고기 덩어리를 크게 썰어 넣은 국은 중앙에 진열하여 놓고, 고깃점은 간장 앞에 진열해 놓아 상을 진설하는 것을 방정하게 해야 한다. 밥은 마지막으로 놓고 왼쪽에는 술과 오른쪽에는 마실 것을 놓는다. 상차림을 끝내고 물러나 손을 받들고 한 쪽에서 기다린다. 선생의 식사를 기다리면서 세 주발의 밥과 두 국자의 술을 준비한다. 왼 손에는 빈 그릇을 들고, 오른 손에는 수저를 잡으며, 식탁을 돌면서 음식과 반찬을 첨가한다. 그릇이 비는 것을 살펴 나이에 따라 첨가해 준다. 한 바퀴 돌고 난 후에 다시 시작하며, 1척의 주걱으로 첨반(添飯)하되 꿇어앉지 않는다. 이것이 술과 음식을 첨반하는 법도이다. 선생이 식사를 마치시거든 제자는 상을 물린다. 그런 후에 재빨리 나아가 양치할 물을

○ 餘制反.
'고소학지지류여예(固小學之支流餘裔)'에서 '예(裔)'자는 여(餘)와 제(制)의 반절이다.

○ 番陽齊氏曰 : "'支流', 水之旁出; '餘裔', 衣裾之末也. 四篇作於春秋時, 三代小學之全法, 僅存其一二, 故曰'支・餘.'"54)
위 구절과 관련하여 파양 제씨(番陽齊氏 : 齊夢龍)가 말하였다. "'지류(支流)'는 물이 곁으로 흘러가는 것이고, '여예(餘裔)'는 옷자락의 끝부분이다. '곡례'・'소의'・'내칙'・'제자직' 네 편은 춘추 시대에 지어져서 삼대(三代) 때 소학의 모든 법도가 겨우 한두 가지 보존된 것이기 때문에, '지류(支流)와 말류(末流)'라고 하였다.

○ 按 : 小學經蓋亡矣, 此四篇非孔氏之正經, 故云'支・餘'耳.
내가 생각하건대, 소학(小學)의 경전은 모두 없어졌고 이 네 편은 공자의 참된 경전이 아니기 때문에 '지류(支流)와 말류(末流)'라고 하였다.

朱註

올리고 자리 앞을 청소하고 고수레했던 음식들을 거두어 간다. ④선생의 분부가 있어야 제자는 식사를 한다. 나이 차례로 자리를 잡으며, 앉을 때는 좌석을 꽉 채워야 한다. 밥그릇은 반드시 손으로 잡고, 국은 손으로 잡지 않는다. 두 손으로 무릎을 누르고 팔꿈치를 기대지 않는다. 먹고 나서 배부르거든 손으로 입술 주위를 닦는다. 옷자락을 걷고 좌석을 청소하며 식사가 끝난 사람은 일어나 옷자락을 들어 올리고 식사 자리를 떠난다. 돌아와서 자리에 앉아서 각각 남은 반찬을 치우는 것을 빈객에게서와 같이 한다. 이미 상을 물려 식기를 치우고 돌아와 자리에 선다. ⑤청소하는 방법은 대야에 물을 담아 팔 소매와 팔꿈치를 걷고서 당(堂)위에서는 물을 뿌리고 방(室) 가운데는 두 손으로 물을 움켜잡고 뿌린다. 쓰레받기의 주둥이 손잡이를 잡고서 쓰레기를 그 가운데 쓸어 담는다. 방안에 들어와 서서는 거동이 흐트러지지 않는다. 빗자루를 잡고서 쓰레받기를 내려 방 곁에다 기대어 놓는다. 청소하는 순서는 반드시 서남쪽 모퉁이에서 시작한다. 허리를 펴기도 하고 굽히기도 하여 이리저리 구석구석까지 청소하며, 청소할 때는 크게 움직이지 않는다. 앞에서 청소하여 뒤로 가고 쓰레기를 방 가운데로 모은다. 그런 후에 무릎을 꿇고 앉아서 쓰레기를 거두어 버리며, 쓰레받기 입구를 자기에게 향하게 하여 빗자루 질을 하여 쓰레받기에 담는다. 선생이 만약 일어나서 청소하려고 하면 사양하여라. 쓰레받기를 잡고 일어서 밖에 나가 쓰레기를 버려라. 청소가 끝나면 돌아와 손을 모으고 선다. 이렇게 하는 것이 청소의 법도에 맞는 일이다. 저녁 식사는 아침 식사와 청소할 때의 예절과 같이 한다. ⑥황혼 녘에는 횃대에 불을 붙여 제자가 잡고 방의 한 모퉁이에 앉는다. 불을 붙이는 섶단(柴薪)을 두는 방법은 선생이 앉아 계신 곳에 가로로 두고, 원근(遠近)으로 늘어 놓고서 이어서 불을 붙이며, 나머지 섶단을 장단에 따라 섶이 타는 곳에 가지런히 놓는다. 불 섶을 타는 섶단 사이에 내려놓고 화로를 들어 타다 남은 재를 담는다. 오른손으로 횃불을 잡고 왼손으로 남은 재를 정돈한다. 피로하여 다른 사람과 횃불을 교대한다면 앉아서 바꾸고 스승에게로 등을 돌리지 말아라. 남은 재는 모아 문밖에 나가서 버려야 한다. ⑦선생이 휴식하려고 하거든 제자들이 모두 일어난다. 삼가 베개 자리를 받들고, 발을 어디로 둘지를 여쭙는다. 잠자리가 정돈되면 마음에 드는지를 묻고, 제대로 되었으면 묻지 않는다. ⑧선생이 이미 휴식하시거든 각기 그 벗들에게 나아가 서로 절차탁마(切磋琢磨)하여 각각 그 배운 바의 의리를 키운다. 하나 하나를 두루 공부하여 게을리 하지 않는 것을 제자의 공부하는 도리라 한다.)

54) 호광 편(胡廣 編), 『대학장구대전(大學章句大全)』「서(序)」.

而此篇者, 則因小學之成功, 以著大學之明法.
그런데 이 편(篇)은 소학의 성공에 따라서 대학의 밝은 법을 드러내었다.

詳說

○ 指'經一章'.
'이차편자(而此篇者)'는 '경1장(經一章)'을 가리킨다.

○ 此以大學之道而言, 下文'過於『大學』'同.
'이저대학지명법(以著大學之明法)'이라고 한 것은 대학의 도(道)로써 말한 것이고, 아래 글에서 '『대학(大學)』보다 지나치다'라고 말한 것도 마찬가지이다.

朱註

外有以極其規模之大, 而內有以盡其節目之詳者也.
밖으로는 그 규모의 큼을 극진히 함이 있고, 안으로는 그 항목의 상세함을 다 발휘함이 있다.55)

詳說

○ 新安陳氏曰 : "'規模之大', 指三綱領; '節目之詳', 指八條目. 孔子時, 方有『大學』一章之經."56)
위 구절과 관련하여 신안 진씨(新安陳氏 : 陳櫟)가 말하였다. "'규모의 큼'은 삼강령(三綱領)을 가리키고, '항목의 상세함'은 팔조목(八條目)을 가리킨다. 공자 시대에는 다만 『대학(大學)』 1장(章)의 경(經)이 있었을 것이다."

○ 東陽許氏曰 : "獨以八條看之, 則平天下爲規模, 上七條爲節目.

---

55) 『주자어류(朱子語類)』 권14, 「대학1(大學一)」 60조목에는 다음과 같이 설명하고 있다. "이것은 먼저 외면의 규모가 이와 같이 크다는 것을 알고, 안으로 공부를 하여 채우는 것이다. 이른바 규모의 크기는 대개 사람들이 배우는데 마땅히 '명덕을 밝히고 백성을 새롭게 하며 지극한 선에 그치는 것' 및 '천하에 명덕을 밝히는 것'을 일로 삼아 오로지 그 몸을 선하게 하려는 것이 아니다. 반드시 천하에 뜻을 두고 이른바 '이윤의 뜻한 바에 뜻을 두고, 안자가 배운 것을 배운다.'는 말이다. 『대학』의 두 번째 구절에서 '백성을 새롭게 하는 데 있다.'를 말한다.(這个須先識得外面一个規模如此大了, 而內做工夫以實之. 所謂規模之大, 凡人爲學, 便當以'明明德, 新民, 止於至善', 及'明明德於天下'爲事, 不成只要獨善其身便了. 須是志於天下, 所謂'志伊尹之所志, 學顔子之所學也'. 所以大學第二句便說'在新民'.)"

56) 호광 편(胡廣 編), 『대학장구대전(大學章句大全)』 「서(序)」.

須七條節節做工夫, 至于極功. 八條卽三綱中事也."57)
위 구절과 관련하여 동양 허씨(東陽許氏 : 許謙)가 말하였다. "다만 팔조목만으로 본다면 평천하(平天下)가 규모이고 앞의 7개 조목은 항목이다. 모름지기 7개 조목에 대해 하나하나 공부하여 극진한 공로에 이르러야 한다. 팔조목은 곧 삼강령 가운데의 일이다."

○ 按 : 陳氏以'大'·'詳'字爲說, 許氏以'外'·'內'字爲說, 合兩說, 其義方備.
내가 생각하건대, 신안 진씨(新安陳氏 : 陳櫟)는 '대(大 : 규모의 큼)'자와 '상(詳 : 항목의 상세함)'자로 설명했고, 동양 허씨(東陽許氏 : 許謙)는 '외(外 : 밖으로는)'자와 '내(內 : 안으로는)'자로 설명했는데, 두 가지 설명을 합쳐야 그 의미가 비로소 갖추어질 것이다.

朱註
三千之徒, 蓋莫不聞其說, 而曾氏之傳獨得其宗, 於是作爲「傳」義以發其意.
삼천명의 문도(門徒)가 대개 그 말을 듣지 않은 사람이 없었지만 증씨(曾氏 : 曾參)의 전함이 홀로 그 종지(宗旨)를 얻었고, 이에 「전(傳)」의 의미를 지어 그 뜻을 드러내었다.

詳說
○ 曾子作經一章.
'이증씨지전독득기종(而曾氏之傳獨得其宗)'이라고 한 것은 증자가 「경(經)1장」을 지은 것을 말한다.

○ 去聲.
'어시작위「전」의이발기의(於是作爲「傳」義以發其意)'에서 '전(傳)'자는 거성(去聲)이다.

---

57) 호광 편(胡廣 編), 『대학장구대전(大學章句大全)』「서(序)」에 허겸(許謙)의 말로서 "規模·節目, 以三綱·八條對言, 則三綱爲規模, 八條爲節目, 謂八條卽三綱中事也. 獨以八條言之, 則平天下爲規模, 上七條爲節目. 平天下是大學之極功, 然須是有上七條節節做工夫, 行至于極, 然後可以天下平.(규모와 항목은 삼강령과 팔조목으로 짝지어 말하면, 삼강령은 규모이고, 팔조목은 항목이니 팔조목은 곧 삼강령 가운데의 일이다. 다만 팔조목만으로 말하면 평천하(平天下)가 규모이고 앞의 7개 조목은 항목이다. 평천하는 대학의 극진한 공효이지만 모름지기 앞의 7개 조목에 대해 하나하나 공부하여 실행이 극진한 데 이르러야 그런 뒤에 천하가 평안해질 수 있다.)"라고 실려 있다.

○ 曾子門人作傳十章.
'어시작위「전」의이발기의(於是作爲「傳」義以發其意)'에서 '작위전의(作爲傳義)'라고 한 것은 증자의 문인이 「전(傳)10장」을 지은 것을 말한다.

○ '義'字帶說.
'어시작위「전」의이발기의(於是作爲「傳」義以發其意)'에서 '의(義)'자는 '전(傳)'자에 붙여서 말한 것이다.

○ 『大全』曰 : "發明孔子之意."58)
'어시작위「전」의이발기의(於是作爲「傳」義以發其意)'라고 한 것에 대해 『대학장구대전(大學章句大全)』에서 말하였다. "이것은 공자의 뜻을 드러내 밝혔다는 것이다."

朱註

及孟子沒, 而其傳泯焉, 則其書雖存而知者鮮矣.
맹자가 세상을 떠남에 그 전함이 끊기니, 그 책이 비록 남아 있지만 아는 자가 적었다.

詳說

○ 不擧子思者, 蓋旣曰曾子門人作「傳」, 則子思乃門人之尤者, 雖不擧猶擧也.
'급맹자몰(及孟子沒)'이라고 하여 자사(子思 : 공자의 손자로서 증자의 문인임)를 제기하지 않은 것은, 대개 이미 증자의 문인이 「전(傳)」을 지었다고 말했으면 자사는 곧 증자의 문인 가운데 뛰어난 자이니, 비록 그를 제기하지 않았다고 하더라도 제기한 것과 마찬가지이기 때문이다.

○ 上聲.
'즉기서수존이지자선의(則其書雖存而知者鮮矣)'에서 '선(鮮)'자는 상성(上聲)이다.

---

58) 호광 편(胡廣 編), 『대학장구대전(大學章句大全)』「서(序)」

○ 此爲第三節.
여기까지가 제3절이다.

○ '泯鮮'句引起下節.
'이기전민언, 즉기서수존이지자선의(而其傳泯焉, 則其書雖存而知者鮮矣)'라고 한 구절은 이래 단락을 끌어서 일으키고 있다.

朱註
自是以來, 俗儒記誦詞章之習, 其功倍於小學而無用;
이로부터 그 뒤 속유(俗儒)들이 암송하고 작문하는 익힘이 그 공부가 소학보다 곱절이 되었지만 쓸 데가 없었고,

詳說
○ 朱子曰 : "訓詁."59)
'속유기송사장지습(俗儒記誦詞章之習)'에서 '기송(記誦)'과 관련하여, 주자가 말하였다. "이는 훈고하는 것이다."

○ 訓詁, 漢學; 詞章, 唐學.
'속유기송사장지습(俗儒記誦詞章之習)'과 관련하여, 훈고는 한(漢)나라 유행한 학문이고, 작문은 당(唐)나라 대 유행한 학문이다.

○ 盡平生之力.
'기공배어소학이무용(其功倍於小學而無用)'에서 '기공배어소학(其功倍於小學)'이라고 한 것은 평생토록 진력을 다해 노력한다는 것이다.

---

59) 주희(朱熹), 『주문공문집(朱文公文集)』 권80, 「복주주학경사각기(福州州學經史閣記)」에는 "然自聖學不傳, 世之爲士者不知學之有本而唯書之讀, 則其所以求于書, 不越乎記誦訓詁文詞之間, 以釣聲名, 干祿利而已. 是以天下之書愈多而理愈昧, 學者之事愈勤而心愈放, 詞章愈麗·論議愈高而其德業事功之實愈無以逮乎古人. (그러나 성인의 학문이 전해지지 않게 되면서부터, 세상의 선비 노릇하는 사람들은 배움에 근본이 있음을 알지 못하고 오직 책만 읽으니, 그들이 책에서 구하는 것은 문사(文詞)를 암송하고 훈고(訓詁)하는 것을 넘어서지 못하여, 그것으로써 명성을 꾀하고 이록(利祿)을 얻으려는 것일 뿐이었다. 이 때문에 천하에 책이 많으면 많을수록 이치는 더욱 어두워지고, 배우는 사람들이 부지런하면 할수록 마음은 더욱 방만해지며, 작문은 더욱 화려하고 논의는 더욱 고원하지만, 그 덕업(德業)과 사공(事功)의 실질은 더욱 옛사람들에 미칠 수가 없었다.)"라고 되어 있다.

○ 朱子曰 : "德業事功, 無以逮古人."60)

'기공배어소학이무용(其功倍於小學而無用)'에서 '무용(無用)'에 대해, 주자가 말하였다. "덕업(德業)과 사공(事功)이 옛사람들에 미칠 수가 없었다."

朱註

異端虛無·寂滅之敎, 其高過於大學而無實.

이단(異端)의 허무(虛無)·적멸(寂滅)의 가르침은 그 고원함이 대학의 도를 넘어서지만 실질이 없었다.

詳說

○ 新安陳氏曰 : "老氏虛無, 佛氏寂滅."61)

'이단허무·적멸지교(異端虛無·寂滅之敎)'와 관련하여, 신안 진씨(新安陳氏 : 陳櫟)가 말하였다. "노자는 허무(虛無)이고 불교는 적멸(寂滅)이다."

○ 朱子曰 : "吾儒讀書, 逐一就事物上理會道理. 異端便都掃了, 只恁地空寂便道事都了. 若將些子事付之, 便都沒奈何."62)

위 구절에 대해 주자가 말하였다. "우리 유학은 독서는 하나하나씩 사물에서 도리를 이해한다. 그러나 이단(異端)은 곧 이것을 전부 없애버리고 다만 그렇게 텅 비고 적막하면서도 곧 그렇게 하는 것이 바로 일을 모두 끝낸 것이라고 말한다. 만약 이러한 일을 텅 비고 적막한 데 붙인다면, 곧 모두 어떻게 할 수가 없을 것이다."

朱註

---

60) 주희(朱熹), 『주문공문집(朱文公文集)』 권80, 「복주주학경사각기(福州州學經史閣記)」.
61) 호광 편(胡廣 編), 『대학장구대전(大學章句大全)』 「서(序)」.
62) 『주자어류(朱子語類)』 권14, 「대학1(大學一)」 62조목에는 "仁甫問 : '釋氏之學, 何以說爲「高過於『大學』而無用」?' 曰 : '吾儒更著讀書, 逐一就事物上理會道理. 他便都掃了這個, 他便恁地空空寂寂, 恁地便道事都了. 只是無用. 德·行·道·藝, 藝是一介至末事, 然亦皆有用. 釋氏若將些子事付之, 便都沒奈何.'(인보(仁甫) : 주자 문인)가 물었다. '무엇 때문에 불교의 학문을 「고원함이 『대학(大學)』을 넘어서지만 실질이 없었다」라고 하였습니까?' 주자가 대답하였다. '우리 유학은 독서를 통하여 하나하나씩 사물에서 도리를 이해한다. 그러나 그들은 곧 이것을 전부 없애버리고 또 곧 그렇게 텅 비고 적막하면서도, 그렇게 하는 것이 바로 일을 모두 끝낸 것이라고 말한다. 다만 쓸모가 없을 뿐이다. 덕·행·도·예(德·行·道·藝)에서 예(藝)는 하나의 지극히 말단적인 일이지만 또한 모두 쓸모가 있다. 불교가 만약 이러한 일을 텅 비고 적막한 데 붙인다면, 곧 모두 어떻게 할 수가 없을 것이다.')"라고 되어 있다.

其他權謀術數, 一切以就功名之說, 與夫百家衆技之流, 所以惑世誣民, 充塞
仁義者, 又紛然雜出乎其間.
기타 권모술수로서 임시로 공명(功名)을 이루는 학설과 저 여러 학파의 많은 기예
의 부류들이 혹세무민하여 인의(仁義)를 가로막는 자들이 또 어지럽게 그 사이에
섞여 나왔다.

詳說

○ 音竊.
'일절이취공명지설(一切以就功名之說)'에서 '절(切)'자는 음이 절(竊)이다.

○ 音扶.
'여부백가중기지류(與夫百家衆技之流)'에서 '부(夫)'자는 음이 부(扶)이다.

○ 新安陳氏曰 : "權術, 謂管·商等 ; 百家衆技, 如九流等是也."63)
'기타권모술수, 일절이취공명지설, 여부백가중기지류(其他權謀術數, 一切以就功
名之說, 與夫百家衆技之流)'와 관련하여, 신안 진씨(新安陳氏 : 陳櫟)가 말하였
다. "권모술수는 관중(管仲)과 상앙(商鞅) 등을 말하고, 여러 학파의 많은 기예
는 예컨대 구류(九流 : 여러 학파들) 등이 이것이다."

○ 見『孟子』「滕文公」.
'소이혹세무민, 충색인의자(所以惑世誣民, 充塞仁義者)'라고 한 것은 『맹자(孟
子)』「등문공(滕文公)」에 보인다.64)

○ 俗儒異端之間.
'우분연잡출호기간(又紛然雜出乎其間)'에서 '기간(其間)'은 세속의 학자들과 이단
(異端)의 사이를 말한다.

---

63) 호광 편(胡廣 編), 『대학장구대전(大學章句大全)』「서(序)」.
64) '소이혹세무민, 충색인의자(所以惑世誣民, 充塞仁義者)'라고 한 것은 『맹자(孟子)』「등문공(滕文公)」에 보인
다 : 『맹자(孟子)』「등문공 하(滕文公下)」제9장에서 "양주(楊朱)·묵적(墨翟)의 도(道)가 그치지 않으면 공자
의 도가 드러나지 못할 것이니, 이것은 그릇된 학설이 백성을 속여 인의(仁義)를 가로막는 것이다.(楊墨之
道不息, 孔子之道不著, 是邪說誣民, 充塞仁義也.)"라고 하였다.

○ 以上分四品言之, 而害正學莫甚於異端, 故特言『大學』於彼.
이상으로 네 가지로 말했는데,65) 올바른 학문을 해치는 것은 이단보다 심한 것이 없기 때문에 특히 이단을 논하는 데서 『대학(大學)』을 말하였다.66)

朱註
使其君子不幸而不得聞大道之要, 其小人不幸而不得蒙至治之澤.
군자에게는 불행하게도 큰 도(道)의 요체를 듣지 못하도록 했고, 소인에게는 불행하게도 세상이 잘 다스려지는 혜택을 입지 못하도록 하였다.

詳說
○ 仕者.
'사기군자불행이부득문대도지요(使其君子不幸而不得聞大道之要)'에서 '군자(君子)'는 벼슬하는 사람을 가리킨다.

○ 幷蒙上 '使' 字.
'기소인불행이부득몽지치지택(其小人不幸而不得蒙至治之澤)'에서 '기소인(其小人)'도 앞 구절의 '사(使)'자에 이어지고 있다.

○ 庶人.
'기소인불행이부득몽지치지택(其小人不幸而不得蒙至治之澤)'에서 '소인(小人)'은 서민을 가리킨다.

朱註
晦盲否塞, 反覆沈痼,
어두워 가려지고 막혀서 반복하여 고질이 되어,

詳說

---
65) 이상으로 네 가지로 말했는데 : 네 가지는 앞에서 논한 속유(俗儒), 이단(異端), 권모술수(權謀術數), 백가중기(百家衆技)를 말한다.
66) 특히 이단을 논하는 데서 『대학(大學)』을 말하였다 : 앞에서 "이단의 허무(虛無)·적멸(寂滅)의 가르침은 그 고원함이 『대학(大學)』을 넘어서지만 실질이 없었다.(異端虛無·寂滅之敎, 其高過於『大學』而無實.)"라고 한 것을 가리킨다.

○ 眉庚反.
'회맹비색(晦盲否塞)'에서 '맹(盲)'자는 미(眉)와 경(庚)의 반절이다.

○ 音鄙.
'회맹비색(晦盲否塞)'에서 '비(否)'자는 음이 비(鄙)이다.

○ 東陽許氏曰 : "如月之晦, 目之盲, 言不明; 知氣之否, 川之塞, 言不行."67)
'회맹비색(晦盲否塞)'에 대해, 동양 허씨(東陽許氏 : 許謙)가 말하였다. "달이 어두운 것과 같고 눈이 보지 못하는 것과 같으니 밝지 못한 것을 말하고, 기(氣)가 통하지 않는 것과 같고 냇물이 막히는 것과 같으니 실행하지 못하는 것을 말한다."

○ 音福.
'반복침고(反覆沈痼)'에서 '복(覆)'자는 음이 복(福)이다.

○ 音固.
'반복침고(反覆沈痼)'에서 '고(痼)'자는 음이 고(固)이다.

○ 東陽許氏曰 : "'反覆'是展轉愈深而不可去底意. '沈'如物沒於水而不可浮, '痼'如病著於身而不可愈."68)
'반복침고(反覆沈痼)'에 대해, 동양 허씨(東陽許氏 : 許謙)가 말하였다. "'반복(反覆)'은 움직일수록 더욱 깊어져서 빠져나갈 수 없다는 뜻이다. '침(沈)'자는 마치 어떤 것이 물에 가라앉아서 떠오르지 못하는 것과 같고, '고(痼)'자는 마치 몸에 병이 들어 낫지 못하는 것과 같다."

朱註

---

67) 호광 편(胡廣 編), 『대학장구대전(大學章句大全)』「서(序)」에 허겸(許謙)의 말로 "如月之晦, 如目之盲, 如氣之否, 如川之塞. 晦盲, 言不明; 否塞, 言不行.(달이 어두운 것과 같고, 눈이 보지 못하는 것과 같으며, 기(氣)가 통하지 않는 것과 같고, 냇물이 막히는 것과 같다. '회맹(晦盲)'은 밝지 못한 것을 말하고, '비색(否塞)'은 실행하지 못하는 것을 말한다.)"라고 실려 있다.
68) 호광 편(胡廣 編), 『대학장구대전(大學章句大全)』「서(序)」.

以及五季之衰, 而壞亂極矣!
오계(五季 : 다섯 나라의 쇠퇴한 시대)의 쇠퇴함에 이르러 무너지고 혼란함이 지극했다!

詳說

○ 『大全』曰 : "梁·唐·晉·漢·周五代季世."
'이급오계지쇠(以及五季之衰)'에서 '오계(五季)'에 대해, 『대학장구대전(大學章句大全)』에서 말하였다. "'오계'는 후양(後梁)·후당(後唐)·후진(後晉)·후한(後漢)·후주(後周)의 다섯 나라의 쇠퇴한 시대를 가리킨다."

○ 雲峰胡氏曰 : "'惑世誣民', 使斯民昏而不能知; '充塞仁義', 使斯民壅而不能行. '晦盲', 全無能知者; '否塞', 全無能行者, 所以爲壞亂之極也. '大道之要', 是『大學』書中所載者; '至治之澤', 是自『大學』中流出者. 上之人無能知此『大學』, 故君子'不得聞大道之要'; 上之人無能行此『大學』, 故小人'不得蒙至治之澤'."69)

'이급오계지쇠, 이괴란극의(以及五季之衰, 而壞亂極矣 : 오계(五季 : 다섯 나라의 쇠퇴한 시대)의 쇠퇴함에 이르러 무너지고 혼란함이 지극했다!)'는 구절에 대해, 운봉 호씨(雲峯胡氏 : 胡炳文)가 말하였다. "'혹세무민'은 이 백성들을 어둡게 하여 알 수 없도록 하는 것이고, '인의(仁義)를 가로막는 것'은 이 백성들을 막히게 해서 실행할 수 없도록 하는 것이다. '회맹(晦盲)'은 전혀 알 수 없는 것이고 '비색(否塞)'은 전혀 실행할 수 없는 것이니, 그 때문에 무너져 어지럽게 됨이 극심하게 된다. '큰 도(道)의 요점'은 『대학(大學)』이라는 책 속에 실려 있는 것이고, '세상이 잘 다스려지는 혜택'은 『대학(大學)』으로부터 흘러나오는 것이다. 윗자리에 있는 사람이 이러한 『대학(大學)』을 알 수 없기 때문에 군자는 '큰 도(道)의 요점을 들을 수 없게 되고', 윗자리에 있는 사람이 이러한 『대학(大學)』을 실행할 수 없기 때문에 소인은 '세상이 잘 다스려지는 혜택을 입지 못하게 된다.'"

○ 此爲第四節.

---

69) 호병문(胡炳文), 『사서통(四書通)』「대학통(大學通)·대학주자서(大學朱子序)」.

여기까지가 제4절이다.

○ '亂極'句引起下節宋之治敎, 而遂歸重於二程, 因以自任.
'혼란함이 지극했다'라는 구절은 아래 단락인 송(宋)나라의 다스림과 교화를 이끌어내고, 마침내 이정(二程 : 程顥·程頤)을 높게 평가하여 이어서 주자 스스로 그 도통(道統)을 자신의 임무로 맡게 되었다.

朱註
天運循環, 無往不復,
하늘의 운수(運數)는 순환하니, 나아가서 돌아오지 않는 것은 없다.

詳說
○ 如循環, 言反於故處也.
'천운순환(天運循環)'에서 '순환(循環)'하는 것과 같다고 한 것은 예전의 상태로 되돌아간다는 것을 말한다.

○ 出『易』「泰卦」.
'무왕불복(無往不復)'이라는 말은 『역』「태괘(泰卦)」에 나온다.[70]

○ 復, 反也. '無'字釋於'復'字.
'무왕불복(無往不復)'에서 '복(復)'자는 돌아온다는 것이다. '무(無)'자는 '복(復)'자에서 풀이한다.

朱註
宋德隆盛, 治敎休明. 於是河南程氏兩夫子出, 而有以接乎孟氏之傳,
그 뒤 송(宋)나라의 덕이 융성하여 다스림과 교화가 훌륭하고 밝았다. 이에 하남 정씨(河南程氏) 두 선생님(程顥와 程頤)이 나와 맹씨(孟氏 : 孟子)의 전함을 접함이 있었다.

---

70) '무왕불복(無往不復)'이라는 말은 『역』「태괘(泰卦)」에 나온다 : 『역』「태괘(泰卦)」 괘사에서 "나아가서 돌아오지 않음이 없는 것은 하늘과 땅이 교제하는 것이다.(無往不復, 天地際也.)"라고 하였다.

詳說

○ 程子所居之地.
'어시하남정씨양부자출(於是河南程氏兩夫子出)'에서 '하남(河南)'은 정자(程子)가 거주했던 지방이다.

○ 尤菴曰 : "濂溪雖繼絕學, 無言及『庸』·『學』, 故「序」不及."71)
'하남정씨양부자출, 이유이접호맹씨지전(河南程氏兩夫子出, 而有以接乎孟氏之傳 : 하남 정씨(河南程氏) 두 선생님(程顥와 程頤)이 나와 맹씨(孟氏 : 孟子)의 전함을 접함이 있었다)'는 구절과 관련하여, 우암(尤菴 : 宋時烈)이 말하였다. "주렴계(周濂溪 : 周敦頤)는 비록 끊어진 유학을 이었지만『중용(中庸)』과『대학(大學)』을 언급하지 않았기 때문에 「대학주자서(大學朱子序)」에서 언급하지 않았다."

○ 按 :『孟子』註, 末亦不及濂溪.
내가 생각하건대, 주자는『맹자(孟子)』에 대한 주석에서도 끝내 주렴계(周濂溪 : 周敦頤)를 언급하지 않았다.

○ 以其人而曰'子', 以其傳而曰'氏'.
'이유이접호맹씨지전(而有以接乎孟氏之傳)'과 관련하여, 그 사람일 경우에는 '자(子)'라 하고, 그 전하는 것일 경우에는 '씨(氏)'라고 한다.

朱註

實始尊信此篇而表章之, 旣又爲之次其簡編, 發其歸趣,
실로 처음 이 책을 높이고 믿어서 널리 세상에 알려 칭찬하고, 또 이 책을 위해 장구(章句)에 순서를 정해 그 취지를 드러내니,

詳說

---

71) 송시열(宋時烈),『송자대전(宋子大全)』권105「답심명중(答沈明仲)」에는 "周濂溪首繼絕學, 而「中庸序文」及此「序」中皆不及焉者, 何耶? 濂溪雖繼絕學, 而無言及『庸』·『學』之道. 雖略言'中'字之意, 而亦甚寂寥矣.(주렴계(周濂溪 : 周敦頤)는 처음으로 끊어진 유학을 이었는데,『중용서문』과「대학서문」에서 모두 그를 언급하지 않은 것은 무엇 때문인가? 주돈이는 비록 끊어진 유학을 이었지만『중용(中庸)』과『대학(大學)』의 도(道)를 언급하지 않았다. 비록 '중(中)'이라는 개념의 뜻에 대해 간략히 말했지만 역시 매우 공허하다.)"라고 되어 있다.

○ 去聲.
'기우위지차기간편(旣又爲之次其簡編)'에서 '위(爲)'자는 거성(去聲)이다.

○ 新安陳氏曰 : "始拔「大學」於『戴記』之中而尊信之, 又整頓其錯亂之簡而發揮之. 但未成書耳."72)
위 구절과 관련하여 신안 진씨(新安陳氏 : 陳櫟)가 말하였다. "처음으로 『대대예기(大戴禮記)』 가운데서 「대학」을 뽑아내어 높여서 믿고, 또 그 어지럽게 뒤섞인 장구(章句)를 정돈하여 그 뜻을 발휘하였다. 그러나 아직 책으로 만들지는 못하였다."

○ 按 : 二程皆有『大學』改正本, 蓋改正簡編, 卽所以發其歸趣也. '發'字上有'以'字義.
내가 생각하건대, 이정(二程 : 程顥·程頤)에게는 모두 『대학(大學)』 개정본이 있었으니, 대개 장구를 개정한 것은 곧 그 취지를 드러낸 것이기 때문이다. '발기귀취(發其歸趣)'에서 '발(發 : 드러내다)'자에는 '이(以 : -으로써)'자의 의미가 들어 있다.

○ 表章, 言拔出而別行, 以表明之也.
'실시존신차편이표장지(實始尊信此篇而表章之)'에서 '표장(表章)'은 끄집어내어 별도로 발행하여 그것을 드러내 밝혔다는 것을 말한다.

○ '旣'字自爲一句.
'기우위지차기간편(旣又爲之次其簡編)'에서 '기(旣)'자는 그 자체로 하나의 구절이 된다.

○ '未成書'謂未及註釋爲一部文字.
앞의 신안 진씨(新安陳氏 : 陳櫟)의 말에서 '아직 책으로 만들지는 못했다'라는 것은 아직 주석을 붙여 한 편의 글을 만들지는 못했음을 말한다.

朱註
─────────────
72) 호광 편(胡廣 編), 『대학장구대전(大學章句大全)』「서(序)」.

然後古者大學教人之法, 聖經賢傳之指, 粲然復明於世.
그런 뒤에 옛날 태학(太學)에서 사람을 가르치던 법도와 성인의 경(經) 및 현인(賢人)의 전(傳)의 뜻이 찬란하게 다시 세상에 밝혀졌다.

詳說

○ 『大全』曰 : "收拾「序」文起句."
'연후고자대학교인지법(然後古者大學教人之法)'이라고 한 것에 대해,『대학장구대전(大學章句大全)』에서 말하였다. "이 말은 「대학주자서(大學朱子序)」의 첫 구절[73]을 수습한 것이다."

○ 經一章.
'성경현전지지(聖經賢傳之指)'에서 '성경(聖經)'은 『대학(大學)』 경(經)1장을 가리킨다.

○ 去聲.
'성경현전지지(聖經賢傳之指)'에서 '전(傳)'자는 거성(去聲)이다.

○ 傳十章.
'성경현전지지(聖經賢傳之指)'에서 '현전(賢傳)'은 『대학(大學)』 전(傳)10장을 가리킨다.

○ 去聲.
'찬연부명어세(粲然復明於世)'에서 '부(復)'자는 거성(去聲)이다.

○ 此三句總收第三·第四節.
여기 세 개의 구절은 본「서문」제2절과 제3절을 총괄적으로 수습한 것이다.

朱註

雖以熹之不敏, 亦幸私淑而與有聞焉.

---

73)「대학주자서(大學朱子序)」의 첫 구절 : 이는 곧 본 서문 첫 구절인 "『대학(大學)』이라는 책은 옛날 태학(太學)에서 사람들을 가르치던 규범이었다.(『大學』之書, 古之大學所以教人之法也.)"라는 말을 가리킨다.

비록 나의 영민하지 못함으로도 또한 다행히 사숙(私淑)하여 그것을 전해 듣는 것에 참여하였다.

詳說

○ 二字出『孟子』「離婁」.
'역행사숙이여유문언(亦幸私淑而與有聞焉)'에서 '사숙(私淑)'이라는 두 글자는 『맹자(孟子)』「이루(離婁)」에 나온다.74)

○ 去聲.
'역행사숙이여유문언(亦幸私淑而與有聞焉)'에서 '여(與)'자는 거성(去聲)이다.

○ 東陽許氏曰 : "不得爲程子之徒而私善於三傳之李氏."75)
'역행사숙이여유문언(亦幸私淑而與有聞焉)'에서 '사숙(私淑)'에 대해, 동양 허씨(東陽許氏 : 許謙)가 말하였다. "이 말은 주자가 정자(程子 : 程顥·程頤)의 문도가 되지는 못했지만, 정자의 3전(傳) 제자인 이씨(李氏 : 李侗)를 통해 사숙했다는 것이다."

○ 與聞程子次簡編·發歸趣之『大學』.
'역행사숙이여유문언(亦幸私淑而與有聞焉)'에서 '여유문언(與有聞焉)'은, 정자(程子)가 장구에 순서를 정하고 그 취지를 드러낸『대학(大學)』을 전해 듣는 것에 참여했다는 것이다.

○ 此爲第五節.
여기까지가 제5절이다.

○ '雖'·'亦'句引起下節.
'수이희지불민, 역행사숙이여유문언(雖以熹之不敏, 亦幸私淑而與有聞焉)'에서 '수(雖)'자와 '역(亦)'자 구절은 아래 단락을 이끌어낸다.

---

74) '사숙(私淑)'이라는 두 글자는『맹자(孟子)』「이루(離婁)」에 나온다 :『맹자(孟子)』「이루 하(離婁下)」제22장에서 "나는 공자의 문도(門徒)가 되지 못했지만, 나는 다른 사람을 통해 공자의 학문을 사숙하였다.(予未得爲孔子徒也, 予私淑諸人也.)"라고 하였다.
75) 호광 편(胡廣 編),『대학장구대전(大學章句大全)』「서(序)」.

朱註

顧其爲書, 猶頗放失.
다만 그 책이 여전히 산실(散失)됨이 많았다.

詳說

○ 亦指程子次簡編·發歸趣之『大學』. 以下文'猶'字而可知也.
'고기위서(顧其爲書)'에서 '서(書)'는 또한 정자(程子)가 장구에 순서를 정하고 그 취지를 드러낸 『대학(大學)』을 가리킨다. 아래의 글 '유파방실(猶頗放失)'에서 '유(猶 : 여전히)'자로써 알 수 있다.

○ 南塘曰 : "'放失'者, 本有此而中經放失也. 輯放失, 指整錯簡·補亡章而言."
'고기위서, 유파방실(顧其爲書, 猶頗放失)'에 대해, 남당(南塘 : 韓元震)이 말하였다. "'방실(放失)'이라는 것은 본래 어떤 것이 있었는데 도중에 잃어버린 것을 말한다. 잃어버린 것을 모은다는 것은 착간(錯簡)을 정리하고 없어진 장(章)을 보충한다는 것을 가리켜 말한다."

○ 按 : 整錯簡, 本程子之事, 而亦有未及盡整者耳. 雖然, 當以補亡章爲主, 以下文'采'字而可知也. '放失', 謂失亡也. 此二字又見『詩』「商頌」篇題, 可參考.
내가 생각하건대, 착간을 정리한다는 것은 본래 정자(程子)가 한 일이었지만 역시 모두 다 정리하지는 못한 것이 있었을 뿐이다. 비록 그러하지만 없어진 장(章)을 보충한다는 것을 위주로 해야 하니, 아래 글 '채이집지(采而輯之)'의 '채(采)'자를 통해 알 수 있다. '방실(放失)'이라는 것은 잃어버려 없어진 것을 말한다. 이 두 글자는 또 『시경』「상송(商頌)」의 표제(標題)에 보이니, 참고할 만하다.

朱註

是以忘其固陋, 采而輯之,
이 때문에 그 고루함을 잊고, 뽑아 모으며,

詳說

○ 指己.
'시이망기고루(是以忘其固陋)'에서 '기(其)'자는 자신을 가리킨다.

○ 尤菴曰 : "采程子說, 輯之於『大學』也."76)
'채이집지(采而輯之)'와 관련하여, 우암(尤菴 : 宋時烈)이 말하였다. "정자(程子)의 주장을 뽑아서 그것을 『대학(大學)』에 모았다는 것이다."

○ 按 : 補亡章所云'竊取程子之意以補之'者, 此也. '采'卽取也, '輯'卽補也.
내가 생각하건대, 주자가 보망장(補亡章)에서 '가만히 정자(程子)의 뜻을 취하여 보충했다'라고 말한 대목이 이것이다. '채(采)'는 곧 취한다는 말이고, '집(輯)'은 곧 보충한다는 말이다.

朱註

間亦竊附己意, 補其闕略,
간간이 또한 나의 의견을 가만히 붙여 빠트려지고 생략된 부분을 보충하여,

詳說

○ 猶言'時或'.
'간역절부기의(間亦竊附己意)'에서 '간역(間亦)'은 '때때로'라고 말하는 것과 같다.

○ 南塘曰 : "'闕略'者, 本無此而未免闕略也. 補闕略, 指'誠意'·'正心'章下註及'正心'章註'敬'字而言. 讀者只爲'闕略'下小註所誤, 未免錯看."
'보기궐략(補其闕略)'에 대해, 남당(南塘 : 韓元震)이 말하였다. "'궐략(闕略)'이라는 것은 본래 어떤 것이 없어서 빠트려지고 생략됨을 모면하지 못한다는 것이다. 빠트려지고 생략된 부분을 보충했다는 것은 '성의장(誠意章)'과 '정심장(正

---

76) 송시열(宋時烈), 『송자대전(宋子大全)』 권101 「답정경유(答鄭景由)」에는 "'采而輯之', 恐是采程子說而輯之於『大學』也.('뽑아서 모았다'라는 것은 아마 정자(程子)의 주장을 뽑아서 그것을 『대학(大學)』에 모았다는 것일 것이다.)"라고 되어 있다.

心章)'아래의 주석 및 '정심장'에서 '경(敬)'자를 주석한 것을 가리켜 말한다. 독자들은 다만 '궐략(闕略)'아래의 소주(小註)가 잘못된 것77) 때문에 잘못 보는 것을 모면하지 못한다."

○ 按 : 南塘此說深得朱子之意, 而迥出諸儒之見. 蓋此是「大學章句序」也, 將言其本事, 而補亡係是經文事. 且程子意, 故先特言之, 然後及於章句本事, 而以'以俟後之君子'承之, 與「庸序」'定著章句一篇, 以俟後之君子'若合符節. 豈有題命「章句序」而文沒入題事之理乎? 諸經註序, 凡他序文, 莫不皆然, 有可旁照也. 蓋此二句盡蔽此書之章句, 而'誠'·'正'章下註之補闕略尤其大者, 故執此爲說以推其他, 精眼者自能察之也. 或曰, "二章下註一箇'敬'字, 亦云狹矣." '補其'之'其'字, 非指『大學』也, 乃指程子也. 章句是程子之所未及遑, 故謂之'闕略'. 其稱'附'·稱'補'者, 主整錯補亡而自謙之辭, 更詳之. 且以「庸序」幷擧『或問』·『輯略』事推之, 『大學或問』之事亦當統於此二句中耳.

내가 생각하건대, 남당(南塘 : 韓元震)이 이렇게 말한 것은 주자의 뜻을 깊이 터득한 것이니 여러 학자의 견해를 멀리 넘어섰다. 대개 이것은 「대학장구서(大學章句序)」이니 그 본래의 일을 말하려는 것이고, 없어진 것을 보충한다는 것은 경문(經文)의 일이다. 또 정자(程子)의 뜻이기 때문에 먼저 특별히 그것을 말한 뒤에 장구(章句) 본래의 일을 언급했고, '후세의 군자를 기다린다'라는 말로써 이었으니, 이것은 「중용장구서(中庸章句序)」에서 '장구 한 편을 정해서 후세의 군자를 기다린다'라고 한 말과 마치 부절(符節)처럼 꼭 들어맞다. 어찌 「장구서(章句序)」라는 제목은 있는데 글은 제목과 관련되는 일에 들어가지 않는 이치가 있겠는가? 여러 경전에 대한 주석의 서문과 모든 다른 서문도 모두 그렇지 않음이 없으니, 방증하여 비추어 볼 수 있다. 대개 이 두 구절은 이 책의 장구를 모두 다 개괄하고, '성의장(誠意章)'과 '정심장(正心章)' 아래의 주석이 빠트려지고 생략된 것을 보충함이 특히 크기 때문에 이것을 가지고 주장을 삼아서 다른 것을 미루어보면 안목이 정밀한 사람은 저절로 그것을 살펴볼 수 있을 것이다. 어떤 사람은 "'성의장'과 '정심장' 아래에서 '경(敬)'자를 주석한 것도 역시 협

---

77) '궐략(闕略)' 아래의 소주(小註)가 잘못된 것 : 호광 편(胡廣 編), 『대학장구대전(大學章句大全)』「서(序)」에서 '궐략(闕略)' 아래의 소주(小註)에 "謂補傳之第五章.(전(傳)을 보충한 제5장을 말한다)"라고 하였는데, 이것이 잘못이라는 말이다.

소하다고 말할 수 있다."라고 한다. 그러나 '보기궐략(補其闕略)'에서 '기(其)' 자는 『대학(大學)』을 가리키는 것이 아니라 정자를 가리킨다. 장구는 정자가 아직 미처 언급할 겨를이 없었던 것이기 때문에 '궐략(闕略)'이라고 하였다. '간역절부기의(間亦竊附己意)'에서 '부(附)'라고 일컫고 '보기궐략(補其闕略)'에서 '보(補)'라고 일컬은 것은 잘못된 것을 정돈하고 없어진 것을 보충하는 것을 위주로 하면서도 스스로 겸손해 한 말이니, 다시 자세히 살펴보아야 한다. 또 「중용장구서」로써 『중용혹문(中庸或問)』·『중용집략(中庸輯略)』의 일을 아울러 들어서 미루어 보면, 『대학혹문(大學或問)』의 일도 역시 이 두 구절 속에 총괄될 것이다.

朱註

以俟後之君子, 極知僭踰, 無所逃罪, 然於國家化民成俗之意, 學者修己治人之方, 則未必無小補云.
후세의 군자를 기다리니, 참람하고 주제넘어 그 죄를 도피할 수 없음을 매우 잘 알지만, 나라에서 백성을 교화하고 풍속을 이루려는 뜻과 배우는 사람들이 자신을 수양하고 남을 다스리는 방법에 있어서는 작은 도움이 없지는 않을 것이다.

詳說

○ 如字.
'학자수기치인지방(學者修己治人之方)'에서 '치(治)' 자는 본래의 음으로 읽는다.

○ 擧'修·治'以該'窮·正'.
'학자수기치인지방(學者修己治人之方)'이라고 한 것은 '수기(修己 : 자신을 수양함)'와 '치인(治人 : 남을 다스림)'을 들어서 '궁리(窮理 : 이치를 궁구함)'과 '정심(正心 : 마음을 바로잡음)'을 갖춘 것이다.[78]

○ 『大全』曰 : "'修己治人'四字, 包盡『大學』體用綱目."[79]
'학자수기치인지방(學者修己治人之方)'에 대해, 『대학장구대전(大學章句大全)』에서 말하였다. "'수기치인(修己治人)'이라는 네 글자는 『대학(大學)』의 본체와 작

---

78) '수기(修己 : 자신을 수양함)'와 …… '정심(正心 : 마음을 바로잡음)'을 갖춘 것이다 : 본 서문 앞의 제2절에서 "이치를 궁구하고 마음을 바로잡으며 자신을 수양하고 남을 다스리는 도(道)를 가르쳤다.(而敎之以窮理·正心·修己·治人之道.)"라고 한 말을 전제하고 있다.
79) 호광 편(胡廣 編), 『대학장구대전(大學章句大全)』「서(序)」.

용의 강목(綱目)을 모두 다 포괄한다."

○ 此四句總收上諸節.
'연어국가화민성속지의, 학자수기치인지방(然於國家化民成俗之意, 學者修己治人之方)'에서 '화민(化民)·성속(成俗)·수기(修己)·치인(治人)'이라는 네 개의 구(句)는 앞의 모든 절(節)의 내용을 총괄하여 수습한 것이다.

○ 此爲第六節.
여기까지가 제6절이다.

朱註
淳熙己酉二月甲子, 新安朱熹序.
순희(淳熙) 기유(己酉)[80] 2월(月) 갑자일(甲子日)에 신안(新安) 주희(朱熹)가 서문을 쓰다.

詳說
○ 孝宗年號.
'순희기유이월갑자(淳熙己酉二月甲子)'에서 '순희(淳熙)'는 효종(孝宗)의 연호이다.

○ 朱子之本鄕.
'신안주희서(新安朱熹序)'에서 '신안(新安 : 현 하남성 낙양시 소속)'은 주자의 본래 고향이다.

○ 按 : 此是朱子六十歲時也. 蓋朱子著述, 自庚寅始撰『家禮』, 壬辰編『語孟精義』, 撰『綱目』·『名臣錄』, 解『西銘』, 癸巳解『太極圖說』, 乙未編『近思錄』, 丁酉撰『語孟集註』·『或問』·『易本義』·『詩集傳』, 丙午撰『易學啓蒙』, 丁未編『小學』. 己酉序『庸學章句』, 蓋二書之成久矣, 修改不輟, 至是以穩愜於心而始序之. 二書

---

80) 순희(淳熙) 기유(己酉) : 남송(南宋)시대 효종(孝宗) 순희(淳熙) 16년 즉 서기 1189년을 가리킨다.

又各有『或問』, 而『中庸』又有『輯略』. 至庚申易簀前三日, 又改 '誠意'章註, 蓋尤致意於『大學』一書云.

위 구절에 대해 내가 생각하건대, 이 서문을 쓴 것은 주자 나이 60세 때의 일이다. 대개 주자의 저술은 경인년(庚寅 : 1170)에 『가례(家禮)』를 지은 것으로부터 시작하여, 임진년(壬辰 : 1172)에는 『어맹정의(語孟精義)』를 편찬하고 『자치통감강목(資治通鑑綱目)』·『팔조명신언행록(八朝名臣言行錄)』을 지었고 『서명(西銘)』을 해석하였으며, 계사년(癸巳 : 1173)에는 『태극도설(太極圖說)』을 해석하였고, 을미년(乙未 : 1175)에는 『근사록(近思錄)』을 편찬했으며, 정유년(丁酉 : 1177)에는 『어맹집주(語孟集註)』·『어맹혹문(語孟或問)』·『역본의(易本義)』·『시집전(詩集傳)』을 지었으며, 병오년(丙午 : 1186)에는 『역학계몽(易學啓蒙)』을 지었고, 정미년(丁未 : 1187)에는 『소학(小學)』을 편찬하였다. 기유년(己酉 : 1189)에 『용학장구(庸學章句)』에 대해 서문을 쓴 것은, 이 두 책이 이루어진 지 오래되었지만 끊임없이 수정하다가 이때에 이르러 마음속으로 흡족하여 비로소 서문을 썼기 때문이다. 『대학장구(大學章句)』와 『중용장구』는 또 각각 『혹문(或問)』이 있고, 『중용(中庸)』에 대해서는 또 『집략(輯略)』이 있다. 경신년(庚申 : 1200)에 이르러 임종하기 3일 전에 또 『대학장구(大學章句)』의 '성의장(誠意章)' 주석을 고쳤으니, 주자는 『대학(大學)』이라는 책에 더욱 주의를 기울였다고 할 수 있을 것이다.

○ 按 : 「讀大學法」, 不著撰人, 必是『大全』時所輯也. 然則例當小書, 而旣無大書可附. 故因作大書, 如「周易綱領」之類云.

내가 생각하건대, 「독대학법(讀大學法)」[81]에는 지은이를 드러내지 않았으니, 필

---

81) 「독대학법(讀大學法)」의 전문은 다음과 같다. "朱子曰, 『語』『孟』, 隨事問答, 難見要領, 惟『大學』, 是曾子述孔子說古人爲學之大方, 而門人, 又傳述以明其旨. 前後相因, 體統都具, 玩味此書, 知得古人爲學所向, 却讀『語』『孟』, 便易入, 後面工夫雖多, 而大體已立矣. 看這一書, 又自與看『語』『孟』不同, 『語』『孟』中, 只一項事, 是一箇道理. 如『孟子』說仁義處, 只就仁義上說道理, 孔子答顔淵以「克己復禮」, 只就「克己復禮」上說道理, 若『大學』, 却只統說. 論其功用之極, 至於平天下. 然天下所以平, 却先須治國 ; 國之所以治, 却先須齊家 ; 家之所以齊, 却先須修身 ; 身之所以修, 却先須正心 ; 心之所以正, 却先須誠意 ; 意之所以誠, 却先須致知, ; 知之所以至, 却先須格物. 『大學』是爲學綱目, 先讀『大學』, 立定綱領, 他書皆雜說在裏許. 通得『大學』了, 去看他經, 方見得此是格物致知事, 此是誠意正心事, 此是修身事, 此是齊家治國平天下事. 今且熟讀『大學』, 作間架, 却以他書塡補去. 『大學』是通言學之初終 ; 『中庸』是指本原極致處. 問ென專看一書, 以何爲先? 曰 : 先讀『大學』, 可見古人爲學首末次第, 不比他書. 他書, 非一時所言 ; 非一人所記. 又曰 看『大學』, 固是著逐句看去, 也須先統論傳文數過, 方好從頭仔細看, 若專不統傳文大意, 便看前頭亦難. 又曰 嘗欲作一說敎人, 只將『大學』, 一日去讀一遍, 看他如何是大人之學, 如何是小學, 如何是明明德, 如何是新民, 如何是止於至善, 日日如是讀, 月來日去, 自見, 所謂溫故而知新. 須是知新, 日日看得新方得, 却不是道理解新 ; 但自家這箇意思長長地新. 讀『大學』, 初間也只如此讀, 後來也只如此讀, 只是初間讀得, 似不與自家相關, 後來看熟, 見許多說話須著如此做, 不如此做自不得. 讀書, 不貪多, 當且以『大學』爲先, 逐段熟讀精思, 須令了了分明, 方可改讀後段, 看第二段, 却思量前段, 令文意連屬, 却不妨. 問『大學』稍通, 方要讀語論, 曰且未可, 『大學』稍通, 正好著心精讀. 前日讀時, 見得前, 未見得後面, 見得後, 未見得前面, 今識得大綱體統, 正好熟

시 『대학장구대전(大學章句大全)』을 편찬할 때 모은 것일 것이다. 그렇다면 관례에 따라 작은 글자체로 써야 하지 이미 큰 글자체로 붙일 수는 없다. 그러므로 이어서 큰 글자체로 쓴 것[82]은 「주역강령(周易綱領)」의 부류와 같다고 할 수 있을 것이다.

○ '皆雜說在裏許', 言他書皆汎及散出之說也, 莫不盡該於『大學』一書之中.

「독대학법(讀大學法)」에서 '다른 책은 모두 그 속에 뒤섞어서 말한 것일 뿐이다'라고 한 것[83]은, 다른 책은 모두 참된 도리를 범범하게 언급하고 드문드문 나오는 말이기 때문에 『대학(大學)』이라는 책 가운데 모두 다 포괄되지 않음이 없다는 것을 말한다.

○ '逐句看去', 言從頭而讀也. '去'字下有'然'字意.

「독대학법(讀大學法)」에서 『대학(大學)』은 참으로 한 구절 한 구절씩 읽어가야 한다'라고 한 것[84]은 처음부터 읽어야 한다는 것을 말한다. '축구간거(逐句看

看, 讀此書功深, 則用博. 昔尹和靖, 見伊川半年, 方得『大學』「西銘」看, 今人半年, 要讀多少書. 某且要人讀此, 是如何? 緣此書却不多而規模周備. 凡讀書, 初一項, 須著十分工夫了 ; 第二項, 只得得八九分工夫 ; 第三項, 便只得得六七分工夫. 少間讀漸多, 自通貫, 他書, 自著不得多工夫. 看『大學』, 俟見大指, 乃及他書. 但看時, 須是更將大段, 分作小, 字字句句, 不可容易放過, 常時暗誦默思, 反覆硏究, 未上口時, 須敎上口, 未通透時, 須敎通透, 已通透後, 便要純熟, 直待不思索時, 此意常在心胸之間, 驅遣不去, 方是此一段了. 又換一段看, 令如此數段之後, 心安理熟, 覺工夫省力時, 便漸得力也. 又曰 : 『大學』是一箇腔子, 而今却要塡敎他實. 如他說格物, 自家須是去格物後塡敎他實 ; 著誠意亦然, 若只讀得空殼子, 亦無益也. 讀『大學』, 豈在看他言語? 正欲驗之於心如何, 如好好色, 惡惡臭, 試驗之吾心, 果能好善惡惡如此乎! 閒居爲不善, 是果有此乎! 一有不及, 則勇猛奮躍不已, 必有長進. 今不知如此, 則書自書, 我自我, 何益之有? 又曰 : 某一生, 只看得這文字透, 見得前賢所未到處. 溫公, 作通鑑, 言平生精力盡在此書. 某於『大學』亦然, 先須通此, 方可讀他書. 又曰 : 伊川, 舊日敎人, 先看『大學』, 那時, 未解說, 而今有註解, 覺大段分曉了, 只在仔細看. 又曰 : 看『大學』, 且逐章理會, 先將本文念得, 次將章句來解本文, 又將或問來參章句, 須逐一令記得, 反覆尋究, 待他浹洽, 旣逐段曉得, 却統看溫尋過. 又曰 : 『大學』一書, 有「正經」, 有「章句」, 有「或問」, 看來看去, 不用「或問」, 只看「章句」便了 ; 久之, 又只看「正經」便了 ; 又久之, 自有一部『大學』, 在我胸中, 而「正經」亦不用矣. 然不用某許多工夫, 亦看某底不出 ; 不用聖賢許多工夫, 亦看聖賢底不出. 又曰 : 『大學』解本文未詳者, 於「或問」中詳之, 且從頭逐句理會, 到不通處, 却看. 「或問」乃註脚之註脚. 某解書, 不合太乎, 又先準備學者, 爲他說疑說了, 所以致得學者看得容易了. 人只說某段『大學』等不略說, 使人自致思, 此事大不然. 人之爲學, 只爭簡肯與不肯耳, 他若不肯向這裏, 略亦不解致思 ; 他若肯向此一邊, 自然有味, 愈詳愈有味.

82) 이어서 큰 글자체로 쓴 것 : 호광 편(胡廣 編) 『대학장구대전(大學章句大全)』에는 「독대학법(讀大學法)」을 주자의 글로 보아 큰 글자체로 써놓았다.

83) 「독대학법(讀大學法)」에서 '다른 책은 모두 그 속에 뒤섞어서 말한 것일 뿐이다'라고 한 것 : 「독대학법(讀大學法)」에서 "『대학(大學)』은 학문을 하는 강목(綱目)이니, 먼저 『대학(大學)』을 읽어 강령을 세우면 다른 책은 모두 그 속에 뒤섞어서 말한 것일 뿐이다. 『대학(大學)』을 통달하고 난 뒤에 다른 경서(經書)를 보아야 비로소 이것이 격물(格物)·치지(致知)의 일이고 이것이 성의(誠意)·정심(正心)의 일이며, 이것이 수신(修身)의 일이고, 이것이 제가(齊家)·치국(治國)·평천하(平天下)의 일임을 알게 될 것이다.(『大學』是爲學綱目, 先讀『大學』, 立定綱領, 他皆雜說在裏許. 通得『大學』了, 去看他經, 方見得此是格物·致知事, 此是誠意·正心事, 此是修身事, 此是齊家·治國·平天下事.)"라고 하였다.

84) 「독대학법(讀大學法)」에서 『대학(大學)』은 참으로 한 구절 한 구절씩 읽어가야 한다'라고 한 것 : 「독대학

去)'에서 '거(去)' 자 아래에는 '연(然 : 그러나)' 자의 뜻이 있다.

◯ '只將'以下, 卽敎人底一說也.
「독대학법(讀大學法)」에서 '다만 『대학(大學)』을~' 아래의 글[85]은 곧 사람들을 가르치는 하나의 학설이다.

◯ '自見', 言上所稱五'如何'者可以自知耳.
「독대학법(讀大學法)」에서 '스스로~ 을 알게 될 것이다'라고 한 것은 앞에서 일컬은 다섯 가지 '어떠한 것'을 스스로 알 수 있을 것이라는 말이다.[86]

◯ '須是知新', 猶曰'如欲知新'.
「독대학법(讀大學法)」에서 '반드시 새로운 것을 알아야 하니'라고 한 것[87]은 마치 '만약 새로운 것을 알려고 한다면'이라고 말하는 것과 같다.

◯ '道理解新', 言文義之解釋, 異於舊也.
「독대학법(讀大學法)」에서 '도리가 해석되는 것이 새로워지는 것'이라고 한 것[88]은 문장의 의미에 대한 해석이 예전과 다르다는 것을 말한다.

◯ '意思長長地新', 與「論語序說」'但覺意味深長'之語相類.
「독대학법(讀大學法)」에서 '생각이 오래되어 새로워지는 것이다'라고 한 것[89]은

법(讀大學法)」에서 "『대학(大學)』을 볼 때에는 참으로 한 구절 한 구절씩 읽어가야 한다. 그러나 또한 마땅히 먼저 전문(傳文)을 통독(統讀)하여 익숙하도록 해야만 비로소 처음부터 자세히 읽는 것을 잘 해낼 수 있다. 만약 전문의 큰 뜻을 전혀 모른다면 앞부분을 보는 것도 또한 어려울 것이다.(看『大學』, 固是著逐句看去. 也須先統讀傳文敎熟, 方好從頭仔細看. 若ров不識傳文大意, 便看前頭亦難.)"라고 하였다.

85) 「독대학법(讀大學法)」에서 '다만 『대학(大學)』을~' 아래의 글 : 「독대학법(讀大學法)」에서 "나는 일찍이 하나의 학설을 만들어서 사람들에게 다만 『대학(大學)』을 하루에 한 차례씩 읽어 그에게 어떠한 것이 대인(大人)의 학문이고, 어떠한 것이 소학이며, 어떠한 것이 '명명덕(明明德)'이고, 어떤 것이 '신민(新民)'이며, 어떤 것이 '지어지선(止於至善)'인지를 보도록 하려고 하였다. 날마다 이와 같이 읽어서 날이 가고 달이 가면 스스로 이른바 '온고이지신(溫故而知新)'이라는 것을 알게 될 것이다. 반드시 새로운 것을 알아야 하니, 날마다 새로운 것을 보아야 비로소 그렇게 될 수 있다. 그런데 이것은 도리가 해석되는 것이 새로워지는 것이 아니라, 다만 자신의 생각이 오래되어 새로워지는 것이다.(嘗欲作一說, 敎人只將『大學』一日去讀一遍, 看他如何是大人之學, 如何是小學, 如何是'明明德', 如何是'新民', 如何是'止於至善'. 日日如是讀, 月來日去, 自見所謂'溫故而知新'. 須是知新, 日日看得新方得. 却不是道理解新, 但自家這箇意思長長地新.)"라고 하였다.
86) 「독대학법(讀大學法)」에서 '스스로 …… 어떠한 것'을 스스로 알 수 있을 것이라는 말이다.
87) 「독대학법(讀大學法)」에서 '반드시 새로운 것을 알아야 하니'라고 한 것이다.
88) 「독대학법(讀大學法)」에서 '도리가 해석되는 것이 새로워지는 것'이라고 한 것이다.
89) 「독대학법(讀大學法)」에서 '생각이 오래되어 새로워지는 것이다'라고 한 것이다.

「논어서설(論語序說)」에서 '다만 의미가 깊어지는 것을 느낀다'라고 한 말과 같은 부류이다.

○ '見許多'之'見'字, 釋於'自不得'下.
「독대학법(讀大學法)」에서 '견허다설화수저여차주, 불여차주자부득(見許多說話須著如此做, 不如此做自不得)'에서 '견(見)'자[90]는 '자부득(自不得)' 아래에서 풀이한다.

○ '正好熟看', 句絶.
「독대학법(讀大學法)」에서 '금식득대강체통, 정호숙간(今識得大綱體統, 正好熟看)'이라는 구절은 '정호숙간(正好熟看)'에서 문장이 끊어진다.[91]

○ '見伊川半年', 此與其本文之意有異. 蓋斷章取義, 故'半年'下去 '後'字耳. 本文見『近思錄』.
「독대학법(讀大學法)」에서 '견이천반년(見伊川半年 : 이천을 뵙고 반년 만에)'이라는 말은 그 본문의 뜻과 차이가 있다. 대개 단장취의 했기 때문에 '반년(半年)' 아래에 '후(後)' 자를 제거하였다. 본문은 『근사록(近思錄)』에 보인다.[92]

---

90) 「독대학법(讀大學法)」에서 '견허다설화수저여차주 …… '견(見)' 자 : 「독대학법(讀大學法)」에서 "『대학(大學)』을 읽을 때에는 처음에도 다만 이와 같이 읽고, 나중에도 다만 이와 같이 읽으니, 다만 처음 읽을 때에는 자신과 관련이 없는 것 같을 뿐이다. 나중에 읽는 것이 익숙해지면 수많은 말들을 반드시 이와 같이 해야 되지, 이와 같이 하지 않으면 본래 안 된다는 것을 알게 될 것이다.(讀『大學』, 初間也只如此讀, 後來也只如此讀, 只是初間讀得, 似不與自家相關. 後來看熟, 見許多說話須著如此做, 不如此做自不得.)"라고 하였다.

91) 「독대학법(讀大學法)」에서 …… '정호숙간(正好熟看)'에서 문장이 끊어진다 : 「독대학법(讀大學法)」에서 "물었다. '『대학(大學)』에 조금 통해서 이제 『논어(論語)』를 읽으려고 합니다.' 대답하였다. '아직은 안 된다. 『대학(大學)』에 조금 통했으면 바로 마음을 기울여 정밀하게 읽어야 한다. 지난날 읽었을 때에는 앞부분을 보면서 뒷부분은 보지 못했으며, 뒷부분을 보면서 앞부분을 보지 못하였다. 이제 큰 줄기와 체제를 알았으니 바로 숙독해야 한다. 이 책을 읽어 공부가 깊어지면 쓰임이 넓을 것이다. 옛날에 윤화정(尹和靖 : 尹焞)은 이천(伊川 : 程頤)을 뵙고 반년 만에 비로소 『대학(大學)』과 『서명(西銘)』을 볼 수 있었다. 요즘 사람들은 반년 동안에 제법 많은 책을 읽으려고 하는데, 내가 우선 이 책을 읽으라고 하는 것은 무엇 때문인가? 이 책은 분량이 많지 않지만 규모가 두루 갖추어졌기 때문이다. 무릇 책을 읽을 때에 처음 한 차례에는 반드시 십분(十分)의 노력을 기울여야 하고, 두 번째에는 다만 팔구분(八九分)의 노력을 쏟을 뿐이며, 세 번째에는 곧 다만 육칠분(六七分)의 독서가 점점 많아지면 저절로 다른 책도 관통하게 되어, 저절로 많은 노력을 기울일 필요가 없다.(問 : '『大學』稍通, 方要讀『論語』.' 曰 : '且未可. 『大學』稍通, 正好著心精讀. 前日讀時, 見得前未見得後面, 見得後未見得前面. 今識得大綱體統, 正好熟看. 讀此書功深, 則用博. 昔尹和靖見伊川, 半年方得『大學』『西銘』看. 今人半年要讀多少書, 某且要人讀此, 是如何? 緣此書却不多, 而規模周備. 凡讀書, 初一項須著十分工夫了, 第二項只費得八九分工夫, 第三項便只費得六七分工夫. 少間讀漸多, 自通貫他書, 自著不得多工夫.')"라고 하였다.

92) 「독대학법(讀大學法)」에서 '견이천반년(見伊川半年 …… 본문은 『근사록(近思錄)』에 보인다 : 박문호가 여기에서 말하는 본문은 윤돈(尹焞)과 관련된 원문 기록으로서의 본문이 아닌, 『근사록』에서 주자 주석 즉 "그러나 반년 뒤를 기다린 것은 그가 뜻을 성실히 하는 것을 두텁게 쌓고 기질의 습관을 제거하는 것을

○ '要人讀此, 是如何?', 言使人讀此書者是何故也.

「독대학법(讀大學法)」에서 '요인독차, 시여하?(要人讀此, 是如何? : 내가 우선 이 책을 사람들에게 읽으라고 하는 것은 무엇 때문인가?)'라고 한 것은 사람들에게 이 책을 읽도록 하는 것은 무엇 때문인가[93]라는 것을 말한다.

○ '凡讀書', 蓋以讀『大學』而言也, 觀於下文'他書'一語有可知耳. 蓋他書規模不周備, 故欲著多工夫而不可得也.

「독대학법(讀大學法)」에서 '범독서(凡讀書 : 무릇 책을 읽을 때에)'라고 하는 것은 『대학(大學)』을 읽는 것을 가지고 말한 것이니, 아래 글에서 '타서(他書 : 다른 책)'이라고 한 말을 보면 알 수 있다.[94] 대개 다른 책은 그 규모가 두루 갖추어지지 않았기 때문에 많은 노력을 기울이려고 해도 그렇게 할 수 없다.

○ '方是'猶言'方可'.

「독대학법(讀大學法)」에서 '방시(方是 : 비로소 옳다)'[95]는 마치 '방가(方可 : 비

학문을 하는 근본으로 삼으려 했기 때문이다.(然有待於半年之後者, 蓋欲其厚積誠意·鋤除氣習以爲學問根本也.)"라는 말을 가리키고 있는 것 같다. 『근사록』 권2, 「위학(爲學)」에 실려 있는 윤돈과 관련된 원문은 "윤언명(尹彦明 : 尹焞)이 이천(伊川 : 程頤)을 뵌 뒤 반년 만에 비로소 『대학(大學)』과 『서명』을 볼 수 있었다. (尹彦明見伊川後半年, 方得『大學』·『西銘』看.)"라고 되어 있다. 참고로 이 원문기록은 『하남정씨외서(河南程氏外書)』 권12, 「전문잡기(傳聞雜記)」에 기관(祁寬)이 기록한 말로 실려 있다.

[93] 「독대학법(讀大學法)」에서 '요인독차, 시여하?(要人讀此, 是如何? …… 무엇 때문인가 : 「독대학법(讀大學法)」에서 "물었다. '대학(大學)에 조금 통해서 이제 『논어(論語)』를 읽으려고 합니다.' 대답하였다. '아직은 안 된다. 『대학(大學)』에 조금 통했으면 바로 마음을 기울여 정밀하게 읽어야 한다. 지난날 읽었을 때에는 앞부분을 보면서 뒷부분은 보지 못했으며, 뒷부분을 보면서 앞부분을 보지 못하였다. 이제 큰 줄기와 체제를 알았으니 바로 숙독해야 한다. 이 책을 읽어 공부가 깊어지면 쓰임이 넓을 것이다. 옛날에 윤화정(尹和靖 : 尹焞)은 이천(伊川 : 程頤)을 뵙고 반년 만에 비로소 『대학(大學)』과 『서명』을 볼 수 있었다. 요즘 사람들은 반년 동안에 제법 많은 책을 읽으려고 하는데, 내가 우선 이 책을 사람들에게 읽으라고 하는 것은 무엇 때문인가? 이 책은 분량이 많지 않지만 규모가 두루 갖추어졌기 때문이다. 무릇 책을 읽을 때에 처음 한 차례에는 반드시 십분(十分)의 노력을 기울여야 하고, 두 번째에는 다만 팔구분(八九分)의 노력을 쏟을 뿐이며, 세 번째에는 곧 다만 육칠분(六七分)의 노력을 쏟을 뿐이다. 오래지 않아 독서가 점점 많아지면 저절로 다른 책도 관통하게 되어, 저절로 많은 노력을 기울일 필요가 없다.'(問 : 『大學』稍通, 方要讀『論語』. 曰 : 且未可. 『大學』稍通, 正好著心精讀. 前日讀時, 見得前未見得後面, 見得後未見得前面. 今識得大綱體統, 正好熟看. 讀此書功深, 則用博. 昔尹和靖見伊川, 半年方得『大學』·『西銘』看. 今人半年要讀多少書, 某且要人讀此, 是如何? 緣此書却不多, 而規模周備. 凡讀書, 初一項須著十分工夫了, 第二項只費得八九分工夫, 第三項便只費得六七分工夫. 少間讀漸多, 自通貫他書, 自著不得多工夫.')"라고 하였다.

[94] 「독대학법(讀大學法)」에서 '범독서(凡讀書 …… 한 말을 보면 알 수 있다.

[95] 「독대학법(讀大學法)」에서 '방시(方是 : 비로소 옳다)' : 「독대학법」에서 "『대학(大學)』을 읽을 때에는 큰 요지를 알기를 기다려야 하니, 이에 다른 책에 이르러야 한다. 다만 읽을 때 반드시 다시 큰 단락을 작은 단락으로 나누어, 매 글자 매 구절마다 쉽게 지나쳐 가서는 안 된다. 평상시 암송하고 묵묵히 생각하며 반복하여 연구해서, 아직 유창하지 못할 때에는 반드시 유창하도록 하고, 아직 통달하지 못했을 때에는 반드시 통달하도록 해야 한다. 이미 통달한 뒤에는 곧 능숙해야 하니, 사색하지 않을 때조차도 이 뜻이 항상 마음속에 있어서 쫓아내려고 해도 떠나가지 않아야 비로소 괜찮다. 이 한 단락을 마치고 또 한 단락을 바꾸어 보는 방법으로 이와 같이 몇 단락을 본 뒤, 마음이 편안하고 이치가 익숙해져서 공부하기에 힘이 덜 드는 것을 느낄 때에 곧 점점 힘을 얻게 될 것이다.(看『大學』俟見大指, 乃及他書. 但看時, 須是更將大段

로소 괜찮다)'라고 말하는 것과 같다.

○ '塡敎他實著', 言自我塡之, 使『大學』實也.
「독대학법(讀大學法)」에서 '전교타실착(塡敎他實著 : 그것을 채워서 가득하게 해야 한다)'이라고 한 것96)은 자신이 그것을 채워서 『대학(大學)』이 실질되게 해야 한다는 것을 말한다.

○ '看來看去', 言正經·『章句』·『或問』盡看也.
「독대학법(讀大學法)」에서 '간래간거(看來看去 : 보고 또 보면)'라고 한 것97)은 경서(經書)·『장구(章句)』·『혹문(或問)』을 모두 다 본다는 것을 말한다.

○ '看某底不出', 言欲見我之意而不可得也.
「독대학법(讀大學法)」에서 '간모저불출(看某底不出 : 나의 것을 보지 못할 것이고)'이라고 한 것98)은 나의 뜻을 보려고 해도 그렇게 할 수 없다는 것을 말한다.

○ '『大學』解'指『章句』, '本文'指『章句』之文.
「독대학법(讀大學法)」에서 '『대학(大學)』해'('『大學』解 : 『대학(大學)』에서 풀이한 것)'라고 한 것은 『장구』를 가리키고, '본문(本文)'은 『장구』의 글을 가리킨다.99)

―――――――
分作小段, 字字句句, 不可容易放過. 常時暗誦默思, 反覆硏究, 未上口時, 須敎上口, 未通透時, 須敎通透. 已通透後, 便要純熟, 直待不思索時, 此意常在心胸之間, 驅留不去, 方是. 此一段了, 又換一段看, 令如此數段之後, 心安理熟, 覺工夫省力時, 便漸得力也.)"라고 하였다.

96) 「독대학법(讀大學法)」에서 '전교타실착(塡敎他實著 …… 이라고 한 것 : 「독대학법」에서 "『대학(大學)』은 사람 몸에와 같으니, 이제 또한 그것을 채워서 가득하게 해야 한다. 예컨대 『대학(大學)』에서 '격물(格物)'을 말한 것은 스스로 반드시 격물한 뒤에 그것을 채워서 가득하게 해야 하고, '성의(誠意)'도 또한 그렇게 해야 한다. 만약 다만 빈껍데기를 읽는다면 또한 유익함이 없을 것이다.(『大學』是一箇腔子, 而今却要塡敎他實. 如他說'格物', 自家須是去格物後塡敎他實著, '誠意'亦然. 若只讀得空殼子, 亦無益也.)"라고 하였다.

97) 「독대학법(讀大學法)」에서 '간래간거(看來看去 : 보고 또 보면)'라고 한 것 : 「독대학법」에서 "『대학(大學)』이라는 책에는 경서(經書)가 있고, 『장구(章句)』가 있고 『혹문(或問)』이 있으니, 보고 또 보면 『혹문』은 필요 없고 다만 『장구』만 보아도 될 것이다. 『장구』를 보는 것이 오래되면 또 다만 경서만 보아도 될 것이다. 또 경서를 보는 것이 오래되면 저절로 한 권의 『대학(大學)』이 나의 가슴속에 있어서 경서마저도 또한 필요 없게 될 것이다. 그러나 나의 많은 공부를 하지 않으면 또한 나의 것을 보지 못할 것이고, 성현의 많은 공부를 하지 않는다면 또한 성현의 것을 보지 못할 것이다.(『大學』一書, 有正經, 有『章句』, 有『或問』, 看來看去, 不用『或問』, 只看『章句』便了. 久之, 又只看正經便了. 又久之, 自有一部『大學』在我胸中, 而正經亦不用矣. 然不用某許多工夫, 亦看某底不出; 不用聖賢許多工夫, 亦看聖賢底不出.)"라고 하였다.

98) 「독대학법(讀大學法)」에서 '간모저불출(看某底不出 : 나의 것을 보지 못할 것이고)'이라고 한 것이다.

99) 「독대학법(讀大學法)」에서 '『대학(大學)』해'('『大學』解 …… '본문(本文)'은 『장구』의 글을 가리킨다 : 「독대학법」에서 "『대학(大學)』에서 본문(本文)을 해석한 것이 상세하지 못한 것을 『혹문(或問)』에서 자세히 말했으니, 우선 처음부터 매 구절마다 이해하다가 통달하지 못하는 곳에 이르면 또한 『혹문』을 보아야 한다. 『

○ 我解此書,『章句』已足矣, 不當復多言. 只爲學者準備其疑問之
端, 而又著『或問』, 使其更無可疑. 故致有學者不爲究思容易看
過之弊也. 此節三反, 皆抑揚『或問』, 其語勢與「孟子序說」'楊·
墨行, 正道廢'一節四反者略相類.

내가 이 책을 풀이한 것은『대학장구(大學章句)』가 이미 충분하니 다시 많이 말
해서는 안 된다. 다만 배우는 사람들을 위해 질문의 단서를 안배하여 또『대학
혹문』을 지어서 그들에게 의심할 만한 것이 없도록 하였다.100) 그 때문에 배우
는 사람들이 연구하고 사색하지 않고 쉽게 읽고 넘어가는 폐단이 있게 되었다.
이 구절에서 세 번 논의를 뒤집은 것은 모두『대학혹문』을 억누르거나 찬양하
는 것이니, 그 어세(語勢)가「맹자서설(孟子序說)」에서 '양주(楊朱)·묵적(墨翟)의
도(道)가 행해지면 정도(正道)가 폐기된다'라고 한 단락이 네 번 논의를 뒤집은
것101)과 대략 서로 유사하다.

○ '只說'之'說'字, '不略'之'不'字, 皆釋於'致思'下.

「독대학법(讀大學法)」에서 '지설(只說 : 다만 ~을 말하는데)'에서 '설(說)'자와
'불략(不略 : 간략히 ~하지 않다)'에서 '불(不)'자는 모두 '치사(致思 : 생각을
다하다)' 아래에서 풀이한다.102)

혹문』은 곧 주석에 대한 주석이다.(『大學』解本文未詳者, 於『或問』中詳之, 且從頭逐句理會, 到不通處, 却
看.『或問』, 乃註脚之註脚.)"라고 하였다.
100) 내가 이 책을 풀이한 것은『대학장구(大學章句)』가 …… 그들에게 의심할 만한 것이 없도록 하였다 : 「독
대학법(讀大學法)」에서 "내가 책을 풀이함에 너무 많아서는 안 되지만 또 우선 배우는 사람들을 안배하여,
그들을 위해 질문을 가설해서 설명하였으니, 그것으로써 배우는 사람들에게 쉽게 볼 수 있도록 하였다.(某
解書不合太多, 又先準備學者, 爲他設疑說了, 所以致得學者看得容易了.)"라고 하였다.
101) 「맹자서설(孟子序說)」에서 '양주(楊朱)·묵적(墨翟)의 …… 한 단락이 네 번 논의를 뒤집은 것 :『맹자집주
(孟子集註)』「맹자서설」에서 "한자(韓子 : 韓愈)가 또 말하였다. '양자운(揚子雲 : 揚雄)은 '옛날에 양주·묵
적이 정도(正道)를 막았는데, 맹자가 변론하고 물리쳐서 평정하였다.」라고 말하였다. 양주·묵적의 도(道)가
행해지면 정도가 폐기된다. 맹자가 비록 현명하고 훌륭하였지만 지위를 얻지 못해서 공허한 말만 했을 뿐
시행됨이 없었으니, 비록 절실하다고 해도 무슨 보탬이 되었겠는가? 그러나 그 말에 힘입어서 지금의 배
우는 사람들이 여전히 공씨(孔氏 : 孔子)를 종주(宗主)로 삼고 인의(仁義)를 숭상하며, 왕도(王道)를 귀하게
여기고 패도(覇道)를 천박하게 여길 줄 알고 있다. 그러나 그 큰 원칙과 큰 법칙이 모두 없어져 구제되지
못하고 파괴되어 수습되지 못하여, 이른바 천 가지에서 열 가지, 백 가지에서 한 가지가 남아 있다는 것과
같으니, 맹자가 평정할 수 있었다고 하는 것이 어디에 있는가? 그러나 그때 맹자가 없었다면 우리들은 모
두 왼쪽으로 옷깃을 여미는 오랑캐 옷을 입고 말이 소통되지 않는 오랑캐 말을 하였을 것이다. 그러므로
나는 일찍이 맹자를 추존하여 공로가 우왕(禹王)의 아래에 있지 않다고 말한 것은 이 때문이다.'(又曰 :
'揚子雲曰, 「古者, 楊·墨塞路, 孟子辭而闢之, 廓如也.」 夫楊·墨行, 正道廢. 孟子雖賢聖, 不得位, 空言無施,
雖切何補? 然賴其言, 而今之學者尙知宗孔氏, 崇仁義, 貴王賤覇而已. 其大經大法, 皆已滅而不救, 壞爛而不
收, 所謂存十一於千百, 安在其能廓如也? 然向無孟氏, 則皆服袵而言侏離矣. 故愈嘗推尊孟氏, 以爲功不
在禹下者, 爲此也.')"라고 하였다.
102) 「독대학법(讀大學法)」에서 '지설(只說 : 다만 ~을 말하는데)' …… 아래에서 풀이한다 : 「독대학법」에서
"사람들은 다만 내가『대학(大學)』등을 해석함에 간략히 설명하여 사람들에게 스스로 생각을 다하도록 하
지 않았다고 말하는데, 이 일은 절대 그렇지 않다. 사람들이 학문을 함에는 다만 기꺼이 하는가 기꺼이 하
지 않는가를 따질 뿐이니, 그들이 만약 이 학문을 기꺼이 하지 않는다면 간략해도 또한 생각을 다할 줄

모를 것이고, 그들이 만일 이 학문을 기꺼이 한다면 저절로 재미가 있어 더욱 상세할수록 더욱 재미가 있을 것이다.(人只說某說『大學』等不略說, 使人自致思, 此事大不然. 人之爲學, 只爭箇肯與不肯耳, 他若不肯向這裏, 略亦不解致思; 他若肯向此一邊, 自然有味, 愈詳愈有味.)"라고 하였다.

권1
대학장구상설
大學章句詳說

대학장구상설(大學章句詳說)

> 朱註

大, 舊音泰, 今讀如字.
「대학장구상설(大學章句詳說)」에서 '대(大)' 자는 옛 음이 태(泰)인데, 지금은 본래의 음 대로 읽는다.

> 詳說

○ 此八字本書名下註, 而今移置于此, 且加圈于下而別之. 『中庸』篇題首有此例.

위 여덟 글자[大舊音泰今讀如字]는 이 책의 이름 아래의 주석인데, 이제 여기로 옮기고, 또 그 아래에 '○'를 두어 구별하였다.[1] 『중용(中庸)』의 편명 제목에서 처음 이러한 사례가 있다.[2]

> 朱註

子程子曰 : "『大學』, 孔氏之遺書, 而初學入德之門也. 於今可見古人爲學次第者, 獨賴此篇之存, 而『論』·『孟』次之. 學者必由是而學焉, 則庶乎其不差矣."

자정자(子程子)가 말하였다. "『대학(大學)』은 공씨(孔氏 : 孔子)가 남긴 글이고, 학문을 처음 배우는 사람들이 도덕 수양에 들어가는 문이다. 지금 옛사람들이 학문 공부를 하는 순서를 볼 수 있는 것은 오직 이 책에 보존된 것을 의뢰할 수 있고, 『논어(論語)』와 『맹자(孟子)』가 그 다음이다. 배우는 사람들이 반드시 이로 말미암아 배우면 거의 틀리지 않을 것이다."

> 詳說

○ 新安陳氏曰 : "上'子'字, 倣『公羊傳』注'子沈子'之例, 乃後學宗師先儒之稱."[3]

'자정자왈(子程子曰)'과 관련하여, 신안 진씨(新安陳氏 : 陳櫟)가 말하였다. "앞의 '자(子)'자는 『춘추공양전(春秋公羊傳)』의 주석에서 '자심자(子沈子)'라고 한

---

1) 또 그 아래에 '○'를 두어 구별하였다 : 아래 "子程子曰"앞에 '○'를 붙여 '○子程子曰'로 표기하고 구분하였다는 말이다. 여기에서 '○'는 편의상 생략한다.
2) 『중용장구(中庸章句)』 집주에 보면, "中者, 不偏不倚無過不及之名. 庸, 平常也."아래에 "子程子曰, 不偏之謂中 ······"라는 구절이 나오는데, 그 '子程子曰'앞에 '○'를 붙여 '○子程子曰'로 표기하였다.
3) 호광 편(胡廣 編), 『대학장구대전(大學章句大全)』「서(序)」.

사례를 모방한 것4)이니, 후학들이 자기 학파의 스승이나 선대 학자들을 일컫는 표현이다."

○ 首句伯子, '次之'以上叔子, '學者'以下伯子.
위 구절에서 첫 구절 즉 '『대학(大學)』, 공씨지유서. 이초학입덕지문야(『大學』, 孔氏之遺書. 而初學入德之門也)'라는 말은 형 정호(程顥)의 말이고, 그 뒤 '차지(次之)'라는 말까지는5) 동생 정이(程頤)의 말이며, '학자(學者 : 배우는 사람들)'라는 말부터 그 아래는 형 정호의 말이다.

○ 亦不言曾子述之.
위에서 정자(程子)는 '『대학(大學)』, 공씨지유서(『大學』, 孔氏之遺書)'라고 말했지, 증자(曾子)가 서술했다고 말하지 않았다.

○ 大人初學.
'이초학입덕지문야(而初學入德之門也)'에서 '초학(初學 : 학문을 처음 배우는 사람)'은 대인(大人 : 성인)이 학문을 처음 배우는 것을 가리킨다.

○ '是'字指『大學』也.『小學』註可考. 若云指『大學』・『論』・『孟』, 則上下句非一時之說, 不可牽合看.
'학자필유시이학언(學者必由是而學焉)'에서 '시(是)'자는 『대학(大學)』을 가리키니,『소학(小學)』의 주석을 참고할 만하다.6) 만약 '시(是)'자가 『대학(大學)』과 『논어(論語)』와 『맹자(孟子)』를 가리킨다고 말한다면, 앞뒤 구절이 일시의 말이 아니니 억지로 합쳐서 보아서는 안 된다.

○ 有次第, 故不差.
'즉서호기불차의(則庶乎其不差矣)'라고 말한 것은 순서가 있기 때문에 틀리지

---

4) 『춘추공양전(春秋公羊傳)』의 주석에서 '자심자(子沈子)'라고 한 사례를 모방한 것 : 『춘추공양전』 권3 주석에서 "심자(沈子)에 대해 그 성씨 앞에 '자(子)'자라는 호칭을 쓴 것은 그가 스승이라는 것을 드러낸 것이다.(沈子稱'子'冠氏上者, 著其爲師也.)"라고 하였다.
5) 그 뒤 '차지(次之)'라는 말까지는 : 본문의 '어금가견고인위학차제자, 독뢰차편지존, 이『논』・『맹』차지(於今可見古人爲學次第者, 獨賴此篇之存, 而『論』・『孟』次之)'라는 구절을 가리킨다.
6) '시(是)'자는 『대학(大學)』을 가리키니, 『소학(小學)』의 주석을 참고할 만하다 : 『소학집주(小學集註)』 권5에서 "문으로써 『대학(大學)』이라는 책을 비유했는데, 이것은 도덕수양을 반드시 『대학(大學)』으로 말미암아야 한다는 것은 집에 들어가려면 반드시 문을 통해 들어가는 것과 견줄 수 있기 때문이다.(門以比『大學』之書, 蓋入德必由乎『大學』, 譬之入室必由乎門也.)"라고 하였다.

않다는 것이다.

○ 朱子曰 : "先讀『大學』, 以定其規模; 次讀『論語』, 以立其根本; 次讀『孟子』, 以觀其發越; 次讀『中庸』, 以求古人之微妙."7)
　위 구절과 관련하여 주자가 말하였다. "먼저 『대학(大學)』을 읽어서 그 규모를 확정하고, 다음으로 『논어(論語)』를 읽어서 그 근본을 확립하며, 그다음으로 『맹자(孟子)』를 읽어서 그 발산되는 것을 살펴보고, 또 그다음으로 『중용(中庸)』을 읽어서 옛사람들의 미묘한 점을 찾아보아야 한다."

○ 新定邵氏曰 : "他書言平天下本於治國, 治國本於齊家, 齊家本於修身, 修身本於正心者, 有矣. 若夫推正心之本於誠意, 誠意之本於致知, 致知之本於格物, 則他書未之言, 六籍之中惟此篇而已."8)
　신정 소씨(新定邵氏 : 邵甲)9)가 말하였다. "다른 책에서도 평천하(平天下)는 치국(治國)에 근본하고, 치국은 제가(齊家)에 근본하며, 제가는 수신(修身)에 근본하고, 수신은 정심(正心)에 근본한다고 말한 것은 있었다. 그런데 정심의 근본을 성의(誠意)에 미루어 보고, 성의 근본을 치지(致知)에 미루어 보며, 치지의 근본을 격물(格物)에 미루어 본 것은 다른 책에는 그렇게 말한 것이 없으니, 육경(六經 : 詩·書·易·春秋·禮記·樂記) 가운데 오직 이 편만이 그렇게 말했을 뿐이다.10)

---

7) 『주자어류(朱子語類)』 권14, 「대학1(大學一)」 3조목.
8) 위식(衛湜), 『예기집설(禮記集說)』 권150.
9) 소갑(邵甲) : 자는 인중(仁仲)이고, 송나라 때 건덕(建德 : 현 절강성 항주<杭州>시 소속) 사람이다. 『예기』 연구에 정통하여 저술에 『예기해(禮記解)』가 있었다고 한다.
10) 육경(六經 : 詩·書·易·春秋·禮記·樂記) 가운데 오직 이 편만이 그렇게 말했을 뿐이다 : 육경 가운데 『예기(禮記)』의 「대학」에서만 그렇게 말했다는 것을 가리킨다.

경1장(經一章)

[經1-1]
大學之道, 在明明德, 在親民, 在止於至善.

대학(大學)의 도(道)는 밝은 덕을 밝히는 데 있고, 백성들을 새롭게 하는 데 있으며, 지극한 선(善)에 그치는 데 있다.

朱註
程子曰 : "'親'當作'新'."
정자(程子 : 程頤)가 말하였다. "'재친민(在親民)'에서 '친(親)' 자는 '신(新)' 자로 보아야 한다."

詳說

○ 叔子.
   '정자왈(程子曰)'에서 정자(程子)는 동생 정이(程頤)이다.

○ 此本正文下音訓, 而今姑依『大全』本移置于此.
   위 구절은 본래 『대학(大學)』 경문 아래의 음훈(音訓)인데, 이제 우선 『대학장구대전(大學章句大全)』 판본에 의거하여 여기로 옮겨 놓았다.

○ 朱子曰 : "以「傳」文考之則有據."[1]
   '친당작신(親當作新)'에 대해, 주자가 말하였다. "「전(傳)」의 글로써 고찰해 보면 근거가 있다."

○ 此之'新'誤作'親', 猶『書』「金縢」之'親'誤作'新'.
   여기에서 '신(新)' 자를 '친(親)' 자로 잘못 쓴 것은 마치 『서경(書經)』「금등(金縢)」에서 '친(親)' 자를 '신(新)' 자로 잘못 쓴 것과 마찬가지이다.[2]

---

1) 주희(朱熹), 『대학혹문(大學或問)』 권1.
2) 『서경(書經)』「금등(金縢)」에서 '친(親)' 자를 '신(新)' 자로 잘못 쓴 것과 마찬가지이다 : 『서경』「금등」에는

○ 『庸』·『學』註加圈, 只於字訓處有之. 與『語』·『孟』不同, 蓋章下無所事圈故也.

『중용(中庸)』과 『대학(大學)』의 주석에서 '○'를 붙인 것은 다만 글자를 훈고한 곳에서 그렇게 하였다. 『논어(論語)』와 『맹자(孟子)』 주석의 경우와는 같지 않으니, 장(章) 아래에 '○'를 붙일 만한 일이 없기 때문이다.3)

朱註

大學者, 大人之學也.
대학은 대인(大人)의 학문이다.

詳說

○ 經文之首'大學'二字, 非以大學之宮言, 亦非以『大學』之書言也. '大學之道', 言大人爲學之道也. 「序」文中'大學之明法'與'過於大學'之二'大學'與此'大學'同.

경(經)의 글 첫 구절 즉 '대학지도(大學之道)'에서 '대학(大學)'이라는 두 글자는 태학이라는 학궁으로 말한 것이 아니고 『대학(大學)』이라는 책 이름으로 말한 것도 아니다. '대학지도(大學之道)'는 대인(大人)이 학문공부를 하는 도(道)를 말한다. 「대학장구서(大學章句序)」의 글 가운데 '대학지명법(大學之明法)'4)과 '과어대학(過於大學)'5)이라고 한 두 곳의 '대학'이라는 글자가 여기에서 '대학'이라는 글자와 같다.

朱註

"王執書以泣曰 : 其勿穆卜. 昔公勤勞王家, 惟予沖人, 弗及知, 今天, 動威, 以彰周公之德, 惟朕小子其新逆, 我國家禮, 亦宜之.(왕이 책축(冊祝)한 글을 잡고 울며 말씀하시기를 '목복(穆卜)'을 할 것이 없다. 옛날에 공이 우리 왕가에 힘서 노력하셨으나 나 어린 사람이 미처 알지 못하였는데, 이제 하늘이 위엄을 발동하여 주공의 덕을 밝히시니, 나 소자(小子)가 직접 공을 맞이함이 우리 국가의 예의에 또한 마땅하다.)"라는 경문의 주석에서 "新, 當作親. …… 親誤作新, 正猶『大學』, 新誤作親也(신(新)은 마땅히 친(親)이 되어야 한다. …… 친(親)을 신(新)으로 잘못 쓴 것은 바로 『대학(大學)』에서 신(新)을 친(親)으로 잘못 쓴 것과 같다.)"라고 하였다.

3) 아래에 나오는 구절 "○大學者, 大人之學也"의 '동그라미(○)'와 같은 것을 가리킨다. 여기서는 '동그라미(○)'를 생략한다.

4) 대학지명법(大學之明法) : 「대학장구서(大學章句序)」에서 "그런데 이 편(篇)은 소학의 성공에 따라서 대학의 밝은 법을 드러내었다.(而此篇者, 則因小學之成功, 以著大學之明法.)"라고 한 구절 속의 말이다.

5) 과어대학(過於大學) : 「대학장구서(大學章句序)」에서 "이단의 허무(虛無)·적멸(寂滅)의 가르침은 그 고원함이 대학의 도를 넘어서지만 실질이 없었다.(異端虛無·寂滅之敎, 其高過於大學而無實.)"라고 한 구절 속의 말이다.

明, 明之也.
'재명명덕(在明明德)'에서 앞의 '명(明)' 자는 어떤 것을 밝힌다는 것이다.

詳說
○ 上明.
'명, 명지야(明, 明之也)'에서 앞의 '명(明)' 자는 본문 '재명명덕(在明明德)'에서 앞의 '명(明)' 자를 가리킨다.

○ 人爲明之.
'명, 명지야(明, 明之也)'에서 뒤의 '명(明)' 자는 사람이 어떤 것을 밝힌다는 것을 말한다.

朱註
'明德'者, 人之所得乎天, 而虛靈不昧, 以具衆理而應萬事者也.
'명덕(明德)'은 사람이 하늘에서 얻은 것으로, 허령불매(虛靈不昧 : 텅 비어 있으면서도 영험하고 어둡지 않음)하여 온갖 이치를 갖추고 수많은 일에 호응하는 것이다.

詳說
○ 本明之德.
'명덕(明德)'은 본래 밝은 덕이다.6)

---

6) 『주자어류(朱子語類)』 권14, 「대학1(大學一)」 79조목에서 "명덕은 자기에게 갖추어진 것을 말하니 지극히 밝아서 어둡지 않은 것이다. 마치 부자(父子) 사이에는 친함이 있고, 군신(君臣) 사이에는 의리가 있고, 부부에게는 분별이 있고, 어른과 아이 사이에는 차례가 있으며, 붕우에게는 신의가 있는 것과 같으니, 처음부터 일찍이 어긋남이 없다. 혹시라도 어긋난다면 그 갖추어진 것이 혼미할 것이니 고유한 명덕이 아니다.(明德, 謂得之於己, 至明而不昧者也. 如父子則有親, 君臣則有義, 夫婦則有別, 長幼則有序, 朋友則有信, 初未嘗差也. 苟或差焉, 則其所得者昏, 而非固有之明矣.)"라고 하였고, 80조목에서는 "사람에게는 본래 이 명덕이 모두 갖추어져 있고, 덕 가운데 인의예지 네 가지가 있다. 외물에 빠지게 되면 그것이 드러나지 않게 되어, 모두 묻혀버린다. 때문에 대학의 도로 반드시 먼저 이 명덕을 밝혀야 한다. 배울 수 있다면, 이 명덕을 지각하여, 항상 스스로 보존할 수 있으니, 즉시 깎아내 가면, 물욕에 의해 가리지 않게 된다. 미루어 나가 부모를 효로 섬기고, 군주를 충으로 섬기며, 미루어 나가 집안을 다스리고, 나라를 다스려 천하를 평안하게 하는 것은, 모두 이 이치 뿐이다. 대학 한 책에서, 이 한 구절을 이해한다면, 곧 문제가 쉽게 풀릴 수 있다.(人本來皆具此明德, 德內便有此仁義禮智四者. 只被外物汨沒了不明, 便都壞了. 所以大學之道, 必先明此明德. 若能學, 則能知覺此明德, 常自存得, 便去刮剔, 不爲物欲所蔽. 推而事父孝, 事君忠, 推而齊家·治國·平天下, 皆只此理. 大學一書, 若理會得這一句, 便可迎刃而解.)"라고 하였다. 또한 92조목에는 "명덕이라 함은 본래 가지고 있는 이 밝은 덕을 말한다. '어린아이가 그 어버이를 사랑하는 것을 알며, 그 자라남에 이르러서도 그 형을 공경할 것을 안다.' 양지양능은 본래부터 가지고 있는 것인데, 단지 사욕에

○ 通聖凡言.
'인지소득호천(人之所得乎天)'에서 '인(人)'자는 성인과 보통 사람을 통틀어서 말한 것이다.

○ '所'字義貫至'者也'.
'인지소득호천(人之所得乎天)'에서 '소(所)'자의 의미는 '이구중리이응만사자야(以具衆理而應萬事者也)'에서 '자야(者也)'에까지 관통한다.

○ 此'而'字爲上下段性·心之界分.
'이허령불매(而虛靈不昧)'에서 '이(而)'자는 앞 뒤 단락의 성(性)과 심(心)의 경계가 된다.

○ 此'而'字又就下段中作體·用之界分.
'이구중리이응만사자야(以具衆理而應萬事者也)'에서 '이(而)'자는 또 뒤 단락에서 본체와 작용의 경계가 된다.

○ 黃氏曰 : "'虛靈不昧', 明也; '具衆理'·'應萬事', 德也. '具衆理', 德之全體, 未發者也; '應萬事', 德之大用, 已發者也."[7]
황씨(黃氏)가 말하였다. "'허령불매(虛靈不昧 : 텅 비어 있으면서도 영험하고 어둡지 않음)'은 '명덕(明德 : 밝은 덕)'에서 '밝음'이고 '온갖 이치를 갖춤'과 '수많은 일에 호응함'은 '명덕'에서 '덕'이다. '온갖 이치를 갖춤'은 덕의 온전한 본체로서 아직 발현하지 않은 것이고, '수많은 일에 호응함'은 덕의 큰 작용으로서 이미 발현한 것이다."

○ 玉溪盧氏曰 : "'虛', 猶鑑之空;[8] '明', 猶鑑之照; '不昧', 申言

의해 가리워졌기 때문에 어두워져서 밝지 않은 것이다. 이른바 '명명덕'이라는 것은 밝히는 방법을 구하는 일이다. 비유하자면 거울 같은 것으로, 본래 밝은 물건이었는데, 먼지로 인하여 흐려졌기 때문에 비출 수 없게 된 것이다. 모름지기 묵은 때를 닦아낸 후에야 거울은 밝음을 회복하게 된다.(明德, 謂本有此明德也. '孩提之童, 無不知愛其親 ; 及其長也, 無不知敬其兄.' 其良知·良能, 本自有之, 只爲私欲所蔽, 故暗而不明. 所謂'明明德'者, 求所以明之也. 譬如鏡焉 : 本是箇明底物, 緣爲塵昏, 故不能照 ; 須是磨去塵垢, 然後鏡復明也.)"

[7] 호광 편(胡廣 編)『대학장구대전(大學章句大全)』에 황씨(黃氏)의 말로 실려 있다.
[8] 虛, 猶鑑之空 : 호광 편(胡廣 編)『대학장구대전(大學章句大全)』에 노효손(盧孝孫)의 말로서 이 구절 앞에 "'明德, 只是本心.' '虛'者, 心之寂 ; '靈'者, 心之感. 心, 猶鑑也.('밝은 덕'은 다만 본심일 뿐이다. '허(虛)'는 마음의 고요한 상태이고, '영(靈)'은 마음이 감응하는 것이다. 마음은 마치 거울과 같다.)"라는 말이 더

其明也. '虛'則明存於中, '靈'則明應於外. 惟'虛', 故'具衆理'; 惟'靈', 故'應萬事'."9)

옥계 노씨(玉溪盧氏 : 盧孝孫)10)가 말하였다. "'허(虛)'는 마치 거울이 비어 있는 것과 같고, '명(明 : 밝음)'은 마치 거울이 비추는 것과 같다. '불매(不昧 : 어둡지 않음)'는 그것이 밝다는 것을 거듭 밝혀 말한 것이다. '허(虛)'하면 밝음이 안에 보존되고, '영(靈)'하면 밝음이 밖으로 호응한다. 오직 '허(虛)'하기 때문에 '온갖 이치를 갖출 수' 있고, 오직 '영(靈)'하기 때문에 '수많은 일에 호응할 수' 있다."

○ 朱子曰 : "禪家但以'虛靈不昧'者爲性, 而無'以具衆理'以下之事."11)

위 구절에 대해 주자가 말하였다. "선가(禪家)에서는 다만 '허령불매(虛靈不昧 : 텅 비어 있으면서도 영험하고 어둡지 않음)'을 성(性)으로 여기지만, '온갖 이치를 갖추고 수많은 일에 호응하는' 실제적인 일은 없다."

○ 又曰 : "'明德'便是仁義禮智之性."12)

주자가 또 말하였다. "'명덕(明德 : 밝은 덕)'은 곧 인의예지의 성(性)이다."

○ 栗谷曰 : "'明德', 心·性·情之總稱."13)

있다.
9) 호광 편(胡廣 編) 『대학장구대전(大學章句大全)』에 노효손(盧孝孫)의 말로 실려 있다.
10) 노효손(盧孝孫) : 자는 신지(新之)이고 호는 옥계(玉溪)이며, 귀계(貴溪) 사람이다. 진덕수(陳德秀)의 문하에서 학문을 배워, 가태(嘉泰 : 1201~1204) 연간에 진사에 급제하였다. 벼슬은 태학박사(太學博士)에 이르렀다. 벼슬을 그만둔 뒤 옥계서원(玉溪書院)에서 주로 강학하였다. 저서에는 송 이종(理宗)에게 진상한 『사서집의(四書集義)』 1백 권이 있다.
11) 『주자어류(朱子語類)』 권14, 「대학1(大學一)」 87조목.
12) 『주자어류(朱子語類)』 권14, 「대학1(大學一)」 65조목에는 "或問 : '明德便是仁義禮智之性否?' 曰 : '便是.' (어떤 사람이 물었다. '명덕(明德 : 밝은 덕)은 곧 인의예지의 성(性)입니까?' 주자가 대답하였다. '그렇다.')"라고 되어 있다. 이외에도 64조목~68조목에는 명덕과 관련하여 아주 간략하면서도 분명한 언급이 있다. 64조목 : "하늘이 인간과 사물에 부여한 것을 '명(命)'이라 하고, 인간과 사물이 받은 것을 '성(性)'이라 하며, 일신을 주관하는 것을 '신(心)'이라 하고, 하늘로부터 얻은 것으로 광명정대한 것을 '명덕(明德)'이라 한다.(天之賦於人物者謂之命, 人與物受之者謂之性, 主於一身者謂之心, 得有於天而光明正大者謂之明德.) 66조목 : "어떤 이가 '인의예지를 성이라 한다면, 명덕은 심에 주안점을 두어 말한 것입니까?'라고 묻자, 주희가 말하였다. '이 도리는 마음속에 훤하게 비추는 것으로, 터럭 끝만큼도 밝지 않음이 없다.(或問 : '所謂仁義禮智是性, 明德是主於心而言?' 曰 : '這个道理在心裏光明照徹, 無一毫不明.')" 67조목 : "명덕은 오묘한 온전한 본체이다.(明德是指全體之妙)" 68조목 : "'명덕을 밝힌다.'라고 하니, '명'은 단지 '분발하고 진작하는 것'일 뿐이다.('明明德,' 明只是提撕也)"
13) 윤봉구(尹鳳九), 『병계선생집(屛溪先生集)』 권39, 「김유도심성강설(金幼道心性講說)」에서 "栗·尤兩先生皆言 '明德'是心·性·情之總稱.(율곡과 우암 두 선생님은 모두 '명덕(明德 : 밝은 덕)'은 심(心)·성(性)·정(情)의 통

율곡(栗谷 : 李珥)이 말하였다. "'명덕(明德 : 밝은 덕)'은 심(心)·성(性)·정(情)의 통칭(統稱)이다."

○ 尤菴曰 : "或人有捨'性'·'情'二字, 而單提'心'字訓'明德'.14) 其意以所謂'虛靈不昧'者爲釋'明德'之意, 故有此說. 而不知所謂'明德', 是心·性·情之總名也."15)

우암(尤菴 : 宋時烈)이 말하였다. "어떤 사람이 '성(性)'과 '정(情)' 두 글자를 버리고 단독으로 '심(心)'이라는 한 글자를 들어서 '명덕(明德 : 밝은 덕)'을 훈고하는 경우가 있었다. 그 뜻은 이른바 '허령불매(虛靈不昧 : 텅 비어 있으면서도 영험하고 어둡지 않음)'라고 하는 것으로써 '명덕'의 뜻을 풀이한 것이기 때문에 이러한 주장이 있게 되었다. 그렇지만 그것은 이른바 '명덕'이 심(心)·성(性)·정(情)의 통칭(統稱)이라는 것을 모르는 것이다."

○ 農巖曰 : "'明德'本指心, 而性·情在其中. 細玩『章句』可見. 今或有謂主性而言, 又有謂兼心·性而言, 則似不察於文義賓主之分矣."16)

농암(農巖 : 金昌協)17)이 말하였다. "'명덕(明德 : 밝은 덕)'은 본래 심(心)을 가리키는데, 성(性)·정(情)이 그 가운데 있다. 『대학장구(大學章句)』를 자세히 음미해보면 알 수 있다. 지금 어떤 사람은 명덕을 성을 위주로 하여 말한 것이라고 말하기도 하고, 또 어떤 사람은 심과 성을 겸해서 말한 것이라고 말하기도 하니, 이렇게 말하는 것은 글의 의미에 주인과 손님의 구분이 있음을 살펴보지 못

칭(統稱)이라고 말하였다.)'라고 하였다.
14) 或人有捨'性'·'情'二字, 而單提'心'字訓'明德' : 송시열, 『송자대전(宋子大全)』 권104 「답김직경(答金直卿)」에 의하면 이 구절은 질문자인 김직경(金直卿)이 질문한 내용 속에 있다.
15) 송시열, 『송자대전(宋子大全)』 권104 「답김직경(答金直卿)」.
16) 김창협(金昌協) 『농암집(農巖集)』 권20, 「답오대하(答吳大夏)」에는 '且如'明德'二字, 『章句』本以心言, 而性·情自在其中矣. 或有謂主性而言, 又有謂兼心·性而言, 則似於文義賓主, 不能無少差.(그리고 '명덕(明德)'이라는 두 글자에 대해 『대학장구(大學章句)』에서는 본래 심(心)으로써 말했고, 성(性)·정(情)도 저절로 그 가운데 있는 것이다. 어떤 사람은 성을 위주로 하여 말했다는 것도 있고 또 어떤 사람은 심과 성을 겸하여 말했다는 것도 있으니, 이는 글의 의미에 주인과 손님의 구분이 있는 것에 대해 조금은 차이가 없을 수 없다.)'라고 되어 있다.
17) 김창협(金昌協, 1651~1708) : 본관은 안동(安東)이고, 자는 중화(仲和)이며, 호는 농암(農巖)·삼주(三洲)이다. 조선 숙종(肅宗) 때 주로 활동한 문신이며 학자이다. 아버지 김수항(金壽恒)과 형 김창집(金昌集)이 영의정을 지낸 집안 출신이다. 1669년 진사에 급제한 뒤 병조좌랑, 사헌부지평, 교리, 이조정랑, 동부승지, 대사성, 병조참지(兵曹參知), 예조참의, 대사간 등을 두루 역임하였다. 학문적 특징은 이황(李滉)과 이이(李珥)의 이기론(理氣論)을 절충한 학설을 주장하였다. 왕명에 의해 송시열(宋時烈)의 『주자대전차의(朱子大全箚疑)』를 교정하였다. 저서에 『농암집(農巖集)』, 『주자대전차의문목(朱子大全箚疑問目)』, 『논어상설(論語詳說)』, 『오자수언(五子粹言)』, 『이가시선(二家詩選)』 등이 있다.

한 것 같다."

○ 南塘曰 : "'明德'本合心·性言之, 而重在於性. 觀於「傳」文'明命'之語及『或問』論'明德'處, 則可見也. 朱子之論'明德', 皆主於性善."

남당(南塘 : 韓元震)이 말하였다. "'명덕(明德 : 밝은 덕)'은 본래 심(心)과 성(性)을 합쳐서 말한 것이지만 중점은 성에 있다. 「전(傳)」의 글 가운데 '명명(明命 : 밝은 명령)'이라고 한 말18)과 『대학혹문』에서 '명덕'을 논한 곳19)을 살펴보면 알 수 있다. 주자가 '명덕'을 논한 것은 모두 성이 선(善)하다는 것을 위주로 하고 있다."

○ 巍巖曰 : "'明德'是心."

외암(巍巖 : 李柬)20)이 말하였다. "'명덕(明德 : 밝은 덕)'은 심(心)이다."

○ 屛溪曰 : "'明德'是性."21)

병계(屛溪 : 尹鳳九)22)가 말하였다. "'명덕(明德 : 밝은 덕)'은 성(性)이다."

○ 南溪曰 : "得乎天者, 性也."

남계(南溪 : 朴世采)23)가 말하였다. "하늘에서 얻은 것은 성(性)이다."

---

18) 「전(傳)」의 글 가운데 '명명(明命 : 밝은 명령)'이라고 한 말 : 『대학장구(大學章句)』「전(傳) 1장」에서 "『서(書)』「태갑(太甲)」에서 말하였다. '이 하늘의 「명명(明命 : 밝은 명령)」을 생각한다.'(「大甲」曰 : '顧諟天之明命.')"라고 하였다.

19) 『대학혹문』에서 '명덕'을 논한 곳 : 『대학혹문』권1에서 "이렇다면 이른바 '밝은 덕을 밝힌다'는 것은 성(性)의 분수 밖에서 작위(作爲)함이 있는 것이 아니다. 그러나 그 이른바 명덕(明德 : 밝은 덕)은 또 모든 사람들이 똑같이 얻은 것이지 내가 사사로이 얻은 것이 아니다.(是則所謂'明明德'者, 而非有所作爲於性分之外也. 然其所謂'明德'者, 又人人之所同得, 而非有我之得私也.)"라고 하였다.

20) 이간(李柬, 1677~1727) : 본관은 예안(禮安)이고, 자는 공거(公擧)이며, 호는 외암(巍巖)·추월헌(秋月軒)이다. 벼슬은 1716년 천거에 의해 세자시강원자의가 되었고, 그 뒤 종부시정, 회덕(懷德)현감, 경연관을 역임하였다. 권상하(權尙夏)의 문인이며, 강문팔학사(江門八學士) 중 한 사람이다. 호락논쟁(湖洛論爭)에서 낙론(洛論)인 인물성동론(人物性同論)을 주장한 대표적 인물이다. 저서에 『외암유고(巍巖遺稿)』가 있다.

21) 윤봉구(尹鳳九), 『병계선생집(屛溪先生集)』 권39, 「김유도심성강설(金幼道心性講說)」에는 "去'明德'之'明'字, 只言一'德'字以釋之, 此其'明德'專主於性 …… '明明德, 亦但以性爲主.('명덕(明德)'의 '명(明)' 자를 제거하고 다만 '덕(德)'이라는 한 글자로 풀이하면 이에 '명덕(明德)'은 오로지 성(性)에 집중된다. …… '명명덕(明明德)'도 역시 다만 성(性)을 위주로 한다.)"라고 되어 있다.

22) 윤봉구(尹鳳九, 1683~1767) : 본관은 파평(坡平)이고, 자는 서응(瑞膺)이며, 호는 병계(屛溪)·구암(久菴)이고, 시호는 문헌(文獻)이다. 1714년 진사에 급제하여 청도군수가 되었고 그 뒤 벼슬은 사헌부지평, 장령(掌令), 집의(執義), 서연관(書筵官), 대사헌, 공조판서 등을 역임하였다. 한원진(韓元震)·이간(李柬)·현상벽(玄尙璧)·채지홍(蔡之洪) 등과 더불어 권상하(權尙夏)의 문하에서 수학한 강문팔학사(江門八學士)의 한 사람으로서 호락논쟁(湖洛論爭)의 중심인물로 꼽힌다. 저서에 『병계집』이 있다.

○ 尤菴曰 : "德, 得也. 將說'德'字, 故先言'得'字. 和叔說未安.".[24]

우암(尤菴 : 宋時烈)이 말하였다. "덕(德)은 득(得 : 얻다)이다. '덕(德)' 자를 말하려고 했기 때문에 먼저 '득(得)' 자를 말하였다. 화숙(和叔 : 朴世采)의 말은 타당하지 않다."

○ 按 : 南溪說亦覺有理. 若以'得乎天'三字謂非指性, 則'明德'訓中更無可討其合心·性爲說處. 而其末之'復其初'三字, 亦涉突兀無來歷矣. 蓋'得乎天'·'復其初', 是始終呼應之辭也. 凡諸經註言'得乎天'·'復其初'者, 多指性言. 若心, 則未有以'得乎天'·'復其初'言之者. 而『孟子』'犬牛'·'所性'二註以'得於天'訓性, '盡心'註以'神明'·'具'·'應'訓心.

내가 생각하건대, 남계(南溪 : 朴世采)의 말도 역시 일리가 있는 것 같다. 만약 '득호천(得乎天 : 하늘에서 얻다)'라는 세 글자를 성(性)을 가리키는 것이 아니라고 말한다면, '명덕(明德 : 밝은 덕)'에 대한 훈고 가운데 다시는 그것이 심(心)과 성(性)을 합쳐서 말한 것이라고 하는 곳을 찾아 볼 수 없을 것이다. 그러나 그 끝부분의 '복기초(復其初 : 처음을 회복한다)'라고 한 세 글자는 또한 갑작스럽게 튀어나와 내력이 없는 것 같다. 대개 '득호천(得乎天)'과 '복기초(復其初)'라는 말은 시종일관 호응하는 말이다. 무릇 여러 경(經)의 주석에서 '득호천'과 '복기초'를 말한 것은 대부분 성을 가리켜 말한다. 만약 심의 경우라면 '득호천'과 '복기초'로 말하지 않았다. 그런데『맹자(孟子)』에서 '견우(犬牛)'와 '소성(所性)'에 대한 두 곳의 주석에서는 '득호천'으로 성을 훈고했고,[25] '진심(盡心)'에

---

23) 박세채(朴世采, 1631~1695) : 본관은 반남(潘南)이고, 자는 화숙(和叔)이며, 호는 현석(玄石)·남계(南溪)이고, 시호는 문순(文純)이다. 1649년 진사에 급제하여 성균관에 들어갔고 그 뒤 벼슬은 사헌부집의, 승정원 동부승지, 공조참판, 대사헌, 이조판서, 우의정, 좌의정 등을 두루 역임하였다. 학문적으로는 김상헌(金尙憲)과 김집(金集)의 문하에서 수학하여 김장생(金長生)의 학맥을 이었다. 저서에『범학전편(範學全編)』,『시경요의(詩經要義)』,『춘추보편(春秋補編)』,『남계독서기(南溪讀書記)』,『대학보유변(大學補遺辨)』,『심경요해(心經要解)』,『학법총설(學法總說)』,『양명학변(陽明學辨)』,『남계수필록(南溪隨筆錄)』,『심학지결(心學旨訣)』,『신수자경편(新修自警編)』,『육례의집(六禮疑輯)』,『삼례의(三禮儀)』,『사례변절(四禮變節)』,『가례요해(家禮要解)』,『가례외편(家禮外編)』,『남계예설(南溪禮說)』,『남계시무만언봉사(南溪時務萬言封事)』,『남계연중강계(南溪筵中講啓)』,『남계기문(南溪記聞)』,『동유사우록(東儒師友錄)』,『주자대전습유(朱子大全拾遺)』 등이 있다.
24) 송시열,『송자대전(宋子大全)』 권105,「답심명중(答沈明仲)」에는 "夫德之爲言得也. 朱先生將說'德'字, 故先言'得'字. …… 和叔所謂'所得乎天爲性'者, 於鄙意略有未安.(무릇 덕(德)이라는 말은 득(得 : 얻다)이다. 주자는 '덕(德)' 자를 말하려고 했기 때문에 먼저 '득(得)' 자를 말하였다. …… 화숙(和叔 : 朴世采)이 이른바 '하늘에서 얻은 것은 성(性)이다'라고 한 것은 내 생각으로는 조금 타당하지 않은 것 같다.)"라고 되어 있다.
25)『맹자(孟子)』에서 '견우(犬牛)'와 '소성(所性)'에 대한 …… '득호천'으로 성을 훈고했고 :『맹자』「고자

대한 주석에서는 '신명(神明)'·'구(具 : 갖춤)'·'응(應 : 호응함)'으로서 심을 훈고하였다.26)

○ '明德'之訓正指心, 而必本於性. 但言性處短, 只爲三字, 而言心處長, 至爲十二字者, 於性自著不得許多字故也. 以其所指, 而農巖謂之心爲主; 以其所本, 而南塘謂之重在性, 兩說皆得之. 而又由是一轉, 則心·性偏主之論起矣. 蓋主心之論, 常以虛靈·具·應之正, 襯於'明德'二字爲說, 殊不察'得乎天'三字之亦更襯焉耳. 德者, 得也, 而莫明於天之明命. 明命, 卽性善也.

'명덕(明德 : 밝은 덕)'에 대한 훈고는 바로 심(心)을 가리키지만 반드시 성(性)에 근본한다. 그러나 성을 말한 곳은 그 글이 짧아서 단지 세 글자일 뿐인데,27) 심을 말한 곳은 그 글이 열두 글자나 되니,28) 성에 대해서는 본래 많은 글자를 붙일 수 없기 때문이다. 그것이 가리키는 것 측면에서 농암(農巖 : 金昌協)은 심이 주인이 된다고 말했고, 그것이 근본하는 것 측면에서 남당(南塘 : 韓元震)은 중점이 성에 있다고 말했으니, 이 두 가지 주장들은 모두 타당성을 얻었다. 그런데 여기에서부터 한번 돌려보면 심과 성이 각각 한 편이 주인이 된다는 논의가 일어나게 된다. 대개 심을 주인으로 삼는 논의는 항상 허령(虛靈)·구(具 : 갖춤)·응(應 : 호응함)의 올바름을 가지고 '명덕(明德)'이라는 두 글자에 결부시켜 말하는데 특히 '득호천(得乎天 : 하늘에서 얻음)'이라는 세 글자도 역시 거기에 더욱 결부된다는 것을 살펴보지 못했을 뿐이다. 덕(德)은 득(得 : 얻다)이지만, 그 어는 것도 하늘의 밝은 명령보다 밝은 것은 없다. 밝은 명령은 곧 성이 선하다는 것이다.

상(告子上)」에서 "그렇다면 개의 성(性)이 소의 성과 같으며, 소의 성이 사람의 성과 같은가?(然則犬之性, 猶牛之性; 牛之性, 猶人之性與?)"라고 한 구절에 대해, 주자는 "성은 사람이 하늘에서 얻은 것으로서의 이치이다(性者, 人之所得於天之理也.)"라고 주석하였다.
『맹자(孟子)』「진심 상(盡心上)」에서 "천하의 한가운데 서서 왕이 되어 사해(四海)의 백성을 안정시키는 것을 군자는 즐거워하지만, 성(性)으로 삼은 것은 여기에 있지 않다.(中天下而立, 定四海之民, 君子樂之, 所性, 不存焉.)"라고 한 구절에 대해, 주자는 "그러나 그 하늘에서 얻은 것은 여기에 있지 않다.(然其所得於天者, 則不在是也.)"라고 주석하였다.
26) '진심(盡心)'에 대한 주석에서는 '신명(神明)'·'구(具 : 갖춤)'·'응(應 : 호응)'으로서 심을 훈고했다 : 『맹자(孟子)』「진심 상(盡心上)」에서 "맹자가 말하였다. '그 마음을 다 발휘하는 사람은 그 성(性)을 아니, 그 성을 알면 하늘을 알게 된다.'(孟子曰 : '盡其心者, 知其性也, 知其性, 則知天矣.)"라고 한 구절에 대해, 주자는 "심(心)은 사람의 신명(神明)이니, 온갖 이치를 갖추고 수많은 일에 호응하는 것이다.(心者, 人之神明, 所以具衆理而應萬事者也.)"라고 주석하였다.
27) 성을 말한 곳은 그 글이 짧아서 단지 세 글자일 뿐인데 : '득호천(得乎天 : 하늘에서 얻음)'이라는 세 글자를 가리키는 것으로 보인다.
28) 심(心)을 말한 곳은 그 글이 열두 글자나 되니 : '허령불매(虛靈不昧)·이구중리(以具衆理)·응만사자(應萬事者)'라는 열두 글자를 가리키는 것으로 보인다.

○『論語』首章訓'學'字處, 全用此書首二句之意. 其曰'明性善', 卽此所謂'明明德'也. 蓋本明者, 性也; 明之者, 心也. 以心明性, 於事爲順. 且性則純善, 心有善惡. 而明德是純善無惡底物事, 則謂之性, 不亦宜乎? 明德心性偏主之論, 固皆有違於栗·尤二先生之意. 而與其偏主心, 不若偏主性之爲無弊. 若主心則心純善之弊有不可言矣. 夫心, 氣也; 性, 理也. 而德是理之名, 非氣之名, 故謂仁爲心之德, 仁非理與性乎? 且行道而有得於心謂之德, 不便以心爲德, 則德之爲理, 不亦審乎?

『논어(論語)』첫 장(章)에서 '학(學)'자를 훈고한 곳은 전적으로 이 책 즉 『대학(大學)』첫 두 구절의 뜻을 사용하였다. 거기에서 '명성선(明性善 : 성이 선하다는 것을 밝힌다)'라고 말한 것29)은 곧 여기에서 이른바 '명덕(明德 : 밝은 덕)을 밝힌다'라는 것이다. 대개 본래 밝은 것은 성(性)이고, 그것을 밝히는 것은 심(心)이다. 심으로써 성을 밝히는 것이 일에 있어서는 순조롭다. 또한 성은 순전히 선하고 심은 선악을 가지고 있다. 그런데 명덕은 순전히 선하여 악함이 없는 것이니, 그것을 성이라고 말하는 것이 또한 마땅하지 않겠는가? 명덕에 대해 심이나 성이 각각 한 편이 주인이 된다는 논의는 본디 모두 율곡과 우암 두 선생님의 뜻에 위배됨이 있다. 그래도 그것이 심 한 편만이 주인이 되는 것보다는 차라리 성 한 편만이 주인이 되는 것의 폐단이 없는 것만 못하다. 만약 심을 주인으로 하면, 심이 순전히 선하다는 폐단은 말할 수도 없을 것이다. 무릇 심은 기(氣)이고 성은 리(理)이다. 덕(德)은 리에 이름 붙이는 것이지 기에 이름 붙이는 것이 아니기 때문에 인(仁)은 심의 덕이라고 말했으니, 인은 리와 성이 아니겠는가? 또한 도(道)를 실행하여 심에 얻은 것을 덕이라고 하니, 심을 곧 덕이라고 하지 않는다면 덕이 리가 됨을 또한 살펴보아야 하지 않겠는가?

○『章句』於訓處以'所'·'者也'三字始之終之, 滾成一句文勢. 而又以'而'字界之於性·心之間, 其釋處又常兼言性·心. 而歸其宿於'復其初'一句, 所以終'得乎天'一句之意也. 訓與釋可謂盛水不漏矣.

---

29) 거기에서 '명성선(明性善 : 성이 선하다는 것을 밝힌다)'라고 말한 것 : 『논어(論語)』「학이(學而)」제1장 "배우고 그것을 때때로 익히면 또한 기쁘지 않은가?(學而時習之, 不亦說乎?)"라고 한 구절에 대해, 주자가 "사람의 본성(本性)은 모두 선(善)하지만, 이것을 깨닫는 데 먼저 깨닫고 뒤에 깨닫는 차이가 있으니, 뒤에 깨닫는 자는 반드시 먼저 깨달은 자가 한 것을 본받아야 선함을 밝혀 그 처음을 회복할 수 있다.(人性皆善, 而覺有先後, 後覺者, 必效先覺之所爲, 乃可以明善而復其初也.)"라고 주석한 것을 가리킨다.

『대학장구(大學章句)』는 훈고하는 곳에서 '인지소득호천(人之所得乎天)'에서 '소(所)'자와 '이구중리이응만사자야(以具衆理而應萬事者也)'에서 '자야(者也)'의 세 글자로써 시작하고 끝맺어 한 구절의 글의 형세를 세차게 이루었다. 그리고 또 '이허령불매(而虛靈不昧)'에서 '이(而)'자를 가지고 성(性)과 심(心)의 사이를 경계 지어, 그 풀이한 곳은 또 늘 성과 심을 겸해서 말하였다. 그리고 그것을 '복기초(復其初 : 처음을 회복한다)'라는 구절에 귀착시켜 그것으로서 '득호천(得乎天 : 하늘에서 얻음)'이라는 구절의 뜻을 끝맺었다. 훈고와 풀이가 물을 가득 채워도 새어나가지 않듯이 논리가 엄밀하다.

○ 塘翁亦嘗以爲'明德'主心言, 而包性·情在其中. 又直云'明德只是心', 而今此重在性之說是其最後定論. 當從之.

당옹(塘翁 : 權斗寅)30)도 일찍이 '명덕(明德 : 밝은 덕)'은 심(心)을 위주로 말한 것이고 그 심속에 성·정을 포괄한다고 여겼다. 또 곧바로 '명덕은 다만 심일 뿐이다'라고 말했지만, 이제 중점이 성에 있다고 주장하였으니, 이것은 그의 최후의 정론(定論)이다. 마땅히 그것을 쫓아야 할 것이다.

○ 栗谷曰 : "'具衆理'指言心, 而小註乃指性, 未穩矣."31)

율곡(栗谷 : 李珥)이 말하였다. "'구중리(具衆理 : 온갖 이치를 갖춤)'는 심(心)을 가리켜 말한 것인데, 소주(小註)에서는 곧 성(性)을 가리킨다고 했으니,32) 온당치 않다."

○ 按 : 雲峰說果誤. 栗翁非之, 是矣. 蓋具之·應之, 亦以心言, 不可分屬於性·情也, 明矣. 今人若因雲峰此說而謂明德爲心·性·情總稱, 則亦恐失栗翁之意. 蓋明德之訓, 合心·性言之而情在其

---

30) 권두인(權斗寅, 1643~1719) : 본관은 안동(安東)이고, 자는 춘경(春卿)이며, 호는 하당(荷塘)이다. 매헌(梅軒) 홍준형(洪俊亨)에게 배웠다. 1678년 진사에 급제하여 벼슬은 태복주부(太僕主簿), 공조좌랑(工曹佐郞), 동궁사어(東宮司禦), 사직서령(社稷署令), 영춘현감(永春縣監) 등을 역임하였다. 저서에는 문집인 『하당집(荷塘集)』이 있다.
31) 이이(李珥), 『율곡선생전서(栗谷先生全書)』권31, 「어록(語錄) 상」에는 "問 : 『대학』小註曰, '具衆理是性. 愚意以爲衆理具於心之謂也, 何以謂之性也?' 曰 : '具衆理, 指言心, 而乃指性, 未穩矣.'(물었다. '『대학(大學)』 소주(小註)에 「구중리(具衆理 : 온갖 이치를 갖춤)는 성(性)이다.」라고 하였습니다. 내 생각에 온갖 이치는 심(心)에 갖추어졌다는 것을 말한다고 여겨지는데, 무엇 때문에 성(性)이라고 말했습니까?' 대답하였다. '구중리는 심을 가리켜서 말한 것인데, 이에 성을 가리킨다고 한 것은 온당치 않다.')"라고 되어 있다.
32) 소주(小註)에서는 곧 성(性)을 가리킨다고 했으니 : 『대학장구대전(大學章句大全)』에서 운봉 호씨(雲峯胡氏 : 胡炳文)가 '구중리시성(具衆理是性 : 온갖 이치를 갖춘 것은 성(性)이다)'라고 한 말을 가리킨다.

中. 曰'得乎天', 性也; 曰'虛靈·具·應', 心也. 南塘所云'合心·性言之'者, 蓋謂是耳.

내가 생각하건대, 운봉(雲峰 : 胡炳文)의 말은 과연 잘못되었다. 율옹(栗翁 : 李珥)이 그것을 비난한 것은 옳다. 갖춘다고 하고 호응한다고 하는 것은 심(心)으로써 말한 것이지 성(性)·정(情)에 나누어 소속시킬 수 없는 것은 분명하기 때문이다. 요즘 사람들이 만약 운봉(雲峰 : 胡炳文)의 이 말로 인하여 '명덕(明德 : 밝은 덕)'은 심(心)·성(性)·정(情)의 통칭(統稱)이라고 말한다면, 이것 역시 아마 율옹(栗翁 : 李珥)의 뜻을 잃을 것이다. 명덕에 대한 훈고는 심·성을 합쳐서 말한 것이고 정(情)이 그 가운데 있기 때문이다. '득호천(得乎天 : 하늘에서 얻었다)'이라고 한 것은 성이고, '허령(虛靈)·구(具 : 갖춤)·응(應 : 호응함)'이라고 한 것은 심이다. 남당(南塘 : 韓元震)이 '심과 성을 합쳐서 말한 것이다'라고 말한 것은 대개 이것을 말한 것일 뿐이다.

○ '得乎天'專指性理, '衆理'兼指事物之理.

'득호천(得乎天 : 하늘에서 얻었다)'은 오로지 성(性)의 이치를 가리키고, '중리(衆理 : 온갖 이치)'는 사물의 이치를 겸해서 가리킨다.

○ 小註北溪'理與氣合, 所以虛靈'之說果未瑩. 栗·尤諸先生皆斥其非, 而亦不言所以虛靈之故. 竊嘗思之, 心之能虛靈, 蓋以性之所宅故也. 天以至善之理賦與吾人也, 其所安頓之物自能虛靈, 爲一身之主. 假使此理而寓於腎, 則腎必虛靈; 寓於肺, 則肺必虛靈. 而今寓於心, 故心自能虛靈, 此其本事也. 若乃心屬火, 故虛靈者, 終是以彼喩此也, 非其本事也, 則只可備其一義而已. 如以火論之, 火之能光明, 以其爲炎上之理所寓故也, 此其本事也. 若乃火屬南·屬夏故光明者, 是其以彼喩此之一義而已. 雖然, 火之爲物, 外則光明, 內實虛暗, 此又與心不同. 況一心內所具之五常, 又各自分屬五行者耶?

『대학장구대전(大學章句大全)』 소주(小註)에서 북계(北溪 : 陳淳)가 '리(理)와 기(氣)가 합쳐졌기 때문에 허령(虛靈)하다'라고 한 말33)은 과연 명백하지 않다. 율

---

33) 『대학장구대전(大學章句大全)』 소주(小註)에서 …… '리(理)와 기(氣)가 합쳐졌기 때문에 허령(虛靈)하다'라고 한 말 : 호광 편(胡廣 編), 『대학장구대전(大學章句大全)』에는 "북계 진씨(北溪陳氏 : 陳淳)가 말하였다.

곡과 우암 등 여러 선생님들이 모두 그것이 아님을 배척했지만, 또한 허령한 까닭을 말하지는 않았다. 내가 일찍이 그것을 생각해 본 적이 있으니, 심(心)이 허령할 수 있는 것은 성(性)이 심을 집으로 삼고 있기 때문이다. 하늘은 지극히 선한 리(理)를 우리에게 부여했고, 그것이 안치된 곳은 저절로 허령할 수 있어서 몸의 주인이 된다. 만약 이 리(理)가 신장에 우거(寓居)한다면 신장이 반드시 허령할 것이고, 만약 폐에 우거한다면 폐가 반드시 허령할 것이다. 이제 심에 우거했기 때문에 심이 저절로 허령할 수 있는 것은 그 본분의 일이다. 그런데 심이 화(火)에 속하기 때문에 허령하다고 하는 것은 끝내 저것을 가지고 이것을 깨우치게 하는 것이지 그 본분의 일이 아니니, 다만 그 한 가지 의미를 갖출 수 있을 뿐이다. 만약 화로써 논한다면, 화가 밝게 빛날 수 있는 것은 그것이 불타 오르는 리(理)가 거기에 우거해 있기 때문이니, 이것이 그 본분의 일이다. 그런데 화는 남쪽에 속하고 여름에 속하기 때문에 밝게 빛난다고 하는 것은 저것을 가지고 이것을 깨우치게 하는 한 가지 의미일 뿐이다. 비록 그러하지만 화라는 것은 밖은 밝게 빛나지만 안은 사실 비어 있고 어두우니 이것은 또 심과 같지 않다. 게다가 심 안에 갖춘 오상(五常 : 인·의·예·지·신)은 또 각자 오행(五行 : 목·화·토·금·수)에 나누어 소속되니 어떻겠는가?

朱註

但爲氣稟所拘, 人欲所蔽, 則有時而昏. 然其本體之明, 則有未嘗息者.
다만 기(氣)의 품부(稟賦)에 구애되고 인욕(人欲)에 가려지면 때로 혼매하다. 그러나 그 본체의 밝음은 일찍이 그친 적이 없다.

詳說

○ 新安吳氏曰 : "氣稟拘之, 有生之初 ; 物欲蔽之, 有生之後."[34]
'단위기품소구, 인욕소폐(但爲氣稟所拘, 人欲所蔽)'에 대해, 신안 오씨(新安吳氏 : 吳浩)[35]가 말하였다. "기(氣)의 품부(稟賦)가 그것을 구속하는 것은 처음 태어날 때의 일이고, 물욕(物欲)이 그것을 가리는 것은 태어난 뒤의 일이다."

○ 心之罪也.

'사람은 태어나면서 천지의 리(理)를 얻고 또 천지의 기(氣)를 얻는다. 리와 기가 합쳐졌기 때문에 허령하다.'(北溪陳氏曰 : '人生得天地之理, 又得天地之氣. 理與氣合, 所以虛靈.')"라고 되어 있다.
34) 호광 편(胡廣 編), 『대학장구대전(大學章句大全)』.
35) 오호(吳浩) : 자는 의부(義夫)이고 송나라 때 휴녕(休寧 : 현 안휘성 휴녕현) 사람이다. 주자의 문인으로 저서에 『대학구의(大學口義)』가 있었다고 한다.

'즉유시이혼(則有時而昏)'이라고 한 것은 심(心)의 죄이다.

○ 朱子曰 : "本明之體, 得之於天."36)
'연기본체지명(然其本體之明)'과 관련하여, 주자가 말하였다. "본래 밝은 본체는 하늘에서 얻은 것이다."

○ 性固自若也.
'즉유미상식자(則有未嘗息者)'라고 한 것은 성(性)이 본디 저절로 그러한 것이다.

朱註
故學者當因其所發, 而遂明之, 以復其初也.
그러므로 배우는 사람은 마땅히 그것이 발현하는 것에 따라 마침내 그것을 밝혀서 그 처음을 회복해야 한다.

詳說
○ 指性, 上下二'其'字放此.
'고학자당인기소발(故學者當因其所發)'에서 '기(其)'자는 성(性)을 가리키고, 이것 앞과 뒤 두 개의 '기(其)'자37)는 이것과 같다.

○ 朱子曰 : "如見孺子入井而怵惕, 見賢人而恭敬. 雖至惡之人, 亦時有善念之發."38)

---

36) 주희(朱熹), 『대학혹문』 권1.
37) 이것 앞과 뒤 두 개의 '기(其)'자 : '연기본체지명(然其本體之明)'에서 '기(其)'자와 '이복기초야(以復其初也)'에서 '기(其)'자를 가리킨다.
38) 『주자어류(朱子語類)』 권14, 「대학1(大學一)」 78조목에는 "明德未嘗息, 時時發見於日用之間. 如見非義而羞惡, 見孺子入井而惻隱, 見尊賢而恭敬, 見善事而歎慕, 皆明德之發見也.(밝은 덕은 그친 적이 없으니, 일상생활에 수시로 발현한다. 예컨대 의롭지 않은 것을 보고 미워하는 것과, 갓난아이가 우물에 빠지려는 것을 보고 측은해 함과, 존귀한 사람과 현명한 사람을 보고 공경하는 것과, 선한 일을 보고 찬탄·사모하는 것과 같은 것은 모두 밝은 덕이 발현한 것이다.)"라고 되어 있다. 또 『주자어류(朱子語類)』 권14, 「대학1(大學一)」 83조목에는 "或問: '明明德', 是於靜中本心發見, 學者因其發見處從而窮究之否?' 曰: '不特是靜, 雖動中亦發見. 孟子將孺子將入井處來明這道理. …… 便教至惡之人, 亦時乎有善念之發.'(어떤 사람이 물었다. ''밝은 덕을 밝힌다'라는 것은 고요한 가운데 본심이 발현하는 것이니, 배우는 사람은 그것이 발현하는 것에 따라 쫓아서 궁구해야 합니까?' 주자가 대답하였다. '다만 고요할 때뿐 아니라 비록 움직이는 가운데도 역시 발현한다. 맹자는 갓난아이가 우물에 빠지려는 것을 가지고 이 도리를 밝혔다. …… 지극히 악한 사람에게도 역시 때때로 착한 생각이 발현한다.)"라고 되어 있다.

'고학자당인기소발(故學者當因其所發)'에서 '발(發)'과 관련하여, 주자가 말하였다. "발현하는 것은 예컨대 갓난아이가 우물에 빠지려는 것을 보고 측은해 함과, 현명한 사람을 보고 공경하는 것과 같다. 비록 지극히 악한 사람이라도 역시 때때로 착한 생각이 발현한다."

○ 雲峯胡氏曰 : "'有時而昏'說心, '本體之明'說性, '所發'說情."39)

위 두 구절과 관련해서, 운봉 호씨(雲峯胡氏 : 胡炳文)가 말하였다. "'유시이혼(有時而昏 : 때로 혼매하다)'이라는 것은 심(心)을 말한 것이고, '본체지명(本體之明 : 본체의 밝음)'은 성(性)을 말한 것이며, '소발(所發 : 발현하는 것)'은 정(情)을 말한 것이다."

○ 朱子曰 : "接續明之."40)

'이수명지(而遂明之)'와 관련하여 주자가 말하였다. "계속해서 밝혀나가야 한다."

○ 此又心之功也.

'이수명지(而遂明之)'라고 한 것은 또 심(心)의 공로이다.

○ '得乎天', 故'未嘗息'; '未嘗息', 故'復其初'.

'이복기초야(以復其初也)'와 관련하여, '하늘에서 얻었기' 때문에 '그친 적이 없고', '그친 적이 없기' 때문에 '그 처음을 회복할 수 있다.'

---

39) 호병문(胡炳文), 『사서통(四書通)』「대학통(大學通)」에는, "'有時而昏'又是說心, '本體之明'又是說性, '所發'又說情.('유시이혼(有時而昏 : 때로 혼매하다)'이라는 것은 또 심(心)을 말한 것이고, '본체지명(本體之明 : 본체의 밝음)'은 또 성(性)을 말한 것이며, '소발(所發 : 발현하는 것)'은 또 정(情)을 말한 것이다.)"라고 되어 있다.

40) 『주자어류(朱子語類)』권14, 「대학1(大學一)」74조목에는 "或以'明明德'譬之磨鏡. 曰 : '鏡猶磨而後明. 若人之明德, 則未嘗不明. 雖其昏蔽之極, 而其善端之發, 終不可絶. 但當於其所發之端, 而接續光明之, 令其不昧, 則其全體大用可以盡明. 且如人知己德之不明而欲明之. 只這知其不明而欲明之者, 便是明德, 就這裏便明將去.'(어떤 사람이 '명명덕(明明德 : 밝은 덕을 밝히는 것)'을 거울 닦는 것에 비유하였다. 주자가 대답하였다. '거울도 또한 닦은 뒤에 밝아진다. 만약 사람의 밝은 덕이라면 일찍이 밝지 않은 적이 없다. 비록 그 어둡게 가림이 지극해도 그 선한 단서의 발현은 끝내 끊어질 수는 없다. 다만 그 발현한 단서에 대해서는 계속해서 빛나게 밝혀나가서 어둡지 않게 해야 하니, 그러면 그 본체의 큰 쓰임을 모두 밝힐 수 있게 된다. 마치 사람이 자신의 덕이 밝지 못함을 알고, 밝게 하려는 것과 같다. 다만 저 밝지 못함을 알고 밝게 하려는 것은 곧 「명덕(明德 : 밝은 덕)」이니, 여기에서 밝혀나가야 한다.')"라고 되어 있다.

○ '明德', 性也; '明明德'者, 心也; '欲明明德'者, 情也; '欲明明德於天下, 先治其國'者, 意也.
위 구절과 관련하여, '밝은 덕'은 성(性)이고, '밝은 덕을 밝히는 것'은 심(心)이며, '밝은 덕을 밝히려고 하는 것'은 정(情)이고, '천하에 밝은 덕을 밝히려고 하면 먼저 그 나라를 다스려야 한다는 것'은 의(意)이다.

朱註

'新'者, 革其舊之謂也, 言既自明其明德, 又當推以及人, 使之亦有以去其舊染之汙也.
'신(新 : 새롭게 함)'은 옛것을 고친다는 것을 이르니, 이미 스스로 그 밝은 덕을 밝히고 나면 또 마땅히 미루어 남에게까지 미쳐서,[41] 그에게도 또한 그것으로써 예전에 물든 더러움을 제거하도록 하는 것을 말한다.

詳說

○ 承'明德'而釋之.
'언기자명기명덕(言既自明其明德)'이라고 한 것은 '밝은 덕'을 이어서 풀이한 것이다.

○ 此又與『論語』次節註'及人'同, 尤可驗『論語』・『大學』之相爲表裏也.
'우당추이급인(又當推以及人)'이라고 한 것은 또 『논어(論語)』 다음 절(節) 주석인 '급인(及人 : 남에게까지 미치다)'과[42] 같으니, 더욱 『논어(論語)』와 『대학(大

---

41) 『주자어류(朱子語類)』 권14, 「대학1(大學一)」 93조목에는 "어떤 사람이 '덕을 밝히고 백성을 새롭게 한다는 것은 모름지기 자신의 덕이 모두 밝아진 후에 비로소 백성을 새롭게 할 수 있다는 말입니까?'라고 묻자, 주희가 말하였다. '자신의 덕이 밝아지지 않았다고 해서 전혀 다른 사람을 관여하지 않는 것도 옳지 않으며, 억지로 다른 사람을 새롭게 하는 것도 옳지 않다. 이처럼 대강 '백성을 새롭게 한다'라 말한 것은 반드시 덕이 모두 밝아져야만 비로소 이처럼 할 수 있다. 사소한 효험의 경우일지라도 당연히 자신이 이와 같이 하면 남들은 바로 보고서 스스로 깨닫는다. 그래서 '한 집안이 어질면 한 국가가 어짊을 흥기하고, 한 집안이 사양하면 한 나라가 사양함을 흥기시킨다'라 하니 당연히 이와 같다.(或問 : '明德新民, 還須自家德十分明後, 方可去新民?' 曰 : '不是自家德未明, 便都不管著別人, 又不是硬要去新他. 若大段新民, 須是德十分明, 方能如此. 若小小效驗, 自是自家這裏如此, 他人便自觀感. "一家仁, 一國興仁; 一家讓, 一國興讓", 自是如此.')"라고 하였다. 또 94조목에는 "'명덕과 신민은 내가 본래 가지고 있는 것으로 그들을 새롭게 하는데 달려 있습니다. 백성이 자신들의 명덕을 밝힘에 이르러서도 또한 그것에 달려 있는 것입니까?'라고 묻자, 주희가 말하였다. '비록 말은 자신의 덕을 밝히고, 백성의 덕을 새롭게 한다고 했으나, 그 의미는 자연스럽게 참고해볼 수 있다. '명덕을 천하에 밝힌다'는 말은 자신이 새로워짐으로써 그 백성을 새롭게 한다는 것임을 알 수 있다(問 : '明德新民, 在我有以新之. 至民之明其明德, 卻又在它?' 曰 : '雖說是明己德, 新民德, 然其意自可參見. "明明德於天下", 自新以新其民, 可知.')"라고 하였다.

學)』이 서로 표리가 됨을 증험할 수 있다.

○ 上聲.
'사지역유이거기구염지오야(使之亦有以去其舊染之汚也)'에서 '거(去)'자는 상성(上聲)이다.

○ '使'字有力.
'사지역유이거기구염지오야(使之亦有以去其舊染之汚也)'에서 '사(使)'자는 힘이 있다.

○ 新安陳氏曰 : "『書』「胤征」云'舊染汚俗, 咸與惟新',『章句』本此, 以釋'新民'."43)
'사지역유이거기구염지오야(使之亦有以去其舊染之汚也)'와 관련해서, 신안 진씨(新安陳氏 : 陳櫟)가 말하였다. "『서경(書經)』「윤정(胤征)」에서 '예전에 물든 나쁜 풍속을 모두 함께 새롭게 하겠다'라고 하였는데,『대학장구(大學章句)』는 이것에 근본해서 '신민(新民 : 백성을 새롭게 한다)'이라는 말을 풀이하였다."

○ 尤菴曰 : "'明'·'新'二字, 名異而實同. '明明德', 是新己德也; '新民', 是明民德也."44)
위 구절과 관련하여 우암(尤菴 : 宋時烈)이 말하였다. "'명(明 : 밝힌다)'자와 '신(新 : 새롭게 한다)'자 두 글자는 명칭은 다르지만 실질은 같다. '밝은 덕을 밝힌다'는 것은 자기의 덕을 새롭게 하는 것이고, '백성들을 새롭게 한다'는 것은 백성들의 덕을 밝힌다는 것이다."

朱註
'止'者, 必止於是而不遷之意.
'지(止 : 그친다)'는 반드시 여기에 이르러 옮기지 않는다는 뜻이다.

---

42) 『논어(論語)』다음 절(節) 주석인 '급인(及人 : 남에게까지 미치다)' : 『논어(論語)』「학이(學而)」 제1장 두 번째 구절인 '유붕자원방래, 불역락호(有朋自遠方來, 不亦樂乎)'에 대한 주석에서 "정자(程子 : 程頤)가 말하였다. '선함을 남에게 미쳐가게 하여 믿고 따르는 자가 많기 때문에 즐거울 수 있는 것이다.'(程子曰 : '以善及人, 而信從者衆, 故可樂.')"라고 한 것을 가리킨다.
43) 호광 편(胡廣 編),『대학장구대전(大學章句大全)』.
44) 송시열,『송자대전(宋子大全)』권131,「간서잡록(看書雜錄)」.

詳說

○ 沙溪曰 : "'是'字汎說. 或以'至善'看, 非是."45)

'필지어시이불천지의(必止於是而不遷之意)'에서 '시(是)'자에 대해, 사계(沙溪 : 金長生)가 말하였다. "여기에서 '시(是)'자는 일반적으로 말한 것이다. 어떤 사람은 '지어지선(止於至善)'에서 '지선(至善)'으로 보는데 옳지 않다."

○ 朱子曰 : "未至其地, 則必求其至 ; 旣至其地, 則不當遷動而之佗也."46)

'필지어시이불천지의(必止於是而不遷之意)'와 관련하여, 주자가 말하였다. "그곳에 이르지 않았으면 반드시 거기에 이르기를 구하며, 이미 그곳에 이르렀으면 옮겨서 다른 곳으로 가서는 안 된다."

朱註

'至善', 則事理當然之極也.47)

'지선(至善 : 지극히 선함)'은 사리(事理)의 마땅히 그러해야 하는 표준이다.

詳說

○ '當然'訓'善', '極'訓'至'.

'지선, 즉사리당연지극야(至善, 則事理當然之極也)'라고 한 것에서, '당연(當然 : 마땅히 그러해야 함)'은 '선(善 : 선함)'자를 훈고한 것이고, '극(極 : 표준)'자는 '지(至 : 지극함)'자를 훈고한 것이다.

---

45) 김간(金榦), 『후재선생집(厚齋先生集)』 권21에 "沙溪先生曰 : '此只釋「止」字意. 所謂「是」者, 是泛說. 或以「至善」看, 非是.'(사계(沙溪 : 金長生) 선생이 말하였다. '이것은 다만 「지(止)」자의 뜻을 풀이한 것일 뿐이다. 이른바 여기에서 「시(是)」자는 일반적으로 말한 것이다. 어떤 사람은 「지어지선(止於至善)」에서 「지선(至善)」으로 보는데 옳지 않다.')"라고 실려 있다.
46) 『주자어류(朱子語類)』 권14, 「대학1(大學一)」 103조목.
47) 『주자어류(朱子語類)』 권14, 「대학1(大學一)」 105조목. 전문은 다음과 같다. "'事理當然之極也.' '恐與伊川說「艮其止, 止其所也」之義一同. 謂有物必有則, 如父止於慈, 子止於孝, 君止於仁, 臣止於敬, 萬物庶事莫不各有其所. 得其所則安, 失其所則悖. 所謂「止其所」者, 卽止於至善之地也.'('사리의 당연함이 지극한 것이다.' 아마도 이천이 말한 '멈출 때에 멈추는 것은 그 위치에 멈추는 것이다'라는 말과 같다. 사물이 있으면 반드시 법칙이 있으니, 예를 들어 부모는 자애에 머물고, 자식은 효에 머물고, 군주는 인에 머물고, 신하는 경에 머물고, 만물과 모든 일은 각기 그 위치가 있지 않음이 없음을 말한다. 그 있을 곳을 얻으면 편안하게 되고, 그 위치를 잃으면 어긋나게 된다. 이른바 '그 위치에서 머문다'는 말이 지선의 경지에 머무는 것이다.)"

○ 朱子曰 : "'至善', 只是恰好處."48)

'지선, 즉사리당연지극야(至善, 則事理當然之極也)'에서 '지선(至善 : 지극히 선함)'에 대해, 주자가 말하였다. "'지선(至善)'은 다만 꼭 알맞은 것일 뿐이다."49)

○ 栗谷曰 : "'至善', 太極之異名, 而明德之本體也."50)

'지선, 즉사리당연지극야(至善, 則事理當然之極也)'에서 '지선(至善 : 지극히 선함)'에 대해 율곡(栗谷 : 李珥)이 말하였다. "'지선(至善)'은 태극(太極)의 다른 명칭이고 밝은 덕의 본체이다."

朱註

言'明明德'·'新民', 皆當止於至善之地而不遷.
이것은 '명명덕(明明德)'과 '신민(新民)'이 모두 지극한 선(善)의 경지에 그쳐서 옮겨가지 않아야 한다51)는 것을 말한다.

詳說

○ 合'明明德'·'新民'而釋之.

---

48) 『주자어류(朱子語類)』 권14, 「대학1(大學一)」 114조목에는 "'至善', 只是些子恰好處.('지선(至善 : 지극히 선함)'은 다만 얼마간 꼭 알맞은 것일 뿐이다.)"라고 되어 있다.
49) '지선(至善)'에 대한 견해는 『주자어류(朱子語類)』 곳곳에 정돈되어 있다. 권14, 「대학1(大學一)」 98조목에는 "일반적으로 선이라 일컫는 것은 진실로 좋은 것이다. 그러나 비로소 좋은 일이라고 한 것은 '지선'이 아니다. 반드시 지극한 곳에 이르러서야 도리를 모두 다한 것이니, 조금이라도 다하지 않는 것이 없는 까닭에 지선이라 말한 것이다.(凡曰善者, 固是好. 然方是好事, 未是極好處. 必到極處, 便是道理十分盡頭, 無一毫不盡, 故曰至善.)"라고 하였고, 99조목에는 "'지선'은 지극히 좋은 것이다. 예를 들어 효는 겨울에 따뜻하게 여름에 시원하게 해드리고, 저물면 잠자리를 정해드리고 새벽에 안부를 묻는 일인데, 효의 일이라 할지라도 모름지기 '말씀하시기 전에 듣고, 드러나기 전에 보아야'만 비로소 효라 일컫는 것을 극진히 했다고 할 것이다.(至善是恰好處. 且如羊: 冬溫夏淸, 昏定晨省, 雖然是孝底事, 然須是能'聽於無聲, 視於無形', 方始是盡得所謂孝.)"라고 하였다. 또한 100조목에는 "지선은 가장 좋은 것이다. 예컨대 열 가지 일 가운데 아홉 가지 옳은 일을 했다 하더라도, 한 가지 일이 부진하면 또한 지선이 아니다.(至善是个最好處. 若十件事做得九件是, 一件不盡, 亦不是至善.)"라고도 하였다.
50) 이이(李珥), 『율곡선생전서(栗谷先生全書)』 권9, 「답성호원(答成浩原)」.
51) '명명덕(明明德)'과 '신민(新民)'이 모두 지극한 선(善)의 경지에 그쳐서 옮겨가지 않아야 한다 : 이와 관련하여 『주자어류(朱子語類)』 권14, 「대학1(大學一)」 112조목에는 "'지어지선(止於至善)'이 '재명명덕(在明明德) 재신민(在新民)'을 포괄한다. 자기도 또한 지어지선(止於至善)이 필요하고, 다른 사람도 또한 지어지선(止於至善)이 필요하다. 천하는 하나의 도리일 뿐이니, 남에게는 비록 행하게 할 수 없지만 내가 다른 사람에게 바라는 것이라면 이와 같지 않을 수 없다.('止於至善, 是包'在明明德, 在新民.' 己也要止於至善, 人也要止於至善. 蓋天下只是一个道理, 在他雖不能, 在我之所以望他者, 則不可不如是也.)"라 하였고, 113조목에는 "명덕(明德)과 신민(新民) 둘은 모두 지극한 곳에 이르는 것이 필요하다. 명덕은 대략 덕이 밝아지면 곧 끝나는 것이 아니고, 신민은 대략 새로움을 얻으면 곧 그만두는 것이 아니다. 모름지기 지극한 곳에 그치는 일이 필요하다.(明德·新民, 二者皆要至於極處. 明德, 不是只略略地明德便了 ; 新民, 不是只略略地新得便休. 須是要止於極至處.)"라고 되어 있다.

'언명명덕·신민(言'明明德'·'新民')'이라고 한 것은 '명명덕(明明德)'과 '신민(新民)'을 합쳐서 풀이한 것이다.

○ 朱子曰 : "'明德'中也有'至善', '新民'中也有'至善', 皆要到那極處."52)

위 구절에 대해 주자가 말하였다. "'명덕(明德 : 밝은 덕)' 가운데 또한 '지선(至善 : 지극한 선)'이 있고 '신민(新民 : 백성들을 새롭게 함)' 가운데 또한 '지선'이 있으니, 이것들은 모두 저 지극한 곳에 이르려는 것이다."

○ 雙峯饒氏曰 : "明德, 以理之得於心者言; 至善, 以理之見於事者言. 以明明德對新民, 則明明德爲主; 以明明德·新民對止至善, 則止至善爲重."53)

위 구절에 대해 쌍봉 요씨(雙峯饒氏 : 饒魯)가 말하였다. "명덕(明德)은 리(理)를 마음에 얻은 것으로써 말한 것이고, 지선(至善)은 리(理)가 일에 나타난 것으로써 말한 것이다. 명명덕(明明德 : 밝은 덕을 밝힘)을 신민(新民 : 백성들을 새롭게 함)에 짝지으면 명명덕이 주인이 되고, 명명덕과 신민을 지어지선(止於至善 : 지극한 선에 그침)에 짝지으면 지어지선이 중요하다."

朱註

蓋必其有以盡夫天理之極, 而無一毫人欲之私也.
반드시 그것으로써 저 천리(天理)의 지극함을 다 발휘하여, 인욕(人欲)의 사사로움을 한 터럭도 없애야 하기 때문이다.

詳說

○ 音扶.

'개필기유이진부천리지극(蓋必其有以盡夫天理之極)'에서 '부(夫)'자는 음이 부(扶)이다.

---

52) 『주자어류(朱子語類)』 권14, 「대학1(大學一)」 114조목에는 "問 : '至善, 不是明德外別有所謂善, 只就明德中到極處便是否?' 曰 : '是. 明德中也有至善, 新民中也有至善, 皆要到那極處.'(물었다. '지선(至善)은 명덕(明德) 밖에 따로 이른바 선이 있다는 것이 아니라, 다만 명덕 가운데서 지극한 곳에 이르는 것이 아닙니까?' 주자가 대답하였다. '그렇다. 명덕 가운데 또한 지선이 있고, 신민(新民) 가운데 또한 지선이 있으니, 이것들은 모두 저 지극한 곳에 이르려는 것이다.')"라고 되어 있다.
53) 호광 편(胡廣 編), 『대학장구대전(大學章句大全)』.

○ 又申釋'止至善'之義. 而'天理'照上'明德'訓中'得乎天', '人欲'
照'明德'釋中'人欲'.

위 구절은 또 '지어지선(止於至善 : 지극한 선에 그침)'의 의미를 거듭 밝혀 풀이한 것이다. 그런데 여기에서 '천리(天理)'는 앞에서 '명덕(明德)'을 훈고할 때의 '하늘에서 얻은 것'을 비추어 본 것이고 여기에서 '인욕(人欲)'은 앞에서 '명덕'을 풀이할 때의 '인욕'을 비추어 본 것이다.

○ 新安吳氏曰 : "自散在事物者而言,54) 則曰事理, 是理之萬殊處, 一物各具一太極也 ; 自人心得於天者而言, 則曰天理, 是理之一本處, 萬物統體一太極也."55)

위 구절에 대해 신안 오씨(新安吳氏 : 吳浩)가 말하였다. "사물에 흩어져 있는 것으로 말하면 사리(事理)는 리(理)가 수만 가지로 흩어져 달리 표현된 것이니 매 사물이 각각 하나의 태극을 갖춘 것이며, 사람의 마음이 하늘에서 얻은 것으로 말하면 천리(天理)는 리(理)의 하나로 수렴되어 근본이 된 것이니 모든 사물이 통틀어서 하나의 태극을 본체로 삼는 것이다."

○ 栗谷曰 : "得之於天而有本然一定之則者, 至善之體, 而吾心統體之太極也 ; 見於日用之間而各有本然一定之則者, 至善之用, 而事事物物各具之太極也."56)

---

54) 自散在事物者而言 : 호광(胡廣 編), 『대학장구대전(大學章句大全)』에 의하면 이 구절 앞에 "止至善, 爲明明德·新民之標的; 極盡天理, 絶無人欲, 爲止至善之律令. 然旣言'事理當然之極', 又言'天理之極'者,(지어지선(止於至善 : 지극한 선에 그침)은 명명덕(明明德 : 밝은 덕을 밝힘)과 신민(新民 : 백성을 새롭게 함)의 목표이고, 천리(天理)를 극진히 발휘하여 인욕(人欲)을 완전히 없애는 것은 지어지선의 규정이다. 그러나 이미 '사리(事理)의 마땅히 그러해야 하는 표준'을 말했는데, 게다가 또 '천리의 지극함'을 말한 것은)"라는 말이 더 있다.
55) 호광 편(胡廣 編), 『대학장구대전(大學章句大全)』.
56) 이이(李珥), 『율곡선생전서(栗谷先生全書)』 권9, 「답성호원(答成浩原)」에 실려 있는데, 이 말은 율곡이 옥계 노씨(玉溪盧氏 : 盧孝孫)의 말을 인용한 것이다. 원문은 다음과 같다. "'至善'與'中'之說, 尙未歸一, 緣珥所見自不端的. 故言不明瑩, 致足下輾轉生疑耳. 但先儒之說, 似是分明, 不可別生意旨. 玉溪盧氏曰 : '至善, 太極之異名, 而明德之本體. 得之於天而有本然一定之則者, 至善之體, 乃吾心統體之太極也 ; 見於日用之閒, 而各有本然一定之則者, 至善之用, 乃事事物物各具之太極也.' 以此觀之, 至善之體, 非未發之中耶 ; 至善之用, 非事物上自有之中耶?('지선(至善)'과 '중(中)'에 대한 설명은 아직 하나로 귀결하지 못했는데, 그것은 나의 소견이 스스로 확정되지 못했기 때문입니다. 그러므로 말이 명백하지 못해서 그대에게 이러저러 의심을 일으키도록 했습니다. 그렇지만 선대 학자들의 설명이 거의 분명한 것 같으니, 다른 생각을 해서는 안 될 것입니다. 옥계 노씨(玉溪盧氏)는 다음과 같이 말했습니다. '지선(至善)은 태극의 다른 명칭이고, 명덕(明德)의 본체(本體)이다. 하늘에서 얻어 본래 그러한 일정한 법칙이 있는 것은 지선의 본체이니, 곧 내 마음의 전체로서의 태극이고, 일상생활에 나타나서 각각 본래 그러한 일정한 법칙이 있는 것은 지선의 작용이니, 곧 모든 사물이 각각 구비한 태극이다.' 이것으로 살펴본다면 지선의 본체는 희로애락이 아직 발현되지 않은 중(中)이 아닙니까. 지선의 작용은 사물(事物)이 본디 가지고 있는 중(中)이 아닙니

위 구절에 대해 율곡(栗谷 : 李珥)이 말하였다. "하늘에서 얻어 본래 그러한 일정한 법칙이 있는 것은 지선(至善)의 본체이니, 내 마음의 전체로서의 태극이고, 일상생활에 나타나서 각각 본래 그러한 일정한 법칙이 있는 것은 지선의 작용이니, 모든 사물이 각각 구비한 태극이다."

朱註

此三者, 『大學』之綱領也.
이 세 가지는 『대학(大學)』의 강령(綱領)이다.

詳說

○ 此句又總括言之.
위 구절은 또 총괄해서 말한 것이다..

○ 新安陳氏曰 : "如網之有綱, 綱擧則目張; 如裘之有領, 領挈而裘順."57)
위 구절과 관련해서 신안 진씨(新安陳氏 : 陳櫟)가 말하였다. "마치 그물에 벼릿줄이 있어 벼릿줄이 들리면 그물눈이 펴지는 것과 같고, 마치 갖옷에 깃이 있어서 깃이 들리면 갖옷이 따라서 들리는 것과 같다."

○ 朱子曰 : "'明明德·新民·止至善'八字, 已括盡一篇之意."58)
위 구절과 관련해서 주자가 말하였다. "'명명덕·신민·지지선(明明德·新民·止至善)'이라는 여덟 글자는 이미 『대학(大學)』의 뜻을 모두 다 포괄하고 있다."59)

○ 玉溪盧氏曰 : "'明明德'是格·致·誠·正·修之綱領, '新民'是齊·治·平之綱領."60)
위 구절과 관련해서 옥계 노씨(玉溪盧氏 : 盧孝孫)가 말하였다. "'명명덕(明明德)'은 격물·치지·성의·정심·수신의 강령이고, '신민(新民)'은 제가·치국·평천하의

까?)"
57) 호광 편(胡廣 編), 『대학장구대전(大學章句大全)』.
58) 호광 편(胡廣 編), 『대학장구대전(大學章句大全)』에는 주자의 말로 실려 있지만, 조순손(趙順孫), 『사서찬소』 『대학찬소(大學纂疏)』에는 황씨(黃氏)의 말로 실려 있다.
59) 『주자어류(朱子語類)』 권14, 「대학1(大學一)」 61조목에서는 "명덕과 신민은 절목이고, '지어지선'은 규모의 크기이다.(明德, 新民, 便是節目 ; 止於至善, 便是規模之大.)"라고 하였다.
60) 호광 편(胡廣 編)『대학장구대전(大學章句大全)』.

강령이다."

○ 尤菴曰 : "'止至善'爲'明明德'·'新民'之綱領."61)
위 구절과 관련하여 우암(尤菴 : 宋時烈)이 말하였다. "'지지선(止至善)'은 '명명덕(明明德)'과 '신민(新民)'의 강령이다."

○ 按 : 三綱領之'至善', 如五常之信.
내가 생각하건대 삼강령에서 '지선(至善)'은 오상(五常)에서 신(信)과 같다.

○ 雲峰胡氏曰 : "此節三句說工夫, 下節五句說功效."62)
위 구절에 대해 운봉 호씨(雲峯胡氏 : 胡炳文)가 말하였다. "이 단락의 세 구절은 공부를 말했고, 아래 단락 다섯 구절은 그 효과를 말하였다."

[經1-2]

知止而后有定, 定而后能靜, 靜而后能安, 安而后能慮, 慮而后能得.

그칠 데를 안 뒤에 확정함이 있으니, 확정한 뒤에 고요할 수 있고, 고요한 뒤에 편안할 수 있으며, 편안한 뒤에 고려할 수 있고, 고려한 뒤에 얻을 수 있다.

朱註
'后'與'後'同, 後倣此.
'후(后)' 자는 '후(後)' 자와 같으니, 뒤도 마찬가지이다.

朱註
'止'者, 所當止之地, 卽至善之所在也.
'지(止)'는 마땅히 그쳐야 할 곳이니, 곧 지선(至善)이 있는 곳이다.

---

61) 송시열, 『송자대전(宋子大全)』 권131, 「간서잡록(看書雜錄)」.
62) 호병문(胡炳文), 『사서통(四書通)』「대학통(大學通)」에는 "以朱子之言推之, 綱領第一節三句説工夫, 第二節五句説功效.(주자의 말로 미루어 보면, 강령 제1절 세 구절은 공부를 말했고, 제2절 다섯 구절은 효과를 말하였다.)"라고 되어 있다.

詳說

○『大全』曰 : "此'止'字, 接上文'止'字說下來."63)
위 구절과 관련하여 『대학장구대전(大學章句大全)』에서 말하였다. "여기에서 '지(止)'자는 곧 앞의 본문인 '재지어지선(在止於至善)'에서 '지(止)'자를 연결해서 말한 것이다."

○ 註幷及'至善'釋之.
위 구절은 주석이 아울러 '지선(至善)'에까지 미쳐 그것을 풀이하였다.

朱註

知之, 則志有定向.
이것(마땅히 그쳐야 할 곳)을 안다면 의지에 확정된 방향이 있을 것이다.64)

詳說

○ 蒙上'止'字而省之.
'지지(知之)'에서 '지(之)'자는 앞의 '지(止)'자와 이어져서 생략하였다.

○ 朱子曰 : "知事物所當止之理."65)

---

63) 호광 편(胡廣 編), 『대학장구대전(大學章句大全)』에는 "此'止'字, 卽接上文'在止於至善'之'止'字說下來.(여기에서 '지(止)'자는 곧 앞의 본문인 '재지어지선(在止於至善)'에서 '지(止)'자를 연결해서 말한 것이다.)"라고 실려 있다.
64) 『주자어류(朱子語類)』 권14, 「대학1(大學一)」 126조목에는 "'그칠 데를 안 뒤에 정함이 있다.'는 반드시 '정함이 있다[有定]'라고 해야지, '정할 수 있다[能定]'라고 해서는 안 된다. 그러므로 앎이 사물에 정함이 있음을 말하는 것이다.('知止而後有定.' 必謂有定, 不謂能定, 故知是物有定說.)"라고 하였다. 이와 관련하여 125조목에는 "'그칠 데를 안 뒤에 정함이 있다'는 것은 모름지기 각각의 사물 모두가 다 이해한 후에 정함이 있다는 말이다. 만약 단지 한 가지 일과 한 가지 사물만 이해하고 다음날 별도로 한 가지 일을 이해한다면 곧 이해할 수 없게 된다. 이 도리는 모름지기 50~60% 이상을 이해해야 비로소 여기는 중요하고, 저기는 중요하지 않은 것을 나중에는 쉽게 깨달을 것이다. 현재 아직 절반 이상도 이해하지 못했다면, 힘을 소비하는 것이다. 모름지기 하나하나 이해했다가 점점 많아지게 되고 점차 관통하게 될 것이니 두 개가 합쳐져 하나가 되고, 얼마 안 있어 또 7~8개가 합하여 하나가 될 것이니, 모두 일제히 훤하게 꿰뚫게 된다. 이천이 말한 '관통'이라는 말은 신묘한 것이다. 만약 그가 스스로 이같이 되지 않았다면, 어떻게 이러한 말을 할 수 있었겠는가!('知止而後有定.' 須是事事物物都理會得盡, 而後有定. 若只理會得一事一物, 明日別有一件, 便理會不得. 這箇道理須是理會得五六分以上, 方見這邊重, 那邊輕, 後面便也易了. 而今未理會到半截以上, 所以費力. 須是逐一理會, 少間多了, 漸會貫通, 兩箇合做一箇, 少間又七八箇合做一箇, 便都一齊通透了. 伊川說'貫通'字最妙. 若不是他自會如此, 如何說出這字!)"라고 하였고, 또한 127조목에는 "아직 그칠 데를 알지 못한다면 진실로 공부를 하고 다잡는데 힘써야 한다. 이미 그칠 데를 안다면 힘쓰는 게 쉬어진다.(未知止, 固用做工夫, 但費把捉. 已知止, 則爲力也易.)"라고 하였다.
65) 『주자어류(朱子語類)』 권14, 「대학1(大學一)」 163조목에는 "'知止', 是知事物所當止之理.('지지(知止) : 그칠 데를 안다')는 사물이 마땅히 그쳐야 할 곳으로서의 리(理)를 아는 것이다.)"라고 되어 있다.

'지지(知之)'에 대해 주자가 말하였다. "사물이 마땅히 그쳐야 할 곳으로서의 리(理)를 아는 것이다."

○ 欲行之志.
'즉지유정향(則志有定向)'에서 '지(志)'자는 실행하려고 하는 의지를 가리킨다.

○ 添'向'字.
'즉지유정향(則志有定向)'이라고 한 것은 '정(定)'자에 '향(向)'자를 보탠 것이다.

朱註
靜, 謂心不妄動; 安, 謂所處而安;
정(靜 : 고요함)은 마음이 함부로 움직이지 않는다는 것을 말하고, 안(安 : 편안함)은 처한 곳에 편안함을 말하며,

詳說
○ 上聲, 下同.
'위소처이안(謂所處而安)'에서 '처(處)'자는 상성(上聲)이고 아래도 마찬가지이다.

○ 朱子曰 : "無所擇於地而能安."66)
'위소처이안(謂所處而安)'과 관련하여, 주자가 말하였다. "이 말은 어떤 곳이든 가리지 않고 편안할 수 있다는 것을 말한다."

○ 又曰 : "定·靜·安相去不遠. 但有淺深耳.67) 定以理言, 故曰有; 靜以心言, 故曰能.68) 靜就心上說, 安就身上說.69)"

---

66) 『주자어류(朱子語類)』 권14, 「대학1(大學一)」 149조목에는 "能安者, 隨所處而安, 無所擇地而安.(편안할 수 있다는 것은 처한 곳에 따라서 편안하여 어떤 곳이든 가리지 않고 편안한 것이다.)"라고 되어 있다.
67) 定·靜·安相去不遠. 但有淺深耳 : 『주자어류(朱子語類)』 권14, 「대학1(大學一)」 139조목에는 "'定而後能靜, 靜而後能安', 亦相去不遠. 但有深淺耳.('확정한 뒤에 고요할 수 있고, 고요한 뒤에 편안할 수 있다'라고 했으니, 또한 서로 간의 거리가 멀지 않다. 다만 얕음과 깊음의 차이가 있을 뿐이다.)"라고 되어 있다.
68) 定以理言, 故曰有; 靜以心言, 故曰能 : 『주자어류(朱子語類)』 권14, 「대학1(大學一)」 130조목.
69) 靜就心上說, 安就身上說 : 『주자어류(朱子語類)』 권14, 「대학1(大學一)」 135조목에는 "問 : '「安, 謂所處

'위소처이안(謂所處而安)'과 관련하여, 주자가 또 말하였다. "정(定 : 확정함), 정(靜 : 고요함), 안(安 : 편안함)은 서로 간의 거리가 멀지 않다. 다만 얕음과 깊음의 차이가 있을 뿐이다. 정(定 : 확정함)은 리(理)로써 말했기 때문에 '유(有 : 있다)'라고 했고, 정(靜)은 심(心)으로 말했기 때문에 '능(能 : 할 수 있다)'이라고 하였다. 정(靜)은 마음에서 말한 것이고, 안(安)은 몸에서 말한 것이다."

○ 栗谷曰 : "'所處而安'雖似指身, 實是所知之安耳."[70]

'위소처이안(謂所處而安)'과 관련하여, 율곡(栗谷 : 李珥)이 말하였다. "'처한 곳에 편안함'은 비록 몸을 가리켜서 말한 것 같지만 실은 아는 것이 편안하다는 것일 뿐이다."

○ 又曰 : "『孟子』'居之安', 合知行而言. 晦齋合而一之, 恐未安."[71]

'위소처이안(謂所處而安)'과 관련하여, 율곡(栗谷 : 李珥)이 또 말하였다. "『맹자(孟子)』에서 '거지안(居之安 : 거처함이 편안함)'이라고 한 것[72]은 앎과 실행을 합쳐서 말한 것이다. 회재(晦齋 : 李彦迪)[73]는 그것을 합쳐서 하나로 했으니 타

而安.」 莫是把捉得定時, 處事自不爲事物所移否?' 曰 : '這箇本是一意. 但靜是就心上說, 安是就身上說. 而今人心才不靜時, 雖有意去安頓那物事, 自是不安. 若是心靜, 方解去底處, 方解穩當.'(물었다. 「'안(安 : 편안함)은 처한 곳에서 편안한 것을 말한다」라고 하였는데, 이것이 자신의 의지가 확정된 것을 굳게 잡았을 때 일을 처리하는 것이 저절로 사물에 의해 옮겨가지 않는다는 것이 아닙니까?' 주자가 대답하였다. '이것은 본래 한 가지 뜻이다. 단지 정(靜 : 고요함)은 마음에서 말한 것이고, 안(安)은 몸에서 말한 것이다. 이제 막 사람의 마음이 고요하지 않을 때는 비록 의도적으로 어떤 사태를 안정시켰다고 하더라도, 본래 편안하지 못한다. 만약 마음이 고요해지면 그제야 느슨해져서 일을 분별하여 처리하고, 그제야 온당하게 된다.")라고 되어 있다.

70) 이이(李珥), 『율곡선생전서(栗谷先生全書)』 권14, 「회재대학보유후의(晦齋大學補遺後議)」.

71) 이이(李珥), 『율곡선생전서(栗谷先生全書)』 권14, 「회재대학보유후의(晦齋大學補遺後議)」에는 '若『孟子』所謂 '居之安', 則乃深造自得之效, 合知行而言, 不止於知一端也. 然則『大學』'定·靜·安'之'安', 與『孟子』'居之安'之'安', 雖似相近, 而輕重不同. 晦齋合而一之, 恐是未安.(만약 『맹자(孟子)』에서 이른바 '거지안(居之安 : 거처함이 편안함)'이라면 곧 깊은 경지에 나아가 스스로 터득하는 효험으로써 앎과 실행을 합쳐서 말한 것이니, 앎 한쪽에만 그치지 않는다. 그렇다면 『대학(大學)』에서 '정(定 : 확정함), 정(靜 : 고요함), 안(安 : 편안함)'이라고 할 때의 '안(安)'은 『맹자(孟子)』에서 '거지안(居之安 : 거처함이 편안함)'이라고 할 때의 '안(安)'과 비록 서로 가까운 것 같지만 경중이 같지 않다. 회재(晦齋 : 李彦迪)는 그것을 합쳐서 하나로 했으니 타당하지 않은 것 같다.)"라고 되어 있다.

72) 『맹자(孟子)』에서 '거지안(居之安 : 거처함이 편안함)'이라고 한 것 : 『맹자(孟子)』 「이루 하(離婁下)」 제14장에서 "맹자가 말하였다. '군자가 도(道)로써 깊은 경지에 나아가는 것은 그 스스로 터득하려는 것이니, 스스로 터득하면 거처함이 편안하고, 거처함이 편안하면 그것에 의뢰함이 깊고, 의뢰함이 깊으면 좌우에서 취하여 그 근원을 만나게 된다. 그러므로 군자는 스스로 터득하려고 한다.'(孟子曰 : 「君子深造之以道, 欲其自得之也, 自得則居之安, 居之安則資之深, 資之深則取之左右, 逢其原, 故君子欲其自得之也.」)"라고 하였다.

73) 이언적(李彦迪, 1491~1553) : 자는 복고(復古)이고, 호는 회재(晦齋)·자계옹(紫溪翁)이며, 원래 이름은 적(迪)이었으나 중종의 명령으로 언적(彦迪)으로 고쳤다. 시호는 문원(文元)이다. 본관은 여주이며, 경주에서 태어나 외숙인 손중돈(孫仲暾)에게 학문을 배웠다. 1514년(중종 9년) 문과에 급제하여 사헌부 지평·장령·밀양 부사·성균관 대사성·사헌부 대사헌·홍문관 부제학·전주 부윤 등을 역임하였다. 1547년 을사사화의 여파인 양재역벽서(良才驛壁書) 사건이 일어나 사람들이 다시 축출될 때 그도 연루되어 강계로 유배되었다. 27

당하지 않은 것 같다."

朱註
慮, 謂處事精詳.
려(慮 : 고려함)는 일을 처리함에 정밀하고 상세히 하는 것을 말한다.74)

詳說
○ 栗谷曰 : "晦齋'以慮爲思', 不應於物格·知至之後, 乃更有思底工夫也. 先賢以慮處於知行之間, 而謂之臨事更致精詳, 恐是不易之論也."75)
'려, 위처사정상(慮, 謂處事精詳)'과 관련하여, 율곡(栗谷 : 李珥)이 말하였다. "회재(晦齋 : 李彦迪)가 '려(慮 : 고려함)를 사(思 : 생각함)로 여긴 것'은 사물이 궁구되고 앎이 이르게 된 뒤의 일과 상응하지 않으니, 또 다시 생각하는 공부가 있어야 한다. 선현들이 려(慮 : 고려함)를 앎과 실행의 사이에 두고 일에 임해서 더욱 정밀하고 상세하게 한다고 말했으니, 아마 바뀔 수 없는 논의일 것이다."

○ 尤菴曰 : "'處'是裁制量度之意."76)
'려, 위처사정상(慮, 謂處事精詳)'에서 '처(處)'자에 대해, 우암(尤菴 : 宋時烈)이 말하였다. "'처(處 : 처리함)'자는 마름질하고 헤아린다는 뜻이다."

세 때 영남지방의 선배학자인 손숙돈(孫叔暾)과 조한보(曺漢輔) 사이에 벌어진 '무극태극(無極太極)' 논쟁에 참여하여, 주리적(主理的) 관점에 입각하여 이들의 견해를 모두 비판하였다. 그의 주리적 성리설은 그 다음 세대인 이황(李滉)에게 계승되어 영남학파의 중요한 성리설이 되었으며, 조선 성리학의 한 특징을 이루게 되었다. 저서는 『구인록(求仁錄)』, 『봉선잡의(奉先雜儀)』, 『대학장구보유(大學章句補遺)』, 『속대학혹문(續大學或問)』, 『중용구경연의(中庸九經演義)』, 『회재집(晦齋集)』 등이 있다.
74) 『주자어류(朱子語類)』 권14, 「대학1(大學一)」 150조목의 경우, "여(慮)는 거듭 생각하여 상세하게 살피는 것이다.(慮, 是思之重復詳審者.)"라고 하였고, 151조목의 경우, "여(慮)는 기미를 연구하는 것이다.(慮, 是研幾. 閻祖.)"라고 하였다.
75) 이이(李珥), 『율곡선생전서(栗谷先生全書)』 권14, 「회재대학보유후의(晦齋大學補遺後議)」에는 "'以慮爲思', 雖不大悖, 但是是格物之路, 當初不思, 則無以知止而有定矣. 不應於物格·知至之後, 乃更有思底功夫也. 先賢以慮處於知行之間, 而謂之臨事更精詳云云, 恐是不易之論也.(회재(晦齋 : 李彦迪)가 '려(慮 : 고려함)를 사(思 : 생각함)로 여긴 것'은 비록 크게 잘못된 것은 아니지만 사(思)는 격물의 길이니, 애당초 생각하지 않는다면 그칠 데를 알아서 확정됨이 있을 수 없게 된다. 이것은 사물이 궁구되고 앎이 이르게 된 뒤의 일과 상응하지 않으니, 또 다시 생각하는 공부가 있어야 한다. 선현들이 려(慮)를 앎과 실행의 사이에 두고 일에 임해서 더욱 정밀하고 상세하게 한다는 등등으로 말했으니, 아마 바뀔 수 없는 논의일 것이다.)"라고 되어 있다.
76) 송시열, 『송자대전(宋子大全)』 권131, 「간서잡록(看書雜錄)」.

○ 雲坪曰 : "'處'字是'慮'字之誤."

'려, 위처사정상(慮, 謂處事精詳)'과 관련하여, 운평(雲坪 : 宋能相)[77]이 말하였다. "'려, 위처사정상(慮, 謂處事精詳)'에서 '처(處 : 처리함)'자는 '려(慮 : 고려함)'자의 착오이다."

○ 按 :『語類』亦有曰'慮者, 思之精審'. 然還取本字以訓其義, 註例所罕, 當以『章句』爲正.

'려, 위처사정상(慮, 謂處事精詳)'과 관련하여, 내가 생각하건대,『주자어류(朱子語類)』에서도 역시 '려(慮 : 고려함)라는 것은 생각이 정밀하고 자세한 것이다'라고 말한 것이 있다.[78] 그러나 다시 본래의 글자를 취하여 그 의미를 훈고하는 것은 주석의 사례에서 드문 일이니, 마땅히『대학장구(大學章句)』을 올바른 것으로 삼는다.

○ 南塘曰 : "定·靜·安·慮, 皆當屬心說."

'려, 위처사정상(慮, 謂處事精詳)'과 관련하여, 남당(南塘 : 韓元震)이 말하였다. "정(定 : 확정함), 정(靜 : 고요함), 안(安 : 편안함), 려(慮 : 고려함)는 모두 마땅히 심(心)에 소속시켜 말해야 한다."

朱註

得, 謂得其所止.

득(得 : 얻다)은 그 그칠 곳을 얻는다는 것을 말한다.

詳說

○ 添'止'字, 以照首句.

'득, 위득기소지(得, 謂得其所止)'라고 한 것은 본문 '려이후능득(慮而后能得)'에

---

[77] 송능상(宋能相, 1710~1758) : 본관은 은진(恩津)이고, 자는 사능(士能)·사홍(士弘)·사룡(士龍)이며, 호는 운평(雲坪)·동해자(東海子)이다. 송시열(宋時烈)의 현손(玄孫)이고 한원진(韓元震)의 제자인데, 과거 공부를 하지 않은 채 학문에 전념하여 20여 세 때 이미 대학자가 되었으나, 윤봉구(尹鳳九)·이재(李縡)·임성주(任聖周)·송환기(宋煥箕) 등 노론학자들과 교유하면서, 송시열, 권상하, 한원진으로 이어지는 학통의 학설과는 다른 주장을 하였다. 벼슬은 시강원 자의에 천거되어 장령(掌令), 집의(執義) 등을 역임하였다. 묘향산(妙香山)으로 들어가 은거하면서『대학(大學)』을 강론하다가 세상을 떠났다고 한다. 저서에『운평문집(雲坪文集)』이 있다.

[78]『주자어류(朱子語類)』에서도 역시 '려(慮 : 고려함)라는 것은 생각이 정밀하고 자세한 것이다'라고 말한 것이 있다 :『주자어류(朱子語類)』권14,「대학1(大學一)」143조목에 보인다.

'지(止 : 그칠 곳)'자를 첨가하여 본문 첫 구절인 '지지이후유정(知止而后有定)'
을 비추어 본 것이다.

○ 朱子曰 : "'知止'如射者之於的, '得止'是已中其的."79)
　　'득, 위득기소지(得, 謂得其所止)'와 관련하여, 주자가 말하였다. "'지지(知止 :
　　그칠 곳을 안다)'라는 것은 예컨대 활쏘기에서 과녁과 같고, '득지(得止 : 그칠
　　곳을 터득한다)'라는 것은 이미 그 과녁을 맞추었다는 것이다."

○ 又曰 : "定·靜·安·慮·得五者, 是功效次第, 不是工夫節目."80)
　　'득, 위득기소지(得, 謂得其所止)'와 관련하여, 주자가 또 말하였다. "정(定 : 확
　　정함), 정(靜 : 고요함), 안(安 : 편안함), 려(慮 : 고려함), 득(得 : 얻음) 다섯 가
　　지는 효험의 순서이지, 공부의 항목이 아니다."

○ 又曰 : "定·靜·安皆容易進, 慮·得, 此最難進處. '安而後能慮',
非顏子不能之."81)
　　'득, 위득기소지(得, 謂得其所止)'와 관련하여, 주자가 또 말하였다. "정(定 : 확
　　정함), 정(靜 : 고요함), 안(安 : 편안함)은 모두 쉽게 진전할 수 있다. 려(慮 :
　　고려함)와 득(得 : 얻음)은 가장 진전하기 어려운 것이다. '편안한 뒤에 고려할
　　수 있는 것'은 안자(顏子 : 顏回)가 아니면 그렇게 할 수 없다."

○ 勉齋黃氏曰 : "曰知曰得, 止之兩端."82)
　　'득, 위득기소지(得, 謂得其所止)'와 관련하여, 면재 황씨(勉齋黃氏 : 黃榦)가 말
　　하였다. "안다고 하고 얻는다고 하는 것은 그치는 것의 두 단서이다."

○ 雙峰饒氏曰 : "定·靜·安, 在事未至之前, 慮是事方至之際. 四
者乃'知止'所以至'能得'之脈絡."83)

---

79) 『주자어류(朱子語類)』 권14, 「대학1(大學一)」 161조목.
80) 주희(朱熹), 『주문공문집(朱文公文集)』 권49, 「답왕자합(答王子合)」.
81) 주희(朱熹), 『주문공문집(朱文公文集)』 권32, 「답장경부문목(答張敬夫問目)」에는 "'定·靜·安'三字雖分節次, 其實知止後皆容易進. '安而後能慮, 慮而後能得', 此最是難進處, 多是至安處住了. '安而後能慮', 非顏子不能之.('정(定 : 확정함), 정(靜 : 고요함), 안(安 : 편안함)이라는 세 글자는 비록 절차가 나누어지지만 사실 그칠 곳을 안 뒤에는 모두 쉽게 진전할 수 있다. '편안한 뒤에 고려할 수 있고, 고려한 뒤에 얻을 수 있는 것'은 가장 진전하기 어려운 것이니, 대부분 편안한 곳에 머물러 버린다. '편안한 뒤에 고려할 수 있는 것'은 안자(顏子 : 顏回)가 아니면 그렇게 할 수 없다.")라고 되어 있다.
82) 호광 편(胡廣 編), 『대학장구대전(大學章句大全)』.

'득, 위득기소지(得, 謂得其所止)'와 관련하여, 쌍봉 요씨(雙峰饒氏 : 饒魯)가 말하였다. "정(定 : 확정함), 정(靜 : 고요함), 안(安 : 편안함)은 일이 아직 이르기 전이고, 려(慮 : 고려함)는 일이 막 이르렀을 때이다. 이 네 가지는 바로 '그칠 데를 알아서' 그것으로써 '얻을 수 있는' 것에 이르는 맥락이다."

○ 新安陳氏曰 : "明德·新民, 所以得止於至善, 其緊要在知止上. 蓋於事事物物皆知其所當止之理, 卽物格而知至也. 下又'致知'·'知至'之'知'字, 已張本於此."84)

'득, 위득기소지(得, 謂得其所止)'와 관련하여, 신안 진씨(新安陳氏 : 陳櫟)가 말하였다. "명덕(明德 : 밝은 덕)과 신민(新民 : 백성을 새롭게 함)은 그것으로써 지어지선(止於至善 : 지극한 선에 그침)을 얻으니, 그 긴요한 점은 그칠 곳을 아는 데 있다. 대개 모든 사물에 모두 그 마땅히 그쳐야 할 곳의 리(理)를 아는 것이 곧 사물이 궁구되고 앎이 이르는 것이다. 아래에 또 '치지(致知 : 앎을 다 이룸)'와 '지지(知至 : 앎이 이르름)'에서 '지(知 : 앎)'자는 이미 여기에서 기원한다."

[經1-3]
物有本末, 事有終始, 知所先後, 則近道矣.

사물에는 근본과 말단이 있고, 일에는 시작과 끝이 있으니, 먼저 하고 뒤에 할 것을 알면 도(道)에 가까울 것이다.

朱註
明德爲本, 新民爲末. 知止爲始, 能得爲終. 本·始所先, 末·終所後.

명덕(明德 : 밝은 덕)은 근본이고, 신민(新民 : 백성들을 새롭게 함)은 말(末)이다. 지지(知止 : 그칠 곳을 아는 것)는 시작이고, 능득(能得 : 얻을 수 있는 것)은 끝

---

83) 호광 편(胡廣 編), 『대학장구대전(大學章句大全)』.
84) 호광 편(胡廣 編), 『대학장구대전(大學章句大全)』에 진력(陳櫟)의 말로 "明德·新民, 所以得止於至善之由, 其緊要處先在知止上. 蓋於事事物物, 皆知其所當止之理, 卽物格而知至也. 下文'致知'·'知至'之'知'字, 已張本於此矣.(명덕(明德 : 밝은 덕)과 신민(新民 : 백성들을 새롭게 함)은 그것으로써 지어지선(止於至善 : 지극한 선에 그침)을 얻는 까닭이니, 그 긴요한 점은 먼저 그칠 곳을 아는 데 있다. 대개 모든 사물에 모두 그 마땅히 그쳐야 할 곳의 리(理)를 아는 것이 곧 사물이 궁구되고 앎이 이르는 것이다. 아래에 또 '치지(致知 : 앎을 다 이룸)'와 '지지(知至 : 앎이 이르름)'에서 '지(知 : 앎)'자는 이미 여기에서 기원한다.)"라고 실려 있다.

이다. 근본과 시작은 먼저 해야 하는 것이고, 말단과 끝은 뒤에 해야 하는 것이다.

詳說

○ 朱子曰 : "以己之一物, 對天下之萬物, 便有內外."85)
'명덕위본, 신민위말(明德爲本, 新民爲末)'과 관련하여, 주자가 말하였다. "자신의 하나의 물(物 : 對象)로써 천하의 만물과 대비하면 곧 안과 밖이 있다."

○ 知與得皆事而必有序.
'지지위시, 능득위종(知止爲始, 能得爲終)'과 관련하여, 아는 것과 얻는 것은 모두 일이고, 반드시 순서가 있다.

○ '知所先後'一句總上二句.
본문에서 '지소선후(知所先後)'라는 구절은 앞의 두 구절 즉 '물유본말, 사유종시(物有本末, 事有終始)'라는 말을 총괄한다.

朱註

此結上文兩節之意.
이것은 위 글의 두 절(節)의 뜻을 맺은 것이다.

詳說

○ 此節三句.
'차결상문량절지의(此結上文兩節之意)'에서 '차(此)'자는 이 절(節)의 세 구절 즉 '물유본말, 사유종시, 지소선후(物有本末, 事有終始, 知所先後)'를 가리킨다.

○ 玉溪盧氏曰 : "'物有本末'結第一節, '事有終始'結第二節, '知所先後, 則近道矣'兩句再總結兩節. 一'先'字起下六'先'字, 一

---

85) 조순손(趙順孫), 『사서찬소』「대학찬소(大學纂疏)」에는 "『語錄』曰 : '明德·新民是物, 明德是理會己之物, 新民是理會天下之萬物. 以己之一物, 對天下萬物, 便有箇內外本末.'(『어록』에서 말하였다. '명덕(明德 : 밝은 덕)과 신민(新民 : 백성을 새롭게 함)은 물(物 : 對象)인데, 명덕은 자신의 물(物)을 이해하는 것이고, 신민(新民)은 천하 만물을 이해하는 것이다. 자신의 하나의 물(物)로써 천하 만물과 짝지으면 곧 안과 밖, 근본과 말단의 구별이 있게 된다.')"라고 실려 있다. 하지만 현행 『주자어류(朱子語類)』에는 보이지 않는다.

'後'字起下七'後'字, 不特結上兩節, 亦所以起下文兩節之意."86)

위 본문과 관련해서 옥계 노씨(玉溪盧氏 : 盧孝孫)가 말하였다. "본문 '물유본말(物有本末 : 사물에는 근본과 말단이 있다)'은 제1절을 결론지었고,87) '사유종시(事有終始 : 일에는 시작과 끝이 있다)'는 제2절을 결론지었으며,88) '지소선후, 즉근도의(知所先後, 則近道矣)'라는 두 구절은 제1절과 제2절 두 절(節)을 다시 총결하였다. '지소선후(知所先後)'에서 '선(先)' 자는 아래 여섯 개의 '선(先)' 자를 일으켰고,89) '지소선후(知所先後)'에서 '후(後)' 자는 아래 일곱 개의 '후(後)' 자를 일으켰으니,90) 단지 위 제1절과 제2절 두 절(節)을 결론지었을 뿐 아니라 또한 그것으로써 본문 아래 글 두 절(節)91)의 뜻을 일으켰다."

○ 按 : 總結上兩節而歸其重於一'知'字, 此'知'字亦所以上結'知止'而下起'致知'.

내가 생각하건대, 본문 제1절과 제2절 두 절(節)을 총결하여 그 중점을 하나의 '지(知)' 자에 귀결시켰으니, 이 '지(知)' 자는 그것으로써 위로는 본문 제2절 '지지이후유정(知止而后有定)'에서 '지지(知止 : 그칠 데를 앎)'를 결론지었고, 아래로는 본문 제4절 '치지재격물(致知在格物)'에서 '치지(致知)'를 일으켰다.

○ 仁山金氏曰 : "不曰'此是大學之道', 而曰'近道', 蓋方是見得當行之路在面前, 而未行於道上, 所以只曰'近'."92)

위 본문과 관련해서 인산 김씨(仁山金氏 : 金履祥)93)가 말하였다. "본문 '즉근

---

86) 호광 편(胡廣 編), 『대학장구대전(大學章句大全)』.
87) 본문 '물유본말(物有本末 : 사물에는 근본과 말단이 있다)'은 제1절을 결론지었고 : 여기에서 제1절은 본문 [경1-1]인 "대학지도, 재명명덕, 재친민, 재지어지선(大學之道, 在明明德, 在親民, 在止於至善.)"을 가리킨다.
88) '사유종시(事有終始 : 일에는 시작과 끝이 있다)'는 제2절을 결론지었으며 : 여기에서 제2절은 본문 [경1-2]인 "지지이후유정, 정이후능정, 정이후능안, 안이후능려, 려이후능득(知止而后有定, 定而后能靜, 靜而后能安, 安而后能慮, 慮而后能得)."을 가리킨다.
89) 아래 여섯 개의 '선(先)' 자를 일으켰고 : 본문 [경1-4] "古之欲明明德於天下者, 先治其國; 欲治其國者, 先齊其家; 欲齊其家者, 先修其身; 欲修其身者, 先正其心; 欲正其心者, 先誠其意; 欲誠其意者, 先致其知; 致知在格物."에서 여섯 개의 '선(先)' 자를 가리킨다.
90) 아래 일곱 개의 '후(後)' 자를 일으켰으니 : 본문 [경1-5] "物格而后知至, 知至而后意誠, 意誠而后心正, 心正而后身修, 身修而后家齊, 家齊而后國治, 國治而后天下平."에서 일곱 개의 '후(后)' 자를 가리킨다.
91) 본문 아래 글 두 절(節) : 본문 [경1-4]와 본문 [경1-5]를 가리킨다.
92) 호광 편(胡廣 編), 『대학장구대전(大學章句大全)』에 김이상(金履祥)의 말로 "不曰'此是大學之道', 而曰'近道', 蓋道者當行之路, 知所先後, 方是見得在面前而未行於道上, 所以只曰'近'.(본문 '즉근도의(則近道矣)'에서 '차시대학지도(此是大學之道 : 이것은 대학의 도이다)'라 하지 않고 '근도(近道 : 도에 가깝다)'라고 한 것은, 대개 도(道)라는 것은 마땅히 걸어가야 할 길이고 먼저 하고 뒤에 할 것을 알아서 비로소 이제 막 눈앞에 보았지만 아직 그 길 위에 나서지 못했기 때문에, 다만 '근(近 : 가깝다)'이라고 말했을 뿐이다.)"라고 실려 있다.

도의(則近道矣)'에서 '차시대학지도(此是大學之道 : 이것은 대학의 도이다)'라 하지 않고 '근도(近道 : 도에 가깝다)'라고 한 것은, 대개 마땅히 걸어가야 할 길을 이제 막 눈앞에 보았지만 아직 그 길 위에 나서지 못했기 때문에, 다만 '근(近 : 가깝다)'이라고 말했을 뿐이다."

○ 按 : 此'道'字與篇首'道'字相爲呼應.
위 본문과 관련해서 내가 생각하건대, '즉근도의(則近道矣)'에서 '도(道)'자는 이 책 첫머리 '대학지도(大學之道)'에서 '도(道)' 자와 서로 호응이 된다.

○ 栗谷曰 : "晦齋以'知止'·'物有'兩節移置於'格物'章, 文義似順, 而無乃窮理工夫有所遺漏乎?"[94]
위 본문과 관련해서 율곡(栗谷 : 李珥)이 말하였다. "회재(晦齋 : 李彦迪)는 '지지이후유정, 정이후능정, 정이후능안, 안이후능려, 려이후능득(知止而后有定, 定而后能靜, 靜而后能安, 安而后能慮, 慮而后能得)'과 '물유본말, 사유종시, 지소선후, 즉근도의(物有本末, 事有終始, 知所先後, 則近道矣)'라는 두 구절을 '격물장(格物章)'에 옮겨 놓았는데, 글의 의미는 순조로운 것 같지만 어찌 이치를 궁구하는 공부에 누락됨이 있지 않겠는가?"

○ 按 : 以此二節作'格致'傳, 則有不待'補亡'故云'似順'; 只及致知而不及格物, 故云'工夫有所遺漏'. 夫於彼已如此, 而若於此,

---

[93] 김이상(金履祥, 1232~1303) : 이름은 상(祥)·개상(開祥)·이상(履祥)이고, 자는 길보(吉父)이며, 호는 차농(次農)이고, 자호는 동양숙자(桐陽叔子)이며, 시호는 문안(文安)이다. 송말원초 난계(蘭溪 : 현 절강성 난계시) 사람이다. 왕백(王柏)과 하기(何基)에게 배워 절동학파(浙東學派)와 금화학파(金華學파)의 중추가 되었으며 세칭 북산사선생(北山四先生) 가운데 한 사람이었다. 원나라가 들어서자 벼슬하지 않고 인산(仁山)에 은거하여 인산선생(仁山先生)이라 불렸다. 주돈이(周敦頤)와 정호(程顥)의 학문을 조종으로 삼아 의리(義理)를 궁구하였다. 왕백의 의경(疑經) 정신을 계승하여 『시』와 『서』를 의심했는데, 공자가 3000편을 300편으로 산정(刪定)했다는 설을 부정했고, 『고문상서(古文尙書)』는 후한 때 유자(儒者)들이 위작(僞作)한 것이라 주장하였다. 저서에 『상서주(尙書注)』, 『상서표주(尙書表注)』, 『논어맹자집주고증(論語孟子集注考證)』, 『대학장구소의(大學章句疏義)』, 『중용표주(中庸標注)』, 『자치통감전편(資治通鑑前編)』 등이 있다.

[94] 이이(李珥), 『율곡선생전서(栗谷先生全書)』 권14, 「회재대학보유후의(晦齋大學補遺後議)」에는 "經文二節, 置之'格物'之章, 文義似順, 第未如必然否也. 但窮理者, 窮其所當然與其所以然, 而表裏精粗無所不盡, 則本末先後, 在其中矣. 若只窮其本末·始終而已, 則無乃窮理功夫有所遺漏乎?(경(經) 본문의 두 개의 절(節) 즉 '지지이후유정, 정이후능정, 정이후능안, 안이후능려, 려이후능득(知止而后有定, 定而后能靜, 靜而后能安, 安而后能慮, 慮而后能得)'과 '물유본말, 사유종시, 지소선후, 즉근도의(物有本末, 事有終始, 知所先後, 則近道矣)'라는 두 구절을 '격물장(格物章)'에 두었는데, 글의 의미는 순조로운 것 같지만, 다만 꼭 그래야 하는지의 여부는 모르겠다. 그러나 이치를 궁구하는 것은 그 마땅히 그렇게 해야 하는 것과 그것이 그러한 까닭을 궁구하여 안과 밖, 정밀한 것과 거친 것을 모두 다 발휘하지 않음이 없어야 근본과 말단, 먼저 해야 할 것과 뒤에 해야 할 것이 그 가운데에 있다. 만약 다만 그 근본과 말단, 처음과 끝만을 궁구할 뿐이라면 어찌 이치를 궁구하는 공부에 누락됨이 있지 않겠는가?)"라고 되어 있다.

則八條目之末亦有結語, 不應於三綱領之下而獨無耳.

내가 생각하건대, 이 '지지이후유정, 정이후능정, 정이후능안, 안이후능려, 려이후능득(知止而后有定, 定而后能靜, 靜而后能安, 安而后能慮, 慮而后能得)'과 '물유본말, 사유종시, 지소선후, 즉근도의(物有本末, 事有終始, 知所先後, 則近道矣)'라는 두 구절을 '격물(格物)·치지(致知)'의 전(傳)으로 삼는다면 '보망(補亡 : 없어진 것을 보충함)'이 필요 없기 때문에 위에서 율곡은 '순조로운 것 같다'라고 말하였다. 그렇지만 다만 치지에만 미치고 격물에는 미치지 못하기 때문에 율곡은 또 '공부에 누락됨이 있다'라고 말하였다. 무릇 저기에서 이미 이와 같고 여기에서도 이와 같으면, 팔조목의 끝에도 역시 맺는말이 있어서 삼강령 아래에 유독 없는 것에 호응하지 않을 뿐이다.

○ 按: 明道改正本以「康誥」至'止於信'置此間.

내가 생각하건대, 명도(明道 : 程顥)의 『대학(大學)』개정본에서는 「강고(康誥)」에서부터 '지어신(止於信)'까지[95]를 이 사이에 두었다.

[經1-4]

古之欲明明德於天下者, 先治其國; 欲治其國者, 先齊其家; 欲齊其家者, 先修其身; 欲修其身者, 先正其心; 欲正其心者, 先誠其意; 欲誠其意者, 先致其知; 致知在格物.

옛날에 명덕(明德 : 밝은 덕)을 천하에 밝히려고 하는 사람은 먼저 그 나라를 다스리고, 그 나라를 다스리려고 하는 사람은 먼저 그 집안을 가지런히 하며, 그 집안을 가지런히 하려고 하는 사람은 먼저 그 몸을 수양하고, 그 몸을 수양하려고 하는 사람은 먼저 그 마음을 바로잡으며, 그 마음을 바로잡으려고 하는 사람은 먼저 그 뜻을 성실히 하고, 그 뜻을 성실히 하려고 하는 사람은 먼저 그 앎을 극진히 하였으니, 앎을 극진히 하는 것은 사물의 이치를 궁구함에 있다.

朱註

'治', 平聲, 後倣此.

---

[95] 「강고(康誥)」에서부터 '지어신(止於信)'까지 : 『대학(大學)』전(傳)1장 '강고(康誥)왈, 극명덕(「康誥」曰, 克明德)'에서부터 전(傳)3장 '여국인교, 지어신(與國人交, 止於信)'까지를 말한다.

'치(治)' 자는 평성(平聲)이고, 뒤도 마찬가지이다.

> 詳說

○ '治'之音, 欲與下節相形, 故特著平聲.
위 구절에서 '치(治)'자의 음을 아래 절(節)과 서로 비교하려고 했기 때문에 특히 평성(平聲)임을 드러내었다.

○ '知'亦平聲, 後倣此.
위 본문에서 '지(知)'자도 평성(平聲)이고 뒤도 마찬가지이다.

○ '古'如「傳」文所云, 堯·湯·文王之世.
위 본문에서 '고(古 : 옛날에)'자는 예컨대 「전(傳)」의 글에서 말하는 요 임금·탕 임금·문왕의 시대와 같은 것이다.

> 朱註

明明德於天下者, 使天下之人皆有以明其明德也.
명덕(明德 : 밝은 덕)을 천하에 밝힌다는 것은 천하 사람에게 모두 그것으로써 그 명덕을 밝히도록 하는 것이다.

> 詳說

○ 各指己.
'사천하지인개유이명기명덕야(使天下之人皆有以明其明德也)'에서 '기(其)'자는 각각 자기 자신을 가리킨다.

○ 天下之人, 其心各不同, 而所得之性善則同, 故先覺者使之皆能明其固有之明德也.
'사천하지인개유이명기명덕야(使天下之人皆有以明其明德也)'라고 한 것은, 천하의 사람들은 그 심(心)이 각각 같지 않지만 하늘에서 얻은 성(性)이 선함은 같기 때문에 먼저 깨달은 사람은 그들에게 모두 그 자신이 고유한 밝은 덕을 밝힐 수 있도록 한다는 것이다.

○ 新安陳氏曰 : "本當云'欲平天下', 今乃言'明明德於天下'者, 新天下之民, 使之皆明其明德, 則天下無不平矣. '明明德'一言, 又爲綱領中綱領."96)

위 구절과 관련하여 신안 진씨(新安陳氏 : 陳櫟)가 말하였다. "본래는 마땅히 '천하를 평안하게 하려면'이라고 해야 할 텐데, 이제 '명덕(明德 : 밝은 덕)을 천하에 밝히려면'이라고 말한 것은 천하의 백성들을 새롭게 해서 그들이 모두 그 밝은 덕을 밝히도록 하면 천하가 평안하지 않음이 없기 때문이다. '밝은 덕을 밝힌다'라는 말은 또 강령 중의 강령이다.

○ 按 : 必以'明明德'言之者, 是綱領·條目間相承之線脈也, 以見八條是三綱之目也.

위 구절과 관련하여 내가 생각하건대, 굳이 '밝은 덕을 밝힌다'라는 것으로써 말한 것은 강령과 조목 사이를 서로 잇는 맥락으로서 팔조목이 삼강령의 항목임을 보인 것이다.

○ 新安吳氏曰 : "由此推之, 則治國是明明德於一國也. 齊家是明明德於一家也."97)

위 구절과 관련하여 신안 오씨(新安吳氏 : 吳浩)가 말하였다. "이것으로부터 미루어 보면, 나라를 다스리는 것은 밝은 덕을 한 나라에 밝히는 것이고, 집안을 가지런히 하는 것은 밝은 덕을 한 집안에 밝히는 것이다."

朱註

心者, 身之所主也. 誠, 實也; 意者, 心之所發也. 實其心之所發, 欲其必自慊而無自欺也.

---

96) 호광 편(胡廣 編), 『대학장구대전(大學章句大全)』에 진력(陳櫟)의 말로 "本當云'欲平天下者, 先治其國', 今乃以'明明德於天下'言之, 蓋以明德乃人己所同得, 明明德者, 明己之明德, 體也; 明明德於天下者, 新天下之民, 使之皆明其明德, 如此則天下無不平矣, 用也. 一言可以該大學之體用, 可見明明德, 又爲綱領中之綱領也.(본래는 마땅히 '천하를 평안하게 하려는 사람은 먼저 그 나라를 다스려야 한다'라고 해야 할 텐데, 이제 '명덕(明德 : 밝은 덕)을 천하에 밝히려면'이라고 말한 것은 밝은 덕은 남들이나 자신이 같이 얻은 것이니, 밝은 덕을 밝히는 것은 자신의 밝은 덕을 밝히는 것은 본체이고, 밝은 덕을 천하에 밝히는 사람은 천하의 백성들을 새롭게 해서 그들이 모두 그 밝은 덕을 밝히도록 하면, 이와 같이 하면 천하가 평안하지 않음이 없게 되어 작용이 되기 때문이다. 한마디 말로써 대학의 본체와 작용을 다 갖출 수 있으니, '밝은 덕을 밝힌다'라는 것은 또 강령 중의 강령이 된다는 것을 알 수 있다.)"라고 실려 있다.

97) 호광 편(胡廣 編), 『대학장구대전(大學章句大全)』에 오호(吳浩)의 말로 "由此推之, 則治國是欲明明德於一國, 齊家是欲明明德於一家也.(이것으로부터 미루어 보면, 나라를 다스리는 것은 밝은 덕을 한 나라에 밝히려는 것이고, 집안을 가지런히 하는 것은 밝은 덕을 한 집안에 밝히려는 것이다.)"라고 실려 있다.

심(心)은 몸의 주인이다. 성(誠)은 성실함이고, 의(意)는 마음이 발현한 것이다. 그 마음이 발현한 것을 성실히 하여, 반드시 스스로 만족하고 스스로 기만함이 없도록 하려는 것이다.

> [詳說]

○ 雲峰胡氏曰 : "『中庸』言誠身, 是兼誠意·正心·修身而言, 謂身之所爲者實; 此言誠意, 是欲心之所發者實. 『章句』凡兩言'所發', '因其所發而遂明之', 性發而爲情也; '實其心之所發', 心發而爲意也. 朱子嘗曰, '情如舟車, 意如人使舟車.' 然則性發爲情, 其初無有不善, 卽當加明之之功; 心發爲意, 便有善不善, 不可不加誠之之功."[98]

'심자, 신지소주야. 성, 실야; 의자, 심지소발야(心者, 身之所主也. 誠, 實也; 意者, 心之所發也)'와 관련하여, 운봉 호씨(雲峯胡氏 : 胡炳文)가 말하였다. "『중용(中庸)』에서는 성신(誠身 : 몸을 성실하게 한다)을 말한 것은 성의(誠意)·정심(正心)·수신(修身)을 겸해서 말하는 것이니 몸이 하는 것이 실질됨을 말하는 것이고, 여기에서 성의(誠意)를 말한 것은 심(心)이 발현된 것을 실질되게 하려는 것이다. 『대학장구(大學章句)』에서 '소발(所發 : 발현한 것)'이라는 말을 모두 두 번 말했는데, '그것이 발현한 것에 따라서 마침내 그것을 밝힌다'라고 한 것은 성(性)이 발현하여 정(情)이 된다는 것이고, '그 심(心)이 발현한 것을 실질되게 한다'라는 것은 심(心)이 발현하여 의(意 : 뜻)가 된다는 것이다. 주자는 일찍이 '정(情)은 마치 배나 수레와 같고, 의(意)는 마치 사람이 배나 수레를 부리는 것과 같다'라고 말하였다. 그렇다면 성(性)이 발현하여 정(情)이 될 때, 애초에는

---

[98] 호병문(胡炳文), 『사서통(四書通)』「대학통(大學通)」에는 "『中庸』言誠身, 『大學』但言誠意. 誠身是連誠意·正心·修身都說了, 是說身之所爲者實; 此則欲心之所發者實. 『章句』'所發'二字, 凡兩言之, '因其所發而遂明之'者, 性發而爲情也; '實其心之所發'者, 心發而爲意也. 朱子嘗曰, '情是發出恁地, 意是主張要恁地. 情如舟車, 意如人使那舟車一般.' 然則性發爲情, 其初無有不善, 卽當加夫明之之功, 是體統說; 心發而爲意, 便有善有不善, 不可不加夫誠之之功, 是從念頭說.(『중용(中庸)』에서는 성신(誠身 : 몸을 성실하게 한다)을 말했고, 『대학(大學)』에서는 단지 성의(誠意 : 뜻을 성실하게 한다)만을 말하였다. 성신(誠身)은 성의(誠意)·정심(正心)·수신(修身)까지 모두 말하는 것이니 몸이 하는 것이 실질됨을 말하는 것이고, 성의(誠意)는 심(心)이 발현된 것을 실질되게 하려는 것이다. 『대학장구(大學章句)』에서 '소발(所發 : 발현한 것)'이라는 말을 모두 두 번 말했는데, '그것이 발현한 것에 따라서 마침내 그것을 밝힌다'라고 한 것은 성(性)이 발현하여 정(情)이 된다는 것이고, '그 심(心)이 발현한 것을 실질되게 한다'라는 것은 심(心)이 발현하여 의(意 : 뜻)가 된다는 것이다. 주자는 일찍이 '정(情)은 그렇게 발현해 나오는 것이고, 의(意)는 그렇게 하려고 주장하는 것이다. 정(情)은 마치 배나 수레와 같고, 의(意)는 마치 사람이 그 배나 수레를 부리는 것과 같다'라고 말하였다. 그렇다면 성(性)이 발현하여 정(情)이 될 때, 애초에는 선하지 않음이 없으니 곧 그것을 밝히는 공부를 해야 한다는 것은 체계로써 말하는 것이고, 심(心)이 발현하여 의(意)가 될 때는 곧 선함도 있고 선하지 못함도 있으니 그것을 성실하게 하는 공부를 하지 않을 수 없다는 것은 생각 측면에서 말하는 것이다.)"라고 되어 있다.

선하지 않음이 없으니 곧 그것을 밝히는 공부를 해야 하고, 심(心)이 발현하여 의(意)가 될 때는 곧 선함도 있고 선하지 못함도 있으니 그것을 성실하게 하는 공부를 하지 않을 수 없다."

○ 栗谷曰 : "性發爲情, 心發爲意, 意各有在, 非分心·性爲二用, 而後人遂以情·義爲二岐.99)"100)

'심자, 신지소주야. 성, 실야; 의자, 심지소발야(心者, 身之所主也. 誠, 實也; 意者, 心之所發也)'와 관련하여, 율곡(栗谷 : 李珥)이 말하였다. "성(性)이 발현하여 정(情)이 되고, 심(心)이 발현하여 의(意)가 된다고 하는 것은 뜻이 각각 존재하니, 심(心)과 성(性)을 두 가지 작용으로 나눈 것이 아닌데, 후세 사람들이 마침내 정(情)과 의(意)를 두 갈래로 생각하였다."

○ 苦劫反.

'욕기필자겸이무자기야(欲其必自慊而無自欺也)'에서 '겸(慊)'의 음은 '고(苦)'와 '겁(劫)'의 반절이다.

○ 新安陳氏曰 : "'必自慊'本作'一於善'. 庚申三月辛酉, 文公絶筆所更定, 甲子易簀. '一於善'似是歇後語, 不若'必自慊'對'無自欺'. 以「傳」語釋「經」語, 痛快該備, 跌撲不破."101)

---

99) 而後人遂以情·義爲二岐 : 여기에서 '의(義)'자는 이이(李珥), 『율곡선생전서(栗谷先生全書)』권20, 「성학집요(聖學輯要)2·수기(修己) 제2상」에 의하면 '의(意)'자로 되어 있다. 내용과 문맥상으로도 '의(意)'자가 적절하기 때문에 본 연구번역에서는 '의(意)'자로 풀이한다.
100) 이이(李珥), 『율곡선생전서(栗谷先生全書)』권20, 「성학집요(聖學輯要)2·수기(修己) 제2상」에는 "性發爲情, 心發爲意云者, 意各有在, 非分心·性爲二用, 而後人遂以情·意爲二岐.(성(性)이 발현하여 정(情)이 되고, 심(心)이 발현하여 의(意)가 된다고 운운하는 것은 뜻이 각각 존재하니, 심(心)과 성(性)을 두 가지 작용으로 나눈 것이 아닌데, 후세 사람들이 마침내 정(情)과 의(意)를 두 갈래로 생각하였다.)"라고 되어 있다.
101) 호광 편(胡廣 編), 『대학장구대전(大學章句大全)』에 진력(陳櫟)의 말로서 "諸本皆作'欲其一於善而無自欺也', 惟祝氏附錄本, 文公適孫鑑, 書其卷端云, '四書元本, 則以鑑向得先公晩年絶筆所更定, 而刊之興國者爲據.' 此本獨作'必自慊而無自欺', 可見絶筆所更定, 乃改此三字也. 按『文公年譜』, 謂慶元庚申四月辛酉, 公改'誠意'章句, 甲子公易簀. 今觀'誠意'章, 則祝本與諸本無一字殊, 惟此處有三字異, 是所改正在此耳. '一於善'之云, 固亦有味, 但必惡惡如惡惡臭, 好善如好好色, 方自快足於己; 如好仁必惡不仁, 方爲眞切. 若曰'一於善', 包涵不二於惡之意, 似是歇後語, 語意欠渾成的當, 不若必自慊對無自欺. 只以「傳」語釋「經」語, 痛快該備, 跌撲不破. 況『語錄』有云, '誠與不誠, 自慊與自欺, 只爭毫釐之間. 自慊則一, 自欺則二, 自慊正與自欺相對. '誠意'章只在兩箇'自'字上用功. 觀朱子此語, 則可見矣.(여러 판본에는 모두 '욕기일어선이무자기야(欲其一於善而無自欺也 : 선함에 한결같아서 스스로 기만함이 없도록 하려고 한다)'라고 되어 있는데, 오직 축씨(祝氏: 祝洙)의 부록본(附錄本)『사서부록(四書附錄)』에 문공(文公 : 朱熹)의 적손(適孫)이 교감하면서 그 책 첫머리에 '사서(四書)의 원본(元本)은 예전에 선공(先公) 만년에 절필(絶筆)하면서 다시 고쳐 확정하여 흥국(興國)에서 간행한 것을 얻어서 근거로 삼아 교감하였다.'라고 하였다. 이 판본에 유독 '필자겸이무자기(必自慊而無自欺 : 반드시 스스로 만족하고 스스로 기만함이 없도록 하려는 것이다)'라고 되어 있으니, 절필하면서 다시 고쳐 확정한 것은 이 세 글자를 고친 것임을 알 수 있다. 『문공연보(文公年譜)』에

'욕기필자겸이무자기야(欲其必自慊而無自欺也)'와 관련하여, 신안 진씨(新安陳氏 : 陳櫟)가 말하였다. "'필자겸(必自慊 : 반드시 스스로 만족하고)'은 본래 '일어선(一於善 : 선함에 한결같다)'이라고 되어 있었다. 이것은 경신(庚申 : 1200년) 3월 신유(辛酉)에 문공(文公 : 주희)이 절필하면서 다시 고쳐 확정한 것이고, 갑자(甲子)에 돌아가셨다.

'일어선(一於善)'이라는 말은 뒤의 말을 생략한 것 같아서, 반드시 스스로 만족하는 것으로써 스스로 기만함이 없는 것에 짝 지우는 것만 못하다. 「전(傳)」의 말로써 「경(經)」의 말을 풀이하는 것이 통쾌하게 두루 갖추어서 넘어뜨려도 부서지지 않을 것이다."

○ 渼湖曰 : "此'無'字與'誠意'章之'毋'字不同, 此以極功言, 彼以工夫言."

'욕기필자겸이무자기야(欲其必自慊而無自欺也)'와 관련하여, 미호(渼湖 : 金元行)102)가 말하였다. "여기의 '무(無)'자는 '성의장(誠意章)'의 '무(毋)'자103)와 같지 않으니, 여기에서는 지극한 공로로 말했고 저기에서는 공부로 말하였다."

朱註

致, 推極也. 知, 猶識也. 推極吾之知識, 欲其所知無不盡也.

의거하면, 경원(慶元) 경신(庚申 : 1200년) 4월 신유(辛酉)에 공(公 : 주희)은 『대학장구(大學章句)』 '성의(誠意)'장구(章句)를 고치고, 갑자(甲子)에 돌아가셨다고 한다. 이제 '성의장(誠意章)'을 보면 축씨(祝氏 : 祝洙)의 판본과 여러 판본이 한 글자도 다른 것이 없는데 오직 이곳의 세 글자가 다름이 있으니, 바로잡아 고친 것은 이곳일 뿐이다. '일어선(一於善 : 선함에 한결같다)'이라고 한 말은 본디 그 또한 의미가 있지만 반드시 악을 미워하기를 악취를 싫어하는 것같이 하고 선을 좋아하기를 좋은 색을 좋아하듯이 해야만 비로소 스스로 자신에게 만족스런 느낌이 있고, 인(仁)을 좋아하는 것이 반드시 인(仁)하지 않는 것을 미워하듯이 해야 비로소 진실되고 절실할 것이다. 만약 '선함에 한결같다'라고 말하는 것이 악함에 둘로 나누어지지 않는다는 뜻을 포함하면, 이것은 뒤의 말을 생략한 것 같아서 글의 뜻에 혼연히 적절함이 부족하니, 반드시 스스로 만족하는 것으로써 스스로 기만함이 없는 것에 짝 지우는 것만 못하다. 다만 「전(傳)」의 말로써 「경(經)」의 말을 풀이하는 것이 통쾌하게 두루 갖추어서 넘어뜨려도 부서지지 않을 것이다. 게다가 『어록』에서 '성실함과 성실하지 않음, 스스로 만족함과 스스로 기만함은 다만 아주 작은 차이를 다툴 뿐이다. 스스로 만족하면 한결같고, 스스로 기만하면 둘이 되니, 스스로 만족함은 꼭 스스로 기만함과 짝이 된다. 성의장(誠意章)은 다만 두 개의 자(自 : 스스로)라는 글자에서 노력하는 일일 뿐이다'라고 했으니, 주자의 이 말을 살펴보면 알 수 있을 것이다."라고 실려 있다.

102) 김원행(金元行, 1702~1772) : 본관은 안동(安東)이고, 자는 백춘(伯春)이며, 호는 미호(渼湖)·운루(雲樓)이고, 시호는 문경(文敬)이다. 1719년 진사에 급제하였지만 사화로 가족이 유배되어 죽음을 당하자, 벼슬할 뜻을 버리고 학문에 전념하였다. 이재(李縡)의 문인으로 김창협(金昌協)의 학설을 계승하였다. 제자로는 아들 김이안(金履安)과 박윤원(朴胤源)·오윤상(吳允常)·홍대용(洪大容)·황윤석(黃胤錫) 등이 있다. 저서에 『미호집(渼湖集)』이 있다.

103) '성의장(誠意章)'의 '무(毋)'자 : 『대학장구(大學章句)』「전(傳)6장」에서 "이른바 그 뜻을 성실히 한다는 것은 스스로 기만하지 말도록 하는 것이니, 악을 미워하기를 나쁜 냄새를 싫어하는 것과 같이 하고, 선을 좋아하기를 좋은 색(色)을 좋아하는 것과 같이 하여야 한다. 이것을 스스로 만족함이라고 한다. 그러므로 군자는 반드시 그 홀로 있을 때를 삼간다.(所謂誠其意者, 毋自欺也, 如惡惡臭, 如好好色. 此之謂自謙. 故君子必愼其獨也.)"라고 한 것에서 '무(毋)'자를 가리킨다.

치(致)는 끝까지 미루어가는 것이다. 지(知)는 식(識 : 앎)과 같으니, 나의 지식을 끝까지 미루어가서 그 아는 것이 다하지 않음이 없도록 하려는 것이다.

詳說

○ 朱子曰 : "如'喪致乎哀'之'致', 言推之而至於盡也."
 '치, 추극야(致, 推極也)'와 관련하여, 주자가 말하였다. "여기에서 '치(致)'자는 마치 '상치호애(喪致乎哀)'[104]에서 '치(致)'자와 같으니, 미루어가서 다하는 데까지 이른다는 것을 말한다."

○ 南塘曰 : "'推極'之'極', 以用力言; '極處'之'極', 以地頭言. 小註以'極處'解'推極', 誤矣."
 '치, 추극야(致, 推極也)'와 관련하여, 남당(南塘 : 韓元震)이 말하였다. "'추극(推極 : 끝까지 미루어감)'에서 '극(極)'자는 힘을 쓰는 것으로써 말한 것이고, '극처(極處 : 지극한 곳)'에서 '극(極)'자는 어떤 곳으로써 말한 것이다. 소주(小註)에서 '극처(極處 : 지극한 곳)'로써 '추극(推極 : 끝까지 미루어감)'을 풀이한 것[105]은 잘못이다."

○ 農巖曰 : "'致知'之'知', 非難曉而特訓, 以別於'仁智'之'知'."[106]
 '지, 유식야(知, 猶識也)'와 관련하여, 농암(農巖 : 金昌協)이 말하였다. "'치지(致知 : 앎을 극진히 함)'에서 '지(知)'자는 이해하기 어려운 것이 아닌데 『대학장구(大學章句)』에서 특별히 훈고한 것은 '인·지(仁·智)'[107]에서 '지(智)'자와 구

---

104) '상치호애(喪致乎哀)' : 『논어(論語)』「자장(子張)」제14장에서 "자유(子游)가 말하였다. '상례(喪禮)는 슬픔을 극진히 할 뿐이다.'(子游曰 : '喪致乎哀而止.')"라고 하였다.
105) 소주(小註)에서 '극처(極處 : 지극한 곳)'로써 '추극(推極 : 끝까지 미루어감)'을 풀이한 것 : 호광 편(胡廣編), 『대학장구대전(大學章句大全)』 소주(小註)에서 "미루어가서 지극한 곳에 이르는 것이다.(推之以至極處)"라고 한 것을 가리킨다.
106) 김창협(金昌協), 『농암집(農巖集)』 권32, 「잡지(雜識)·내편(內篇) 2」에는 "『大學』'致知'之'知', 其義非難曉也. 而『章句』特訓云'猶識也', 舊頗疑之, 近思之, 恐以別於'仁智'之'智'也.(『대학(大學)』의 '치지(致知 : 앎을 극진히 함)'에서 '지(知)'자는 그 의미가 이해하기 어려운 것이 아니다. 『대학장구(大學章句)』에서 특별히 훈고하여 '유식야(猶識也 : 식(識 : 앎)과 같다)'라고 했는데, 예전에는 그것을 자못 의심했지만 근래 생각해 보니 아마 '인·지(仁·智)'에서 '지(智)'자와 구별하려고 했기 때문일 것이다.)라고 되어 있다.
107) 인·지(仁·智) : 『맹자(孟子)』「공손추 하(公孫丑下)」제9장에서 "진가(陳賈)가 말하였다. '왕(王)은 염려하지 마십시오. 왕께서 스스로 생각하시기에 주공(周公)과 비교할 때 누가 더 인(仁)하고 또 지(智 : 지혜롭다)하다고 여기십니까?' 왕(王)이 말하였다. '아! 이 무슨 말인가?' 진가(陳賈)가 말하였다. '주공(周公)이 관숙(管叔)에게 은(殷)나라를 감독하도록 하였는데, 관숙이 은나라를 가지고 배반하였으니, 주공이 이것을 알고 시켰다면 이는 불인(不仁)함이고, 알지 못하고 시켰다면 이는 부지(不智)함입니다. 인(仁)과 지(智)는 주공도 다하지 못하였는데, 하물며 왕(王)에게 있어서는 어떻겠습니까? 제가 맹자를 만나서 해명하겠습니다.'

별하려고 했기 때문이다."

○ 南塘曰 : "'致知'之'知', 擧全體言; '所知'之'知', 逐事而言."
위 구절과 관련하여 남당(南塘 : 韓元震)이 말하였다. "치지(致知 : 앎을 극진히 함)'에서 '지(知)'자는 전체를 들어서 말한 것이고, '욕기소지무부진야(欲其所知無不盡也)'에서 '소지(所知 : 아는 것)'의 '지(知)'자는 매 일에 따라서 말한 것이다."

○ 朱子曰 : "致知是全體說, 格物是零碎說."108)
위 구절과 관련하여 주자가 말하였다. "치지(致知)는 전체로 말한 것이고, 격물(格物)은 자잘한 것으로 말한 것이다."

○ 又曰 : "致知以心言, 格物以理言."109)
위 구절과 관련하여 주자가 또 말하였다. "치지(致知)는 심(心)으로써 말한 것이고, 격물(格物)은 리(理)로써 말한 것이다."

○ 又曰 : "物理窮得愈多, 則我之知愈廣. 其實只是一理, 纔明彼卽曉此."110)
위 구절과 관련하여 주자가 또 말하였다. "사물의 이치에 대해 궁구한 것이 많으면 많을수록 나의 앎은 더욱 넓어진다. 사실 다만 하나의 리(理)일 뿐이지만 저것을 밝히자마자 곧 이곳도 이해가 된다."

○ 尤菴曰 : "致知·格物只是一事, 如磨鏡者, 掃去塵垢, 是所謂磨

(陳賈曰 : '王無患焉. 王自以爲與周公孰仁且智?' 王曰 : '惡! 是何言也?' 曰 : '周公使管叔監殷, 管叔以殷畔, 知而使之, 是不仁也; 不知而使之, 是不智也. 仁·智, 周公未之盡也, 而況於王乎? 賈請見而解之.')"라고 하면서, '인·지(仁·智)'라고 하였다.
108) 『주자어류(朱子語類)』 권15, 「대학2(大學二)」 44조목. 치지(致知)와 격물(格物)에 관한 간략한 정돈을 보면, 『주자어류(朱子語類)』 권15, 「대학2(大學二)」 6조목의 경우, "'치지' 공부는 단지 이미 아는 것에 근거하고, 글의 깊은 뜻을 곰곰이 생각하여 찾고, 미루어 넓혀가는 것일 뿐이다. 마음에 갖추어진 것은 본래 부족함이 없다.(致知工夫, 亦只是且據所已知者, 玩索推廣將去. 具於心者, 本無不足也.)"라고 하였고, 11조목에서는 "격물이란, '본성'으로 말하자면 마땅히 그 무엇을 본성이라 하는지 미루어 알아야만 하는 것과 같고, '마음'으로 말하자면 마땅히 그 무엇을 마음이라 하는지 미루어 알아야만 하는 것과 같으니, 다만 이렇게 하는 것이 바로 격물이다.(格物者, 如言性, 則當推其如何謂之性; 如言心, 則當推其如何謂之心, 只此便是格物.)"라고 하였다. 43조목에는 "격물은 사물을 따라 헤아려가는 것이다. 치지는 미루어 헤아림이 점점 확대되는 것이다.(格物, 是逐物格將去; 致知, 則是推得漸廣.)"라고도 하였다.
109) 『주자어류(朱子語類)』 권15, 「대학2(大學二)」 49조목.
110) 『주자어류(朱子語類)』 권18, 「대학5(大學五)」 33조목.

鏡也. 物格者, 垢去之謂也; 知至者, 鏡明之謂也."111)
위 구절과 관련하여 우암(尤菴 : 宋時烈)이 말하였다. "치지(致知)와 격물(格物)은 다만 하나의 일일 뿐이니, 이것은 마치 거울을 닦는 것과 같아서 먼지를 제거하는 일이 이른바 거울을 닦는 일이라는 것이다. 사물이 궁구되는 것은 먼지가 제거되는 것을 말하고, 앎이 이르는 것은 거울이 밝아졌다는 것을 말한다."

朱註

格, 至也.
격(格)은 이르는 것이다.

詳說

○ 朱子曰 : "如'格于文祖'之格, 言窮之而至其極也."112)
  '격, 지야(格, 至也)'와 관련하여, 주자가 말하였다. "여기에서 '격(格)'자는 예컨대 '격우문조(格于文祖 : 문조(文祖 : 요 임금 시조의 사당)에 이르렀다)'113)에서 '격(格)'자와 같으니, 그것을 궁구하여 그 지극한 데 이르는 것을 말한다."

○ 栗谷曰 : "格物之格, '窮'字意多; 物格之格, 至字意多."114)
  '격, 지야(格, 至也)'와 관련하여, 율곡(栗谷 : 李珥)이 말하였다. "격물(格物)의 격(格)은 '궁(窮 : 궁구하다)'자의 뜻이 많고, 물격(物格)의 격(格)은 '지(至 : 이르다)'자의 뜻이 많다."

---

111) 송시열,『송자대전(宋子大全)』권81,「답조복형(答趙復亨)」에는 "鄙意只以致知·格物, 只是一事, 非是旣去格物, 又却致知. 正如磨鏡者, 掃去塵垢, 是所謂磨鏡非有別樣事也. …… 若曰物格者, 垢去之謂也; 知至者, 鏡明之謂也云爾, 則義意明暢耳.(내 생각에 다만 치지(致知)와 격물(格物)은 다만 하나의 일일 뿐이기 때문에 이미 격물하고 나서 또 도리어 치지하는 것은 아니다. 이것은 마치 거울을 닦는 것과 같아서 먼지를 제거하는 일이 이른바 거울을 닦는 일이지 다른 일이 있는 것이 아닌 것과 같다. …… 만약 사물이 궁구되는 것이라면 이것은 먼지가 제거되는 것을 말하고, 앎이 이르는 것이라면 이것은 거울이 밝아졌다는 것을 말할 뿐이니, 그 의미가 분명하다.)"라고 되어 있다.
112) 주희(朱熹),『대학혹문』권1.
113) 격우문조(格于文祖 : 문조(文祖 : 요 임금 시조의 사당)에 이르렀다) :『서』「우서(虞書)·순전(舜典)」에서 "정월(正月) 원일(元日)에 순(舜)이 문조(文祖)의 사당에 이르렀다.(月正元日, 舜格于文祖)"라고 하였다.
114) 송시열(宋時烈),『송자대전(宋子大全)』권101,「답정경유(答鄭景由)」에는 "朱子嘗曰 : '格物之格, 「窮」字意多; 物格之格, 「至」字意多.' 此亦不可不知也.(주자는 일찍이 '격물(格物)의 격(格)은 「궁(窮 : 궁구하다)」자의 뜻이 많고, 물격(物格)의 격(格)은 「지(至 : 이르다)」자의 뜻이 많다'라고 말하였다. 이것 또한 몰라서는 안 된다.)"라고 되어 있다. 권상하(權尙夏),「한수재선생문집(寒水齋先生文集)』권5,「답이군보(答李君輔)」에는 "栗谷先生曰 : '格物之格, 「窮」字意多; 物格之格, 「至」字意多.'(율곡 선생이 말하였다. '격물(格物)의 격(格)은 「궁(窮 : 궁구하다)」자의 뜻이 많고, 물격(物格)의 격(格)은 「지(至 : 이르다)」자의 뜻이 많다.')"라고 되어 있다.

○ 農巖曰 : "方格物也, 用力雖在我, 而'格'字之義, 則亦只是物理到極處, 非我到極處也. 格物·物格兩'格'字, 何曾有二義乎? 如平天下, 用力雖在我, 而'平'字之義則只是天下均齊, 非吾身均齊也."115)

'지, 유식야(知, 猶識也)'와 관련하여, 농암(農巖 : 金昌協)이 말하였다. "막 격물(格物)할 때, 힘을 쓰는 것은 비록 나에게 달려 있지만 '격(格)' 자의 의미는 또한 다만 사물의 이치가 지극한 곳에 이른다는 것이지, 내가 지극한 곳에 이른다는 것은 아니다. 격물과 물격(物格)에서 두 개의 '격(格)' 자에 어찌 두 가지 의미가 있었겠는가? 예컨대 평천하에서 힘을 쓰는 것은 비록 나에게 달려 있지만 '평(平)' 자의 의미는 다만 천하가 고르고 바르게 된다는 것일 뿐 내 몸이 고르고 바르게 된다는 것이 아닌 것과 같다."

○ 按 : 此乃似二而實一者也. 格物·物格處若果有兩義, 則經文當改其一字, 如致知·知至之改致爲至. 而今不然, 其爲至之一義, 固自若也.

'지, 유식야(知, 猶識也)'와 관련하여, 내가 생각하건대, 이것은 바로 둘인 것 같지만 실은 하나이다. 격물(格物)과 물격(物格)이 처한 곳이 만약 과연 두 가지 의미가 있다면 「경(經)」의 글은 마땅히 그 가운데 하나의 글자를 고쳐야 하니, 예컨대 치지(致知)와 지지(知至)에서 치(致) 자를 고쳐서 지(至) 자로 하는 것과 같다. 그런데 이제 그렇게 하지 않았으니, 그것이 지(至)라는 하나의 의미가 되는 것은 본디 저절로 그러하다.

朱註

物, 猶事也.
물(物)은 사(事)와 같다.

---

115) 김창협(金昌協), 『농암집(農巖集)』 권16, 「답이현익(答李顯益)」에는 "然又須知方其言格物也, 用力雖在於我, 而'格'字之義, 則亦只是物理到極處之謂, 非我到極處也. 蓋用力而要令物理到極處之謂格物, 旣用力後物理各至極處之謂物格, 兩'格'字, 何曾有二義? 比如平天下, 用力雖在於我, 而'平'字之義, 則只是天下均齊方正之謂, 非吾身之均齊方正也.(그러나 또 반드시 막 격물(格物)이라고 말할 때, 힘을 쓰는 것은 비록 나에게 달려 있지만 '격(格)' 자의 의미는 또한 다만 사물의 이치가 지극한 곳에 이른다는 것을 말할 뿐, 내가 지극한 곳에 이른다는 것은 아님을 알아야 한다. 대개 힘을 써서 사물의 이치가 지극한 곳에 이르도록 하려는 것을 격물이라 하고, 이미 힘을 쓴 뒤에 사물의 이치가 각각 지극한 곳에 이르게 되는 것을 물격(物格)이라고 하니, 여기에서 두 개의 '격(格)' 자에 어찌 두 가지 의미가 있었겠는가? 예컨대 평천하에서 힘을 쓰는 것은 비록 나에게 달려 있지만 '평(平)' 자의 의미는 다만 천하가 고르고 바르게 된다는 것을 말할 뿐 내 몸이 고르고 바르게 된다는 것이 아닌 것과 같다.)"라고 되어 있다.

詳說

○ 朱子曰 : "對言, 則事是事, 物是物. 獨言物, 則兼事在其中."
'물, 유사야(物, 猶事也)'와 관련하여, 주자가 말하였다. "사(事)와 물(物)을 짝지어서 말한다면 사(事)는 사(事)이고 물(物)은 물(物)이다. 그런데 단독으로 물(物)을 말하면 사(事)를 겸해서 그 가운데 있다."

○ 按 : '物, 猶事也'者, 卽小註朱子所云'物謂事物也'之意也. 故下文幷擧事·物釋之. 如『孟子』'萬物皆備'註亦兼言事·物云.
'물, 유사야(物, 猶事也)'와 관련하여, 내가 생각하건대, '물, 유사야(物, 猶事也) : 물(物)은 사(事)와 같다'라는 것은 곧 『대학장구대전(大學章句大全)』 소주(小註)에서 주자가 말한 '물(物)은 사물을 말한다'116)라는 뜻이다. 그러므로 아래 글에서 사(事)와 물(物)을 함께 들어서 그것을 풀이하였다. 예컨대 『맹자(孟子)』의 '만물개비(萬物皆備 : 만물이 모두 갖추어졌다)'에 대한 주자 주석에서도 사(事)와 물(物)을 함께 말한 것117)과 같다.

朱註
窮至事物之理, 欲其極處無不到也.
사물의 이치를 궁구하여 그 지극한 곳에 이르지 않음이 없도록 하려는 것이다.

詳說

○ 至, 猶極也.
'궁지사물지리(窮至事物之理)'에서 '지(至)'자는 마치 극(極 : 지극한 곳)이라고 하는 것과 같다.

○ 此'到'字卽上文'格, 至也'之'至'字義也.
'욕기극처무불도야(欲其極處無不到也)'에서 '도(到)'자는 곧 앞의 주자 주석 '격, 지야(格, 至也 : 격(格)은 이르는 것이다)'에서 '지(至 : 이르다)'자의 의미이다.

---

116) 주자가 말한 '물(物)은 사물을 말한다' : 『주자어류(朱子語類)』 권15, 「대학2(大學二)」 14조목.
117) 『맹자(孟子)』의 '만물개비(萬物皆備 : 만물이 모두 갖추어졌다)'에 …… 사(事)와 물(物)을 함께 말한 것 : 『맹자(孟子)』 「진심 상(盡心上)」 제4장에서 "맹자가 말하였다. '만물이 모두 나에게 갖추어져 있다.'(孟子曰 : '萬物皆備於我矣.')"라는 구절에 대해 주자가 "이것은 이치가 본래 그러한 것을 말한 것이다. 크게는 군주와 신하, 부모와 자식관계의 일과 작게는 사물(事物)의 미세한 것에, 그 마땅히 그러해야 하는 이치가 한 가지도 성(性)의 분수 안에 갖추어지지 않은 것이 없다.(此言理之本然也. 大則君臣父子, 小則事物細微, 其當然之理, 無一不具於性分之內也.)"라고 주석한 것을 가리킨다.

○ 此註三'欲其'以下皆取用下節意誠·知至·物格之意. 故下節物格·知至之釋, 仍用此註語.

여기 주석에서 세 차례의 '욕기(欲其)' 아래의 글들118)은 모두 아래 절(節) 의성(意誠 : 뜻이 성실해지고)·지지(知至 : 앎이 이르며)·물격(物格 : 사물이 이르는)의 뜻을 가져다 쓴 것이다. 그러므로 아래 절(節)에서 물격(物格)·지지(知至)에 대한 풀이를 할 때 여전히 여기의 주석의 말을 사용하였다.119)

○ 栗谷曰 : "格物者, 人窮物之理, 使之至於盡處也; 物格者, 物之理已至於盡處, 更無可窮之餘地也."120)

위 구절과 관련하여 율곡(栗谷 : 李珥)이 말하였다. "격물(格物)이라고 하는 것은 사람이 사물의 이치를 궁구하여 그 다한 곳에 이르도록 하는 것이고, 물격(物格)이라는 것은 사물의 이치가 이미 다한 곳에 이르러 다시 더 궁구할 여지가 없는 것이다."

○ 按 : 諺釋'格物'處當用'使'字意, 而今不然. 恐欠詳.

위 구절과 관련하여 내가 생각하건대, 언해본에서 '격물(格物)'을 풀이하는 곳에는 마땅히 '사(使 : -하도록 한다)'자의 뜻을 써야 하는데, 지금 그렇게 하지 않았다.121) 상세히 살펴보지 못한 것 같다.

○ 尤菴曰 : "格物主人而言, 物格主物而言."122)

위 구절과 관련하여 우암(尤菴 : 宋時烈)이 말하였다. "격물(格物)은 사람을 위주로 하여 말한 것이고, 물격(物格)은 사물을 위주로 하여 말한 것이다."

○ 朱子曰 : "人多把這道理作一箇懸空底物.『大學』不說窮理, 只

---

118) 여기 주석에서 세 차례의 '욕기(欲其)' 아래의 글들 : 주자 주석에서 '욕기필자겸이무자기야(欲其必自慊而無自欺也)', '욕기소지무부진야(欲其所知無不盡也)', '욕기극처무불도야(欲其極處無不到也)'라고 한 것을 가리킨다.
119) 아래 절(節)에서 물격(物格)·지지(知至)에 대한 풀이를 할 때 여전히 여기의 주석의 말을 사용하였다 : 아래 절(節)에서 주자가 "격물(格物)은 사물의 이치의 지극한 곳이 이르지 않음이 없는 것이다. 지지(知至)는 내 마음이 안 것이 다하지 않음이 없는 것이다.(物格者, 物理之極處無不到也. 知至者, 吾心之所知無不盡也.)"라고 주석한 것을 가리킨다.
120) 이이(李珥),『율곡선생전서(栗谷先生全書)』권32,「어록(語錄)」하」.
121) 언해본에서 '격물(格物)'을 풀이하는 곳에는 …… 지금 그렇게 하지 않았다 : 언해본『대학장구(大學章句)』에는 "지(知)를 치(致)호문 물(物)을 격(格)호매 잇느니라."라고 되어 있다.
122) 송시열(宋時烈),『송자대전(宋子大全)』권101,「답정경유(答鄭景由)」.

說格物, 便是要人就事物上理會."123)

위 구절과 관련하여 주자가 말하였다. "사람들은 대부분 이 도리를 어떤 허공에 매달려 있는 것으로 간주한다. 『대학(大學)』에서 궁리(窮理 : 이치를 궁구한다)라고 말하지 않고 다만 격물(格物 : 사물을 궁구한다)을 말한 것은 곧 사람들에게 사물에서 이해하도록 하려는 것이다."

○ 又曰 : "'明明德於天下'以上, 皆有等級節次, 到'致知·格物'處便親切. 致知, 則便在格物上. '欲'與'先'字, 若慢, 故不曰致知者先格其物, 只曰'致知在格物', '在'字又緊得些子."124)

위 구절과 관련하여 주자가 또 말하였다. "'명명덕어천하(明明德於天下 : 밝은 덕을 천하에 밝힌다)' 이상은 모두 등급과 절차가 있고, '치지(致知)와 격물(格物)'에 이르러서는 곧 친밀하고 절실하다. 치지(致知)는 곧 격물(格物)에 있다. '욕(欲 : ~하려고 하다)'자와 '선(先 : 먼저)'자는 느슨한 것 같기 때문에, 치지(致知)를 하려는 사람은 먼저 그 사물을 궁구해야 한다고 말하지 않고, 다만 '치지재격물(致知在格物 : 치지는 격물에 있다)'라고 말했으니, '재(在 : ~에 있다)'자는 또 조금 긴요하다."

○ 雲峰胡氏曰 : "此'在'字與章首三'在'字相應. 大學綱領所在, 莫先於明明德; 而明明德工夫所在, 又莫先於格物."125)

위 구절과 관련하여 운봉 호씨(雲峯胡氏 : 胡炳文)가 말하였다. "여기에서 '재(在 : -에 있다)'자는 본 장(章) 첫머리에 있는 세 개의 '재(在)'자126)와 서로 호응한다. 대학의 강령이 있는 곳은 밝은 덕을 밝히는 것보다 앞서는 것이 없

---

123) 『주자어류(朱子語類)』 권15, 「대학2(大學二)」 31조목.
124) 『주자어류(朱子語類)』 권15, 「대학2(大學二)」 141조목에는 "『『大學』明明德於天下'以上, 皆有等級. 到致知·格物處, 便較親切了.('대학(大學)』에서 '명명덕어천하(明明德於天下 : 밝은 덕을 천하에 밝힌다)' 이상은 모두 등급이 있다. 치지(致知)와 격물(格物)에 이르러서는 비교적 친밀하고 절실하다.")라고 되어 있다. 또 『주자어류(朱子語類)』 권15, 「대학2(大學二)」 142조목에는 "'欲明明德於天下者先治其國, 至致知在格物.' '欲'與'先'字, 謂如欲如此, 必先如此, 是言工夫節次. 若'致知在格物', 則致知便在格物上. 看來'欲'與'先'字, 差慢得些子, '在'字又緊得些子.('욕명명덕어천하자선치기국, 지치지재격물(欲明明德於天下者先治其國, 至致知在格物)'이라고 한 것에서, '욕(欲 : ~하려고 하다)'자와 '선(先 : 먼저)'자는 예컨대 이와 같이 되려고 하면 반드시 먼저 이와 같이 해야 한다는 것과 같으니, 이것은 공부의 절차를 말한 것이다. '치지재격물(致知在格物)'과 같은 경우는 치지(致知)가 곧 격물(格物)에 있다는 것이다. 생각건대 '욕(欲 : ~하려고 하다)'자와 '선(先 : 먼저)'자는 조금 느슨하고, '재(在 : ~에 있다)'자는 긴요한 것 같다.")라고 되어 있다.
125) 호병문(胡炳文), 『사서통(四書通)』「대학통(大學通)」.
126) 본 장(章) 첫머리에 있는 세 개의 '재(在)'자 : "대학지도, 재명명덕, 재친민, 재지어지선(大學之道, 在明明德, 在親民, 在止於至善)"에서 세 개의 '재(在)'자를 가리킨다.

고, 밝은 덕을 밝히는 공부가 있는 곳은 또 격물(格物)보다 앞서는 것이 없다."

○ 按：他皆兩事相因, 故下'欲'·'先'二字； 格·致則只是一事, 故下 '在'字. 雖然, 到下節又隨他例下'後'字. 至修·齊·治·平之「傳」, 又承此'在'字而用六'在'字. 蓋亦互用, 而前後十'在'字參看可也.
내가 생각하건대, 다른 경우는 모두 두 가지 일이 서로 따르기 때문에 '욕(欲 : -하려고 하다)'자와 '선(先 : 먼저)'자를 썼지만, 격물과 치지는 다만 하나의 일이기 때문에 '재(在 : ~에 있다)'자를 썼다. 비록 그러하지만 아래 절(節)에서는 또 다른 사례에 따라 '후(後)'자를 썼다.[127] 수신·제가·치국·평천하의 「전(傳)」에 이르러서는 또 이 '재(在)'자를 이어받아서 여섯 개의 '재(在)'자를 썼다.[128] 이것은 또한 서로 간에 교대로 쓸 수 있기 때문이니 앞뒤 열 개의 '재(在)'자를 참고해서 보면 알 수 있을 것이다.

朱註

此八者, 『大學』之條目也.
이 여덟 가지는 『대학(大學)』의 조목(條目)이다.

詳說

○ 與三綱領註末句相照應.
'차팔자, 『대학(大學)』지조목야(此八者, 『大學』之條目也)'라고 한 것은 삼강령(三綱領)에 대한 주석 끝 구절[129]과 서로 비추어서 호응한다.

○ 朱子曰 : "綱領之條目也."[130]
'차팔자, 『대학(大學)』지조목야(此八者, 『大學』之條目也)'에서 '조목(條目)'에 대

---

127) 아래 절(節)에서는 또 다른 사례에 따라 '후(後)'자를 썼다 : 아래 절(節)에서 "사물의 이치가 이른 뒤에 지식이 지극해지고, 지식이 지극해진 뒤에 뜻이 성실해지고, 뜻이 성실해진 뒤에 마음이 바루어지고, 마음이 바루어진 뒤에 몸이 닦아지고, 몸이 닦아진 뒤에 집안이 가지런해지고, 집안이 가지런한 뒤에 나라가 다스려지고, 나라가 다스려진 뒤에 천하가 평안해진다.(物格而后知至, 知至而后意誠, 意誠而后心正, 心正而后身修, 身修而后家齊, 家齊而后國治, 國治而后天下平.)"라고 한 것을 가리킨다.
128) 수신·제가·치국·평천하의 「전(傳)」에 이르러서는 …… 여섯 개의 '재(在)'자를 썼다 : 수신·제가·치국·평천하의 「전(傳)」에서 '소위수신, 재정기심자(所謂修身, 在正其心者)', '차위수신재정기심(此謂修身在正其心)', '소위제가, 재수기신자(所謂齊其家, 在修其身者)', '고치국, 재제기가(故治國, 在齊其家)', '차위치국재제기가(此謂治國在齊其家)', '소위평천하재치기국자(所謂平天下在治其國者)'라고 한 여섯 개를 가리킨다.
129) 삼강령(三綱領)에 대한 주석 끝 구절 : 즉 "이 세 가지는 『대학(大學)』의 강령(綱領)이다.(此三者, 『大學』之綱領也.)"라는 구절을 가리킨다.
130) 주희(朱熹), 『대학혹문』 권1.

해, 주자가 말하였다. "강령의 조목이다."

○ 又曰 : "致·格是窮此理, 誠·正·修是體此理, 齊·治·平是推此理."131)
'차팔자,『대학(大學)』지조목야(此八者,『大學』之條目也)'와 관련하여, 주자가 또 말하였다. "치지와 격물은 이 이치를 궁구하는 것이고, 성의·정심·수신은 이 이치를 체인하는 것이며, 제가·치국·평천하는 이 이치를 미루어가는 것이다."

○ 又曰 : "格物是夢覺關, 誠意是人鬼關."132)
'차팔자,『대학(大學)』지조목야(此八者,『大學』之條目也)'와 관련하여, 주자가 또 말하였다. "격물은 꿈꾸는 것과 깨어나는 것의 관건이고, 성의는 사람이 되는 것과 귀신이 되는 것의 관건이다."

○ 玉溪盧氏曰 : "八者以心爲主, 格·致·誠皆正心上工夫, 修·齊·治·平皆自正心中流出."133)
'차팔자,『대학(大學)』지조목야(此八者,『大學』之條目也)'와 관련해서, 옥계 노씨(玉溪盧氏 : 盧孝孫)가 말하였다. "이 팔조목은 심(心)을 위주로 하니, 격물·치지·성의는 모두 정심(正心)의 공부이고, 수신·제가·치국·평천하는 모두 정심(正心)으로부터 유출된다."

---

131)『주자어류(朱子語類)』권15,「대학2(大學二)」146조목. 이를 보충하여『대학(大學)』팔조목(八條目)의 내용 분류는 다음과 같이 설명된다. 147조목의 경우, "『대학』한편에는 도리어 2개의 커다란 절목이 있다. 격물·지지가 그 하나고, 성의·수신이 그 하나다. 비로소 이 두 관문을 넘어서면, 곧바로 나아갈 수 있게 된다.(大學一篇卻是有兩箇大節目 : 物格·知至是一箇, 誠意·修身是一箇. 才過此二關了, 則便可直行將去.)"로 되어 있고, 148조목에는 "'물격·지지'가 한 부분의 일이고, '의성·심정·신수'가 한 부분의 일이며, '제가·치국·평천하'가 또한 한 부분의 일이다. '지지'로부터 '성의'까지가 하나의 분기점이고, '수신'으로부터 '제가'까지가 또 하나의 분기점이다.(物格·知至, 是一截事 ; 意誠·心正·身修, 是一截事 ; 家齊·國治·天下平, 又是一截事. 自知至交誠意, 又是一箇過接關子 ; 自修身交齊家, 又是一箇過接關子.)"라고 하였다. 또한 149조목에는 "격물로부터 수신까지는 얕은 곳으로부터 깊은 곳에 이르는 것이며, 제가로부터 평천하까지는 안쪽으로부터 바깥쪽에 도달하는 것이다.(自格物至修身, 自淺以及深 ; 自齊家至平天下, 自內以及外.)"라고 하였다.
132)『주자어류(朱子語類)』권15,「대학2(大學二)」85조목.
133) 호광 편(胡廣 編),『대학장구대전(大學章句大全)』에 노효손(盧孝孫)의 말로서 "八者以心爲主, 自天下而約之以至於身, 無不統於一心 ; 自意而推之以至於萬事萬物, 無不管於一心. 曰格曰致曰誠, 皆正心上工夫 ; 曰修曰齊曰治曰平, 皆自正心中流出.(이 팔조목은 심(心)을 위주로 하니, 천하에서부터 줄여서 나의 몸에 이르기까지 심(心)에 통괄되지 않음이 없고, 나의 의(意 : 뜻)에서부터 미루어나가 만사만물에 이르기까지 심(心)에 관여되지 않음이 없다. 격물·치지·성의는 모두 정심(正心)의 공부이고, 수신·제가·치국·평천하는 모두 정심으로부터 유출된다.)"이라고 실려 있다.

○ 新安陳氏曰 : "格物, 知之始; 致知, 知之極. 誠意, 行之始; 正·修, 行之極. 齊家, 推行之始; 治·平, 推行之極."134)

'차팔자,『대학(大學)』지조목야(此八者,『大學』之條目也)'와 관련해서, 신안 진씨(新安陳氏 : 陳櫟)가 말하였다. "격물은 앎의 시작이고, 치지는 앎이 지극한 것이다. 성의는 실행의 시작이고 정심·수신은 실행이 지극한 것이다. 제가는 실행을 미루어가는 시작이고 치국·평천하는 실행을 미루어가는 것이 지극한 것이다."

○ 雙峰饒氏曰 : "此一節就八目逆推工夫, 後一節就八目順推功效."135)

위 구절과 관련해서 쌍봉 요씨(雙峰饒氏 : 饒魯)가 말하였다. "이 절(節)은 팔조목에서 거슬러 미루어가는 공부이고, 뒤 절(節)은 팔조목에서 순조롭게 미루어가는 효험이다."

○ 按 : 逆推如之越者必由吳, 之吳者必由齊也; 順推如自齊而吳而越也.

내가 생각하건대, 거슬러 미루어간다는 것은 예컨대 월(越)나라에 가려고 하는 사람은 반드시 오(吳)나라를 경유해야 하고, 오나라에 가려고 하는 사람은 반드시 제(齊)나라를 경유해야 하는 것과 같고, 순조롭게 미루어간다는 것은 예컨대 제나라에서부터 오나라로 월나라로 가는 것과 같다.

[經1-5]

物格而后知至, 知至而后意誠, 意誠而后心正, 心正而后身修, 身修而后家齊, 家齊而后國治, 國治而后天下平.

사물의 이치가 이른 뒤에 앎이 지극해지고, 앎이 지극해진 뒤에 뜻이 성실해지며, 뜻이 성실해진 뒤에 마음이 바르게 되고, 마음이 바르게 된 뒤에 몸이 수양되며, 몸이 수양된 뒤에 집안이 가지런해지고, 집안이 가지런한 뒤에 나라가 다스려지며, 나라가 다스려진 뒤에 천하가 평안해진다.

---

134) 호광 편(胡廣 編),『대학장구대전(大學章句大全)』.
135) 호광 편(胡廣 編),『대학장구대전(大學章句大全)』.

朱註

治, 去聲, 後倣此. 物格者, 物理之極處無不到也.
치(治)자는 거성(去聲)이고 뒤도 마찬가지이다. 물격(物格 : 사물의 이치가 이른다)은 사물의 이치의 지극한 곳이 도달하지 않음이 없는 것이다.

詳說

○ 卽上註 '事物之理'.
'물리지극처무불도야(物理之極處無不到也)'에서 '물리(物理)'는 곧 위의 주석에서 '사물지리(事物之理 : 사물의 이치)'이다.

○ 尤菴曰 : "退溪常以爲物格, 人格之而至於其極. 末年大悟其非, 以爲物理到其極處. 又以爲理非死物, 故能自此至彼云, 則又失矣. 蓋雖非活物, 何害於詣其極乎? 如人行路, 而路之盡處, 則曰路已盡矣, 路豈活物而然耶? 如人看冊子盡, 而自冊言之, 則曰冊盡, 冊豈活物耶?"136)

'물격자, 물리지극처무불도야(物格者, 物理之極處無不到也)'와 관련하여, 우암(尤菴 : 宋時烈)이 말하였다. "퇴계(退溪 : 李滉)는 늘 물격(物格)은 사람이 그것을 궁구하여 그 지극함에 이른 것이라고 생각했었다. 말년에 그것이 잘못임을 크게 깨달아 사물의 이치가 그 극처에 이른 것이라고 여겼다. 그런데 또 리(理)는 죽은 것이 아니므로 여기에서 저기에 이를 수 있다고 여겼으니, 또 잘못하였다. 대개 비록 살아 있는 것은 아니라고 해도 어찌 그 지극함에 이르는 것에 방해가 되겠는가? 예컨대 사람이 길을 갈 때 길이 끝나면 길이 이미 끝났다고 말하지만, 길이 어찌 살아 있는 것이라서 그렇겠는가? 예컨대 사람이 책을 다 보고나서 그 책으로 말한다면, 책이 다 되었다고 하지만, 어찌 이 책이 살아 있는

---

136) 송시열(宋時烈), 『송자대전(宋子大全)』권91, 「답이여구(答李汝九)」에는 "退溪常以爲物格者, 人格之而至於其極也. 末年大悟其非, 以爲物格者, 只是物理到其極處也. 此正得其本文之意. 而又以爲理非死物, 故能自此至彼云, 則又失之遠矣. 豈所謂毫釐之差者耶? 蓋物理如冊子, 人之窮理, 如人看冊子. 人看此冊子, 自始至末, 則是雖在人看盡, 而自冊言之, 則曰冊盡, 豈曰此冊是活物?(퇴계(退溪 : 李滉)는 늘 물격(物格)은 사람이 그것을 궁구하여 그 지극함에 이른 것이라고 생각했었다. 말년에 그것이 잘못임을 크게 깨달아 물격은 다만 사물의 이치가 그 극처에 이른 것이라고 하였다. 이것은 바로 그 본문의 뜻을 터득한 것이다. 그런데 또 리(理)는 죽은 것이 아니므로 여기에서 저기에 이를 수 있다고 여겼으니, 또 크게 잘못 본 것이다. 어찌 이것이 이른바 털끝만큼의 차이이겠는가? 대개 사물의 이치는 예컨대 책과 같고, 사람이 이치를 궁구하는 것은 마치 사람이 책을 보는 것과 같다. 사람이 이 책을 보기 시작하여 끝에 이르면, 이것은 비록 사람이 다 본 것이지만 그 책으로 말한다면, 책이 다 되었다고 하는 것이니, 어찌 이 책이 살아 있는 것이라고 말할 수 있겠는가?)"라고 실려 있다.

것일 수 있겠는가?"

○ 又曰 : "'物理之極處', 嘗聞於文元先生, 栗谷以爲或厓讀, 或伊讀, 俱無不可. 然厓讀於'處'字爲順, 而於'之'字逕庭, 曰'此極處何物來到'云爾, 則語窮. 伊讀於'之'字爲順, 而於'處'字逕庭, 曰'此極處將到何處'云爾, 則亦語窮. 鄙意兩無所主, 而略以厓讀爲勝. 蓋'之'字虛, '處'字實, 與其主虛字, 寧主實字?"137)

'물격자, 물리지극처무불도야(物格者, 物理之極處無不到也)'와 관련하여, 우암(尤菴 : 宋時烈)이 또 말하였다. "'물리지극처(物理之極處)'에 대해서 일찍이 문원(文元 : 金長生) 선생님에게서, 율곡(栗谷 : 李珥)이 혹 '에'로 토를 달든 '이'로 토를 달든 모두 안 될 것이 없다고 여겼다는 말을 들었다. 그러나 '에'로 토를 달면 '물리지극처'에서 '처(處)'자에는 순조롭지만 '지(之)'자에는 상당히 문제점이 있고, '이 극처(極處)에 어떤 것이 와서 이르렀는가'를 말하면 말이 궁해진다. '이'로 토를 달면 '물리지극처'에서 '지(之)'자에는 순조롭지만 '처(處)'자에는 상당히 문제점이 있고, '이 극처가 장차 어떤 곳에 이를 것인가'를 말하면 역시 말이 궁해진다. 내 생각에는 두 가지가 다 주장할 것이 없으면, 대략 '에'자로 토를 다는 것이 나을 것이라고 여겼다. 왜냐하면 '지(之)'자는 허자(虛字)이고 '처(處)'자는 실자(實字)이니, 허자를 위주로 하느니 차라리 실자를 위주로 하겠다는 것이다."

○ 按 : 此讀恐當以經文'物格'而斷之. 退溪始亦主厓, 而曉乃從

---

137) 송시열(宋時烈), 『송자대전(宋子大全)』 권94, 「답이동보(答李同甫)」에는 "嘗於文元先生座下, 伏聞栗谷先生以爲若知物理到於極處之意, 則或厓或伊, 俱無不可也. 然厓讀於'處'字爲順, 而於'之'字逕庭; 伊讀於'之'字爲順, 而於'處'字逕庭. '之'字若作'於'字看, 則厓讀極順. 而'之'·'於'二字之義, 本不相近, 亦不可如此矣. 常與朋友說此, 對主伊者曰, 此'極處伊', 將到何處云爾, 則語窮. 又對主厓者曰, 此'極處厓', 何物來到云爾, 則亦語窮. 故鄙意則兩無所主, 而略以厓讀爲勝者. 蓋以'之'字虛, '處'字實, 與其主虛字而爲伊, 無寧主實字而爲厓也. 未知如何.(일찍이 문원(文元 : 金長生) 선생님 문하에서, 삼가 율곡(栗谷 : 李珥) 선생이 만약 사물의 이치가 지극한 곳에 이른다는 뜻을 알면 혹 '에'로 토를 달든 '이'로 토를 달든 모두 안 될 것이 없다고 여겼다는 말을 들었다. 그러나 '에'로 토를 달면 '물리지극처(物理之極處)'에서 '처(處)'자에는 순조롭지만 '지(之)'자에는 상당히 문제점이 있고, '이'로 토를 달면 '지(之)'자에는 순조롭지만 '처(處)'자에는 상당히 문제점이 있다. '지(之)'자를 만약 '어(於)'자로 본다면 '에'로 토를 다는 것이 매우 순조롭다. 그렇지만 '지(之)'·'어(於)'라는 두 글자의 의미가 본래 서로 가깝지 않으니 또한 이와 같이 할 수 없다. 늘 친구들과 이것을 말했었는데, '이'자 토를 주장하는 사람에 대해, 이 '극처(極處)가'라는 말이 장차 어떤 곳에 이른다는 것을 말하는가를 물어보면 그들은 말이 궁해졌다. 또 '에'자 토를 주장하는 사람에 대해, 이 '극처(極處)에'라는 말이 어떤 것이 와서 이르렀는가를 물어보면 그들도 역시 말이 궁해졌다. 그러므로 내 생각에는 두 가지가 다 주장할 것이 없으면, 대략 '에'자로 토를 다는 것이 나을 것이라고 여겼다. 왜냐하면 '지(之)'자는 허자(虛字)이고 '처(處)'자는 실자(實字)이니, 허자를 위주로 해서 '이'자 토를 붙이는 것보다는 차라리 실자를 위주로 해서 '에'자 토를 붙이겠다는 것이다. 어떠한지 모르겠다.)"라고 되어 있다.

伊. 夫『章句』所以釋經文也, 則於此宜無異同, 且'物理之'·'吾心之'兩'之'字, 文勢改易不得. 而'處'字雖是地頭, 其歸重在'極'字, 不在'處'字. '處'字只是帶過說, 與'活潑地'之'地'字相近, 恐當從'之'字文勢爲主. 凡到文勢天然處, 其字義虛實又不暇論矣.
내가 생각하건대, 여기의 독법은 아마 마땅히「경(經)」의 글인 '물격(物格)'을 가지고 결단해야 할 것이다. 퇴계(退溪 : 李滉)는 처음에는 또한 '에'자 토를 위주로 했는데, 깨우치고는 '이'자 토를 따랐다. 무릇『대학장구(大學章句)』는「경(經)」의 글을 풀이한 것이니, 여기에서는 마땅히 같고 다름이 없어야 하고, 또 '물리지(物理之)'에서 '지(之)'자와 '오심지(吾心之)'에서 '지(之)'자는 문장형세를 고쳐서 바꿀 수 없다. 그리고 '처(處)'자는 비록 어떤 곳을 말하는 것이지만 그 귀결은 중점이 '극(極)'자에 있지 '처(處)'자에 있지 않다. '처(處)'자는 다만 붙여서 넘어가는 말일 뿐이니, '활발지(活潑地 : 활발하게)'에서 '지(地)'자와 서로 비슷하다. 아마도 마땅히 '지(之)'자를 따르는 문장 형세가 위주가 될 것이다. 무릇 문장 형세가 자연스러운 곳에 이르면, 그 글자의 의미가 허자(虛字)인지 실자(實子)인지는 또 논할 필요가 없을 것이다.

朱註

知至者, 吾心之所知無不盡也.
지지(知至 : 앎이 지극해진다)는 내 마음이 안 바가 다하지 않음이 없는 것이다.

詳說

○ 南塘曰 : "'致'字推極之義, 於用功上爲重, 而於成功處說不足. 故其言成功處, 改'致'爲'至', 而曰'知至'."
'지지자, 오심지소지무부진야(知至者, 吾心之所知無不盡也)'와 관련해서, 남당(南塘 : 韓元震)이 말하였다. "'치지(致知)'에서 '치(致)'자는 끝까지 미루어간다는 의미이니 노력하는 데는 중요하지만 공로를 이루는 데는 말이 충분하지 못하다. 그러므로 공로를 이루는 것을 말하는 곳에서는 '치(致)'자를 고쳐서 '지(至)'자로 하여, '지지(知至 : 앎이 지극해진다)'라고 하였다."

○ 朱子曰 : "須要無所不知, 乃爲至耳."[138]

---

[138] 『주자어류(朱子語類)』권15, 「대학2(大學二)」 68조목에는 "'知至', 謂天下事物之理知無不到之謂. 若知一而不知二, 知大而不知細, 知高遠而不知幽深, 皆非知之至也. 要須四至八到, 無所不知, 乃謂至耳.('앎이 지

'지지자, 오심지소지무부진야(知至者, 吾心之所知無不盡也)'와 관련해서, 주자가 말하였다. "모름지기 모르는 것이 없어야, 이에 지극하게 될 뿐이다."

朱註

知旣盡, 則意可得而實矣; 意旣實, 則心可得而正矣.
앎이 이미 다하면 뜻이 성실해질 수 있고, 뜻이 이미 성실해지면 마음이 바로잡힐 수 있다.

詳說

○ 雲峰胡氏曰 : "'可'·'得'二字, 蓋謂知此理旣盡, 然後意可得而實, 非謂知已至則不必加誠意之功也. 然不曰知旣盡然後實其意者, 蓋知行二者貴於幷進. 但略分先後, 非必了一事無餘, 然後又了一事. 是當會於言意之表也."[139]

'지기진, 즉의가득이실의(知旣盡, 則意可得而實矣)'와 관련하여, 운봉 호씨(雲峯胡氏 : 胡炳文)가 말하였다. "'가(可)'와 '득(得)'이라는 두 글자는 대개 이 이치를 아는 것을 이미 다한 뒤에 뜻이 성실해질 수 있다는 것을 말하지, 앎이 이미 이르면 성의(誠意)의 공부를 할 필요가 없다는 것을 말하지 않는다. 그러나 앎이 이미 다한 뒤에 그 뜻을 성실히 한다고 말하지 않은 것은 앎과 실행 둘은 함께 나아가는 것을 귀하게 여기기 때문이다. 그런데 대략 선후(先後 : 먼저이고 뒤이다)로 나눈 것은 반드시 그 한 가지 일을 남김없이 끝낸 뒤에 또 나머지

극해진다'라는 것은 천하 사물의 이치에 앎이 이르지 않음이 없다는 것을 말한다. 만약 하나를 아는데 둘을 모르거나, 큰 것을 아는데 미세한 것을 모르거나, 고원함을 아는데 깊숙하고 은미한 것을 모르는 것은, 모두 앎이 지극한 것이 아니다. 반드시 사통팔달하여 모든 방면에서 모르는 것이 없어야, 이에 지극하다고 할 뿐이다.)"라고 되어 있다.

139) 호병문(胡炳文), 『사서통(四書通)』「대학통(大學通)」에는 "『章句』'可'·'得'二字, 蓋謂知此理旣盡, 然後意可得而實, 非謂知之旣至不必加誠意之功也. 意旣誠則心之用可得而正, 非謂意誠之後不必加正心之功也. 然但曰'知旣盡則意可得而實', 不曰知旣盡然後實其意; 但曰'意旣實則心可得而正', 不曰意旣實而後正其心. 蓋知行二者貴於並進, '先後'二字, 聖人但畧言其序之不可紊而其功之不可缺者, 非必一節無餘, 然後又了一節也. 是當會於言意之表, 可也.(『대학장구(大學章句)』 '즉의가득이실의(則意可得而實矣)'에서 '가(可)'와 '득(得)'이라는 두 글자는 대개 이 이치를 아는 것을 이미 다한 뒤에 뜻이 성실해질 수 있다는 것을 말하지, 앎이 이미 이르러서 성의(誠意)의 공부를 할 필요가 없다는 것을 말하지 않는다. 뜻이 이미 성실해지면 심(心)의 작용이 바로잡히게 된다는 것은 뜻이 성실해진 뒤에 심(心)을 바로게 하는 공부가 필요 없다는 것을 말하는 것이 아니다. 그러나 다만 '지기진, 즉의가득이실의(知旣盡, 則意可得而實 : 앎이 이미 다하면 뜻이 성실해질 수 있다.)'라고 말했지 앎이 이미 다한 뒤에 그 뜻을 성실히 한다고 말하지 않았으며, '의기실, 즉심가득이정의(意旣實, 則心可得而正矣 : 뜻이 이미 성실해지면 마음이 바로잡힐 수 있다)'라고 말했지 뜻이 이미 성실해진 뒤에 그 심(心)을 바로잡는다고 말하지 않았다. 대개 앎과 실행 둘은 함께 나아가는 것을 귀하게 여기니, '선후(先後 : 먼저이고 뒤이다)'라는 두 글자에 대해 성인이 다만 그 차례를 문란하게 할 수 없고 그 공부를 빠트릴 수 없는 것을 대략 말한 것은 반드시 그 하나를 남김없이 끝낸 뒤에 또 그 하나를 끝낸다는 것이 아니다. 이 점은 말뜻의 밖에서 이해해야만 할 것이다.)"라고 되어 있다.

한 가지 일을 끝낸다는 것이 아니다. 이 점은 마땅히 말뜻의 밖에서 이해해야 한다."

○ 朱子曰：＂知至·意誠, 是聖凡關.＂140)
'지기진, 즉의가득이실의(知旣盡, 則意可得而實矣)'와 관련하여, 주자가 말하였다. "지지(知至)와 의성(意誠)은 성인과 범인이 구별되는 관건이다."

○ 只釋誠·正, 以例其下四事.
위 구절은 다만 성의·정심을 풀이하여 그 아래의 네 가지 일을 열거하였다.

朱註
修身以上, 明明德之事也; 齊家以下, 新民之事也.
수신(修身) 이상은 밝은 덕을 밝히는 일이고, 제가(齊家) 이하는 백성들을 새롭게 하는 일이다.

詳說
○ 上·下謂事之先後, 非謂文之上下也.
'수신이상(修身以上)'에서 '상(上)'자와 '제가이하(齊家以下)'에서 '하(下)'자는 일의 선후를 말하지 본문 글의 위아래를 말하는 것이 아니다.

○ 照明明德·新民.
위 구절은 팔조목을 '명명덕(明明德)'과 '신민(新民)'으로 비추어 본 것이다.

○ 『大全』曰：＂此四句包括上一節.＂
위 구절에 대해 『대학장구대전(大學章句大全)』에서 말하였다. "이 네 구절은 위의 절(節)141)을 포괄한다."

---

140) 『주자어류(朱子語類)』 권15, 「대학2(大學二)」 87조목에는 "知至·意誠, 是凡聖界分關隘.(지지와 의성은 보통 사람과 성인을 경계 짓는 관건이다.)"라고 되어 있다.
141) 위의 절(節) : 본문 [경1-4]인 "옛날에 명덕(明德 : 밝은 덕)을 천하에 밝히려고 하는 사람은 먼저 그 나라를 다스리고, 그 나라를 다스리려고 하는 사람은 먼저 그 집안을 가지런히 하며, 그 집안을 가지런히 하려고 하는 사람은 먼저 그 몸을 수양하고, 그 몸을 수양하려고 하는 사람은 먼저 그 마음을 바로잡으며, 그 마음을 바로잡으려고 하는 사람은 먼저 그 뜻을 성실히 하고, 그 뜻을 성실히 하려고 하는 사람은 먼저 그 앎을 극진히 하였으니, 앎을 극진히 하는 것은 사물의 이치를 궁구함에 있다.(古之欲明明德於天下者, 先治其國; 欲治其國者, 先齊其家; 欲齊其家者, 先修其身; 欲修其身者, 先正其心; 欲正其心者, 先誠其

朱註

物格·知至, 則知所止矣. 意誠以下, 則皆得所止之序也.
'물격(物格)'과 '지지(知至)'는 그칠 곳을 아는 것이다. '의성(意誠)' 이하는 모두 그칠 곳의 순서를 얻는 것이다.

詳說

○ 此'下'字通指文與事.
'의성이하(意誠以下)'에서 '하(下)'자는 본문의 글과 일을 통틀어서 가리킨다.

○ 二'止'字照'止至善'.'
'즉지소지의(則知所止矣)'에서 '지(止)'자와 '즉개득소지지서야(則皆得所止之序也)'에서 '지(止)'자는 모두 '지지선(止至善 : 지극한 선에 그친다)'을 비추어 본 것이다.

○ 新安陳氏曰 : "此四句包括此一節也. 是二節可見三綱之統八目, 而八目之隷三綱矣."142)
위 구절과 관련해서 신안 진씨(新安陳氏 : 陳櫟)가 말하였다. "이 네 구절은 이 절(節)143)을 포괄한다. 이 두 개의 절(節)144)을 통해 삼강령이 팔조목을 통괄하고 팔조목은 삼강령에 예속된다는 것을 알 수 있다."

○ '得'字釋於'序'字. 或云釋於'止'字, 蓋'知所止'·'得所止'正相對應. 而'意誠以下'頭項多, 故又有'之序'二字更詳之.
'즉개득소지지서야(則皆得所止之序也)'에서 '득(得)'자는 '서(序)'자에서 풀이한다. 어떤 사람은 '지(止)'자에서 풀이한다고 하는데, '지소지(知所止)'와 '득소지(得所止)'가 꼭 서로 대응하기 때문이다. 그렇지만 '의성이하(意誠以下)'에 항목이 많기 때문에 또 '지서(之序)'라는 두 글자를 두어 더욱 그것을 자세하게 한

意; 欲誠其意者, 先致其知; 致知在格物.)"를 가리킨다.
142) 호광 편(胡廣 編), 『대학장구대전(大學章句大全)』에 진력(陳櫟)의 말로 실려 있다.
143) 이 절(節) : 본문 [경1-5]인 "사물의 이치가 이른 뒤에 앎이 지극해지고, 앎이 지극해진 뒤에 뜻이 성실해지며, 뜻이 성실해진 뒤에 마음이 바르게 되고, 마음이 바르게 된 뒤에 몸이 수양되며, 몸이 수양된 뒤에 집안이 가지런해지고, 집안이 가지런한 뒤에 나라가 다스려지며, 나라가 다스려진 뒤에 천하가 평안해진다.(物格而后知至, 知至而后意誠, 意誠而后心正, 心正而后身修, 身修而后家齊, 家齊而后國治, 國治而后天下平.)"라는 구절을 가리킨다.
144) 이 두 개의 절(節) : 본문 [경1-4]와 [경1-5]를 가리킨다.

것이다.

○ 上四句以八目合於'明明德'·'新民'而論逆推工夫, 下四句又以八目合於'止至善'而論順推功效. 陳氏於下四句之下二句亦合'明'·'新'而言, 恐合更詳. 其論'皆'字者又似穿鑿. 蓋'意誠以下'頭項多, 故著'皆'字以該之, 未必遠指'明明德'·'新民'耳.

바로 앞의 네 개의 구절[145]은 팔조목을 '명명덕(明明德)'과 '신민(新民)'에 합쳐서 거슬러 미루어가는 공부를 논했고, 여기의 네 개의 구절은 또 팔조목을 '지지선(止至善)'에 합쳐서 순조롭게 미루어가는 효험을 논하였다. 진씨(陳氏 : 陳櫟)는 여기 네 개의 구절에서 또 뒤의 두 개 구절에 대해서도 또한 '명명덕(明明德)'과 '신민(新民)'에 합쳐서 말했는데, 아마 더욱 상세하게 보아야 할 것이다. 진씨(陳氏 : 陳櫟)가 '개(皆)'자를 논한 것[146]은 또 천착한 것 같다. '의성이하(意誠以下)'에 항목이 많기 때문에 '개(皆)' 자를 드러내어서 그것을 갖추었으니, 꼭 멀리 '명명덕(明明德)'과 '신민(新民)'을 가리킬 필요가 없다.

○ '知所止', 知之事也; '得所止', 行之事也.

위 구절에서 '지소지(知所止)'는 앎의 일이고, '득소지(得所止)'는 실행의 일이다.

[經1-6]

自天子以至於庶人, 壹是皆以修身爲本.

천자로부터 서인에 이르기까지 모든 사람이 모두 수신(修身)을 근본으로 삼는다.

詳說

○ 朱子曰 : "雖在匹夫之賤, 天之明命, 有生之所同得. 所以堯·舜

---

145) 바로 앞의 네 개의 구절 : 바로 위의 주자 주석인 "수신이상, 명명덕지사야; 제가이하, 신민지사야(修身以上, 明明德之事也; 齊家以下, 新民之事也)"를 가리킨다.
146) 진씨(陳氏 : 陳櫟)가 '개(皆)'자를 논한 것 : 호광 편(胡廣 編), 『대학장구대전(大學章句大全)』에 진력(陳櫟)의 말로서 "意誠·心正·身脩, '明明德'所得'止至善'之次序; 家齊·國治·天下平, '新民'所以得'止至善'之次序다. '皆'之一字, 包'明明德'·'新民'而言.(의성(意誠)·심정(心正)·신수(身脩)는 '명명덕(明明德)'이 '지지선(止至善)'을 얻는 순서이고, 가제(家齊)·국치(國治)·천하평(天下平)은 '신민(新民)'이 '지지선(止至善)'을 얻는 순서이다. 즉개득소지지서야(則皆得所止之序也)'에서 '개(皆)' 자는 '명명덕(明明德)'과 '신민(新民)'을 포함해서 말한 것이다.)"라고 실려 있다.

君民者, 未嘗不在其分內也."147)

위 구절에 대해 주자가 말하였다. "비록 비천한 필부일지라도 하늘의 밝은 명령은 생명이 있는 존재가 모두 같이 얻은 것이다. 요임금과 순임금을 군주로 하고 요임금과 순임금이 백성으로 여기는 사람은 그 분수 안에 있지 않은 적이 없었다."

朱註

壹是, 一切也. 正心以上, 皆所以修身也; 齊家以下, 則擧此而措之耳.
일시(壹是)는 일체(一切 : 모든 것)이다. 정심(正心) 이상은 모두 수신(修身)하는 일이고, 제가(齊家) 이하는 이것을 들어서 거기에 둘 뿐이다.

詳說

○ 音砌.
'일체야(一切也)'에서 '체(切)'자는 음이 체(砌)이다.

○ 新安陳氏曰 : "'此'字指修身."148)
'즉거차이조지이(則擧此而措之耳)'에서 '차(此)'자에 대해, 신안 진씨(新安陳氏 : 陳櫟)가 말하였다. "'차(此)'자는 수신(修身)을 가리킨다."

○ 一作'錯'.
'즉거차이조지이(則擧此而措之耳)'에서 '조(措)'자는 어떤 판본에는 '조(錯)'자로 되어 있다.

○ 擧而措之, 出『易』「繫辭」.
'즉거차이조지이(則擧此而措之耳)'에서 '거이조지(擧而措之)'는 『주역』「계사전」에 나온다.149)

---

147) 주희(朱熹), 『대학혹문(大學或問)』권1에는 "天之明命, 有生之所同得, 非有我之得私也. 是以君子之心, 豁然大公, 其視天下, 無一物而非吾心之所當愛, 無一事而非吾職之所當爲. 雖或勢在匹夫之賤, 而所以堯舜其君, 堯舜其民者, 亦未嘗不在其分內也.(하늘의 밝은 명령은 생명이 있는 존재가 모두 같이 얻은 것이지 나만 사사로이 얻은 것이 아니다. 그러므로 군자의 마음은 확 트이고 크게 공정해서 천하를 보는 것이 그 어떤 사물도 나의 마음이 마땅히 사랑해야 할 것이 아닌 것이 없고, 그 어떤 일도 나의 직분에 마땅히 해야 할 것이 아닌 것이 없다. 비록 혹 형세가 비천한 필부일지라도 요순을 군주로 하고 요순이 백성으로 여기는 사람은 또한 그 분수 안에 있지 않은 적이 없었다.)"라고 되어 있다.
148) 호광 편(胡廣 編), 『대학장구대전(大學章句大全)』.

○ 雙峯饒氏曰 : "此一段, 於八者之中, 揭出一箇總要處. 蓋天下之本在國, 國之本在家, 家之本在身. 前兩段是詳說之, 此一段是反說約也."150)

위 구절과 관련해서 쌍봉 요씨(雙峰饒氏 : 饒魯)가 말하였다. "이 하나의 단락은 팔조목 가운데 하나의 총괄처를 게시하였다. 대개 천하의 근본은 나라에 있고, 나라의 근본은 집에 있으며, 집의 근본은 자신의 몸에 있다. 앞 단락은 상세하게 말한 것이고 이 단락은 뒤집어서 간략하게 말하였다."

○ 新安陳氏曰 : "單提修身, 而上包正·誠·致·格之工夫, 下包齊·治·平之效驗."151)

위 구절과 관련해서 신안 진씨(新安陳氏 : 陳櫟)가 말하였다. "단독으로 수신(修身)을 제기했지만 위로는 정심·성의·치지·격물 공부를 포괄하고, 아래로는 제가·치국·평천하의 효험을 포괄한다."

[經1-7]

其本亂而末治者否矣. 其所厚者薄, 而其所薄者厚, 未之有也.

그 근본이 어지러운데 말단이 다스려지는 경우는 없고, 두텁게 해야 할 것에 엷게 하면서 엷게 할 것에 두텁게 하는 경우는 없었다.

朱註

本, 謂身也.
본(本)은 몸을 말한다.

---

149) '거이조지(舉而措之)'는 『주역』「계사전」에 나온다 : 『주역』「계사전 상」12에서 "그러므로 형이상자(形而上者)를 도(道)라 하고, 형이하자(形而下者)를 기(器)라 한다. 화(化)하여 재제(裁制)하는 것을 변(變)이라 하고, 미루어 행하는 것을 통(通)이라 하며, 들어서 천하의 백성들에게 베푸는 것을 사업(事業)이라고 한다. (是故形而上者謂之道, 形而下者謂之器. 化而裁之謂之變, 推而行之謂之通, 擧而錯之天下之民謂之事業.)"라고 하였다.
150) 호광 편(胡廣 編), 『대학장구대전(大學章句大全)』에 요로(饒魯)의 말로 "此一段, 是於八者之中, 揭出一箇總要處. 蓋天下之本在國, 國之本在家, 家之本在身, 是皆當以脩身爲本. 前兩段是詳說之, 此一段是反說約也.(이 하나의 단락은 팔조목 가운데 하나의 총괄처를 게시하였다. 대개 천하의 근본은 나라에 있고, 나라의 근본은 집에 있으며, 집의 근본은 자신의 몸에 있으니, 이것은 모두 수신(修身)을 근본으로 삼는다. 앞 단락은 상세하게 말한 것이고 이 단락은 뒤집어서 간략하게 말하였다.)"라고 실려 있다.
151) 호광 편(胡廣 編), 『대학장구대전(大學章句大全)』.

詳說

○ 『大全』曰 : "接上文'本'字."152)
'본, 위신야(本, 謂身也)'와 관련해서, 『대학장구대전(大學章句大全)』에서 말하였다. "여기에서 '본(本)'자는 앞의 본문 '일시개이수신위본(壹是皆以修身爲本)'에서 '본(本)'자와 이어진다."

○ 朱子曰 : "天下·國·家爲末."153)
'본, 위신야(本, 謂身也)'와 관련해서, 주자가 말하였다. "천하와 나라와 집안은 말단이다."

○ 按 : 此節照應上'物有本末'節. 蓋八目之'修身'與三綱之'明明德'相同, 故皆以本言之.
위 구절과 관련하여 내가 생각하건대, 이 절(節)은 위 '물유본말(物有本末)'절(節)과 호응한다. 대개 팔조목의 '수신(修身)'은 삼강령의 '명명덕(明明德)'과 서로 같기 때문에 모두 근본으로써 그것을 말하였다.

○ 言身不修而能齊·治·平者, 無矣.
'본, 위신야(本, 謂身也)'라고 한 것은 몸이 수양되지 않고 제가·치국·평천하 할 수 있는 경우는 없다는 것을 말한다.

朱註

所厚, 謂家也.
두텁게 해야 할 것은 집안을 말한다.

詳說

○ 三山陳氏曰 : "國·天下, 本非所薄, 自家視之, 則爲薄也."154)
'소후, 위가야(所厚, 謂家也)'와 관련하여, 삼산 진씨(三山陳氏 : 陳孔碩)155)가

---

152) 호광 편(胡廣 編), 『대학장구대전(大學章句大全)』.
153) 주희(朱熹), 『대학혹문(大學或問)』 권1.
154) 호광 편(胡廣 編), 『대학장구대전(大學章句大全)』.
155) 진공석(陳孔碩) : 자는 부중(膚仲)·숭청(崇清)이고 송(宋)나라 때 후관현(侯官縣 : 현 복건성 복주시<福州市>) 사람이다. 순희(淳熙) 2년(1175년)에 진사에 급제하여 무주호조(婺州戶曹), 예부랑중(禮部郎中), 비각

말하였다. "나라와 천하는 본래 얇게 할 것이 아니지만 집의 입장에서 본다면 얇게 할 것이 된다."

○ 言薄於家者, 必不能厚於國·天下也. '所'字下皆有'當'字意.
'소후, 위가야(所厚, 謂家也)'라고 한 것은, 집안에 얇게 하는 사람은 반드시 나라와 천하에 두텁게 할 수 없다는 것을 말한다. '소(所)'자 아래에는 모두 '당(當 : 마땅히 ~해야 한다)'자의 뜻이 있다.

○ 朱子曰 : "孟子言'無所不薄', 其言本於此."
'소후, 위가야(所厚, 謂家也)'와 관련하여, 주자가 말하였다. "맹자는 '무소불박(無所不薄 : 얇지 않은 것이 없을 것이다)'이라고 말했는데,156) 그 말은 여기에 근본한다."

○ 新安陳氏曰 : "前言齊, 正倫理也 ; 此言厚, 篤恩義也.『書』謂'惇敍九族', '敍'卽'齊'之意, '惇'卽'厚'之意."157)
'소후, 위가야(所厚, 謂家也)'와 관련해서, 신안 진씨(新安陳氏 : 陳櫟)가 말하였다. "앞에서 집안에 대해 제(齊 : 가지런하게 하다)라고 말한 것은 윤리를 바로 잡은 것이고 ,여기에서 집안에 대해 소후(所厚 : 두텁게 할 것)라고 말한 것은 은애(恩愛)와 의리(義理)를 돈독하게 하는 것이다.『서』에서 이른바 '돈서구족(惇敍九族 : 구족을 돈독하게 하고 질서 지운다)'이라고 한 것158)과 같으니, '서

수찬(秘閣修撰)을 역임하였다. 처음에는 장식(張栻), 여조겸(呂祖謙)에게서 배우다가 뒤에 주자에게 배웠다. 저서에『대학강의(大學講義)』,『중용강의(中庸講義)』,『용학강록(庸學講錄)』등이 있다.
156) 맹자는 '무소불박(無所不薄 : 얇지 않은 것이 없을 것이다)'이라고 말했는데는 :『맹자(孟子)』「진심 상(盡心上)」제44장에서 "맹자가 말하였다. '그만두어서는 안 될 것에 그만두는 사람은 그만두지 못하는 것이 없을 것이고, 두텁게 해야 할 것에 얇게 한다면 얇지 않은 것이 없을 것이다.'(孟子 : '於不可已而已者, 無所不已 ; 於所厚者薄, 無所不薄也.')"라고 하였다.
157) 호광 편(胡廣 編),『대학장구대전(大學章句大全)』에 진력(陳櫟)의 말로 "此兩節結八目. 前於家言齊, 正倫理也 ; 此於家言所厚, 篤恩義也. 亦如『書』所謂'惇敍九族', '敍'卽'齊'之意, '惇'卽'厚'之意歟.(이 두 구절은 팔조목을 결론지은 것이다. 앞에서 집안에 대해 제(齊 : 가지런하게 하다)라고 말한 것은 윤리를 바로잡은 것이고, 여기에서 집안에 대해 소후(所厚 : 두텁게 할 것)라고 말한 것은 은애(恩愛)와 의리(義理)를 돈독하게 하는 것이다. 이것은 또한 예컨대『서』에서 이른바 '돈서구족(惇敍九族 : 구족을 돈독하게 하고 질서 지운다)'이라고 한 것과 같으며, '서(敍)'자는 곧 '제(齊 : 가지런하게 하다)'라는 뜻이고, '돈(惇)'자는 곧 '후(厚) : 두텁게 하다)'라는 뜻이다.)"라고 실려 있다.
158)『서』에서 이른바 '돈서구족(惇敍九族 : 구족을 돈독하게 하고 질서 지운다)'이라고 한 것 :『서경(書經)』「우서(虞書)·고요모(皐陶謨)에서 "옛날 고요(皐陶)의 말을 상고하건대, 고요는 '진실로 그 덕을 실행하면 도모하는 것이 밝아지고 보필하는 사람이 화해할 것입니다.'라고 말하였다. 우(禹) 임금은 '너의 말이 옳다! 어떠한 것인가?'라고 말하였다. 고요는 '아! 훌륭합니다. 몸을 수양하기를 삼가고, 생각을 길게 하며, 구족(九族)을 돈독하게 하고 질서 지우며, 여러 현명한 사람들이 힘써 도우면 가까운 데서부터 먼 데 미루어 나감이 여기에 달려 있습니다.'라고 말하였다. 우(禹) 임금은 창언(昌言)에 절하며 '너의 말이 옳다!'라고 하였다.(曰若稽古皐陶, 曰 : '允迪厥德, 謨明, 弼諧.' 禹曰 : '兪! 如何?' 皐陶曰 : '都! 愼厥身修, 思永, 惇

(叙)'자는 곧 '제(齊 : 가지런하게 하다)'라는 뜻이고, '돈(惇)'자는 곧 '후(厚 : 두텁게 하다)'라는 뜻이다."

朱註
此兩節結上文兩節之意.
이 두 절(節)은 위 글의 두 절(節)의 뜻을 맺은 것이다.

詳說
○ 雲峰胡氏曰 : "前節於工夫中拈出修身, 正結; 後節於功效中拈出身與家, 反結."159)
'차양절결상문양절지의(此兩節結上文兩節之意)'라고 한 것에 대해, 운봉 호씨(雲峯胡氏 : 胡炳文)가 말하였다. "앞 절(節)은 공부 측면에서 수신(修身)을 끄집어내어 정면으로 결론지었고, 뒤 절(節)은 효험 측면에서 수신과 제가(齊家)를 끄집어내어 반면(反面)으로 결론지었다."

○ 雙峰饒氏曰 : "上節與此節上一句, 敎人以修身爲要, 下句敎人以齊家爲要. 周子曰, '治天下有本, 身之謂也; 治天下有道, 家之謂也', 得此意矣."160)
'차양절결상문양절지의(此兩節結上文兩節之意)'라고 한 것에 대해, 쌍봉 요씨(雙峰饒氏 : 饒魯)가 말하였다. "앞 절(節)과 이 절(節)의 앞부분의 한 구절161)은 사람들에게 수신(修身)을 중요시하도록 한 것이고, 뒷부분의 구절162)은 사람들에게 제가(齊家)를 중요시하도록 한 것이다. 주자(周子 : 周敦頤)가 '천하를 다스리는 데 근본이 있으니 수신이 바로 이것이고, 천하를 다스리는 데 방법이 있으니 제가가 바로 이것이다.'라고 말한 것163)은 이 뜻을 터득한 것이다."

敍九族, 庶明勵翼, 邇可遠, 在玆.'禹拜昌言曰 : '兪!')"라고 하였다.
159) 호병문(胡炳文), 『사서통(四書通)』「대학통(大學通)」.
160) 호광 편(胡廣 編), 『대학장구대전(大學章句大全)』.
161) 앞 절(節)과 이 절(節)의 앞부분의 한 구절 : 본문 [경1-6]의 '자천자이지어서인, 일시개이수신위본(自天子以至於庶人, 壹是皆以修身爲本)'과 [경1-7]의 첫 구절인 '기본란이말치자부의(其本亂而末治者否矣)'를 가리킨다.
162) 뒷부분의 구절 : 본문 [경1-7]의 뒤 구절인 '기소후자박, 이기소박자후, 미지유야(其所厚者薄, 而其所薄者厚, 未之有也)'를 가리킨다.
163) 주자(周子 : 周敦頤)가 '천하를 다스리는 …… 제가가 바로 이것이다.'라고 말한 것 : 주돈이(周敦頤), 『주원공집(周元公集)』 권1에는 "천하를 다스리는 데 근본이 있으니 수신(修身)이 바로 이것이고, 천하를 다스리는 데 법칙이 있으니 제가(齊家)가 바로 이것이다.(治天下有本, 身之謂也; 治天下有則, 家之謂也.)"라고 되어 있다.

朱註

右經一章, 蓋孔子之言, 而曾子述之.[凡二百五字.]
위는 경문(經文) 1장(章)이니, 공자가 말한 것을 증자(曾子)가 기술한 것이다.[모두 205글자이다.]

朱註

其傳十章, 則曾子之意, 而門人記之也.
전문(傳文) 10장(章)은 증자(曾子)의 뜻을 문인(門人)이 기록한 것이다.

詳說

○ 去聲, 下幷同.
'기전십장(其傳十章)'에서 '전(傳)'자는 거성(去聲)이고, 아래도 아울러 같다.

○ 朱子曰 : "子思以授孟子."164)
'이문인기지야(而門人記之也)'와 관련해서, 주자가 말하였다. "자사(子思)가 그것을 맹자에게 주었다."

○ 『大全』曰 : "'蓋', 疑辭. '則', 決辭."165)
위 구절과 관련하여 『대학장구대전(大學章句大全)』에서 말하였다. "'개공자지언(蓋孔子之言)'에서 '개(蓋)'자는 의심하는 말이고, '즉증자지의(則曾子之意)'에서 '즉(則)'자는 결단하는 말이다."

○ '言'較重, '意'較輕.
'개공자지언(蓋孔子之言)'에서 '언(言)'자는 비교적 무겁고, '즉증자지의(則曾子之意)'에서 '의(意)'자는 비교적 가볍다.

○ 經傳記述之事, 當在於篇題而在此者, 以其無明文也. 故於篇題槪以 '孔氏之遺書' 冠之, 而特詳著於經傳之間, 以承上而生下云.

---

164) 주희(朱熹), 『대학혹문(大學或問)』 권1.
165) 호광 편(胡廣 編), 『대학장구대전(大學章句大全)』.

경(經)과 전(傳)을 기술하는 일은 마땅히 책 제목에 있어야 하는데 여기에 있는 것은 그것을 분명히 밝힌 글이 없기 때문이다. 그러므로 책 제목에서는 대략 '공씨지유서(孔氏之遺書 : 공씨(孔氏 : 孔子)가 남긴 글이다)'라는 말로써 첫머리에 두었고, 경(經)과 전(傳) 사이에 특별히 상세하게 드러내어서 위를 잇고 아래가 생겨나도록 하였다.

朱註
舊本頗有錯簡, 今因程子所定, 而更考經文, 別爲序次如左.[凡一千五百四十六字.]
구본(舊本 : 오랜 예전의 책)에 자못 착간(錯簡)이 있기 때문에, 이제 정자(程子 : 程頤)가 확정한 것을 따르고 다시 경문(經文)을 상고하여 별도로 차례를 만들었으니, 아래와 같다.[모두 1,546자이다.]

詳說
○ 叔子.
'금인정자소정(今因程子所定)'에서 정자(程子)는 동생 정이(程頤)이다.

○ 二程皆有『大學』改正本, 而『章句』取用伊川本.
'금인정자소정(今因程子所定)'과 관련해서, 정호(程顥)와 정이(程頤)에게는 모두 『대학(大學)』 개정본이 있었는데, 『대학장구(大學章句)』는 이천(伊川 : 程頤)의 개정본을 취해 사용하였다.

○ 彼列反.
'별위서차여좌(別爲序次如左)'에서 '별(別)'자의 음은 '피(彼)'와 '열(列)'의 반절이다.

○ 按 : 伊川本'未之有也'下有'子曰, 聽訟'至'知之至也'. 而『章句』依經文舊本移置于後, 故云然.
위 구절에 대해 내가 생각하건대, 이천(伊川 : 程頤)의 개정본에는 위 본문 '미지유야(未之有也)' 아래에 '자왈, 청송(子曰, 聽訟)'에서부터 '지지지야(知之至也)'까지의 글166)이 있었다. 그런데 『대학장구(大學章句)』에서는 경(經)의 글과 옛 판본에 의거하여 그것을 뒤에 두었기 때문에 그렇게 말하였다.

朱註
凡傳文, 雜引經傳, 若無統紀, 然文理接續, 血脈貫通, 深淺始終, 至爲精密. 熟讀詳味, 久當見之. 今不盡釋也.
모든 전문(傳文)은 경전(經傳)을 섞어 인용하여 체계가 없는 것 같지만, 문리(文理)가 이어지고 혈맥(血脈)이 관통하여 깊음과 얕음, 시작과 끝이 지극히 정밀하니, 익숙히 읽고 자세히 음미하기를 오래하면 마땅히 알 수 있을 것이다. 그러므로 여기서 다 풀이하지는 않는다.

詳說

○ 知之.
'구당견지(久當見之)'에서 '견지(見之)'는 '지지(知之 : 그것을 알다)'라는 뜻이다.

○ 於此一提以該十章.
'금부진석야(今不盡釋也)'라고 한 것은, 여기에서 한 번 제기하여 전(傳) 10장 전부를 갖추었다.

○ 新安陳氏曰 : "傳十章, 朱子有不盡釋者. 然其不可不知者, 未嘗不釋也. 學者於其所釋者熟讀精思, 則其不盡釋者自當得之矣."167)
'금부진석야(今不盡釋也)'와 관련해서, 신안 진씨(新安陳氏 : 陳櫟)가 말하였다.

---

166) '자왈, 청송(子曰, 聽訟)'에서부터 '지지지야(知之至也)'까지의 글은 「전(傳)」 제4장 "공자는 '송사(訟事)를 다스림에는 나는 다른 사람과 같지만, 반드시 백성들에게 송사(訟事)함이 없도록 하겠다!'라고 말했으니, 실정(實情)이 없는 사람이 그 거짓말을 다하지 못하게 하는 것은 백성의 마음을 크게 두려워하도록 했기 때문이다. 이것을 일러 근본을 안다고 하는 것이다.(子曰 : '聽訟吾猶人也, 必也使無訟乎!' 無情者不得盡其辭, 大畏民志. 此謂知本.)"에서부터 「전(傳)」 제5장 "이것을 일러 앎이 지극하다고 말한다.(此謂知之至也)"까지를 가리킨다.

167) 호광 편(胡廣 編), 『대학장구대전(大學章句大全)』에 진력(陳櫟)의 말로서 "此兩節結八目. 前於家言齊, 正倫理也; 此於家言厚, 篤恩義也. 亦如 『書』所謂'惇叙九族', '叙'卽'齊'之意, '惇'卽'厚'之意歟.(이 두 구절은 팔조목을 결론지은 것이다. 앞에서 집안에 대해 제(齊 : 가지런하게 하다)라고 말한 것은 윤리를 바로잡은 것이고, 여기에서 집안에 대해 소후(所厚 : 두텁게 할 것)라고 말한 것은 은애(恩愛)와 의리(義理)를 돈독하게 하는 것이다. 이것은 또한 예컨대 『서』에서 이른바 '돈서구족(惇叙九族 : 구족을 돈독하게 하고 질서 지운다)'이라고 한 것과 같으니, '서(叙)'자는 곧 '제(齊 : 가지런하게 하다)'라는 뜻이고, '돈(惇)'자는 곧 '후(厚 : 두텁게 하다)'라는 뜻이다."라고 실려 있다.

"전(傳) 10장에 대해 주자가 다 풀이하지 않은 것이 있다. 그러나 몰라서는 안될 것에 대해서는 풀이하지 않은 적이 없다. 배우는 사람들은 주자가 풀이한 것을 숙독하고 정밀하게 생각하면, 다 풀이하지 않은 것은 당연히 터득할 수 있을 것이다."

○ 按 : 誠·正·修三傳以外, 凡引用古經傳, 其例大槪相同. 與『西銘』引古事之例相近, 讀者當自見矣.

'금부진석야(今不盡釋也)'와 관련해서 내가 생각하건대, 성의·정심·수신 세 개의 전(傳) 이외에 옛 경전을 인용한 모든 것은 그 사례가 대개 서로 같다. 『서명(西銘)』에서 고사(古事)를 인용한 사례168)와 서로 비슷하니 독자들은 마땅히 스스로 보아야 할 것이다.

○ 此註似當在書末而在此者, 所以附於記傳之說之下也. 舊著圈, 今依『大全』, 低一字書之.

이 주석은 마땅히 책의 끝에 있어야 할 것 같은데 여기에 있는 것은 그것으로써 전(傳)의 말을 기록한 것 아래에 붙인 것이다. 옛 판본에는 '동그라미(○)'로 드러내었는데, 이제 『대학장구대전(大學章句大全)』에 의거하여 한 글자를 낮추어 썼다.

---

168) 『서명(西銘)』에서 고사(古事)를 인용한 사례 : 장재(張載), 『서명(西銘)』에서 "맛있는 술을 싫어하는 것은 숭백(崇伯)의 아들인 우(禹) 임금이 부모의 봉양을 돌보는 것이고, 영재(英才)를 기르는 것은 영봉인(潁封人)이 효자의 같은 무리를 만드는 것이다. 노고를 게을리하지 않고 부모를 마침내 기쁘게 한 것은 순(舜) 임금의 공로이고, 도망하지 않고 죽음을 기다린 것은 신생(申生)의 공손함이다. 부모에게 받은 몸을 온전히 해서 돌아간 자는 증삼(曾參)이고, 따르는 데 용감하고 명령에 순종한 자는 백기(伯奇)이다.(惡旨酒, 崇伯子之顧養; 育英才, 潁封人之錫類. 不弛勞而底豫, 舜其功也; 無所逃而待烹, 申生其恭也. 體其受而歸全者, 參乎; 勇於從而順令者, 伯奇也.)"라고 한 말을 가리킨다.

전1장(「傳」之首章)

[傳1-1]
「康誥」曰 : "克明德",

「강고(康誥)」에 말하기를, "능히 덕을 밝힌다." 라고 하며,

朱註
「康誥」, 『周書』. '克', 能也.

'「강고(康誥)」'는 「주서(周書)」이다. '극(克)'은 능함이다.

詳說

○ 篇名.
'「강고」, 「주서」(「康誥」, 「周書」)'에서 '「강고(康誥)」'는 『서경(書經)』「주서(周書)」의 편명이다.[1]

○ 朱子曰 : "'克'字雖訓'能', 然比'能'字有力, 惟文王眞箇會底, 他人不能也."[2]
'극, 능야(克, 能也)'에 대해, 주자(朱子 : 朱熹)가 말하였다. "'극(克)'자가 비록 '능함'으로 새기지만 '능(能)'자에 비해 힘이 있는데, 오직 문왕만이 이에 확실히 부합하였고 다른 사람들은 능하지 못하였다."[3]

○ 西山眞氏曰 : "切要, 在'克'字."[4]

---

1) '「강고(康誥)」'는 『서경(書經)』「주서(周書)」의 편명이다 : 『서경(書經)』「주서(周書)」<강고(康誥)>에는 다음과 같이 기록되어 있다. "惟乃丕顯考文王, 克明德愼罰.(너의 크신 드러나신 아버지 문왕께서 능히 덕을 밝히고 벌을 삼가셨다.)"

2) 호광 편(胡廣 編), 『대학장구대전(大學章句大全)』. "朱子曰 : '此克字, 雖訓能, 然比能字有力, 見人皆有是明德而不能明, 惟文王能明之, 克只是眞箇會底意.'(주자가 말하였다. '이 극(克) 자가 비록 능함으로 새기지만 능(能) 자에 비해 힘이 있다. 사람들이 모두 밝은 덕이 있지만 능히 밝지 못하거늘 오직 문왕만이 밝았으니, 극(克) 자가 다만 이에 확실하게 부합하는 뜻임을 보인 것이다.')"

3) 『주자어류(朱子語類)』권16, 「대학3(大學三)」1조목에는 다음과 같이 설명하고 있다. "'능히 덕을 밝힌다'에 대해 묻자, 주희가 말하였다. '덕을 밝힐 수 있느냐 없느냐는 사람이 할 수 있느냐 없느냐에 달려 있을 뿐이다. 극(克)은 참으로 그 명덕(明德)을 밝힐 수 있는 것이다.'(問 : '克明德.' 曰 : '德之明與不明, 只在人之克與不克耳. 克, 只是眞箇會明其明德.')"

서산 진씨(西山眞氏 : 眞德秀)5)가 말하였다. "절실하고 요긴함이 '극(克)'자에 있다."

○ 東陽許氏曰 : "'德'字, 包'明德'字."6)
동양 허씨(東陽許氏 : 許謙)7)가 말하였다. "'덕(德)'자는 '명덕(明德)'자를 포함한다."

○ 新安陳氏曰 : "本文云 : '克明德愼罰', 此只取上三字; 下文引「大甲」, 亦去'先王'字, 皆引經之活法."8)
신안 진씨(新安陳氏 : 陳櫟)9)가 말하였다. "「강고(康誥)」본문에 이르기를, '능히 덕을 밝히고 벌을 삼가셨다.'라고 하였는데 여기서는 다만 위의 세 글자를 취하였으며, 아래 문장에서는 「태갑(大甲)」을 인용하였는데, 또한 '선왕(先王)'자를 없앴으니,10) 모두 「경(經)」을 인용하는 활법인 것이다."

---

4) 호광 편(胡廣 編), 『대학장구대전(大學章句大全)』. "西山眞氏曰 : '要切處, 在克之一字.'(서산 진씨가 말하였다. '요긴하고 절실한 곳은 '극(克)'이라는 한 글자에 있다.')"
5) 진덕수(眞德秀, 1178~1235) : 남송 시대의 학자로 자가 경원(景元) 또는 희원(希元)이고, 호가 서산(西山)이고, 시호가 문충(文忠)이며, 복건성 포성(浦城) 사람이다. 본래 성은 신(愼)씨였는데, 효종의 휘(諱)를 피하여 개성(改姓)하였다. 주희의 이학(理學)을 계승한 위료옹(魏了翁)과 함께 이름을 나란히 하였으며, 당시 학자들이 서산선생(西山先生)이라고 불렀다. 저서로는 『진문충공집(眞文忠公集)』 등이 있다.
6) 호광 편(胡廣 編), 『대학장구대전(大學章句大全)』. "東陽許氏曰 : 「康誥」者, 周武王封弟康叔於衛而告之之書. 克明德, 言文王之能明其德也. 引之解明德, 克字有力, 明字卽上明字, 德字包明德字.'(동양 허씨가 말하였다. '「강고(康誥)」라는 것은 주나라 무왕이 동생 강숙(康叔)을 위(衛)나라에 봉하고 말해준 글이다. 극명덕(克明德)은 문왕이 능히 그 덕에 밝았음을 말한 것이다. 그것을 인용하여 명덕을 풀이하였는데, 극(克)자에 힘이 있으며, 명(明) 자는 곧 위의 명(明) 자이고, 덕(德) 자는 명덕(明德) 자를 포함한다.')"
7) 허겸(許謙, 1269~1337) : 원나라 때 학자로 자가 익지(益之)이고, 호가 백운산인(白雲山人)이며, 절강성 동양(東陽) 사람이다. 진(晉) 대 허자(許孜)의 후예로, 어려서 아버지가 죽자 어머니 도씨(陶氏)가 『효경』·『논어(論語)』 등을 말로 전하여 가르쳤으며, 6세에 숙부 허류(許觥)의 사자(嗣子)가 되어 김이상(金履祥)을 스승으로 삼고 배웠다. 관직을 사양하고 학문에 전념하였는데, 옛것에 얽매이지 않고 시류에 휩쓸리지 않으며 평소의 뜻이 청정하고 담백하여 도(道)로써 스스로 즐거워하였다. 저서로는 『백운집』 외에 『사서총설(四書總說)』·『시집전명물초(詩集傳名物鈔)』·『관사치홀기미(觀史治忽機微)』 등이 있다.
8) 호광 편(胡廣 編), 『대학장구대전(大學章句大全)』. "新安陳氏曰 : 「康誥」本文云: 克明德愼罰, 此只取上三字; 下文引「太甲」顧諟天之明命, 亦去先王字, 皆引經之活法.'(신안 진씨가 말하였다. '「강고(康誥)」본문에 이르기를, 능히 덕을 밝히고 벌을 삼가셨다고 하였는데 여기서는 다만 위의 세 글자를 취하였으며, 아래 문장에서는 「태갑(大甲)」의 이 하늘의 밝은 명을 돌아본다는 말을 인용하였는데, 또한 선왕(先王) 자를 없앴으니, 모두 경전 인용의 활법인 것이다.')"
9) 진력(陳櫟, 1252~1334) : 원나라 때 학자로 자가 수옹(壽翁)·휘지(徽之)이고, 호가 동부노인(東阜老人)·정우선생(定宇先生)이며, 휴녕(休寧) 사람이다. 주희(朱熹)의 학문을 추종하여 강학(講學)에 매진하였다. 저서로는 『정우집(定宇集)』 외에 『역략(易略)』·『사서발명(四書發明)』·『서전찬소(書傳纂疏)』·『예기집의(禮記集義)』 등이 있다.
10) 『서경(書經)』「상서(商書)」<태갑(大甲)>에는 "先王, 顧諟天之明命"으로 되어 있다.

[傳1-2]

「大甲」曰 : "顧諟天之明命."

「태갑」에 말하기를, "하늘의 밝은 명을 돌아본다."라고 하며,

詳說

○ '大', 讀作'泰'. '諟', 古'是'字.11)
  '태갑(大甲)'에서 '태(大)'자는 독음이 '태(泰)'가 된다. '시(諟)'는 옛날 '시(是)'자 이다.12)

朱註

「大甲」,「商書」. '顧', 謂常目在之也. '諟', 猶此也, 或曰 : "審也."
'「태갑(大甲)」'은 『상서(商書)』이다. '고(顧)'는 항상 눈이 그것에 있음을 이른다. '시(諟)'는 차(此)와 같으며, 어떤 사람이 말하기를, "살핌이다."라고 하였다.

詳說

○ 篇名.
  '「태갑」, 「상서」(「大甲」, 「商書」)'에서 '「태갑(大甲)」'은 『서경(書經)』「상서(商書)」의 편명이다.13)

○ 朱子曰 : "如一物在此, 惟恐人偸去, 兩眼常覰在此."14)

---

11) 호광 편(胡廣 編),『대학장구대전(大學章句大全)』.『예기주소(禮記注疏)』 권60,「대학·음의(音義)」에 의하면, "'大', 音泰. '顧諟', 上音故, 本又作'顧'同; 下音是."라고 하였다. 조선 순조 20년(1820)에 간행된 경진신간(庚辰新刊) 내각장판(內閣藏板)의『대학장구대전(大學章句大全)』에도 이 내용이 실려 있다.
12) '시(諟)'는 옛날 '시(是)'자이다 :『주자어류(朱子語類)』 권16,「대학3(大學三)」 4조목에는 "시(諟)는 상세하게 살피고 돌아보아 깨달음이 자세한 것이다.(諟, 是詳審顧諟, 見得子細)"라고 하였다.
13) '「태갑(大甲)」'은『서경(書經)』「상서(商書)」의 편명이다 :『서경(書經)』「상서(商書)」<태갑(大甲)>에는 다음과 같이 기록되어 있다. "伊尹作書曰, 先王, 顧諟天之明命, 以承上下神祇, 社稷宗廟, 罔不祗肅, 天監厥德, 用集大命, 撫綏萬方, 惟尹, 躬克左右厥辟, 宅師, 肆嗣王, 丕承基緒.(이윤이 글을 지어 말하였다. '선왕이 이 하늘의 밝은 명(命)을 돌아보시어 상하(上下)의 신기(神祇)를 받드시며, 사직(社稷)과 종묘(宗廟)를 공경하고 엄숙히 하지 않음이 없으시니, 하늘이 그 덕(德)을 살펴보시고 대명(大命)을 모아 만방(萬邦)을 어루만지고 편안하게 하셨습니다. 이에 제가 몸소 능히 임금을 좌우에서 보필하여 여러 무리들을 편안히 살게 하니, 이러므로 사왕(嗣王)께서 기서(基緒)를 크게 계승하게 되신 것입니다.)"
14) 호광 편(胡廣 編),『대학장구대전(大學章句大全)』. "朱子曰 : '常目在之, 古註語極好, 如一物在此, 惟恐人偸去, 兩眼常覰在此相似.'(주자가 말하였다. '상목재지(常目在之)는 옛날 주석에 말이 매우 좋으니, 마치 하나의 물건이 여기에 있음에 오직 사람들이 훔쳐갈까 염려하여 두 눈이 항상 엿보면서 여기에 있음과 서로 같은 것이다.')"『주자어류(朱子語類)』 권16,「대학3(大學三)」 8조목에는 보다 자세하게 안내 되어 있다. "'하늘의 밝은 명을 돌아본다.'고 한 것에 대해, 고주에서는 '항상 눈을 둔다.'고 하였으니, 그 말이 대

'상목재지(常目在之)'에 대해, 주자(朱子)가 말하였다. "마치 하나의 물건이 여기에 있음에 오직 사람들이 훔쳐갈까 염려하여 두 눈이 항상 엿보면서 여기에 있음과 같은 것이다."

○ '常目', 則必明之.
'상목(常目)'은 곧 반드시 그것에 밝아야 하는 것이다.

○ 『大全』曰 : "從'古是字'之說."15)
'시, 유차야(諟, 猶此也)'에 대해.,『대학장구대전(大學章句大全)』에서 말하였다. "'고시자(古是字 : 옛날의 '시'자)'의 설명을 좇은 것이다."

○ 『大全』曰 : "『廣韻』註也, 今不必從."16)
'혹왈 : 심야(或曰 : 審也)'에 대해.,『대학장구대전(大學章句大全)』에서 말하였다. "『광운(廣韻)』의 주석이니, 지금은 반드시 좇지 않는다."

朱註

'天之明命', 卽天之所以與我而我之所以爲德者也, 常目在之, 則無時不明矣.
'천지명명(天之明命 : 하늘의 밝은 명)'은 곧 하늘이 나에게 준 것으로서 내가 덕

단지 좋다. 이는 하나의 사물이 눈앞에 있음을 볼 수 있다는 말이 아니라 다만 이 마음을 오래토록 보존하여 이 도리가 밝고 환하여 어둡지 않음을 아는 것이다. 이제 고요히 앉아서 아직 사물과 접촉하지 않았을 때는 이러한 이치는 본래 잠연(湛然)하게 맑고 밝으며, 일에 부딪쳐 접촉할 때는 이러한 이치 또한 처하는 곳에 따라 발현한다. 사람들이 항상 북돋워서 성찰하여 언제나 생각하여 잊지 않고 보존하여 기르기를 오래도록 하려면 이치는 더욱 밝아져서 잊으려 해도 잊을 수 없다. 맹자는 '학문하는 방법은 다른 것이 없고, 그 놓친 마음을 찾는 일일 뿐이다.'라고 말하였으니, 이른바 '놓친 마음을 구한다'는 것은 항상 이 마음을 보존하는 일이다. 마음을 보존하고 본성을 기르는 것이 이미 오래되면 자연스럽게 믿게 된다. 요임금과 순임금의 행실이 할 만하고 성현의 학문이 배울 만하다는 것은 양식이 반드시 배부르게 하고 옷감이 반드시 몸을 따뜻하게 한다는 것과 같다. 이를 분명하게 알면 자연스럽게 외부의 사물이 이길 수 없다. 이와 같이 있는 것도 같고 없는 것도 같다면 어떻게 믿고, 어떻게 행할 수 있겠는가? 천권 만권의 책도 놓친 마음을 찾는 것으로 사람을 가르쳤을 뿐이다. 성현이 사람을 가르치는 데 그 요점은 모두 하나이다. 진실로 한 곳을 꿰뚫어서 이해하였다면 부딪치는 곳 모두가 통한다.('顧諟天之明命', 古註云 : '常目在之.' 說得極好. 非謂有一物常在目前可見, 也只是長存此心, 知得有這道理光明不昧. 方其靜坐未接物也, 此理固湛然清明 ; 及其遇事而應接也, 此理亦隨處發見. 只要人常提撕省察, 念念不忘, 存養久之, 則是理愈明, 雖欲忘之而不可得矣. 孟子日 : '學問之道無他, 求其放心而已矣.' 所謂求放心, 只常存此心便是. 存養既久, 自然信向. 決知堯舜之可爲, 聖賢之可學, 如菽粟之必飽, 布帛之必煖, 自然不爲外物所勝. 若是若存若亡, 如何會信, 如何能必行. …… 千書萬書, 只是敎人求放心. 聖賢敎人, 其要處皆一. 苟通得一處, 則觸處皆通矣.)"

15) 호광 편(胡廣 編),『대학장구대전(大學章句大全)』.
16) 호광 편(胡廣 編),『대학장구대전(大學章句大全)』.『강희자전(康熙字典)』에서『설문해자』에는 "理也."라 하고,『광아(廣雅)』에는 "是也."라 하고,『옥편(玉篇)』에는 "審也, 諦也."라 하고,『광운(廣韻)』에는 "正也, 與是通."이라 하였다고 밝혀놓은 것을 보면『대학장구대전(大學章句大全)』의 내용과 차이가 있음을 알 수 있다.

으로 삼은 것이니, 항상 눈이 그것에 있으면[17] 때마다 밝지 않음이 없는 것이다.

詳說

○ 朱子曰 : "人之明德, 非佗也, 卽天之所以命我, 而至善之所存也."[18]

'천지명명, 즉천지소이여아이아지소이위덕자야(天之明命, 卽天之所以與我而我之所以爲德者也)'에 대해., 주자(朱子)가 말하였다. "사람의 밝은 덕은 다른 것이 아니라, 곧 하늘이 나에게 명한 것으로 지극한 선이 있는 것이다."

○ 又曰 : "天之所以與我, 便是明命, 我所得以爲性者, 便是明德."[19]

또[주자] 말하였다. "하늘이 나에게 준 것은 곧 밝은 명이고, 내가 얻어서 성으로 삼을 수 있는 것은 곧 밝은 덕이다."

○ 玉溪盧氏曰 : "自我之得乎天者, 言曰'明德'; 自天之與我者, 言曰'明命', 名雖異而理則一."[20]

---

17) 항상 눈이 그것에 있으면 : 『주자어류(朱子語類)』 권16, 「대학3(大學三)」 11조목에는 "'물었다. ′항상 눈이 있다'는 뜻이 무슨 뜻입니까?' 선생이 손으로 가리켜 말하였다. '하나의 사물이 여기에 있는데 사람들이 훔쳐갈까 걱정하여 두 눈은 언제나 여기에 있는 것과 같다.'(問:'常目在'之意. 先生以手指曰:'如一件物在此, 惟恐人偸去. 兩眼常常在此相似.')"라고 하였고, 12조목에는 "물었다. '어떻게 눈이 여기에 있습니까?' 주희가 말하였다. '항상 눈으로 보는 사이에 말을 두어서 잊지 않는 것이다.'(問:'如何目在之?'曰:'常在視瞻之間, 蓋言存之而不忘.')"라고 하였다.

18) 주희(朱熹), 『사서혹문(四書或問)』 권2, 「대학(大學)·전(傳)10장」. "曰:'顧諟天之明命, 何也?'曰:'人受天地之中以生, 故人之明德, 非他也, 卽天之所以命我, 而至善之所存也. 是其全體大用, 蓋無時而不發見於日用之間, 人惟不察於此……'(말하였다. '이 하늘의 밝은 명을 돌아본다는 것은 무엇입니까?' 말하였다. '사람이 하늘과 땅의 중간을 받아서 태어났기 때문에 사람의 밝은 덕은 다른 것이 아니라, 곧 하늘이 나에게 명한 것으로 지극한 선이 있는 것이다. 이는 그 전체의 큰 쓰임이니 대개 때마다 날로 쓰는 사이에 드러나지 않음이 없거늘 사람들이 오직 이것을 살피지 못하는 것이다.……')"

19) 호광 편(胡廣 編), 『대학장구대전(大學章句大全)』. "朱子曰:'上下文都說明德, 這裏却說明命, 蓋天之所以與我, 便是明命, 我所得以爲性者, 便是明德, 命與德, 皆以明言, 是這箇物本自光明, 我自昏蔽了他.'(주자가 말하였다. '위아래 문자에서 모두 밝은 덕을 말하였는데, 저 안에는 도리어 밝은 명을 말하였으니, 대개 하늘이 나에게 준 것은 곧 밝은 명이고, 내가 얻어서 성으로 삼을 수 있는 것은 곧 밝은 덕이니, 명(命)과 덕(德)은 모두 밝음으로써 말하였다. 이러한 것들은 본래 스스로 빛나고 밝은데 내가 스스로 어둡고 저것에 가려진 것이다.')"

20) 호광 편(胡廣 編), 『대학장구대전(大學章句大全)』. "玉溪盧氏曰:'天之明命, 卽明德之本原, 自我之得乎天者, 言曰明德; 自天之與我者, 言曰明命, 名雖異而理則一. 日用動靜語默之間, 孰非明德之發見, 亦孰非明命之流行; 日用動靜語默之間, 孰非顧諟明命之所, 亦孰非明明德之所.'(옥계 노씨가 말하였다. '하늘의 밝은 명은 곧 밝은 덕의 본원이니, 나로부터 하늘에서 얻은 것을 말하여 명덕(明德)이라 하고, 하늘로부터 나에게 준 것을 말하여 명명(明命)이라고 하니, 이름이 비록 다르나 이치는 동일하다. 날로 쓰는 동정(動靜)과 어묵(語默)의 사이에 어느 것인들 밝은 덕의 발현이 아니며, 또한 어느 것인들 밝은 명의 유행이 아니며, 날로 쓰는 동정과 어묵의 사이에 어느 것인들 이 밝은 명을 돌아보는 것이 아니며, 또한 어느 것인들 명

옥계 노씨(玉溪盧氏 : 盧孝孫)21)가 말하였다. "나로부터 하늘에서 얻은 것을 말하여 '명덕(明德)'이라 하고, 하늘로부터 나에게 준 것을 말하여 '명명(明命)'이라고 하니, 이름이 비록 다르나 이치는 동일하다."

◯ 按此註'卽'字, 所以照顧首節註'得乎天'三字而言, 以見'明德'·'明命', 其義一也.
살펴보건대, 이 주의 '즉(卽)'자는 머리 절 주석의 '득호천(得乎天)' 세 글자22)를 고려하면서 말하여 '명덕(明德)'과 '명명(明命)'의 그 뜻이 동일함을 보인 것이다.

◯ 蒙上'明命'之訓.
'상목재지(常目在之)'는 위의 '명명(明命)'의 뜻풀이를 이어받은 것이다.

◯ 朱子曰 : "只要念念不忘, 不是有一物, 可見其形象."23)
주자(朱子)가 말하였다. "다만 생각마다 잊지 않을 것을 요구하니, 하나의 사물도 두지 않아서 그 형상을 볼 수 있는 것이다."

◯ 遂復其初.
'무시불명의(無時不明矣)'는 마침내 그 처음을 회복하는 것이다.

◯ 新安陳氏曰 : "「康誥」·「帝典」, 皆釋上'明'字, '明德'之本體, 則未嘗說破, 惟以'天之明命'言之, '明命', 卽'明德'之本原."24)

덕을 밝히는 것이 아니겠는가?')"
21) 노효손(盧孝孫) : 북송 시대 학자로 호가 옥계(玉溪)이고, 귀계(貴溪) 사람이다. 남송 영종(寧宗) 가태(嘉泰, 1201~1204) 연간에 진사(進士)에 급제하여 벼슬을 시작한 뒤 태학박사(太學博士)에 올랐고, 남송 이종(理宗) 순우(淳祐, 1241~1252) 초에는 태학에 나아가 강연(講筵)을 하였다. 저서로는 『대학통의(大學通義)』,『사서집의(四書集義)』 등이 있다.
22) '득호천(得乎天)' 세 글자 : 『대학장구』「경(經)」1장의 전문(傳文)에 나오는 "'대학'이라는 것은 대인의 학문이다. '명(明)'은 밝히는 것이다. '명덕(明德)'이라는 것은 사람이 하늘에서 얻은 것으로 비고 신령하여 어둡지 않아서 뭇 이치를 갖추어 모든 일에 응하는 것이다.('大學'者, 大人之學也. '明', 明之也. '明德'者, 人之所得乎天, 而虛靈不昧, 以具衆理而應萬事者也.)"에서 '得乎天'을 말하는 것이다.
23) 호광 편(胡廣 編),『대학장구대전(大學章句大全)』.『대학장구대전(大學章句大全)』"只是見得道理, 常在目前, 不被事物遮障了, 不成是有一物, 可見其形象.(다만 도리를 보게 되면 항상 눈앞에 있어서 사물에 가려지지 않나니, 하나의 사물도 두지 않아서 그 형상을 볼 수 있는 것이다.)"『주자어류(朱子語類)』권16,「대학3(大學三)」8조목.
24) 호광 편(胡廣 編),『대학장구대전(大學章句大全)』. "新安陳氏曰 : 「傳」引「康誥」·「帝典」之克明, 皆釋上一明字, 乃明之明, 而明德之本體, 則未嘗說破, 惟以顧諟天之明命言之. 蓋明命, 卽明德本原. 顧諟, 卽明지

신안 진씨(新安陳氏 : 陳櫟)가 말하였다. "「강고(康誥)」와 「제전(帝典)」에서는 모두 위의 '명(明)'자를 풀이하고, '명덕(明德)'의 본체는 곧 일찍이 밝혀 말한 적이 없으며, 오직 '천지명명(天之明命)'으로써 말하였으니, '명명(明命)'은 곧 '명덕(明德)'의 본원이다."

[傳1-3]
「帝典」曰 : "克明峻德."

「제전(帝典)」에서 말하기를, "능히 큰 덕을 밝힌다."라고 하였으니,

詳說
○ '峻', 『書』作'俊'.
'극명준덕(克明峻德)'에서 '준(峻)'자는 『서경(書經)』에서는 '준(俊)'으로 썼다.[25]

朱註
「帝典」, 「堯典」, 「虞書」. '峻', 大也.
'「제전(帝典)」'은 「요전(堯典)」이니 『서경(書經)』의 「우서(虞書)」이다. '준(峻)'은 큼이다.

詳說
○ 篇名, 「堯典」而又通稱「帝典」.
'「제전(帝典)」'은 편의 이름이니, 「요전(堯典)」을 또 일반적으로 「제전(帝典)」이라고 부른다.

○ 新安陳氏曰 : "'明德', 以此德本體之明言; '峻德', 以此德全體

之工夫也, 貫天命己德而一之. 『或問』謂天未始不爲人, 人未始不爲天, 可謂精矣. 子思言天命之謂性, 其亦祖述此意也歟.'(신안 진씨가 말하였다. '「전(傳)」의 글에서 「강고(康誥)」와 「제전(帝典)」의 극명(克明)을 인용함에 모두 위의 하나의 명(明) 자를 풀이하였는데 이에 밝힌다는 것이며, 명덕(明德)의 본체는 일찍이 설파한 적이 없고, 오직 이 하늘의 밝은 명(命)을 돌아본다는 것으로써 말하였다. 대개 명명(明命)은 곧 명덕(明德)의 본원이며, 고시(顧諟)는 곧 밝히는 공부이니, 천명(天命)과 자기의 덕을 관통하여 동일하게 하는 것이다. 『혹문』에서 이르기를, 하늘이 처음부터 사람을 위하지 않은 것이 아니며, 사람이 처음부터 하늘을 위하지 않은 것이 아니니, 정밀하다고 이를 수 있다. 자사(子思)가 말하기를, 하늘이 명한 것을 성(性)이라 한다고 하였으니, 그 또한 이 뜻을 조술한 것이로다.')

25) 『서경(書經)』「우서(虞書)」<요전(堯典)>에는 "克明俊德, 以親九族, 九族旣睦, 平章百姓, 百姓昭明, 協和萬邦, 黎民, 於變時雍."이라 하였다.

之大言, 一也. 德之全體, 本無限量, 克明之, 是盡己之性也."26)

신안 진씨(新安陳氏 : 陳櫟)가 말하였다. "'명덕(明德)'은 이 덕의 본체가 밝음으로써 말하였고, '준덕(峻德)'은 이 덕의 전체가 큼으로써 말하였으나 동일한 것이다. 덕의 전체는 본래 한정된 정량이 없으며, 능히 그것을 밝히는 일이 자기의 본성을 다하는 것이다."

[傳1-4]

皆自明也.

다 스스로 밝힘이니라.

朱註

結所引書, 皆言自明己德之意.

인용한 글을 끝맺으면서 모두 스스로 자기의 덕을 밝히는 뜻임을 말한 것이다.

詳說

○ '結'字, 釋於此. 或云 : "釋於'意'字."
'결(結)'자는 여기에서 풀이해야 한다. 어떤 사람이 이르기를, "'의(意)'자에서 풀이해야 한다."라고 하였다.

○ '書'字下, 又有'所引書'三字之意.
'서(書)'자 아래에 또 '소인서(所引書)'라는 세 글자의 뜻이 있다.

○ 雙峯饒氏曰 : "引三書, 取其辭意, 不以人·代之先後拘, 後凡引『詩』·『書』, 皆當以此例之."27)

---

26) 호광 편(胡廣 編), 『대학장구대전(大學章句大全)』. "新安陳氏曰 : '明德, 以此德本體之明言; 峻德, 以此德全體之大言, 一也. 德之全體, 本無限量; 克明之, 是盡己之性, 通貫明徹, 無有不明處, 而全體皆明也.'(신안 진씨가 말하였다. '명덕(明德)은 이 덕의 본체의 밝음으로써 말하였고, 준덕(峻德)은 이 덕의 전체의 큼으로써 말하였으나 동일한 것이다. 덕의 전체는 본래 한정된 정량이 없으며, 능히 그것을 밝히는 것이 자기의 본성을 다하는 것이니, 통관하고 명철하여 밝지 않은 곳이 없음에 전체가 모두 밝은 것이다.')"

27) 호광 편(胡廣 編), 『대학장구대전(大學章句大全)』. "雙峯饒氏曰 : '引三書, 先後不倫, 取其辭意, 不以人·代之先後拘, 後凡引『詩』·『書』, 皆當以此例之.'(쌍봉 요씨가 말하였다. '세 개의 글을 인용함에 앞뒤를 논하지 않았고, 그 말뜻을 취함에 사람과 시대의 앞뒤로써 구애받지 않았으며, 뒤에 무릇 『시경(詩經)』과 『서경(書

쌍봉 요씨(雙峯饒氏 : 饒魯)28)가 말하였다. "세 개의 글을 인용하여 그 말뜻을 취함에 사람과 시대의 앞뒤로써 구애받지 않았으며, 뒤에 무릇 『시경(詩經)』과 『서경(書經)』을 인용함에도 모두 이 예로써 하였다."

○ 朱子曰 : "三者, 固皆自明之事, 然「帝典」專言成德之事, 而極其大焉, 言之淺深, 亦略有序矣."29)
주자(朱子)가 말하였다. "세 가지는 진실로 모두 스스로 밝힌 일이나, 「제전(帝典)」에서는 오로지 성덕(成德)의 일을 말하여 그 큼을 지극하게 하였는데, 말의 얕고 깊음에도 또한 대략 차례가 있다."

○ 玉溪盧氏曰 : "'自'字, 使人警省; '克明德', 是自明之始事; '克明峻德', 是自明之終事; '顧諟明命'句, 在中間, 是自明工夫. 引三書而斷以一言, 文理一脉之精密, 如此."30)
옥계 노씨(玉溪盧氏 : 盧孝孫)가 말하였다. "'자(自)'자는 사람으로 하여금 경계하고 성찰하게 하는 것이고, '극명덕(克明德)'은 자명(自明)을 시작하는 일이며, '극명준덕(克明峻德)'은 자명을 마치는 일이며, '고시명명(顧諟明命)'의 구절이 중간이 있는데, 이것도 자명의 공부이다. 세 개의 글을 인용하였으나 한마디 말로써 단언하여 문리(文理)의 일맥(一脈)함이 이와 같이 정밀하다."

經)』을 인용함에도 모두 이 예로써 하였다.)"
28) 요로(饒魯, 1193~1264) : 남송 시대 학자로 자가 백여(伯輿) 또는 중원(仲元)이고, 호가 쌍봉(雙峰)이며, 시호가 문원(文元)이다. 저서로는 『오경강의(五經講義)』·『어맹기문(語孟紀聞)』·『서명도(西銘圖)』 등이 있다.
29) 주희(朱熹), 『사서혹문(四書或問)』, 권2, 「대학(大學)·전(傳)10장」. "曰 : '是三者, 固皆自明之事也, 然其言之, 亦有序乎.' 曰 : '「康誥」通言明德而已; 「太甲」則明天之未始不爲人, 而人之未始不爲天也; 「帝典」則專言成德之事, 而極其大焉, 其言之淺深, 亦略有序矣.'(말하였다. '이 세 가지는 진실로 모두 스스로 밝힌 일이나, 그것을 말함에 또한 차례가 있습니까?' 말하였다. '「강고(康誥)」에서는 명덕(明德)을 통틀어서 말했을 따름이며, 「태갑(太甲)」에서는 하늘이 처음부터 사람을 위하지 않은 적이 없었고, 사람이 처음부터 하늘을 위하지 않은 적이 없었음을 밝혔고, 「제전(帝典)」에서는 오로지 성덕(成德)의 일을 말하여 그 큼을 지극하게 하였는데, 말의 얕고 깊음에도 또한 대략 차례가 있다.')"
30) 호광 편(胡廣 編), 『대학장구대전(大學章句大全)』. "玉溪盧氏曰 : '自明, 是爲仁由己而由人乎哉之意, 明者, 是自明; 昏者, 是自昏. 玩一自字, 使人警省. 要而言之, 克明德, 是自明之始事; 克明峻德, 是自明之終事; 顧諟明命之句, 在中間, 是自明工夫. 此章雜引三書, 而斷以一言, 其文理血脈之精密如此.'(옥계 노씨가 말하였다. '자명(自明)은 인(仁)을 함이 자기에게 말미암는 것이지 남에게 말미암은 것인가의 뜻이니, 명(明)이라는 것은 스스로 밝은 것이고, 혼(昏)이라는 것은 스스로 어두운 것이다. 하나의 자(自) 자를 완미하면 사람들로 하여금 경계하고 성찰하게 하는 것이다. 요약하여 말하면 극명덕(克明德)은 자명을 시작하는 일이며, 극명준덕(克明峻德)은 자명을 마치는 일이며, 고시명명(顧諟明命)의 구절이 중간에 있는데 이것도 자명의 공부이다. 이 장에서는 뒤섞어 세 개의 글을 인용하였으나 한마디 말로써 단언하여 그 문리(文理)의 혈맥이 이와 같이 정밀하다.')"

○ 東陽許氏曰 : "'自'字有力, 須是自去明之方, 可."31)
　동양 허씨(東陽許氏 : 許謙)가 말하였다. "'자(自)' 자에 힘이 있으니, 모름지기 스스로 밝음으로 가는 방도로써 옳은 것이다."

○ 臨川吳氏曰 : "'自明'二字, 結上文'明德'之「傳」, 而起下章「盤銘」'自新'之意."32)
　임천 오씨(臨川吳氏 : 吳澄)33)가 말하였다. "'자명(自明)' 두 글자로써 윗글 '명덕(明德)'의 「전(傳)」을 맺고, 아래 장 「반명(盤銘)」의 '스스로 새롭게 하는' 뜻을 일으켰다."

朱註
右,「傳」之首章, 釋'明明德'.
위는 「전(傳)」의 머리 장이니, '명명덕(明明德)'을 풀이하였다.

---

31) 호광 편(胡廣 編), 『대학장구대전(大學章句大全)』. "東陽許氏曰 : '第一節平說明明德; 第二節是明之之功, 學者全當法此而用功; 第三節言明其德以至於大, 此明明德之極功, 皆自明也. 雖結上文, 自字有力, 明德須是自去明之方可.'(동양 허씨가 말하였다. '제1절은 평범하게 명명덕(明明德)을 말한 것이고, 제2절은 그것을 밝히는 공력이니, 학문을 하는 사람들이 전부 마땅히 이것을 법 삼아서 노력해야 하며, 제3절은 그 덕을 밝혀서 큼에 이름을 말하였으니, 이는 명명덕의 지극한 공력이며, 모두 자명(自明)이다. 비록 위의 글을 맺었어도 자(自) 자에 힘이 있으니, 명덕(明德)은 모름지기 스스로 밝음으로 가는 방도로써 옳은 것이다.')"
32) 호광 편(胡廣 編), 『대학장구대전(大學章句大全)』. "臨川吳氏曰 : 此章「康誥」, 言文王之獨能明其明德, 以明人當求所以克明其德, 發明明德之端也.「太甲」承上文, 言欲求所以克明其德者, 必常目在乎天所以與我之明德, 示明明德之方也.「帝典」承上文, 言能常目在夫天所以與我之明德而明之, 則是能如堯之克明其大德矣, 著明明德之效也. 而又結之曰 : 此皆自明之事也, 蓋自明者, 所以自新, 使民皆有以明其明德者, 所以新民, 然欲使民皆有以明其明德而新民, 必先有以自明而自新. 故以自明二字, 結上文明德之「傳」, 而起下章「盤銘」自新之意也.'(임천 오씨가 말하였다. '이 장의 「강고(康誥)」에서는 문왕이 홀로 능히 그 명덕(明德)에 밝았음을 말하여 사람들이 마땅히 능히 그 덕을 밝히는 것을 구해야 함을 밝혔으니, 명덕을 밝히는 실마리를 드러낸 것이다. 「태갑(太甲)」은 윗글을 이어서 능히 그 덕을 밝히는 것을 구하고자 하는 사람은 반드시 항상 눈이 하늘이 나의 명덕을 준 것에 있어야 함을 말하였으니, 명덕을 밝히는 방도를 보인 것이다. 「제전(帝典)」도 윗글을 이어서 능히 항상 눈이 저 하늘이 나의 명덕을 준 것에 있어서 그것을 밝히면 이에 능히 요 임금이 능히 그 큰 덕을 밝힌 것과 같을 수 있음을 말하였으니, 명덕을 밝히는 효험을 드러낸 것이다. 그런데 또 맺으면서 말하기를 이는 모두 스스로 밝히는 일이니, 대개 자명(自明)이라는 것은 스스로 새로워지는 것이니, 백성들로 하여금 모두 그 명덕을 밝히게 하는 사람이 있으면 백성들을 새롭게 하는 것이다. 그러나 백성들로 하여금 모두 그 명덕을 밝혀서 백성들을 새롭게 함이 있고자 한다면 반드시 먼저 스스로 밝히고 스스로 새롭게 함이 있어야 하는 것이다. 그러므로 자명(自明) 두 글자로써 윗글 명덕(明德)의 「전(傳)」을 맺고, 아랫장 「반명(盤銘)」의 스스로 새롭게 하는 뜻을 일으켰다.')"
33) 오징(吳澄, 1249~1333) : 원나라 때의 학자로 자가 유청(幼淸) 또는 백청(伯淸)이고, 호가 초려(草廬)이고, 시호가 문정(文正)이며, 무주숭인(撫州崇仁) 사람이다. 어려서부터 총명하고 부지런히 분발하여 배우기를 좋아하였으며, 송나라가 망한 뒤에는 저술에 마음을 두었는데 학자들이 초려선생이라고 불렀다. 원나라 무종(武宗) 1년(1308)에 국자감승(國子監丞)에 임명되고, 영종(英宗) 1년(1321)에 한림학사(翰林學士)에 임명되고, 진종(晉宗) 1년(1324)에는 경연강관(經筵講官)이 되었으며, 『영종실록(英宗實錄)』을 수찬하였다. 『노자』・『장자』・『태현경(太玄經)』・『악률(樂律)』・『팔진도(八陣圖)』 등을 핵정하고, 『주역(周易)』・『춘추』・『예기』와 곽박(郭璞)의 『장서(葬書)』에 대해 찬언(纂言)을 하였다. 허형(許衡)과 이름이 나란하여 북허남오(北許南吳)라는 칭송을 들었다. 『오문정공전집(吳文正公全集)』이 세상에 전하며, 『열자해(列子解)』는 전하지 않는다.

詳說

○ 首節略下'明'字, 次節以'顧'代'明', 以'命'代'德', 三節又以'峻'代'明', 合而觀之, 其義方備.

머리 절에서는 아래 '명(明)'자를 생략하였으며, 다음 절에서는 '고(顧)'를 '명(明)'으로 대체하고 '명(命)'을 '덕(德)'으로 대체하였으며, 세 번째 절에서는 또 '준(峻)'을 '명(明)'으로 대체하였으니, 합쳐서 보아야 그 뜻이 바야흐로 갖춰진다.

朱註

此通下三章至'止於信', 舊本, 誤在'沒世不忘'之下.

여기서부터 아래 세 번째 장의 '지어신(止於信)'에 이르기까지 통틀어서 옛날 판본에는 잘못하여 '몰세불망(沒世不忘)'의 아래에 있다.

詳說

○ 此章.

'차통하삼장(此通下三章 : 여기서부터 아래 세 번째 장)'에서 '차(此)'는 이 장이다.

○ 第三章.

'차통하삼장(此通下三章 : 여기서부터 아래 세 번째 장)'에서 '삼장(三章)'은 제3장이다.

전2장(「傳」之二章)

[傳2-1]

> 湯之「盤銘」曰 : "苟日新, 日日新, 又日新."

탕 임금의 「반명」에 말하기를, "진실로 날로 새롭거든 나날이 새로이 하고, 또 날로 새로이 하라." 라고 하며,

朱註

'盤', 沐浴之盤也. '銘', 名其器以自警之辭也. '苟', 誠也. 湯, 以人之洗濯其心, 以去惡, 如沐浴其身以去垢, 故銘其盤; 言誠能一日, 有以滌其舊染之汚而自新, 則當因其已新者, 而日日新之, 又日新之, 不可略有間斷也.

'반(盤)'은 목욕하는 대야이다. '명(銘)'은 그 그릇에 문자를 넣어서 스스로 경계한 말이다. '구(苟)'는 진실로이다. 탕 임금이 사람들이 그 마음을 씻어서 악(惡)을 없애버림이 그 몸을 목욕하여 때를 없애버림과 같다고 여겼기 때문에 그 대야에 문자를 새긴 것이니, 진실로 능히 하루에 그 예전에 물든 더러움을 씻어서 스스로 새로워짐이 있으면 마땅히 그 이미 새로워진 것에 말미암아 나날이 새롭게 하고, 또 날로 새롭게 하여 조금이라도 그치거나 끊어짐이 있어서는 안 됨을 말한 것이다.

詳說

○ 尤庵曰 : "嘗見重峯校正『朱子大全』・『大學講義』, 冊頭有曰 : '唐本作銘', 當以此爲正."[34]

'명기기이자경지사야(名其器以自警之辭也)'에 대해, 우암(尤庵 : 宋時烈)[35]이 말하였다. "일찍이 중봉(重峯 : 趙憲)이 교정한 『주자대전(朱子大全)』과 『대학강의(大學講義)』를 보니 곧 책머리에, '명(名)은 당본(唐本)에 명(銘)으로 썼다.'라고

---

[34] 송시열, 『송자대전(宋子大全)』 권104, 「서(書)·답김직경병진(答金直卿丙辰)」. "嘗見宣廟朝趙重峯校正『朱子大全』・『大學講義』, 則冊頭有曰 : '名, 唐本作銘, 恐當以此爲正.(일찍이 조중봉이 교정한 『주자대전』과 『대학강의』를 보니 곧 책머리에, '명(名)은 당본(唐本)에 명(銘)으로 썼다.'라고 하였는데, 마땅히 이것으로써 교정을 한 것이 아닌가 싶다.)"

[35] 송시열(宋時烈, 1607~1689) : 조선 후기 학자로 자가 영보(英甫)이고, 호가 우암(尤庵)·우재(尤齋)이고, 시호가 문정(文正)이고 본관이 은진(恩津)이다. 저서로는 『송자대전(宋子大全)』 외에 『주자대전차의(朱子大全箚疑)』·『주자어류소분(朱子語類小分)』·『이정서분류(二程書分類)』 등이 있다.

하였는데 마땅히 이것으로써 교정을 한 것이 아닌가 싶다."

○ 南塘曰 : "『韻書』, '銘, 名也'36), 謂卽其器而名, 言其義, 作名字, 似是."37)
　　남당(南塘 : 韓元震)38)이 말하였다. "『운서(韻書)』에서 '명(銘)은 명(名)이다.'라고 하였으니, 그 그릇에다 이름하여 그 뜻을 말함을 이르니, 명(名) 자로 쓰는 것이 옳음이 된다."

○ 朱子曰 : "古之聖賢, 於其常用之器, 各因其事而刻銘以致戒焉. 武正於几席·觴豆·刀釰39)·戶牖, 莫不銘, 蓋聞湯之風而興起."40)
　　주자(朱子)가 말하였다. "옛날 성현은 그 항상 사용하는 그릇에 각각 그 일에 말미암아 새겨서 경계함에 힘썼다. 무왕(武王)은 앉는 자리, 잔과 그릇, 칼과 검, 문과 창문에 새기지 않음이 없었으니, 대개 탕 임금의 기풍을 듣고 흥기한 것이다."

---

36) 『韻書』, '銘, 名也' : 『석명(釋名)』에 의하면, "銘, 名也, 記名其功也."라고 하였다.
37) 한원진, 『남당선생문집(南塘先生文集)』 권36, 「잡지(雜識)·내편하(內篇下)」. "蔡君範言 : 『『大學章句』, 銘, 名其器, 『大全講義』, 名, 作銘, 世皆從銘字爲是.' 按, 『禮記』「祭統篇」, '銘者, 自名也', 吾意名字爲是. 余又按, 『韻書』, '銘, 志也, 又名也', 蓋謂卽其器而名, 言其義以志其儆戒之意也. 據此則作名字, 似是, 當更詳之. 己亥.(재범군이 말하기를, 『대학장구』에서는 명(銘)은 그 그릇에 이름하는 것이라 하고, 『대전강의』에서는 명(名)은 명(銘)으로도 쓴다고 하여 세상에서 모두 명(銘) 자로부터 옳음을 삼았습니다.'라고 하였다. 살펴보건대, 『예기』 「제통편」에 '명(銘)'이라는 것은 스스로 이름하는 것이라고 하였는데 내 생각에는 명(名) 자가 옳음이 된다. 내가 또 살펴보건대, 『운서』에서 명(銘)은 기록함이며, 또 이름함이라고 하였으니, 대개 그 그릇에다 이름함을 이르며, 그 뜻은 경계의 뜻을 기록함을 말한다. 이에 의거하면 명(名) 자로 쓰는 것이 옳음이 되니, 마땅히 다시 상고해야 한다. 기해년.)"
38) 한원진(韓元震, 1682~1751) : 조선 후기의 학자로 자가 덕소(德昭)이고, 호가 남당(南塘)이며, 본관은 청주이다. 권상하(權尙夏)의 문인으로 강문팔학사(江門八學士) 가운데 한 사람이며, 호락논쟁(湖洛論爭)에서 호론(湖論)인 인물성이론(人物性異論)을 주장하였다. 저서로는 『남당집』 외에 『임시취고(臨時取考)』·『경의기문록(經義記聞錄)』·『의례경전통해보(儀禮經傳通解補)』·『심경부주차기(心經附註箚記)』·『춘추별전(春秋別傳)』·『근사록주설(近思錄註說)』·『이락연원록(伊洛淵源錄)』·『가례소의의록(家禮疏擬疑錄)』·『가례원류의록(家禮源流疑錄)』·『고사편람(古事便覽)』 등이 있다.
39) 釰 : 『대학혹문(大學或問)』에는 '劒'으로 되어 있다.
40) 주희(朱熹), 『대학혹문(大學或問)』, 권2, 「대학(大學)·전(傳)10장」. "或問 : '盤之有銘, 何也?' 曰 : '盤者, 常用之器. 銘者, 自警之辭也. 古之聖賢, 兢兢業業, 固無時而不戒謹恐懼, 然猶恐其有所怠忽而或忘之也. 是以於其常用之器, 各因其事而刻銘以致戒焉, 欲其常接乎目, 每警乎心而不至於忽忘也. …… 其後周之武王, 踐阼之初, 受師尙父丹書之戒. …… 退而於其几席觴豆刀釰戶牖, 莫不銘焉, 蓋聞湯之風而興起者.'(어떤 사람이 물었다. '대야에 명(銘)이 있음은 어쩜인가?' 말하였다. '대야라는 것은 항상 사용하는 그릇이다. 명(銘)이라는 것은 스스로 경계하는 말이다. 옛날 성현들은 항상 조심하고 삼가면서 진실로 때마다 경계하고 삼가고 두려워하지 않음이 없으나, 오히려 그 태만하고 소홀하여 혹시라도 잊어버리는 것이 있을까 염려하였다. 이 때문에 그 항상 사용하는 그릇에 각각 그 일에 말미암아 새겨서 경계함에 힘썼으니, 그 항상 문으로 접하면서 매양 마음에 경계하여 소홀하고 잊어버림에 이르지 않으려고 한 것이다. …… 그 뒤에 주나라 무왕이 왕위에 오르는 처음에 스승 상보(尙父)에게 붉은 글씨의 경계를 받았다. …… 물러나서 그 앉는 자리, 잔과 그릇, 칼과 검, 문과 창문에 새기지 않음이 없었으니, 대개 탕 임금의 기풍을 듣고 흥기한 것이다.')"

○ 『大全』曰 : "『論語』'苟志於仁', 亦訓'誠'."41)
'구, 성야(苟, 誠也)'에 대해, 『대학장구대전(大學章句大全)』에서 말하였다. "『논어(論語)』의 '진실로 인(仁)에 뜻을 두면[苟志於仁]'에서도 또한 '진실로(誠)'라고 새겼다."42)

朱註

湯, 以人之洗濯其心, 以去惡, 如沐浴其身以去垢, 故銘其盤; 言誠能一日, 有以滌其舊染之汚而自新,
탕 임금이 사람들이 그 마음을 씻어서 악(惡)을 없애버림이 그 몸을 목욕하여 때를 없애버림과 같다고 여겼기 때문에43) 그 대야에 문자를 새긴 것이니, 진실로 능히 하루에 그 예전에 물든 더러움을 씻어서 스스로 새로워짐이 있으면

詳說

○ 上聲, 下同.44)
'이거악(以去惡)'에서 '거(去)'자는 상성(上聲 : 제거하다)이니, 아래도 같다.

○ 此其正意故先以惡之.
'거악(去惡)'에서, 이는 그 뜻을 바르게 하는 것이기 때문에 먼저 악(惡)으로써 한 것이다.

○ 盤, 只是借喩也.

---

41) 호광 편(胡廣 編), 『대학장구대전(大學章句大全)』. "『論語』'苟至於仁', '苟'亦訓'誠'.(『논어(論語)』의 '진실로 인에 뜻을 두면'에서도 '구(苟)'자를 또한 '진실로'라고 새겼다.)"
42) 『논어(論語)』의 '진실로 인(仁)에 뜻을 두면[苟志於仁]'에서도 또한 '진실로(誠)'라고 새겼다 : 『논어(論語)』「이인(里仁)」에서 "공자가 말하였다. '진실로 인에 뜻을 두면 악이 없을 것이다.'(子曰 : '苟志於仁矣, 無惡也.')"라고 하였는데, 『논어집주(論語集註)』에서 "苟, 誠也."라고 한 것을 말한다. 『주자어류(朱子語類)』 권16, 「대학3(大學三)」 18조목에서도 "'구'자는 대부분 '성'자로 새긴다.('苟'字多訓'誠'字.)"라고 하였고, 19조목에서도 "'구'자는 '성'자로 새기는데, 옛날의 훈과 해석이 모두 이와 같았지만 약간의 차이가 있다.('苟'字訓誠, 古訓釋皆如此. 乍見覺差異.)" 가 있다고 하였다.
43) 그 몸을 목욕하여 때를 없애버림과 같다고 여겼기 때문에 : 『주자어류(朱子語類)』 권16, 「대학3(大學三)」 21조목에는 다음과 같이 설명하고 있다. "탕왕이 '나날이 새롭게 한다.'고 하였다. 『상서(尙書)』에 말하기를 '처음부터 끝까지 한결 같이해야 이때에 바로 날로 새로워진다.'라고 하였다. 이러한 도리는 반드시 언제나 서로 이어져 그침이 없어야 바야흐로 날로 새로워진다. 그치거나 끊어짐이 있으면 새로워질 수 없다. '반명(盤銘)'에서 목욕의 의미를 취하였는데, 아침에 양치질하고 씻고 나면 저녁에 더러운 때가 또 생기므로 언제나 날로 새롭게 하려는 뜻이다.(湯'日日新.' 書云 : '終始惟一, 時乃日新.' 這箇道理須是常接續不已, 方是日新 ; 才有間斷, 便不可. 盤銘取沐浴之義. 蓋爲早間盥濯了, 晚下垢汗又生, 所以常要日新.)"
44) 호광 편(胡廣 編), 『대학장구대전(大學章句大全)』.

'여목욕기신이거구(如沐浴其身以去垢)'에서 반(盤)은 다만 빌려서 비유한 것이다.

○ 照顧「經」文'新民'註而言.
'성능일일, 유이척기구염지오이자신(誠能一日, 有以滌其舊染之汚而自新)'은, 「경(經)」의 글인 '신민(新民)'의 주석45)을 고려하면서 말한 것이다.

○ 朱子曰 : "緊要在'苟'字, 首句是爲學入頭處, 誠能日新, 則下兩句工夫, 方能接續做去."46)
주자(朱子)가 말하였다. "긴요함이 '구(苟)'자에 달려 있으니, 머리의 구절은 학문을 함에 있어서 입문(入門)이 되는 곳이다. 진실로 능히 날로 새로워지면 아래 두 구절의 공부는 바야흐로 계속 이어갈 수 있다."47)

○ 又曰 : "存養省察, 以去其利欲之昏."48)
또[주자] 말하였다. "본연의 마음을 보존하고 바른 성정(性情)을 기르며, 몸과

---

45) 「경(經)」의 글인 '신민(新民)'의 주석 : 「경(經)」1장의 주석 가운데 "신(新)이라는 것은 그 옛것을 고치는 것을 말하니, 이미 스스로 그 밝은 덕을 밝히고 또 마땅히 미루어 남에게 미쳐서 그로 하여금 또한 그 옛날에 오염된 더러움을 제거함이 있게 해야 함을 말한 것이다.(新者, 革其舊之謂也, 言旣自明其明德, 又當推以及人, 使之亦有以去其舊染之汚也.)"라는 내용을 말하는 것이다.
46) 호광 편(胡廣 編), 『대학장구대전(大學章句大全)』. "問 : '「盤銘」見於何書?' 朱子曰 : '只見於『大學』, 緊要在一苟字, 首句是爲學入頭處, 誠能日新, 則兩句工夫, 方能接續做去, 今學者, 却不去苟字上著工夫.'(물었다. '「반명(盤銘)」은 어떤 책에 보입니까?' 주자가 말하였다. '다만 『대학(大學)』에 보이는데, 긴요함이 하나의 구(苟) 자에 달려 있으니, 머릿구는 학문을 함에 있어서 입문이 되는 곳이다. 진실로 능히 날로 새로워지면 아래 두 구절의 공부는 바야흐로 계속 이어갈 수 있으니, 지금 학자들은 문득 구(苟) 자에 대한 공부를 버리지 않아야 한다.')"
47) 『주자어류(朱子語類)』권16, 「대학3(大學三)」15조목에는 "'구일신(苟日新)' 이 구절은 학문을 하는 데 처음 들어가는 곳이다. 지금 학문을 하려면 '구(苟)'자를 이해해야만 한다. 진실로 이와 같이 날마다 새로울 수 있으면 아래의 두 구절 공부는 바야흐로 이어져서 하게 된다. 지금 배우는 자들은 단지 날마다 새로워지기만 하고 도리어 '구'자 위의 공부를 하지 않는다. '구일신'의 '구'는 '진실됨'이다.('苟日新'一句是爲學入頭處. 而今爲學, 且要理會'苟'字. 苟能日新如此, 則下面兩句工夫方能接續做去. 而今學者只管要日新, 卻不去'苟'字上面著工夫. '苟日新', 苟者, 誠也.)"라고 하였고, 16조목에는 "'구'는 '진실됨'이다. 이 한 글자에 긴요한 게 있다.(苟, 誠也. 要緊在此一字.)"라고 하였다.
48) 주희(朱熹), 『대학혹문(大學或問)』, 권2. 「대학(大學)·전(傳)10장」"或問 : '盤之有銘, 何也?' 曰 : '盤者, 常用之器 ; 銘者, 自警之辭也. 古之聖賢, 兢兢業業, 固無時而不戒謹恐懼, 然猶恐其有所怠忽而或忘之也. 是以於其常用之器, 各因其事而刻銘以致戒焉, 欲其常接乎目, 每警乎心, 而不至於忘忽也.' 曰 : '然則沐浴之盤, 而其刻之銘如此, 何也?' 曰 : '人之有是德, 猶其有是身也, 德之本明, 猶其身之本潔也, 故德之明而利欲昏、猶身之潔而塵垢汚之也. 一旦存養省察之功, 眞有以去其前日利欲之昏而日新焉, 則亦猶其疏淪澡雪, 而有以去其前日塵垢之汚也. 然旣新矣, 而所以新之之功不繼, 則利欲之交, 將復有如前日之昏 ; 猶旣潔矣, 而所以潔之之功不繼, 則塵垢之集, 將復有如前日之汚也. 故必因其已新而日新之, 又日新之, 使其存養省察之功, 無少間斷, 則明德常明, 而不復爲利欲之昏 ; 亦如人之一日沐浴, 而日日沐浴, 又無日而不沐浴, 使其疏淪澡雪之功, 無少間斷, 則身常潔淸, 而不復爲舊染之汚也. ……'(어떤 사람이 물었다. '……' 말하였다. '…… 하루아침에 본연의 마음을 보존하고 바른 성정(性情)을 기르며 몸과 마음의 안팎을 성찰하는 공력이 진실로 그 전날의 이익을 탐하는 욕심의 어두움을 제거하여 날로 새로워짐이 있으니, ……')"

마음의 안팎을 성찰하여 그 이익을 탐하는 욕심의 어두움을 제거해야 한다."

朱註

則當因其已新者, 而日日新之, 又日新之, 不可略有間斷也.
마땅히 그 이미 새로워진 것에 말미암아 나날이 새롭게 하고, 또 날로 새롭게 하여 조금이라도 그치거나 끊어짐이 있어서는 안 됨을 말한 것이다.

詳說

○ 與「經」文註'因其所發'之語意同.
'당인기이신자(當因其已新者)'는, 「경(經)」의 글을 주석한 것 가운데 '인기소발(因其所發)'49)의 말뜻과 같다.

○ 二日.
'일일신지(日日新之)'에서 앞의 '일(日)'은 두 번째 날이다.

○ 三日.
'일일신지(日日新之)'에서 뒤의 '일(日)'은 세 번째 날이다.

○ 四日以後, 至於積久.
'우일신지(又日新之)'에서 '우일(又日)'은 네 번째 날 이후로 매우 긴 시간이 지남에 이르는 것이다.

○ 銘必有韻, 本文三'新'字, 蓋自相爲韻.
'우일신지(又日新之)'에서 보면, 명(銘)에 반드시 운(韻)이 있으니, 본문 세 개의 '신(新)'자는 대개 저절로 서로 운(韻)이 된 것이다.

○ 去聲.50)

---

49) 「경(經)」의 글을 주석한 것 가운데 '인기소발(因其所發)' : 「경(經)」1장의 주석에서 "그러므로 학자는 마땅히 그 드러난 것에 말미암아 마침내 밝혀서 그 처음으로 되돌아가야 하는 것이다.(故學者, 當因其所發而遂明之, 以復其初也.)"에 나오는 '인기소발'을 말하는 것이다.
50) 호광 편(胡廣 編), 『대학장구대전(大學章句大全)』.

'불가략유간단야(不可略有間斷也)'에서 '간(間)'자는 거성(去聲 : 빈틈 간)이다.

○ 徒玩反.51)
'불가략유간단야(不可略有間斷也)'에서 '단(斷)'자의 음은 '도(徒)'와 '완(玩)'의 반절이다.

○ 就言外, 補此句.
'불가략유간단야(不可略有間斷也)'는, 말밖에 대하여 이 구절을 보충한 것이다.

○ 新安陳氏曰 : "'德日新', 仲虺發之, 湯采之爲此銘; 伊尹又本之, 以告太甲曰 : '時乃日新'."52)
신안 진씨(新安陳氏 : 陳櫟)가 말하였다. "'덕일신(德日新 : 덕이 날로 새로워짐)'은 중훼(仲虺 : 탕 임금의 재상(宰相))가 말한 것인데 탕(湯) 임금이 선택하여 이 명(銘)을 만들었고, 이윤(伊尹 : 탕 임금의 대신(大臣))이 또 거기에 근본하여 태갑(太甲)에게 아뢰기를, '이에 날로 새로워질 것'이라고 하였다."

○ 朱子曰 : "是爲自新之至而新民之端也."53)
주자(朱子)가 말하였다. "이는 스스로 새로워짐의 지극함이면서 백성을 새롭게 하는 실마리가 된다."

○ 雙峰饒氏曰 : "所新, 雖在民, 作而新之之機, 實在我. 故自新爲新民之本. 所以釋新民, 先言自新."54)

---

51) 호광 편(胡廣 編),『대학장구대전(大學章句大全)』.
52) 호광 편(胡廣 編),『대학장구대전(大學章句大全)』. "新安陳氏曰 : '德日新之蘊, 自仲虺發之, 湯采之爲此銘; 伊尹又本之, 以告太甲 : 惟新厥德, 終始惟一, 時乃日新. 說者謂孟子所言萊朱卽仲虺, 與斯道之傳者也. 明明德爲體, 新民爲用, 體用元不相離. 故於平天下, 以明明德於天下爲言, 由體而達於用, 同一明也. 於新民之端, 以日新又新爲言, 因用而原其體, 同一新也. 移明己德之明字, 以言明民德; 又移新民之新字, 以言新已德, 體用元不相離, 可見矣.'(신안 진씨가 말하였다. '덕일신(德日新)의 깊음은 중훼(仲虺)로부터 나온 것인데 탕(湯) 임금이 선택하여 이 명(銘)을 만들었고, 이윤(伊尹)이 또 거기에 근본하여 태갑(太甲)에게 아뢰기를, …… 이에 날로 새로워질 것이라고 하였다. …….')"
53) 주희(朱熹),『대학혹문(大學或問)』, 권2,「대학(大學)·전(傳)10장」. "此自其本而言之, 蓋以是爲自新之至而新民之端也.(이는 그 근본으로부터 말한 것이니, 대개 이는 스스로 새로워짐의 지극함이면서 백성을 새롭게 하는 실마리가 되기 때문이다.)"
54) 호광 편(胡廣 編),『대학장구대전(大學章句大全)』. "雙峯饒氏曰 : '所新雖在民, 作而新之之機, 實在我. 故自新爲新民之本. 我之自新有息, 則彼之作新, 亦息矣. 所以釋新民, 先言自新, 相關之機, 蓋如此.'(쌍봉 요씨가 말하였다. '새로워지는 것이 비록 백성에게 달려 있더라도 백성을 일으켜서 새롭게 하는 기틀은 실제

쌍봉 요씨(雙峰饒氏 : 饒魯)가 말하였다. "새로워지는 것이 비록 백성에게 달려 있더라도 백성을 일으켜서 새롭게 하는 기틀은 실제로 나에게 있다. 그러므로 스스로 새로워지는 것이 백성을 새롭게 하는 근본이 된다. 그래서 '신민(新民 : 백성을 새롭게 함)'을 풀이함에 먼저 스스로 새로워짐을 말한 것이다."

[傳2-2]

「康誥」曰 : "作新民."

「강고」에 말하기를, "새로워지는 백성을 일으켜라."라고 하며,

朱註

鼓之舞之之謂'作', 言振起其自新之民也.55)

북을 치고 춤을 추게 하는 것을 '작(作)'이라고 하니, 그 스스로 새로워지는 백성을 떨쳐 일으키는 것을 말한다.

詳說

○ 出『易』「繫辭」.
'고지무지(鼓之舞之)'는『주역(周易)』「계사전(繫辭傳)」에 나온다.56)

○ '自'字, 兼'欲'字意.
'진기기자신지민야(振起其自新之民也)'에서 '자(自)'자는 '욕(欲)'자의 뜻을 아울렀다.

○ 東陽許氏曰 : "以新民爲自新之民, 蓋民心皆有此善, 才善心發

---

55) 鼓之舞之之謂作, 言振起其自新之民也 : 『주자어류(朱子語類)』 권16, 「대학3(大學三)」 23조목에는 다음과 같이 되어 있다. "鼓之舞之之謂作. 如擊鼓然, 自然使人跳舞踴躍. 然民之所以感動者, 由其本有此理. 上之人旣有以自明其明德, 時時提撕警策, 則下之人觀瞻感發, 各有以興起其同然之善心, 而不能已耳.(북치고 춤추게 하는 것을 '작(作)'이라고 한다. 북을 쳐서 자연스럽게 사람들이 춤추고 기뻐서 뛰게 하는 것과 같다. 그러나 백성들이 감동하는 것은 그 근본에 이러한 이치가 있기 때문이다. 윗사람이 이미 스스로 그 밝은 덕을 밝혀 때때로 분발하고 경계하여 채찍질하면 아랫사람이 살펴보고 감동하여 움직여 똑같이 지니고 있는 선한 마음을 일으켜 그칠 수 없을 따름이다.)"

56) 『주역(周易)』「계사전(繫辭傳)」에 나온다 : 『주역(周易)』「계사전 상(繫辭傳上)」에서 "북을 치고 춤을 추게 하여 신비로움을 극진히 한다.(鼓之舞之, 以盡神.)"라고 하였다.

見, 便是自新之機, 因其欲新而鼓舞之. '作'字, 是前'新'字意."57)
동양 허씨(東陽許氏 : 許謙)가 말하였다. "신민(新民)을 스스로 새로워지는 백성으로 여겼으니, 대개 백성의 마음에 모두 이 착함이 있는데 문득 착한 마음이 드러남이 곧 스스로 새로워지는 기틀이며, 그 새로워지고자 함에 말미암아 고무되는 것이다. '작(作)' 자는 앞의 '신(新)' 자의 뜻이다."

○ 陳氏曰 : "自新之民, 已能改過遷善, 又從而鼓舞振作之, 使之譻譻不能自己, 是作其自新之民也. 此正新民用工夫處."58)
진씨(陳氏 : 陳祥道)59)가 말하였다. "스스로 새로워지는 백성은 이미 허물을 고치고 선(善)으로 옮겨갈 수 있는데, 또 좇아서 고무(鼓舞)하고 진작(振作)하여 그들로 하여금 더욱 힘쓰게 하여 스스로 그만둘 수 없게 하니, 이것이 그 스스로 새로워지는 백성을 진작하는 것이다. 이것이 바로 백성을 새롭게 하는 데 공력을 들이는 곳이다."

○ 按, 斯民, 我作之新之, 是『書』本義, 而『章句』釋作一串事者, 所以歸重於新民也. 與下節註'能新其德以及於民'八字, 同意.
살펴보건대, 이 백성을 내가 진작(振作)하고 새롭게 하는 것이 『서경(書經)』의 본래 뜻인데, 『대학장구(大學章句)』에서 해석함에 한 꿰미의 일을 지은 것은 백성을 새롭게 함을 중요하게 여긴 까닭이니, 아래 구절 주의 '능신기덕이급어민(能新其德以及於民 : 능히 그 덕을 새롭게 하여 백성에게 미침)' 여덟 글자와 뜻이 같다.

---

57) 호광 편(胡廣 編), 『대학장구대전(大學章句大全)』. "東陽許氏曰 : '第二節章句, 以新民爲自新之民, 蓋民心皆有此善, 才善心發見, 便是自新之機, 因其欲新而鼓舞之, 作字, 是前新字意.'(동양 허씨가 말하였다. '제2절 장구에서는 신민(新民)을 스스로 새로워지는 백성으로 여겼으니, 대개 백성의 마음에 모두 이 착함이 있는데 문득 착한 마음이 드러남이 곧 스스로 새로워지는 기틀이며, 그 새로워지고자 함에 말미암아 고무되는 것이다. 작(作) 자는 앞의 신(新) 자의 뜻이다.')"
58) 호광 편(胡廣 編), 『대학장구대전(大學章句大全)』.
59) 진상도(陳祥道, 1053~1093) : 북송 시대의 학자로 자가 용지(用之) 또는 우지(祐之)이고, 복주(福州 : 長樂이라고도 함) 사람이다. 영종(英宗) 치평 4년(1067)에 왕안석의 아들 왕방계(王雱系)와 같이 진사과에 급제하였으며, 국자감 직강(直講), 태상박사(太常博士), 비서성(秘書省) 정자(正字) 등을 역임하였다. 스승 왕안석(王安石)의 『삼경신의(三經新義)』와 『시경(詩經)』・『상서(尙書)』・『주례(周禮)』의 주석이 그에게 영향을 주었으며, 특히 일생 동안 삼례(三禮) 공부에 몰두하였다. 저서로는 『예서(禮書)』・『의례주해(儀禮注解)』・『주례찬도(周禮纂圖)』・『고공해(考工解)』・『예기강의(禮記講義)』・『논어전해(論語全解)』 등이 있고, 그의 아우 진양(陳暘)과 『악서(樂書)』를 간행하였으나 이미 유실되었다.

[傳2-3]

『詩』曰 : "周雖舊邦, 其命維新."

『시경(詩經)』에서 말하기를, "주나라가 비록 옛 나라이나, 그 명(命)이 새롭다."라고 하니,

朱註

'『詩』', 「大雅·文王」之篇. 言周國雖舊, 至於文王, 能新其德, 以及於民, 而始受天命也.

'『시(詩)』'는 「대아(大雅)·문왕(文王)」의 편이다. 주나라가 비록 오래된 나라이나, 문왕 때에 이르러 그 덕(德)을 새롭게 하여 백성에게 미칠 수 있어서 비로소 천명(天命)을 받음을 말한 것이다.

詳說

○ 朱子曰 : "后稷以來, 千餘年."[60]

'주국수구(周國雖舊)'에 대해, 주자(朱子)가 말하였다. "후직(后稷) 이래로 천여 년이다."

○ 『大全』曰 : "此是推本說."[61]

'이급어민(以及於民)'에 대해, 『대학장구대전(大學章句大全)』에서 말하였다. "이는 근본을 헤아려서 말한 것이다."

○ 『大全』曰 : '始'字, 貼'新'字.[62]

'시수천명야(始受天命也)'에 대해, 『대학장구대전(大學章句大全)』에서 말하였다. "'시(始)'자에 '신(新)'자를 붙인 것이다."

○ 朱子曰 : "君德旣新, 則民德必新 ; 民德旣新, 則天命亦新.[63]

---

[60] 주희(朱熹), 『대학혹문(大學或問)』, 권2, 「대학(大學)·전(傳)10장」. "曰 : '『詩』之言, 周雖舊邦, 其命維新, 何也?' 曰 : '言周之有邦, 自后稷以來, 千有餘年, 至於文王, 聖德日新, 而民亦丕變. 故天命之, 以有天下, 是其邦雖舊, 而命則新也. 蓋民之視效在君, 而天之視聽在民, 君德旣新, 則民德必新 ; 民德旣新, 則天命之新, 亦不旋日矣.'(…… 말하였다. '주나라가 나라를 둔 지 후직(后稷) 이래로 천여 년인데, 문왕(文王)에 이르러 성덕(聖德)이 날로 새로워져서 백성이 또한 크게 변하였다. 그러므로 하늘이 명하여 천하를 두었으니, 이에 그 나라가 비록 오래되었어도 명(命)은 새로웠다. ……')"

[61] 호광 편(胡廣 編), 『대학장구대전(大學章句大全)』.

[62] 호광 편(胡廣 編), 『대학장구대전(大學章句大全)』.

是新民之極和天命也新."64)

주자(朱子)가 말하였다. "임금의 덕이 이미 새로우면 백성의 덕이 반드시 새로워지고, 백성의 덕이 이미 새로우면 천명(天命)이 또한 새로운 것이다. 이는 백성을 새롭게 하는 지극함과 천명이 새로워짐이다."

○ 北溪陳氏曰 : "三節有次第, 「盤銘」言新民之本, 「康誥」言新民之事, 詩言新民成效之極."65)

북계 진씨(北溪陳氏 : 陳淳)66)가 말하였다. "세 구절에는 차례가 있으니, 「반명(盤銘)」에서는 백성을 새롭게 하는 근본을 말하였고, 「강고(康誥)」에서는 백성을 새롭게 하는 일을 말하였고, 시(詩)에서는 백성을 새롭게 하여 효험을 이룬 지극함을 말하였다."

○ 雙峰饒氏曰 : "'明命'以理言, '新命'以位言."67)

쌍봉 요씨(雙峰饒氏 : 饒魯)가 말하였다. "'명명(明命 : 명을 밝힘)'은 이치로써 말하였고, '신명(新命 : 명을 새롭게 함)'은 지위로써 말한 것이다."

[傳2-4]

是故, 君子, 無所不用其極.

이러므로 군자는 그 지극함을 쓰지 않는 일이 없는 것이다.

---

63) 주희(朱熹), 『대학혹문(大學或問)』, 권2, 「대학(大學)·전(傳)10장」. "言周之有邦, 自后稷以來, 千有餘年, 至於文王, 聖德日新, 而民亦丕變, 故天命之, 以有天下, 是其邦雖舊, 而命則新也. 蓋民之視效在君, 而天之視聽在民, 君德旣新, 則民德必新; 民德旣新, 則天命之新, 亦不旋日矣.(…… 대개 백성이 보고 본받음은 임금에게 달려있고, 하늘이 보고 들음은 백성에게 달려있으니, 임금의 덕이 이미 새로우면 백성의 덕이 반드시 새로워지고, 백성의 덕이 이미 새로우면 천명(天命)의 덕이 또한 날을 되돌리지 않는다. …….)"
64) 호광 편(胡廣 編), 『대학장구대전(大學章句大全)』. "朱子曰 : '是新民之極和天命也新.'"
65) 호광 편(胡廣 編), 『대학장구대전(大學章句大全)』. "北溪陳氏曰 : '三節有次第, 「盤銘」言新民之本; 「康誥」言新民之事; 「文王詩」言新民成效之極.'(북계 진씨가 말하였다. '세 구절에는 차례가 있으니, 「반명(盤銘)」에서는 백성을 새롭게 하는 근본을 말하였고, 「강고(康誥)」에서는 백성을 새롭게 하는 일을 말하였고, 「문왕시」에서는 백성을 새롭게 하여 효험을 이룬 지극함을 말하였다.')"
66) 진순(陳淳, 1159~1223) : 남송 시대의 학자로 자가 안경(安卿)이고, 호가 북계(北溪)이며, 장주용계(漳州龍溪) 사람이다. 주자가 만년에 만족스럽게 여긴 학문을 계승한 제자이다. 저서로는 『북계전집(北溪全集)』·『북계자의(北溪字義)』 등이 있다.
67) 호광 편(胡廣 編), 『대학장구대전(大學章句大全)』. "雙峯饒氏曰 : '明命, 是初頭稟受底, 以理言; 新命, 是末梢膺受底, 以位言. 要之, 只是一箇天下無性外之物.'(쌍봉 요씨가 말하였다. '명명(明命)은 처음에 받은 것이니 이치로써 말하였고, 신명(新命)은 끝에 받은 것이니 지위로써 말하였다. …….)"

朱註

'自新'·'新民', 皆欲止於至善也.
'자신(自新)'과 '신민(新民)'은 모두 지극한 선(善)에 그치고자 한 것이다.

詳說

○ 朱子曰 : "此結上文『詩』·『書』之意.「盤銘」, 自新也;「康誥」, 新民也; 詩, 自新·新民之極也. '極', 卽至善之云也, 用其極者, 求其止於是也."68)
주자(朱子)가 말하였다. "이는 윗글 『시경(詩經)』과 『서경(書經)』의 뜻을 맺은 것이다.「반명(盤銘)」은 스스로 새로워짐이고,「강고(康誥)」는 백성을 새롭게 함이고, 시는 스스로 새로워짐과 백성을 새롭게 함의 지극함이다. '극(極)'은 곧 지극함 선(善)을 이름이니, 그 지극함을 쓰는 사람은 이에 그침을 구하는 것이다."69)

○ 指湯·文王.
'군자(君子)'는 탕(湯) 임금과 문왕(文王)을 가리킨다.

○ 玉溪盧氏曰 : "止至善·用其極, 二義互相發. 止則不紛紛擾擾; 用則非槁木死灰."70)
옥계 노씨(玉溪盧氏 : 盧孝孫)가 말하였다. "지극한 선(善)에 멈춤과 그 지극함을 씀이라는 두 가지 뜻이 서로 드러냈다. 멈추면 어지럽지 않으며, 쓰면 마른

---

68) 주희(朱熹),『대학혹문(大學或問)』, 권2,「대학(大學)·전(傳)10장」. "此結上文『詩』·『書』之意也. 蓋「盤銘」, 言自新也;「康誥」, 言新民也;「文王」之詩, 自新·新民之極也. 故曰: 君子無所不用其極. 極, 卽至善之云也, 用其極者, 求其止於是而己矣.'(이는 윗글『시경(詩經)』과『서경(書經)』의 뜻을 맺은 것이다. 대개「반명(盤銘)」에서는 스스로 새로워짐을 말하였고,「강고(康誥)」에서는 백성을 새롭게 함을 말하였고,「문왕」의 시는 스스로 새로워짐과 백성을 새롭게 함의 지극함이다. 그러므로 말하기를, 군자는 그 지극함을 쓰지 않는 일이 없다고 한 것이다. 극(極)은 곧 지극한 선(善)을 이름이니, 그 지극함을 쓰는 사람은 이에 그침을 구할 따름인 것이다.")
69)『주자어류(朱子語類)』권16,「대학3(大學三)」 24조목에는 "'주나라는 비록 옛 나라이지만 그 천명이 새롭다.'라고 하였는데, 스스로 새로워지고 백성을 새롭게 하여 천명이 바뀌는 데 이르니, 극(極)이라 할 수 있다. 반드시 이와 같이 한 뒤에 지극한 선에 그치게 하는 것이다.('周雖舊邦, 其命維新.' 自新新民, 而至於天命之改易, 可謂極矣. 必如是而後爲'止於至善'也.)"라고 하였다.
70) 호광 편(胡廣 編),『대학장구대전(大學章句大全)』. "玉溪盧氏曰 : '前言止至善, 此言用其極, 二義互相發. 止則不紛紛擾擾矣; 用則非枯木死灰矣.'(옥계 노씨가 말하였다. '앞에서는 지극한 선(善)에 멈춤을 말하였고, 여기서는 그 지극함을 씀을 말하여 두 가지 뜻이 서로 드러냈다. 멈추면 어지럽지 않으며, 쓰면 마른 나무나 죽은 재가 아닌 것이다.')"

나무나 죽은 재가 아닌 것이다."

○ 雲峯胡氏曰 : "章首'日新', 所以承上章'明明德'之意; 章末'用極', 所以開下章'止至善'之端. 文理·血脉貫通, 此亦可見."71)
운봉 호씨(雲峯胡氏 : 胡炳文)72)가 말하였다. "장머리의 '일신(日新)'은 위 장 '명명덕(明明德)'의 뜻을 이었고, 장 끝의 '용극(用極)'은 아래 장 '지지선(止至善)'의 실마리를 열었다. 문리(文理)와 혈맥(血脈)이 관통함을 여기서 또한 볼 수 있다."

○ 臨川吳氏曰 : "'用其極', 結上文'自新'·'新民'之義, 而起下章所止之說."73)
임천 오씨(臨川吳氏 : 吳澄)가 말하였다. "'용기극(用其極)'은 윗글 '자신(自新)'과 '신민(新民)'의 뜻을 맺어서 아래 장의 머물러 사는 곳의 말을 일으킨 것이다."

朱註

右,「傳」之二章, 釋'新民'.
위는 「전(傳)」의 2장이니, '신민(新民)'을 풀이하였다.

詳說

○ 東陽許氏曰 : "章內五'新'字, 皆非'新民'之新. 「盤銘」以'自新'

---

71) 호광 편(胡廣 編),『대학장구대전(大學章句大全)』. "雲峯胡氏曰 : '上章釋明明德, 故此章之首曰: 日新又新, 所以承上章之意; 下章釋止於至善, 故此章之末曰: 無所不用其極, 又所以開下章之端. 文理接續, 血脈貫通, 此亦可見.'(운봉 호씨가 말하였다. '위 장에서 명명덕(明明德)을 풀이하였기 때문에 이 장의 머리에서 말하기를, 날로 새롭게 하고 또 새롭게 하라고 하여 위 장의 뜻을 이었고, 아래 장에서는 지어지선(止於至善)을 풀이하였기 때문에 이 장의 끝에서 말하기를, 그 지극함을 쓰지 않는 일이 없다고 하여 또 아래 장의 실마리를 열었다. 문리(文理)가 접속하고 혈맥(血脈)이 관통함을 여기서 또한 볼 수 있다.')"
72) 호병문(胡炳文, 1250~1333) : 원나라 때의 학자로 자가 중호(仲虎)이고, 호가 운봉(雲峯)이며, 무원고천(婺源考川) 사람이다. 특히 주자학(朱子學)과 역학(易學) 공부에 조예가 있었다. 저서로는『운봉집(雲峯集)』,『사서통(四書通)』,『주역본의통석(周易本義通釋)』,『순정몽구(純正蒙求)』등이 있다.
73) 호광 편(胡廣 編),『대학장구대전(大學章句大全)』. "臨川吳氏曰 : '此章「盤銘」, 承上章言自明者所以自新, 而欲新民者, 必先自新, 是發新民之端也;「康誥」, 承上文言自新旣至, 則可推以作興自新之民, 示新民之方也;「文王」詩, 承上文, 言旣能自新, 而推以新民, 則民德皆新, 而天命亦新, 著新民之效也.「盤銘」言自新;「康誥」言新民;「文王」詩言自新·新民之極也. 極, 卽至善之云也, 用其極者, 求其止於是之謂也. 故以用其極, 結上文自新·新民之義, 而起下章所止之說也.'(임천 오씨가 말하였다. '…… 그러므로 용기극(用其極)으로써 윗글 자신(自新)과 신민(新民)의 뜻을 맺어서 아래 장의 머물러 사는 곳의 말을 일으킨 것이다.')"

言,「康誥」以'民之自新'言, 詩以'天命之新'言. 然'新民'之意, 却於中可見."74)

동양 허씨(東陽許氏 : 許謙)가 말하였다. "이 장 안의 다섯 개의 '신(新)'자는 모두 '신민(新民)'의 신(新)이 아니다. 「반명(盤銘)」은 '자신(自新)'으로써 말하였고, 「강고(康誥)」는 '백성의 자신(自新)'으로써 말하였고, 시(詩)는 '천명(天命)의 신(新)'으로써 말하였다. 그러나 '신민(新民)'의 뜻을 도리어 그 가운데서 볼 수 있다."

○ 首節三節, 皆略'民'字, 次節以'作'代'新', 而所言'新'字, 則非吾新之也, 亦合迎觀之, 其義方備.

머리절의 세 구절에는 모두 '민(民)'자를 생략하였고, 다음 구절에는 '작(作)'으로써 '신(新)'을 대신하였는데, '신(新)'자를 말한 것은 곧 내가 새로워지는 것이 아니지만, 또한 맞춰 보면 그 뜻이 바야흐로 갖추어졌다.

---

74) 호광 편(胡廣 編),『대학장구대전(大學章句大全)』. "東陽許氏曰 : '此章釋新民, 而章內五新字, 皆非新民之新. 「盤銘」以自新言,「康誥」以民之自新言, 詩以天命之新言. 然新民之意, 却只於中可見.'(동양 허씨가 말하였다. '이 장은 신민(新民)을 풀이하였는데, 이 장 안의 다섯 개의 신(新) 자는 모두 신민(新民)의 신(新)이 아니다. 「반명(盤銘)」은 자신(自新)으로써 말하였고, 「강고(康誥)」는 백성의 자신(自新)으로써 말하였고, 시(詩)는 천명(天命)의 신(新)으로써 말하였다. 그러나 신민(新民)의 뜻을 도리어 다만 그 가운데서 볼 수 있다.')"

전3장(「傳」之三章)

[傳3-1]
『詩』云 : "邦畿千里, 惟民所止."

『시경(詩經)』에 이르기를, "나라의 기내(畿內) 천 리여, 오직 백성이 사는 곳이다."라고 하였다.

詳說
○ '惟', 『詩』作'維', 此恐傳寫之誤.

'유(惟)'는 『시경(詩經)』에 '유(維)'로 썼으니, 이는 아마도 전하여 베끼면서 잘못 쓴 듯하다.

朱註
『詩』, 「商頌·玄鳥」之篇. '邦畿', 王者之都也. '止', 居也, 言物各有所當止之處也.

'『시(詩)』', 「상송(商頌)·현조(玄鳥)」의 시편(詩篇)이다. '방기(邦畿)'는 임금의 도성(都城)이다. '지(止)'는 사는 것이니, 사물마다 각각 마땅히 머물러 사는 곳이 있음을 말한 것이다.

詳說
○ 新安陳氏曰 : "以民所止之處, 比事物各有所當止之處, 且汎說 '止'字."[75]

신안 진씨(新安陳氏 : 陳櫟)가 말하였다. "백성이 머물러 사는 곳으로써 사물이 각각 마땅히 사는 곳이 있어야 함을 견주었으며, 또 '지(止)'자를 넓게 말하였다."

---

75) 호광 편(胡廣 編), 『대학장구대전(大學章句大全)』. "新安陳氏曰 : '引『詩』謂邦畿爲民所止之處, 以此事物各有所當止之處, 且泛說止字.'(신안 진씨가 말하였다. '『시경(詩經)』을 인용하여 방기(邦畿)가 백성이 머물러 사는 곳이 되는데, 이로써 사물이 각각 마땅히 사는 곳이 있어야 함을 말하였으며, 또 지(止) 자를 넓게 말하였다.')"

○ 東陽許氏曰 : "事有至善之理, 人當止之也."76)
　동양 허씨(東陽許氏 : 許謙)가 말하였다. "사물마다 지극한 선(善)의 이치가 있으니, 사람이 마땅히 그쳐야 하는 것이다."

○ 按, 此章之末, 無總結者, 故各就所引之下而釋其意, 此節獨無釋語者, 以本文已明白, 不待申說故也.
　살펴보건대, 이 장의 끝에 통틀어서 맺은 것이 없다. 그러므로 각각 인용한 아래에 나아가서 그 뜻을 풀이하였는데, 이 구절에만 오직 풀이한 말이 없는 것은 본문이 이미 명백하여 거듭 설명함을 갖추지 않았기 때문이다.

[傳3-2]

『詩』云 : "緡蠻黃鳥! 止于丘隅." 子曰 : "於止, 知其所止, 可以人而不如鳥乎?"

『시경(詩經)』에 이르기를 "앙증맞은 꾀꼬리여! 언덕에 머물러 있어라."라고 하거늘, 공자가 말하기를 "머묾에 그 머물 곳을 알지라도 사람이 새만 같지 못할 수 있겠느냐?"라고 하였다.

詳說

○ '緡', 『詩』作 '緜'.77)
　'면만황조(緡蠻黃鳥)'에서 '면(緡)'자는 『시경(詩經)』에 '면(緜)'으로 썼다.

朱註

『詩』, 「小雅·緡蠻」之篇. '緡蠻', 鳥聲. '丘隅', 岑蔚之處. '子曰'以下, 孔子說詩之辭, 言人當知所當止之處也.

『시(詩)』는 「소아(小雅)·면만(緡蠻)」의 시편이다. '면만(緡蠻)'은 새소리이다. '구우(丘隅)'는 풀과 나무가 깊고 우거진 곳이다. '자왈(子曰)' 이하는 공자가 시를 설명

---

76) 호광 편(胡廣 編), 『대학장구대전(大學章句大全)』. "東陽許氏曰 : '王者所居, 地方千里, 謂之王畿, 居天下之中, 四方之人, 環視內向, 皆欲歸止於其地, 猶事有至善之理, 人當止之也.'(동양 허씨가 말하였다. '……사물마다 지극한 선(善)의 이치가 있는 것과 같으니, 사람이 마땅히 그쳐야 하는 것이다.')"
77) 『대학장구대전(大學章句大全)』 조선 내각본에도 이 내용이 실려 있다. 『예기주소(禮記注疏)』 권60, 「대학·음의(音義)」에 의하면, "'緡蠻', 音緜, 一音亡巾反, 『毛詩』作'緜', 「傳」云 : '緜蠻, 小鳥貌'."라고 하였다.

한 말이니, 사람이 마땅히 멈춰야 할 곳을 알아야 함을 말한 것이다.

詳說

○ 鋤林反.78)
'잠울지처(岑蔚之處)'에서 '잠(岑)'자의 음은 '서(鋤)'와 '림(林)'의 반절이다.

○ 紆胃反.79)
'잠울지처(岑蔚之處)'에서 '울(蔚)'자의 음은 '우(紆)'와 '위(胃)'의 반절이다.

○ 北溪陳氏曰 : "丘之一角, 山岑高而木森蔚處."80)
'잠울지처(岑蔚之處)'에 대해, 북계 진씨(北溪 陳氏 : 陳淳)가 말하였다. "언덕의 한 귀퉁이니, 산봉우리가 높고 나무가 많이 빽빽하게 우거진 곳이다."

○ '說'字, 釋於詩.
'공자설시지사(孔子說詩之辭)'에서 '설(說)'자는 시를 풀이한 것이다.

○ 謂鳥得所止也, 上'止'字, 汎言; 下'止'字, 指地而言也.
'어지지기소지(於止知其所止)'는 새가 머물러 살 곳을 얻은 것을 이르니, 위의 '지(止)' 자는 넓게 말한 것이고, 아래의 지(止)' 자는 땅을 가리켜서 말한 것이다.

○ 新安陳氏曰 : "此比人當知所止, 重在'知'字."81)
'인당지소당지지처야(人當知所當止之處也)'에 대해,, 신안 진씨(新安陳氏 : 陳櫟)가 말하였다. "이는 사람이 마땅히 멈출 곳을 알아야 함에 견준 것이니, 중점이 '지(知)' 자에 달려 있다."

---

78) 호광 편(胡廣 編), 『대학장구대전(大學章句大全)』. 『예기주소(禮記注疏)』 권60, 「대학·음의(音義)」에는 "'岑', 仕金反."이라고 하였다.
79) 호광 편(胡廣 編), 『대학장구대전(大學章句大全)』. 『대학장구대전(大學章句大全)』에는 "'蔚', 紆弗反."으로 되어 있다. 『예기주소(禮記注疏)』 권60, 「대학·음의(音義)」에는 "'蔚', 音鬱, 又音'尉'."이라고 하였다.
80) 호광 편(胡廣 編), 『대학장구대전(大學章句大全)』. "北溪陳氏曰 : '土高曰丘, 隅謂丘之一角峻處, 山岑高而木森蔚, 所謂林茂鳥知歸也.'(북계 진씨가 말하였다. '땅이 높은 곳을 구(丘)라 하고, 우(隅)는 언덕 한 귀퉁이의 높은 곳을 이른다. 산봉우리가 높고 나무가 많이 빽빽하게 우거진 곳이니, 이른바 숲이 무성해도 새는 돌아갈 줄 안다는 것이다.')" 그리고 『대학장구대전(大學章句大全)』 소주에서 "'岑'·'蔚'二字, 本古註."라고 하였다.
81) 호광 편(胡廣 編), 『대학장구대전(大學章句大全)』.

○ 雲峯胡氏曰 : "此「傳」不特釋'止至善', 并'知止'至'能得', 皆釋
之. 故曰: '知其所止', 而『章句』於下文, 亦以知其所止, 與得之
之由, 言之."82)
운봉 호씨(雲峯胡氏 : 胡炳文)가 말하였다. "이 「전」문에서는 다만 '지극한 선에
멈춤'을 풀이하였을 뿐 아니라, '지지(知止)'를 아울러 '능득(能得)'에 이르기까지
모두 풀이하였다. 그러므로 말하기를 '그 멈출 곳을 안다.'라고 하였는데,『대학
장구(大學章句)』의 아래 글에서 또한 그 멈출 곳을 아는 것과 지극한 선(善)에
멈추는 얻는 이유로써 말하였다."

○ 按, 三節註, 皆歸宿於'止至善'之意, 而上註之'有'字, 此註之
'知'字, 下註之'安'字, 亦有次序.
살펴보건대, 세 구절의 주석이 모두 '지극한 선(善)에 멈춤'의 뜻으로 돌아가는
데, 위 구절 주석의 '유(有)'자와, 이 구절 주석의 '지(知)'자와, 아래 구절 주
석의 '안(安)'자에도 또한 차례가 있다.

○ 臨川吳氏曰 : "此節承上文'物各有所止'之意, 以明'人當知所
止'之義, 而起下文, 實指'人所當止'者之說, 蓋發'止至善'之端
也."83)
임천 오씨(臨川吳氏 : 吳澄)가 말하였다. "이 구절은 윗글의 '사물마다 각각 멈
출 곳이 있다.'라는 뜻을 이어서 '사람은 마땅히 멈출 곳을 알아야 한다.'라는
뜻을 밝히고 아래 글을 일으켰는데, 실제로는 '사람이 마땅히 멈춰야 하는 곳'
이라는 것을 가리킨 말이니, 대개 '지극한 선(善)에 멈춤'의 실마리를 드러낸 것
이다.

---

82) 호광 편(胡廣 編),『대학장구대전(大學章句大全)』. "雲峯胡氏曰 : '此「傳」不特釋止至善, 幷知止至能得, 皆
釋之. 故首引孔子之言曰: 知其所止, 而『章句』於下文, 亦以知其所止, 與所以得止至善之由, 言之.'(운봉 호
씨가 말하였다. '이 전문에서는 다만 지극한 선에 멈춤을 풀이하였을 뿐 아니라, 지지(知止)를 아울러 능득
(能得)에 이르기까지 모두 풀이하였다. 그러므로 머리에서 공자(孔子)의 말을 인용하여 말하기를, 그 멈출
곳을 안다고 하였는데,『장구』의 아래 글에서 또한 그 멈출 곳을 아는 것과 지극한 선(善)에 멈추는 얻는
이유로써 말하였다.')"
83) 호광 편(胡廣 編),『대학장구대전(大學章句大全)』. "臨川吳氏曰 : '此章「緜蠻」詩, 承上文物各有所止之意,
以明人當知所止之義, 而起下文, 實指人所當止者之說, 此蓋發止於至善之端也. 「文王」詩以下, 承上文人當
知所當止之義, 而實指人所當止之處. 「淇澳」切磋琢磨, 承上文, 實指人所當止之處, 而求止於所當止者之
由, 此蓋示止於至善之方也. 「瑟僴」以下, 言明明德得止於至善之極, 而發新民之端.「烈文」詩以下, 承上文民
不能忘之說, 而言新民得止於至善之極, 以著明明德之效, 此蓋極言止於至善之效也.'(임천 오씨가 말하였다.
'이 장의 「면만(緜蠻)」의 시는 윗글의 사물마다 각각 멈출 곳이 있다는 뜻을 이어서 사람은 마땅히 멈출
곳을 알아야 한다는 뜻을 밝히고 아래 글을 일으켰는데, 실제로는 사람이 마땅히 멈춰야 하는 곳이라는
것을 가리킨 말이니, 이는 대개 지극한 선(善)에 멈춤의 실마리를 드러낸 것이다. …….')"

[傳3-3]

『詩』云 : "穆穆文王! 於緝熙敬止." 爲人君, 止於仁; 爲人臣, 止於敬; 爲人子, 止於孝; 爲人父, 止於慈; 與國人交, 止於信.

『시경(詩經)』에 이르기를 "훌륭하신 문왕이여! 아, 계속하여 밝으셔도 삼가 그치셨도다." 라고 하니, 임금이 되어서는 어짊에 그치시고, 신하가 되어서는 공경함에 그치시고, 사람의 아들이 되어서는 효도함에 그치시고, 사람의 아버지가 되어서는 사랑함에 그치시고, 나라 사람과 더불어 사귐에는 믿음에 그치셨다.

詳說

○ '於緝'之'於', 音烏.84)

'오집(於緝)'에서 '오(於)'자는 음이 '오(烏)'이다.

朱註

『詩』, 「文王」之篇. '穆穆', 深遠之意. '於', 歎美辭. '緝', 繼續也. '熙', 光明也. '敬止', 言其無不敬而安所止也.

『시(詩)』는 「문왕(文王)」의 시편이다. '목목(穆穆)'은 깊고 원대한 뜻이다. '오(於)'는 감탄하며 크게 칭찬하는 말이다. '집(緝)'은 끊이지 않고 이어져감이다. '희(熙)'는 밝고 환함이다. '경지(敬止)'는 그 삼가지 않음이 없어서 그치는 것에 편안함을 말하는 것이다.

詳說

○ 「大雅」二字, 蒙上章註..

'「문왕」지편(「文王」之篇)'에서 「대아(大雅)」 두 글자는 위 장의 주석85)를 이어받은 것이다.

○ 『大全』曰 : "以德容言."86)

---

84) 『대학장구』와 『대학장구대전(大學章句大全)』. 조선 내각본에도 이 내용이 실려 있다.
85) 위 장의 주석 : 전2장 "『시경(詩經)』에 말하였다. '주나라가 비록 옛 나라이나, 그 명(命)이 새롭다.'(『詩』曰 : '周雖舊邦, 其命維新.')"의 주석에 "『詩』, 「大雅·文王」之篇."이라고 한 것을 이어받음을 말한다.

'심원지의(深遠之意)'는, 『대학장구대전(大學章句大全)』에서 말하였다. "덕이 있는 용모로써 말한 것이다."

○ 三字, 出『禮記』「曲禮」.
'무불경(無不敬)'은, 세 글자가 『예기』「곡례(曲禮)」에 나온다.[87]

○ 西山眞氏曰 : "'敬止'之'敬', 擧全體言, '止於敬', 專指敬君, 言'敬'之一事也."[88]
서산 진씨(西山眞氏 : 眞德秀)가 말하였다. "'경지(敬止)'의 '경(敬)'은 전체를 들어서 말한 것이고, '공경함에 그침'은 오로지 임금을 공경하는 것을 가리키니, '경(敬)'의 한 가지 일을 말한 것이다."

○ '而'字, 當如'以'字看.
'이안소지야(而安所止也)'에서, '이(而)'자는 마땅히 '이(以)'자와 같이 보아야 한다.

○ 得所止而安之.
그치는 것을 얻어서 그것을 편안하게 여기는 것이다.

○ 朱子曰 : "'緝熙', 是工夫; '敬止', 是功效."[89]
주자(朱子)가 말하였다. "'집희(緝熙)'는 공부이고, '경지(敬止)'는 공효이다."

○ 又曰 : "'敬止'之'止', 『詩』爲語辭, 而於此斷章借辭, 以明己意, 未取本文之義."[90]

---

[86] 호광 편(胡廣 編), 『대학장구대전(大學章句大全)』.
[87] 세 글자가 『예기』「곡례(曲禮)」에 나온다 : 『예기』「곡례 상(曲禮上)」에서 "곡례(曲禮)에서 말하였다. '공경하지 않음이 없어서 공손하고 의젓함이 마치 사려 깊은 것 같으며, 말을 편안하고 일정하게 하면 백성을 편안하게 할 것이다.'(「曲禮」曰, '毋不敬, 儼若思, 安定辭, 安民哉.')"라고 하였다.
[88] 호광 편(胡廣 編), 『대학장구대전(大學章句大全)』. "西山眞氏曰 : '敬止之敬, 擧全體言無不敬之敬也, 爲人臣止於敬, 專指敬君, 言敬之一事也. 文王之敬, 包得仁敬孝慈信.'(서산 진씨가 말하였다. '경지(敬止)의 경(敬)은 전체를 들어서 공경하지 않음이 없는 경(敬)을 말한 것이고, 신하가 되어 공경함에 그침은 오로지 임금을 공경하는 것을 가리키니, 경(敬)의 한 가지 일을 말한 것이다. ······.')"
[89] 호광 편(胡廣 編), 『대학장구대전(大學章句大全)』.
[90] 주자, 『대학혹문(大學或問)』, 권2, 「대학(大學)·전(傳)10장」. "曰 : '子之說『詩』, 旣以敬止之止, 爲語助之辭, 而於此書, 又以爲所止之義, 何也?' 曰 : '古人引『詩』, 斷章或姑借其辭, 以明己意, 未必皆取本文之義也.'(말하였다. '공자가 『시경(詩經)』을 해설함에 이미 경지(敬止)의 지(止)를 어조사로 여겼는데, 이 책에서는

또[주자] 말하였다. "'경지(敬止)'의 '지(止)'는 『시경(詩經)』에서 어조사로 여겼는데, 여기서는 문장을 끊거나 말을 빌어서 자기의 뜻을 밝히되, 본문의 뜻을 취하지 않았다."

朱註
引此而言聖人之止, 無非至善, 五者乃其目之大者也. 學者於此, 究其精微之蘊, 而又推類以盡其餘, 則於天下之事, 皆有以知其所止而無疑矣.
이것을 인용하여 성인(聖人)의 그침이 지극한 선(善)이 아님이 없음을 말하였으니, 다섯 가지는 바로 그 항목의 큰 것이다. 배우는 사람이 이것에서 그 정미(精微)함의 깊음을 추구(追究)하면서, 또 유추하여 그 나머지를 다한다면[91] 천하의 일에 있어서 모두 그 그칠 곳을 알아서 의구심이 없게 될 것이다.

詳說
○ 指文王也, 亦汎指也.
'성인(聖人)'은, 문왕(文王)을 가리키니, 또한 두루 가리키는 것이다.

○ 註於此, 始說出'至善'字者, 蓋以上二節只爲喩意, 而此節乃其正意故也.
'무비지선(無非至善)'에서 보면, 주석이 여기서 비로소 '지선(至善)'자를 말한 것은 대개 위의 두 개의 구절에서 단지 뜻을 비유했기 때문에, 이 구절에서 이에 그 뜻을 바르게 한 까닭이다.

───────────────
또 그치는 곳의 뜻으로 여겼으니, 어쩜인가?' 말하였다. '옛 사람이 『시경(詩經)』을 인용함에 문장을 끊거나 혹은 짐짓 그 말을 빌어서 자기의 뜻을 밝히되, 반드시 모두 본문의 뜻을 취하지는 않았다.')"
91) 배우는 사람이 이것에서 그 정미(精微)함의 깊음을 추구(追究)하면서, 또 유추하여 그 나머지를 다한다 : 『주자어류(朱子語類)』 권16, 「대학3(大學三)」 30조목에서는 다음과 같이 설명하고 있다. "주(周)가 물었다. '『대학장구』 집주에 이르기를 '배우는 사람이 이것에서 그 정미(精微)함의 깊음을 추구(追究)하면서, 또 유추하여 그 나머지를 다한다.'라고 하였는데 무슨 뜻입니까?' 주희가 말하였다. '인륜의 큰 도에는 다섯 가지가 있는데, 이는 그 세 번째를 말하지만 여기에 그치는 것은 아니다. '그 정미(精微)함의 깊음을 추구(追究)한다'는 것은 세 번째의 안에 나아가서 그 깊은 뜻을 궁구하는 일이다. '유추하여 그 나머지를 다한다'는 것은 밖에 나아가서 미루어 넓히는 일이니 부부나 형제와 같은 부류이다.' …… '군주의 인과 신하의 공경, 자식의 효와 부모의 자애, 백성들이 군주를 미더워함에 각기 나아가서 정밀하고 자세한 점을 미루어 연구하는데 각기 다할 수 없는 이치가 있다. 이 장은 비록 인륜의 큰 절목이나 또한 세 가지만 들었을 뿐입니다. 반드시 이에 나아가서 윗사람을 섬길 때는 마땅히 어떻게 하고 아랫사람을 대할 때는 또 어떻게 해야 하는지를 미루어 넓힌 것이다. 존귀한 사람과 비천한 사람 윗사람과 아랫사람 사이에 처하는데 각각의 요체가 이와 같다.('周問 : '注云: "究其精微之蘊, 而又推類以通其餘." 何也?' 曰 : '大倫有五, 此言其三, 蓋不止此. "究其精微之蘊", 是就三者裏面窮究其蘊 ; "推類以通其餘", 是就外面推類, 如夫婦·兄弟之類.' …… '須是就君仁臣敬·子孝父慈與國人信上推究精微, 各有不盡之理. 此章雖人倫大目, 亦只擧得三件. 必須就此上推廣所以事上當如何, 所以待下又如何. 尊卑大小之間, 處之各要如此.')"

○ 節齋蔡氏曰 : "'緝熙敬止', 爲止至善之本; '仁'·'敬'·'孝'·'慈'·
'信', 止至善之目."92)
'오자내기목지대자야(五者乃其目之大者也)'에서, 절재 채씨(節齋蔡氏 : 蔡淵)93)
가 말하였다. "'집희경지(緝熙敬止)'는 지극한 선(善)에 멈추는 근본이 되며, '인
(仁)'과 '경(敬)'과 '효(孝)'와 '자(慈)'와 '신(信)'은 지극한 선(善)에 멈추는 항목
이다."

○ 爲人臣, 指服事殷.
신하가 됨은 은(殷)나라에 대해 복무(服務)하고 섬기는 것이다.

○ 猶相與也.
'교(交)'는 상여(相與)와 같다.

○ 五者.
'구기(究其)'의 '기(其)'는 다섯 가지이다.

○ 委粉·於問二反.94)
'온(蘊)'자의 음은 '위(委)'와 '분(粉)', '어(於)'와 '문(問)' 두 개의 반절이다.

○ 主'學者'言, 故又變'安'言'知'.
'지기소지(知其所止)'에서 보면, '배우는 사람'을 중심으로 하여 말했기 때문에
또 '안(安)'을 고쳐서 '지(知)'를 말하였다.

○ 新安陳氏曰 : "'學者'以下, 推廣「傳」文言外之意."95)

---

92) 호광 편(胡廣 編), 『대학장구대전(大學章句大全)』. "節齋蔡氏曰 : '緝熙敬止者, 所以爲止至善之本; 仁敬孝
慈信, 所以爲止至善之目.'(절재 채씨가 말하였다. '집희경지(緝熙敬止)라는 것은 지극한 선(善)에 멈추는 근
본이 되는 것이며, 인(仁)과 경(敬)과 효(孝)와 자(慈)와 신(信)은 지극한 선(善)에 멈추는 항목이 되는 것이
다.')"
93) 채연(蔡淵, 1156~1236) : 남송 시대의 학자로 자가 백정(伯靜)이고, 호가 절재(節齋)이며, 건주건양(建州
建陽) 사람이다. 채원정(蔡元定)의 장자이며, 주자의 사위 채침(蔡沈)의 형이다. 어려서부터 천지의 이치를
구명하고 인물의 성(性)에 공력을 다하였으며, 오경(五經)과 자사(子史)를 읽었다. 안으로는 그 아버지를 스
승 삼고, 밖으로는 주자를 섬겼다. 저서로는 『주역훈해(周易訓解)』·『역상의언(易象意言)』·『괘효사지(卦爻詞
旨)』 등이 있다.
94) 호광 편(胡廣 編), 『대학장구대전(大學章句大全)』.
95) 호광 편(胡廣 編), 『대학장구대전(大學章句大全)』. "新安陳氏曰 : '學者於此以下, 乃朱子推廣傳文言外之

신안 진씨(新安陳氏 : 陳櫟)가 말하였다. "'학자(學者)' 이하는 「전(傳)」의 글에 담긴 말 밖의 뜻을 미루어 확대하였다."

○ 南塘曰 : "「文王」以上, 以知止言; 「淇澳」以下, 以能得言."96)
남당(南塘 : 韓元震)이 말하였다. "「문왕(文王)」 이상에서는 그침을 아는 것으로써 말하였고, 「기욱(淇澳)」 이하에서는 능히 얻음으로써 말하였다."

[傳3-4]

『詩』云 : "瞻彼淇澳, 菉竹猗猗. 有斐君子! 如切如磋, 如琢如磨. 瑟兮僩兮, 赫兮喧兮, 有斐君子! 終不可諠兮." '如切如磋'者, 道學也; '如琢如磨'者, 自修也. '瑟兮僩兮'者, 恂慄也; '赫兮喧兮'者, 威儀也; '有斐君子! 終不可諠兮'者, 道盛德至善, 民之不能忘也.

『시경(詩經)』에 이르기를, "저 기수(淇水)의 물굽이를 보니, 푸른 대나무가 아름답도다. 문채 있는 군자여! 끊은 것 같고 밀은 것 같고 쪼아낸 것 같고 갈은 것 같아라. 엄숙하며 당당하며 빛이 나며 의젓하니, 문채 있는 군자여! 마침내 잊을 수 없어라." 라고 하니, '끊은 것 같고 밀은 것 같고' 라는 것은 배움을 말함이고, '쪼아낸 것 같고 갈은 것 같아라' 라는 것은 스스로 닦음이다. '엄숙하며 당당하며' 라는 것은 두려워함이고, '빛이 나며 의젓하니' 라는 것은 위엄과 거동이고, '문채 있는 군자여! 마침내 잊을 수 없어라' 라는 것은 성대한 덕과 지극히 착함을 백성들이 잊을 수 없음을 말한 것이다.

詳說

○ '澳', 於六反. '菉', 『詩』作'綠'. '猗', 叶韻音阿. '僩', 下版反. '喧', 『詩』作'咺', '諠'『詩』作'諼', 幷況晚反. '恂', 鄭氏讀作'峻'.97)

意.'(신안 진씨가 말하였다. '학자어차(學者於此) 이하는 바로 주자가 전문(傳文)의 말 밖의 뜻을 미루어 확대하였다.')

96) 『남당선생문집(南塘先生文集)』 권18, 「서(書)·지구왕복(知舊往復)·답갑치명시찬대학문목(答金稚明時粲大學問目)」. "癸丑十二月. 第三章「文王」詩以上, 以知止言; 「淇澳」詩以下, 以能得言, 而「淇澳」「烈文」, 又自分爲明德新民之止至善矣, 細考「章句」可見.(…… 제3장 「문왕(文王)」의 시편 이상에서는 그침을 아는 것으로써 말하였고, 「기욱(淇澳)」의 시편 이하에서는 능히 얻음으로써 말하였는데, …….)"

'첨피기욱(瞻彼淇澳)'에서 '욱(澳)'자의 음은 '어(於)'와 '륙(六)'의 반절이다. '록죽의의(菉竹猗猗)'에서 '록(菉)'자는『시경(詩經)』에 '록(綠)'으로 썼고, '의(猗)'는 협운(叶韻)의 음이 '아(阿)'이다. '슬혜한혜(瑟兮僩兮)'에서 '한(僩)'자의 음은 '하(下)'와 '판(版)'의 반절이다. '혁혜훤혜(赫兮喧兮)'에서 '훤(喧)'자는『시경(詩經)』에 '훤(咺)'으로 썼다. '종불가훤혜(終不可諠兮)'에서 '훤(諠)'자는『시경(詩經)』에 '훤(諼)'으로 썼으니, 아울러서 '황(況)'과 '만(晩)'의 반절음이다. '순률야(恂慄也)'에서 '순(恂)'자에 대해 정씨(鄭氏 : 鄭玄)98)가 독음(讀音)이 '준(峻)'이라고 하였다.

朱註

'『詩』',「衛風·淇澳」之篇. '淇', 水名. '澳', 隈也. '猗猗', 美盛貌, 興也.
『시(詩)』는「위풍(衛風)·기욱(淇澳)」의 시편이다. '기(淇)'는 물 이름이다. '욱(澳)'은 물굽이다. '의의(猗猗)'는 아름다움이 성대한 모양이니, 흥(興)이다.

詳說

○ 烏回反.99)
'오, 외야('澳', 隈也)'에서 '외(隈)'자의 음은 '오(烏)'와 '회(回)'의 반절이다.

○ 去聲.100)
'흥야(興也)'에서 '흥(興)'자는 거성(去聲 : 六義의 하나. 言物起詠)이다.

○ 幷指'瞻彼', 至'猗猗'.
'흥야(興也)'는 전문의 '첨피(瞻彼)'에서 '의의(猗猗)'까지[瞻彼淇澳, 菉竹猗猗] 아

---

97) 『대학장구』와 『대학장구대전(大學章句大全)』. 조선 내각본에도 이 내용이 실려 있다. 『예기주소(禮記注疏)』 권60, 「대학(大學)·음의(音義)」에는 "'淇', 音其. '澳', 本亦作'奧', 於六反. 本又作'隩', 一音烏報反. '菉', 音綠. '猗', 於宜反. '斐', 芳尾反, 一音匪, 文章貌. '磋', 七何反. '琢', 丁角反. '摩', 本亦作'磨', 末何反. 『爾雅』云: '骨曰切, 象曰磋, 玉曰琢, 石曰磨.' '僩', 下板反, 又胡板反. '赫', 許百反. '喧', 本亦作'咺', 況晚反. '諠', 許袁反. '詩'作'諼', 或作'喧', 音同. '恂', 依注音峻, 思俊反, 一音思旬反. '慄', 利悉反. '澳', 於六反. '隈', 烏四反."이라고 하였다.
98) 정현(鄭玄, 127~200) : 동한(東漢) 시대 말의 학자로 자가 강성(康成)이고, 북해 고밀(北海 高密) 사람이다. 일찍이 태학(太學)에 들어가 '경씨역(京氏易)'·'공양춘추(公羊春秋)' 등을 배웠고, 장공조(張恭祖)로부터 『고문상서(古文尙書)』·『주례(周禮)』·『좌전(左傳)』 등을 배웠으며, 마지막에는 마융(馬融)으로부터 고문경(古文經)을 배웠다. 한(漢) 대 경학을 집대성한 사람으로, 저서로는 『천문칠정론(天文七政論)』·『중후(中侯)』 등이 있다.
99) 호광 편(胡廣 編), 『대학장구대전(大學章句大全)』.
100) 호광 편(胡廣 編), 『대학장구대전(大學章句大全)』.

울러서 가리킨 것이다.

○ 新安陳氏曰：“借淇竹起興, 以美衛武公有文之君子.”101)
신안 진씨(新安陳氏：陳櫟)가 말하였다. "기수(淇水)의 대나무를 빌려 흥(興)을 일으켜서 위(衛)나라 무공(武公)이 문채 있는 군자임을 찬미한 것이다."

○ 按,「緡蠻」則所引止於所興, 故註不言'興'也,「節南山」則註釋幷取其高大之義, 故亦不言'興'也.「淇澳」·「桃夭」則初無取義於所興, 故特曰：'興也'.『章句』之精切如此. 或曰：“此二詩, 係是咏歎, 故特言'興也'云爾, 則「烈文」, 何不引興詩,「蓼蕭」·「鳲鳩」, 何不幷引其取興乎? 且『論語』「唐棣」註之'興也', 是亦取咏歎耶? 凡『詩』勿論比賦, 何莫非咏歎乎? 蓋『詩』之六義, 其起語而無取義者, 謂之'興', 故引『詩』而無以義者, 從而註之曰：'興也'云.”
살펴보건대,「면만(緡蠻)」은 인용한 것이 일으킨 것에 그친 까닭에 주석에서 '흥(興)'을 말하지 않았고,「절남산(節南山)」은 주석(註釋)에서 그 고대(高大)한 뜻을 아울러 취한 까닭에 또한 '흥(興)'을 말하지 않았다.「기욱(淇澳)」과「도요(桃夭)」도 애당초 일으킨 것에서 뜻을 취함이 없는 까닭에 다만 말하기를 '흥(興)이다.'라고 하였다.『대학장구(大學章句)』의 정밀하고 절실함이 이와 같은 것이다. 어떤 사람이 말하였다. "이 두 개의 시편이 영탄(咏歎)함에 걸리는 까닭에 다만 '흥야(興也)'라고 말했을 뿐이라면,「열문(烈文)」은 어찌하여 흥시(興詩)를 인용하지 않았으며,「육소(蓼蕭)」와「시구(鳲鳩)」는 아울러서 흥(興)을 취한 것을 인용하지 않았는가? 또『논어(論語)』「당체(唐棣)」의 주석에서 '흥야(興也)'라고 한 것은 또한 영탄을 취한 것인가? 무릇『시경(詩經)』에는 비(比)와 부(賦)는 물론이거니와 영탄함이 아닌 것이 없는가? 대개『시경(詩經)』의 육의(六義)에서 말을 일으키되 뜻을 취함이 없는 것을 일러서 '흥(興)'이라고 하는 까닭에『시경(詩經)』을 인용하되 뜻으로써 함이 없는 것을 좇아서 주석(註釋)하기를, '흥야(興也)'라고 한 것이다."

---

101) 호광 편(胡廣 編),『대학장구대전(大學章句大全)』, "新安陳氏曰：'此, 於『詩』之六義, 屬興, 借淇竹起興, 以美衛武公有文之君子也.'(신안 진씨가 말하였다. '이는『시경(詩經)』의 육의(六義)에 흥(興)에 속하니, 기수(淇水)의 대나무를 빌려 흥(興)을 일으켜서 위(衛)나라 무공(武公)이 문채 있는 군자임을 찬미한 것이다.')"

朱註

'斐', 文貌. '切'以刀鋸, '琢'以椎鑿, 皆裁物使成形質也; '磋'以鑢鍚, '磨'以沙石, 皆治物使其滑澤也.

'비(斐)'는 문채 있는 모양이다. '절(切)'은 칼이나 톱으로써 하고, '탁(琢)'은 망치나 끌로써 하니, 모두 물건을 마름질하여 형질(形質)을 이루게 하는 것이다. '차(磋)'는 줄이나 대패로써 하고, '마(磨)'는 사포(砂布)나 숫돌로써 하니, 모두 물건을 다스려서 매끄럽고 윤택하게 하는 것이다.

詳說

○ 雙峰饒氏曰 : "'有斐', 是說做成君子之人, 其初自'切磋琢磨'中來."102)

'비 문모(斐. 文貌)'에 대해,, 쌍봉 요씨(雙峰饒氏 : 饒魯)가 말하였다. "'유비(有斐)'는 군자의 경지에 도달한 사람을 말하는 것이니, 그것은 애초에 '절차탁마(切磋琢磨)'의 가운데로부터 온 것이다."

○ 音據.103)

'절이도거('切'以刀鋸)'에서 '거(鋸)'자는 음이 거(據)이다.

○ 直追反.104)

'탁이추착('琢'以椎鑿)'에서 '추(椎)'자는 직(直)과 추(追)의 반절이다.

○ 按,『詩』註作'槌', 蓋用鑿之具也.

살펴보건대,『시경(詩經)』105)의 주에는 '추(槌)'로 썼으니, 대개 뚫는 데 사용하는 도구이다.

○ 鑽物之器.

---

102) 호광 편(胡廣 編),『대학장구대전(大學章句大全)』. "雙峯饒氏曰 : '有斐, 是說做成君子之人, 所以斐然有文者, 其初自切磋琢磨中來也.'(쌍봉 요씨가 말하였다. '유비(有斐)는 군자의 경지에 도달한 사람을 말하는 것이니, 찬란하게 문채가 있는 까닭은 그것은 애초에 절차탁마(切磋琢磨)의 가운데로부터 온 것이다.')"

103)『대학장구대전(大學章句大全)』 소주에는 "'鋸', 居御反.('거(鋸)'는 거(居)와 어(御)의 반절음이다.)"라고 하였다.

104) 호광 편(胡廣 編),『대학장구대전(大學章句大全)』.

105)『시경(詩經)』:「위풍(衛風)·기욱(淇澳)」을 말하는 것이다.

'탁이추착('琢'以椎鑿)'에서 '착(鑿)'은 물건을 뚫는 기구이다.

○ 音慮.106)
'차이려탕('磋'以鑢鍚)'에서 '려(鑢)' 자는 음이 려(慮)이다.

○ 刮物之器.
'차이려탕('磋'以鑢鍚)'에서 '려(鑢)'는 물건을 깎는 기구이다.

○ '鍚', 他浪反.107)
'차이려탕('磋'以鑢鍚)'에서 '탕(鍚)' 자는 타(他)와 랑(浪)의 반절이다.

○ 平而滑之之器.
'차이려탕('磋'以鑢鍚)'에서 '탕(鍚)'은 평평하고 매끄럽게 하는 기구이다.

○ 以上錯訓, 此下順釋.
'개치물사기활택야(皆治物使其滑澤也)'에 대해, 위에서는 새김을 뒤섞었으나, 이 아래에서는 순서대로 풀이하였다.

朱註

治骨角者, 旣切而復磋之; 治玉石者, 旣琢而復磨之, 皆言其治之有緖而益致其精也. '瑟', 嚴密之貌. '僴', 武毅之貌. '赫'·'喧', 宣著盛大之貌. '諠', 忘也.

뼈와 뿔을 다스리는 사람은 이미 끊어놓고 다시 밀며, 옥과 돌을 다스리는 사람은 이미 쪼아놓고 다시 가니, 모두 그 다스림에 두서(頭緖)를 두어서 더욱 그 정교함을 이룸을 말한 것이다.108) '슬(瑟)'은 엄정하고 치밀한 모양이다. '한(僴)'은 굳세고 씩씩한 모양이다. '혁(赫)'과 '훤(喧)'은 훤히 드러내고 성대한 모양이다. '훤(諠)'은 잊음이다.109)

---

106) 호광 편(胡廣 編), 『대학장구대전(大學章句大全)』.
107) 호광 편(胡廣 編), 『대학장구대전(大學章句大全)』.
108) 『주자어류(朱子語類)』 권16, 「대학3(大學三)」 36조목에는 "뼈와 뿔은 열어서 해체하기 쉬우나 옥(玉)과 돌은 갈아 문지르는 공부를 다 해야 한다.(骨·角, 卻易開解 ; 玉·石, 儘著得磨揩工夫.)"라고 설명하였다.
109) '슬(瑟)'은 엄정하고 치밀한 모양이다. …… '훤(諠)'은 잊음이다. : 『주자어류(朱子語類)』 권16, 「대학3

詳說

○ 去聲, 下同.110)

'기절이부차지(旣切而復磋之)'에서 '부(復)'자는 거성(去聲 : 다시)이니, 아래도 같다.

○ 此二句, 又錯取其意而申釋之.

'개언기치지유서이익치기정야(皆言其治之有緒而益致其精也)'에서, 이 두 구절에서 또 그 뜻을 뒤섞어 취하여 거듭 풀이한 것이다.

○ 『大全』曰 : "'切'·'琢', 是治之有端緒; '磋'·'磨', 是益致其精細."111)

『대학장구대전(大學章句大全)』에서 말하였다. "'절(切)'과 '탁(琢)'은 물건을 다스림에 단서(端緒)가 있는 것이고, '차(磋)'와 '마(磨)'는 더욱 그 정교하고 세밀함을 이루는 것이다.

○ 朱子曰 : "就心言, 只是不麁疎."112)

'엄밀지모(嚴密之貌)'에 대해, 주자(朱子)가 말하였다. "마음에 있어서 말한 것이니, 거칠고 소략하지 않음이다."

○ 『大全』曰 : "不怠弛也."113)

'무의지모(武毅之貌)'에 대해, 『대학장구대전(大學章句大全)』에서 말하였다. "게으르고 느슨하지 않음이다."

(大學三)」 37조목에는 다음과 같이 설명되어 있다. "슬(瑟)은 조심스럽고 엄숙한 모양이다. 한(僴)은 굳센 모양이다. 준율(恂慄)은 엄숙하고 굳센 모양이다. 옛 사람들은 줄곧 이와 같이 완전하여 빈틈이 없는 뒤에야 그 위엄 있고 엄숙한 태도가 빛나고 밝아서 드러나게 된다.(瑟, 矜莊貌 ; 僴, 武貌 ; 恂慄, 嚴毅貌. 古人直是如此嚴整, 然後有那威儀烜赫著見.)"

110) 호광 편(胡廣 編), 『대학장구대전(大學章句大全)』.
111) 호광 편(胡廣 編), 『대학장구대전(大學章句大全)』. "'切'與'琢', 是治之有端緒; '磋'與'磨', 是益致其精細.('절(切)'과 '탁(琢)'은 물건을 다스림에 단서(端緒)가 있는 것이고, '차(磋)'와 '마(磨)'는 더욱 그 정교하고 세밀함을 이루는 것이다.)"
112) 『주자어류(朱子語類)』 권16, 「대학3(大學三)」 38조목. "問 : '解瑟爲嚴密, 是就心言, 抑就行言?' 曰 : '是就心言.' 問 : '心如何是密處?' 曰 : '只是不粗疎, 恁地縝密.'(물었다. '슬(瑟)을 풀이하여 빈틈없이 치밀하다고 한 것은 마음에 대하여 말한 것입니까? 아니면 행동에 관하여 말한 것입니까?' 주희가 말하였다. '마음에 관해서 말한 것이다.' 물었다. '마음은 어떠해야 치밀한 것입니까?' 말하였다. '데면데면하지 않고 이렇게 치밀하기만 하면 된다.')"
113) 호광 편(胡廣 編), 『대학장구대전(大學章句大全)』. "'嚴密', 不麤疎也; '武毅', 不怠弛也.('엄밀(嚴密)'은 거칠고 소략함이고, '무의(武毅)'는 게으르고 느슨하지 않음이다.)"

○ 雙峰饒氏曰 : "'宣著', 釋'赫'字; '盛大', 釋'喧'字."114)
'선저성대지모(宣著盛大之貌)'에 대해,, 쌍봉 요씨(雙峰饒氏 : 饒魯)가 말하였다. "'선저(宣著)'는 '혁(赫)'자를 풀이한 것이고, '성대(盛大)'는 '훤(喧)'자를 풀이한 것이다.

○ 『詩』音, 況元反.
'훤, 망야('諠', 忘也)'에서 '훤(諠)'자는, 『시경(詩經)』에서 음이 '황(況)'과 '원(元)'의 반절이다.

朱註

'道', 言也. '學', 謂講習討論之事. '自修'者, 省察克治之功. '恂慄', 戰懼也. '威', 可畏也; '儀', 可象也. 引『詩』而釋之, 以明明明德者之止於至善.
'도(道)'는 말함이다. '학(學)'은 강습(講習)하고 토론(討論)하는 일을 이른다. '자수(自修)'라는 것은 성찰하고 이겨내고 다스리는 노력이다. '준률(恂慄)'은 벌벌 떨고 두려워함이다. '위(威)'는 두려워할 만함이고, '의(儀)'는 본뜰 만함이다. 『시경(詩經)』을 인용하여 풀이하면서 밝은 덕을 밝히는 사람이 지극한 선(善)에 그침을 밝힌 것이다.

詳說

○ 幷指二'道'字.
'도, 언야(道, 言也)'에서 볼 때, 두 개의 '도(道)'자를 아울러 가리키는 것이다.

○ 悉井反.115)
'성찰극치지공(省察克治之功)'에서 '성(省)'자의 음은 '실(悉)'과 '정(井)'의 반절이다.

○ 朱子曰 : "骨角脉理可尋, 切磋之功易; 玉石渾全堅確, 琢磨之功難, 所以爲學問·自修之別."116)

---

114) 호광 편(胡廣 編), 『대학장구대전(大學章句大全)』.
115) 『대학장구대전(大學章句大全)』 소주에는 "'省', 星上聲.('성(省)'은 음이 성(星)이니 상성(上聲)이다.)"라고 하였다.
116) 주희(朱熹), 『대학혹문(大學或問)』, 권2, 「대학(大學)·전(傳)10장」. "曰 : '切磋琢磨, 何以爲學問自修之別

'성찰극치지공(省察克治之功)'에 대해, 주자(朱子)가 말하였다. "뼈와 뿔의 맥락이나 이치는 찾을 수 있어서 절차(切磋)의 공이 쉽고, 옥과 돌은 완전히 굳고 강하여 탁마(琢磨)의 공이 어려우니, 학문(學問)과 자기 수양이 구별되는 까닭이다."

○ 新安陳氏曰 : "'學', 所以致知, '知'視行爲易; '自修'所以力行, '行'視知爲難."117)

신안 진씨(新安陳氏 : 陳櫟)가 말하였다. "'학문(學問)'은 앎을 이루는 것이니 '지(知)'는 행(行)에 비하여 쉬운 것이고, '자기 수양'은 힘써 행하는 것이니 '행(行)'은 지(知)에 비하여 어려운 것이다."

○ 蛟峯方氏曰 : "兢業戒懼."118)

'전구야(戰懼也)'에 대해, 교봉 방씨(蛟峯方氏 : 方逢辰)119)가 말하였다. "삼가고 조심하며 경계하고 두려워함이다."

○ 『左傳』曰 : "有威而可畏, 謂之'威'; 有儀而可象, 謂之'儀'."120)

也?'曰 : '骨角脈理可尋, 而切磋之功易, 所謂始條理之事也; 玉石渾全堅確, 而琢磨之功難, 所謂終條理之事也.'(말하였다. '절차탁마(切磋琢磨)가 어떻게 학문(學問)과 자기수양의 구별이 되는 것입니까?' 말하였다. '뼈와 뿔의 맥락이나 이치는 찾을 수 있어서 절차(切磋)의 공이 쉬우니, 이른바 조리(條理)를 시작하는 일이고, 옥과 돌은 완전히 굳고 강하여 탁마(琢磨)의 공이 어려우니, 이른바 조리(條理)를 마치는 일이다.')

117) 호광 편(胡廣 編), 『대학장구대전(大學章句大全)』. "新安陳氏曰 : '學所以致知, 知視行爲易, 故以切磋比之, 治骨角, 猶易於治玉石也. 自修所以力行, 行知爲難, 故以琢磨比之, 治玉石則難於治骨角矣.'(신안 진씨가 말하였다. '학문(學問)은 앎을 이루는 것이니, 지(知)는 행(行)에 비하여 쉬운 것이다. 그러므로 절차(切磋)로써 비유하였으니, 뼈와 뿔을 다스림은 오히려 옥과 돌을 다스림보다 쉬운 것이다. 자기수양은 힘써 행하는 것이니, 행(行)은 지(知)에 비하여 어려운 것이다. 그러므로 탁마(琢磨)로써 비유하였으니, 옥과 돌을 다스림은 뼈와 뿔을 다스림보다 어려운 것이다.')

118) 호광 편(胡廣 編), 『대학장구대전(大學章句大全)』. "蛟峯方氏曰 : '瑟是工夫細密, 僩是工夫强毅, 恂慄是兢兢業業, 惟其兢業戒懼, 所以工夫精密而强毅.'(교봉 방씨가 말하였다. '슬(瑟)은 공부가 세밀하고, 한(僩)은 공부가 굳세며, 준율(恂慄)은 경계하고 삼가고 두려워함이니, 오직 삼가 조심하며 경계하고 두려워함이 공부가 정밀하고 굳센 것이다.')

119) 방봉진(方逢辰, 1221~1291) : 남송 시대의 학자로 원래 이름이 몽괴(夢魁)이다. 자가 군석(君錫)이고, 호가 교봉(蛟峯)이어서 학자들이 교봉선생이라 불렀으며, 순안현(淳安縣) 성곽 고방(城郭 高坊) 사람이다. 저서로는 『효경해(孝經解)』・『역외전(易外傳)』・『상서석전(尙書釋傳)』・『학용주석(學庸注釋)』・『격물입문(格物入門)』 등이 있다.

120) 『춘추좌전(春秋左傳)』 양공(襄公) 31년조에 보인다. "公曰 : '善哉! 何謂威儀?' 對曰 : '有威而可畏, 謂之威; 有儀而可象, 謂之儀, 君有君之威儀, 其臣畏而愛之, 則而象之, 故能有其國家, 令聞長世; 臣有臣之威儀, 其下畏而愛之, 故能守其官職, 保族宜家順, 是以上皆如是, 是以上下能相固也.'('…… 위엄이 있어서 두려워할 만한 것을 일러서 위(威)라 하고, 거동이 있어서 본뜰 만한 것을 일러서 의(儀)라고 한다. …….')

'위, 가외야; 의, 가상야(威, 可畏也; 儀, 可象也)'에 대해,『춘추좌전(春秋左傳)』
에서 말하였다. "위엄이 있어서 두려워할 만한 것을 일러서 '위(威)'라 하고, 거
동이 있어서 본뜰 만한 것을 일러서 '의(儀)'라고 한다."

○ '道學'以下, 是釋『詩』意也.
'도학(道學)' 이하는『시경(詩經)』의 뜻을 풀이한 것이다.

○ 『大全』曰 : "此'明'字, 謂發明."121)
'이명명명덕자지지어지선(以明明明德者之止於至善)'에서 '이명(以明)'에 대해,『
대학장구대전(大學章句大全)』에서 말하였다. "이 '명(明)'자는 발명(發明)을 이
른다."

○ 未必指武公.
'이명명명덕자(以明明明德者)'는 반드시 무공(武公)을 가리키지 않는다.

○ 此句總提.
'이명명명덕자지지어지선(以明明明德者之止於至善)'에서 이 구절은 총괄하여 제
시한 것이다.

○ 註於此, 又幷說'明明德'.
이것을 주석함에 또 아울러서 '명명덕(明明德)'을 말하였다.

○ 朱子曰 : "上言止至善之理備矣, 然其求之之方與得之之驗, 則
未之及, 故又引此以明之."122)
주자(朱子)가 말하였다. "위에서는 지극한 선(善)에 멈추는 이치가 갖추어짐을

---

121) 호광 편(胡廣 編),『대학장구대전(大學章句大全)』.
122) 주희(朱熹),『대학혹문(大學或問)』, 권2,「대학(大學)·전(傳)10장」. "曰 : '復引「淇澳」之詩, 何也?' 曰 : '上
言止於至善之理備矣, 然其所以求之之方與其得之之驗, 則未之及, 故又引此詩以發明之也. 夫如切如磋, 言
其所以講於學者, 已精而益求其精也; 如琢如磨, 言其所以修於身者, 已密而益求其密也. 此其所以擇善固執,
日就月將, 而得止於至善之由也. 恂慄者, 嚴敬之存乎中也; 威儀者, 輝光之著乎外也. 此其所以睟面盎背, 施
於四體, 而為止於至善之驗也. 盛德至善, 民不能忘, 蓋人心之所同然, 聖人既先得之, 而其充盛宣著又如此,
是以民皆仰之而不能忘也. 盛德, 以身之所得而言也; 至善, 以理之所極而言也; 切磋琢磨, 求其止於是而已
矣.'(말하였다. '다시「기욱(淇澳)」의 시편을 인용한 것은 어쩜인가?' 말하였다. '위에서는 지극한 선(善)에
멈추는 이치가 갖추어짐을 말하였으나, 그 구하는 방법과 얻는 효험에는 아직 미치지 못한 까닭에 또 이
시(詩)를 인용하여 드러내서 밝힌 것이다. …….')"

말하였으나, 그 구하는 방법과 얻는 효험에는 아직 미치지 못한 까닭에 또 이것[「기욱(淇澳)」의 시편]을 인용하여 밝힌 것이다."

朱註
'道學'・'自修', 言其所以得之之由. '恂慄'・'威儀', 言其德容表裏之盛, 卒乃指其實而歎美之也.
'도학(道學)'과 '자수(自修)'는 그것을 얻는 연유를 말한 것이다. '준률'과 '위의(威儀)'는 그 덕과 용모의 겉과 속의 성대함을 말한 것이니, 마침내 그 실제를 가리키면서 감탄하며 아름다움을 칭찬한 것이다.

詳說
○ '道'字, 帶過說.
'도학・자수(道學・自修)'에서 '도(道)'자는 대수롭지 않게 말하는 것이다.[123]

○ 玉溪盧氏曰 : "'切磋', 知至善之所止; '琢磨', 得至善之所止."[124]
'기소이득지지유(其所以得之之由)'에 대해, 옥계 노씨(玉溪盧氏 : 盧孝孫)가 말하였다. "'절차(切磋)'는 지극한 선(善)이 그칠 바를 아는 것이고, '탁마(琢磨)'는 지극한 선(善)이 그칠 바를 얻는 것이다."

○ 新安陳氏曰 : "與「經」文能得, 相照應."[125]
신안 진씨(新安陳氏 : 陳櫟)가 말하였다. "「경(經)」의 글을 능히 얻는다는 것과

---

[123] '도학・자수(道學・自修)'에서 '도(道)'자는 대수롭지 않게 말하는 것이다 :『주자어류(朱子語類)』권108에서 '帶過說'을 말하였는데, 다음 문장의 '帶說過'와 그 뜻이 같은 것이다. "緊要處, 政宜緊說, 而却以閒語帶說過也.(긴요한 곳은 정말로 긴요하게 말해야 하는데, 도리어 쓸데없는 말로써 곁들여서(대수롭지 않게) 말한다.)"
[124] 호광 편(胡廣 編),『대학장구대전(大學章句大全)』. "玉溪盧氏曰 : '切磋則知至善之所止, 琢磨則得至善之所止. 恂慄見至善之德脩於中, 威儀見至善之容著於外, 德容表裏之盛, 一至善耳, 卒指至善之實, 非盛德之外有至善, 亦非明德之外有盛德也.'(옥계 노씨가 말하였다. '절차(切磋)는 곧 지극한 선(善)이 그칠 바를 아는 것이고, 탁마(琢磨)는 곧 지극한 선(善)이 그칠 바를 얻는 것이다. …….')"
[125] 호광 편(胡廣 編),『대학장구대전(大學章句大全)』. "新安陳氏曰 : '此章釋止至善, 亦有釋知止能得之意. 於止知其所止, 知止也. 引「淇澳」而釋之, 學與自脩, 言明明德所以得止至善之由, 恂慄威儀, 盛德至善, 指其得止至善之實. 民不能忘, 已開新民得止至善之端, 下文方極言之耳.『章句』所以得之之得字, 正與經文能得之得字, 相照應.'(신안 진씨가 말하였다. '이 장은 지극한 선(善)에 그침을 풀이한 것이니, 또한 그침을 알고 능히 얻는 뜻을 풀이함이 있다. ……『대학장구』의 얻는다는 득(得)자는 참으로 경문(經文)의 능히 얻는다는 득(得)자와 더불어 서로 조응(照應)되는 것이다.')"

더불어 서로 조응(照應)되는 것이다."

○ 『大全』曰 : "'恂慄', 在裏德也; '威儀', 見於外容也."126)
'기덕용표리지성(其德容表裏之盛)'에 대해, 『대학장구대전(大學章句大全)』에서 말하였다. "'준율(恂慄)'은 속에 있는 덕이고, '위의(威儀)'는 겉에 보이는 용모이다."

○ 『大全』曰 : "謂盛德至善."127)
'졸내지기실(卒乃指其實)'에 대해, 『대학장구대전(大學章句大全)』에서 말하였다. "성대한 덕과 지극한 선(善)을 이른 것이다."

○ 主言'至善', 而'盛德', 只是帶說, 蓋此節以'道學'·'自修'·'恂慄'·'威儀', 陪'盛德'·'至善', 又以'盛德', 陪'至善', '至善', 是實之實而此一節之主也.
'지선(至善)'을 주요하게 말하였고, '성덕(盛德)'은 단지 곁들여서 말한 것이다. 대개 이 단락에서는 '도학(道學)'과 '자수(自修)'와 '준율(恂慄)'과 '위의(威儀)'로써 '성덕'과 '지선'에 보탰고, 또 '성덕'으로써 '지선'에 보탰으니, '지선'이 알맹이 가운데 알맹이로써 이 하나의 단락에 중심인 것이다.

○ 新安吳氏曰 : "理在事物, 則爲'至善', 體此理而有所得, 則爲'盛德'. '明德', 得於稟賦之初; '盛德', 得於踐履之後."128)
신안 오씨(新安吳氏 : 吳浩)129)가 말하였다. "이치가 사물에 있으면 '지선(至善)'이 되고, 이 이치를 체득하여 얻는 바가 있으면 '성덕(盛德)'이 된다. '명덕(明德)'은 선천적으로 타고나는 처음에 얻는 것이고, '성덕'은 실천하고 이행한 뒤에 얻는 것이다."

---

126) 호광 편(胡廣 編), 『대학장구대전(大學章句大全)』.
127) 호광 편(胡廣 編), 『대학장구대전(大學章句大全)』.
128) 호광 편(胡廣 編), 『대학장구대전(大學章句大全)』. "新安吳氏曰 : '理在事物, 則爲至善, 身體此理而有所得, 則爲盛德, 如君之至善是仁, 能極其仁, 卽君之盛德也. 明德, 是得於稟賦之初者; 盛德, 是得於踐履之後者, 亦只一理而已.'(신안 오씨가 말하였다. '이치가 사물에 있으면 지선(至善)이 되고, 몸으로 이 이치를 체득하여 얻는 바가 있으면 성덕(盛德)이 되니, …… 명덕(明德)은 선천적으로 타고나는 처음에 얻는 것이고, 성덕(盛德)은 실천하고 이행한 뒤에 얻는 것이니, …….')"
129) 오호(吳浩) : 송나라 때의 학자로 자가 의부(義夫)이고, 호가 직헌(直軒)이며, 휘주 휴녕(徽州 休寧) 사람이다. 저서로는 『직헌대학의(直軒大學義)』 등이 있다.

○ 指'民之不能忘'.
'졸내지기실이탄미지야(卒乃指其實而歎美之也)'에서 '탄미(歎美)'는 '민지불능망(民之不能忘)'을 가리킨다.

○ 新安陳氏曰 : "民不能忘, 已開新民, 得止至善之端, 下文方極言之."130)
신안 진씨(新安陳氏 : 陳櫟)가 말하였다. "백성이 능히 잊지 못한다는 것은 이미 새로운 백성을 열어서 지극한 선(善)에 그치는 실마리를 얻은 것이니, 아래 글에서 바야흐로 지극하게 말하였다."

[傳3-5]

『詩』云 : "於戲! 前王不忘." 君子, 賢其賢而親其親; 小人, 樂其樂而利其利, 此以没世不忘也.

『시경(詩經)』에서 이르기를 "아아! 예전의 임금을 잊지 못하겠도다."라고 하니, 군자는 그 어짊을 어질게 여기며, 그 친함을 친하게 여기고, 소인은 그 즐거움을 즐겁게 여기며, 그 이로움을 이롭게 여기나니, 이로써 이 세상에 없어도 잊지 못하는 것이다.

詳說
○ '於戲', 音烏呼. '樂', 音洛.131)
'오호(於戲)'는 음이 '오호(烏呼)'이다. '락기락(樂其樂)'에서 '락(樂)'자는 음이 락(洛)이다.

朱註
'『詩』', 「周頌·烈文」之篇. '於戲', 歎辭. '前王', 謂文武也. '君子', 謂其後賢

---

130) 호광 편(胡廣 編), 『대학장구대전(大學章句大全)』. "新安陳氏曰 : '此章釋止至善, 亦有釋知止能得之意. 於止知其所止, 知止也. 引『淇澳』而釋之, 學與自脩, 言明明德所以得止至善之由, 恂慄威儀, 盛德至善, 指其得止至善之實. 民不能忘, 已開新民, 得止至善之端, 下文方極言之耳.『章句』所以得之之得字, 正與『經』文能得之得字, 相照應.'(신안 진씨가 말하였다. '이 장은 지극한 선(善)에 그침을 풀이한 것이니, 또한 그침을 알고 능히 얻는 뜻을 풀이함이 있다. …… 백성이 능히 잊지 못한다는 것은 이미 새로운 백성을 열어서 지극한 선(善)에 그치는 실마리를 얻은 것이니, 아래 글에서 바야흐로 지극하게 말하였을 뿐이다. ……')"
131) 『대학장구대전(大學章句大全)』. 조선 내각본에도 이 내용이 실려 있다. 『예기주소(禮記注疏)』 권60, 「대학(大學)·음의(音義)」에는 "'於', 音烏, 下'於緝熙'同. '戲', 好胡反, 徐范音羲. '樂其樂', 並音岳, 又音洛, 注同."이라고 하였다.

後王. '小人', 謂後民也.

『시(詩)』는 「주송(周頌)·열문(烈文)」의 시편이다. '오호(於戲)'는 감탄사이다. '전왕(前王)'은 문왕과 무왕을 이른다. '군자(君子)'는 후세의 현철(賢哲)과 후세의 임금을 이른다. '소인(小人)'은 뒤의 백성이다.

詳說

○ 一無'之'字.132)
　'「주송·열문」지(「周頌·烈文」之)'에서 어떤 판본에는 '지(之)'자가 없다.

○ 依本文'賢'·'親'之序而先言'後賢'.
　'기후현후왕(其後賢後王)'은 본문의 '현(賢)'과 '친(親)'의 차례에 의거하여 먼저 '후현(後賢)'을 말하였다.

○ 新安陳氏曰 : "'後賢', '賢其賢'; '後王', '親其親', 下'賢'·'親'二字, 指前王之身."133)
　신안 진씨(新安陳氏 : 陳櫟)가 말하였다. "후세의 현철(賢哲)은 그 어짊을 어질게 여기고, 후세의 임금'은 그 친함을 친하게 여기니, 아래의 '현(賢)'과 '친(親)' 두 글자는 예전 임금의 몸을 가리키는 것이다."

○ 朱子曰 : "'賢其賢', 仰其德業之盛 ; '親其親', 思其覆育之恩."134)
　주자(朱子)가 말하였다. "'현기현(賢其賢)'은 그 덕업(德業)의 성대함을 우러르는 것이고, '친기친(親其親)'은 감싸 보호하여 길러주는 은혜를 생각하는 것이다."135)

---

132) 『대학장구대전(大學章句大全)』와 조선 내각본에는 '之' 자가 없다.
133) 호광 편(胡廣 編), 『대학장구대전(大學章句大全)』. "新安陳氏曰 : '後賢, 賢其賢; 後王, 親其親, 下賢·親二字, 指前王之身. 後民, 樂其樂而利其利, 下樂·利二字, 指前王之澤. 傳文雖未嘗言新民·止於至善之工夫事實, 然就親·賢·樂·利上, 見得前王不特能使當世天下無一物不得其所, 而後世尚且如此, 可見新民·止於至善之效驗矣.'(신안 진씨가 말하였다. '후세의 현철(賢哲)은 그 어짊을 어질게 여기고, 후세의 임금은 그 친함을 친하게 여기니, 아래의 현(賢)과 친(親) 두 글자는 예전 임금의 몸을 가리키는 것이다. ········.')
134) 주희(朱熹), 『대학혹문(大學或問)』, 권2, 「대학(大學)·전(傳)10장」. "曰 : '引「烈文」之詩, 而言前王之沒世不忘, 何也?' 曰 : '賢其賢者, 聞而知之, 仰其德業之盛也; 親其親者, 子孫保之, 思其覆育之恩也; 樂其樂者, 含哺鼓腹, 而安其樂也; 利其利者, 耕田鑿井, 而享其利也. 此皆先王盛德至善之餘澤, 故雖己沒世, 而人猶思之, 愈久而不能忘也. 上文之引「淇澳」, 以明明德之得所止言之, 而發新民之端也. 此引「烈文」, 以新民之得所止言之, 而著明明德之效也.'(········ 말하였다. '현기현(賢其賢)이라는 것은 들어서 아는 것이니, 그 덕업(德業)의 성대함을 우러르는 것이고, 친기친(親其親)이라는 것은 자손이 보호함이니, 감싸 보호하여 길러준 은혜를 생각하는 것이다. ········.')

○ 新安陳氏曰 : "下'樂'·'利'二字, 指前王之澤."136)
'후민야(後民也)'에 대해, 신안 진씨(新安陳氏 : 陳櫟)가 말하였다. "아래의 '락(樂)'과 '리(利)'의 두 글자는 예전 임금의 은택을 가리키는 것이다."

○ 四'其'字, 皆指前王.
「전(傳)」의 '현기현이친기친 락기락이리기리(賢其賢而親其親 樂其樂而利其利)'에서 네 개의 '기(其)'자는 모두 예전 임금을 가리킨다.

朱註
此言前王所以新民者, 止於至善, 能使天下後世, 無一物不得其所, 所以既没世而人思慕之, 愈久而不忘也.
이는 예전의 임금이 백성을 새롭게 한 것이 지극한 선(善)에 그쳐서 능히 천하와 후세로 하여금 하나의 사물이라도 그 곳을 얻지 못함이 없게 하여, 그래서 이미 이 세상에 없어도 사람들이 그를 생각하고 그리워하여 더욱 오래될수록 잊지 못함을 말한 것이다.

詳說
○ 此'者'字, 非指人也.
'전왕소이신민자(前王所以新民者)'에서 이 '자(者)'자는 사람을 가리키는 것이 아니다.

○ 此句總提.
'차언전왕소이신민자, 지어지선(此言前王所以新民者, 止於至善)'에서, 이 구절은 전체적으로 제시한 것이다.

---

135) 『주자어류(朱子語類)』 권16, 「대학3(大學三)」 45조목에는 "'군자는 그 어짊을 어질게 여긴다.'는 데 대해 묻자, 주희가 말하였다. '예컨대 공자가 문왕과 무왕의 덕을 우러른 것이 '그 어짊을 어질게 여기는' 것이고, 성왕·강왕 이후로는 그 은혜를 생각하여 기틀의 실마리를 보존한 것이 바로 '그 친함을 친하게 여긴 것'이다.'(問 : '君子賢其賢而親其親.' 曰 : '如孔子仰文武之德, 是'賢其賢', 成康以後, 思其恩而保其基緒, 便是'親其親'.)"라고 되어 있다.
136) 호광 편(胡廣 編), 『대학장구대전(大學章句大全)』. 그 내용은 다음과 같다. "新安陳氏曰 : '後賢, 賢其賢; 後王, 親其親, 下賢·親二字, 指前王之身. 後民, 樂其樂而利其利, 下樂·利二字, 指前王之澤. ……'(신안 진씨가 말하였다. '…… 후민(後民)은 그 즐거움을 즐거워하고 그 이로움을 이롭게 여기니, 아래의 '락(樂)'과 '리(利)'의 두 글자는 예전 임금의 은택을 가리키는 것이다.…….')"

○ 註於此, 又幷說'新民',
이것을 주석함에 또 '신민(新民)'을 아울러서 말하였다.

○ 此節, 雖無'至善'字, 然旣因上節'至善不忘', 而申說其'不忘'之事, 則'至善'二字, 已該其中. 故註槩以'至善'言之.
이 단락에 비록 '지선(至善)'자가 없으나, 이미 위 단락의 '지선불망(至善不忘)'에 말미암아 그 '불망(不忘)'의 일을 거듭하여 말하였으니, 곧 '지선(至善)' 두 글자가 이미 그 가운데 갖추어졌다. 그러므로 주석에서 '지선'으로 개괄하였다.

○ '天下'二字, 帶說.
'능사천하후세(能使天下後世)'에서, '천하(天下)' 두 글자는 곁들여서 말한 것이다.

○ 使其賢之親之樂之利之.
'무일물부득기소(無一物不得其所)'는, 그[군자와 소인]로 하여금 어질게 여기게 하고, 친하게 여기게 하며, 즐겁게 여기게 하고, 이롭게 여기게 하는 것이다.

○ '此以'.
'소이기몰세이인사모지(所以旣没世而人思慕之)'에서 '소이(所以)'는 '차이(此以 : 이로써)'이다.

○ 前王已没.
'소이기몰세이인사모지(所以旣没世而人思慕之)'에서 '기몰세(旣没世)'는 예전의 임금이 이미 없는 것이다.

○ 玉溪盧氏曰 : "此兩節, 相表裏, 上節卽此節之本原, 此節卽上節之效驗, 然則新民之至善, 豈在'明明德'·'至善'137)之外哉?"138)
'유구이불망야(愈久而不忘也)'에 대해, 옥계 노씨(玉溪盧氏 : 盧孝孫)가 말하였

---

137) 『대학장구대전(大學章句大全)』 소주에는 '止至善'으로 되어 있다.
138) 호광 편(胡廣 編), 『대학장구대전(大學章句大全)』.

다. "이 두 단락은 서로 겉과 속이 되니, 위의 단락은 곧 이 단락의 본원이고, 이 단락은 곧 위 단락의 효험이니, 그렇다면 백성을 새롭게 하는 지극한 선(善)이 어찌 '명명덕(明明德)'과 '지선(至善)'의 밖에 있겠는가?"

朱註

此兩節, 咏歎淫泆, 其味深長, 當熟玩之.
이 두 개의 단락은 영탄(咏歎)하고 음일(淫泆)하여 그 의미가 깊고 크니 마땅히 익숙하게 연구해야 한다.

詳說

○ '泆', 音逸.
'영탄음일(咏歎淫泆)'에서 '일(泆)'은 음이 일(逸)이다.

○ 四字, 出『禮記』「樂記」.139)
네 글자[영탄음일(咏歎淫泆)]는 『예기』「악기(樂記)」에 나온다.

○ 雙峯饒氏曰 : "'咏歎', 言其詞, '淫泆', 言其意味, 溢乎言詞之外也."140)
쌍봉 요씨(雙峯饒氏 : 饒魯)가 말하였다. "'영탄(咏歎)'은 그 말을 말하고, '음일(淫泆)'은 그 의미를 말하니, 말 밖에 넘치는 것이다.

○ 註, 雖分'明德'·'新民'言, 而其爲釋'止至善'則同焉. 今人或認此二節, 初無釋義, 只取'咏歎'之意, 則誤矣. '咏歎'乃其餘意, 故於註末, 言之耳.
주석에 비록 '명덕(明德)'과 '신민(新民)'을 나누어 말하였으나, '지지선(止至善)'을 풀이한 것은 곧 같다. 지금 사람이 간혹 이 두 구절에 애당초 뜻을 풀이함이 없다고 인정하고 다만 '영탄(咏歎)'의 뜻만 취한 것은 잘못이다. '영탄'은 바로 그 나머지 뜻이기 때문에 주석 끝에서 말하였을 뿐이다.

---

139) 出『禮記』「樂記」: 『대학장구대전(大學章句大全)』 소주에서 "『記』「樂記」, '咏歎之, 淫泆之'."라고 하였다.
140) 호광 편(胡廣 編), 『대학장구대전(大學章句大全)』. "雙峯饒氏曰 : '咏歎, 言其詞; 淫泆, 言其義, 淫泆者, 意味溢乎言詞之外也.'(쌍봉 요씨가 말하였다. '영탄(咏歎)은 그 말을 말하고, 음일(淫泆)은 그 뜻을 말하니, 음일(淫泆)이라는 것은 의미가 말 밖에 넘치는 것이다.')

○ 蒙前節註'學者'而言.

'당숙완지(當熟玩之)'는 앞 단락의 주석 가운데 '학자(學者)'141)를 이어받아서 말한 것이다.

朱註

右,「傳」之三章, 釋'止於至善'.

위는 「전(傳)」의 3장이니, '지어지선(止於至善 : 지극한 선에 그침)'을 풀이한 것이다.

詳說

○ 朱子曰 : "前三節說'止', 中一節說'至善',「烈文」, 又詠歎至善之意."142)

주자(朱子)가 말하였다. "앞의 세 단락에서는 '지(止)'를 말하였고, 중간의 한 단락에서는 '지선(至善)'을 말하였으며, 「열문(烈文)」은 또 '지극한 선(善)을 영탄(詠歎)하는 뜻이다."

○ 按, 此節十'止'字·一'至善'字, 亦合而觀之, 其義方備.

살펴보건대, 이 단락의 열 개의 '지(止)'자와 한 개의 '지선(至善)'자는 또한 합쳐서 보아야 그 뜻이 바야흐로 갖춰진다.

○ 玉溪盧氏曰 : "一節, 言物各有所當止之處; 二節, 以知止之事言; 三節, 以得所止之事言; 四節, 言至善之體, 所以立; 五節, 言至善之用, 所以行."143)

---

141) 앞 단락의 주석 가운데 '학자(學者)' : "배우는 사람이 여기서 그 정미한 깊은 속을 구명하고, ······.(學者於此, 究其精微之蘊, ······.)"에 나오는 '學者'를 말하는 것이다.
142) 『주자어류(朱子語類)』 권16, 「대학3(大學三)」 46조목. "或問'至善章'. 曰 : '此章, 前三節是說止字, 中一節說至善, 後面「烈文」一節, 又是詠歎此至善之意.'(어떤 사람이 '지선장(至善章)'을 물었다. 말하였다. '이 장의 앞 세 단락은 지(止)자를 말한 것이고, 중간의 한 단락에서는 지선(至善)을 말하였고, 뒷장의 「열문(烈文)」한 단락은 또 이 지극한 선(善)을 영탄(詠歎)하는 뜻이다.')"
143) 호광 편(胡廣 編), 『대학장구대전(大學章句大全)』. "玉溪盧氏曰 : '此章凡五節, 第一節, 言物各有所當止之處; 第二節, 言人當知所當止之處, 以知止之事而言也; 第三節, 言聖人之止, 無非至善, 以得其所止之事而言也; 第四節, 言明明德之止於至善, 乃至善之體所以立; 第五節, 言新民之止於至善, 乃至善之用所以行.'(옥계 노씨가 말하였다. '······ 첫째 단락에서는 물건마다 각각 마땅히 그쳐야 하는 것이 있음을 말하였고, 둘째 단락에서는 ······ 그칠 데를 아는 일로써 말하였고, 셋째 단락에서는 ······ 그칠 것을 얻는 일로써 말하였고, 넷째 단락에서는 ······ 지극한 선(善)의 본체가 세워지는 까닭을 말하였고, 다섯째 단락에서는 ······ 지

옥계 노씨(玉溪盧氏 : 盧孝孫)가 말하였다. "첫째 단락에서는 물건마다 각각 마땅히 그쳐야 하는 것이 있음을 말하였고, 둘째 단락에서는 그칠 데를 아는 일로써 말하였고, 셋째 단락에서는 그칠 것을 얻는 일로써 말하였고, 넷째 단락에서는 지극한 선(善)의 본체가 세워지는 까닭을 말하였고, 다섯째 단락에서는 지극한 선의 쓰임이 행해지는 까닭을 말하였다."

○ 雙峯饒氏曰 : "'明德'·'新民'兩章, 釋得甚略, 此章所釋'仁'·'敬'等條目旣詳; '學'·'修'等工夫又備, 可見「經」首三句重在此一句上矣."144)

쌍봉 요씨(雙峯饒氏 : 饒魯)가 말하였다. "'명덕(明德)'과 '신민(新民)'의 두 장은 풀이한 것이 매우 간략한데, 이 장에서 '인(仁)'과 '경(敬)' 등의 조목을 풀이한 것은 이미 상세하고, '학(學)'과 '수(修)' 등의 공부가 또 갖추어졌으니, 「경(經)」 머리의 세 구절은 중요함이 이 한 구절에 달려 있음을 볼 수 있다."

朱註

此章內, 自引「淇澳」詩以下, 舊本誤在'誠意章'下.

이 장 안에 「기욱(淇澳)」의 시편을 인용한 것으로부터 이하는 옛날 판본에 잘못되어 '성의장(誠意章)'145) 아래에 있었다.

詳說

○ 按, 明道改正本, 則此二節, 幷下'聽訟節', 在'平天下章'"天下僇矣'·'『詩』云殷之'之間".

살펴보건대, 정명도(程明道 : 程顥)가 고쳐 바르게 만든 본(本)에는 곧 이 두 단락이 아래의 '청송절(聽訟節)'과 아울러 '평천하장(平天下章)'의 '천하륙의(天下僇矣 : 천하의 죽임)'와 '『시』운은지(『詩』云殷之 : 『시경(詩經)』에 이르기를, 은나라)'146) 사이에 들어 있었다.

극한 선(善)의 쓰임이 행해지는 까닭을 말하였다.')"
144) 호광 편(胡廣 編), 『대학장구대전(大學章句大全)』. "雙峯饒氏曰 : '明德·新民兩章, 釋得甚畧, 此章所釋節目旣詳, 工夫又備, 可見「經」首三句重在此一句上. 節目, 謂仁·敬·孝·慈等; 工夫, 謂學與自脩.'[쌍봉 요씨가 말하였다. '명덕(明德)과 신민(新民)의 두 장은 풀이한 것이 매우 간략한데, 이 장에서 절목을 풀이한 것은 이미 상세하고, 공부가 또 갖추어졌으니, 「경(經)」 머리의 세 구절은 중요함이 이 한 구절에 달려 있음을 볼 수 있다. 절목은 인(仁)과 경(敬)과 효(孝)와 자(慈) 등을 이르고, 공부는 학(學)과 자수(自修)를 이른다.']"
145) 성의장(誠意章) : 「전(傳)」6장을 말한다.

○ 朱子曰 : "鄭·程二家所繫, 文意不屬, 以'盛德'·'至善'·'没世不
忘'推之, 則知其當屬乎此也."147)
주자(朱子)가 말하였다. "정현(鄭玄)과 정호(程顥) 두 사람이 연계한 것에는 글의 뜻이 이어지지 않으나, '성덕(盛德)'과 '지선(至善)'과 '몰세불망(没世不忘)'으로써 미루어보면 마땅히 이것에 이어지는 것을 알 수 있다.

---

146) '평천하장(平天下章)'의 '천하륙의 …… 『시』운은지(『詩』云殷之 : 『시경(詩經)』에 이르기를, 은나라가)': 「전(傳)」10장의 "『시경(詩經)』에 이르기를, '가파른 저 남산이여! …… 편벽되면 천하의 죽임이 되는 것이다.' 『시경(詩經)』에 이르기를, '은나라가 백성을 잃지 않았을 때에는 능히 하느님과 짝하였도다. ……'.(『詩』云 : '節彼南山! …… 辟則爲天下僇矣.' 『詩』云 : '殷之未喪師, 能配上帝. ……'.)"에서 '天下僇矣. 『詩』云殷之'를 말하는 것이다.
147) 주희(朱熹), 『대학혹문(大學或問)』, 권2, 「대학(大學)·전(傳)10장」. "曰 : '「淇澳」·「烈文」二節, 鄭本元在「誠意章」後, 而程子置之卒章之中, 子獨何以知其不然, 而屬之此也?' 曰 : '二家所繫, 文意不屬, 故有不得而從者, 且以所謂道盛德·至善·没世不忘者推之, 則知其當屬乎此矣.'(…… 말하였다. '두 사람이 연계한 것에 글의 뜻이 이어지지 않는다. 그러므로 좇지 않는 사람이 있었으니, 장차 이른바 성덕(盛德)과 지선(至善)과 몰세불망(没世不忘)으로써 미루어보면 마땅히 이것에 이어짐을 알 수 있다.')"

전4장(「傳」之四章)

[傳4-1]
子曰 : "聽訟, 吾猶人也, 必也使無訟乎." 無情者, 不得盡其辭, 大畏民志, 此謂知本.

공자가 말하기를 "송사(訟事)를 들음이 내가 남과 같으나 반드시 송사가 없게 할 것이다."라고 하였다. 실정(實情)이 없는 사람이 그 말을 다할 수 없음은 백성의 뜻을 크게 두렵게 한 까닭이니, 이것을 일러서 근본을 앎이라 하는 것이다.

朱註
'猶人', 不異於人也. '情', 實也. 引夫子之言, 而言聖人能使無實之人, 不敢盡其虛誕之辭,

'유인(猶人)'은 남과 다르지 않음이다. '정(情)'은 실정(實情)이다. 공자의 말을 인용하여 성인(聖人)이 실정이 없는 사람에게 감히 그 허망한 거짓말을 다하지 못하게 할 수 있음은,148)

詳說

○ 詳見『論語』'文莫吾猶人'註.

'유인, 불이어인야(猶人, 不異於人也)'는 『논어(論語)』 '문막오유인(文莫吾猶人 : 문은 내가 남과 같지 않으냐?)'의 주석149)에 자세하게 보인다.

○ 見『論語』「顏淵」.

'인부자지언(引夫子之言)'은 『논어(論語)』「안연(顏淵)」에 보인다.150)

---

148) 『주자어류(朱子語類)』 권16, 「대학3(大學三)」 49조목에는 「전(傳)」에서 말한 '실정(實情)이 없는 사람이 그 말을 다할 수 없음은'에 대해, 그 송사가 없게 된 이유를 말한 것이다. 그러나 먼저 마음에 품은 의지를 설복해야 그 거짓말을 다하지 못하게 할 수 있는 것이다.('無情者不得盡其辭', 便是說那無訟之由. 然惟先有以服其心志, 所以能使之不得盡其虛誕之辭.)라고 하였다.
149) 『논어(論語)』 '문막오유인(文莫吾猶人 : 문은 내가 남과 같지 않으냐?)'의 주석 : 『논어(論語)』「술이(述而)」의 "공자가 말하였다. '문(文)은 내가 남과 같지 않으냐? 군자를 몸소 행함은 곧 내가 얻음이 있지 못했노라.'(子曰 : '文莫吾猶人也? 躬行君子, 則吾未之有得.')"라는 구절의 『논어집주(論語集註)』에서 "'유인(猶人)'은 남보다 지나치지 않으나, 오히려 남에게 미칠 수 있음을 말하는 것이다.('莫', 疑辭. '猶人', 言不能過人, 而尙可以及人. '未之有得', 則全未有得, 皆自謙之辭, 而足以見言行之難易緩急, 欲人之勉其實也.)"라고 하였는데, 여기서 "'猶人', 言不能過人, 而尙可以及人."의 내용을 말하는 것이다.

○ 非理健訟者, 不能售其欺誕之姦計, 蓋不待其盡言而覺其姦.
'불감진기허탄지사(不敢盡其虛誕之辭)'라는 구절은 사리(事理)가 건전하여 소송(訴訟)한 사람이 아니면 그 속이는 간교한 계책을 행할 수 없으니, 대개 그 말을 다하기를 기다리지 않고도 그 간교함을 아는 것이다.

朱註
蓋我之明德旣明, 自然有以畏服民之心志, 故訟不待聽而自無也. 觀於此言, 可以知本末之先後矣.
대개 자신의 밝은 덕이 이미 밝아져서 자연스럽게 백성들의 마음과 뜻에 두려워하고 굴복함이 있기 때문에 송사(訟事)는 기다려서 듣지 않아도 저절로 없어졌음을 말한 것이다. 이 말을 보면 근본과 말단의 먼저 하고 뒤에 하는 것을 알 수 있다.

詳說
○ 『大全』曰 : "此推本言之, '明明德'爲本, 乃傳者言外之意."151)
'개아지명덕기명(蓋我之明德旣明)'에 대해, 『대학장구대전(大學章句大全)』에서 말하였다. "이는 근본을 미루어 말한 것이며, '명명덕(明明德)'이 근본이 되니, 이에 주해(註解)한 것이 말 밖의 뜻이 된다."

○ 『大全』曰 : "此卽'新民'."152)
'자연유이외복민지심지(自然有以畏服民之心志)'에 대해, 『대학장구대전(大學章句大全)』에서 말하였다. "이는 곧 '신민(新民)'이다."

○ 使民志畏服而無訟也, 使之者, 卽我之明德也.
'자연유이외복민지심지(自然有以畏服民之心志)'라는 구절의 내용은 백성들의 뜻으로 하여금 두려워하고 굴복하여 소송이 없게 함이니, 백성들에게 그렇게 하게 하는 것은 곧 나의 밝은 덕이다.

---

150) 『논어(論語)』「안연(顔淵)」에 보인다 : "子曰 : '聽訟, 吾猶人也, 必也使無訟乎'."의 내용이 『논어(論語)』「안연(顔淵)」편에서 인용된 것임을 말한다.
151) 호광 편(胡廣 編), 『대학장구대전(大學章句大全)』.
152) 호광 편(胡廣 編), 『대학장구대전(大學章句大全)』.

○ 倒釋以便於文.
'송부대청이자무야(訟不待聽而自無也)'는 거꾸로 풀이하여 글을 편하게 한 것이다.

朱註
觀於此言, 可以知本末之先後矣.
이 말을 보면 근본과 말단의 먼저 하고 뒤에 하는 것을 알 수 있다.

詳說
○ 夫子之言.
'관어차언(觀於此言)'은 공자(孔子: 夫子)의 말이다.

○ 添'末之先後'四字.
'가이지본말지선후의(可以知本末之先後矣)'는 '말지선후(末之先後)' 네 글자를 더한 것이다.

○ 本當先而末當後.
근본은 마땅히 먼저 해야 하고, 말단은 마땅히 뒤에 해야 한다.

○ 以無訟, 使無訟之本末, 明'明明德'·'新民'之本末, 而「傳」文舉重以該輕, 故不言'末'字.
'무송(無訟)'으로써 백성들로 하여금 송사(訟事)의 근본과 말단이 없게 하여 '명명덕(明明德)'과 '신민(新民)'의 근본과 말단을 밝혔는데, 「전(傳)」의 글에서는 중요한 것을 들어 가벼운 것을 갖추는 까닭에 '말(末)'자를 말하지 않은 것이다.

○ 玉溪盧氏曰 : "無訟可聽, 方爲新民之至善, 使民無訟, 惟明明德者能之. 聽訟, 使無訟之本末先後, 卽明德新民之本末先後也."153)

---

153) 호광 편(胡廣 編), 『대학장구대전(大學章句大全)』. "玉溪盧氏曰 : '有訟可聽, 非新民之至善; 無訟可聽, 方爲新民之至善. 無訟則民新矣, 使民無訟, 惟明明德者能之. 聽訟, 使無訟之本末先後, 卽明德新民之本末先後也.' 「經」文物有本末上, 有知止能得一節, 前章釋止至善, 而知止能得之義, 已在其中. 「經」文物有本末下, 有終始先後, 又有脩身爲本, 及本亂末治者否矣, 此言知本, 則不特終始先後之義在其中, 而爲本及本亂末治者

옥계 노씨(玉溪盧氏 : 盧孝孫)가 말하였다. "송사(訟事)를 들을 만한 것이 없어야 바야흐로 신민(新民)의 지선(至善)이 되니, 백성들로 하여금 송사가 없게 함은 오직 명덕(明德)을 밝히는 사람만이 잘할 수 있다. 송사를 들음에 백성들로 하여금 송사의 근본과 말단, 선무(先務)와 후사(後事)이 없게 하는 것은 곧 명덕과 신민의 근본과 말단이며 선무와 후사이다."

○ 朱子曰 : "使民無訟, 在我之事, 本也, 此所以聽訟爲末."154)
주자(朱子)가 말하였다. "백성으로 하여금 송사(訟事)가 없게 함을 나에게 두는 일이 근본이고, 이에 송사 들음이 말단이 되는 것이다."

○ 沙溪曰 : "小註曰'明明德爲本', 又曰'此卽新民'. 此與下小註朱子所謂'使民無訟本也, 聽訟爲末', 似不同, 更詳之."155)
사계(沙溪 : 金長生)156)가 말하였다. "소주(小註)에서 '명덕을 밝히는 것이 근본이다.' 하고, 또 말하기를 '이것이 곧 백성을 새롭게 함이다.'라고 하였다. 이는 아래 소주(小註)의 주자(朱子)가 이른바 '백성으로 하여금 송사(訟事)가 없게 하는 것이 근본이고, 송사를 들음이 말단이 된다.'라고 한 것과 더불어 같지 않은 듯하니, 다시 자세히 살펴보아야 한다."

○ 農嵒曰 : "聽訟與無訟, 皆新民之事, 但聽訟, 是無其本而從事於末者也; 無訟, 是其本旣立而末從之者也. 以此觀之, 本末之意, 明矣, 細玩『章句』, 此意了然. 若小註朱子說, 終有所未合

否之意, 亦在其中矣.'(옥계 노씨가 말하였다. '…… 송사(訟事)를 들을 만한 것이 없어야 바야흐로 신민(新民)의 지선(至善)이 된다. …… 백성들로 하여금 송사가 없게 함은 오직 명덕(明德)을 밝히는 사람만이 잘할 수 있다. 송사를 들음에 백성들로 하여금 송사의 근본과 말단, 선무(先務)와 후사(後事)이 없게 하는 것은 곧 명덕과 신민의 근본과 말단이며 선무와 후사이다. …….')

154) 호광 편(胡廣 編), 『대학장구대전(大學章句大全)』. 『주자어류(朱子語類)』 권16, 「대학3(大學三)」 48조목에는 "使他無訟, 在我之事, 本也. 怎地看, 此所以聽訟爲末."로 되어 있다.

155) 김장생(金長生), 『사계전서(沙溪全書)』 권11, 「경서변의(經書辨疑)·대학(大學)·전(傳)4장」. "聽訟註'我之明德旣明', 小註'明明德爲本'; 註'自然有以畏服民之心志', 小註'此卽新民'. 按此與下小註朱子所謂'使民無訟本也, 聽訟爲末', 似不同, 更詳之.(…… 소주(小註)에서 '명덕을 밝히는 것이 근본이다.' 하고, …… 소주에서 '이것이 곧 백성을 새롭게 함이다.'라고 하였다. 살펴보건대, 이는 아래 소주의 주자(朱子)가 이른바 '백성으로 하여금 송사(訟事)가 없게 하는 것이 근본이고, 송사를 들음이 말단이 된다.'라고 한 것과 더불어 같지 않은 듯하니, 다시 자세히 살펴보아야 한다.)"

156) 김장생(金長生, 1548~1631) : 조선 중기 학자로 자가 희원(希元)이고, 호가 사계(沙溪)이며, 본관이 광산(光山)이다. 송익필(宋翼弼)과 이이(李珥)에게 배웠으며, 벼슬이 형조참판·가의대부에 올랐으나, 벼슬에 나아가기보다는 교학(敎學)에 전념하여 송시열(宋時烈)·송준길(宋浚吉)·장유(張維)·정홍명(鄭弘溟)·조익(趙翼)·윤순거(尹舜擧)·최명길(崔鳴吉) 등 걸출한 제자들을 배출하였으며, 아들 김집(金集)도 그의 문하이다. 저서로는 『사계선생전서(沙溪先生全書)』 외에 『근사록석의(近思錄釋疑)』·『경서변의(經書辨疑)』·『상례비요(喪禮備要)』·『가례집람(家禮輯覽)』·『전례문답(典禮問答)』·『의례문해(疑禮問解)』 등이 있다.

矣.「傳」所以釋「經」也, 豈有「經」「傳」所言本末, 其義各異之理乎?"157)

농암(農巖 : 金昌協)158)이 말하였다. "송사(訟事)를 들음과 송사가 없음은 모두 백성을 새롭게 하는 일이나, 다만 송사를 들음은 그 근본이 없이 말단을 좇는 것이고, 송사가 없음은 그 근본이 이미 서서 말단이 좇는 것이다. 이로써 본다면 근본과 말단의 뜻이 분명하지만, 자세하게 『대학장구(大學章句)』를 연구해야 이 뜻이 명백해진다. 만약 소주(小註)의 주자(朱子)의 말과 같으면 끝내 합치하지 못하는 것이 있을 것이다. 「전(傳)」은 「경(經)」을 풀이한 것이니, 어찌 「경(經)」과 「전(傳)」에서 말한 근본과 말단에 그 뜻이 각각 다른 이치가 있겠는가?"

○ 按, '物有本末註'分明, 以'明德'爲本'新民'爲末, 言之, 故農巖云然耳.

살펴보건대, 사물에는 근본과 말단이 있다는 주석159)에 분명하게 '명덕(明德)'을 근본으로 삼고 '신민(新民)'을 말단으로 삼아서 말하였기 때문에 농암(農巖)이 그렇다고 말하였을 뿐이다.

○ 朱子曰 : "不論終始者, 古人釋『經』, 取其大略."160)

---

157) 김창협(金昌協), 『농암집(農巖集)』 권16, 「서(書)·답이현익경진(答李顯益庚辰)」. "聽訟與無訟, 皆新民之事, 但聽訟, 是無其本而從事於末者也; 無訟, 是其本旣立而末從之者也. 以此觀之, 則本末之意, 明矣, 細玩『章句』, 此義了然. 若小註朱子說, 終有所未合. 夫傳所以釋經也, 豈有經傳所云本末, 其義各異之理乎?"(송사(訟事)를 들음과 송사가 없음은 모두 백성을 새롭게 하는 일이나, 다만 송사를 들음은 그 근본이 없이 말단을 좇는 것이고, 송사가 없음은 그 근본이 이미 서서 말단이 좇는 것이다. 이로써 본다면 근본과 말단의 뜻이 분명하지만, 자세하게 『대학장구』를 연구해야 이 뜻이 명백해진다. 만약 소주(小註)의 주자(朱子)의 말과 같으면 끝내 합치하지 못하는 것이 있을 것이다. 무릇 전문(傳文)은 경문(經文)을 풀이한 것이니, 어찌 경(經)과 전(傳)에서 말한 근본과 말단에 그 뜻이 각각 다른 이치가 있겠는가?)"

158) 김창협(金昌協, 1651~1708) : 조선 중후기 학자로 자가 중화(仲和)이고, 호가 농암(農巖)·삼주(三洲)이며, 본관은 안동(安東)이다. 조부가 김상헌(金尙憲)이고, 아버지가 김수항(金壽恒)이며, 벼슬은 동부승지·대사성·예조참의·대사간 등을 지냈다. 저서로는 『농암집(農巖集)』 외에 『논어상설(論語詳說)』·『오자수언(五子粹言)』·『이가시선(二家詩選)』·『주자대전차의문목(朱子大全箚疑問目)』 등이 있다.

159) 사물에는 근본과 말단이 있다는 주석 : 「경(經)」1장에서 "물건에는 근본과 말단이 있고, 사업에는 마침과 시작이 있으니, 먼저 하고 뒤에 할 것을 알면 도(道)에 가까워질 것이다.(物有本末, 事有終始, 知所先後, 則近道矣.)"라 하고, 그 주석에서 "명덕(明德)은 근본이 되고, 신민(新民)은 말단이 되며, '지지(知止)'는 시작이 되고, '능득(能得)'은 마침이 되니, '본(本)'과 '시(始)'는 먼저 해야 할 것이고, '말(末)'과 '종(終)'은 뒤에 해야 할 것이다.('明德'爲本, '新民'爲末, '知止'爲始, '能得'爲終, '本'·'始'所先, '末'·'終'所後.)"라고 한 것을 말하는 것이다.

160) 주희(朱熹), 『대학혹문(大學或問)』, 권2, 「대학(大學)·전(傳)10장」. "曰 : '然則其不論夫終始者, 何也?' 曰 : '古人釋『經』, 取其大略, 未必如是之屑屑也. 且此章之下, 有闕文焉, 又安知其非本有而幷失之也耶?'(말하였다. '그렇다면 그 끝과 시작을 논하지 않은 것은 어쩜인가?' 말하였다. '옛사람이 경서를 풀이함에 그 대략을 취하였으나 반드시 이처럼 자질구레하지는 않았다. …….')"

주자(朱子)가 말하였다. "끝과 시작을 따지지 않은 것이니, 옛사람이 『경』을 풀이함에 그 대략을 취하였다."

朱註

右,「傳」之四章, 釋'本末'.
위는「전(傳)」의 4장이니, '본말(本末)'을 풀이하였다.

詳說

○ 朱子曰 : "以「傳」之結語考之, 其爲釋本末之義, 可知矣."161)
주자(朱子)가 말하였다. "「전(傳)」의 결어(結語)로써 살펴보면 그 본말(本末)의 뜻을 풀이한 것을 알 수 있다."

○ 按, 自此以下諸「傳」之末, 皆以'此謂'二字, 結之.
살펴보건대, 이로부터 아래의 여러「전(傳)」의 끝에 모두 '차위(此謂)' 두 글자로써 끝맺었다.

○ 新安陳氏曰 : "知本之當先, 則知末之當後矣."162)
신안 진씨(新安陳氏 ; 陳櫟)가 말하였다. "근본이 마땅히 먼저 해야 하는 것임을 안다면 말단이 마땅히 뒤에 해야 하는 것임을 알 것이다."

○ 蓋曰'此謂知本末', 故註常幷言'末'字.
대개 말하기를, '이것을 일러서 본말(本末)을 아는 것이라고 한다.'라고 하므로, 주석에서 항상 '말(末)'자를 아울러서 말하였다.

○「經」文, 於三綱八條之末, 皆斤斤於本末其所指各異, 而三綱之

---

161) 주희(朱熹),『대학혹문(大學或問)』, 권2,「대학(大學)·전(傳)10장」. "或問 : '聽訟一章, 鄭本元在止於信之後, 正心修身之前, 程子又進, 而實之「經」文之下, 此謂知之至也之上, 子不之從, 而實之於此, 何也?' 曰 : '以傳之結語考之, 則其爲釋本末之義, 可知矣. 以「經」之本文參之, 則其當屬於此, 可見矣. 二家之說, 有未安者, 故不得而從也.'(어떤 사람이 물었다. '…….' 말하였다. '「전(傳)」의 결어(結語)로써 살펴보면 그 본말(本末)의 뜻을 풀이한 것을 알 수 있다. …….')"
162) 호광 편(胡廣 編),『대학장구대전(大學章句大全)』. "新安陳氏曰 : '此章, 釋本末, 以結句四字知之, 知本之當先, 則自知末之當後矣.'[신안 진씨가 말하였다. '…… 근본이 마땅히 먼저 해야 하는 것임을 안다면 말단이 마땅히 뒤에 해야 하는 것임을 알 것이다.']"

本末, 尤其大者, 故註以此當之. 且特立一章曰 : "釋本末." 若曰 : "本末, 初不與於三八云爾." 則三八之名, 固非朱子之所定乎. 是奚翅如已見之昭虐而已.

『대학장구(大學章句)』「경(經)」의 글에서 삼강령(三綱領 : 明明德·新民·止於至善)과 팔조목(八條目 : 格物·致知·誠意·正心·修身·齊家·治國·平天下)의 끝에 모두 본말(本末)이 가리키는 것이 각각 다름을 분명하게 살폈는데, 삼강령의 본말이 더욱 그 큰 것이기 때문에 주석에서 이것으로써 감당하였다. 또 특별히 하나의 장(章)을 세워서 말하기를 "본말을 풀이하였다."라고 하였다. 만약 말하기를 "본말은 애당초 삼강령과 팔조목에 들지 않았을 뿐이다."라고 했다면, 삼강령과 팔조목의 이름은 진실로 주자(朱子)가 정한 것이 아닐 것이다. 이 어찌 다만 자기 견해의 현저하고 정성스러움과 같을 따름이겠는가?

朱註

此章, 舊本, 誤在'止於信'下.
이 장의 경우, 옛날 판본에는 착오(錯誤)로 인해 '지어신(止於信)' 아래에 있었다.

詳說

○ 朱子曰 : "以「經」之本文乘163)之, 則其當屬於此, 可見矣."164)
주자(朱子)가 말하였다. "「경(經)」의 본문을 좇으면 마땅히 여기에 속하는 것을 볼 수 있다."

○ 栗谷曰 : "晦齋, 以'聽訟章', 移置「經」文之末, 聽訟一章之別爲'釋本末', 尋常未知其極當, 置之「經」文之末, 恐爲得宜. 但「經」一章, 朱子則以爲孔子之言, 晦齋則以爲曾子之言, 未知何據. 若是曾子之言, 則以'子曰'結之, 宜矣; 若是孔子之言, 不應更稱'子曰'也."165)

---

163) 乘 : 주희(朱熹), 『대학혹문(大學或問)』에는 '參'으로 표기되어 있다.
164) 주희(朱熹), 『대학혹문(大學或問)』, 권2, 「대학(大學)·전(傳)10장」. "或問 : '聽訟一章, 鄭本元在止於信之後, 正心修身之前, 程子又進而實之「經」文之下, 此謂知之至也之上, 子不之從而實之於此, 何也?' 曰 : '以「傳」之結語考之, 則其爲釋本末之義, 可知矣. 以「經」之本文參之, 則其當屬於此, 可見矣. 二家之說, 有未安者, 故不得而從也.'(어떤 사람이 물었다. '……' 말하였다. '…… 「경(經)」의 본문을 참조하면 마땅히 여기에 속하는 것을 볼 수 있다. ……')"
165) 이이(李珥), 『율곡선생전서(栗谷先生全書)』권14, 「잡저(雜著)1·회재대학보유후의(晦齋大學補遺後議)」. "聽

율곡(栗谷 : 李珥)166)이 말하였다. "회재(晦齋 : 李彦迪)167)가 '청송장(聽訟章)'을 「경(經)」의 글 끝에 옮겨놓고, '청송장(聽訟章)' 하나의 장(章)을 특별히 '석본말장(釋本末章)'으로 여겼는데, 보통 그 지극히 온당(穩當)한 것인지 알 수 없으나, 「경(經)」의 글 끝에 둔 것은 아마도 마땅한 곳을 얻은 듯하다. 다만 「경(經)」 1장을 주자는 곧 공자(孔子)의 말로 여겼는데, 회재는 곧 증자(曾子 : 曾參)의 말로 여겨서 어디에 근거한 것인지 알 수 없었다. 만약 증자(曾子)의 말이라면 '자왈(子曰)'로써 끝맺는 것이 마땅하지만, 만약 공자의 말이라면 응당 다시 '자왈'을 칭하지 못하는 것이다."

○ 彼移置「經」文之末, 伊川本已如是. 但幷有下文'此謂知之至也' 六字者, 爲異耳. 蓋以「傳」文之有'曾子曰'者推之, 「經」文之有'子曰', 亦其例也. 或是引用『論語』而別之耳. 雖然三八之間, 又置本末一「傳」, 旣無悖於「經」文, 而有益於學者, 恐不必移置耳.

저[晦齋]가 「경(經)」의 글에서 끝에 옮겨놓은 것은 이천(伊川 : 程顥)의 판본에서도 이미 이와 같았다. 다만 아래 글에 '차위지지지야(此謂知之至也)'의 여섯 글자가 있는 것이 다를 뿐이다. 대개 「전(文)」의 글에 '증자왈(曾子曰)'이 있는 것으로 미루어보면 「경(經)」의 글에 '자왈'이 있는 것도 또한 그 예이다. 혹시 『논어(論語)』를 인용하면서 나누어질 수도 있을 뿐이다. 비록 그러하나 삼강령(三綱領)과 팔조목(八條目)의 사이에 또 본말(本末)에 관한 하나의 「전(傳)」을 두었는데, 이미 『경』의 글에 어긋남이 없고 학자에게도 유익하지만, 아마도 반드시 옮겨놓지는 않았을 뿐이다.

訟一節, 別爲'釋本末'章, 尋常未知其穩當, 置之「經」文之末, 恐爲得宜. 但「經」一章, 朱子則以爲孔子之言, 晦齋則以爲曾子之言, 未知何據. 若是曾子之言, 則以'子曰'結之, 宜矣; 若是孔子之言, 則不應更稱'子曰', 此不可知也.('청송장(聽訟章)' 하나의 단락을 특별히 '석본말장(釋本末章)'으로 여겼는데, 보통 그 온당(穩當)한 것인지 알 수 없으나, 「경(經)」의 글에서 끝에 둔 것은 아마도 마땅한 곳을 얻은 듯하다. 다만 「경(經)」 1장을 주자(朱子)는 곧 공자(孔子)의 말로 여겼는데, 회재(晦齋)는 곧 증자(曾子)의 말로 여겨서 어디에 근거한 것인지 알 수 없다. 만약 증자(曾子)의 말이라면 '자왈(子曰)'로써 끝맺는 것이 마땅하지만, 만약 공자의 말이라면 응당 다시 '자왈'을 칭하지 못하니, 이는 알 수 없다.)

166) 이이(李珥, 1536~1584) : 조선 중기 학자로 자가 숙헌(叔獻)이고, 호가 율곡(栗谷)·석담(石潭)·우재(愚齋)이며, 본관이 덕수(德水)이다. 벼슬은 호조좌랑·예조좌랑·이조좌랑 등을 맡았고, 1568년(선조1)에 서장관(書狀官)으로 명나라에 다녀왔다. 『명종실록』 편찬에 참여하였고, 벼슬이 우부승지 등을 거쳐 이조판서에 이르렀다. 저서로는 『성학집요(聖學輯要)』·『격몽요결(擊蒙要訣)』·『소학집주』·『순언(醇言)』·『기자실기(箕子實記)』·『동호문답(東湖問答)』·『경연일기(經筵日記)』·『석담일기(石潭日記)』 등이 있다.
167) 이언적(李彦迪, 1491~1553) : 조선 중기 학자로 자가 복고(復古)이고, 호가 회재(晦齋)·자계옹(紫溪翁)이며, 본관이 여강(驪江)이다. 벼슬이 의정부 좌찬성을 비롯하여 이조판서·예조판서·형조판서·한성부판윤·경상도관찰사·대사헌·대사간·대사성 등을 맡았으며, 죽은 뒤에는 영의정으로 추증되었다. 저서로는 『대학장구보유(大學章句補遺)』·『중용구경연의(中庸九經衍義)』·『구인록(求仁錄)』·『봉선잡의(奉先雜儀)』 등이 있다.

[傳4-2]

此謂 '知本'.

이것을 일러서 '근본을 안다.'라고 하는 것이다.

朱註

程子曰 : "衍文也."
정자(程子 : 程頤)가 말하였다. "군더더기 글이다."

詳說

○ '程子', 叔子.
'정자(程子)'는 동생 정이(程頤)이다.

○ 亦作'羨'.168)
'연(衍)'은 또한 '연(羨)'으로도 쓴다.

○ 朱子曰 : "以其複出而他無所繫也."169)
주자(朱子)가 말하였다. "그 거듭하여 나와서 따로 이어지는 곳이 없기 때문이다."

---

168) 호광 편(胡廣 編), 『대학장구대전(大學章句大全)』 소주에서는 "'衍', 延面反, 亦作羨."이라고 하였다.
169) 주희(朱熹), 『대학혹문(大學或問)』, 권2, 「대학(大學)·전(傳)10장」. "或問 : '此謂知本, 其一爲「聽訟章」之結語, 則聞命矣. 其一鄭本元在「經」文之後, 此謂知之至也之前, 而程子以爲衍文, 何也?' 曰 : '以其複出而他無所繫也.'(어떤 사람이 물었다. '차위지본(此謂知本)'은 그 하나가 '청송장(聽訟章)'의 결어가 된다면 명(命)을 듣는 것이다. 그 하나인 정씨본(鄭氏本)에는 원래 「경(經)」의 글 뒤에 있는 차위지지야(此謂知之至也)의 앞에 있었는데, 정자(程子)가 연문(衍文)으로 여긴 것은 어째서인가?' 말하였다. '그 거듭하여 나와서 따로 이어지는 곳이 없기 때문이다.')"

전5장(「傳」之五章)

[傳5-1]

> 此謂'知之至'也.

이것을 일러서 '앎의 지극함'이라고 하는 것이다.

朱註

此句之上, 別有闕文, 此特其結語耳.

이 문구(文句)의 위에 별도로 빠진 글이 있으니, 이는 다만 그 끝맺음의 말일 뿐이다.

詳說

○ 朱子曰 : "以「傳」之例推之, 而知其有闕文."170)

'별유궐문(別有闕文)'에 대해, 주자(朱子)가 말하였다. "「전(傳)」의 사례로써 미루어보면 그 빠진 글이 있음을 알 수 있다."

○ 下所補, 卽其闕文也.

아래에 보충한 것이 곧 그 빠진 글이다.

○ 朱子曰 : "以句法推之, 而知其爲結語也."171)

주자(朱子)가 말하였다. "구법(句法 : 문장을 마치는 양식)으로 미루어보면 그 끝맺는 말이 됨을 알 수 있다."

朱註

---

170) 주희(朱熹), 『대학혹문(大學或問)』, 권2, 「대학(大學)·전(傳)10장」. "或問 : '此謂知本, 其一爲「聽訟章」之結語, 則聞命矣 ; 其一鄭本元在「經」文之後, 此謂知之至也之前, 而程子以爲衍文, 何也?' 曰 : '以其複出而他無所繫也.' …… 曰 : '然則子何以知其爲釋知至之結語, 而又知其上之當有闕文也?' 曰 : '以文義與下文推之, 而知其釋知至也 ; 以句法推之, 而知其爲結語也 ; 以傳之例推之, 而知其有闕文也.'(…… 말하였다. '글의 뜻과 아래 글로써 미루어보면 그 지지(知至)를 풀이한 것임을 알 수 있다. 구법(句法)으로써 미루어보면 그 끝맺는 말이 됨을 알 수 있다. 전문(傳文)의 예로써 미루어보면 그 빠진 글이 있음을 알 수 있다.')"
171) 주희(朱熹), 『대학혹문(大學或問)』, 권2, 「대학(大學)·전(傳)10장」.

右, 「傳」之五章, 蓋釋'格物''致知'之義而今亡矣.
위는 「전(傳)」 5장이니, 대개 '격물(格物)'과 '치지(致知)'의 뜻을 풀이했는데, 지금은 없다.

> 詳說

○ 朱子曰 : "以文義與下文推之, 而知其釋知至也."172)
'개석격물치지지의(蓋釋格物致知之義)'에 대해, 주자(朱子)가 말하였다. "글의 뜻과 아래 글로써 미루어보면 그 '지지(知至)'를 풀이한 것임을 알 수 있다."

○ 上以句言曰闕, 此以章言曰亡.
'금망의(今亡矣)'에서 볼 때, 위에서는 문구(文句)로써 말하여 '궐(闕)'이라 하였고, 여기서는 장절(章節)로써 말하여 '망(亡)'이라고 하였다.

> 朱註

此章, 舊本, 通下章, 誤在「經」文之下.
이 장의 경우, 옛날 판본에는 아래 장과 통하여 착오로 인해 「경(經)」의 글 아래173)에 있었다.

> 詳說

○ 明道改正本同.
명도(明道 : 程顥)의 개정본도 같다.

> 朱註

間嘗竊取程子之意,
요사이 일찍이 가만히 정자(程子)의 뜻을 취하여,

> 詳說

---

172) 주희(朱熹), 『대학혹문(大學或問)』, 권2, 「대학(大學)·전(傳)10장」.
173) 「경(經)」의 글 아래 : 「경(經)」1장의 "欲誠其意者, 先致其知, 致知, 在格物.[그 뜻을 정성스럽게 하고자 하는 사람은 먼저 그 앎을 지극하게 하였으니, 앎을 지극하게 함은 사물을 궁구함에 달려 있다.]"을 말하는 것이다.

○ 沙溪曰 : "『韻會』'時日'也, 與中間之'間', 不類."174)
'간(間)'과 관련해서, 사계(沙溪 : 金長生)가 말하였다. "『운회(韻會)』에서 '시일(時日)'이라고 하였으며, 중간(中間)의 '간(間)'과 서로 같지 않다.

○ 按, '間', 猶近日也, 與序文'間亦'之'間', 當參看.
살펴보건대, '간(間)'은 근일(近日)과 같으니, 서문의 '간역(間亦)'175)의 '간(間)'과 마땅히 참조하여 보아야 한다.

○ 朱子曰 : "程子曰: '學莫先於致知.'176) 又曰: '『大學』之序, 先致知而後誠意', 皆言格物致知, 當先而不可後之意."177) 此所補, 雖不盡兩程子之言, 然其指趣要歸, 則不合者鮮矣.
'절취정자지의(竊取程子之意)'에 대해, 주자(朱子)가 말하였다. "정자(程子)가 말하기를 '배움은 앎을 지극하게 하는 것보다 앞서는 것이 없다.'라고 하였고, 또 말하기를 『대학(大學)』의 차례는 앎을 지극하게 하는 것을 먼저 하고, 뜻을 정성스럽게 하는 것을 뒤에 한다.'라고 하였는데, 모두 격물치지(格物致知)를 마땅

---

174) 김간(金榦), 『후재선생집(厚齋先生集)』 권22, 「차기(箚記)·대학(大學)·보망오장(補亡五章)」. "'間嘗', 沙溪先生曰 : '間, 『韻會』, 時日也; 『通考』云: 補 『傳』間嘗; 『或問』, 間, 獨與中間之間, 不類.'('간상(間嘗)'은 사계선생이 말하였다. 『운회』에서 시일(時日)이라 하였는데, 『통고』에서 「전(傳)」의 간상(間嘗)을 보충하였다고 이르렀고, 『대학혹문』에서 오직 중간(中間)의 간(間)과 서로 같지 않다고 하였다.')"

175) 서문의 '간역(間亦)' : 「대학장구서(大學章句序)」에서 "이 때문에 그 고루함을 잊고서 가려 모으고, 요사이 또한 가만히 나의 뜻을 붙여서 그 빠지고 생략된 곳을 보충하여 후세의 군자를 기다리니, ……(是以, 忘其固陋, 采而輯之, 間亦竊附己意, 補其闕略, 以俟後之君子, ……)."라고 한 내용에 나오는 '間'자를 말하는 것이다.

176) 주희(朱熹), 『대학혹문(大學或問)』, 권2, 「대학(大學)·전(傳)10장」. "曰 : '或問於程子曰: 學何爲而可以有覺也? 程子曰: 學莫先於致知, 能致其知, 則思日益明, 至於久而後有覺爾. 『書』所謂思日睿睿作聖, 董子所謂勉强學問則聞見博而知益明, 正謂此也. 學而無覺, 則亦何以學爲也哉!'(말하였다. '어떤 사람이 정자(程子)에게 물어 말하기를, 배움을 어찌해야 깨달음을 둘 수 있습니까?라고 하니, 정자(程子)가 말하기를, 배움은 앎을 지극하게 하는 것보다 앞서는 것이 없다. …….')" ; 『주자어류(朱子語類)』 권18, 「대학(大學)5·혹문(或問)하」에도 정자가 말한 내용이 보인다. '伊川謂: 學莫先於致知, 未有致知而不在敬者, 致知, 是主善而師之也; 敬, 是克一而協之也'.

177) 주희(朱熹), 『대학혹문(大學或問)』, 권2, 「대학(大學)·전(傳)10장」. "或問 : '忠信則可勉矣, 而致知爲難, 奈何?' 程子曰 : '誠敬固不可以不勉, 然天下之理, 不先知之, 亦未有能勉以行之者也. 故『大學』之序, 先致知而後誠意, 其等有不可躐者. 苟無聖人之聰明睿智, 而徒欲勉焉以踐其行事之迹, 則亦安能如彼之動容周旋無不中禮也哉? 惟其獨理之明, 乃能不待勉强而自樂循理爾. 夫人之性, 本無不善, 循理而行, 宜無難者, 惟其知之不至, 而但欲以力爲之, 是以苦其難而不知其樂耳. 知之而至, 則循理爲樂, 不循理爲不樂, 何苦而不循理以害吾樂耶? 昔嘗見有談虎傷人者, 衆莫不聞, 而其間一人神色獨變, 問其所以, 乃嘗傷於虎者也. 夫虎能傷人, 人孰不知, 然聞之有懼有不懼者, 知之有眞有不眞也. 學者之知道, 必如此人之知虎, 然後爲至耳. 若曰: 知不善之不可爲, 而猶或爲之, 則亦未嘗眞知而已矣.' 此兩條者, 皆言格物致知, 所以當先而不可後之意也.(어떤 사람이 물었다. '충성스럽고 미더우면 권면할 수 있거니와 앎을 지극히 하는 것이 어려운 것은 어째서입니까?' 정자가 말하였다. '…… 그러므로 『대학(大學)』의 차례는 앎을 지극하게 하는 것을 먼저 하고, 뜻을 정성스럽게 하는 것을 뒤에 해야 하니, 그런 것들은 차례를 뛰어넘어서는 안 되는 것이다. …….' 이 두 조목은 모두 격물치지(格物致知)를 마땅히 먼저 해야 하고 뒤에 해서는 안 된다는 뜻을 말한 것이다.)"

히 먼저 해야 하고 뒤에 해서는 안 된다는 뜻을 말한 것이다." 여기서 보충한 것이 비록 두 정자의 말을 다하지 않았으나, 그 취지(趣旨)와 요지(要旨)가 맞지 않는 것이 드물다.

朱註

間嘗竊取程子之意, 以補之, 曰 : "所謂'致知在格物'者, 言欲致吾之知, 在卽物而窮其理也.

요사이 일찍이 가만히 정자(程子)의 뜻을 취하여, 보충하여 말하였다. "이른바 '앎을 지극하게 함이 사물을 궁구함에 있다.'라고 하는 것은 나의 앎을 지극하게 하고자 한다면 사물에 나아가서 그 이치를 궁구함에 있음을 말한 것이다.

詳說

○ 此二句, 先總提而說破.

'욕치오지지, 재즉물이궁기리야(欲致吾之知, 在卽物而窮其理也)'에서, 이 두 구절은 먼저 통틀어 제시하여 설파하였다.

○ 朱子曰 : "卽夫事物之中而究其理."[178]

주자(朱子)가 말하였다. "저 사물의 가운데로 나아가서 그 이치를 구명해야 한다."

○ 又曰 : "或說格物, 扞禦外物, 是無君無父之敎也."[179]

---

178) 주희(朱熹), 『대학혹문(大學或問)』, 권2, 「대학(大學)·전(傳)10장」. "…… 理有未窮, 故其知有不盡, 知有不盡, 則其心之所發, 必不能純於義理, 而無雜乎物欲之私. 此其所以意有不誠, 心有不正, 身有不修, 而天下國家不可得而治也. 昔者聖人, 蓋有憂之, 是以於其始敎, 爲之小學, 而使之習於誠敬, 則所以收其放心, 養其德性者, 已無所不用其至矣. 及其進乎大學, 則又使之卽夫事物之中, 因其所知之理, 推而究之, 以各造乎其極, 則吾之知識, 亦得以周遍精切而無不盡也. ……(…… 이치에 궁구하지 못함이 있기 때문에 그 앎이 다하지 못함이 있으니, 앎이 다하지 못함이 있으면 그 마음의 드러나는 것이 반드시 의리에 순수하여 사사로운 물욕(物欲)에 섞임이 없을 수 없는 것이다. …… 그 대학(大學)에 나아감에 미쳐서 또 그로 하여금 저 사물의 가운데로 나아가서 그 아는 이치에 말미암아 미루어서 구명하여 각각 그 지극함에 나아가면 나의 지식(知識)이 또한 두루 미치고 정치하고 간절하여 다하지 못함이 없을 것이다. ……)"
179) 주희(朱熹), 『대학혹문(大學或問)』, 권2, 「대학(大學)·전(傳)10장」. "曰 : '近世大儒, 有爲格物致知之說者曰: 格, 猶扞也禦也, 能扞禦外物而後, 能知至道也. 又有推其說者曰: 人生而靜, 其性本無不善, 而有爲不善者, 外物誘之也, 所謂格物以致其知者, 亦曰: 扞去外物之誘, 而本然之善自明耳, 是其爲說, 不亦善乎?' 曰 : '天生烝民, 有物有則, 則物之與道, 固未始相離也. 今曰: 禦外物而後, 可以知至道, 則是絶父子而後, 可以知孝慈; 離君臣而後, 可以知仁敬也, 是安有此理哉? 若曰: 所謂外物者, 不善之誘耳, 非指君臣父子而言也, 則夫外物之誘人, 莫大於飮食男女之欲. 然推其本, 則固莫非人之所當有而不能無者也, 但於其間自有天理人欲之辨, 而不可以毫釐差耳. 惟其徒有是物, 而不能察於吾之所以行乎其間者, 孰爲天理, 孰爲人欲, 是以無以致其克復之功, 而物之誘於外者, 得以奪乎天理之本然也. 今不卽物以窮其原, 而徒惡物之誘乎己, 乃欲一切

또[주자]가 말하였다. "간혹 격물(格物)을 말하면서 외물(外物)을 막아버리니, 이는 임금도 없고 부모도 없는 가르침180)이다."

朱註
蓋人心之靈, 莫不有知, 而天下之物, 莫不有理, 惟於理有未窮, 故其知有不盡也.

대개 사람마음의 영명(靈明)은 앎을 두지 않음이 없고, 천하의 사물은 이치가 있지 않음이 없지만, 오직 이치에 궁구하지 못함이 있기 때문에 그 앎이 다하지 못함이 있는 것이다.

詳說
○ '人心之靈, 莫不有知', 朱子曰 : "足以管天下之理."181)

扞而去之, 則是必閉口枵腹然後, 可以得飮食之正, 絶滅種類然後, 可以全夫婦之別也. 是雖二氏(裔戎)無君無父之敎, 有不能充其說者, 況乎聖人大中至正之道, 而得以此亂之哉!'(말하였다. '근세 큰 학자 가운데 격물치지(格物致知)의 설명을 하는 사람이 말하기를, 격(格)은 한(扞)이나 어(禦)와 같으니, 능히 외물(外物)을 막아낸 뒤에 능히 지극한 도를 알 수 있는 것이다. …… 이른바 사물을 궁구하여 그 앎을 지극하게 하는 사람이 또한 말하기를, 외물(外物)의 유혹을 막아버려야 본연(本然)의 선(善)이 저절로 밝아질 뿐이라고 하니, 그 말한 것이 또한 선(善)하지 않은가?' 말하였다. '…… 지금 말하기를, 외물을 막은 뒤에 지극한 도를 알 수 있다면, 곧 이는 부모와 자식이 끊어진 뒤에 효도와 자애를 알 수 있으며, 임금과 신하가 헤어진 뒤에 인자함과 공경함을 알 수 있는 것이니, 이 어찌 이러한 이치가 있는가? …… 지금 외물에 나아가지 않고 그 근원을 궁구하는데 다만 외물이 자기를 유혹하는 것이 싫어서 이에 일절 막아버린다면, …… 이는 비록 두 사람의 임금도 없고 부모 없는 가르침이라도 능히 그 설명을 채우지 못하는 것이 있거늘, 하물며 성인(聖人)의 큰 중도(中道)와 지극한 정도(正道)의 도(道)가 이 어지러움을 만남에 있어서이랴!')
180) 임금도 없고 부모도 없는 가르침 : 맹자(孟子)가 묵적(墨翟)과 양주(楊朱)를 배척하고 질책한 데서 나온 말로 윤리강상(倫理綱常)이 없음을 나무라고 꾸짖는 것이다. 『맹자(孟子)』「등문공 하(滕文公下)」에 의하면, "양씨는 터럭만큼도 손해 보지 않고 자기 자신만을 위하였으니, 이는 임금이 없음이고, 묵씨는 가리지 않고 누구나 똑같이 사랑해야 한다고 주장했으니, 이는 부모가 없는 것이다. 부모가 없고 임금이 없으니, 이는 짐승인 것이다.(楊氏爲我, 是無君也; 墨氏兼愛, 是無父也. 無父無君, 是禽獸也.)"라고 하였다.
181) 주희(朱熹), 『대학혹문(大學或問)』, 권2, 「대학(大學)·전(傳)10장」. "曰 : '人之所以爲, 學心與理而已矣. 心雖一乎一身, 而其體之虛靈, 足以管乎天下之理; 理雖散在萬物, 而其用之微妙, 實不外乎一人之心, 初不可以內外精粗而論也. 然或不知此心之靈, 而無以存之, 則昏昧雜擾, 而無以窮衆理之妙. 不知衆理之妙, 而無以窮之, 則偏狹固滯, 而無以盡此心之全. 此其理勢之相須, 蓋亦有必然者. 是以聖人設敎, 使人默識此心之靈, 而存之於端莊靜一之中, 以爲窮理之本; 使人知有衆理之妙, 而窮之於學問思辨之際, 以致盡心之功. 巨細相涵, 動靜交養, 初未嘗有內外精粗之擇, 及其眞積力久, 而豁然貫通焉, 亦有以知其渾然一致, 而果無內外精粗之可言矣. 今必以是爲淺近支離, 而欲藏形匿影, 別爲一種幽深恍惚·艱難阻絶之論, 務使學者, 莽然措其心於文字言語之外, 而曰 : 道必如此然後, 可以得之, 則是近世佛學詖淫邪遁之尤者, 而欲移之以亂古人明德新民之實學, 其亦誤矣.'(말하였다. 사람이 하는 것은 마음과 이치를 배울 따름이다. 마음은 비록 한 몸에 주인이나 그 마음의 허령(虛靈)해야 충분히 천하의 이치를 관리할 수 있으며, 이치가 비록 만물에 흩어졌으나 그 쓰임이 미묘하여 실로 한 사람의 마음에서 벗어나지 않으니, 처음부터 안과 밖이나 깨끗하고 거칢으로써 논해서는 안 된다. 그런 간혹 이 마음의 영명(靈明)함을 알지 못하여 보존함이 없으면 어둡고 난잡하여 많은 이치의 오묘함을 궁구할 수 없다. 많은 이치의 오묘함을 알지 못하여 궁구함이 없으면 편협하고 꽉 막혀서 이 마음의 온전함을 다할 수 없는 것이다. …….')"; 또한 이는 명나라 학자 고청(顧淸: ?-1527)의 글에도 보인다. 『흠정화치사서무(欽定化治四書文)』 권2, 「논어상(論語上)·고청(顧淸)·학이불사즉망일절(學而不思則罔一節)」. "聖人論學與思, 廢一不可也. 夫君子合內外而成性者也. 思也學也, 可偏廢哉? 且君子所當

'인심지령, 막불유지'(人心之靈, 莫不有知)'에 대해, 주자(朱子)가 말하였다. "충분히 천하의 이치를 관리할 수 있는 것이다."

○ 此二句, 說可爲之具.
'천하지물, 막불유리(天下之物, 莫不有理)'에서, 이 두 구절은 할 수 있는 완비(完備)를 말한 것이다.

○ 朱子曰 : "程子曰 : '凡有一物, 必有一理.'[182] 又曰 : '萬物各具一理, 萬理同出一原.'[183] 又曰 : '一草一木, 亦皆有理.'[184]"
주자(朱子)가 말하였다. "정자(程子)가 말하기를 '무릇 하나의 사물이 있으면 반드시 하나의 이치가 있다.'라고 했으며, 또 말하기를 '만물은 각각 하나의 이치를 갖추었고, 온갖 이치는 하나의 근원에서 같이 나온다.'라고 했으며, 또 말하기를 '하나의 풀과 하나의 나무도 또한 모두 이치가 있다.'라고 하였다."

○ 按, 萬事各有一理, 亦如萬物.
살펴보건대, 온갖 일에는 각각 하나의 이치가 있으니, 또한 만물과 같다.

○ 不爲也.

用力者, 心與事而己矣. 心原於一而足以管天下之理, 事散於萬而實不外於一心之微, 是心與事爲一, 則學與思不可偏廢者也. 學者習其事也, 博文以益其知, 考迹以利其用, 其誰能廢學也?(성인(聖人)이 배움과 생각함에 대해 논한 것은 하나라고 없애서는 안 된다. 무릇 군자(君子)는 안과 밖을 합쳐서 성품을 이룬 사람이다. …… 장차 군자가 마땅히 힘써야 할 것은 마음과 일일 따름이다. 마음이 하나에 근원해야 충분히 천하의 이치를 관리할 수 있으며, 일이 만 가지로 흩어져도 실로 한 마음의 작은 것에서 벗어나지 않아서 마음과 일이 하나가 되면 배움과 생각함을 하나에 치우쳐 없애지 못하는 것이다. …….)"

[182] 주희(朱熹), 『대학혹문(大學或問)』, 권2, 「대학(大學)·전(傳)10장」. "程子曰 : '莫先於正心誠意, 然欲誠意, 必先致知, 而欲致知, 又在格物. 致, 盡也. 格, 至也. 凡有一物, 必有一理, 窮而至之, 所謂格物者也. 然而格物, 亦非一端, 如或讀書, 講明道義, 或論古今人物, 而別其是非, 或應接事物, 而處其當否, 皆窮理也.'(정자가 말하였다. '정심(正心)과 성의(誠意)보다 우선할 것이 없으니, 뜻을 정성스럽게 하고자 하려면 반드시 먼저 앎을 지극하게 이루어야 하고, 앎을 지극하게 이루고자 함은 또 사물을 궁구함에 달려있는 것이다. 치(致)는 극진히 함이다. 격(格)은 지극하게 함이다. 무릇 하나의 사물이 있으면 반드시 하나의 이치가 있으니, 궁구하여 지극하게 함이 이른바 격물(格物)이라는 것이다. …….)"

[183] 주희(朱熹), 『대학혹문(大學或問)』, 권2, 「대학(大學)·전(傳)10장」. "又曰 : '格物, 非欲盡窮天下之物, 但於一事上窮盡, 其他可以類推. 至於言孝, 則當求其所以爲孝者, 如何? 若一事上窮不得, 且別窮一事, 或先其易者, 或先其難者, 各隨人淺深. 譬如千蹊萬徑, 皆可以適國, 但得一道而入, 則可以推類而通其餘矣. 蓋萬物各具一理, 而萬理同出一原, 此所以可推而無不通也.'(또 말하였다. '격물(格物)은 천하의 사물을 극진히 궁구하고자 함이 아니고, 다만 하나의 일에 궁구함을 극진하게 하면 그밖에 다른 것도 유추할 수 있다. …… 대개 만물은 각각 하나의 이치를 갖추었고, 온갖 이치는 하나의 근원에서 같이 나오니, 이것이 유추하여 통하지 않음이 없는 까닭이다.')"

[184] 주희(朱熹), 『대학혹문(大學或問)』, 권2, 「대학(大學)·전(傳)10장」. "曰 : '然則先求之四端可乎?' 曰 : '求之情性, 固切於身, 然一草一木, 亦皆有理, 不可不察.'(말하였다. '…… 그러나 하나의 풀과 하나의 나무도 또한 모두 이치가 있으니, 살피지 않아서는 안 된다.')"

'미궁(未窮)'은 하지 않음이다.

○ 不能也.
'부진야(不盡也)'는 능하지 못함이다.

○ 此二句, 說不學之病.
'유어리유미궁, 고기지유부진야(惟於理有未窮, 故其知有不盡也)'에서, 이 두 구절은 배우지 못한 병폐를 말한 것이다.

朱註
是以大學始敎, 必使學者, 卽凡天下之物, 莫不因其已知之理, 而益窮之, 以求至乎其極,
이 때문에 대학(大學)에서 비로소 가르침에 반드시 학자에게 무릇 천하의 사물에 나아가서 그 이미 아는 이치에 말미암아 더욱 궁구하여 그 지극함에 이르는 것을 구하지 않음이 없게 하니,

詳說
○ 『大全』曰 : "'已知', 卽上文'人心之靈, 莫不有知'之'知'."[185]
'기이지지리(其已知之理)'에 대해, 『대학장구대전(大學章句大全)』에서 말하였다. "'이지(已知)'는 곧 윗글의 '인심지령, 막불유지(人心之靈, 莫不有知 : 사람마음의 영명함은 앎을 두지 않음이 없다)'의 '지(知)'이다."

○ 尤庵曰 : "'莫不有知', 卽人心中知覺之'知'也; '已知', 卽格物已知之知也, 兩'知'字, 所指不同."[186]
우암(尤庵 : 宋時烈)이 말하였다. "'막불유지(莫不有知)'는 곧 사람마음 가운데

---
[185] 호광 편(胡廣 編), 『대학장구대전(大學章句大全)』.
[186] 송시열(宋時烈), 『송자대전(宋子大全)』 권104, 「서(書)·답이군보세필(答李君輔世弼)」. "然來示所引「補亡章」'已知'之'知'字, 其意云何? 「補亡章」小註, '已知', 卽上文'人心之靈, 莫不有知'之'知'. 愚每謂此註未安也. 此所謂'已知'者, 蓋因'格物而已知'之'知'也. 所謂'人心之靈, 莫不有知', 卽知覺之'知'也, 兩'知'字, 自不同. 蓋以此知覺之'知'而知事物之理, 旣有所知然後, 因此'已知'之'知'而益窮之也.(…… 여기서 이른바 '이지(已知)'라는 것은 대개 사물을 궁구하여 이미 아는 '지(知)'이다. 이른바 '사람마음의 영명(靈明)함은 앎을 두지 않음이 없다.'라는 것은 곧 지각(知覺)의 '지(知)'이니, 두 '지(知)' 자는 스스로 같지 않다. 대개 지각의 '지(知)'로써 사물의 이치를 알고, 이미 안 것이 있은 뒤에 이미 아는 '지(知)'에 말미암아 더욱 궁구한다는 것이다.)"

지각(知覺)하는 '지(知)'이고, '이지(已知)'는 곧 사물을 궁구하여 이미 안다는 '지(知)'이니, 두 '지(知)'자는 가리키는 것이 같지 않다."

○ 農巖曰 : "兩'知'字, 未見其有異."187)
농암(農巖 : 金昌協)이 말하였다. "두 '지(知)'자는 차이가 있음을 보이지 않는다."

○ 按, 『或問』云 : "因其所知之理, 蓋莫不有知, 是萬事統體之知也 ; 因其所已知, 是一事端緖之知也."188)
살펴보건대, 『대학혹문(大學或問)』에서 이르기를 "그 아는 것의 이치에 말미암음은 대개 앎이 있지 않음이 없음이니, 이는 온갖 일에 전체를 통솔하는 지(知)이고, 그 이미 아는 것에 말미암음은 이는 하나의 일의 단서(端緖)인 지(知)이다."라고 하였다.

○ 此, 與前註'因其所發''因其已新'之語勢同.
이는 앞의 주석의 '인기소발(因其所發)'과 '인기이신(因其已新)'의 말의 형세와 같다.

○ 朱子曰 : "因其端而推致之, 『孟子』所謂'擴而充之', 便是'致'字意思."189)

---

187) 김창협(金昌協), 『농암집(農巖集)』 권16, 「서(書)·답이현익경진(答李顯益庚辰)」. "'補亡章' 小註, '已知'之'知', 卽上文云云, 此章'知'字, 皆以知之用言. 沙溪以'莫不有知'之'知', 爲知之體, '因其已知'之'知', 爲知之用, 恐非是. 兩'知'字, 似未見其有異.(…… 이 장의 '지(知)'자는 모두 앎의 쓰임으로써 말한 것이다. 사계(沙溪)는 '막불유지(莫不有知)'의 '지(知)'를 지(知)의 본체로 여겼고, '인기이지(因其已知)'의 '지(知)'는 지(知)의 쓰임으로 여겼는데, 아마도 옳지 않은 듯하다. 두 개의 '지(知)'자는 차이가 있음을 보이지 않는 것 같다.)"
188) 『주자어류(朱子語類)』 권18, 「대학(大學)5·혹문하(或問下)」 12조목에는 "窮理者, 因其所知而及其所未知, 因其所達而及其所未達. 人之良知, 本所固有. 然不能窮理者, 只是足於已知已達, 而不能窮其未知未達, 故見得一截, 不曾又見得一截, 此其所以於理未精也. 然仍須工夫日日增加. 今日旣格得一物, 明日又格得一物, 工夫更不住地做. 如左脚進得一步, 右脚又進一步 ; 右脚進得一步, 左脚又進, 接續不已, 自然貫通.(이치를 궁구한다는 것은 자신이 아는 것에 근거하여 알지 못하는 것에 이르는 일이며, 이미 도달한 것에 따라서 도달하지 못한 것에 이르는 일이다. 사람의 양지(良知)는 본래 지니고 있는 것이다. 그럼에도 이치를 궁구할 수 없는 것은 이미 알고 있고 이미 도달한 것에 만족하여 아직 알지 못하고 도달하지 못한 것을 궁구하지 않기 때문에 한 부분만 알 뿐, 또 한 부분을 알지 못하는 것이다. 이것이 이치에 정미(精微)하지 못한 까닭이다. 그러나 거듭하여 반드시 날마다 공부를 늘려야 한다. 오늘 이미 하나의 사물을 궁구하고, 다음날 하나의 사물을 궁구하여, 공부가 다시 머물러 있지 않게 해야 한다. 마치 왼 다리가 한 걸음 나아가고 오른 다리가 한 걸음 나아가는 것과 같다. 오른 다리가 한 걸음 나아가고 왼 다리가 또 나아가, 이어져서 그침이 없으니 자연스럽게 관통한다.)"로 되어 있다.
189) 『주자어류(朱子語類)』 권16, 「대학3(大學三)」 53조목. "'임도제가 물었다. '치지(致知)'장은 전에 궁리(窮

'익궁지(益窮之)'에 대해, 주자(朱子)가 말하였다. "그 단서에 말미암아 추구하여 지극하게 함이니, 『맹자(孟子)』에서 이른바 '확이충지(擴而充之 : 넓혀서 채워감)'는 곧 '치(致)'자의 뜻이다."

○ 此五句, 主教者, 立法而言.

'대학시교, 필사학자, 즉범천하지물, 막불인기이지지리, 이익궁지이구지호기극(大學始敎, 必使學者, 卽凡天下之物, 莫不因其已知之理, 而益窮之以求至乎其極)'에서, 이 다섯 구절은 가르치는 것을 중심으로 하여 법도를 세워서 말한 것이다.

朱註

至於用力之久而一旦豁然貫通焉, 則衆物之表裏精粗, 無不到, 而吾心之全體大用,190) 無不明矣.

노력함이 오래되어 하루아침에 훤히 깨우침에 이르면 모든 사물의 겉과 속, 깨끗한 것과 거친 것에 이르지 않음이 없고, 내 마음의 온전한 본체와 광대한 활용이 밝지 않음이 없는 것이다.

詳說

○ 此二句, 主學者, 自力而言.

理)를 말하면서 '이미 알고 있는 이치에 따라 더욱 궁구한다.'라고 하였습니다. 또한 「경」1장에 '사물의 이치가 이른 뒤에 앎이 지극해진다.'고 하여 도리어 지지(知至)가 뒤에 있습니다. 이제 '이미 알고 있는 것에 따라 더욱 궁구한다.'라고 말한다면 또 격물 앞에 있는 것입니다.' 주희가 말하였다. '앎은 앞서서 저절로 있는 것이다. 이제 막 이해하려 하면 곧 이러한 앎들이 싹터 드러나는 것이다. 만약 흐릿하게 전혀 다가가지 않는다면 앎의 단서는 통하지 않는다. 이제 막 생각하기 시작하면 이러한 핵심들이 통하게 된다. 또한 어떤 일을 하는데 어지러워지면 아는 것도 어지러워지니, 실마리를 향해 나아가야지 앎을 이해한 것은 아니다. 다만 이제 반드시 그 단서를 따라 미루어 나가 여러 방면과 수많은 실마리로 하여금 조금도 모름이 없고, 털끝만큼도 막힘이 없게 해야 한다. 맹자는 '사단이 나에게 있는 것을 모두 넓혀서 채울 줄 알면, 마치 불이 처음 타오르고 샘물이 처음 솟는 것과 같다.'라고 하였다. '넓혀서 채운다.'는 것은 '치(致)'자의 뜻이다.(任道弟問 : ''致知'章, 前說窮理處云 : '因其已知之理而益窮之.' 且「經」文'物格, 而后知至', 卻是知至在後. 今乃云'因其已知而益窮之', 則又在格物前.' 曰 : '知先自有. 才要去理會, 便是這些知萌露. 若懵然全不向著, 便是知之端未曾通. 才思量著, 便這箇骨子透出來. 且如做些事錯, 才知道錯, 便是向好門路, 卻不是方始去理會箇知. 只是如今須著因其端而推致之, 使四方八面, 千頭萬緒, 無有些不知, 無有毫髮窒礙. 孟子所謂 : 'know皆擴而充之, 若火之始然, 泉之始達.' '擴而充', 便是'致'字意思.')"
190) 全體大用 : 『주자어류(朱子語類)』 권16, 「대학3(大學三)」 61조목에는 다음과 같은 설명이 있다. "안경(安卿)이 '전체대용(全體大用)'에 묻자, 주희가 말하였다. '체와 용은 원래 서로 떨어지지 않으니, 마치 사람이 가고나 앉는 것과 같다. 앉으면 몸이 완전히 앉은 것이니 곧 체이다. 가면 몸이 완전히 가는 것이니 곧 용이다.'(安卿問 : '全體大用.' 曰 : '體用元不相離. 如人行坐 : 坐則此身全坐, 便是體 ; 行則此體全行, 便是用.')

'지어용력지구, 이일단활연관통언(至於用力之久, 而一旦豁然貫通焉)'에서, 이 두 구절은 배우는 일을 중심으로 하여 스스로 힘쓰는 것으로 말하였다.

○ 朱子曰 : "程子曰: '積累多後, 脫然有悟處'."191)
　주자(朱子)가 말하였다. "정자(程子)가 말하기를 '노력이 점점 쌓이고 시간이 많아진 뒤에 시원하게 깨닫는 곳이 있는 것이다.'라고 하였다."

○ 新安陳氏曰 : "'久'字, '一旦'字相應."192)
　신안 진씨(新安陳氏 : 陳櫟)가 말하였다. "'구(久)'자는 '일단(一旦)'자와 서로 어울린다."

○『諺』音誤.
　'조(粗)'는 『언해』의 음이 잘못되었다.193)

○ 朱子曰 : "'表'者, 人物所共由; '裏'者, 吾心所獨得."194)
　'줄물지표리정조, 무부도(衆物之表裏精粗, 無不到)'에 대해, 주자(朱子)가 말하였다. "'표(表)'라는 것은 사람과 물건이 함께 말미암는 것이고, '리(裏)'라는 것은

---

191) 주희(朱熹), 『대학혹문(大學或問)』, 권2, 「대학(大學)·전(傳)10장」. "又曰 : '窮理者, 非謂必盡窮天下之理, 又非謂止窮得一理便到, 但積累多時, 自當脫然有悟處.'(또 말하였다. '궁리(窮理)라는 것은 반드시 천하의 이치를 극진하게 궁구함에 이르는 것이 아니고, …… 다만 노력이 점점 쌓이고 시간이 많아진 뒤에 저절로 마땅히 기분 좋게 깨닫는 곳이 있는 것이다.')"
192) 호광 편(胡廣 編), 『대학장구대전(大學章句大全)』. "新安陳氏曰 : '久字與一旦字相應. 用力積累多時然後, 一朝脫然通透. 吾心之全體, 卽釋明德, 『章句』所謂具衆理者; 吾心之大用, 卽所謂應萬事者也.'(신안 진씨가 말하였다. '구(久) 자와 일단(一旦) 자는 서로 어울린다. 힘씀이 점점 쌓이고 시간이 많아진 뒤에 하루아침에 시원하게 통하는 것이다. …….')"
193) '조(粗)'는 『언해』의 음이 잘못되었다 : 언해본에 '粗조'로 되어 있다. 아마도 박문호는 『집운(集韻)』에서 "聰徂切."이라고 하였듯이 음가(音價)를 '초'로 생각한 것이다.
194) 호광 편(胡廣 編), 『대학장구대전(大學章句大全)』. "'表'者, 人物所共由; '裏'者, 吾心所獨得. 有人只就皮殼上用工, 於理之所以然者, 全無見處; 有人思慮向裏去多, 於事物上都不理會, 此乃說玄說妙之病. 二者都是偏, 若到物格知至, 則表裏精粗無不盡."('표(表)'라는 것은 사람과 물건이 함께 말미암는 것이고, '리(裏)'라는 것은 내 마음이 홀로 얻는 것이다. …….)" 『주자어류(朱子語類)』 권16, 「대학3(大學三)」 56조목. "表者, 人物之所共由 ; 裏者, 吾心之所獨得. 表者, 如父慈子孝, 雖九夷八蠻, 也出這道理不得. 裏者, 乃是至隱至微, 至親至切, 切要處. 因擧子思云 : '語大, 天下莫能載 ; 語小, 天下莫能破.' 又說'裏'字云 : '莫見乎隱, 莫顯乎微.' 此箇道理, 不惟一日間離不得, 雖一時間亦離不得, 以至終食之頃亦離不得.'('표(表)'라는 것은 사람과 물건이 함께 말미암는 것이고, '리(裏)'라는 것은 내 마음이 홀로 얻는 것이다. 겉[表]이라는 것은 아버지의 자애 자식의 효도로 비록 동쪽의 아홉 오랑캐나 남쪽의 여덟 오랑캐일지라도 이러한 도리에서 벗어나지 않는다. 안[裏]이라는 것은 지극히 은미하고 지극히 친절(親切)해서 긴요한 것이다. 따라서 자사가 '군자가 큰 것을 말하자면 천하가 실을 수 없고, 작은 것을 말하자면 천하가 깨뜨리지 못한다.'고 한 것을 들었다. 또 '리(裏)'자를 말하면서 '은미한 것보다 드러남이 없으며, 미세함보다 나타남이 없다.'라고 하였다. 이러한 도리는 하루 사이에도 떨어질 수 없을 뿐만 아니라 한 시간이라도 또한 떨어질 수 없으며, 식사를 마치는 순간에 이르러도 떨어질 수 없는 것이다.)

내 마음이 홀로 얻는 것이다."

○ 又曰 : "'博文'是'表', '約禮'是'裏'."195)
또[주자] 말하였다. "'박문(博文)'은 '표(表)'이고, '약례(約禮)'는 '리(裏)'이다."

○ 雙峯饒氏曰 : "如爲子必孝, 爲臣必忠, 是顯然易見之理, 所謂 '表'也. 其間節文之精微曲折, 是'裏'也, '精粗'亦然."196)
쌍봉 요씨(雙峯饒氏)가 말하였다. "자식이 되어서는 반드시 효도해야 하고, 신하가 되어서는 반드시 충성해야 함과 같은 것이다. 그러나 보기 쉬운 이치가 이른바 '표(表)'이고, 그 사이에 예절 규정에 관한 정미(精微)하고 곡절(曲折)한 것이 '리(裏)'이다."

○ 王溪盧氏曰 : "'表'也'粗'也, 理之用也; '裏'也'精'也, 理之體也."197)
옥계 노씨(王溪盧氏 : 盧孝孫)가 말하였다. "'표(表)'와 '조(粗)'는 이치의 쓰임이고, '리(裏)'와 '정(精)'은 이치의 본체이다."

---

195) 『주자어류(朱子語類)』 권24, 『논어6(論語六)』 17조목에서는 "聖人之敎學者, 不過博文約禮兩事爾. 博文, 是'道問學'之事, 於天下事物之理, 皆欲知之; 約禮, 是'尊德性'之事, 於吾心固有之理, 無一息而不存."이라 하였고, 『주자어류(朱子語類)』 권33, 『논어15(論語十五)』 22조목에서, "'博文約禮', 聖門之要法. 博文所以驗諸事, 約禮所以體諸身. 如此用工, 則博者可以擇中而居之不偏; 約者可以應物而動皆有則. 如此則內外交相助, 而博不至於汎濫無歸, 約不至於流遁失中矣."라고 하여, 서로 내외(內外)와 표리(表裏)에 해당하는 것임을 밝힌 내용이 있다.

196) 호광 편(胡廣 編), 『대학장구대전(大學章句大全)』. "雙峯饒氏曰 : '格物, 窮至那道理恰好闖奧處, 自表而裏, 自粗而精. 然裏之中又有裏, 精之中又有至精, 透得一重, 又有一重. 且如爲子必孝, 爲臣必忠, 此是臣子分上, 顯然易見之理, 所謂表也. 然所以爲孝爲忠, 則非一字所能盡. 如居則致其敬, 養致樂, 病致憂, 喪致哀, 祭致嚴, 皆是孝養面節目, 所謂裏也. 然所謂居致敬, 又如何而致敬? 如進退周旋, 愼齊升降, 出入揖遊, 不敢噦噫嚏咳, 不敢欠伸跛倚, 寒不敢襲, 癢不敢搔之類, 皆是致敬中之節文, 如此則居致敬, 又是裏, 其間節文之精微曲折, 又是裏也. 然此特敎之見於外者耳, 至於洞洞屬屬, 如執玉奉盈, 如弗勝以至視於無形, 聽於無聲, 又是那節文裏面骨髓, 須是格之又格, 以至於無可格, 方是極處. 精粗亦然, 如養755一也, 而有所謂養口體, 有所謂養志. 口體雖是粗, 然粗中亦有精; 養志雖是精, 然精中更有精. 若見其表不窮其裏, 見其粗不窮其精, 固不盡. 然但究其裏而遺其表, 索其精而遺其粗, 亦未盡. 須是表裏精粗無所不到, 方是物格.'(쌍봉 요씨가 말하였다. '격물(格物)은 …… 장차 자식이 되어서는 반드시 효도해야 하고, 신하가 되어서는 반드시 충성해야 하는데, 이것이 신하와 자식의 신분 상에 훤히 드러나서 보기 쉬운 이치이니, 이른바 표(表)이다. …… 그 사이에 예절 규정에 관한 정미(精微)하고 곡절(曲折)한 것이 또 리(裏)이다. …… 모름지기 표리(表裏)와 정조(精粗)에 이르지 않음이 없어야 바야흐로 물격(物格)인 것이다.')"

197) 호광 편(胡廣 編), 『대학장구대전(大學章句大全)』. "玉溪盧氏曰 : '心外無理, 故窮理卽所以致知; 理外無物, 故格物卽所以窮理. 知者, 心之神明, 乃萬理之統會而萬事萬物之主宰. 言窮理則易流於恍惚, 言格物則一歸於眞實. 表也粗, 理之用也; 裏也精也, 理之體也. 衆理之體, 卽吾心之體; 衆理之用, 卽吾心之用. 心之全體, 大用無不明, 則明明德之端, 在是矣. 物格知至, 雖二事而實一事. 故結之曰: 此謂物格, 此謂知之至也.'(옥계 노씨가 말하였다. '…… 표(表)라는 것과 조(粗)라는 것이 이치의 쓰임이고, 리(裏)라는 것과 정(精)이라는 것이 이치의 본체이다. ……')"

○ 栗谷曰 : "玉溪說誤. 在禽獸糞壤之理, 則'表'亦'粗', '裏'亦 '粗'. 凡物不可以表裏精粗, 分體用而二之也."198)

율곡(栗谷 : 李珥)가 말하였다. "옥계(玉溪 : 盧孝孫)의 변설이 잘못되었다. 짐승과 더러운 흙의 이치가 들어있으면 '표(表)'도 또한 '조(粗)'이고, '리(裏)'도 또한 '조(粗)'인 것이다. 무릇 사물은 표리(表裏)와 정조(精粗)로써 체용(體用)을 나누어 둘로 해서는 안 되는 것이다."

○ 沙溪曰 : "先賢理無'精粗'之說, 本謂無精無粗, 皆有理也. 栗谷之意, 則以爲理在精, 則表裏皆精; 在粗則表裏皆粗, 言各有當."199)

사계(沙溪 : 金長生)가 말하였다. "선현(先賢)의 리(理)에 정조(精粗)가 없다는 말은 본래 정(精)도 없고 조(粗)도 없음을 이른 것이지만 모두 리(理)가 있는 것이다. 율곡(栗谷)의 뜻은 곧 리(理)가 정(精)에 있으면 표리(表裏) 모두 정(精)이고, 조(粗)에 있으면 표리가 모두 조(粗)라고 여긴 것이니, 말마다 각각 타당함이 있다."

○ 新安陳氏曰 : "'全體', 卽具衆理者; '大用', 卽應萬事者."200)

'오심지전체대용(吾心之全體大用)'에 대해, 신안 진씨(新安陳氏 : 陳櫟)가 말하였다. "'전체(全體)'는 곧 많은 이치를 갖춘 것이고, '대용(大用)'은 곧 온갖 일에 응하는 것이다."

---

198) 김간(金幹), 『후재집(厚齋集)』 「차기(箚記)·대학(大學)」. "栗谷先生曰 : '在禽獸糞壤之理, 則表亦粗, 裡亦粗. 凡物不可以表裡精粗, 分體用而二之也.'(율곡 선생이 말하였다. '짐승과 더러운 흙의 이치가 들어있으면 이치가 곧 표(表)도 또한 조(粗)이고, 리(裏)도 또한 조(粗)인 것이다. 무릇 사물은 표리(表裏)와 정조(精粗)로써 체용(體用)을 나누어 둘로 해서는 안 되는 것이다.')"; 그리고 『율곡선생전서(栗谷先生全書)』 권32, 「어록하(語錄下)·우계집(牛溪集)」에 다음과 같은 관련 내용이 보인다. "五行一陰陽註, 精粗本末無彼此. 沙溪曰 : 熊氏註云: 太極爲精, 陰陽爲粗; 太極爲本, 陰陽爲末, 此註恐誤. 栗谷嘗曰 : 精粗本末, 以氣言也, 一理通於無精無粗無本末彼此之間也.' 後來讀朱子書, 有曰 : '不論氣之精粗, 而莫不有是理云云.' 栗谷之說, 實出於此, 熊說不可從也. 出門人鄭守夢曄『近思釋疑』. 下同."

199) 김간(金幹), 『후재집(厚齋集)』 「차기(箚記)·대학(大學)」. "或問 : '栗谷之言, 然矣. 然似與先賢理無精粗之說, 不同, 如何?' 沙溪先生曰 : '理無精粗云者, 本謂無精無粗, 皆有理也. 若栗谷之意, 則以爲理旣在精, 則表裡皆精; 在粗則表裡皆粗云爾, 言各有所當也.'(어떤 사람이 물었다. '율곡(栗谷)의 말이 그렇습니다. 그러나 선현(先賢)의 리(理)에는 정조(精粗)가 없다는 말과 같지 않으니, 어째서입니까?' 사계 선생이 말하였다. '리(理)에 정조(精粗)가 없다고 이른 것은 본래 정(精)도 없고 조(粗)도 없음을 이른 것이지만, 모두 리(理)가 있는 것이다. 율곡의 뜻 같으면 리(理)가 이미 정(精)에 있으면 표리(表裏) 모두 정(精)이고, 조(粗)에 있으면 표리가 모두 조(粗)라고 여긴 것이니, 말마다 각각 타당함이 있다.')"

200) 호광 편(胡廣 編), 『대학장구대전(大學章句大全)』. "新安陳氏曰 : '久字與一旦字, 相應, 用力積累多時然後, 一朝脫然通透. 吾心之全體, 卽釋明德, 『章句』所謂具衆理者; 吾心之大用, 卽所謂應萬事者也.'(신안 진씨가 말하였다. '…… 내 마음의 전체(全體)는 곧 명덕(明德)을 풀이한 것이니, 『대학장구』에서 이른바 많은 이치를 갖춘 것이고, 내 마음의 대용(大用)은 곧 온갖 일에 응하는 것이다.')"

○ 按, 上文尤翁所論兩‘知’字, 亦有體用意.
살펴보건대, 윗글에서 우옹(尤翁 : 宋時烈)이 논변한 ‘지(知)’자에도 또한 체용(體用)의 뜻이 있다.

○ 此二句, 說‘格致’之功效.
‘오심지전체대용, 무불명의(吾心之全體大用, 無不明矣)’에서, 이 두 구절은 ‘격치(格致)의 공효를 말한 것이다.

朱註

此謂‘物格’, 此謂‘知之至’也.
이것을 일러서 ‘사물의 궁구함'이라 하며, 이것을 일러서 ‘앎의 지극함'이라고 하는 것이다.

詳說

○ 玉溪盧氏曰 : "‘物格'·‘知至', 雖二事而實一事. 故結之曰: ‘此謂物格'‘此謂知之至'也."201)
‘차위물격, 차위지지야(此謂物格, 此謂知之至也)'에 대해, 옥계 노씨(玉溪盧氏 : 盧孝孫)가 말하였다. "‘물격(物格)'과 ‘지지(知至)'가 비록 두 가지 일이나 실제로는 한 가지 일이다. 그러므로 끝맺음하여 말하기를 ‘이를 일러서 사물의 궁구함이라고 한다.' 하였으며, ‘이를 일러서 앎의 지극함이라고 한다.'라고 한 것이다."

○ 朱子曰 : "所補第五章, 亦嘗效其文體而爲之, 竟不能成."202)
주자(朱子)가 말하였다. "제5장을 보충한 것이 또한 일찍이 그 문체를 본받아서

---

201) 호광 편(胡廣 編), 『대학장구대전(大學章句大全)』. 그 내용은 다음과 같다. "玉溪盧氏曰 : ‘心外無理, 故窮理卽所以致知; 理外無物, 故格物卽所以窮理. 知者, 心之神明, 乃萬理之統會而萬事萬物之主宰. 言窮理則易流於恍惚, 言格物則一歸於眞實. …… 物格·知至, 雖二事而實一事. 故結之曰: 此謂物格, 此謂知之至也.'"(옥계 노씨가 말하였다. "…… 물격(物格)과 지지(知至)가 비록 두 가지 일이나 실제로는 한 가지 일이다. 그러므로 끝맺음하면서 말하기를, 이를 일러서 사물의 궁구함이라고 한다고 하였으며, 이를 일러서 앎의 지극함이라고 한다고 한 것이다.')

202) 호광 편(胡廣 編), 『대학장구대전(大學章句大全)』. "問 : ‘所補第五章, 何不效其文體?' 朱子曰 : ‘亦嘗效而爲之, 竟不能成.'(물었다. ‘제5장을 보충한 것이 어찌 그 문체를 본받지 않았습니까?' 주자가 말하였다. ‘또한 일찍이 본받아서 하였으나 마침내 능히 이루지는 못하였다.')"; 이 내용은 『주자어류(朱子語類)』 권16, 「대학3(大學三)」 63조목에서도 보인다. "問 : ‘所補致知章, 何不效其文體?' 曰 : ‘亦曾效而爲之, 竟不能成. 劉原父卻會效古人爲文, 其集中有數篇論, 全似『禮記』.'"

하였으나 마침내 능히 이루지는 못하였다."

○ 尤庵曰：“非不能也, 蓋不爲也, 若使朱子捨本然理明義正之文章而强效之, 則豈不爲叔敖之優孟耶?”203)
우암(尤庵：宋時烈)이 말하였다. "능하지 못한 것이 아니라 대개 하지 않은 것이니, 만약 주자(朱子)로 하여금 본연의 이치가 밝고 의리가 바른 문장을 버리고 강제로 본받게 하였다면 어찌 손숙오(孫叔敖：楚 令尹)가 우맹(優孟)204)이 되지 않았겠는가?"

○ 按, 文有古今風氣之殊, 有難强效, 故起結則用「傳」文本體與本語, 中間則用註體, 蓋用註體然後, 言可盡而人易曉, 使其强效古奧, 又從而自註其下, 則豈可曰‘聖人之誠心與直道’哉?
살펴보건대, 문장에는 옛날과 지금의 풍기(風氣)의 차이가 있어서 억지로 본받음에 어려움이 있다. 그러므로 처음과 끝에는 곧 「전(傳)」의 글에서 본체(本體)와 본어(本語)를 쓰고, 중간에는 주석의 문체를 쓰니, 대개 주석의 문체를 쓴 뒤에 말을 다할 수 있어서 사람들이 알기 쉬운 것이다. 그로 하여금 억지로 예스럽고 심오(深奧)함을 본받게 하고, 또 좇아서 스스로 그 밑에 주석을 붙인다면 어찌 '성인(聖人)의 정성스러운 마음과 정직한 도(道)'라고 할 수 있겠는가?

---

203) 『송자대전(宋子大全)』 권106, 「서(書)·답박대숙(答朴大叔)」. "朱夫子「格致傳」, 其文體, 與他「傳」不同者, 以夫子文章, 非不能也, 蓋不爲也. 蓋孟子學孔子者也, 而七篇之書, 與『論語』迥然不同, 正程子所謂時然而已者. 若使朱夫子捨本然理明義正之文章而强使效之, 則豈不爲叔敖之優孟耶? 且後世之文, 名曰'含蓄', 而未免於晦盲; 名曰'簡古', 而未免於艱澀, 以夫子爲學者之深切, 而可反效之耶?(주자(朱子)「격치전(格致傳)」의 그 문체가 다른 「전(傳)」의 글과 같지 않은 것은 공자의 문장이 능하지 못한 것이 아니라 대개 하지 않은 것이다. …… 만약 주자(朱子)에게 본연의 이치가 밝고 의리가 바른 문장을 버리고 강제로 본받게 하였다면 어찌 숙오(叔敖)가 맹씨(孟氏)보다 우월하게 되지 않았겠는가? ……)"
204) 우맹(優孟)：춘추 시대 초(楚)나라의 유명한 우인(優人：藝能人)이다. 『사기(史記)』「골계열전(滑稽列傳)」에 의하면, 항상 담소(談笑)하고 풍유(諷諭)하였는데, 일찍이 초 장왕(莊王)이 대부의 예(禮)로써 말을 장사지내려 하자 간언하여 그만두게 하였고, 또 모방(模倣)을 잘하여 초나라 재상 손숙오(孫叔敖)의 의관을 입고 임금을 만났는데 임금이 구별하지 못하였다고 한다.

전6장(「傳」之六章)

[傳6-1]
所謂 '誠其意'者, 毋自欺也, 如惡惡臭, 如好好色, 此之謂 '自謙'. 故君子必愼其獨也.

이른바 '그 뜻을 성실히 함'이라는 것은 스스로 속이지 말음이니, 나쁜 냄새를 미워함과 같이하며, 아름다운 빛깔을 좋게 여김과 같이함이 이것을 일러서 스스로 기꺼워함이라고 한다. 그러므로 군자는 반드시 그 홀로를 삼가는 것이다.

詳說
○ '惡'·'好'·'上'字, 皆去聲. '謙', 讀爲慊, 苦劫反.[205]
'오(惡)'자와 '호(好)'자와 '상(上)'자는 모두 거성(去聲)이다. '겸(謙)'자는 독음이 겸(慊)이니, '고(苦)'와 '겁(劫)'의 반절이다.

○ '所謂'二字, 照應「經」文, 後放此. 蓋「傳」首之'所謂', 「傳」末之 '此謂', 其例一也.
'소위(所謂)' 두 글자는 「경(經)」의 글과 대조하여 보아야 하니, 뒤에도 이에 따른다. 대개 「전(傳)」 머리의 '소위(所謂)'와 「전(傳)」 끝의 '차위(此謂)'는 그 사례가 동일하다.

朱註
'誠其意'者, 自修之首也.
'성기의(誠其意 : 그 뜻을 성실히 함)'라는 것은 자기수양의 시초이다.

詳說
○ 同春曰 : "孤靑曰: '善惡之意'; 沙溪曰: '好惡之意', 沙溪說,

---

[205] 호광 편(胡廣 編),『대학장구대전(大學章句大全)』. 조선 내각본에도 이 내용이 실려 있다.『예기주소(禮記注疏)』권60,「대학(大學)·음의(音義)」에는 "'毋', 音無. '惡惡', 上烏路反, 下如字. '臭', 昌救反. '好好', 上呼報反, 下如字. '謙', 依『注』讀爲慊, 徐苦簟反."이라고 하였다.

爲是."206)

'성기의자(誠其意者)'에 대해, 동춘(同春 : 宋浚吉)이 말하였다. "고청(孤靑 : 徐起)207)이 말하기를 '선악(善惡)의 뜻이다.' 하고, 사계(沙溪 : 金長生)가 말하기를 '호오(好惡)의 뜻이다.' 하였는데, 사계의 말이 옳다."

○ 按, 以註意求之, 似當爲爲善去惡之意.
살펴보건대, 주의(註意)로써 구하였으니, 마땅히 선(善)을 하고 악(惡)을 없애야 하는 뜻이 되는 것 같다.

○ 照'淇澳章' '自修, 謂力行之始'也.
'자수지수야(自修之首也)'는, '기욱장(淇澳章)'의 '자수위역행지시(自修謂力行之始)'208)와 조응(照應)되는 것이다.

○ 新安陳氏曰 : "'誠'·'正'·'修', 皆自修之事, 而'誠意', 居其始."209)
신안 진씨(新安陳氏 : 陳櫟)가 말하였다. "'성(誠)'과 '정(正)'과 '수(修)'는 모두 자기수양의 일인데, '성의(誠意)'가 그 처음에 있다."

○ 雲峰胡氏曰 : "惟'誠意', 獨作一「傳」, 然已兼'正心'·'修身'而

---

206) 서기(徐起), 『고청선생유고(孤靑先生遺稿)』「부록(附錄)·유사(遺事)」. "沙溪先生言 : '余問于徐文仲起曰: 誠意之意, 善惡之謂乎? 好惡之謂乎? 徐曰: 善惡乃意也. 余應之曰: 若然則善似誠實爲之, 可也; 惡亦誠實爲之, 其可乎? 余意則好惡謂之意也. 善則誠實好之, 如好好色; 惡則誠實惡之, 如惡惡臭也. 徐堅執己見, 終不悟焉.' 出『經書辨疑』."(사계 선생이 말하건대, 내가 문중(文仲) 서기(徐起)에게 물어 말하였다. '성의(誠意)의 뜻이 선악(善惡)을 이른 것입니까? 호오(好惡)를 이른 것입니까?' 서기가 말하였다. '선악이 바로 뜻이다.' 내가 응하여 말하였다. '만약 그렇다면 선(善)은 곧 성실(誠實)함이 하는 것이 맞으며, 악(惡)도 또한 성실함이 하는 것이 그 맞는 것입니까? 저의 생각에는 호오를 이른 뜻입니다. 선은 곧 성실함이 좋아하니 아름다운 빛깔을 좋게 여김과 같으며, 악은 곧 성실함이 미워하니 나쁜 냄새를 싫어함과 같은 것입니다. 서기가 자기 견해를 고집하고 끝내 깨닫지 못하였다.'『경서변의(經書辨疑)』에 나온다.); 김창협,『농암집(農巖集)』권16,「서(書)·답이현익경진(答李顯益庚辰)」에도 이와 관련된 내용이 보인다. "雲峰胡氏曰 : '第三節言好惡云云, 此章, 自首至尾, 皆有好惡之意 ……'."
207) 서기(徐起, 1523~1591) : 조선 중기 학자로 자가 문중(文仲)이고, 호가 고청(孤靑)이며, 본관이 이천(利川)이다. 이지함(李之菡)과 이중호(李仲虎)에게 배웠으며, 저서로는 『고청선생유고(孤靑先生遺稿)』가 있다.
208) '기욱장(淇澳章)'의 '자수위역행지시(自修謂力行之始)' : 『대학장구집주』에서 "자수(自修)라는 것은 성찰하고 극복하여 다스리는 공력이다.(自修者, 省察克治之功.)"라고 하였으며, 신안 진씨(新安 陳氏 : 陳櫟)가 "자수(自修)는 힘써 행하는 것이다.(自修, 所以力行.)"라고 한 것을 말하는 듯하다.
209) 호광 편(胡廣 編),『대학장구대전(大學章句大全)』. "新安陳氏曰 : '前章云: 如琢如磨者, 自脩也; 誠意正心脩身, 皆自脩之事, 而誠意居其始, 故曰自脩之首.'(신안 진씨가 말하였다. '앞장에서 이르기를, 여탁여마(如琢如磨)라는 것은 자기수양이고, '성의(誠意)'와 '정심(正心)'과 '수신(修身)'은 모두 자기수양의 일인데,「성의」가 그 처음에 있기 때문에 자수지수(自修之首)라고 한다.')

言,『章』末曰'潤身'·曰'心廣', 提出'身'·'心'二字, 意已可見."210)

운봉 호씨(雲峰胡氏 : 胡炳文)가 말하였다. "오직 '성의(誠意)'만 홀로 하나의 「전(傳)」을 지었으나 이미 '정심(正心)'과 '수신(修身)'을 아울러서 말하였고, 『대학장구(大學章句)』끝에 '윤신(潤身)'이라 하며 '심광(心廣)'이라 하여 '신(身)'과 '심(心)' 두 글자를 내놓아서 뜻을 이미 볼 수 있었다."

○ 雙峰饒氏曰 : "心之正不正·身之修不修, 只判於意之誠不誠. 雖專釋'誠意', 而所以'正'·'修'之要, 實在於此. 故下二章言心不正·身不修之病, 而不言所以治病之方, 以已具於此章故也."211)

쌍봉 요씨(雙峰饒氏 : 饒魯)가 말하였다. "마음의 바름과 바르지 못함, 몸의 닦음과 닦지 못함은 단지 뜻이 성실함과 성실하지 못함을 판별할 뿐이다. 비록 오로지 '성의(誠意)'를 풀이하였더라도 '정(正)'과 '수(修)'의 요점은 실제로 여기에 있다. 그러므로 아래 두 장에서 마음의 바르지 못함과 몸의 닦지 못한 병폐를 말하면서 병폐를 다스리는 방법을 말하지 않은 까닭은 이미 이 장에 갖추었기 때문이다."

朱註

'毋'者, 禁止之辭. '自欺'云者, 知爲善以去惡, 而心之所發,212) 有未實也.

---

210) 호광 편(胡廣 編),『대학장구대전(大學章句大全)』. "雲峯胡氏曰 : '『大學』條目有八, 只作六傳, 格物致知二者, 實是一事, 故統作一傳. 自正心以下五者, 工夫次第相接, 故統作四傳. 唯誠意獨作一傳, 然誠意者, 自修之首, 已兼正心修身而言矣. 章末回潤身曰心廣, 提出身與心二字, 意已可見.'(운봉 호씨가 말하였다. '…… 오직 성의(誠意)만 홀로 하나의 전문(傳文)을 지었으나 성의라는 것은 자기수양의 첫머리로서 이미 정심(正心)과 수신(修身)을 아울러서 말하였고, 장구 끝에 윤신(潤身)이라 하며 심광(心廣)이라 하여 신(身)과 심(心) 두 글자를 내놓아서 뜻을 이미 볼 수 있었다.')"

211) 호광 편(胡廣 編),『대학장구대전(大學章句大全)』. "雙峯饒氏曰 : '心之正不正·身之修不修, 只判於意之誠不誠. 所以『中庸』·『孟子』只說誠身, 便貫了誠意·正心·修身. 此章雖專釋誠意, 而所以正心·修身之要, 實在於此. 故下二章第言心不正·身不修之病, 而不言所以治病之方, 以已具於此章故也.'(쌍봉 요씨가 말하였다. '마음의 바름과 바르지 못함, 몸의 닦음과 닦지 못함은 단지 뜻이 성실함과 성실하지 못함을 판별할 뿐이다. …… 이 장에서 비록 오로지 성의(誠意)를 풀이하였더라도 정심(正心)과 수신(修身)의 요점은 실제로 여기에 있다. 그러므로 아래 두 장에서 마음의 바르지 못함과 몸의 닦지 못한 병폐를 말하면서 병폐를 다스리는 방법을 말하지 않은 까닭은 이미 이 장에 갖추었기 때문이다.')"

212)『주자어류(朱子語類)』권16,『대학3(大學三)』107조목에는 다음과 같은 논쟁이 있다. "問 : '「誠意」章「自欺」注, 今改本恐不如舊注好.' 曰 : '何也?' 曰 : '今注云 : 「心之所發, 陽善陰惡, 則其好善惡惡皆自爲自欺, 而意不誠矣.」恐讀書者不曉. 又此說, 或問中已言之, 卻不如舊注云 : 「人莫不知善之當爲, 然知之不切, 則其心之所發, 必有陰在於惡而陽爲善以自欺者. 故欲誠其意者無他, 亦曰禁止乎此而已矣.」此言明白而易曉.' 曰 : '不然. 本經正文只說「所謂誠其意者, 毋自欺也」; 初不曾引致知兼說. 今若引致知在中間, 則相牽不了, 卻非解經之法. 又況經文「誠其意者, 毋自欺也」, 這說話極細. 蓋言爲善之意稍有不實, 照管少有不到處, 便爲自欺. 未便說到心之所發, 必有陰在於惡, 而陽爲善以自欺處. 若如此, 則大故無狀, 有意於惡, 非經文之本意也. 所謂「心之所發, 陽善陰惡」, 乃是見理不實, 不知不覺地陷於自欺 ; 非是陰有心於爲惡, 而詐爲善以自欺

'무(毋)'라는 것은 금지하는 말이다. '자기(自欺)'라는 것은 선(善)을 하고서 악(惡)을 없애야 함을 알면서도 마음이 발동(發動)하는 것에 성실하지 못함이 있는 것이다.

詳說

○ 上聲, 下幷同.213)

'거(去)'자는 상성(上聲 : 없애버림)이니, 아래도 아울러 같다.

○ 『大全』曰 : "此'知'字, 帶從上章'致知'之'知'字來."214)

'지위선이거악(知爲善以去惡)'에 대해, 『대학장구대전(大學章句大全)』에서 말하였다. "이 '지(知)'자는 그냥 위 장 '치지(致知)'의 '지(知)'자로부터 온 것이다.

○ 南塘曰 : "'以'字, 不必泥看."215)

남당(南塘 : 韓元震)이 말하였다. "'이(以)'자에 반드시 억매여서 볼 필요는 없다."

也. 如公之言, 須是鑄私錢, 假官會, 方爲自欺, 大故是無狀小人, 此豈自欺之謂邪!(물었다. '성의'장의 '스스로를 속인다.'는 구절의 주석은 지금의 개정본이 옛날의 주석이 좋은 것만 못합니다. 주희가 말하였다. '무엇 때문인가?' 물었다. '지금의 주석에서 '마음이 발현한 것이 겉으로는 선하지만 속으로 악하다면 선을 좋아하고 악을 미워하는 것은 모두 스스로를 속인 것이며 뜻이 성실하지 않습니다.' 아마도 책을 읽은 의미가 분명하지 않기 때문일 것 같습니다. 또 이 구절은 『혹문』가운데서 이미 말했는데 옛 주석에서 '사람은 선을 마땅히 해야 한다는 것을 알지 않음이 없으나 앎이 절실하지 않으면 그 마음이 발현한 것도 반드시 속으로는 악에 있으면서 겉으로는 선을 함으로써 스스로를 속이는 것이다. 그러므로 그 뜻을 성실하게 하는 것은 다른 것이 없어서, 또한 이것을 금지할 뿐이다.'라고 하였습니다. 이 말은 명백하여 쉽게 이해됩니다. 주희가 말하였다. '그렇지 않다. 이 『경』(『대학』)의 정문(正文)에서는 '이른바 그 뜻을 성실하게 한다는 것은 스스로를 속이지 마는 일'이라고 했다. 처음부터 치지(致知)를 끌어다 아울러 말한 것이 아니다. 이제 치지를 중간에 끌어 들인다면 서로 당겨 마칠 수 없으니, 도리어 『경』을 해석하는 방법이 아니다. 하물며 『경』의 글에 '이른바 그 뜻을 성실하게 한다는 것은 스스로를 속이지 마는 것'이라 하였으니, 이 말은 지극히 세밀하다. 대개 선을 행하는 뜻이 조금씩 성실하지 않은 점이 있고, 조관(照管)에 조금 이르지 못한 곳이 있음을 말하는 것이 스스로를 속이는 일이다. 마음이 발현한 것이 반드시 속으로는 악에 있으면서 겉으로는 선을 함으로써 스스로를 속이는 곳에 이르기까지는 아직 말하지 않았다. 이와 같다면 아주 모습이 없어 악에 뜻을 두니, 『경』이 담고 있는 글의 본래 의미가 아니다. 이른바 '마음이 발현한 것이 겉으로는 선하고 속으로는 악하다'는 것은 이치가 성실하지 않음을 드러낸 것이니, 지각하지 못하고 스스로를 속이는데 빠진 것이다. 속으로 악한 짓을 하는데 두는 것이 아니라 거짓으로 선을 행하려 해도 스스로를 속이는 것이다. 그대의 말과 같다면 사전을 주조하고 관회를 만들어 바야흐로 스스로 속이는 것이니 대단히 개념없는 소인이다. 이것이 어찌 스스로 속이는 일을 말한 것이겠는가?')"

213) 호광 편(胡廣 編), 『대학장구대전(大學章句大全)』에는 "'去', 上聲, 下同."이라고 하였다.
214) 호광 편(胡廣 編), 『대학장구대전(大學章句大全)』.
215) 한원진(韓元震), 『남당선생문집(南塘先生文集)』 권18, 「서(書)·지구왕복(知舊往復)·답김치명시찬(答金稚明時粲)·대학조목(大學問目)·계축십이월(癸丑十二月)」. "'爲善以去惡', 語勢若爲善, 以之去惡者, 然'爲善'·'去惡', 各指其事而言, '以'字, 不必泥看.('위선이거악(爲善以去惡)'은 말의 형세가 마치 선(善)을 하고 그것으로써 악(惡)을 없애는 것 같으나, '위선(爲善)'과 '거악(去惡)'은 각각 그 일을 가리켜서 말한 것이니, '이(以)'자에 반드시 억매여서 볼 필요는 없다.)"

○ 雲峯胡氏曰 : "'毋自欺'三字, 釋'誠意'二字, '自'字與'意'字, 相應; '欺'字與'誠'字, 相反."216)

'자기운자, 지위선이거악, 심지소발, 유미실야(自欺云者, 知爲善以去惡, 心之所發, 有未實也)'에 대해, 운봉 호씨(雲峯胡氏 : 胡炳文)가 말하였다. "'무자기(毋自欺)' 세 글자는 '성의(誠意)' 두 글자를 풀이한 것이니, '자(自)'자와 '의(意)'자는 서로 어울리며, '기(欺)'자와 '성(誠)'자는 서로 반대이다."

○ 東陽許氏曰 : "'誠意', 是'致知'以後事, 故曰: '知爲善以去惡', 而心之所發, 有未實."217)

동양 허씨(東陽許氏 : 許謙)가 말하였다. "'성의(誠意)'는 '치지(致知)' 이후의 일이기 때문에 '선(善)을 하고 악(惡)을 없애버리는 것을 안다고 하였는데, 마음이 드러난 것에 성실하지 못함이 있는 것이다."

○ 朱子曰 : "自欺, 是半知半不知底人, 不知不識, 只喚做不知不識, 不喚做自欺."218)

주자(朱子)가 말하였다. "스스로 속이는 것은 반만 알고 반은 모르는 사람이니, 생각하지도 못하고 알지도 못하면 다만 생각하지도 못하고 알지도 못함만 생각하고, 스스로 속이는 것을 생각하지 못하는 것이다."

○ 又曰 : "無狀小人, 豈自欺之謂耶? 此處工夫極細, 前後學者緣賺, 連下文'小人閒居節'看了, 所以說差了."219)

---

216) 호광 편(胡廣 編), 『대학장구대전(大學章句大全)』.
217) 호광 편(胡廣 編), 『대학장구대전(大學章句大全)』. "東陽許氏曰 : '誠意, 是致知以後事, 故『章句』曰: 知爲善以去惡, 而心之所發, 有未實也.'(동양 허씨가 말하였다. '성의(誠意)는 치지(致知) 이후의 일이기 때문에 선(善)을 하고 악(惡)을 없애버림을 안다고 하였는데, 마음이 드러난 것에 성실하지 못함이 있는 것이다.')"
218) 호광 편(胡廣 編), 『대학장구대전(大學章句大全)』. "朱子曰 : '…… 自欺, 是半知半不知底人, 知道善我所當爲, 却又不十分去爲善; 知道惡不可爲, 却又自家舍他不得這, 便是自欺. 不知不識, 只喚做不知不識, 不喚做自欺.'(주자가 말하였다. '…… 스스로 속이는 것은 반만 알고 반은 알지 못하는 사람이 선(善)은 내가 마땅히 할 것이라고 말할 줄 알면서도 도리어 또 완전히 악(惡)을 없애버리고 선을 하지 못하며, 악은 해서는 안 된다고 말할 줄 알면서도 도리어 또 스스로 그것을 악을 버리고 선을 얻지 못하니, 곧바로 스스로 속임인 것이다. 깨닫지도 못하고 알지도 못하면 다만 깨닫지도 못하고 알지도 못함만 생각하여 스스로 속임을 생각하지 못하는 것이다.')"
219) 『주자어류(朱子語類)』 권16, 「대학3(大學三)」 107조목. 그 내용은 다음과 같다. "問 : '誠意章自欺注, 今改本恐不如舊注好.' 曰 : '…… 所謂心之所發, 陽善陰惡, 乃是見理不實, 不知不覺地陷於自欺. 非是陰有心於爲惡, 而詐爲善以自欺也. …… 方爲自欺, 大故是無狀小人. 此豈自欺之謂邪?' 又曰 : '所謂毋自欺者, 正當於幾微毫釐處做工夫. 只幾微之間少有不實, 便爲自欺. …… 此處工夫極細, 未便說到那粗處. 所以前後學者多說差了, 蓋爲牽連下文小人閒居爲不善一段看了, 所以差也.'(물었다. '성의장(誠意章)의 자기(自欺)의 주는 지금의 개정본이 옛날의 주석보다 썩 좋지 못합니다.' 주자가 말하였다. '…… 이른바 마음이 드러난

또[주자] 말하였다. "형편없는 소인이 어찌 스스로 속임을 말하겠는가? 이곳은 공부가 매우 미세하여 전후 세대의 학자들이 속임에 말미암았으며, 아래 글 '소인한거절(小人閒居節)'을 이어서 보았기 때문에 변설마다 차이가 있는 것이다.

○ 又曰 : "九分義理, 雜了一分私意, 便是自欺, 到厭然掩著之時, 又其甚者."220)

또[주자] 말하였다. "10분의 9의 의리를 갖고 있는데 10분의 1의 사사로운 뜻이 섞이면 곧 스스로 속임이니, 천연덕스레 가리거나 드러내는 때에 이르면 또 심할 것이다."

○ 又曰 : "緣不柰他何, 所以容著在這裏, 自欺, 只是自欠了分數."221)

또[주자] 말하였다. "이에 말미암아 달리 어찌하지 못하고 용납하여 그 안에 붙어 있는 것이다. 스스로 속임은 단지 스스로 자기 분수에 모자란 것이다."

것이 겉으로 선(善)하고 속으로 악(惡)하면 이에 도리에 성실하지 못함을 보이니, 생각하지도 못하고 알지도 못하는 처지에 스스로 속임에 빠지는 것이다. 속으로 마음을 악을 함에 두는 것이 아니라, 거짓으로 선을 하여 스스로 속이는 것이다. …… 바야흐로 스스로 속임을 하는 것이니 대체로 형편없는 소인이다. 이것들 어찌 스스로 속임을 말하겠는가?' 또 말하였다. '이른바 스스로를 속이지 말라는 것은 바로 기미(幾微)가 몹시 작은 곳에 닥쳐서 공부하는 것이다. 다만 기미의 사이에 조금이라도 성실하지 못함이 있으면 곧 스스로 속임이 된다. …… 이곳의 공부가 매우 미세하여 그 거친 곳에 대해서는 아직 말하지 못하였다. 앞뒤 세대의 학자들이 변설마다 차이가 많은 까닭은 대개 아래 글의 소인은 한가롭게 지낼 적에 선하지 않음을 한다는 한 단락만 끌어다가 이어서 보았기 때문이니, 그래서 차이가 있는 것이다.')"

220) 『주자어류(朱子語類)』 권16, 「대학3(大學三)」 100조목. 그 내용은 다음과 같다. "問 : '自欺與厭然揜其不善而著其善之類, 有分別否?' 曰 : '自欺, 只是於理上虧欠不足, 便胡亂自欺謾過去. 如有得九分義理, 雜了一分私意, 九分好善·惡惡, 一分不好·不惡, 便是自欺. 到得厭然揜著之時, 又其甚者. …… 人須是埽去氣稟私欲, 使胸次虛靈洞徹.'(물었다. '스스로 속임과 천연덕스레 그 선(善)하지 않음을 가리고 그 선함을 드러내는 유형을 분별할 수 있겠습니까?' 주자가 말하였다. '스스로 속임은 다만 도리에 있어서 어그러지고 모자라서 흡족하지 못한 것이니, 곧 제멋대로 장차 속이고 지나가는 것이다. 10분의 9의 의리를 갖고 있는데 10분의 1의 사사로운 뜻이 섞이면 10분의 9는 선을 좋아하고 악(惡)을 미워하며, 10분의 1은 선을 좋아하지 않고 악을 미워하지 않으니, 곧 스스로 속임이다. 천연덕스레 가리거나 드러내는 때에 이르면 또 심할 것이다. …… 사람들은 모름지기 기품(氣稟)의 사사로운 욕구를 쓸어 없애서 속마음으로 하여금 비어서 영명(靈明)하고 환하게 깨닫도록 해야 한다.')"

221) 『주자어류(朱子語類)』 권16, 「대학3(大學三)」 108조목. 그 내용은 다음과 같다. "敬子問 : '所謂誠其意者, 毋自欺也. …… 蓋所謂不善之雜, 非是不知, 是知得了, 又容著在這裏, 此之謂自欺.' 曰 : '不是知得了, 容著在這裏, 是不柰他何了, 不能不自欺. …… 緣不柰他何, 所以容在這裏. …… 大槪以爲有纖毫不善之雜, 便是自欺. 自欺, 只是自欠了分數. …… 如爲善, 有八分欲爲, 有兩分不爲, 此便是自欺, 是自欠了這分數.'(경자가 물었다. '이른바 그 뜻을 성실하게 한다는 것은 스스로 속이지 마는 것이다. …… 대개 이른바 선(善)하지 못함이 섞임은 이것을 알지 못하는 것이 아니라 이것을 알고 있으면서 또 용납하여 그 안에 있으니, 이것을 일러서 스스로 속임이라고 하는 것입니다.' 말하였다. '알고 있으면서 용납하여 그 안에 있는 것은 달리 어찌하지 못함이니, 스스로 속이지 않을 수 없었던 것이다. …… 이에 말미암아 달리 어찌하지 못하여 용납하여 그 안에 붙어 있는 것이다. …… 대개 조금이라도 선하지 못함이 섞여 있다고 여긴다면 곧 스스로 속임이다. 스스로 속임은 단지 스스로 자기 분수에 모자란 것이다. 마치 선을 함에 10분의 8은 하고자 함이 있는데 10분의 2가 하지 않음이 있다면, 이것이 바로 스스로 속임이니 스스로 그 분수에 모자란 것이다.')"

○ 南塘曰 : "知不至, 自欺之限; 欠分數, 自欺之事; 容著在, 自欺第二節事; 閒居爲不善, 自欺後段事; 不奈佗222)何, 自欺前段事."223)

남당(南塘 : 韓元震)이 말하였다. "앎이 지극하지 못함이 스스로 속임의 뿌리이며, 자기 분수에 모자람이 스스로 속이는 일이며, 선(善)하지 못함을 용납하여 안에 붙어 있음이 스스로 속임의 두 번째 단락의 일이며, 소인이 한가롭게 지낼 적에 선하지 못한 일을 함이 스스로 속임의 뒤 단계의 일이며, 달리 어찌하지 못함이 스스로 속임의 앞 단계의 일이다."

○ 按, 『章句』此二句, 已爲章下註張本, 讀者宜參看.

살펴보건대, 『대학장구(大學章句)』의 이 두 구절224)은 이미 장구 아래 주석의 근거가 되었으니, 읽는 사람이 마땅히 참조하여 보아야 한다.

朱註

'謙', 快也, 足也. '獨'者, 人所不知而己所獨知之地也.

'겸(謙)'은 기꺼워함이며, 만족함이다. '독(獨)'이라는 것은 남이 알지 못하는 곳으

---

222) 佗: 『남당선생문집(南塘先生文集)』에는 '他'로 표기되어 있다.
223) 한원진(韓元震), 『남당선생문집(南塘先生文集)』 권20, 「서(書)·문인문답(門人問答)·여김백삼(與金伯三)·무오팔월(戊午八月)」. "『大學』誠意章, 學者或以欠分數, 爲自欺之根; 容着在, 爲自欺之萌; 閒居爲不善, 爲自欺之幹. 又或以惡情之發, 不奈他何者, 爲自欺. 知不至, 自欺之根. 『章句』曰 : '心體之明, 有所未盡, 則其所發, 必有不能實用其力, 而苟焉以自欺者, 發之有不實, 由於明之有未盡, 此知不至, 爲自欺之根.' 欠分數, 自欺之事. 『章句』曰 : '自欺云者, 知爲善以去惡, 而心之所發, 有未實. 爲善去惡, 一毫未實, 卽是欠分數. 此欠分數, 爲自欺之事.' 容着在, 自欺第二節事. 纔有未實, 卽是自欺. 不待容着, 此未實而後, 爲自欺. 此容着在, 爲自欺第二節事. 閒居爲不善, 自欺後段事. 『章句』曰 : '不能實用其力以至此. 『或問』曰 : 不能禁止其自欺, 是以淪陷至於如此. 旦至此旦淪陷, 皆指自欺以後事, 非指自欺地頭. 此閒居爲不善, 爲自欺後段事.' 不奈他何, 自欺前段事. 『章句』言: '自欺之事, 自苟焉以自欺, 曰不可徒苟且以循外而爲人, 皆非不奈他何之意也. 不奈他何, 卽情之驀直發出, 不由我使底, 以是爲自欺, 卽是侵過情上界分. 蓋情之發, 有善有惡, 而因是情而欲爲善去惡者, 意也. 爲之去之, 不能實用其力者, 自欺也. 自欺是意上事, 非情上事, 意是商量計較, 皆由我使底. 故朱子曰: 誠意章, 在兩箇自字上用功, 自慊自欺, 皆自爲之, 安得爲不奈他何? 此不奈他何, 爲自欺前段事. 大抵誠意, 只在爲善去惡上用功, 不能使其情發皆中節也. 情之發皆中節, 惟平日見理至到涵養純熟後可能也. 此『大學』誠意正心之後, 猶有五辟之病也. 朱先生始以閒居爲不善爲自欺, 晚年以欠分數爲自欺, 容着在爲自欺第二節事, 而又以不奈他何與欠分數合爲一事, 旋後以欠分數爲自欺之根, 以容着在爲自欺, 而幷連閒居爲不善爲自欺之事. 見於『語類』者如此. 然『章句』則與中間說合, 而又不用其不奈他何之意, 此蓋最後定論, 而只著於『章句』, 不復見於『語類』. 故學者迷於所從, 今當以『章句』爲正.'(『大學』)성의장(誠意章). 학자들이 간혹 자기 분수에 모자람을 스스로 속임의 뿌리로 여기며, 용납하여 그 안에 붙어 있음은 스스로 속임의 싹이며, 한가롭게 지낼 적에 선(善)하지 않음을 함은 스스로 속임의 줄기이다. 또 간혹 악(惡)한 감정을 드러냄에 달리 어찌하지 못하는 것이 스스로 속임이 된다. 앎이 지극하지 못함이 스스로 속임의 뿌리이다. …… 자기 분수에 모자람이 스스로 속이는 일이다. …… 용납하여 그 안에 붙어 있음이 스스로 속임의 두 번째 단락의 일이다. …… 소인이 한가롭게 지낼 적에 선하지 못한 일을 함이 스스로 속임의 뒷 단계의 일이다. …… 달리 어찌하지 못함이 스스로 속임의 앞 단계의 일이다.)
224) 『대학장구』의 이 두 구절 : "그 뜻을 성실하게 하는 것은 자기 수양의 첫머리이다.('誠其意'者, 自修之首也.)"라는 구절을 말한다.

로 자기 혼자 아는 곳의 장소이다.

詳說

○ 朱子曰 : "讀與'愜'同."225)

'겸(慊)'에 대해, 주자(朱子)가 말하였다. "독음이 '협(愜)'과 같다."

○ 按, 『諺』音誤, 音訓可考. 蓋諺解時, 知察下節'厭'字音訓, 而不知察此'慊'音可異也. 然『孟子』浩然章, 音訓則又以口簟反, 居先戛在詳之耳.

살펴보건대, 『언해(諺解)』의 음이 잘못되었으니,226) 음과 뜻을 살펴보아야 한다. 대개 언해할 때에 아래 구절의 '염(厭)' 자의 음과 뜻은 살필 줄 알았으나, 이 '겸(慊)' 자의 음이 다를 수 있다는 것은 살필 줄 몰랐다. 그러나 『맹자(孟子)』 호연장(浩然章)227)에서 음과 뜻을 또 구(口)와 점(簟)의 반절이라 하고228), 우선적으로 다시금 상세하게 다루었을 뿐이다.

○ 新安陳氏曰 : "爲'快'字說不盡, 又添'足'字, 快而且足, 方是 '自慊'."229)

---

225) 『대학혹문(大學或問)』, 권2, 「대학(大學)·전(傳)10장」. "曰 : '然則慊之爲義, 或以爲少, 又以爲恨, 與此不同, 何也?' 曰 : '慊之爲字, 有作嗛者, 而字書以爲口銜物也. 然則慊, 亦但爲心有所銜之意, 而其實快·爲足·爲恨·爲少, 則以所銜之異而別之耳. 『孟子』所謂慊於心, 『樂毅』所謂慊於志, 則以銜其快與足之意而言者也;『孟子』所謂吾何慊, 『漢書』所謂嗛栗姬, 則以銜其恨與少之意而言者也. 讀者各隨所指而觀之, 則義並行而不悖矣. 字書又以其訓快與足者, 讀與愜同, 則義愈明而音又異, 尤不患於無別也.'(말하였다. '겸(慊)이라는 글자는 겸(嗛)으로 쓰는 사람도 있는데 자서(字書)에서 입에 머금는 물건이라 하였다. 그렇다면 겸(慊)은 또한 단지 마음에 머금는 뜻이 되어 그 기분 좋음이 되며, 한스러움이 되며, 적음이 된다는 것은 곧 머금는 바가 다른 것으로써 구별했을 뿐일 것이다. …… 읽는 사람들이 각각 가리키는 것에 따라서 본다면 이미 병행하면서 어그러지지 않을 것이다. 자서(字書)에서 또 그 뜻을 기분 좋음과 달가움으로 새긴 것에 독음이 협(愜)과 같다고 한다면 뜻은 더욱 분명하되 음이 또 다르니, 그래도 분별할 수 없는 것보다는 걱정스럽지 않을 것이다.')"

226) 『언해(諺解)』의 음이 잘못되었으니 : 언해본에 '겸'으로 되어 있음을 말한다.

227) 『맹자(孟子)』 호연장(浩然章) : 『맹자(孟子)』 「공손추 상(公孫丑上)」에서 "그 호연지기(浩然之氣)는 의리와 도덕에 짝하니, 이것이 없으면 멍청한 것이다. 이는 의리가 모여서 생기는 것이요 의리가 갑자기 쳐들어와서 호연지기(浩然之氣)를 취하는 것이 아니다. 행동함에 마음에 기뻐하지 않음이 있으면 멍청한 것이다. (其爲氣也, 配義與道, 無是, 餒也. 是集義所生者, 非義襲而取之也, 行有不慊於心, 則餒矣.)"라고 하였고, 그 『집주』에서 "'겸(慊)'은 기분 좋고 달가운 것이니, 행하는 것에 하나라도 의리에 맞지 않음이 있는데 스스로 돌이켜서 정직하지 못하면 마음에 달갑지 못하여 그 몸이 충만하지 못한 것이 있다.('慊, 快也足也, 言所行一有不合於義而自反不直, 則不足於心, 而其體有所不充矣.)"라고 하였다.

228) 『맹자(孟子)』 호연장(浩然章)에서 음과 뜻을 또 구(口)와 점(簟)의 반절이라 하고 : 『맹자집주』에서는 "'慊, 口簟·口劫二反."이라 하였고, 『맹자집주대전』에서는 "'慊, 口簟反, 又口劫反."이라고 하였다.

229) 호광 편(胡廣 編), 『대학장구대전(大學章句大全)』, "新安陳氏曰 : '謙字與愜字, 同音同義, 爲快字說不盡, 又添足字, 快而且足, 方是自謙.'(신안 진씨가 말하였다. '…… 쾌(快) 자로 설명을 다하지 못하였기 때문에

'겸, 쾌야, 족야(謙, 快也, 足也)'에 대해, 신안 진씨(新安陳氏 : 陳櫟)가 말하였다. "'쾌(快)'자로 설명을 다하지 못하여 또 '족(足)'자를 보탰으니, 기분 좋으면서 장차 달가운 것이 바야흐로 '자겸(自謙)'인 것이다."

○ 朱子曰 : "『孟子』訓'慊', '滿足'意多; 『大學』訓'快'意多."230)

주자(朱子)가 말하였다. "『맹자(孟子)』에서 '겸(慊)'을 새길 때는 '만족'의 뜻이 많고,231) 『대학(大學)』에서 새길 때는 '쾌(快)'의 뜻이 많다."

○ 又曰 : "誠意章在兩箇'自'字上用功232), '自謙'與'自欺', 相對誠僞之所由分也."233)

또 말하였다. "성의장(誠意章)에서 두 개의 '자(自)'자에 공력을 들였는데, '자겸(自謙)'과 '자기(自欺)'는 상대적으로 성실함과 거짓됨이 말미암아 나눠지는 것이다."

○ 新安陳氏曰 : "'地', 卽處也. 此'獨'字, 指心所獨知而言, 非指身所獨居而言."234)

'독자, 인소부지이이소독지지지야(獨者, 人所不知而已所獨知之地也)'에 대해, 신안 진씨(新安陳氏 : 陳櫟)가 말하였다. "'지(地)'는 곧 처소(處所)이다. 이 '독

또 족(足) 자를 보탰으니, 기분 좋으면서 장차 달가운 것이 바야흐로 자겸(自謙)인 것이다.')
230) 『주자어류(朱子語類)』 권16, 「대학3(大學三)」 83조목. "'自慊'之'慊', 大意與'孟子'行有不慊'相類. 子細思之, 亦微有不同. 『孟子』'慊'訓, '滿足'意多, '大學'訓, '快'意多.(…… 『맹자(孟子)』에 '겸(慊)'을 새길 때 '만족'의 뜻이 많고, 『대학(大學)』에서 새길 때는 '쾌(快)'의 뜻이 많다.)"
231) 『맹자(孟子)』에서 '겸(慊)'을 새길 때 '만족'의 뜻이 많고 : 이미 『맹자(孟子)』「공손추상(公孫丑上)」의 "行有不慊於心, 則餒矣."라는 내용에서 만족(滿足)의 뜻이 나왔고, 『맹자(孟子)』「공손추하(公孫丑下)」의 "증자(曾子)가 말하였다. '…… 진(晉)나라와 초(楚)나라가 부유함으로써 하거든 나는 인서(仁恕)로써 하고, 저들이 작위로써 하거든 나는 도의(道義)로써 하리니, 내가 어찌 달리겠는가?'(曾子曰 : '…… 彼以其富, 我以吾仁; 彼以其爵, 我以吾義, 吾何慊乎哉?')"라는 내용에서는 『집주』에서 "'겸(慊)'은 한스러움이며 적음이다. 어떤 데는 '겸(嗛)'으로 썼는데 자서(字書)에서 입에 머금는 물건이라 하였다. 그렇다면 '겸(慊)'은 또한 단지 마음에 머금는 바가 있는 뜻이 되어 그 기분 좋음이 되며, 달가움이 되며, 한스러움이 되며, 적음이 된다면 그 일에 말미암아 머금는 것에 같지 않음이 있기 때문일 뿐이다.('慊, 恨也少也. 或作'嗛', 字書以爲口銜物也. 然則'慊', 亦但心有所銜之義. 其爲'快'爲'足'爲'恨'爲'少', 則因其事, 而所銜有不同耳.)라고 하였다.
232) 호광 편(胡廣 編), 『대학장구대전(大學章句大全)』.
233) 『주자어류(朱子語類)』 권16, 「대학3(大學三)」 85조목에는 "誠意章, 皆在兩箇'自'字上用功.(성의장(誠意章)에서는 모두 두 개의 '자(自)'자에 공력을 들었다.)"로 되어 있고, 88조목에는 "自慊則一, 自欺則二. 自慊者, 外面如此, 中心也是如此, 表裏一般. 自欺者, 外面如此做, 中心其實有些子不願, 外面且要人道好. 只此便是二心, 誠僞之所由分也.(자겸은 한결같고, 자기는 둘로 다른 것이다. 자겸(自慊)이라는 것은 겉도 이와 같고 마음속도 이와 같아서 안과 겉이 같은 것이다. 자기(自欺)라는 것은 겉으로는 이처럼 하면서 마음속으로는 실제로 조금 원하지 않은 것이 있어서 외면은 또 사람들이 좋아한다고 말한다. 이것이 곧 두 마음이니, 진실과 거짓이 나뉘는 곳이다.)"로 되어 있다.
234) 호광 편(胡廣 編), 『대학장구대전(大學章句大全)』.

(獨)'자는 마음이 홀로 아는 곳을 가리켜서 말한 것이고, 몸이 홀로 거처하는 곳을 가리켜서 말한 것이 아니다."

○ 退溪曰 : "兩'獨'字, 今人誤看陳說, 而有身心之分, 某亦曩從其說, 近方覺其未然."235)

퇴계(退溪 : 李滉)236)가 말하였다. "두개의 '독(獨)'자에 대해 지금 사람들이 진역(陳櫟)의 변설을 잘못 보고서 몸과 마음의 구분을 두었으며, 아무개도 또한 지난번에는 그 변설을 좇았는데 근래에 바야흐로 그렇지 않다는 것을 깨달았다."

○ 尤庵曰 : "下文有'閒居獨處'之言, 故於此先爲此說, 以明兩'獨'字之不同."237)

우암(尤庵 : 宋時烈)이 말하였다. "아래 글에 '한거(閒居)는 독처(獨處)이다.'라는 말이 있기 때문에 여기서 먼저 이 말을 하여 두 개의 '독(獨)'자가 같지 않음을 밝혔다."

○ 按, 「傳」文兩'獨'字, 皆以心言, 陳氏所謂'指身', 只以下節註首'獨'字而言耳.

살펴보건대, 「전(傳)」의 글에서 두 개의 '독(獨)'자는 모두 마음으로써 말한 것인데, 진역(陳櫟)이 이른바 '몸을 가리킨다.'라는 것은 다만 아래 구절의 주석 머리에 '독(獨)'자로써 말했을 뿐이다.

朱註

---

235) 이황(李滉), 『퇴계선생문집(退溪先生文集)』 권36, 「서(書)·답이굉중문목(答李宏仲問目)」. "「誠意章」兩'獨'字, 今人誤看陳說, 而有身心之分, 某亦曩從其說, 近方覺其未然. 今示張說爲是.(성의장(誠意章)의 두 개의 '독(獨)'자에 대해 지금 사람들이 진역(陳櫟)의 변설을 잘못 보고서 몸과 마음의 구분을 두었으며, 아무개도 또한 지난번에는 그 변설을 좇았는데 근래에 바야흐로 그렇지 않다는 것을 깨달았다. 지금 장씨(張氏)의 변설을 보니 옳았다.)"
236) 이황(李滉, 1501~1570) : 조선 중기 학자로 자가 경호(景浩)이고, 호가 퇴계(退溪)·퇴도(退陶)·도수(陶叟)·청량산인(淸凉山人)이며, 본관이 진보이다. 주자(朱子)의 성리학을 수용하여 조선 유학의 신기원을 열었다는 평가를 받는다. 주요 저서로는 『주자서절요』·『성학십도』·『계몽전의(啓蒙傳疑)』·『자성록(自省錄)』·『고경중마방(古鏡重磨方)』·『경서석의(經書釋疑)』 등이 있다.
237) 송시열(宋時烈), 『송자대전(宋子大全)』 권105, 「서(書)·답심명중(答沈明仲)·무오구월(戊午九月)」. "下文有'閒居獨處'之言, 故於此先爲此說, 以明兩'獨'字之不同而已, 非有他意也.(아래 글에 '한거(閒居)는 독처(獨處)이다.'라는 말이 있기 때문에 여기서 먼저 이 말을 하여 두 개의 '독(獨)'자가 같지 않음을 밝혔을 따름이고 다른 뜻이 있는 것이 아니다.)"

言欲自修者, 知爲善以去其惡, 則當實用其力, 而禁止其自欺. 使其惡惡則如惡惡臭, 好善則如好好色, 皆務决去而求必得之, 以自快足於己, 不可徒苟且以徇外而爲人也.
말하건대, 자기수양을 하고자 하는 사람은 선을 하고 악을 없애야 함을 안다면 마땅히 실제로 그 힘을 써서 그 스스로 속임을 하지 못하게 해야 한다. 이를테면 악을 미워하면 악취를 미워하는 것처럼 하며, 선을 좋게 여기면 아름다운 빛깔을 좋게 여기는 것처럼 하여 모두 딱 잘라 없애도록 힘쓰고 반드시 얻도록 추구하여 스스로 자기에게 기꺼워하고 만족스럽게 하되, 다만 장차 외양(外樣)만 좇아서 남에게 잘 보이려고 함을 구차하게 해서는 안 된다.

詳說

○ 實其心之所發.
'당실용기력(當實用其力)'은 실제로 그 마음의 드러난 것이다.

○ 惡臭.
'개무결거(皆務决去)'는 나쁜 냄새이다.

○ 好色.
'구필득지(求必得之)'는 아름다운 빛깔이다.

○ '决'·'必'二字, 陪奉他'實'字, 甚有力.
'개무결거이구필득지(皆務决去而求必得之)'에서, '결(决)'과 '필(必)' 두 글자는 은근히 '실(實)'자를 이어서 매우 힘이 있다.

○ 朱子曰 : "'好好色', 眞欲以快乎己之目, 初非爲人而好之也. '惡惡臭', 眞欲以足乎己之鼻, 初非爲人而惡之也."[238]

---

238) 주희(朱熹), 『대학혹문(大學或問)』, 권2, 「대학(大學)·전(傳)10장」. "夫好善而不誠, 則非惟不足以爲善, 而反有以賊乎其善; 惡惡而不誠, 則非惟不足以去惡, 而適所以長乎其惡. 是則其爲害也, 徒有甚焉, 而何益之有哉? 聖人於此, 蓋有憂之, 故爲『大學』之敎, 而必首之以格物致知之目, 以開明其心術, 使旣有以識夫善惡之所在, 與其可好可惡之必然矣. 至此而復進之以必誠其意之說焉, 則又欲其謹之於幽獨隱微之奧, 以禁止其苟且自欺之萌. 而凡其心之所發, 如曰好善, 則必由中及外, 無一毫之不好也; 如曰惡惡, 則必由中及外, 無一毫之不惡也. 夫好善而中無不好, 則是其好之也, 如好好色之, 眞欲以快乎己之目, 初非爲人而好之也; 惡惡而中無不惡, 則是其惡之也, 如惡惡臭之, 眞欲以足乎己之鼻, 初非爲人而惡之也. 所發之實, 旣如此矣, 而須臾之

주자(朱子)가 말하였다. "'호호색(好好色)'은 참으로 자기의 눈을 기분 좋게 하고자 함이지 처음부터 남을 위하여 좋아하는 것은 아니다. '오악취(惡惡臭)'는 참으로 자기의 코를 달갑게 하고자 함이지 처음부터 남을 위하여 미워하는 것은 아니다."

○ 按, 目期於子都, 鼻掩於不潔, 卽其事也.
살펴보건대, 눈은 자도(子都)239)를 기대하고, 코는 깨끗하지 못한 것에 가리니, 곧 그 일이다.

○ 北溪陳氏曰 : "'好好色'·'惡惡臭', 是就人情分曉處譬之."240)
북계 진씨(北溪陳氏 : 陳淳)가 말하였다. "'호호색(好好色)'과 '오악취(惡惡臭)'는 사람의 심정이 분명한 곳을 비유한 것이다."

○ 朱子曰 : "'毋自欺', 是誠意; '自慊', 是意誠."241)
'자쾌족어기(自快足於己)'에 대해, 주자(朱子)가 말하였다. "'무자기(毋自欺)'는 뜻을 성실하게 함이고, '자겸(自慊)'은 뜻이 성실함이다."

頃, 纖芥之微, 念念相承, 又無敢有少間斷焉, 則庶乎內外昭融, 表裏澄徹, 而心無不正, 身無不修矣.[…… 대저 선(善)을 좋아하되 성실하지 못하면 오직 선(善)이 되지 못할 뿐 아니라 도리어 그 선(善)을 해침이 있는 것이다. 악(惡)을 미워하되 성실하지 않으면 오직 악(惡)을 없애버리지 못할 뿐 아니라 결국 그 악(惡)을 키워주는 것이다. …… 대저 선(善)을 좋아하여 마음속으로 좋아하지 않음이 없으면 이는 그것을 좋아하는 것이니, 마치 아름다운 빛깔을 좋아하는 것처럼 참으로 자기의 눈을 기분 좋게 하고자 함이지 처음부터 남을 위하여 좋아하는 것은 아니다. 악(惡)을 미워하여 마음속으로 미워하지 않음이 없으면 이는 그것을 미워하는 것이니, 마치 나쁜 냄새를 미워하는 것처럼 참으로 자기의 코를 달갑게 하고자 함이지 처음부터 남을 위하여 미워하는 것은 아니다. …….]"

239) 자도(子都) : 자도(子都)는 중국 고대 사회에서 '세상의 아름다운 남자'를 지칭하는 용어이다. 『시경(詩經)』「국풍(國風)·정풍(鄭風)」<산유부소(山有扶蘇)>에 보면, "山有扶蘇, 隰有荷華. 不見子都, 乃見狂且.(산에는 무궁화가 있고 늪에는 연꽃이 있는데, 만나기 전에는 미남이라고 하더니 만나보니 미친 녀석이었네.)"라는 구절이 있고, 그 『모전(毛傳)』의 주석에서 "子都, 世之美好者也"라고 하였다. 『맹자(孟子)』「고자상(告子上)」에도 "惟目亦然, 至於子都, 天下莫不知其姣也, 不知子都之姣者, 無目者也.(눈도 그러니, 자도에게서는 천하가 그 아름다움을 알지 못하는 이가 없으니, 자도의 아름다움을 알지 못하는 자는 눈이 없는 사람이다.)"라고 하였다. 이런 점에서 '자도(子都)'는 가장 아름다운 사람을 지칭하면서 인간의 눈이 보고 싶어 하는 대상이다.

240) 호광 편(胡廣 編), 『대학장구대전(大學章句大全)』. "北溪陳氏曰 : '誠者, 自表而裏, 眞實如一之謂. 自欺, 誠之反也. 大抵此章, 在自慊而無自欺, 首言如好好色·惡惡臭, 是就人情分曉處譬之, 好色, 人所同好, 好則求必得之; 惡臭, 人所同惡, 惡則求必去之, 而後快足吾意, 意所快足處, 是自家表裏眞實, 恁地非苟且徒爲此也. …….'[복계 진씨가 말하였다. '…… 대자 이 장은 스스로 흡족하여 스스로 속임이 없는 데 있으니, 머리말에서 호호색(好好色)과 오악취(惡惡臭)와 같은 것은 사람의 심정이 분명한 곳을 비유한 것이니, …….']"

241) 『주자어류(朱子語類)』 권16, 「대학3(大學三)」 86조목. "問 : '毋自欺是誠意, 自慊是意誠否? 小人閒居以下, 是形容自欺之情狀, 心廣體胖, 是形容自慊之意否?' 曰 : '然.'[물었다. '무자기(毋自欺)는 뜻을 성실하게 함이고, 자겸(自慊)은 뜻이 성실함입니까?' …… 말하였다. '그렇다.']"

○ 自欺.
'구차(苟且)'는 자기(自欺)이다.

○ 去聲.242)
'순외이위(徇外而爲)'에서 '위(爲)'자는 거성(去聲 : 위하다)이다.

○ 『大全』曰 : "不求自慊, 便是爲人."243)
'구차이순외이위인야(苟且以徇外而爲人也)'에 대해, 『대학장구대전(大學章句大全)』에서 말하였다. "스스로 흡족함을 구하지 않고, 곧 남을 위하는 것이다."

朱註
然其實與不實, 蓋有他人所不及知而己獨知之者. 故必謹之於此, 以審其幾焉.
그러나 그 성실함과 성실하지 못함은 대개 다른 사람이 미처 알지 못하는 것으로 자기 혼자만 아는 것에 있다. 그러므로 반드시 이것에 삼가고 조심하여 그 조짐(兆朕)을 살펴야 한다는 것이다.

詳說
○ 『大全』曰 : "指'獨'字."244)
'필근지어차(必謹之於此)'에서 '차(此)'에 대해, 『대학장구대전(大學章句大全)』에서 말하였다. "'독(獨 : 자기 혼자)'자를 가리킨다."

○ 新安陳氏曰 : "念頭初萌動善惡, 誠僞所由分之幾微處."245)
'이심기기언(以審其幾焉)'에 대해, 신안 진씨(新安陳氏 : 陳櫟)가 말하였다. "생각하는 맨 처음에 선(善)과 악(惡)이 싹틈은 성실함과 거짓됨이 말미암아 나눠지

---

242) 호광 편(胡廣 編), 『대학장구대전(大學章句大全)』.
243) 호광 편(胡廣 編), 『대학장구대전(大學章句大全)』.
244) 호광 편(胡廣 編), 『대학장구대전(大學章句大全)』.
245) 호광 편(胡廣 編), 『대학장구대전(大學章句大全)』. "新安陳氏曰 : '周子云: 幾, 善惡. 己所獨知, 乃念頭初萌動善惡, 誠僞所由分之幾微處, 必審察於此, 以實爲善去惡. 如別岐途之始分處, 起脚不差, 行方能由乎正路, 否則起脚處一差, 差毫釐而謬千里矣.'(신안 진씨가 말하였다. '주자(周子)가 이르기를, 기(幾)는 선(善)과 악(惡)이라고 하였다. 자기가 혼자 아는 곳에서 이에 생각하는 맨 처음에 선과 악이 싹트는 것은 성실함과 거짓됨이 말미암아 나눠지는 기미(幾微)의 처소(處所)이니, 반드시 이것을 자세히 살펴서 실제로 선을 하고 악을 없애야 한다. ······.')"

는 기미(幾微)의 처소(處所)이다."

○ 朱子曰 : "是欲動·不動之間."246)
주자(朱子)가 말하였다. "움직이거나 움직이지 않고자 하는 사이이다."

○ 微庵程氏曰 : "'愼', 不但訓謹, 兼有審之意."247)
휘암 정씨(徽庵程氏 : 程若庸)248)가 말하였다. "'신(愼)'은 다만 삼감을 뜻할 뿐 아니라, 아울러 살핌의 뜻도 있는 것이다."

○ 雙峰饒氏曰 : "此章兩功之要, 在'謹獨', 能於獨處致謹, 方是'誠意'."249)
쌍봉 요씨(雙峰饒氏 : 饒魯)가 말하였다. "이 장의 두 공력의 요점은 '근독(謹獨)'에 있으니, 홀로 거처하여 근신(謹愼)을 이룸에 능하면 바야흐로 뜻을 성실하게 하는 것이다."

○ 朱子曰 : "此云'必愼其獨'者, 欲其'自慊'也; 下云'必愼其獨'者, 防其'自欺'也."250)
주자(朱子)가 말하였다. "여기서 '필신기독(必愼其獨)'이라고 한 것은 그 '자겸(自慊)'하고자 함이고, 아래에서 '필신기독(必愼其獨)'이라고 한 것은 그 '자기(自欺)'를 막는 것이다."

---

246) 호광 편(胡廣 編), 『대학장구대전(大學章句大全)』. "朱子曰 : '幾者, 動之微, 是欲動未動之間, 便有善惡, 便須就這處理會. ……'(주자가 말하였다. '기(幾)라는 것은 움직임의 은미함이니, 움직이거나 움직이지 않고자 하는 사이에 곧 선(善)과 악(惡)이 곧 모름지기 이곳을 이해해야 한다.')"
247) 호광 편(胡廣 編), 『대학장구대전(大學章句大全)』. "徽菴程氏曰 : '愼不但訓謹, 有審之意焉.'(휘암 정씨가 말하였다. '신(愼)은 다만 삼감을 뜻할 뿐 아니라, 아울러 살핌의 뜻도 있는 것이다.')"
248) 정약용(程若庸) : 남송 시대의 학자로 자가 달원(達原)이고, 호가 휘암(徽菴) 또는 물재선생(勿齋先生)이며, 호북(湖北) 휴녕(休寧) 사람이다. 어려서 요로(饒魯)에게 배우면서 주자(朱子)의 학문을 익혔다. 저서로는 『성리자훈(性理字訓)』 등이 있다.
249) 호광 편(胡廣 編), 『대학장구대전(大學章句大全)』. "雙峯饒氏曰 : '此章用功之要, 在謹獨上. 凡人於顯然處致謹, 其意未必果出於誠, 若能於獨處致謹, 方是誠意.'(쌍봉 요씨가 말하였다. '이 장의 두 공력의 요점은 근독(謹獨)에 있다. …… 만약 홀로 거처하여 근신(謹愼)을 이룸에 능하면 바야흐로 뜻을 성실하게 하는 것이다.')"
250) 『주자어류(朱子語類)』 권16, 「대학3(大學三)」 95조목. "誠意章上云: '必愼其獨'者, 欲其'自慊'也; 下云: '必愼其獨'者, 防其'自欺'也. 蓋上言: '如惡惡臭, 如好好色, 此之謂自慊, 故君子必愼其獨'者, 欲其察於隱微之間, 必吾所發之意, 好善必'如好好色', 惡惡必'如惡惡臭', 皆以實而無不自慊也. 下言: '小人閒居爲不善', 而繼以'誠於中, 形於外, 故君子必愼其獨'者, 欲其察於隱微之間, 必吾所發之意, 由中及外, 表裏如一, 皆以實而無少自欺也.(성의장(誠意章) 위에서 이르기를, '필신기독(必愼其獨)'이라고 한 것은 그 '자겸(自慊)'하고자 함이고, 아래에서 이르기를, '필신기독(必愼其獨)'이라고 한 것은 그 '자기(自欺)'를 막는 것이다. ……)"

○ 雲峰胡氏曰 : "'獨'字, 便是'自'字, 便是'意'字. 所以『中庸』論 '誠', 首尾言'愼獨', 此論'誠意', 亦兩言'愼獨'."251)

운봉 호씨(雲峰胡氏 : 胡炳文)가 말하였다. "'독(獨)'자는 곧 '자(自)'자이며, 곧 '의(意)'자이다. 그래서 『중용(中庸)』에서 '성(誠)'을 논변함에 첫머리와 꼬리에서 '신독(愼獨)'을 말하였고, 여기서 '성의(誠意)'를 논변함에 또한 두 번 '신독(愼獨)'을 말하였다."

○ 潛室陳氏曰 : "'戒懼'與'謹獨', 是兩項地頭, '戒懼', 是自家不睹不聞之時, 存誠養性氣衆如此; '謹獨', 是衆人不聞不睹之際, 存誠工夫如此.『中庸』兼已發未發說, 故動息皆有養;『大學』只就意之所發說, 故只防他罅漏."252)

잠실 진씨(潛室陳氏 : 陳埴)253)이 말하였다. "'계구(戒懼)'와 '근독(謹獨)'은 바로 두 항목의 본 영역이니, '계구(戒懼)'는 자신이 보지 못하고 듣지 못하는 때에 성실함을 보존하고 심성을 기르는 기상이 이와 같은 것이고, '근독(謹獨)'은 많은 사람들이 듣지 못하고 보지 못하는 즈음에 성실함을 보존하고 심성을 기르는 공부가 이와 같은 것이다. 『중용(中庸)』에서는 이발(已發)과 미발(未發)의 변설을 아울렀기 때문에 움직이거나 쉬거나 모두 수양(修養)함이 있으며, 『대학(大學)』에서는 다만 뜻이 발현하는 것에 대해서 변설했기 때문에 다만 그 틈으로 새어나감을 막은 것이다."

---

251) 호광 편(胡廣 編), 『대학장구대전(大學章句大全)』. "雲峯胡氏曰 : '君子小人所以分, 只在自欺與自慊上, 兩自字, 與自脩之自相應. 自欺者, 誠之反; 自慊者, 不可如此. 自慊者, 誠之充, 自脩者, 必欲如此. 獨字, 便是自字, 便是意字, 所以『中庸』論誠, 首尾言愼獨; 此章論誠意, 亦兩言愼獨.'(운봉 호씨가 말하였다. '군자와 소인이 구분되는 것은 다만 자기(自欺)와 자겸(自慊)에 있으니, 두 자(自) 자는 자수(自修)의 자(自)와 서로 어울린다. …… 독(獨) 자는 곧 자(自) 자이며, 곧 의(意) 자이다. 그래서 『중용(中庸)』에서 성(誠)을 논변함에 첫머리와 꼬리에서 신독(愼獨)을 말하였고, 이 장에서 성의(誠意)를 논변함에 또한 두 번 신독(愼獨)을 말하였다.')"

252) 호광 편(胡廣 編), 『대학장구대전(大學章句大全)』. "潛室陳氏曰 : '戒謹恐懼與謹獨, 是兩項地頭, 戒謹恐懼, 是自家不睹不聞之時, 存誠養性氣衆如此; 謹獨, 是衆人不聞不睹之際, 存誠工夫如此.『中庸』兼已發未發說, 故動息皆有養;『大學』只意之所發說, 故只防他罅漏.'(잠실 진씨가 말하였다. '계근공구(戒謹恐懼)와 근독(謹獨)은 바로 두 항목의 본 영역이니, 계근공구(戒謹恐懼)는 자신이 보지 못하고 듣지 못하는 때에 성실함을 보존하고 심성을 기르는 기상이 이와 같은 것이고, 근독(謹獨)은 많은 사람들이 듣지 못하고 보지 못하는 즈음에 성실함을 보존하는 공부가 이와 같은 것이다. 『중용(中庸)』에서는 이발(已發)과 미발(未發)의 변설을 아울렀기 때문에 움직이거나 쉬거나 모두 수양(修養)함이 있으며, 『대학(大學)』에서는 다만 뜻이 발현하는 것에 대해서 변설했기 때문에 다만 그 틈으로 새어나감을 막은 것이다.')"

253) 진식(陳埴) : 남송 시대 학자로 자가 기지(器之)이고, 호가 잠실(潛室)이며, 영가(永嘉) 출신이다. 주자의 제자로서 협미도(叶味道)와 함께 목종학파(木鍾學派)를 만들었는데, 이는 『예기』「학기(學記)」의 "질문을 잘 하는 사람은 굳은 나무를 다스리는 것과 같으며, 질문에 잘 대하는 사람은 종을 치는 것과 같다.(善問者, 如攻堅木; 善待問者, 如撞鍾.)"라고 말한 것에서 취한 말이다. 잠실 진씨(潛室陳氏) 또는 영가 진씨(永嘉陳氏)라고 일컫는다. 저서로는 정주(程朱) 이학(理學) 사상에 관한 문답 형식의 내용을 실은 『목종집(木鍾集)』 등이 있다.

[傳6-2]

小人閒居, 爲不善, 無所不至, 見君子而后, 厭然揜其不善, 而著其善, 人之視己, 如見其肺肝然, 則何益矣? 此謂 '誠於中, 形於外.' 故君子, 必愼其獨也.

소인(小人)은 한가롭게 지낼 적에는 선(善)하지 않음을 하여 이르지 않는 곳이 없이 하다가 군자(君子)를 본 뒤에 천연덕스레 그 선하지 않음을 가리고 그 착함을 나타내거늘 남들이 자기를 봄이 그 폐와 간을 보듯이 하리니, 곧 무엇이 유익하리오? 이를 일러 '마음속에 성실하면 몸밖에 나타난다.' 라고 하는 것이다. 그러므로 군자는 반드시 그 홀로 거처함을 삼가는 것이다.

詳說

○ '閒', 音閑. '厭', 鄭氏讀爲壓.[254]

'한(閒)'은 음이 한(閑)이다. '염(厭)'은 정씨(鄭氏 : 鄭玄)가 독음이 '염(壓)'이라고 하였다.

○ 按, 『大全』本有'於簡反'三字於音訓末, 諺音因以致誤'簡'或'闕'與'減'之訛.

살펴보건대, 『대학장구대전(大學章句大全)』본에는 음훈(音訓)의 끝에 '어간반(於簡反)' 세 글자가 있어서 『언해(諺解)』의 음이 이로 인해 '간(簡)'을 착오하여 간혹 '감(闕)'과 '감(減)'으로 와전(訛傳)되는 경우가 있었다.

朱註

'閒居', 獨處也. '厭然', 消沮閉蔵之貌.

'한거(閒居)'는 홀로 어느 곳에 있음이다. '염연(厭然)'은 없애고 그만두며 가리고 감추는 모습이다.

詳說

---

[254] 호광 편(胡廣 編), 『대학장구대전(大學章句大全)』 및 조선 내각본 『대학장구대전(大學章句大全)』에는 그 끝에 "於簡反."의 내용이 더 있다. 『예기주소(禮記注疏)』 권60, 「대학(大學)·음의(音義)」에는 "'閒', 音閑. '厭', 讀爲壓, 烏斬反, 又烏簞反. '揜', 於檢反. '著', 張慮反, 注同. '肺', 芳廢反. '肝', 音干, 言'厭', 於琰反, 一音於渉反."이라고 하였다.

○ 上聲.255)

'독처야(獨處也)'에서 '처(處)'자는 상성(上聲 : 거처하다)이다.

○ 新安陳氏曰 : "身所獨居, 與上文'己所獨知'之'獨', 不同."256)

'독처야(獨處也)'에 대해, 신안 진씨(新安陳氏 : 陳櫟)가 말하였다. "몸이 혼자 거처하는 곳이니, 윗글의 '기소독지(己所獨知 : 자기가 혼자 아는 곳)'의 '독(獨)'과 같지 않다."

○ 按, 此以身之所行事言.

살펴보건대, 이는 몸이 행하는 바의 일로써 말한 것이다.

○ 上聲.257)

'소저폐장지모(消沮閉藏之貌)'에서 '저(沮)'자는 상성(上聲 : 멈추다)이다.

○ 新安陳氏曰 : "四字, 形容小人見君子, 羞愧遮障之情狀."258)

'소저폐장지모(消沮閉藏之貌)'에 대해, 신안 진씨(新安陳氏 : 陳櫟)가 말하였다. "네 글자는 소인이 군자를 만남에 부끄러워하고 가리는 모습을 형용한 것이다."

○ 雙峰饒氏曰 : "'厭'字, 有黑暗遮閉之意."259)

쌍봉 요씨(雙峰饒氏 : 饒魯)가 말하였다. "'염(厭)'자는 컴컴하게 가리는 뜻이 있다."

朱註

此言小人陰爲不善, 而陽欲揜之, 則是非不知善之當爲與惡之當去也, 但不能實用其力以至此耳.

이 말은 소인이 남몰래 선(善)하지 않은 일을 하고는 버젓이 그것을 가리고자 한

---

255) 호광 편(胡廣 編), 『대학장구대전(大學章句大全)』.
256) 호광 편(胡廣 編), 『대학장구대전(大學章句大全)』. "新安陳氏曰 : '獨處, 是身所獨居, 與上文己所獨知之獨, 不同.'(신안 진씨가 말하였다. '독처(獨處)는 몸이 혼자 거처하는 곳이니, 윗글의 기소독지(己所獨知)의 독(獨)과는 같지 않다.')"
257) 호광 편(胡廣 編), 『대학장구대전(大學章句大全)』.
258) 호광 편(胡廣 編), 『대학장구대전(大學章句大全)』.
259) 호광 편(胡廣 編), 『대학장구대전(大學章句大全)』.

다면, 이는 선을 마땅히 해야 함과 악(惡)을 마땅히 버려야 함을 알지 못함이 아니건만, 다만 실제로 그 힘을 쓰지 못하여 이에 이를 뿐이라는 것이다.

詳說

○ 揜同.
'엄(揜)'은 엄(掩)과 같다.

○ 『大全』曰 : "'閒居'爲陰, '見君子'爲陽."260)
'소인음위불선, 이양욕엄지(小人陰爲不善, 而陽欲揜之)'에 대해, 『대학장구대전(大學章句大全)』에서 말하였다. "'한거(閒居)'는 음(陰)이 되고, '견군자(見君子)'는 양(陽)이 된다."

○ 此也.
'즉시(則是)'에서 '시(是)'는 차(此)이다.

○ 上聲.261)
'당거(當去)'에서 '거(去)'자는 상성(上聲 : 제거하다)이다.

○ 幷照上節註.
'단불능실용기력(但不能實用其力)'은 위 단락의 주석을 아울러 참조해야 한다.

○ '此'字, 指陰爲陽揜.
'이지차이(以至此耳)'에서, '차(此)'는 음(陰)이 양(陽)을 위하여 가리는 것을 가리킨다.

○ 新安陳氏曰 "無上節'毋自欺', 必'自謙'之工夫, 則流弊之, 極必將至此."262)

---

260) 호광 편(胡廣 編), 『대학장구대전(大學章句大全)』.
261) 호광 편(胡廣 編), 『대학장구대전(大學章句大全)』.
262) 호광 편(胡廣 編), 『대학장구대전(大學章句大全)』. "新安陳氏曰 : '上一節毋自欺, 說得細密, 乃自君子隱然心術之微處, 言之; 此一節言小人之欺人, 說得粗, 乃自小人顯然詐僞之著者, 言之. 無上一節毋自欺而必自謙之工夫, 則爲惡詐善之流弊, 其極必将至此, 所以君子必先愼其獨, 至此又重以小人爲戒, 而尤必愼其獨.'(신안 진씨가 말하였다. '위 1단락의 무자기(毋自欺)는 변설이 세밀함을 얻었으니, 이에 군자가 은연한 심술(心術)의 은미한 곳으로부터 말하였으며, 이 1절은 소인이 사람을 속임을 말했는데 변설이 거치니, 이에

신안 진씨(新安陳氏 : 陳櫟)가 말하였다. "위 단락의 '무자기(毋自欺)'하여 반드시 '자겸(自謙)'하는 공부가 없으면 폐단으로 흘러서 그 지극함에 반드시 장차 이에 이르는 것이다."

朱註

然欲揜其惡而卒不可揜, 欲詐爲善而卒不可詐,
그러나 그 악을 가리고자 해도 마침내 가릴 수 없으며, 남을 속여 선을 하고자 해도 마침내 속일 수가 없으니,

詳說

○ 牛溪曰 : "人之視小人, 不但視其外面作僞而已, 亦看得在內之肺肝."263)

'욕엄기악이졸불가엄, 욕사위선이졸불가사(欲揜其惡而卒不可揜, 欲詐爲善而卒不可詐)'에 대해, 우계(牛溪 : 成渾)264)가 말하였다. "사람들이 소인을 보는 것이 그 외면의 거짓됨을 볼 따름만이 아니라, 또한 내면의 폐와 간도 볼 수 있다는 것이다."

○ 栗谷曰 : "人之自視其肺肝."265)

―――――

소인이 훤하게 속임이 드러나는 것으로부터 말하였다. 위 단락의 무자기하여 반드시 자겸(自謙)하는 공부가 없으면 악(惡)을 하고 선(善)을 속이는 폐단으로 흘러서 그 지극함에 반드시 장차 이에 이르는 것이니, 그래서 군자가 반드시 먼저 스스로 그 혼자 있음을 삼가는 것인데, …….')"

263) 이이(李珥),『율곡선생전서(栗谷先生全書)』권32,「어록하(語錄下)·우계집(牛溪集)」. "余嘗在牛溪精舍, 先生曰 : '小人閒居章, 如見其肺肝之語, 栗谷公敎之子, 云何?' 余對曰 : '指人之視己者而言之也.' 先生曰 : '叔獻平生識見超邁, 有出人底意思, 每於文字上, 做出別論, 大失前聖立言之本指. 旣曰人之視己, 如見其肺肝, 則指小人之身, 而人之視小人者, 不但視其外面作爲而已, 亦看得在內之肺肝也……'.[내가 일찍이 우계정사(牛溪精舍)에 있었는데 우계 선생이 말하였다. '소인한거장(小人閒居章)의 마치 그 폐와 간을 보는 것과 같다는 말을 율곡 공이 자네에게 가르침에 무엇을 이르시더냐?' 내가 대답하였다. '남이 자기를 보는 것을 가리켜 말한 것이라 하였습니다.' 선생이 말하였다. '숙헌(叔獻)이 평생토록 식견이 뛰어나서 남보다 나은 뜻이 있음에 매번 문자로 특별한 변론을 만들어 내서 옛날 성인이 말한 본뜻을 크게 잃었다. 이미 남이 자기를 보는 것이 마치 그 폐와 간을 보는 것과 같다고 하였다면 소인의 몸을 가리킨 것인데, 사람들이 소인을 보는 것이 그 외면의 거짓됨을 볼 따름만이 아니라, 또한 내면의 폐와 간도 볼 수 있다는 것이다. ……' 하였다.]"

264) 성혼(成渾, 1535~1598) : 조선 중기 학자로 자가 호원(浩原)이고, 호가 우계(牛溪) 또는 묵암(默庵)이며, 본관이 창녕(昌寧)이다. 임진왜란 때 의병 활동을 도왔으며, 벼슬은 우참찬·대사헌 등을 지냈다. 해동18현 가운데 한 사람으로, 저서로는『우계집(牛溪集)』외에『주문지결(朱門旨訣)』·『위학지방(爲學之方)』등이 있다.

265) 유주목(柳疇睦),『계당선생문집(溪堂先生文集)』권5,「서(書)·답이간백준구(答李艮伯濬九)·심경문목(心經問目)」에도 이와 같은 내용이 보인다. "『大學』「誠意章」'如見其肺肝'云云, 是果如人之自視其肺肝耶? 抑人之於小人, 不但視外面情狀, 亦看得在內之心肺."

율곡(栗谷 : 李珥)이 말하였다. "사람들이 스스로 그 폐와 간을 보는 것이다."

○ 按, 牛溪說終似平順且上文二其一已字皆言他人而目小人之辭恐不可異同看.

朱註
則亦何益之有哉?
또한 무슨 유익함이 있겠는가?

詳說

○ 以'此謂'二字, 觀之, '誠於中, 形於外', 必是古語.
'역하익지유재?(亦何益之有哉?)'에서 '차위(此謂)' 두 글자로써 보면 '마음속에 성실하면 몸밖에 나타난다.'는 반드시 옛날 말이다.

○ 雙峯饒氏曰 : "此'誠'字, 是兼善惡說."[266]
쌍봉 요씨(雙峯饒氏 : 饒魯)가 말하였다. "이 '성(誠)'자는 선(善)과 악(惡)을 아우른 말이다."

○ 沙溪曰 : "'誠中'·'形外', 此雖兼善惡, 而語意重在惡邊."[267]
사계(沙溪 : 金長生)가 말하였다. "'성중(誠中)'과 '형외(形外)'가 이는 비록 선(善)과 악(惡)을 아울렀으나, 말뜻이 거듭 악의 근처에 있다."

○ 按, 以末節註'善之實中形外'之語, 觀之, 此節之爲惡邊言, 可

---

[266] 호광 편(胡廣 編), 『대학장구대전(大學章句大全)』. "雙峯饒氏曰 : '閒居爲不善, 自欺也; 厭然, 則不自慊矣. 揜其不善而著其善, 是又欺人也, 自欺與欺人, 常相因始焉自欺, 終焉必至於欺人, 此謂誠於中形於外. 此誠字, 是兼善惡說.'(쌍봉 요씨가 말하였다. '혼자 있으면서 선(善)하지 못함을 함이 스스로 속임이고, 천연덕스럽게 하는 것이 곧 스스로 만족하지 못함이다. 그 선을 가리고 그 선을 드러냄이 이 또한 남을 속임이니, 스스로 속임과 남을 속임은 항상 서로 말미암아 비로소 스스로 속이고 마침내 반드시 남을 속임에 이르나니, 이를 일러서 마음속에 성실하면 몸 밖으로 나타난다는 것이다. 이 성(誠) 자는 선과 악을 아우른 말이다.')"

[267] 전우(田愚), 『간재선생문집(艮齋先生文集)·후편(後編)』 권19, 「대학기의서(大學記疑序)」. "'誠於中'此句, 先賢有兼善惡看, 而重在惡邊. 竊意但當以惡言. 朱子於『中庸』二十章『或問』, 明言'其爲惡也, 何實中之, 而安得不謂之誠'. 小註又明言'此是惡底眞實無妄, 此等須領取其立言大意, 不可拘於字義也.('성어중(誠於中)'의 이 구절은 선현(先賢)이 선(善)과 악(惡)을 아울러서 봄이 있었으나, 거듭 악의 근처에 있다. 가만히 생각해 보건대, 다만 마땅히 악으로써 말해야 한다. ……)"

知矣.
살펴보건대, 끝 단락의 주석에 '선(善)이 마음속에 채워져서 몸 밖으로 나타난다.'라는 말268)로써 보면 이 단락이 악(惡)의 근처가 된다는 말을 알 수 있다.

朱註

此君子所以重以爲戒而必謹其獨也.
이는 군자가 경계하여 반드시 그 혼자 있음을 삼가야 함을 중요하게 여긴 까닭이다.

詳說

○ 去聲.269)
'차군자소이중이위계이필근기독야(此君子所以重以爲戒而必謹其獨也)'에서 '중(重)'자는 거성(去聲 : 중요하다)이다.

○ 新安陳氏曰 : "上一節, 君子必先自愼其獨, 至此, 又重以小人爲戒而尤必愼其獨."270)
'차군자소이중이위계이필근기독야('此君子所以重以爲戒而必謹其獨也)'에 대해, 신안 진씨(新安陳氏 : 陳櫟)가 말하였다. "위 한 단락 군자는 반드시 먼저 스스로 그 혼자 있음을 삼간다고 하였는데, 이에 이르러 또 소인이 경계를 삼아서 더욱 반드시 그 혼자 있음을 삼가 해야 함을 중요하게 여긴 것이다."

○ 雲峯胡氏曰 : "前章未分君子小人, 此章分別君子小人甚嚴. 蓋誠意爲善惡關, 過得此關, 方是君子 ; 過不得此關, 猶是小人, 他日爲國家害必矣."271) 末章小人, 卽此小人也.

---

268) 끝 단락의 주석에 '선(善)이 마음속에 채워져서 몸 밖으로 나타난다.'라는 말 : 아래 끝 단락 "富潤屋, ……." 주석의 끝부분에 있는 "蓋善之實於中而形於外者如此, 故又言此以結之."를 말하는 것이다.
269) 호광 편(胡廣 編), 『대학장구대전(大學章句大全)』.
270) 호광 편(胡廣 編), 『대학장구대전(大學章句大全)』. "新安陳氏曰 : '上一節毋自欺, 說得細密, 乃自君子隱然心術之微處言之 ; 此一節, 言小人之欺人, 說得粗, 乃自小人顯然詐僞之著者言之. 無上一節毋自欺而必自謙之工夫, 則爲惡詐善之流弊, 其極必將至此, 所以君子必先自愼其獨, 至此, 又重以小人爲戒而尤必愼其獨.' (신안 진씨가 말하였다. '…… 그래서 군자는 반드시 먼저 스스로 그 혼자 있음을 삼간다고 하였는데, 이에 이르러 또 소인이 경계를 삼아서 더욱 반드시 그 혼자 있음을 삼가 해야 함을 중요하게 여긴 것이다.')"
271) 호광 편(胡廣 編), 『대학장구대전(大學章句大全)』. "雲峯胡氏曰 : '前章未分君子小人, 此章分別君子小人

운봉 호씨(雲峯胡氏 : 胡炳文)가 말하였다. "앞장에서는 군자와 소인을 나누지 않았는데, 이 장에서는 군자와 소인을 분별함이 매우 엄격하다. 대개 뜻을 성실하게 함이 선(善)과 악(惡)의 관건(關鍵)이 되니, 여유롭게 이 관건을 얻어야 바야흐로 군자인 것이고, 여유롭게 이 관건을 얻지 못하면 오히려 소인인 것이니, 다른 날에 국가를 다스림에 해악됨이 틀림없을 것이다." 마지막 장의 소인은 곧 이 장의 소인이다.

[傳6-3]

曾子曰 : "十目所視, 十手所指, 其嚴乎."

증자(曾子)가 말하였다. "열 개의 눈이 보는 것이며, 열 개의 손이 가리키는 것이니, 그 엄중(嚴重)함이로다."

朱註

引此以明上文之意,

이를 인용하여 윗글의 뜻을 밝혔으니,

詳說

○ 先總提.

'인차이명상문지의(引此以明上文之意)'는 먼저 총괄하여 내놓은 것이다.

○ 尤庵曰 : "「傳」十章, 皆曾子釋「經」之辭, 而此一節非所以釋「經」, 特嘗稱請以戒門人者. 故門人配此十「傳」時, 因以插入而加'曾子'字, 觀此註'引'字, 可知矣. 退溪以爲'曾子'於「傳」文中, 特誦此說以戒門人, 故門人特加'曾子曰', 恐與'引'字意, 相違."272)

甚嚴. 蓋誠意爲善惡關, 過得此關, 方是君子; 過不得此關, 猶是小人. 「傳」末章, 長國家而務財用之小人, 卽此閒居爲不善之小人也. 意有不誠, 已害自家心術, 他日用之, 爲天下國家害也必矣.'(운봉 호씨가 말하였다. '앞장에서는 군자와 소인을 나누지 않았는데, 이 장에서는 군자와 소인을 분별함이 매우 엄격하다. 대개 뜻을 성실하게 함이 선(善)과 악(惡)의 관건(關鍵)이 되니, 여유롭게 이 관건을 얻어야 바야흐로 군자인 것이고, 여유롭게 이 관건을 얻지 못하면 오히려 소인인 것이다. …… 뜻에 성실하지 못함이 있으면 이미 자기의 심술(心術)에도 해롭고, 다른 날에 그를 쓰면 천하와 국가를 다스림에 해악됨이 틀림없을 것이다.')

272) 『송자대전(宋子大全)』 권86, 「서(書)·답민사앙(答閔士昂)」. "「中庸」一篇, 多引孔子之言, 而第二章及第三十章, 獨稱'仲尼'; 「大學」「傳」十章, 皆記曾子之意, 而誠意章, 特稱'曾子', 何也? '或問'子思稱'夫子', 謂'仲尼'. 朱子曰 : '古人未嘗諱其字, 『儀禮』「祭祀」, 皆稱其祖, 謂'伯某甫', 可以釋所疑矣.' 第二章, 則逑夫子訓

우암(尤庵 : 宋時烈)이 말하였다. "「전(傳)」 10장은 모두 증자(曾子)가 「경(經)」을 풀이한 말인데, 이 한 단락은 「경(經)」을 풀이한 것이 아니고, 다만 일찍이 청하여 문인들을 훈계한 것을 이른다. 그러므로 문인들이 이 10개의 「전(傳)」을 배치할 때 이에 삽입하면서 '증자(曾子)'자를 더하였으니, 이 주석의 '인(引)'자를 보면 알 수 있다. 퇴계(退溪 : 李滉)는 「전(傳)」의 글 가운데 '증자(曾子)'는 다만 이 말을 외우면서 문인들을 훈계했기 때문에 문인들이 다만 '증자왈(曾子曰)'을 더하였는데, 아마도 '인(引)'자의 뜻과는 서로 어긋난다고 여겼다."

○ 按, 「傳」十章, 曾子之意, 而門人記之, 旣曰'其意', 則十「傳」之文, 未必皆爲曾子之言, 惟此一節, 曾子平日, 必有成言, 故特稱'曾子曰'耳.

살펴보건대, 「전(傳)」10장은 증자(曾子)의 뜻으로 문인들이 기록하였는데, 이미 '그 뜻'이라고 하였다면 곧 10개의 「전(傳)」에 실린 글은 반드시 모두 증자(曾子)의 말이 되지 않으며, 오직 이 한 단락만 증자(曾子)가 평상시에 반드시 이루어진 말이기 때문에 다만 '증자왈(曾子曰)'이라고 칭하였을 뿐이다.

朱註

言雖幽獨之中, 而其善惡之不可揜, 如此可畏之甚也.
말하건대, 비록 혼자 거처하는 가운데라도 그 선(善)과 악(惡)의 가릴 수 없음이 이와 같이 매우 두려워할 만하다는 것이다.

詳說

說之始也; 第三十章, 則記夫子德行之始也, 故皆稱'仲尼', 以見他章所謂'子曰'者, 是皆仲尼也. 『大學』「傳」十章, 皆曾子釋「經」之辭, 而此十目一節, 則非「傳」文, 而特嘗稱誦以戒門人者, 自不干於釋「經」, 故別加'曾子'字, 觀本註所謂'引'字, 則可知矣. 退溪先生以爲曾子所嘗誦戒之辭, 故門人特加'曾子曰', 以爲萬世之警策. 其意蓋曰: '曾子於傳文中, 特誦此說, 以戒門人, 故如是'云云. 恐與本註'引'字之意, 相違也, 未知如何. (……『大學(大學)』의 「전(傳)」10장은 모두 증자(曾子)가 「경(經)」을 풀이한 말인데, 이 10개의 항목에 하나의 단락은 곧 「전(傳)」의 글이 아니고 다만 일찍이 외워서 문인들을 훈계한 것으로 스스로 「경(經)」을 풀이하는 데 방해되지 않기 때문에 '증자(曾子)' 자를 따로 더한 것이니, 본 주석에서 이른바 '인(引)'자를 보면 알 수 있다. 퇴계(退溪) 선생은 증자(曾子)가 일찍이 외워서 훈계한 말이라고 여겼기 때문에 문인들이 다만 '증자왈(曾子曰)'을 더하여 만세의 경책(警策)으로 삼았다. 그 뜻은 대개 '증자(曾子)가 전문 가운데에서 다만 이 말을 외워서 문인들을 훈계하였기 때문에 이와 같다.'라고 말한 것이다. 아마도 본주의 '인(引)'자의 뜻과는 서로 어긋나니 어떤지 알 수 없다.)" 이 내용은 『송자대전(宋子大全)』권133, 「잡저(雜著)·퇴계사서질의의의(退溪四書質疑疑義)2」에서도 보인다. "'誠意章'曾子所嘗誦戒之辭. 故門人特加'曾子曰'三字, 以爲萬世之警策. '曾子曰', 此註, 恐未安, 蓋此傳十章, 皆曾子釋「經」之辭, 而此一節則非所以釋「經」, 所嘗別以詔于門人者. 故門人記此十傳之時, 因以挿入於此爾, 觀本註一'引'字, 可知矣. 苟如今註則是曾子於傳文中誦此節, 故特加三字也, 竊恐其未然也."

○ 幷照上註.
'기선악지불가엄(其善惡之不可揜)'은 위의 주석을 아울러 참조해야 한다.

○ 承上節'視'字, 而幷及於'指', 作爲韻辭, 以致丁寧之意.
'기선악지불가엄, 여차(其善惡之不可揜, 如此)'는 위 절의 '시(視)'자를 잇고 아울러 '지(指)'자에 미쳐 운사(韻辭)를 지어 간곡한 뜻을 다하였다.

○ 玉溪盧氏曰 : "實理, 無隱顯之間, 人不知己獨知之地, 卽十目視十手指之地也."[273]
'기선악지불가엄, 여차(其善惡之不可揜, 如此)'에 대해, 옥계 노씨(玉溪盧氏 : 盧孝孫)가 말하였다. "실질적인 이치는 숨고 나타난 사이가 없으니, 남이 알지 못하고 자기만 혼자 아는 곳이 곧 열 개의 눈이 보며 열 개의 손이 가리키는 곳이다."

○ 按, 或能掩於一時而後, 世之手目, 終莫能掩.
살펴보건대, 간혹 한때에 능히 가릴 수 있는 뒤라도 세상 사람들의 손과 눈을 끝내 가릴 수 없는 것이다.

○ 雲峰胡氏曰 : "『中庸』'莫見乎隱, 莫顯乎微', 蓋本諸此."[274]
운봉 호씨(雲峰胡氏 : 胡炳文)가 말하였다. "『중용(中庸)』의 '숨김보다 더 잘 보이는 것이 없으며, 작음보다 더 잘 나타나는 것이 없다.'라는 것은 대개 여기에 근본한다."

○ '畏'字, 所以終上節'何益'之意, 而上註'戒'字, 蓋從此'嚴'字來.
'가외지심야(可畏之甚也)'에서 '외(畏)'자는 위 단락의 '하익(何益)'의 뜻을 마치는 것이며, 위 주석의 '계(戒)'자는 대개 이 '엄(嚴)'자로부터 온 것이다.

---

[273] 호광 편(胡廣 編), 『대학장구대전(大學章句大全)』. "玉溪盧氏曰 : '實理, 無隱顯之間, 人所不知己所獨知之地, 卽十目十手共視共指之地. 故爲善於獨者, 不求人知而人自知之, 爲不善於獨者, 惟恐人知而人必知之, 其可畏之甚如此. 曾子所以戰兢臨履, 直至啓手足而後已者, 此也.'(옥계 노씨가 말하였다. '실질적인 이치는 숨고 나타난 사이가 없으니, 남이 알지 못하고 자기만 혼자 아는 곳이 곧 열 개의 눈과 열 개의 손이 함께 보고 함께 가리키는 곳이다. ……')"

[274] 호광 편(胡廣 編), 『대학장구대전(大學章句大全)』. "雲峯胡氏曰 : '『中庸』所謂莫見乎隱莫顯乎微, 蓋本諸此. 上文獨字, 便是隱微; 此所謂十目十手, 卽是莫見莫顯.'(운봉 호씨가 말하였다. '『중용(中庸)』에서 이른 바 숨김보다 더 잘 보이는 것이 없으며, 작음보다 더 잘 나타나는 것이 없다는 것은 대개 여기에 근본한다. ……')"

[傳6-4]

富潤屋, 德潤身, 心廣體胖. 故君子, 必誠其意.

부(富)는 집을 윤택하게 하고 덕은 몸을 윤택하게 하는 것이기 때문에 마음이 넓어지고 몸이 편안하나니, 그러므로 군자는 반드시 그 뜻을 성실히 하는 것이다.

詳說

○ '胖', 步丹反.275)

'심광체반(心廣體胖)'에서 '반(胖)'자의 음은 '보(步)'와 '단(丹)'의 반절이다.

朱註

'胖', 安舒也. 言富則能潤屋矣, 德則能潤身矣.

'반(胖)'은 편안하게 펴짐이다. 말하건대, 부유하면 집안을 윤택하게 할 수 있고, 덕스러우면 몸을 윤택하게 할 수 있는 것이다.

詳說

○ 三山陳氏曰 : "'潤', 猶華澤也."276)

'부즉능윤옥의, 덕즉능윤신의(富則能潤屋矣, 德則能潤身矣)'에 대해, 삼산 진씨(三山陳氏 : 陳孔碩)277)가 말하였다. "'윤(潤)'은 화려하고 윤택함과 같다."

○ 新安陳氏曰 : "借'富潤屋', 以起'德潤身', '德', 如『孟子』仁義禮智根於心'; '潤身', 如'生色睟面盎背'也. 下文'心廣體胖', 乃申言之."278)

---

275) 호광 편(胡廣 編), 『대학장구대전(大學章句大全)』. 조선 내각본에도 이 내용이 실려 있다. 『예기주소(禮記注疏)』권60, 「대학(大學)·음의(音義)」에는 "'胖', 步丹反, 注及下同."이라고 하였다.
276) 호광 편(胡廣 編), 『대학장구대전(大學章句大全)』. "三山陳氏曰 : '財積於中, 則屋潤於外; 德積於中, 則身亦潤於外矣, 潤, 猶華澤也.'(삼산 진씨가 말하였다. '...... 윤(潤)은 화려하고 윤택함과 같다.')
277) 진공석(陳孔碩) : 송나라 때 학자로 자가 부중(膚仲) 또는 숭청(崇淸)이고, 호가 북산선생(北山先生)이며, 후관현(侯官縣) 사람이다. 처음에 장식(張栻)·여조겸(呂祖謙)과 교유하였고, 그 뒤에 주자(朱子)에게 배웠다. 순희(淳熙) 2년(1175)에 진사과에 급제하여 벼슬이 예부낭중(禮部郎中) 등에 이르렀다. 저서로는 『북산집』 외에 『대학중용해(大學中庸解)』 등이 있다.
278) 호광 편(胡廣 編), 『대학장구대전(大學章句大全)』. "新安陳氏曰 : '此, 借富潤屋, 以起下句德潤身之意, 德, 如『孟子』所謂仁義禮智根於心; 潤身, 如所謂其生色見面盎背, 是也. 下文心廣體胖, 乃申言之.'(신안 진씨가 말하였다. '이는 부윤옥(富潤屋)을 빌려서 아래 구 덕윤신(德潤身)의 뜻을 일으켰으니, 덕(德)은 『맹자(孟子)』의 이른바 인의예지(仁義禮智)가 마음에 근본한다는 것과 같으며, 윤신(潤身)은 生色睟面盎背와 같다는 것이 이것이다. 아랫글의 심광체반(心廣體胖)은 이에 거듭하여 말한 것이다.')"

신안 진씨(新安陳氏 : 陳櫟)가 말하였다. "'부윤옥(富潤屋)'을 빌려서 '덕윤신(德潤身)'을 일으켰으니, '덕(德)'은 『맹자(孟子)』의 '인의예지(仁義禮智)가 마음에 근본한다.'라는 말과 같으며,279) '윤신(潤身)'은 '겉에 나타난 모습이 윤택하게 얼굴에 보이고 등에 넘쳐흐른다는 것'과 같다. 아래 글의 '심광체반(心廣體胖)'은 이에 거듭하여 말한 것이다.

○ 按, 此二句, 如『詩』之興體, 故註用'則'·'矣'字, 釋之.
살펴보건대, 이 두 구절은 『시경(詩經)』의 흥체(興體)와 같기 때문에 주석에 '즉(則)'과 '의(矣)'자를 사용하여 풀이한 것이다.

朱註
故心無愧怍, 則廣大寬平, 而體常舒泰, 德之潤身者然也.
그러므로 마음이 부끄러워함이 없으면 넓고 커지며 너그럽고 평평해져서 몸이 항상 펴지고 편안하니, 덕(德)이 몸을 윤택하게 하는 것이 그러하다.

詳說
○ '則'·'而'二字, 若互換, 則本文之義, 當尤明切, 或傳寫之錯歟.
'심무괴작, 즉광대관평이체상서태(心無愧怍, 則廣大寬平而體常舒泰)'에서 '즉(則)'과 '의(矣)' 두 글자를 만약 서로 바꾼다면 마땅히 더욱 분명하고 절실하니, 아마도 옮겨 적을 때의 착오일 것이다.

○ 添此句, 以見此四字, 是上三字之註脚也.
'덕지윤신자연야(德之潤身者然也)'에서 이 구절을 보태서 이 네 글자[德之潤身]를 보였으니, 이는 위의 세 글자[德潤身]의 따로 한 주석이다.

○ 朱子曰 : "是說'意誠'之驗."280)
주자(朱子)가 말하였다. "이는 '뜻이 성실함'의 효험을 말한 것이다.

---

279) '덕(德)'은 『맹자(孟子)』의 '인의예지(仁義禮智)가 마음에 근본한다.'라는 말과 같으며 : 『맹자(孟子)』「진심상(盡心上)」. "군자가 본성인 것은 인의예지(仁義禮智)가 마음에 근본하며, 윤택하게 얼굴에 보이고, 등에 넘쳐흘러 사지(四肢)에 뻗나니, 사지(四肢)가 말하지 않아도 아는 것이다.(君子所性, 仁義禮智根於心; 其生色也, 睟然見於面, 盎於背, 施於四體, 四體不言而喩.)"라고 하였다.
280) 호광 편(胡廣 編), 『대학장구대전(大學章句大全)』. "朱子曰 : '富潤屋以下, 是說意誠之驗如此. 心本是潤大底物事, 只因愧怍便卑狹, 被他隔礙了, 所以體不能得安舒.'(주자가 말하였다. '부윤옥(富潤屋) 이하는 뜻이 성실함의 효험이 이와 같음을 말한 것이다. ……')"

朱註

蓋善之實於中而形於外者如此, 故又言此以結之.
대개 선(善)이 마음속에 채워져서 몸밖에 나타나는 것이 이와 같기 때문에 또 이를 말하여 끝맺은 것이다.

詳說

○ 朱子曰 : "'小人閒居'以下, 形容'自欺'之情狀; '心廣體胖', 形容'自慊'之意."281)
'개선지실어중이형어외자여차(蓋善之實於中而形於外者如此)'에서, 주자(朱子)가 말하였다. "'소인한거(小人閒居)' 이하는 '자기(自欺)'의 실제 상태를 형용한 것이고, '심광체반(心廣體胖)'은 '자겸(自慊)'의 뜻을 형용한 것이다."

○ 玉溪盧氏曰 : "前兩言'必愼其獨', 此申言'必誠其意', 三言'必'字, 示人可謂眞切."282)
'고우언차이결지(故又言此以結之)'에 대해, 옥계 노씨(玉溪盧氏 : 盧孝孫)가 말하였다. "앞에서는 두 번 '필신기독(必愼其獨)'을 말하였고, 여기서는 거듭 '필성기의(必誠其意)'를 말하여 세 번 '필(必)'자를 말하였으니, 사람들에게 보인 것이 진실하고 절실하다고 이를 만하다."

○ 按, 上二'必愼', 只爲此一'必誠'設.
살펴보건대, 위의 두 개의 '필신(必愼)'은 단지 이 하나의 '필성(必誠)'을 위하여 베풀어놓은 것이다.

朱註

右, 「傳」之六章, 釋'誠意'.
위는 「전(傳)」의 6장이니, '성의(誠意)'를 풀이한 것이다.

---

281) 호광 편(胡廣 編), 『대학장구대전(大學章句大全)』. "小人閒居以下, 是形容自欺之情狀; 心廣體胖, 是形容自慊之意.('소인한거(小人閒居)' 이하는 '자기(自欺)'의 실제 상태를 형용한 것이고, '심광체반(心廣體胖)'은 '자겸(自慊)'의 뜻을 형용한 것이다.)"
282) 호광 편(胡廣 編), 『대학장구대전(大學章句大全)』. "玉溪盧氏曰 : '前兩言必愼其獨, 此申言必誠其意, 三言必字, 示人可謂眞切.'(옥계 노씨가 말하였다. '앞에서는 두 번 필신기독(必愼其獨)을 말하였고, 여기서는 거듭 필성기의(必誠其意)를 말하여 세 번 필(必)자를 말하였으니, 사람들에게 보인 것이 진실하고 절실하다고 이를 만하다.')"

詳說

○ 姑依傳者之意而云釋誠意.
짐짓 주해(註解)한 것의 뜻에 의거하여 '석성의(釋誠意)'라고 이른 것이다.

○ 雙峯饒氏曰 : "「傳」釋八事, 每連兩章言, 獨此章單擧'誠意', 蓋'知至'·'意誠', 固是相因. 然'致知'屬知, '誠意'屬行, 知·行畢竟是二事, 當各自用力. 所以不連'致知'說, '正心'·'誠意', 雖皆屬行, 然'誠意'不特爲'正心'之要, '修身'至'平天下', 皆以此爲要. 若只連'正心'說, 則其意促狹."283)
쌍봉 요씨(雙峯饒氏 : 饒魯)가 말하였다. "「전(傳)」에서 여덟 가지의 일을 풀이함에 매번 두 장을 이어서 말했는데, 오직 이 장에서는 다만 '성의(誠意)'만 거론했으니, 대개 '지지(知至)'와 '의성(意誠)'은 진실로 서로 말미암는 것이다. 그러나 치지(致知)는 지(知)에 속하고, '성의'는 행(行)에 속하니 지(知)와 행(行)은 결국 두 가지 일이어서 마땅히 각각 스스로 힘을 써야 하는 것이다. '치지(致知)'의 말에 이어지지 않는 까닭은 '정심(正心)'과 '성의'가 비록 모두 행(行)에 속하나 '성의'가 다만 '정심'의 요체가 되지 않고, '수신(修身)'부터 '평천하(平天下)'에 이르기까지 모두 이것을 요체로 삼기 때문이다. 만약 다만 '정심(正心)'의 말에 이어진다면 그 뜻은 좁아질 것이다."

○ 南塘曰 : "誠意章, 不用承上起下之例, 故朱子於'誠·正'兩章下, 特爲立說, 以明承起之意."284)

---

283) 호광 편(胡廣 編), 『대학장구대전(大學章句大全)』. "雙峯饒氏曰 : '「傳」之諸章, 釋八事, 每章皆連兩事而言, 獨此章單擧誠意, 蓋知至·意誠, 固是相因, 然致知屬知, 誠意屬行, 知·行畢竟是二事, 當各自用力, 不可謂知了便自然能行. 所以誠意章不連致知說者爲此. 正心·誠意, 雖皆屬行, 然誠意不特爲正心之要, 自脩身至平天下, 皆以此爲要. 故程子論天德與王道, 皆曰其要只在謹獨, 天德卽心正身脩之謂; 王道卽齊家治國平天下之謂, 謹獨卽誠意之要旨. 若只連正心說, 則其意促狹, 無以見其功用之廣大如此也. 此章乃『大學』一篇之緊要處, 傳者於此章說得極痛切, 始言謹獨, 誠意之方也; 中言小人之意不誠, 所以爲戒也; 終言誠意之效驗, 所以爲勸也.'(쌍봉 요씨가 말하였다. '「전(傳)」의 여러 장에서 여덟 가지의 일을 풀이함에 매 장마다 두 가지 일을 이어서 말했는데, 오직 이 장에서는 다만 성의(誠意)만 거론했으니, 대개 지지(知至)와 의성(意誠)은 진실로 서로 말미암는 것이다. 그러나 치지(致知)는 지(知)에 속하고, 성의는 행(行)에 속하니, 지(知)와 행(行)은 결국 두 가지 일이어서 마땅히 각각 스스로 힘을 써야 하는 것이다. …… 성의장(誠意章)이 치지(致知)의 말에 이어지지 않는 까닭은 이것을 위하기 때문이다. 정심(正心)과 성의가 비록 모두 행(行)에 속하나 성의가 다만 정심의 요체가 되지 않고, 수신(修身)부터 평천하(平天下)에 이르기까지 모두 이것을 요체로 삼기 때문이다. 만약 다만 정심의 말에 이어진다면 그 뜻은 좁아질 것이다. ……')"

284) 임성주(任聖周), 『녹문선생문집(鹿門先生文集)』 권9, 「서(書)·답이백경광주(答李伯擎光冑)·병신칠월(丙申七月)」에 유사한 내용이 보인다. "六章七章, 別有章下註者, 何也? 凡『傳』文起頭例, 皆連上接下, 如'修身'在'正其心', '齊其家'在'修其身'之類, 而獨'誠意章'單說誠意, 上不連'致知', 下不接'正心'. 故朱子於'誠·正'

남당(南塘)이 말하였다. "성의장(誠意章)은 위를 이어서 아래를 일으키는 예를 사용하지 않았기 때문에 주자(朱子)가 '성의(誠意)'와 '정심(正心)'의 두 장 아래 다만 변설을 세워서 위를 이어서 아래를 일으키는 뜻을 밝힌 것이다."

○ 按, 「序」所云'補其闕略', 卽此也. 誠意章下註, 猶曰: '誠意在致知也', 所以補釋'致知誠意'一「傳」之闕也; 正心章下註, 猶曰: '正心在誠意也', 所以補釋'誠意正心'一「傳」之闕也.

살펴보건대, 「대학장구서(大學章句序)」에서 이른바 '그 빠진 데를 보충한다.'라는 것285)이 곧 이것이다. 성의장(誠意章) 아래 주석에서 오히려 말하기를, "성의(誠意)는 치지(致知)에 달려 있다."라고 하였으니, '치지성의(致知誠意)'의 한 「전(傳)」에서 빠진 데를 보충하여 풀이한 것이며, 정심장(正心章) 아래 주석에서 오히려 말하기를 "정심(正心)은 성의(誠意)에 달려 있다."라고 하였으니, '성의정심(誠意正心)'의 한 「전(傳)」에서 빠진 데를 보충하여 풀이한 것이다.

○ 渼湖曰 : "若如塘說, 則『大學』一篇, 是合下未成書也, 可乎哉? 格致·誠意兩章, 不用承上起下之例者, 以'格致'爲'明善'之要, '誠身'爲'自修'之首, 故特立爲一「傳」, 以表出之耳."

미호(渼湖 : 金元行)286)가 말하였다. "남당(南塘 : 韓元震)의 말과 같으면 『대학(大學)』 한 편이 마땅히 책을 이루지 못했을 것이니 가당하겠는가? 격치장(格致章)과 성의장(誠意章) 두 장은 위를 이어서 아래를 일으키는 예를 사용하지 않은 것인데, '격치(格致)'를 '명선(明善)'의 요체로 삼고, '성신(誠身)'을 '자수(自修)'의 머리로 삼았다. 그러므로 다만 하나의 「전(傳)」을 세워서 표출했을 뿐이다."

兩章下, 特爲附註以聯屬之, 所以補「傳」文之未備耳."
285) 「대학장구서(大學章句序)」에서 이른바 '그 빠진 데를 보충한다.'라는 것 : 「대학장구서(大學章句序)」에서 "그 이루어진 책을 돌아보니 오히려 자못 잃어버려서 이 때문에 그 고루함을 잊고 널리 찾아서 모으며 간간이 또한 가만히 내 의견을 붙여서 그 빠진 데를 보충하여 후세의 군자를 기다리며(顧其爲書, 猶頗放失, 是以忘其固陋, 采而輯之, 閒亦竊附己意, 補其闕略, 以俟後之君子.)"라고 하였다.
286) 김원행(金元行, 1702~1772) : 조선 후기의 학자로 자가 백춘(伯春)이고, 호가 미호(渼湖)·운루(雲樓)이며, 본관이 안동이다. 당숙 숭겸(崇謙)의 양자로 입적되어 창협(昌協)의 손자가 되었다. 신축(辛丑)·임인(壬寅) 사화 때 일가가 유배되거나 죽임을 당하자 은거하여 학문에 전념하였다. 이재(李縡)의 제자로서 조부 김창협과 스승의 학설을 좇아 한원진(韓元震)의 호론(湖論)에 대립되는 이간(李柬)의 낙론(洛論)을 지지하였다. 제자로는 아들 이안(履安)을 비롯하여 홍대용(洪大容)·박윤원(朴胤源)·오윤상(吳允常)·황윤석(黃胤錫) 등이 있으며, 저서로는 『미호집』이 있다.

○ 按, 此當以闕略論, 不必以未成書論. 若論此書之未成, 則宜無有大. 於錯·亡二事, 皆係「傳」文事, 而不能無待於後人之整且補耳. 今此「傳」固不害爲自成一篇, 以備一義, 而若以「經」文繩之發, 翅未成乎. 且格致章, 雖上無所承, 其兩事夾釋, 一如佗「傳」之例, 只與末章之下, 無所起同焉, 則烏可謂之特爲「傳」乎? 夫「傳」所以釋「經」, 而「經」乃孔子之言·曾子之筆也. 「經」文丁寧言'欲誠先致'·'欲正先誠'·'誠而後正'·'知而後誠', 八事十四用間, 不容一髮. 故傳者, 於'修齊治平章', 皆依「經」釋之, 固不可謂魏徵之不見昭陵, 而至於此章, 乃又以己意改易正例, 以其上則不承'致知', 以其下則不起'正心', 以當分二章者, 而約爲一章, 其突兀甚矣, 其闕略多矣. 朱子之註此書也, 寧違後人立「傳」之一義, 不敢沒孔子立「經」之正意. 故各註章下, 特補其事, 而皆云'承上可謂至明白矣', 而後人或不察朱子之意, 猶依阿傳者, 而穿鑿爲說, 則饒氏實啓之也. 惟南塘洞見朱子之意, 特表出之, 故愚常以爲知孔子之心者, 莫如朱子; 知朱子之心者, 莫如南塘也.

살펴보건대, 이는 마땅히 빠진 것으로써 논변해야 하며, 책을 이루지 못함으로써 논변할 필요는 없는 것이다. 만약 이 책이 이루어지지 못함을 논변한다면 마땅히 큰 의미가 없을 것이다. 뒤섞이거나 잃어버리는 두 가지 일은 모두 「전(傳)」의 글과 연계된 일이나 후세 사람들의 정리함과 또 보충함을 기다리지 않을 수 없을 뿐이다. 지금 이 「전(傳)」이 참으로 스스로 이룬 한 편에 방해가 되지 않고 하나의 뜻을 갖추어서 마치 「경(經)」의 글을 바로잡아서 내놓은 것 같거늘, 다만 이루지 못할 뿐이겠는가. 또 격치장(格致章)287)은 비록 위로는 이은 것이 없고, 그 두 가지 일을 아울러 풀이한 것이 한결같이 다른 「전(傳)」의 예와 같으며, 다만 끝의 장 아래와 더불어 아래를 일으킨 것이 없음이 같으니, 어찌 다만 「전(傳)」이 된다고 할 수 있겠는가? 무릇 「전(傳)」은 「경(經)」을 풀이한 것이니, 「경(經)」은 이에 공자(孔子)의 말로서 증자(曾子)가 쓴 것이다. 「경(經)」의 글에서는 간곡하게 '욕성선치(欲誠先致)'와 '욕정선성(欲正先誠)'과 '성이후정(誠而後正)'과 '지이후성(知而後誠)'을 말하여 여덟 개의 일288)에 열네 번 운

---

287) 격치장(格致章) : 「전(傳)」 5장을 말한다.
288) 여덟 개의 일 : 격물치지(格物致知) 성의정심(誠意正心) 수신제가(修身齊家) 치국평천하(治國平天下)의 팔

용289)하는 사이에 한 터럭도 용납하지 않았다. 그러므로 주해(註解)한 사람은 수제치평장(修齊治平章)에서 모두 「경(經)」에 의거해서 풀이하여 진실로 위징(魏徵 : 당 태종 때 명신)이 소릉(昭陵 : 당 태종 묘)을 보지 못했다고 말해서는 안 되는 것인데, 이 장에 이르러서 이에 또 자기 의견으로 바른 예를 바꾸었으며, 그 위로는 '치지(致知)'를 잇지 않고, 그 아래로는 '정심(正心)'을 일으키지 않았으며, 마땅히 두 장으로 나누어야 하는 것인데 묶어서 하나의 장으로 하였으니, 기이함이 심하고 빠짐이 많은 것이다. 주자(朱子)가 이 책을 주석함에 차라리 후세 사람이 「전(傳)」을 세운 하나의 뜻을 어길지언정 감히 공자의 「경(經)」을 세운 바른 뜻을 없애서는 안 되는 것이다. 그러므로 각각의 주석과 장(章) 아래에 다만 그 일을 보충하여 모두 이르기를, '위를 이어서 명백함에 이르렀다고 이를 수 있다.'고 하였더니, 후세 사람 가운데 간혹 주자의 뜻을 살피지 못하고 오히려 주해(註解)한 것에 몸을 굽혀서 순종하는 사람이 천착하여 말을 하자 요씨(饒氏 : 饒魯)가 실제로 가르쳐주었던 것이다. 오직 남당(南塘 : 韓元震)만이 주자의 뜻을 꿰뚫어보고 특별히 그것을 표출했기 때문에, 어리석게도 항상 공자의 마음을 아는 사람은 주자와 같은 이가 없으며, 주자의 마음을 아는 사람은 남당과 같은 이가 없다고 여겼던 것이다.

朱註

「經」曰 : "欲誠其意, 先致其知." 又曰 : "知至而后意誠."
『대학장구(大學章句)』「경(經)」1장에서 말하였다. "그 뜻을 성실히 하고자 하면 먼저 그 앎을 지극하게 해야 한다." 또 말하였다. "앎이 지극한 뒤에 뜻이 성실해진다."

詳說

○ 先以「經」文冠之, 以見「傳」文之, 不及'致知'者, 爲違「經」旨耳.
먼저 「경(經)」1장의 글로써 머리에 두어 「전(傳)」의 글이 '치지(致知)'에 미치지 못하는 것을 보였으니, 「경(經)」의 뜻에 어긋남이 될 뿐이다.

朱註

조목(八條目)을 말한다.
289) 열네 번 운용 : "古之欲明明德於天下者, 先治其國; 欲治其國者, 先齊其家; 欲齊其家者, 先修其身; 欲修其身者, 先正其心; 欲正其心者, 先誠其意; 欲誠其意者, 先致其知, 致知, 在格物. 物格而后, 知至; 知至而后, 意誠; 意誠而后, 心正; 心正而后, 身修; 身修而后, 家齊; 家齊而后, 國治; 國治而后, 天下平."의 모두 14번 문장이 운용된 것을 말하는 듯하다.

蓋心體之明, 有所未盡, 則其所發, 必有不能實用其力, 而苟焉以自欺者.
대개 마음과 몸의 밝음에 다하지 못한 것이 있으면 그 드러나는 것이 반드시 실제로 그 힘을 쓸 수가 없어서 구차하게 스스로 속임이 있는 것이다.

詳說

○ 照格致章.
'심체지명, 유소미진(心體之明, 有所未盡)'은 격치장(格致章)을 참조해야 한다.

○ 皆'心'.
'즉기(則其)'의 '기(其)'는 모두 '심(心)'이다.

○ 照'誠意'註.
'구언이자기자(苟焉以自欺者)'는 성의장(誠意章)의 주석을 참조해야 한다.

○ 新安陳氏曰 : "此言知不至則意不誠."290)
신안 진씨(新安陳氏 : 陳櫟)가 말하였다. "이는 앎이 지극하지 못하면 뜻이 성실하지 못함을 말한 것이다."

○ 朱子曰 : "此又「傳」文之所未發, 而其理已具於「經」, 不可以不察也."291)
주자(朱子)가 말하였다. "이는 또 「전(傳)」의 글이 드러내지 못한 것이지만, 그 이치가 이미 「경(經)」에 갖추어졌으니, 살피지 않아서는 안 된다."

○ 以上, 重在'致知'上, 所以釋「經」文'欲誠其意, 先致其知'之義也.
이상은 거듭 '치지(致知)'에 있는 것이니, 「경(經)」의 글인 '욕성기의, 선치기지(欲誠其意, 先致其知)'의 뜻을 풀이한 것이다.

---

290) 호광 편(胡廣 編), 『대학장구대전(大學章句大全)』.
291) 호광 편(胡廣 編), 『대학장구대전(大學章句大全)』. "朱子曰 : '…… 若知有不至, 則其不至之處, 惡必藏焉, 以爲自欺之主. 雖欲致其謹獨之功, 亦且無主之能爲, 而無地之可據矣. 此又傳文之所未發, 而其理已具於「經」」者, 皆不可以不察也.'(주자가 말하였다. '…… 이는 또 전문(傳文)이 드러내지 못한 것이지만, 그 이치가 이미 「경(經)」에 갖추어졌으니, 살피지 않아서는 안 된다.')"

> 朱註

然或已明而不謹乎此, 則其所明, 又非已有, 而無以爲進德之基.
그러나 간혹 이미 밝아도 이것에 삼가지 않으면 그 밝은 것이 또 자기가 둔 것이 아니어서 덕(德)에 나아가는 기초로 삼을 수 없다.

> 詳說

○ 蒙上 '心體'.
'혹이명(或已明)'은 위의 '심체(心體)'를 이은 것이다.

○ 指 '心所發'.
'불근호차(不謹乎此)'의 '차(此)'는 '심소발(心所發)'을 가리킨다.

○ 新安陳氏曰 : "此言知至後, 又不可不誠其意, 蓋'誠意'者, 進德之基本也."292)
'무이위진덕지기(無以爲進德之基)'에 대해서, 신안 진씨(新安陳氏 : 陳櫟)가 말하였다. "이는 앎이 지극한 뒤에도 또 그 뜻을 성실하게 하지 않으면 안 됨을 말한 것이니, 대개 '성의(誠意)'라는 것은 덕(德)에 나아가는 기본이다."

○ 以上, 重在 '誠意'上, 所以釋「經」文 '知至而后意誠'之義也. '然'字, 所以界上下之文也.
이상은 거듭 '성의(誠意)'에 있는 것이니, 「경(經)」의 글인 '지지이후의성(知至而后意誠)'의 뜻을 풀이한 것이다. '연(然)' 자는 위와 아래의 문장을 나누는 것이다.

> 朱註

故此章之指, 必承上章而通考之然後, 有以見其用力之始終, 其序不可亂, 而功不可闕, 如此云.
그러므로 이 장의 뜻은 반드시 위 장을 이어서 통틀어서 살펴본 뒤에 그 힘을 쓰

---

292) 호광 편(胡廣 編), 『대학장구대전(大學章句大全)』. "新安陳氏曰 : '此言知至後, 又不可不誠其意, 蓋誠意者, 進德之基本也.'(신안 진씨가 말하였다. '이는 앎이 지극한 뒤에도 또 그 뜻을 성실하게 하지 않으면 안 됨을 말한 것이니, 대개 성의(誠意)라는 것은 덕(德)에 나아가는 기본이다.')"

는 처음과 끝을 봄이 있으니, 그 차례를 어지럽혀서는 안 되고 공력을 빠뜨려서는 안 됨이 이와 같은 것이다.

詳說

○ 格致章.
'필승상장(必承上章)'은 격치장(格致章)이다.

○ 傳者, '致', 使致知無終, 而誠意無始也.
'기용력지시종(其用力之始終)'에 대해, 주해(註解)한 것이 '치(致)'이니, 앎을 지극하게 함에 끝이 없게 하며, 뜻을 성실하게 함에 처음이 없게 하는 것이다.

○ 須看'亂'字, 亂序之責, 當誰任耶?
'기서불가란(其序不可亂)'에 대해, 모름지기 '난(亂)'자를 보아야 하니, 차례를 어지럽히는 책임은 마땅히 누가 맡아야 하겠는가?

○ 惟其功不可闕. 所以文不可闕, 又安可不補其闕略乎?
'공불가궐(功不可闕)'은, 오직 그 공력이 빠져서는 안 된다는 것이다. 문장이 빠져서도 안 되는 것이니, 또 어찌 그 빠진 데를 보충하지 않을 수 있겠는가?

○ 於此詳言, 故下章章下註, 又蒙此註而略言之, 讀者參看可也. 此書除末章以外, 初無章下註, 特於此二章有之, 是亦補亡也. 其功與格致章, 足以鼎足, 讀者, 宜明目致察焉.
여기서 자세하게 말했기 때문에 아래 장(章)의 장 아래의 주석에서 또 이 주를 이어받아서 대략 말했으니, 읽는 사람이 참조하여 보면 좋을 것이다. 이 책은 마지막 장을 제외한 이외에 애당초 장 아래의 주가 없는데, 다만 여기 2장에는 있으니, 이는 또한 유실된 것을 보충한 것이다. 그 공력이 '격치장(格致章)'과 더불어 충분히 견줄 만하니, 읽는 사람이 마땅히 눈을 밝혀서 지극하게 살펴보아야 할 것이다.

전7장(「傳」之七章)

[傳7-1]
所謂 '修身, 在正其心'者, 身有所忿懥, 則不得其正; 有所恐懼, 則不得其正; 有所好樂, 則不得其正; 有所憂患, 則不得其正.

이른바 '몸을 닦음이 그 마음을 바르게 함에 있다.' 라고 하는 것은 몸에 분하고 노여워하는 것을 두면 그 바름을 얻지 못하고, 두려워하는 것을 두면 그 바름을 얻지 못하고, 좋아하는 것을 두면 그 바름을 얻지 못하고, 근심하고 걱정하는 것을 두면 그 바름을 얻지 못하는 것이다.

詳說
○ '忿', 弗紛反. '懥', 勅值反. '好'·'樂', 幷去聲.[293]

'신유소분치(身有所忿懥)'에서 '분(忿)'자의 음은 '불(弗)'과 '분(紛)'의 반절이고, '치(懥)'자의 음은 '칙(勅)'과 '치(値)'의 반절이다. '유소호요(有所好樂)'에서 '호(好)'자와 '요(樂)'자는 모두 거성(去聲: 좋아하다)이다.

朱註
程子曰: "'身有'之'身', 當作'心'. '忿懥', 怒也, 蓋是四者, 皆心之用而人所不能無者. 정자(程子: 程頤)가 말하였다. "'신유(身有)'의 '신(身)'은 마땅히 '심(心)'으로 써야 한다. '분치(忿懥)'는 성냄이다. 대개 이 네 가지는 모두 마음의 작용으로 사람에게 없을 수 없는 것이다.

詳說
○ '程子', 叔子.

'정자(程子)'는 동생 정이(程頤)이다.

---

[293] 호광 편(胡廣 編), 『대학장구대전(大學章句大全)』. 조선 내각본에도 이 내용이 실려 있다. 『예기주소(禮記注疏)』 권60, 「대학(大學)·음의(音義)」에는 "'忿', 弗粉反. '懥', 勅値反. 范音稚. 徐丁四反, 又音勤. …… '好', 呼報反. 下故好而知同. '樂', 徐五孝反. 一音岳."이라고 하였다.

○ 此本在音訓‘忿弗’之上, 而今姑依『大全』本, 移置于此.
'당작심(當作心)'에 대해, 이는 본래 음훈의 '분불(忿弗)' 위에 있었는데, 이제 짐짓 『대학장구대전(大學章句大全)』본에 의거하여 여기에 옮겨놓은 것이다.

○ ‘心’之爲‘身’, 蓋因其上有‘修身’字, 致誤而程子正之.
'심(心)'을 '신(身)'이라 한 것은 대개 그 위에 '수신(修身)'자가 있음에 말미암아 착오를 일으킨 것인데, 정자(程子)가 바로잡았다.

○ 「經」文, 本作‘欲修其身, 先正其心’, 而此云‘修身在正其心’者, 蓋因乎「經」文末‘致知在格物’之文勢耳. 後三章放此.
「경(經)」1장의 글에는 본래 '욕수기신, 선정기심(欲修其身, 先正其心)'이라고 썼는데, 여기서 '수신재정기심(修身在正其心)'이라고 이른 것은 대개 「경(經)」의 글 끝에 '치지재격물(致知在格物)'의 문세(文勢)에 말미암았을 뿐이다. 뒤의 세 장은 이에 의거한다.

○ 西山眞氏曰 : "非惟不能無, 亦不可無."294)
'개심지용이인소불능무자(皆心之用而人所不能無者)'에 대해, 서산 진씨(西山眞氏 : 眞德秀)가 말하였다. "오직 없을 수 없을 뿐만 아니라, 또한 없어서도 안 되는 것이다."

○ 尤庵曰 : "退溪, 以所不能無者, 爲天理之正295), 此語有病. 其合於天理者則正也, 若皆爲天理之正, 則『章句』, 何以有不察之戒耶?"296)

---

294) 호광 편(胡廣 編), 『대학장구대전(大學章句大全)』. "西山眞氏曰 : '…… 喜怒憂懼, 乃心之用, 非惟不能無, 亦不可無. 但平居無事之時, 不要先有此四者在胷中, 如平居先有四者, 卽是私意. 人若有些私意, 塞在胷中, 便是不得其正. 須是涵養此心, 未應物時, 湛然虛靜, 如鑑之明, 如衡之平, 到得應物之時, 方不差錯, 當喜而喜, 當怒而怒, 當憂而憂, 當懼而懼, 恰好則止, 更無過當, 如此方得本心之正.'(서산 진씨가 말하였다. '…… 희노우구(喜怒憂懼)는 이에 마음의 작용이니, 오직 없을 수 없을 뿐만 아니라, 또한 없어서도 안 되는 것이다. …….')"

295) 이황(李滉), 『퇴계선생문집(退溪先生文集)』 권38, 「서(書)·답조기백대학문목(答趙起伯大學問目)」. "人所不能無者, 如飢食渴飮等事, 非獨衆人, 雖上智, 亦不能無. 然所不能無者, 天理之正也. 纔涉於有所, 則已流於人欲之私矣.(사람에게 없을 수 없는 것은 굶고 먹고 목마르고 마시는 등의 일이니, 오직 많은 사람만 아니라 비록 상지(上智)라도 또한 없을 수 없는 것이다. 그러나 없을 수 없는 것은 천리(天理)의 바름이다. 잠깐이라도 어떤 곳에 간섭된다면 이미 인욕의 사사로움으로 흐른 것이다.)"

296) 송시열(宋時烈), 『송자대전(宋子大全)』 권133, 「잡저(雜著)·퇴계사서질의의(退溪四書質疑義)2」. "人所不能無, 飢食渴飮等事, 非獨衆人爲然. 雖上智不能無. 然所不能無者, 天理之正也. 纔涉於有所則已流於人欲之私, 非人所不能無也. 飢渴飮食, 此正所謂人心也. 退溪每以七情爲人心, 故於此亦以人心釋七情矣. 所

우암(尤庵 : 宋時烈)이 말하였다. "퇴계(退溪 : 李滉)가 없을 수 없는 것으로써 천리(天理)의 바름으로 삼았다는 이 말은 병통이 있다. 천리에 맞는 것이면 바른 것이니, 만약 모두 천리의 바름으로 삼았다면 『대학장구(大學章句)』에서 어찌 살피지 못한 데 대한 경계가 있었겠는가?"

○ 朱子曰 : "'憂患''恐懼', 是自外來, 須要我有道理處之."297)
주자(朱子)가 말하였다. "'우환(憂患)'과 '공구(恐懼)'는 밖으로부터 오는 것이니, 모름지기 꼭 내가 도리(道理)를 두어서 대처해야 한다."

朱註
然一有之,
그러나 하나라도 두고서

詳說
○ 朱子曰 : "四者, 只要從無處發出, 不可先有在心下, 須看'有所'二字, 如人有罪忿怒撻之, 纔了其心便平, 是不有. 若此心常常不平, 便是有."298)
'일유지(一有之)'에 대해, 주자(朱子)가 말하였다. "네 가지는 다만 반드시 없는 곳으로부터 나오니, 마음속에 들어 있는 것도 우선적으로 두지 못한다. 모름지기 '유소(有所)' 두 글자를 살펴보아야 하니, 만약 사람이 죄가 있으면 분노하여 매질하다가, 조금 뒤에 그 마음이 평온하면 이것은 있지 않다. 만약 이 마음이 항상 평온하지 못하면 곧 이것이 있는 것이다."299)

能無者, 天理之正也, 此語亦有病. 此七情者, 人所不能無, 而其合於其則者, 天理之正也. 若以不能無, 皆爲天理之正, 則章句何以有不可察之戒耶?(…… 퇴계(退溪)가 매양 칠정(七情)을 인심(人心)으로 여겼기 때문에 여기서 또한 인심을 칠정으로 풀이하였다. 없을 수 없는 것이 천리(天理)의 바름이라는 이 말은 또한 병통이 있다. 만약 없을 수 없는 것을 모두 천리의 바름으로 삼았다면 장구(章句)에서 어찌 살피지 못한 데 대한 경계가 있었겠는가?)

297) 호광 편(胡廣 編), 『대학장구대전(大學章句大全)』. "問 : '忿好自己事, 可勉強不爲, 憂患恐懼, 自外來, 不由自家.' 曰 : '便是自外來, 須要我有道理處之. 事來亦合當憂懼, 但只管累其本心, 亦濟甚事. 孔子畏於匡, 文王囚羑里, 死生之際, 聖人元不動心, 處之恬然.'(물었다. '성냄과 좋아함은 자기의 일이나 힘써 하지 않아야 하며, 우환(憂患)과 공구(恐懼)는 밖으로부터 오는 것이지 자기에게서 말미암지 않는다.' 주자가 말하였다. '곧 밖으로부터 오는 것이니, 모름지기 꼭 내가 도리를 두어서 대처해야 한다. ……')"

298) 호광 편(胡廣 編), 『대학장구대전(大學章句大全)』. "四者, 只要從無處發出, 不可先有在心下. 須看'有所'二字, 如有所忿怒, 因人有罪而撻之, 纔了其心便平, 是不有. 若此心常常不平, 便是有.(네 가지는 다만 반드시 없는 곳으로부터 나오니, 마음속에 들어 있는 것도 우선적으로 두지 못한다. 모름지기 '유소(有所)' 두 글자를 살펴보아야 하니, 만약 분노할 것이 있으면 사람이 죄가 있음에 말미암아 매질하다가, 조금 뒤에 그 마음이 평온하면 이것은 있지 않다. 만약 이 마음이 항상 평온하지 못하면 곧 이것이 있는 것이다.)"

299) 『주자어류(朱子語類)』 권16, 「대학3(大學三)」에는 '네 가지[四者]'와 '유소(有所)'에 대해 여러 설명이 있는

○ 南塘曰 : "有所者, 留著不去之謂也."300)

남당(南塘 : 韓元震)이 말하였다. "'유소(有所)'라는 것은 머물러서 떠나가지 않음을 이르는 것이다."

○ 沙溪曰 : "'一有'者, 少有也, '有之', 卽訓有折之義也."301)

데, 간략하게 정돈한 것 몇 가지를 보면 다음과 같다. 132조목 : "물었다. '성냄·두려움·근심·좋아함이 있어서는 안 되는 것 아닙니까?' 주희가 말하였다. '네 가지가 어찌 모두 없을 수 있겠는가! 다만 그 바름을 얻고자 할 따름이다.『중용』의 이른바 '기뻐하고 노여워하고 슬퍼하고 즐거워하는 정이 발현하여 절도에 맞는 것'과 같다.'(問 : '忿懥·恐懼·憂患·好樂, 皆不可有否?' 曰 : '四者豈得皆無! 但要得其正耳, 如中庸所謂'喜怒哀樂發而中節'者也.')" 133조목 : "마음에 즐거움·성냄·근심·좋아함이 있다면 그 바름을 얻지 못하나 이를 완전히 없애려고 하는 것은 아니니, 이것이 바로 정이 없을 수 없는 것이다. 발현하여 절도에 맞으면 옳고, 발현하여 절도에 맞지 않으면 치우침이 있어 그 바름을 얻을 수 없다.(心有喜怒憂樂則不得其正, 非謂全欲無此, 此乃情之所不能無. 但發而中節, 則是 ; 發不中節, 則有偏而不得其正矣.)" 134조목 : "좋아함·즐김·근심·두려움 네 가지는 사람에게 없을 수 없는 것이지만, 좋아하고 즐거워하려는 것이 모두 이치에 맞는다. 마땅히 즐거워할만하면 즐거워하지 않을 수 없고, 마땅히 화낼만하면 화내지 않을 수 없다.(好·樂·憂·懼四者, 人之所不能無也, 但要所好所樂皆中理. 合當喜, 不得不喜 ; 合當怒, 不得不怒.)" 135조목 : "네 가지는 사람에게 없을 수 없으나 다만 이것에 의해 움직여서는 안 된다. 만약 순응해 나간다면 어떻게 그 바름을 얻지 못할 수 있겠는가! 예컨대 안자가 '노여움을 옮기지 않았으니', 노여워할만한 것은 사물에 있고, 안자가 일찍이 혈기에 움직이지 않고 다른 사람에게 옮겼다면 어찌 노여워하여 마음에 바르지 못함이 있겠는가!(四者人所不能無也, 但不可爲所動. 若順應將去, 何不得其正之有! 如顏子'不遷怒', 可怒在物, 顏子未嘗為血氣所動, 而移於人也, 則豈怒而心有不正哉!)" 136조목 : "정심은 장차 이 마음을 없애고 저 마음을 바르게 하는 것이 아니다. 다만 이 마음을 여기에서 보존하는 일이니, 이른바 분치·공구·호락·우환으로부터는 얻을 수 없다.(正心, 卻不是將此心去正那心. 但得得此心在這裏, 所謂忿懥·恐懼·好樂·憂患自來不得.)" 137조목 : "물었다. '분치·공구·호락·우환은 모두 '유소(有所: ~바 있음)'로 말한다면, 이 마음의 바름은 존재하지 않고 이 네 가지는 안에서 주인이 되는 것입니다.' 주희가 말하였다. '네 가지는 사람에게 없을 수 없고 다만 그것이 머물러서 떠나서는 안 된다. '유소(有所)'라고 한다면 그것에 의해 안에서 주인이 되어 반드시 거꾸로 그것에 의해 움직이게 된다.'(問 : '忿懥·恐懼·好樂·憂患, 皆以'有所'爲言, 則是此心之正不存, 而是四者得以爲主於內.' 曰 : '四者人不能無, 只是不要它留而不去. 如所謂'有所', 則是被他爲主於內, 心反爲它動也.')" 138조목 : "『대학』「전」7장에서 '유소(有所)' 두 글자를 볼 수 있다. '근심하는 바가 있다.[有所憂患]'에서 우환은 마땅히 있어야 하는 것이니, 만약 이 한 가지 일로 인하여 항상 가슴 속에 머무른다면 바로 있는 것[有]이 된다. '성내고 노여워하는 바가 있다.[有所忿懥]'에서 사람에게 죄가 있어서 매질하고, 막 매질을 하고 나면 그 마음이 곧 평평(平平)해지니, 있지 않은 것[不有]이 된다. 공구(恐懼)와 호락(好樂) 또한 그러하다.(『大學』七章, 看'有所'二字. 如'有所憂患', 憂患是合當有, 若因此一事而常留在胸中, 便是有. '有所忿懥', 因人之有罪而撻之, 才撻了, 其心便平. 是不有 ; 若此心常常不平, 便是有. 恐懼·好樂亦然.)" 149조목 : "즐거워하고 성내고 근심하고 두려워하는 일은 모두 사람이라면 마땅히 지니고 있는 것이다. 즐거움이 마땅히 즐거워해야 할 일이고 노여움이 마땅히 노여워해야 할 일이라면 그 바름을 얻은 것이다. 만약 이러한 희노애락(喜怒哀樂)을 없애고 뒤 사람이 도로 삼을 수 있게 한다면 이러한 이치는 없다. 소인은 다만 이러한 즐거움·성냄·근심·두려움을 따라가기만 해서 좋지 않다.(喜怒憂懼, 都是人合有底. 只是喜怒當喜, 怒所當怒, 便得其正. 若欲無這喜怒憂懼, 而後可以爲道, 則無是理. 小人便只是隨這喜怒憂懼去, 所以不好了.)"

300) 한원진(韓元震), 『남당선생문집(南塘先生文集)·습유(拾遺)』 권4, 「잡저(雜著)·퇴계집차의(退溪集箚疑)」. "按. 心有所惻隱則不得其正, 有所羞惡則不得其正, 不可如言喜怒憂懼云者, 誠恐未安. 夫有所云者, 留着不去之謂也. 一有留着於心者, 則爲心之病矣. 彼惻隱羞惡之留着於心者, 何獨不爲心之病耶? 不然. 程子何以曰: '罪己責躬, 不可無', 亦不當長留在心胃爲悔云耶? 罪己責躬, 其非羞惡之心乎? 羞惡之心, 留在胃中, 亦爲不得其正, 則四端之有不中節者, 此又可見矣. 先生此論, 不但以四七分作二情之爲未安, 竊恐於學者正心之功, 不能無害也.(…… 대저 '유소(有所)'라고 이른 것은 머물러 있으면서 떠나가지 않음을 이르는 것이다. 하나라도 마음에 머무르는 것이 있으면 마음의 병이 되는 것이다. ……)"

301) 박세채(朴世采), 『남계집(南溪集)』「대학답문(大學答問)」에 다음과 같은 내용이 보인다. "'有所'之'有', 尋常以沙溪'少有'之說爲主, 蓋本用留在之義, 而從輕者也. 若以'有意'之'有', 釋之, 恐與栗谷所謂'有', 心者之病, 深淺不同, 如何如何?"

사계(沙溪 : 金長生)가 말하였다. "'일유(一有)'라는 것은 조금 있음이고, '유지(有之)'는 곧 새김에 자른다는 뜻이 있다."

○ 尤庵曰 : "'一', 是些小之意."
우암(尤庵 : 宋時烈)이 말하였다. "'일(一)'은 아주 적다는 뜻이다."

○ 退溪曰 : "'一有'之'一', 卽四者之一也, 非'專一'·'主一'之義也. '有', 卽事物之來, 有可喜可怒者也. '有之'二字, 非訓有所之義也."302)
퇴계(退溪)가 말하였다. "'일유(一有)'의 '일(一)'은 곧 네 가지의 하나이니, '전일(專一)'과 '주일(主一)'의 뜻이 아니다. '유(有)'는 곧 사물이 옴에 기뻐할 만하고 성낼 만한 것이 있음이니, '유지(有之)' 두 글자는 어떤 것이 있다는 뜻으로 새기는 것이 아니다."

○ 按, '有之'之'之', 非虛字, 乃所以陪他'有'字也, 則其爲釋有所審矣. 若如退溪意, 則本文當作'有一'. 且'之'字可衍也, 以其'有之'字. 故此'一有'與序文'一有'不同, 但'一'字則同耳. '有'字若如退溪'有', 則與其上句'不能無'三字, 有齟齬之嫌. 諺釋'有'字, 甚是.
살펴보건대, '유지(有之)'의 '지(之)'는 허자(虛字)가 아니고, 바로 저 '유(有)'자에 보태주는 것이니, 풀이함에 살펴야 하는 것이 있다. 만약 퇴계(退溪)의 말과 같다면 본문에 마땅히 '유일(有一)'이라고 써야 한다. 또 '지(之)'자는 넘치는 것이어서 '유지(有之)'자로 한 것이다. 그러므로 여기의 '일유(一有)'와 서문의 '일유(一有)'는 같지 않고, 다만 '일(一)'자만 같을 뿐이다. '유(有)'자가 만약에 퇴계의 '유(有)'와 같다면 위 구절의 '불능무(不能無)' 세 글자와 서로 맞지 않고 어긋나는 혐의가 있을 것이다. 『언해』에서 '유(有)'자를 풀이한 것303)은 매우 옳다.

---

302) 이황(李滉), 『퇴계선생속집(退溪先生續集)』 권6, 「서(書)·답이굉중(答李宏仲)·병인(丙寅)」. "一有之而不能察. '一', 卽四者之一也. '有', 卽事物之來, 有可喜可怒者也. …… 蓋一有可喜可怒之事物, 而不加察焉, 以至於欲動情勝而後, 此心之用, 始有所繫累, 而不得其正也. '有之'二字, 非訓有所之義者也. 趙月川曰: '一有, 猶言一切有之也.' …… 其意蓋曰: '有之, 卽訓有所之義也.' 言學者, 若以此四者, 爲人所不能無者, 而一於有之, 不能致察於其間云云. 然有之之義, 在於有所之前, 有所之病, 生於'有'之後. 故'有'字無病, 而'有所'字, 方有病也. ……(…… '일(一)'은 곧 네 가지의 하나이다. '유(有)'는 곧 사물이 옴에 기뻐할 만하고 성낼 만한 것이 있음이다. …… '유지(有之)' 두 글자는 어떤 것이 있다는 뜻으로 새기는 것이 아니다. ……)"

303) 『언해』에서 '유(有)'자를 풀이한 것 : 언해에서 '유(有)'자를 '두면'으로 풀이한 것을 말한다.

○ 朱子曰 : "心纔繫於物, 便爲所動, 所以繫於物者有三事. 未來先有期待之心, 已過, 又留在心下不能忘, 正應事時, 意有偏重."304)

주자(朱子)가 말하였다. "마음이 조금이라도 외물에 매이면 곧 움직이는 것이 되니, 외물에 매이는 까닭은 세 가지 일에 있는 것이다. 아직 오직 않았는데 먼저 기대하는 마음을 두거나, 이미 지나갔거나, 또 마음속에 남아서 잊지 못하는 것이니, 정말로 일에 응하는 때에 따라 뜻이 편중됨이 있다."

○ 按, 心有諸病, 而傳者, 姑擧其留在一病, 言之耳.

살펴보건대, 마음에는 여러 가지 병이 있는데, 주해(註解)한 사람이 짐짓 그 남아 있는 한 가지 병을 들어서 말했을 뿐이다.

朱註

而不能察, 則欲動情勝, 而其用之所行,

능히 살피지 못한다면 욕심이 발동하고 감정이 이겨서, 그 마음 작용이 행하는 것이,

詳說

○ 三山陳氏曰 : "『章句』緊要說一'察'字, 蓋因下文'心不在'一句, 發出."305)

'불능찰(不能察)'에 대해, 삼산 진씨(三山陳氏 : 陳孔碩)가 말하였다. "『대학장구(大學章句)』에서 긴요하게 하나의 '찰(察)'자를 말했으니, 대개 아래 글의 '심부재(心不在)'한 구절에 말미암아 나온 것이다."

○ 新安陳氏曰 : "'察'之一字, 乃朱子推廣「傳」文之意, 使學者,

---

304) 호광 편(胡廣 編), 『대학장구대전(大學章句大全)』. "朱子曰 : '……心纔繫於物, 便爲所動, 所以繫於物者有三事. 未來先有箇期待之心, 或事已應過, 又留在心下不能忘, 或正應事時, 意有偏重, 都是爲物所繫縛. ……'(주자가 말하였다. '마음이 조금이라도 외물에 매이면 곧 움직이는 것이 되니, 외물에 매이는 까닭은 세 가지 일에 있는 것이다. 아직 오직 않았는데 먼저 기대하는 마음을 두거나, 혹은 일이 이미 응당 지나갔는데 또 마음속에 머물러서 잊지 못하는 것이나, 간혹 정말로 일에 응하는 때에 따라 뜻이 편중됨이 있으니, 모두 외물에 매이고 묶이는 것이 되는 것이다. ……')"

305) 호광 편(胡廣 編), 『대학장구대전(大學章句大全)』. "三山陳氏曰 : '『章句』緊要說一察字, 亦非從外撰來, 蓋因下文心不在焉一句發出. 察者, 察乎理也.'(삼산 진씨가 말하였다. '『장구』에서 긴요하게 하나의 찰(察) 자를 말했으니, …… 대개 아래 글의 심부재언(心不在焉) 한 구절에 말미암아 나온 것이다. ……')"

有下手處耳."306)

신안 진씨(新安陳氏 : 陳櫟)가 말하였다. "'찰(察)'의 한 글자는 이에 주자(朱子)가 「전(傳)」의 글에 담긴 뜻을 미루어 넓혀서 학자로 하여금 착수함이 있게 한 곳일 뿐이다."

○ 沙溪曰 : "此'欲'字, 愚伏以爲非'私欲'之'欲', 只是心有所向之意307), 恐不然. 自'一有之', 已爲受病之源, 至'欲動情勝', 則爲心之病, 甚矣."

'욕동정승(欲動情勝)'에 대해, 사계(沙溪 : 金長生)가 말하였다. "이 '욕(欲)'자는 우복(愚伏 : 鄭經世)308)이 '사욕(私欲)의 욕(欲)이 아니고 단지 이 마음에 향하는 것이 있는 뜻이다.'라고 하였는데, 아마도 그렇지 않은 것 같다. '일유지(一有之)'로부터 이미 병통을 받는 근원이 되었으며, '욕동정승(欲動情勝)'에 이르면 마음의 병통 됨이 심한 것이다."

○ '用'者, 行之始;'行'者, 用之成.

'기용지소행(其用之所行)'에서, '용(用)'이라는 것은 행(行)의 시작이고, '행(行)'이라는 것은 용(用)의 이룸이다.

朱註

或不能不失其正矣.
간혹 그 바름을 잃지 않을 수 없는 것이다."

詳說

○ 錯釋以便文.

---

306) 호광 편(胡廣 編), 『대학장구대전(大學章句大全)』.
307) 정경세(鄭經世), 『우복선생문집(愚伏先生文集)』 권14, 「잡저(雜著)김사계경서의문변론(金沙溪經書疑問辨論)」. "愚謂: '欲動情勝, 則其行必失其正', 而下'或'字, 未詳其意, 栗谷云: '或字, 果未穩當', 此'欲'字, 非私欲之欲, 只是心有所向之意, 正如'孟子'養心莫善於寡欲'之'欲'一般. ……(내가 이르기를 '욕심이 발동하고 감정이 이기면 그 행실이 반드시 그 바름을 잃는다.'라고 하였는데, 아래의 '혹(或)' 자가 그 뜻이 상세하지 않자 율곡(栗谷)이 이르기를 '혹(或) 자는 과연 온당하지 않다.'라고 하였다. 이 '욕(欲)' 자는 사욕(私欲)의 욕(欲)이 아니고 단지 이 마음에 향하는 것이 있는 뜻이다. ……')"
308) 정경세(鄭經世, 1563~1633) : 조선 중기의 학자로 자가 경임(景任)이고, 호가 우복(愚伏)이며, 본관이 진주(晉州)이다. 유성룡(柳成龍)의 문인으로 주자학을 추종하고 이황의 학통을 계승하였으며, 특히 예학(禮學)에 열중하였다. 저서로는 『우복집』 외에 『양정편(養正篇)』・『주문작해(朱文酌海)』・『상례참고(喪禮參考)』 등이 있다.

'혹불능불실기정의(或不能不失其正矣)'는 뒤섞어서 풀이하여 글을 편하게 하였다.

○ 農巖曰 : "此'或'字, 栗·沙諸賢, 皆以爲疑, 竊所未喩."309)
농암(農巖 : 金昌協)이 말하였다. "이 '혹(或)'자는 율곡(栗谷)·사계(沙溪) 등 여러분들이 모두 의심하였는데, 가만히 생각해 보건대 깨우치지 못한 것이다."

○ 按, 此'或'字, 似是與上'一'字, 照應而言之耳.
살펴보건대, 이 '혹(或)'자는 바로 위의 '일(一)'자와 더불어 조응하여 말했을 뿐인 것 같다.

○ 農巖曰 : "'正心', 只是動處工夫."310)
농암(農巖 : 金昌協)이 말하였다. "'정심(正心)'은 다만 움직이는 곳의 공부이다."

○ 尤庵曰 : "'正心', 「經」「傳」本義, 皆主於用, 『章句』分明指用言, 而『講義』·『或問』似指體, 恐是推本之言也."311)

---

309) 다음의 문헌에 이와 관련된 내용들이 보인다. 『율곡선생전서(栗谷先生全書)』 권32, 「어록하(語錄下)·우계집(牛溪集)」. "愚按, '欲動情勝', 則其行之失其正也, 必矣. 註中'或'字未詳, 栗谷先生亦曰 : '或字, 果可疑.'(…… 율곡 선생이 또한 말하기를 '혹(或)자는 과연 의심할 만하다.')" 『송자대전(宋子大全)』 권94, 「서(書)·답이동보(答李同甫)」. "心有所. 有所之爲留滯, 已聞先生之敎. 然『章句』曰 : '一有之而不能察, 則欲動情勝, 而其用之所行, 或不能不失其正.' 此'或'字, 栗谷先生固亦疑, 其爲衍字, 而不能不失其正云者, 亦太似宛轉. 妄見似當曰 : '用之所行, 必失其正矣.' 未知朱子於此, 何故如是宛轉耶?(…… 이 '혹(或)'자를 율곡 선생은 진실로 또한 의심하여 군더더기 글자로 여겼는데, ……)" "一有'之'一'字, 固疑而未定之辭. 然旣曰 : '一有之而不能察, 則欲動情勝, 雖則直爲欲動情勝, 而言其用之所行, 不得其正矣.' 栗谷之疑, 毋乃以此耶? '或不能不失其正', 此'或'字, 輕輕看過, 恐不必重說也.(…… 율곡 선생이 의심한 것이 바로 이 때문인가? …… 이 '혹(或)'자는 가볍게 보고 지나가야 하며 아마도 무겁게 말할 필요는 없는 것이다.)" 『송자대전(宋子大全)』 권101, 「서(書)·답정경유(答鄭景由)」. "'欲動情勝', '失其正.' '辨疑'沙溪以爲欲動情勝, 則其所行之失其正必矣, 註中'或'字未詳云. '或不能不失其正', 此'或'字, 在於欲動情勝之後. 故栗谷亦以爲疑, 而於『聖學輯要』, 刪而不錄, 鄙意則常以爲未安矣.(…… 이 '혹(或)'자는 …… 율곡이 또한 의심하여 『성학집요』에서 깎아내어 기록하지 않았는데, 내 생각에는 항상 편안하지 않다고 여긴다.)"

310) 『송자대전(宋子大全)』 권105, 「서(書)·답심명중(答沈明仲)」.에 관련 내용이 보인다. "正心. 或云 : '正心, 只是動時工夫.' 或云 : '「大學」兼言動靜', 皆非也. 若全論正心工夫, 則固兼動靜, 而『大學』, 則只言動時工夫, 蓋靜時工夫包在上面矣. 『章句』專言動, 『或問』兼言靜, 「經」一章所謂心之本體, 物不能動, 而無不正者, 是也. 恐不可執一而論也. 來諭所謂包在上面云者, 恐有語病, 若改之曰 : '已在動前云', 則似差勝耳.(정심(正心). 어떤 사람이 이르기를 '정심(正心)은 다만 움직일 때의 공부이다.'라고 하고, 어떤 사람이 이르기를 '『대학(大學)』은 동정(動靜)을 아울러서 말하였다.'라고 하였는데, 모두 아니다. ……)"

311) 『송자대전(宋子大全)』 권104, 「서(書)」답이군보세필(答李君輔世弼)」. "來說大槩得之, 蓋『傳』所以釋『經』者也, 謂之有詳略則可也, 謂之有異同則恐未安矣. 然吾於此思量不透, 而欲質於朋友者久矣. 『講義』曰 : '心之本體, 可致其虛而無不正矣.' 於『或問』則曰 : '心之本體, 物不能動而無不正矣', 此則似指體而言. 至於『章句』曰 : '欲動情勝, 而用之所行, 或不能不失其正, 分明主用而言也.' 愚恐『講義』·『或問』與『章句』各是一義, 恐不

우암(尤庵 : 宋時烈)이 말하였다. "'정심(正心)'은 『경』과 「전」의 본의(本義)는 모두 용(用)을 위주로 하고, 『대학장구(大學章句)』는 분명하게 용(用)을 가리켜서 말하였는데, 『대학강의(大學講義)』와 『대학혹문(大學或問)』은 체(體)를 가리킨 것 같으니, 아마도 이는 근본을 받들어서 한 말일 것이다."

○ 沙溪曰 : "古人論心, 多從用處說, 正其心者, 正其心之用也, 用得其正, 則心之體, 亦隨而正. 雲峰以 '正其'·'其正' 分屬體·用, 與『章句』不同."312)

사계(沙溪 : 金長生)가 말하였다. "옛사람이 마음을 논한 것이 대부분 쓰는 곳을 좇아서 말하였으니, 그 마음을 바르게 하는 것은 그 마음의 씀을 바르게 하는 것이며, 씀에 그 바름을 얻으면 마음의 본체가 또한 따라서 바르게 된다는 것이다. 운봉(雲峰 : 胡炳文)은 '정기(正其)'와 '기정(其正)'을 나누어 체(體)와 용(用)에 속하게 하여313) 『대학장구(大學章句)』와 같지 않다.

○ 愚伏曰 : "雲峰說, 雖與朱子說, 微有不同, 亦自好, 不必深排."314)

可牽合爲一, 而乃曰: '經文彙體用言, 傳文單言用云, 則竊不能深信也.' 朱子嘗曰: '惟子思說喜怒哀樂未發謂之中, 孔孟敎人, 多從發處說.' 據此則 『經』 「傳」本義, 皆主於用, 而 『講義』 『或問』, 恐是推本而言之意也. 蓋體不得其正, 則用何以得其正乎? 然未發之體, 恐不可以正不正爲言也. 此有所不敢知耳.(…… 『강의』에서 말하기를 '마음의 본체(本體)는 ……'. 하고, 『혹문』에서 곧 말하기를 '마음의 본체(本體)는 ……'. 하였는데, 이들은 곧 체(體)를 가리켜서 말한 것 같다. 『장구』에 이르러서 말하기를 '…… 용(用)이 행하는 것이며, …… 분명하게 용(用)을 위주로 하여 말한 것이다.'라고 하였다. 내 생각에는 아마도 『강의』와 『혹문』과 『장구』가 각각 하나의 뜻이고, …… 이에 의거하면 경전의 본의는 모두 용(用)을 위주로 하였고, 『강의』와 『혹문』은 아마도 근본을 받들어서 말한 뜻일 것이다. ……)"

312) 다음의 문헌에서 관련 내용이 보인다. 김종후(金鍾厚), 『본암집(本庵集)』 「차록(箚錄)·대학(大學)」. "蔡虛齋曰 : '用得其正, 則体卽在是, 所謂動亦靜者也.' 或者專以正心爲靜, 於 『章句』 『或問』 俱不合, 朱子元有正心彙動靜之說. 沙溪曰 : '古人論心, 多從用處說, 用得其正, 則体隨而正也.' 尤菴曰 : ' 『講義』 『或問』之言, 体是推本之也.' 愚按, 忿懥等四者, 未來不期待, 已應不留滯, 是正其用也, 而其未來之前已應之後, 卽体也. 故 『章句』雖以用言, 不患其不包体矣.(…… 사계(沙溪)가 말하였다. '옛사람이 마음을 논한 것이 대부분 쓰는 곳을 좇아서 말했으니, 씀에 그 바름을 얻으면 마음의 본체가 또한 따라서 바르게 된다.'라고 하였다. ……)" 김귀주(金龜柱), 『경서차록(經書箚錄)』 「대학(大學)」. "雲峯胡氏, 不察乎此, 而乃以'正心'爲正其心之用, 又以'正其' '其正' 分屬體用, 此都是夢說. ……(운봉(雲峰) 호씨(胡氏)가 이것을 살피지 못하고 이에 '정심(正心)'을 그 마음의 씀을 바르게 하는 것으로 여겼으며, 또 '정기(正其)'와 '기정(其正)'을 나누어 체(體)와 용(用)에 속하게 했으니, 이는 모두 꿈같은 말이다. ……)"

313) 운봉(雲峰 : 胡炳文)은 '정기(正其)'와 '기정(其正)'을 나누어 체(體)와 용(用)에 속하게 하여 : 『대학장구대전(大學章句大全)』 소주에 관련 내용이 실려 있다. "雲峯胡氏曰 : '心之體無不正, 所謂正心者, 正其心之用爾. 在正其心, 此正字是說正之之工夫, 蓋謂心之用或有不正, 不可不正之也. 不得其正, 此正字是說心之體, 本無不正, 而人自失之者也. 曰正其, 且其正, 自分體用. 心之體, 本如太虛, 或景星慶雲, 或烈風雷雨, 而太虛自若. 人之一心, 豈能無喜怒憂懼, 然可怒則怒, 怒過不留 ; 可喜則喜, 喜已而休, 喜怒憂懼, 皆在物而不在我, 我雖日接乎物而不物於物, 此所以能全其本體之虛, 而無不正也. ……'.(운봉 호씨가 말하였다. '…… 정기(正其)라 하고, 기정(其正)이라고 하여 저절로 체(體)와 용(用)이 나누어진다. ……')"

314) 작자 미상, 『대학집해(大學集解)』(한국경학자료시스템본)에 관련 내용이 보인다. "愚伏曰 : '雲峯說, 雖與

우복(愚伏 : 鄭經世)이 말하였다. "운봉(雲峰 : 胡炳文)의 변설이 비록 주자(朱子)의 변설과 약간 같지 않음이 있으나 또한 절로 좋으니, 깊이 배척할 필요는 없다."

○ 西山眞氏曰 : "『大學』之'恐懼', 卽是俗語恐怖之類, 與『中庸』'恐懼', 不同."315)

서산 진씨(西山眞氏 : 眞德秀)가 말하였다. "『대학(大學)』의 '공구(恐懼)'는 속어(俗語)의 공포(恐怖) 따위이니, 『중용(中庸)』의 '공구(恐懼)'와 같지 않다."

○ 雲峯胡氏曰 : "或疑『中庸』首章, 言'存養'·'省察', 『大學』'誠意' 言'省察'而次'存養', 殊不知此章正自有'存養'·'省察'工夫. 宜子細省『章句』之二'察'字·四'存'字."316)

운봉 호씨(雲峯胡氏 : 胡炳文)가 말하였다. "어떤 사람이 의심하기를, 『중용(中庸)』 머리장에서 '존양(存養)'과 '성찰(省察)'을 말하였고, 『대학(大學)』 성의장(誠意章)에서 '성찰' 다음에 '존양'을 말하였는데, 아직도 이 장에 정말로 스스로 '존양'과 '성찰' 공부가 있는지 알지 못하겠다고 하였다. 마땅히 『대학장구(大學章句)』의 두 개의 '찰(察)'자와 네 개의 '존(存)'자를 자세하게 살펴야 한다."

[傳7-2]

心不在焉, 視而不見, 聽而不聞, 食而不知其味.

마음이 있지 아니하면 보아도 보지 못하며, 들어도 듣지 못하며, 먹어도 그 맛을 알지 못하는 것이다.

朱子說, 微有不仝? 亦自儘好, 不必深排.'"
315) 호광 편(胡廣 編), 『대학장구대전(大學章句大全)』. "或問 : '『大學』不要先有恐懼, 『中庸』却要恐懼, 何也?' 西山眞氏曰 : '『中庸』只是未形之時, 常常持敬, 令心不昏昧而已. 『大學』之恐懼, 却是俗語恐怖之類, 自與『中庸』有異.'(…… 서산 진씨가 말하였다. '…… 『대학(大學)』의 공구(恐懼)는 속어(俗語)의 공포(恐怖) 따위이니, 스스로 『중용(中庸)』과 다름이 있다.')"
316) 호광 편(胡廣 編), 『대학장구대전(大學章句大全)』. "雲峯胡氏曰 : '…… 或疑『中庸』首章, 先言存養而後言省察, 『大學』「誠意」言省察而次存養, 殊不知此章正自有存養省察工夫. 念懼恐懼等之未發也, 不可先有期待之心; 其將發也, 不可不一偏繫之心; 其已發也, 不可猶有留滯之心. 事之方來, 念之方萌, 是省察時節; 前念已過, 後事未來, 是存養時節. 存養者, 存此心本體之正; 省察者, 惟恐此心之用. 或失之不正, 而求以正之也, 宜仔細看『章句』之二察字及三四存字.'(운봉 호씨가 말하였다. '…… 어떤 사람이 의심하기를, 『중용(中庸)』 머리장에서 먼저 '존양(存養)'을 말하고 뒤에 '성찰(省察)'을 말하였으며, 『대학(大學)』 성의장(誠意章)에서는 '성찰' 다음에 '존양'을 말하였는데, 아직도 이 장에 정말로 스스로 '존양'과 '성찰' 공부가 있는지 알지 못하겠다고 하였다. …… 마땅히 『대학장구(大學章句)』의 두 개의 '찰(察)'자 및 서너 개의 '존(存)'자를 자세하게 살펴야 한다.')"

朱註

心有不存, 則無以檢其身.

마음을 보존하지 못함이 있으면 그 몸을 단속(團束)할 수 없다.

詳說

○ 朱子曰 : "一身無主宰."317)

'심우부존(心有不存)'에 대해, 주자(朱子)가 말하였다. "한 몸에 주재(主宰)가 없는 것이다."

○ 退溪曰 : "'心在', 或云'在軀殼內', 或云'存視聽上', 當通看."318)

퇴계(退溪 : 李滉)이 말하였다. "'심재(心在)'는 어떤 사람이 이르기를 '몸 껍데기 안에 있는 것이다.'라고 하며, 어떤 사람이 이르기를 '보고 듣는 데 있는 것이다.'라고 하였는데, 마땅히 통틀어서 보아야 한다."

○ 此句總釋本文三句.

'심유부존, 즉무이검기신(心有不存, 則無以檢其身)'에서 볼 때, 이 구절은 본문의 세 구절을 총체적으로 풀이한 것이다.

○ 南塘曰 : "'心不在', 卽上文'有所之致'也; '三不', 卽上文'不得其正'之事, 蓋重釋上文之意."319)

---

317) 호광 편(胡廣 編), 『대학장구대전(大學章句大全)』. "朱子曰 : '心若不存, 一身便無主宰.'(주자가 말하였다. '마음이 만약 보존되지 않으면, 한 몸에 곧 주재(主宰)가 없는 것이다.')"

318) 『퇴계선생문집(退溪先生文集)』 권41. 「잡저(雜著)·득기정정기심분체용지설심부재언재구각재시청지변(得其正其心分體用之說心不在焉在軀殼在視聽之辯)」. "'心在', 或云 : '在軀殼內', 或云 : '在視聽上', 竊謂當通看. 蓋心在軀殼, 方能在視聽上, 乃主於內而應於外, 非兩在也. 若心不在軀殼, 則未有能在視聽上之理, 心已逐物而不能主宰故也. …… ('심재(心在)'는 어떤 사람이 이르기를 '몸 껍데기 안에 있는 것이다.'라고 하며, 어떤 사람이 이르기를 '보고 듣는 데 있는 것이다.'라고 하였는데, 가만히 생각하건대 마땅히 통틀어서 보아야 한다. ……)" 이덕홍(李德弘), 『간재선생속집(艮齋先生續集)』 권1, 「사서질의(四書質疑)·대학질의(大學質疑)」에도 이 내용이 있다. "『傳』七章. 心不在焉, 或云 : '在軀殼內', 或云 : '在視聽上.' 今按, 此兩說, 當通看. 蓋心在軀殼, 方能在視聽上, 乃主於內而應於外, 非兩在也. 若心不在軀殼, 則未有能在視聽上之理, 心已逐物而不能主宰故也."

319) 한원진(韓元震), 『남당선생문집(南塘先生文集)』 권20. 「서(書)·문인문답(門人問答)·여김백삼(與金伯三)」. "'心不在'·'三不'. '心不在', 卽上文'有所之致'也; '三不', 卽上文'不得其正'之事, 蓋以重釋上文之意. 故『章句』於此下一'敬'字, 以爲上下文對證之藥, 而'敬以直內', 卽所以主靜致虛, 以致其中者, 則此又見其'正心'之爲本體之功矣.(…… '심부재(心不在)'는 곧 윗글의 '유소지치(有所之致)'이며, '삼불(三不)'은 곧 윗글의 '부득기정(不得其正)'의 일이니, 대개 윗글의 뜻을 거듭하여 풀이한 것이다. ……)" ; 『남당선생문집(南塘先生文集)』 권8, 「서(書)·동문왕복(同門往復)·답최성중징후(答崔成仲徵厚)·별지(別紙)」에도 이 내용이 보인다.

남당(南塘 : 韓元震)이 말하였다. "'심부재(心不在)'는 곧 윗글의 '유소지치(有所之致)'이며, '삼불(三不)'은 곧 윗글의 '부득기정(不得其正)'의 일이니, 대개 윗글의 뜻을 거듭하여 풀이한 것이다."

○ 雙峰饒氏曰 : "四'不得其正', 言'心不正'也, '視不見'以下, 言'身不修'也. 聲色臭味, 事物之粗者, 已不能見, 況義理之精者乎. 傳者之意, 蓋借粗以明精耳."320)

쌍봉 요씨(雙峰饒氏 : 饒魯)가 말하였다. "네 개의 '부득기정(不得其正)'은 '심부정(心不正)'을 말한 것이며, '시불견(視不見)' 이하는 '신불수(身不修)'를 말한 것이다. 성색취미(聲色臭味)는 사물의 조잡(粗雜)한 것으로 이미 볼 수 없거늘 의리(義理)의 정결(精潔)한 것이겠는가. 주해(註解)한 사람의 뜻은 대개 조잡한 것을 빌려서 정결한 것을 밝혔을 뿐이다."

○ 農嵒曰 : "『或問』所引杜詩, '仰面貪看鳥', '四有'之譬也; '囬頭錯應人', '三不'之譬也. 蓋'有所'與'不在', 相因而非二事, 不容分截, 如方氏說也."321)

농암(農嵒 : 金昌協)이 말하였다. "『혹문』에서 두보(杜甫)의 시를 인용한 것322)에 '앙면탐간조(仰面貪看鳥 : 얼굴 들어 탐내서 새 구경을 하다가)'는 '사유(四有)'323)의 비유이며, '회두착응인(回頭錯應人 : 머리 돌려 재대로 인사도 못 해

"以「傳」文考之, 則第二節'心不在', 卽上文'有所之致', 而其'三不'字, 卽上文'不得其正'之甚者, 則'不得其正'之在應物處, 而爲有所之所致然者, 已甚分曉矣."

320) 호광 편(胡廣 編), 『대학장구대전(大學章句大全)』. "雙峯饒氏曰 : '四不得其正, 言心不正也; 視不見以下, 言身不脩也. 言此而不言所以正心脩身者, 已具於誠意章故也. 聲色臭味, 事物之粗, 而易見者耳. 心之精神知覺, 一不在此, 則於粗而易見者, 已不能見, 況義理之精者乎. 傳者之意, 蓋借粗以明精耳.'(쌍봉 요씨가 말하였다. '네 개의 부득기정(不得其正)은 심부정(心不正)을 말한 것이며, 시불견(視不見) 이하는 신불수(身不修)를 말한 것이다. …… 성색취미(聲色臭味)는 사물의 조잡(粗雜)한 것으로 보기 쉬운 것일 뿐이다. …… 조잡한 것에도 이미 볼 수 없거늘 의리(義理)의 정결(精潔)한 것이겠는가. 주해(註解)한 사람의 뜻은 대개 조잡(粗雜)한 것을 빌려서 정결(精潔)한 것을 밝혔을 뿐이다.)"

321) 김창협(金昌協), 『농암집(農巖集)』 권16, 「서(書)·여홍석보(與洪錫輔)」. "且其所引杜詩二句, '仰面貪看鳥', '四有'之譬也; '回頭錯應人', '三不'之譬也. 貪看於彼, 故心有不存而錯應於此, 此譬之意也. 蓋'有所'與'不在', 相因而非二事. 故只如此取譬, 語意已足, 若其各爲一事, 則且道此兩句內, 何者專爲不在之譬耶?"[또 두보(杜甫)의 시 두 구를 인용한 것에 '앙면탐간조(仰面貪看鳥 : 얼굴 들어 탐욕스레 새를 본다)'는 '사유(四有)'의 비유이며, '회두착응인(回頭錯應人 : 머리 돌려 착각하며 사람에게 응한다)'은 '삼불(三不)'의 비유이다. …… 대개 '유소(與所)와 '부재(不在)'는 서로 말미암아서 두 가지 일이 아니다. …….]"

322) '혹문'에서 두보(杜甫)의 시를 인용한 것 : 두보(杜甫)의 시 '만성(漫成)'을 말한다. 그 내용은 다음과 같다. "강 언덕엔 이미 봄이 한참 되었고, 꽃 아래엔 맑은 날이 반복되어라. 얼굴 들어 탐내서 새 구경 하다가, 머리 돌려 제대로 인사도 못해라. 글 읽음에 어려운 글자 지나치고, 술 마시면 술병 자주 채우는구나. 근래에 아미산 노인을 만난 뒤로, 나의 게으름이 진정임을 알았구나.(江皐已仲春, 花下複淸晨. 仰面貪看鳥, 回頭錯應人. 讀書難字過, 對酒滿壺頻. 近識峨眉老, 知予懶是眞.)"

323) 사유(四有) : 「전(傳)」 7장의 "이른바 '몸을 닦음이 그 마음을 바르게 함에 있다.'라고 하는 것은 몸에 분

라)'은 '삼불(三不)'324)의 비유이다. 대개 '유소(與所)'와 '부재(不在)'는 서로 말미암아서 두 개의 일이 아니며 나뉘고 끊어짐을 용납하지 않으니, 방씨(方氏)의 변설과 같은 것이다."

○ 按, 「傳」文起結, 皆兼擧身心, 而章中不及'身'字. 故'三不'註, 直以'身不修'釋之, 以補「傳」文未足之意. 無'以檢其身'一句, 釋'三不'義已足, '是以'以下, 又論其救弊之事, 此其治病之藥也.
살펴보건대, 「전(傳)」의 글에서 기구(紀句)와 결구(結句)는 모두 신(身)과 심(心)을 아울러 거론하였는데, 『대학장구(大學章句)』에서는 '신(身)'자에 미치지 못하였다. 그러므로 '삼불(三不)'의 주석에서 다만 '신불수(身不修)'로써 풀이하여 「전(傳)」의 글 가운데 충분치 못한 뜻을 보충하였다. '이검기신(以檢其身)'의 한 구절이 없어도 '삼불'의 뜻을 풀이하기에 이미 충분한데, '시이(是以)' 이하에서 또 그 병폐를 구하는 일을 논했으니, 이는 그 병폐를 다스리는 약인 것이다.

朱註

是以君子必察乎此, 而敬以直之, 然後, 此心常存, 而身無不修也.
이 때문에 군자는 반드시 이것을 살펴서 공경하여 정직하게 해야 하니, 그런 뒤에 이 마음이 항상 보존되어 몸을 닦지 못함이 없는 것이다.

○ 退溪曰 : "指'不在'之病處."325)
'군자필찰호차(君子必察乎此)'에서 '차(此)'자에 대해, 퇴계(退溪 : 李滉)가 말하였다. "'부재(不在)'의 병폐를 가리킨 곳이다."

하고 노여워하는 것을 두면 그 바름을 얻지 못하고, 두려워하는 것을 두면 그 바름을 얻지 못하고, 좋아하는 것을 두면 그 바름을 얻지 못하고, 근심하고 걱정하는 것을 두면 그 바름을 얻지 못하는 것이다.(所謂'修身, 在正其心'者, 身有所忿懥, 則不得其正; 有所恐懼, 則不得其正; 有所好樂, 則不得其正; 有所憂患, 則不得其正.")에 나오는 네 개의 '有'를 말하는 것이다.

324) '삼불(三不)' : 「전(傳)」7장의 "마음이 있지 아니하면 보아도 보지 못하며, 들어도 듣지 못하며, 먹어도 그 맛을 알지 못하는 것이다.(心不在焉, 視而不見, 聽而不聞, 食而不知其味.)"에 나오는 세 개의 '不'자를 말하는 것이다.

325) 이덕홍(李德弘), 『간재선생속집(艮齋先生續集)』 권1, 「사서질의(四書質疑)·대학질의(大學質疑)」. "'必察乎此', '此'字, 指'心不在'之病處也.('차(此)'자는 '심부재(心不在)'의 병폐를 가리킨 곳이다.)"; 또 『율곡선생전서(栗谷先生全書)』 권32, 「어록하(語錄下)·우계집(牛溪集)」에서도 이 내용이 실려 있다. "'心不在焉'註, '必察乎此'. 退溪曰 : '此字, 指不在之病處.' 栗谷云 : '此字, 指心而言之.'(…… 퇴계가 말하기를 '차(此)'자는 부재(不在)의 병폐를 가리킨 곳이다.' 하고, 율곡(栗谷)이 이르기를 '차(此)'자는 마음을 가리켜서 말한 것이다.'라고 하였다.)

○ 出『易』「坤文言」.326)

'경이직지(敬以直之)'는 『주역(周易)』「곤괘(坤卦)·문언(文言)」에 나온다.

○ 尤庵曰：" 此章, 只言其病, 不言治病之藥. 朱子嘗曰：'人能知其心不在, 則心已在, 能知其病, 此治病之藥也.' 饒氏謂 '已具於誠意章', 故不言云者, 微有樂渾全惡剖析之病也."327)

우암(尤庵：宋時烈)이 말하였다. "이 장에서는 다만 그 병폐를 말하고, 병폐를 다스리는 약을 말하지 않았다. 주자(朱子)가 일찍이 말하기를 '사람이 능히 그 마음이 있지 않음을 알면 마음이 이미 있을 적에 능히 그 병폐를 아는 것이니, 이것이 병폐를 다스리는 약이다.'라고 하였고, 요씨(饒氏：饒魯)가 이르기를 '이미 성의장(誠意章)에 갖추어졌다.'라고 말했기 때문에 말하지 않았다고 한 것에는 완전함을 좋아하면서 분석함을 싫어하는 병폐가 조금 있는 것이다."

○ 新安陳氏曰：" 朱子於此, 又下一 '察' 字, 且曰：'敬以直之', 以足本文未言之意, 提出 '正心' 之要法, 以示萬世學者."328)

신안 진씨(新安陳氏：陳櫟)가 말하였다. "주자(朱子)가 여기서 또 하나의 '찰(察)'자를 놓고, 또 말하기를 '공경함으로써 내면을 정직하게 하다.'라고 하여 본문에서 말하지 못한 뜻을 채우고, '정심(正心)'의 중요한 방법을 내놓아서 오랜 세월 동안 학자들에게 보여주었다."

---

326) 『주역(周易)』「곤괘(坤卦)·문언(文言)」. "六二. 直, 其正也. 方, 其義也. 君子敬以直內, 義以方外, 敬義立而德不孤. 直方大, 不習无不利, 則不疑其所行也.(정직함은 바름이다. 방정함은 옳음이다. 군자는 공경함으로써 내면을 정직하게 하고, 옳음으로써 외면을 방정하게 하여 공경함과 옳음이 서서 덕이 외롭지 않은 것이다. 정직함과 방정함이 커서 학습하지 않아도 이롭지 못함이 없으니, 그 행하는 것을 의심하지 않는 것이다.)"

327) 송시열(宋時烈), 『송자대전(宋子大全)』 권116, 「서(書)·답박수녀(答朴受汝)」. "正心脩身章, 只言其病, 不言治病之藥. 朱子蓋嘗言 '學問之道' 曰：'人能知其心不在, 則心已在, 能知其病者, 此正是治病之藥也.' 饒氏所謂 '已具於誠意章云' 者, 微有樂渾全惡剖析之病. 然誠意章旣再言 '愼獨', 而程子曰：'天德王道, 其要只在愼獨.' 據此則愼獨之功, 不但在於此章, 雖在於平天下章, 亦可也.(정심수신장(正心脩身章)에서는 다만 그 병폐를 말하고, 병폐를 다스리는 약을 말하지 않았다. 주자(朱子)가 대개 일찍이 '학문의 방도'에 대해 말하기를, '사람이 능히 그 마음이 있지 않음을 알면 그 마음이 이미 있을 적에 능히 그 병폐를 아는 것이니, 이것이 병폐를 고치는 약이다.'라고 하였다. 요씨(饒氏：饒魯)가 이른바 '이미 성의장(誠意章)에 갖추어졌다'고 이른 것에는 완전함을 좋아하면서 분석함을 싫어하는 병폐가 조금 있는 것이다. ……)"

328) 호광 편(胡廣 編), 『대학장구대전(大學章句大全)』. "新安陳氏曰：'朱子於此, 又下一察字, 且曰敬以直之, 以足 『大學』 本文未言之意, 提出正心之要法, 以示萬世學者.(신안 진씨가 말하였다. '주자(朱子)가 여기서 또 하나의 찰(察) 자를 놓고, 또 말하기를 공경함으로써 내면을 정직하게 한다고 하여 『대학(大學)』 본문에서 말하지 못한 뜻을 채우고, 정심(正心)의 중요한 방법을 내놓아서 오랜 세월 동안 학자들에게 보여주었다.')"

○ 按, 南塘以此'誠敬'字, 爲補闕略之一事, 讀者詳之.
살펴보건대, 남당(南塘 : 韓元震)이 이 '성경(誠敬)'자로써 빠진 데를 보충하는 한 가지 일로 삼았으니, 읽는 사람이 자세하게 살펴야 할 것이다.

[傳7-3]
此謂 '修身, 在正其心'.

이것을 일러서 '몸 닦음이 그 마음을 바르게 함에 있다.' 라고 하는 것이다.

詳說

○ 『章句』無文.
『대학장구(大學章句)』에는 설명이 없다.

朱註

右, 「傳」之七章, 釋'正心'·'修身'.
위는 「전(傳)」의 7장이니, '정심(正心)'과 '수신(修身)'을 풀이하였다.

詳說

○ 此雖夾釋'正心'·'修身', 而其主意, 則常在於'正心'. 後三章放此.
이는 비록 '정심(正心)'과 '수신(修身)'을 아울러서 풀이하였으나, 그 중심적인 뜻은 곧 항상 '정심(正心)'에 있다. 뒤의 세 장도 이에 의거한다.

○ 凡章首之'所謂', 章末之'此謂', 是呼應之辭也, 而誠意章之用 '故'字, 以其起語之異於他例. 故結語亦與稱之, 齊家章之幷用 '故'與'此謂'者, 以其重結也. 卒章之有呼無應, 蓋以書末而變其 例也.
무릇 장머리의 '소위(所謂)'와 장 끝의 '차위(此謂)'는 호응(呼應)하는 말인데, 성의장(誠意章)에서 '고(故)'자를 써서329) 말을 일으킨 것이 다른 장의 예와 다르다. 그러므로 끝맺는 말에 또한 함께 칭했으니, 제가장(齊家章)에서 '고(故)'와 '차위(此謂)'를 아울러서 쓴 것은 그 거듭하여 끝맺었기 때문이다. 마지막 장에

---

329) 성의장(誠意章)에서 '고(故)'자를 써서 : 끝에 "故君子必誠其意."라고 한 것을 말한다.

부름은 있는데 대답함이 없는 것은 대개 책 끝에서 그 예가 변한 것이다.

> 朱註
>
> 此亦承上章, 以起下章. 蓋意誠, 則眞無惡而實有善矣, 所以能存是心以檢其身. 然或但知誠意, 而不能密察此心之存否, 則又無以直內而修身也. 自此以下, 幷以舊文爲正.

이는 또한 위 장을 이어서 아래 장을 일으킨 것이다. 대개 뜻이 성실하면 진실로 악(惡)이 없고 실제로 선(善)이 있으니, 이 마음을 보존하여 그 몸을 단속할 수 있는 것이다. 그러나 간혹 다만 뜻을 성실하게 할 줄만 알고, 능히 이 마음이 있고 없음을 세밀하게 살피지 못하면 또 내면을 정직하게 하여 몸을 닦음이 없는 것이다. 이로부터 이하는 아울러 옛글로써 바른 것으로 삼았다.

> 詳說

○ 誠意章.

'차역승상장(此亦承上章)'은 성의장(誠意章)이다.

○ 修齊章.

'기하장(起下章)'은 수신제가장(修身齊家章)이다.

○ 照上章章下註而著'亦'字, 註首嘗有云. 「經」曰 : "欲正其心, 先誠其意." 又曰 : "意誠而后心正." 而無者, 蓋蒙上章註而省之, 然其意則已該於'亦承上章'四字中耳.

'차역승상장, 이기하장(此亦承上章, 以起下章)'에서, 위 장의 장 아래 주석을 참조하여 '역(亦)' 자를 놓았는데, 주석 머리에 일찍이 이른 것이 있다. 경문에서 말하기를 "그 마음을 바르게 하고자 한다면 먼저 그 뜻을 성실하게 해야 한다." 하고, 또 말하기를 "뜻이 성실하게 된 뒤에 마음이 바르게 된다."라고 했는데, 없는 것은 대개 위 장의 주석을 이어서 생략한 것이다. 그러나 그 뜻은 곧 이미 '또한 위 장을 이었다.'는 네 글자 가운데 갖춰졌을 뿐이다.

○ 照誠意章'惡好'二句.

'개의성, 즉진무악이실유선의(蓋意誠, 則眞無惡而實有善矣)'는 성의장(誠意章)의

'오호(惡好)' 두 구절330)을 참조해야 한다.

○ 無惡有善之心.
'능존시심(能存是心)'은 악(惡)이 없고 선(善)이 있는 마음이다.

○ 依上文註而幷及'修身', 蓋此註稍變於上章註之例, 故註首幷以 '起下'文冠之耳.
'소이능존시심, 이검기신(所以能存是心, 以檢其身)'에 대해, 위 글의 주석에 의거하여 아울러 '수신(修身)'에까지 미쳤으니, 대개 이 주석은 위 장 주석의 사례에서 보면 조금 바뀌었다. 그러므로 주석의 머리에 아울러 아래를 일으켜 글 앞에 올렸을 뿐이다.

○ 朱子曰 : "意誠然後, 心得其正, 自有先後."331)
주자(朱子)가 말하였다. "뜻이 성실하게 된 뒤라야 마음이 그 바름을 얻으니, 저절로 앞뒤가 있는 것이다."

○ 新安陳氏曰 : "蓋其序之不可亂者."332)
신안 진씨(新安陳氏 : 陳櫟)가 말하였다. "대개 그 차례가 어지러워서는 안 되는 것이다."

○ 以上, 重在'誠意'上, 所以釋「經」文'欲正其心, 先誠其意'之義也.
이상은 거듭해서 '성의(誠意)'에 있는 것이니, 「경(經)」의 글에서 '그 마음을 바르게 하고자 하는 사람은 먼저 그 뜻을 성실하게 해야 한다'라는 뜻을 풀이한 것이다.

○ 是亦意未誠之事也.

---

330) 성의장(誠意章)의 '오호(惡好)' 두 구절 : "나쁜 냄새를 미워하며, 아름다운 빛깔을 좋아하는 것이 이를 일러 자겸(自謙)이라고 한다.(如惡惡臭, 如好好色, 此之謂自謙.)"라는 구절을 말한다.
331) 호광 편(胡廣 編), 『대학장구대전(大學章句大全)』.
332) 호광 편(胡廣 編), 『대학장구대전(大學章句大全)』. "新安陳氏曰 : '此言意誠而後, 心可得而正, 蓋其序之不可亂者'(신안 진씨가 말하였다. '이는 뜻이 성실하게 된 뒤라야 마음이 바르게 될 수 있으니, 대개 그 차례가 어지러워서는 안 되는 것이다.')"

'혹단지성의, 이불능밀찰차심지존부(或但知誠意, 而不能密察此心之存否)'는, 이 또한 뜻이 성실하지 못한 일이다.

○ '正心'.
'직내(直內)'는 '정심(正心 : 마음을 바르게 하는 것)'이다.

○ 新安陳氏曰 : "此言'誠', '誠'又不可不正其心, 乃其功之不可缺者."333)
'우무이직내이수신야(又無以直內而修身也)'에 대해, 신안 진씨(新安陳氏 : 陳櫟)가 말하였다. "이는 '성(誠)'을 말한 것이니, '성(誠)'은 또 그 마음을 바르지 않게 해서는 안 되며, 이에 그 공력이 없어서는 안 되는 것이다."

○ 以上, 重在'正心'上, 所以釋「經」文'意誠而后心正'之意也.
이상은 거듭해서 '정심(正心)'에 있으니, 「경(經)」의 글에서 '뜻이 성실한 뒤에 마음이 바르게 된다'는 뜻을 풀이한 것이다.

○ 註末, 無通考之說, 蓋蒙上章章下註而省之耳.
주석 끝에 전체를 상고(詳考)하는 말이 없는데, 대개 위 장의 장 아래의 주석을 이어서 생략했을 뿐이다.

○ 此註, 添一'修身', 有似乎夾釋三事, 然只是帶說耳, 其主意, 則在於'意誠'·'心正'. 且上之'蓋'字, 中之'然或'字, 上下之兩箇'則'字, 一依上章註之例, 有同符節, 南塘之云: "不亦信乎?"
여기 주석에 하나의 '수신(修身)'을 더하여 세 가지 일을 끼워 말한 것 같으나, 단지 그냥 대수롭지 않게 말했을 뿐이고, 그 주요한 뜻은 곧 '의성(意誠)'과 '심정(心正)'에 있다. 또 위의 '개(蓋)'자와, 가운데의 '연혹(然或)'자와, 위아래의 두 개의 '즉(則)'자는 한결같이 위 장의 주석에 의거하여 부절(符節)과 똑같음이 있으니, 남당(南塘)이 이르기를, "또한 미덥지 아니한가?"라고 하였다.

---

333) 호광 편(胡廣 編), 『대학장구대전(大學章句大全)』, "新安陳氏曰 : '此言誠意, 又不可不正其心, 乃其功之不可缺者.'(신안 진씨가 말하였다. '이는 성의(誠意)를 말한 것이니, 또 그 마음을 바르지 않게 해서는 안 되며, 이에 그 공력이 없어서는 안 되는 것이다.')"

○ 一無圈.
다른 데는 동그라미(圈 : ○)가 없다.

○ 自「傳」首章, 至此『章句』之事, 多端, 一曰, 正錯簡; 二曰, 補格致章; 三曰, 補致誠章之意; 四曰, 補誠正章之意. 朱子之功, 於是乎不在曾子下矣. 過此以往, 則依本文訓釋事, 可稍省云.
『대학장구(大學章句)』「전(傳)」의 머리 장부터 이 『대학장구(大學章句)』의 일에 이르기까지 다양했으니, 첫째는 착간(錯簡)을 바르게 하는 것이고, 둘째는 격물치지장(格物致知章)의 뜻을 보충하는 것, 셋째는 치지성의(致知誠意章)의 뜻을 보충하는 것, 넷째는 성의정심장(誠意正心章)의 뜻을 보충하는 것이다. 주자(朱子)의 공력이 여기서 증자(曾子)보다 아래에 있지 않았다. 이를 지나서 나아가면 본문의 새김과 뜻풀이의 일에 의거하여 조금씩 줄일 수 있을 것이다.

전8장(「傳」之八章)

[傳8-1]
所謂齊其家, 在修其身者, 人之其所親愛而辟焉, 之其所賤惡而辟焉, 之其所畏敬而辟焉, 之其所哀矜而辟焉, 之其所敖惰而辟焉. 故好而知其惡, 惡而知其美者, 天下鮮矣.

이른바 그 집안을 가지런히 함이 자신을 닦음에 있다는 것은 사람들이 친애하는 것에 편벽되고, 천히 여기고 미워하는 것에 편벽되며, 두려워하고 존경하는 것에 편벽되고, 가엽게 여기고 불쌍히 여기는 것에 편벽되며, 거만하고 게으른 것에 편벽된다는 것이다. 그러므로 좋아하면서도 그의 나쁨을 알고, 미워하면서도 그의 아름다움을 아는 자는 천하에 드물다는 것이다.

詳說
○ 辟, 讀爲僻. 惡而之惡敖好幷去聲. 鮮, 上聲.

'인지기소친애이벽언(人之其所親愛而辟焉)'에서 '벽(辟 : 편벽되다)'은 '벽(僻 : 치우치다)'으로 읽는다. '오이(惡而 : 미워하고)'에서 '오(惡 : 미워하다)'자와 '오(敖 : 거만하다)'자, '호(好 : 좋아한다)'자는 모두 거성이다. '천하선의(天下鮮矣)'에서 '선(鮮 : 드물다)'자는 상성이다.

朱註
人, 謂衆人. 之, 猶於也. 辟, 猶偏也.

사람은 백성을 말한다. '지(之)'자는 '어(於 : ~것에)'자와 같다. '편벽되다[辟]'는 것은 '치우치다[偏]'는 것과 같다.

詳說
○ 下節人字同.

아래의 절에서 '사람들[人]'이라는 말도 같다.

○ 此章之首人字, 與上章之首次心字同例, 其變身言人者, 所以廣其事也.
이 장에서 처음의 사람들이라는 말은 앞장에서 처음과 다음의 '마음[心]'이라는 말과 같은 사례로 자신을 사람들로 바꿔 말한 것은 그 일을 넓게 하기 위한 것이다.

○ 以文勢則猶於也, 以文意則猶往也, 故『語類』又云 : "之, 猶往也."334)
'지, 유어야(之, 猶於也)'의 경우, 문투로는 '어(於 : ~것에)'자와 같고, 문맥으로는 '왕(往 : 것에 대해서)'자와 같기 때문에 『주자어류(朱子語類)』에서 또 "'지(之)'자는 '왕(往 : 것에 대해서)'자와 같다."335)라고 하였다.

○ 朱子曰 : "古註'辟, 音譬'. 窒礙不通, 只是辟字. 況此篇自有僻字. '辟則爲天下僇'是也."336)
'벽, 유편야(辟, 猶偏也)'에 대해 주자(朱子)가 말하였다. "옛날의 주석에서 「벽(辟 : 편벽되다)」은 음이 '비(譬 : 비유하다)'이다.'라고 하였다. 그런데 막혀서 통하지 않으니, 벽(辟) 자일 뿐이다. 하물며 이 편에는 본래 벽(僻 : 치우치다)자가 있음에야 말해 무엇하겠는가? '편벽되면 천하의 죽임이 된다.'라는 것이 여기에 해당한다."337)

---

334) 『주자어류(朱子語類)』 권16, 「대학3(大學三) 171조목.
335) 『주자어류(朱子語類)』에서 또 "'지(之)'자는 '왕(往 : 것에 대해서)'자와 같다." : 『주자어류(朱子語類)』 권16, 「대학3(大學三) 171조목에는 "'지기소친애(之其所親愛)'에서 '지(之)'자는 왕(往)과 같다('之其所親愛'之'之', 猶往也.)"라고 되어 있다.
336) 『주자어류(朱子語類)』 권16, 「대학3(大學三) 173조목. "問 : '古注, 辟作譬, 似窒礙不通.' 曰 : '公亦疑及此. 某正以他說'之其所敖惰而譬焉', 敖惰非美事, 如何譬得? 故今只作僻字說, 便通. 況此篇自有僻字, 如'辟則爲天下僇矣'之類是也.'(물었다. '고주(古注)에서 벽(辟)을 비(譬)로 쓴 것은 꽉 막혀서 통하지 않은 것 같습니다. 주희가 말하였다. '그대도 또한 의심이 여기에 미쳤구나. 나는 '오만하고 게으른 것에 비유한다.'고 말한 것을 바로잡았는데, 오만하고 게으른 것은 좋은 일이 아닌데, 어떻게 비유할 수 있겠는가? 그러므로 이제 벽(僻)자를 써서 말하는 것이 통한다. 하물며 이 편에는 저절로 벽(僻)자가 있으니, '치우치면 세상 사람들에게 죽임을 당한다.'고 한 부류가 이것이다.')" 『대학장구대전(大學章句大全)』에는 "朱子曰 : 古註辟, 音譬. 窒礙不通, 只是辟字便通. 況此篇自有僻字, 辟則爲天下僇, 是矣."으로 되어 있다.
337) 옛날의 주석에서 '벽(辟 : 편벽되다)'은 …… '편벽되면 천하의 죽임이 된다.'라는 것이 여기에 해당한다 : 『주자어류(朱子語類)』 권16, 173조목에는 "물었다. '옛날의 주석에서 벽(辟)을 비(譬 : 비유하다)로 하였는데, 막혀서 통하지 않는 것 같습니다.' 답하였다. '그대도 이것을 의심하는군요. 나는 옛날의 주석에서 「거만하고 게으른 것에서 비유한다.」라고 말한 것을 가지고 바로잡습니다. 거만하고 게으른 것은 좋은 일이 아닌데, 어떻게 비유할 수 있겠습니까? 그러므로 이제 다만 벽(僻 : 편벽되다) 자로 말하는 것이 통합니다. 하물며 이 편에서 본래 벽(僻) 자가 있음에야 말해 무엇 하겠습니까? 이를테면 「치우치면 세상 사람들에게 죽임을 당한다.」라는 것과 같은 것이 여기에 해당합니다.'(問 : '古注, 辟作譬, 似窒礙不通.' 曰 : '公亦疑及此. 某正以他說'之其所敖惰而譬焉', 敖惰非美事, 如何譬得. 故今只作僻字說, 便通. 況此篇自有僻字. 如「辟則爲天下僇矣」之類是也.')"라고 되어 있다.

朱註

五者, 在人, 本有當然之則.
다섯 가지는 사람들에게 본래 당연한 법칙으로 있는 것이다.

詳說

○ 此人字, 通衆人君子言.
여기에서 '사람들'이라는 말은 백성들과 군자를 합쳐서 말한 것이다.

○ 朱子曰 : "敖惰只是闊略過去. 因人之可敖而敖之, 則是事理之當然也. 德未至於可敬, 惡未至於可賤, 則視之汎然如塗人而已. 又其下者, 則夫子之取瑟而歌, 孟子之隱几而臥, 因其自取而敖之, 安得謂之凶德哉."
주자(朱子)가 말하였다. "거만하고 게으른 것은 자세하게 강구한 것이 아니다. 사람이 거만하게 굴어야 하기 때문에 거만한 것은 사리의 당연한 것이다. 덕이 공경해야 할 정도에 이르지 못했고, 악이 천시되어야 할 정도에 이르지 않았으면, 그를 범범하게 길가는 사람과 같이 볼 뿐이다. 그런데 또 그 아래라면 공자가 비파를 가져와 노래 부르고,338) 맹자가 궤에 기대어 누워 있는 것339)은 스스로 취하는 것에 따라 거만하게 구는 것이니, 흉한 덕이라고 할 수 있겠는가?"340)

○ 退溪曰 : "雲峯說是也. 然其說衆人病處, 正所以曉君子, 使之知病矯偏也."341)

---

338) 공자가 비파를 가져와 노래 부르고 : 『논어(論語)』「양화」에 "유비(孺悲)가 공자를 뵙고자 하였는데, 공자가 병이 있다고 거절하고 명령을 전달하는 자가 문밖으로 나가자, 비파를 가져다 노래를 불러 그가 듣게 하였다.(孺悲欲見孔子, 孔子辭以疾, 將命者, 出戶, 取瑟而歌, 使之聞之.)"라는 말이 있다.
339) 맹자가 궤에 기대어 누워 있는 것 : 『맹자(孟子)』「공손추하(公孫丑下)」에 "왕을 위해 맹자가 떠나가는 것을 만류하고자 하는 자가 있어 앉아서 말했는데, 맹자가 응하지 않고 궤에 기대어 누웠다.(有欲爲王留行者, 坐而言, 不應, 隱几而臥.)"라는 말이 있다.
340) '흉한 덕[凶德]'과 관련하여 『주자어류(朱子語類)』 권16, 「대학3(大學三) 181조목에는 다음과 설명하고 있다. "어떤 이가 물었다. '오만하고 게으른 것은 흉한 덕[凶德]입니다. 그런데 '당연한 법칙이 있다.'고 말한 것은 무엇 때문입니까?' 주희가 말하였다. '옛날 사람들은 문자를 사용할 때 이렇게 하지 않았다. 오만하고 게으르다는 것은 천하다고 여길만하고 미워할만한 데는 이르지 못한 것이지만, 그가 첫 번째로 중요하지 않은 사람이라는 것을 알고 스스로 이렇게 한 것이다. 그러나 한결같이 그를 오만하고 게으르게 여겨 또한 이와 같이 해서는 안 된다.'(或問 : '敖惰是凶德, 而曰'有當然之則', 何也?' 曰 : '古人用字不如此. 敖惰, 未至可賤可惡, 但見那一等沒緊要底人, 自是恁地. 然一向去敖惰他, 也不可如此.')"
341) 이황(李滉), 『퇴계(退溪 : 李滉)선생문집(退溪先生文集)』 권14, 「서(書)·답이숙헌(答李叔獻)」.

퇴계(退溪 : 李滉)가 말하였다. "운봉의 설명이 옳다. 그러나 그가 백성들의 병폐를 말한 것은 바로 군자를 깨우쳐 그들이 병폐를 알고 치우침을 바로잡도록 한 것이다."

○ 沙溪曰 : "胡氏說全不合傳文本義. 敖惰亦人之常情所有也, 乃心之用而本有當然之則, 與下文溺愛貪得之人, 大不同矣."342)
사계(沙溪 : 金長生)가 말하였다. "호씨의 설명은 경전의 본래 의미에 전혀 부합하지 않는다. 거만하고 게으른 것도 사람들의 일상적인 심정에 있는 것으로 바로 마음의 작용이면서 본래 당연한 법칙으로 있는 것이니, 아래 글의 사랑에 빠지고 얻기를 탐하는 사람과는 크게 같지 않다."

○ 朱子曰 : "忿懥等, 是心與物接時事, 親愛等, 是身與物接時事,343) 上下章立文命意, 大抵相似."
주자(朱子)가 말하였다. "화를 내는 것 등은 마음이 사물과 만날 때의 일이고, 친애하는 것 등은 몸이 사물과 만날 때의 일이니, 위아래의 장에서 글을 쓰고 뜻을 명명한 것이 크게는 서로 비슷하다."

○ 雲峯胡氏曰 : "心與物接, 惟怒最易發而難制, 故前章先忿懥. 身與事接, 惟愛最易偏, 故此章先親愛. 至引諺曰, 只是說愛之偏處, 身不修家不齊之深病, 皆在於此."344)
운봉 호씨(雲峯胡氏 : 胡炳文)가 말하였다. "마음이 사물과 만날 때 오직 노함이 가장 발하기 쉽지만 제어하기는 어렵기 때문에 앞장에서 화를 내는 것을 먼저 하였다. 몸이 사물과 만날 때 사랑이 가장 치우치기 쉽기 때문에 이 장에서 친애를 먼저 하였다. 속담에서 말한 것을 인용한 것은 사랑의 치우침을 설명한 것일 뿐이다. 몸이 닦이지 않고 집안이 가지런히 되지 않는 깊은 병폐는 모두 여기에 있다."345)

---

342) 김간(金榦), 『후재선생집(厚齋先生集)』 권23, 「차기(箚記)·대학(大學)」.
343) 『주자어류(朱子語類)』 권16, 「대학3(大學三) 167조목. 호광 편(胡廣 編), 『대학장구대전(大學章句大全)』.
344) 호광 편(胡廣 編), 『대학장구대전(大學章句大全)』.
345) 마음이 사물과 만날 때 …… 깊은 병폐는 모두 여기에 있다 : 호광 편(胡廣 編), 『대학장구대전(大學章句大全)』에는 "마음이 사물과 만날 때 오직 노함이 가장 발하기 쉽지만 제어하기는 어렵기 때문에 앞장에서 화를 내는 것을 먼저 하였다. 몸이 사물과 만날 때 사랑이 가장 치우치기 쉽기 때문에 이 장에서 친애를 먼저 하였다. 속담에서 말한 것을 인용한 것은 사랑의 치우침을 설명한 것일 뿐이다. 인정에서 쉽게 치우치는 것은 사랑에서 더욱 심하다. 하물며 내실에서는 의가 은혜를 억누르지 못함에야 말해 무엇하겠는가? 그러니 인정과 사랑의 사사로움 친함이 더욱 극복하기 어려운 것이다. 몸이 닦이지 않고 집안이 가지런해

朱註

然常人之情, 惟其所向, 而不加察焉,
그러나 보통 사람들의 정은 단지 그 향하는 대로 할 뿐이고 살피지 않으니,

詳說

○ 卽上衆人.
  '상인(常人)'은 곧 앞에서 언급한 백성이다.

○ 按:『或問』云:"於此五者, 一有所向", 旣取於義, 又取往義. 而此註則旣以"於"訓之, 又以"向"釋之, 蓋亦兩取, 如『或問』云.
  살펴보건대,『대학혹문(大學或問)』에서 "여기 다섯 가지에서 하나라도 향하는 것이 있으면"346)이라고 한 것은 '어(於 : ~것에)'자의 의미를 취한 다음에 또 '향한다[往]'는 의미를 취한 것이다. 그런데 여기의 주에서 '어(於 : ~것에)'자를 풀이한 다음에 또 '향(向 : 향하다)'자로 해석했으니, 또한 두 가지를 취한 것으로『대학혹문』에서 말한 것과 같다.

○ 新安陳氏曰:"察字, 興國本作察. 他本作審者非也."347)
  '불가찰(不加察)'에 대해, 신안 진씨(新安陳氏 : 陳櫟)가 말하였다. "'찰(察 : 살피다)'자는 흥국본(興國本)에는 '찰(察)'자로 되어 있다. 다른 판본에 '심(審 : 살피다)'자로 되어 있는 것은 잘못이다."348)

朱註

則必陷於一偏, 而身不修矣.

지지 않는 것에는 그 깊은 병폐가 모두 여기에 있다.(心與物接, 唯怒最易發而難制, 所以前章以忿懥先之. 身與事接, 唯愛最易偏, 故此章以親愛先之. 至引諺曰, 只是說愛之偏處. 人情所易偏者, 愛爲尤甚. 況閨閫之內, 義不勝恩. 情愛比昵之私, 尤所難克. 身所以不脩家所以不齊者, 其深病皆在於此.)"라고 되어 있다.

346) 여기 다섯 가지에서 하나라도 향하는 것이 있으면 : 주희(朱熹), 『대학혹문(大學或問)』 권2, 「대학(大學)·전(傳)10장」에는 "사람들의 일반적인 정은 여기 다섯 가지에서 하나라도 향하는 것이 있으면, 좋아하고 미워하는 표준을 잃어 한쪽으로 편벽됨에 빠진다. 이 때문에 몸이 닦이지 않아 집안을 가지런히 할 수 없는 것이다.(人之常情, 於此五者, 一有所向, 則失其好惡之平, 而陷於一偏, 是以身有不脩, 不能齊其家耳.)"라고 되어 있다.

347) 호광 편(胡廣 編),『대학장구대전(大學章句大全)』.

348) '찰(察 : 살피다)'자는 흥국본(興國本)에는 …… 잘못이다 : 호광 편(胡廣 編),『대학장구대전(大學章句大全)』에는 "이 장은 주자(朱子)도 '찰(察 : 살피다)'자로 말하였다. 흥국본(興國本)에는 '찰(察)'자로 되어 있다. 다른 판본에 '심(審 : 살피다)'자로 되어 있는 것은 잘못이다.(此章朱子亦以察字言之, 興國本作察. 他本作審者非.)"라고 되어 있다.

반드시 한쪽으로 빠져 몸이 닦이지 않을 것이다.

詳說

○ 補此句.

이 구절을 보충하였다.

○ 玉溪盧氏曰 : "好而知惡, 是親愛之不偏, 惡而知美, 是賤惡之不偏."349)

'필함어일편, 이신불수의(必陷於一偏, 而身不修矣)'에 대해, 옥계 노씨(玉溪盧氏 : 盧孝孫)가 말하였다. "좋아하면서도 미워할 줄 아는 것이 친애에 편벽되지 않은 것이고, 미워하면서도 아름답게 여길 줄 아는 것이 천하게 여기고 미워하는 것에 편벽되지 않은 것이다."350)

○ 勿軒熊氏曰 : "親愛畏敬哀矜, 指所愛之人有此三等, 賤惡敖惰, 指所惡之人有此二等, 上下文相照應如此."351)

물헌 웅씨(勿軒熊氏 : 熊禾)가 말하였다. "친애하는 것과 두려워하고 존경하는 것과 가엾게 여기고 불쌍하게 여기는 것은 사랑하는 사람들로는 이 세 가지 등급이 있는 것을 가리킨 것이고, 천하게 여기고 미워하는 것과 거만하고 게으른 것은 미워하는 사람들로는 이 두 가지 등급이 있는 것을 가리킨 것이니, 위아래로 문맥이 서로 호응하는 것이 이와 같다."352)

---

349) 호광 편(胡廣 編), 『대학장구대전(大學章句大全)』.
350) 좋아하면서도 미워할 줄 아는 것이 …… 미워하는 것에 편벽되지 않은 것이다 : 호광 편(胡廣 編), 『대학장구대전(大學章句大全)』에는 "좋아하면서도 미워할 줄 아는 것이 친애에 편벽되지 않은 것이고, 미워하면서도 아름답게 여길 줄 아는 것이 천하게 여기고 미워하는 것에 편벽되지 않은 것이다. 두 가지로 편벽되지 않은 것은 밝은 덕이 밝지 않음이 없는 자만이 할 수 있다. 좋아하면서도 또 그 악함을 아니, 한 집안에서 누가 감히 악한 짓을 하겠으며, 미워하면서도 그 아름다움을 아니, 한 집안에서 누가 선한 일을 하지 않겠는가? 이와 같이 하면 밝은 덕이 한 집안에서 밝은 것이다.(好而知其惡, 是親愛之不偏, 惡而知其美, 是賤惡之不偏. 二不偏, 惟明德無不明者, 能之. 所好且知其惡, 則一家孰敢爲惡, 所惡且知其美, 則一家孰不爲善. 如此, 則明德明於一家矣.)"라고 되어 있다.
351) 호광 편(胡廣 編), 『대학장구대전(大學章句大全)』.
352) 친애하는 것과 두려워하고 존경하는 것과 …… 문맥이 서로 호응하는 것이 이와 같다 : 호광 편(胡廣 編), 『대학장구대전(大學章句大全)』에는 "친애하는 것과 두려워하고 존경하는 것과 가엾게 여기고 불쌍하게 여기는 것은 사랑하는 사람들을 가리켜 이 세 가지 등급이 있는 것을 말한 것이다. 천히 여기고 미워하는 것과 거만하고 게으른 것은 미워하는 사람들을 가리켜 이 두 가지 등급이 있는 것을 말한 것이다. 사랑에 치우치면 그 사람의 악함을 모르고, 미움에 치우치면 그 사람의 선함을 모르니, 위아래로 문맥이 서로 호응하는 것이 이와 같다.(親愛畏敬哀矜, 指所愛之人, 言有此三等. 賤惡敖惰, 指所惡之人, 言有此二等. 偏於愛, 則不知其人之惡, 偏於惡, 則不知其人之善, 上下文相照應如此.)"라고 되어 있다.

○ 按：末三句只擧好惡結之者, 熊說得之. 且下三事偏而已, 更無可以對說反論者, 故不復言耳.
살펴보건대, 끝에서 세 구절은 단지 좋아하고 미워하는 것을 들어 매듭지은 것이니, 웅씨의 설명이 옳다. 또 아래의 세 가지 일은 치우친 것일 뿐이고 다시 맞서는 설명으로 반론할 수 없는 것이기 때문에 거듭 말하지 않았다.

[傳8-2]

故諺有之曰：人莫知其子之惡, 莫知其苗之碩.

그러므로 속담에서 '사람들은 누구도 그 자식의 나쁨을 알지 못하고, 누구도 그 싹의 큼을 알지 못한다.'라고 하였다.

詳說

○ 諺, 音彥. 碩, 叶韻, 時若反.
'고언유지왈(故諺有之曰)'에서 '언(諺 : 속담)'자는 음이 언(彥)이다. '막지기묘지석(莫知其苗之碩)'에서 '석(碩 : 큼)'자는 협운으로, '시(時)'와 '약(若)'의 반절이다.

○ 碩字必著叶音, 如淇澳節之猗音者, 蓋以古之俗語必有韻, 如『詩』之體故也.
'석(碩 : 큼)'자를 굳이 협운으로 한 것은 '기욱(淇澳 : 기수 벼랑)'절의 의(猗 : 무성하다) 자의 음과 같은 것이다.353) 옛날의 속담에 반드시 운이 있는 것은 『시경(詩經)』의 문체와 같기 때문이다.

朱註

諺, 俗語也. 溺愛者不明, 貪得者無厭,
속담은 통속적으로 사용하는 속어이다. 사랑에 빠진 자는 밝지 못하고, 얻기를 탐하는 자는 만족함이 없으니,

---

353) '석(碩 : 큼)'자를 굳이 협운으로 한 것은 …… 의(猗 : 무성하다) 자의 음과 같은 것이다 :『대학장구』「전」3장에 "『시경(詩經)』에 '저 기수(淇水) 모퉁이를 보니, 푸른 대나무가 무성하구나! 문채 나는 군자여, 잘라놓은 듯하고, 간 듯하며, 쪼아놓은 듯하고, 간 듯하다. 엄밀하고 굳세며, 빛나고 점잖으니, 문채 나는 군자여, 끝내 잊을 수 없다.'라고 하였다.(詩云：'瞻彼淇澳, 菉竹猗猗. 有斐君子, 如切如磋, 如琢如磨. 瑟兮僩兮, 赫兮喧兮, 有斐君子, 終不可諠兮.')"라고 되어 있다.

詳說

○ 上句.

'닉애자불명(溺愛者不明 : 사랑에 빠진 자는 밝지 못하고)'은 앞의 구절[必陷於一偏, 而身不修矣 : 반드시 한쪽으로 빠져 몸이 닦이지 않을 것이다] 이다.

○ 平聲.

'무염(無厭 : 만족함이 없음)'에서 '염(厭)'자는 평성이다.

○ 下句.

'탐득자무염(貪得者無厭 : 얻기를 탐하는 자는 만족함이 없으니)'는 뒤의 구절 [偏之爲害 : 편벽된 것이 해로움이 되어]이다.

○ 上節末自五辟而約之爲愛惡. 此節又自愛惡而約之, 單說溺愛, 遂及貪得, 而貪得是亦愛之屬也, 偏愛之害甚矣哉.

앞 절 끝의 다섯 가지의 편벽됨에서 요약하면 사랑하고 미워한다는 것이다. 그런데 이 절에서 또 사랑하고 미워하는 것에서 요약하여 단순하게 사랑에 빠지면 마침내 얻기를 탐하게 된다고 하였으니, 얻기를 탐하는 것도 사랑과 같은 것으로 편애의 해로움이 심한 것이다.

朱註

是則偏之爲害, 而家之所以不齊也.

이것은 편벽된 것이 해로움이 되어 집안이 가지런해지지 못하게 되는 것이다.

詳說

○ 承上節.

앞의 절을 이어받았다.

○ 補此句.

'이가지소이부제야(而家之所以不齊也 : 집안이 가지런해지지 못하게 되는 것이다)', 이 구절을 보충하였다.

○ 此章二節, 上言身不修, 下言家不齊, 一如上章二節之上言心不
正, 下言身不修也.
이 장은 두 절로 앞에서는 자신이 닦이지 않는 것에 대해 말하였고, 뒤에서는
집안이 가지런히 되지 않는 것에 대해 말하였으니, 앞 장의 두 구절에서 앞에서
는 마음이 바르지 않은 것에 대해 말하고 뒤에서 자신이 닦이지 않는 것에 대
해 말한 것과 동일하게 같다.

○ 雙峰饒氏曰 : "惟其身不修, 故家不齊, 當看兩故字. 莫知子惡,
姑舉家之一端言."354)
쌍봉 요씨(雙峰饒氏 : 饒魯)가 말하였다. "단지 그 자신이 닦이지 않았기 때문
에 집안이 가지런하게 되지 않았으니, 두 번의 '그러므로[故]'라는 말을 봐야 한
다. '누구도 자식의 나쁨을 알지 못한다.'라는 것은 잠깐 집안에서 하나의 실마
리를 들어서 말한 것이다."355)

○ 玉溪盧氏曰 : "子惡苗碩, 皆就家而言."356)
옥계 노씨(玉溪盧氏 : 盧孝孫)가 말하였다. "자식의 나쁨과 싹의 큼은 집안을
가지고 말한 것이다.

○ 錢氏曰 : "上章四'有所', 此章'五辟', 皆心之病. 但上四者只是
自身裏事, 此五者却施於人, 卽處家之道也."357)
전씨(錢氏)가 말하였다. "앞의 장에서 네 번의 '~것이 있으면[有所]'이라는
것358)과 이 장에서 '다섯 번의 편벽됨[五辟]'359)은 모두 마음의 병폐이다. 다만

---

354) 호광 편(胡廣 編), 『대학장구대전(大學章句大全)』.
355) 단지 그 자신이 닦이지 않았기 때문에 …… 잠깐 집안의 일단을 들어서 말하였다 : 호광 편(胡廣 編), 『
  대학장구대전(大學章句大全)』에는 "'친애하는 것 등에 편벽된다'는 것은 자신이 닦이지 않았다는 말이다.
  누구도 자식의 나쁨을 알지 못한다는 것은 집안이 가지런하지 않다는 말이다. 큰 의미는 오직 한쪽으로
  치우쳐 빠졌기 때문에 좋아하는 것에서는 그 나쁨을 알지 못하고 미워하는 것에서는 그 좋음을 알지 못하
  며, 오직 그 자신이 닦이지 않았기 때문에 그 집안이 가지런하게 되지 않았다는 말이니, 두 번의 '그러므
  로[故]'라는 말을 봐야 한다. 사람들이 친애해서 치우치게 행하는 것은 일반적으로 사람이기 때문에 하는
  것이니, 누구도 자식의 나쁨을 알지 못한다는 것은 잠깐 집안의 일단을 들어서 말한 것이다.(之其親愛等而
  辟者, 言身之不脩也. 莫知其子之惡, 言家之不齊也. 大意謂惟其溺於一偏, 故好不知其惡, 惡不知其美. 惟其
  身不脩, 故家不齊, 當看兩故字. 人之其所親愛而辟, 爲凡爲人者, 言莫知子之惡, 姑擧家之一端言之.)"라고
  되어 있다.
356) 호광 편(胡廣 編), 『대학장구대전(大學章句大全)』. "子之惡苗之碩, 皆就家而言."
357) 호광 편(胡廣 編), 『대학장구대전(大學章句大全)』.
358) 앞의 장에서 네 번의 '~것이 있으면[有所]'이라는 것 : 『대학장구』「전」7장에 "이른바 몸을 닦음이 그 마
  음을 바르게 함에 있다는 것은 마음에 화내는 것이 있으면 그 바름을 얻지 못하며, 두려워하는 것이 있으

앞에서 네 번인 것은 자신 안에서 일일 뿐이기 때문이고, 여기서 다섯 번인 것은 사람들에게 시행하는 것으로 곧 집안에서 처신하는 방법이기 때문이다."360)

[傳8-3]
此謂身不修, 不可以齊其家.

이를 '자신이 닦이지 않으면 그 집안을 가지런히 하지 못한다.'라고 하는 것이다.

詳說

○ 『章句』無文.
『대학장구(大學章句)』에는 설명이 없다.

○ 此與『孟子』首章結語同, 所謂逆收也. 且「經」文有逆推順推兩節, 而「傳」則皆用逆推之文. 惟於此用順推文, 以備其一例, 又與逆推節末'致知在格物'一句之變文者相近云.
이곳은 『맹자(孟子)』 첫 장에서 매듭짓는 말과 같으니,361) 이른바 거꾸로 거두는 것이다. 또 「경(經)」의 글에는 거꾸로 나아가고 차례로 나아가는 두 절이 있지만 「전(傳)」에서는 모두 거꾸로 나아가는 말로 사용하였다.362) 그런데 여기에

면 그 바름을 얻지 못하며, 좋아하고 즐기는 것이 있으면 그 바름을 얻지 못하며, 근심하는 것이 있으면 그 바름을 얻지 못한다.(所謂脩身在正其心者, 身有所忿懥, 則不得其正; 有所恐懼, 則不得其正; 有所好樂, 則不得其正; 有所憂患, 則不得其正.)"라는 말이 있다.

359) 다섯 번의 편벽됨[五辟] : 『대학장구』 「전」8장에 "이른바 그 집안을 가지런히 함이 자신을 닦음에 있다는 것은 사람들이 친애하는 것에 편벽되고, 천하게 여기고 미워하는 것에 편벽되며, 두려워하고 존경하는 것에 편벽되고, 가엾게 여기고 불쌍히 여기는 것에 편벽되며, 거만하고 게으른 것에 편벽된다는 것이다. 그러므로 좋아하면서도 그의 나쁨을 알고, 미워하면서도 그의 아름다움을 아는 자는 천하에 드물다는 것이다.(所謂齊其家, 在修其身者, 人之其所親愛而辟焉, 之其所賤惡而辟焉, 之其所畏敬而辟焉, 之其所哀矜而辟焉, 之其所敖惰而辟焉. 故好而知其惡, 惡而知其美者, 天下鮮矣.)"라는 말이 있다.

360) 앞의 장에서 네 번의 '~것이 있으면[有所]'이라는 것과 …… 집안에서 처신하는 방법이기 때문이다 : 호광 편(胡廣 編), 『대학장구대전(大學章句大全)』 전8장에는 "앞의 장에서 네 번의 '~것이 있으면[有所]'이라는 말과 이 장에서 '다섯 번의 치우침[五辟]'이라는 말에서 그 내용은 모두 마음의 병폐이다. 다만 앞에서 네 번인 것은 자신 안에서 일일 뿐이기 때문이고, 여기서 다섯 번인 것은 사람들에게 시행하는 것으로 곧 집안에서 처신하는 방법이기 때문이다.(上章四箇有所字, 此章六箇辟字, 其實皆心之病但. 上四者, 只是自身裏事, 此六者却施於人, 即處家之道也.)"라고 되어 있다.

361) 이곳은 『맹자(孟子)』 첫 장에서 매듭짓는 말과 같으니 : 『맹자(孟子)』 「양혜왕장구상(梁惠王章句上)」에는 "여기에서는 백성의 생업을 제정해 주는 법을 말하였다.(此言制民之産之法也.)"라고 되어 있다.

362) 「경(經)」의 글에는 …… 「전(傳)」에서는 모두 거꾸로 나아가는 말로 사용하였다 : 『대학장구(大學章句)』 「경(經)」1장에 "古之欲明明德於天下者, 先治其國. 欲治其國者, 先齊其家. 欲齊其家者, 先修其身. 欲修其身者, 先正其心. 欲正其心者, 先誠其意. 欲誠其意者, 先致其知. 致知在格物. 物格而后知至. 知至而后意誠, 意誠而后心正, 心正而后身修, 身修而后家齊, 家齊而后國治, 國治而后天下平."로 되어 있는데, 이 글의 구조를 보면 앞부분은 '天下'에서 '格物'로 나아가고, 뒷부분은 '物格'에서 '天下平'으로 나아간다. 그런데

서만 차례로 나아가는 글을 사용하여 그 하나의 사례를 갖추었으니, 또 거꾸로 나가는 절의 끝에 '지식을 극히 함은 사물의 이치를 궁구함에 있다.'라는 한 구절에서 말을 바꾼 것과 서로 비슷하다.

朱註
右「傳」之八章, 釋修身齊家.
위는 「전(傳)」 8장으로 자신을 닦는 일과 집안을 가지런히 하는 일에 대해 풀이하였다.

「전(傳)」 10장은 '格物-致知-誠意-正心-修身-齊家-治國-平天下'의 한 방향으로 전개되는데, 이를 지칭한다.

전9장(「傳」之九章)

[傳9-1]
所謂治國, 必先齊其家者, 其家不可敎, 而能敎人者, 無之. 故君子不出家, 而成敎於國. 孝者, 所以事君也, 弟者, 所以事長也, 慈者, 所以使衆也.

이른바 나라를 다스림에 반드시 먼저 그 집안을 가지런히 한다는 것은 그 집안을 가르칠 수 없으면서 남을 가르칠 수 있는 경우는 없다는 것이다. 그러므로 군자는 집안에서 나가지 않고 나라에 가르침을 이루는 것이다. 효도는 임금을 섬기는 것이고 공손함은 장관을 섬기는 것이며, 자애는 백성을 부리는 것이다.

詳說

○ 弟, 去聲. 長, 上聲.

'제자, 소이사장야(弟者, 所以事長也)'에서 '제(弟 : 공손함)'자는 거성이고, '장(長 : 장관)'자는 상성이다.

○ 此獨言必者, 蓋以結處, 再言在字, 故於此特變其文, 與誠意章結處, 獨言必字者, 同例云.

여기에서 유독 '반드시[必]'라고 한 것은 매듭짓는 곳에서 '있다[在]'는 말을 거듭 설명하는 것이기 때문에 여기에서 특별히 그 말을 바꾸었으니, '뜻을 정성스럽게 한다[誠意]'는 장의 매듭짓는 곳에서 '반드시[必]'라고 한 것과 같은 사례이다.363)

---

363) '뜻을 정성스럽게 한다[誠意]'는 장의 매듭짓는 곳에서 '반드시[必]'라고 한 것과 같은 사례이다 : 『대학장구』에 "이른바 그 뜻을 성실히 한다는 것은 스스로 속이지 마는 것이니, 악을 미워하기를 악취를 미워하는 것과 같이 하며, 선을 좋아하기를 여색을 좋아하는 것과 같이 하여야 하니, 이것을 자겸(自慊)이라 이른다. 그러므로 군자는 반드시 그 홀로를 삼가는 것이다. 소인이 한가로이 있을 때에 불선한 짓을 하며 하지 못하는 짓이 없다가, 군자를 본 뒤에 겸연쩍게 그 불선함을 가리고 선함을 드러낸다. 남들이 자기를 보기를 자신의 폐부(肺腑)를 보듯이 할 것이니, 그렇다면 무슨 유익함이 있겠는가. 이것을 '중심(中心)에 성실하면 외면(外面)에 나타난다.'라고 하는 것이다. 그러므로 군자는 반드시 그 홀로 있을 때를 삼가는 것이다. …… 부유함은 집을 윤택하게 하고, 덕은 몸을 윤택하게 하니, 덕(德)이 있으면 마음이 넓어지고 몸이 펴진다. 그러므로 군자는 반드시 그 뜻을 성실히 하는 것이다. (所謂誠其意者, 毋自欺也, 如惡惡臭, 如好好色, 此之謂自謙, 故君子必愼其獨也. 小人閒居爲不善, 無所不至, 見君子而后厭然, 揜其不善, 而著其善. 人之視己, 如見其肺肝然, 則何益矣. 此謂誠於中, 形於外, 故君子必愼其獨也.' …… 富潤屋, 德潤身,

○ 人, 通國人言.
'남[人]'은 나라사람들을 모두 말한 것이다.

朱註

身修, 則家可敎矣.
몸이 닦이면 집안을 가르칠 수 있다.

詳說

○ 『大全』曰 : "因家不可敎而推, 家所以可敎之由, 實自修身始."364)
『대학장구대전(大學章句大全)』에서 말하였다. "집안을 가르칠 수 없는 것으로 미루어 보면, 집안은 가르칠 수 있는 연유는 실로 자신을 닦는 것에서 시작된다는 것이다."

○ 吳氏曰 : "註幷修身言之, 推本之論也."365)
오씨(吳氏 : 吳仲迂)가 말하였다. "주석에서 자신을 닦는 것과 아울러 말하였으니, 근본을 미루는 설명이다."366)

○ 按 : 治平章註幷及齊家者, 亦放此. 而修身尤爲一切貴賤之所本, 故正心章下註及此註, 皆推而言之, 蓋傳文言外之意, 而此章之可字微有推本底意.
살펴보건대, 치평장(治平章)의 주에서 집안을 가지런히 한다는 것까지 아울러 말한 것도 여기와 같다. 그런데 자신을 닦는 것이 더욱 모든 귀천의 근본이기

心廣體胖, 故君子必誠其意.)"라는 말이 있다.
364) 호광 편(胡廣 編), 『대학장구대전(大學章句大全)』.
365) 호광 편(胡廣 編), 『대학장구대전(大學章句大全)』.
366) 주석에서 자신을 닦는 것과 아울러 말하였으니, 근본을 미루는 설명이다 : 호광 편(胡廣 編), 『대학장구대전(大學章句大全)』「전」 9장에는 "전에서는 '나라를 다스리려면 먼저 그 집안을 다스린다.'라고만 하였는데, 『장구』에서는 자신을 닦는 것까지 아울러 말하였으니, 근본을 미루는 설명이기 때문이다. 효도·공손함·자애를 자신에게 체득하는 것은 자신을 닦는 것이고 집안에서 행하는 것은 집안을 가지런히 하는 것이며, 나라에 미루는 것은 나라를 다스리는 것이니, 천리와 인륜이 하나로 관통하여 있는 것일 뿐이다. 하물며 집안에는 아비가 있는 것은 나라에 임금이 있는 것과 같고, 집안에 형이 있는 것은 나라에 장관이 있는 것과 같으며, 집안에 아이가 있는 것은 나라에 백성이 있는 것과 같으니, 나눠진 것은 다를지라도 이치는 하나이기 때문이다.(傳只言治國先齊其家, 章句幷脩身言之, 推本之論也. 孝弟慈體之身, 則爲脩其身, 行之家, 則爲齊其家, 推之國, 則爲治其國. 天理人倫, 一以貫之而已. 況家有父, 猶國有君, 家有兄, 猶國有長, 家有幼, 猶國有衆, 分雖殊, 理則一也.)"라고 되어 있다.

때문에 정심장(正心章)에서 아래의 주와 여기에서 주에서 모두 미루어서 말하였으니, 전(傳)에서 말은 말 밖의 의미이고, 이 장에 있는 '-할 수 있다[可]'는 말에는 다소나마 근본을 미루는 뜻이 있다.

○ 朱子曰 : "彼之不可教, 卽我之不能教也. 可與能, 彼此之詞也."367)

주자(朱子)가 말하였다. "저것을 가르칠 수 없다는 것은 곧 나를 가르칠 수 없다는 것으로 '~할 수 있다[可]'는 것과 '~할 수 있다[能]'는 것은 피차에 대한 말이다."368)

○ 沙溪曰 : "身雖不出家庭, 而標準之立, 風聲之動, 自然感化一國."369)

사계(沙溪 : 金長生)가 말하였다. "자신이 가정을 벗어나지 않을지라도 표준을 세워놓으면, 전파하는 움직임이 저절로 한 나라를 감화시킨다."

○ 尤菴曰 : "類易所謂'君子居其室, 出其言, 善則千里之外應之'之意."370)

우암(尤庵 : 宋時烈)이 말하였다. "『주역(周易)』에서 이른바 '군자가 집에서 말을 함에 선한 것은 천리 밖에서도 호응한다.'371)라고 한 의미와 같다."

朱註

孝弟慈, 所以修身而教於家者也.
효도·공손함·자애는 몸을 닦아 집안을 가르치는 것이다.

詳說

---

367) 주희(朱熹), 『회암집(晦菴集)』 권62.
368) 저것을 가르칠 수 없다는 것은 곧 나를 …… 피차에 대한 말이다 : 『회암집(晦菴集)』 권62에는 "저것을 가르칠 수 없다는 것은 곧 나를 가르칠 수 없다는 것으로 '~할 수 있다[可]'는 것과 '~할 수 있다[能]'는 것은 피차에 대한 말이니, 집안을 가르칠 수 없다고 한다면 말이 되지 않는다.(彼之不可教, 卽我之不能教也, 可之與能, 彼此之詞也, 若作家不能教, 則不詞矣.)"라고 되어 있다.
369) 『후재선생문집(厚齋先生集)』 권23, 「차기(箚記)」「대학(大學)」.
370) 송시열(宋時烈), 『송자대전(宋子大全)』 권105, 「서(書)」.
371) 군자가 집에서 말을 함에 선한 것은 천리 밖에서도 호응한다 : 『주역(周易)』「계사전 상」에 "공자가 말하였다. '군자가 집에서 말을 함에 선한 것은 천리 밖에서도 호응하니, 하물며 가까이 있는 잘들이야 말해 무엇하겠는가!'(子曰 : '君子居其室, 出其言善, 則千里之外應之, 況其邇者乎.')"라는 말이 있다.

○ 朱子曰 : "三者便是上面成敎之目."372)

주자(朱子)가 말하였다. "세 가지는 곧 위에서 가르침을 이루는 조목이다."373)

○ 玉溪盧氏曰 : "三者, 人倫之大綱, 擧此可該其餘矣."374)

옥계 노씨(玉溪盧氏 : 盧孝孫)가 말하였다. "세 가지는 인륜의 큰 핵심이니, 이것으로 그 나머지를 갖출 수 있다."375)

○ 雲峯胡氏曰 : "獨擧三者, 蓋從齊家上說. 事君事長使衆, 方從治國上說."376)

운봉 호씨(雲峯胡氏 : 胡炳文)가 말하였다. "단지 세 가지만 든 것은 집안을 가지런히 한다는 것에서 설명한 것이다. 임금을 섬기고 장관을 섬기며 백성을 부리는 것은 나라를 다스리는 것에서 설명한 것이다."377)

朱註

然而國之所以事君事長使衆之道, 不外乎此, 此所以家齊於上, 而敎成於下也.

---

372) 호광 편(胡廣 編), 『대학장구대전(大學章句大全)』.
373) 세 가지는 곧 위에서 가르침을 이루는 조목이다 : 호광 편(胡廣 編), 『대학장구대전(大學章句大全)』「전」9장에는 "위에서는 집안을 벗어나지 않고 나라에 가르침을 이루는 것을 말하였고, 아래에서는 곧 가르치는 것이 이와 같다고 말하였다. 이 세 가지가 곧 교화의 조목이다.(上面說不出家而成敎於國, 下面便說所以敎者如此. 此三者, 便是敎之目.)"라고 되어 있다. 『주자어류(朱子語類)』 권16, 「대학3(大學三) 195조목에는 "'효(孝)는 군주를 섬기는 일이고, 제(弟)는 어른을 모시는 일이며, 자(慈)는 백성을 부리는 일이다.' 이러한 도리는 모두 내 집안에서 이루어지는 일이니, 세상 사람들이 스스로 이와 같이 할 수 있음을 알면, 내가 나라에 미루어야할 것이 아니다.('孝者所以事君, 弟者所以事長, 慈者所以使衆.' 此道理皆是我家裏做成了, 天下人看著自能如此, 不是我推之於國.)"라고 설명하고 있다.
374) 호광 편(胡廣 編), 『대학장구대전(大學章句大全)』.
375) 세 가지는 인륜의 큰 핵심이니, 이것으로 그 나머지를 갖출 수 있다 : 호광 편(胡廣 編), 『대학장구대전(大學章句大全)』「전」9장에는 "효도·공손함·자애 세 가지는 덕을 밝히는 큰 조목이고 인륜의 큰 핵심이니, 이것으로 그 나머지를 갖출 수 있다.(孝弟慈三者, 明德之大目, 人倫之大綱, 擧此可該其餘矣.)"라고 되어 있다.
376) 호광 편(胡廣 編), 『대학장구대전(大學章句大全)』.
377) 단지 세 가지만 든 것은 집안을 가지런히 한다 …… 나라를 다스리는 것에서 설명한 것이다 : 호광 편(胡廣 編), 『대학장구대전(大學章句大全)』「전」9장에는 "자신을 닦는 일 위로는 모두 배우는 일이고, 집안을 가지런히 하고 나라를 다스리는 것은 가르치는 일이기 때문에 이 장에서 먼저 가르침이라는 말을 잡아서 내놓았지만 가르치는 것은 또 단지 자신에게서 설명했을 뿐이다. 효도·공손함·자애는 자신을 닦아서 집안을 가르치는 것이다. 그런데 단지 세 가지만 든 것은 집안을 가지런히 한다는 것에서 설명한 것이다. 한 집안에는 부모가 있기 때문에 효라고 하였고, 형과 어른이 있기 때문에 공손함이라고 하였으며, 자식·동생·종이 있기 때문에 자애라고 하였다. 임금을 섬기고 장관을 섬기며 백성을 부리는 것은 나라를 다스리는 것에서 설명한 것이다.(脩身以上, 皆是學之事, 齊家治國, 方是敎之事, 所以此章首拈出敎之一字, 然其所以爲敎者, 又只從身上說來. 孝弟慈, 所以脩身而敎於家者也. 獨擧三者, 蓋從齊家上說. 一家之中, 有父母, 故曰孝, 有兄長, 故曰弟, 有子弟僕隸, 故曰慈. 事君事長使衆, 方從治國上說.)"라고 되어 있다.

그러나 국가의 임금을 섬기고 장관을 섬기며 백성을 부리는 도가 여기에서 벗어나지 않으니, 이것은 집안이 위에서 가지런해져 가르침이 아래에서 이루어지는 것이다.

詳說

○『大全』曰:"指孝弟慈."378)

『'국지소이사군사장사중지도, 불외호차(國之所以事君事長使衆之道, 不外乎此 : 국가의 임금을 섬기고 장관을 섬기며 백성을 부리는 도가 여기에서 벗어나지 않으니)'에 대해, 『대학장구대전(大學章句大全)』에서 말하였다. "효도·공손함·자애를 가리킨다."379)

○ 上下字主君而言, 蓋從下節一人二字來也. 若主君言, 則孝事君, 慈使衆等事, 不是敎也, 乃皆本事也, 如文王之兼仁敬孝慈信也.

'차소이가제어상, 이교성어하야(此所以家齊於上, 而教成於下也 : 이것은 집안이 위에서 가지런해져 가르침이 아래에서 이루어지는 것이다)'에서 위와 아래라는 말은 임금을 주로 해서 말한 것이니, 아래 절의 한 사람이라는 말에서 온 것이다. 임금을 주로 해서 말하면, 효도는 임금을 섬기는 것이고 자애는 백성을 부리는 등의 일은 가르치는 것이 아니라 바로 근본적인 일이니, 문왕이 어짊과 공경과 효도와 자애와 믿음을 겸한 것과 같다.

○ 雲峰胡氏曰 : "修身以上, 皆是學之事, 齊家、治國方是敎之事, 所以此章首拈出敎之一字."380)

운봉 호씨(雲峯胡氏 : 胡炳文)가 말하였다. "자신을 닦는 일 위로는 모두 배우는 일이고, 집안을 가지런히 하고 나라를 다스리는 것은 가르치는 일이기 때문에 이 장에서 먼저 가르침이라는 말을 찍어서 내놓았다."381)

---

378) 호광 편(胡廣 編), 『대학장구대전(大學章句大全)』.
379) 효도·공손함·자애를 가리킨다 : 호광 편(胡廣 編), 『대학장구대전(大學章句大全)』「전」9장에는 "'여기[此]'라는 말은 효도·공손함·자애를 가리켜서 말하였다.(此字指孝弟慈而言.)"라고 되어 있다.
380) 호광 편(胡廣 編), 『대학장구대전(大學章句大全)』.
381) 자신을 닦는 일 위로는 모두 배우는 일이고 …… 먼저 가르침이라는 말을 찍어서 내놓았다 : 호광 편(胡廣 編), 『대학장구대전(大學章句大全)』「전」9장에는 "자신을 닦는 일 위로는 모두 배우는 일이고, 집안을 가지런히 하고 나라를 다스리는 것은 가르치는 일이기 때문에 이 장에서 먼저 가르침이라는 말을 잡아서 내놓았지만 가르치는 것은 또 단지 자신에게서 설명했을 뿐이다. 효도·공손함·자애는 자신을 닦아서 집안을 가르치는 것이다. 그런데 단지 세 가지만 든 것은 집안을 가지런히 한다는 것에서 설명한 것이다. 한

[傳9-2]

「康誥」曰 : "如保赤子", 心誠求之, 雖不中不遠矣. 未有學養子而后嫁者也.

「강고(康誥)」에서 "갓난아기를 보호하듯이 한다."라고 하였으니, 마음에서 진실로 구하면 비록 딱 맞지는 않을지라도 멀리 벗어나지 않을 것이다. 자식 기르는 것을 배운 뒤에 시집가는 자는 있지 않다.

詳說
○ 中, 去聲.

'수부중불원의(雖不中不遠矣)'에서 '중(中 : 딱 맞다)'자는 거성이다.

朱註
此引『書』而釋之, 又明立教之本, 不假強爲, 在識其端而推廣之耳.

『서경(書經)』을 인용해서 해석하고, 또 가르침을 세우는 근본이 억지로 함을 빌리지 않고, 그 단서를 알아서 미루어 넓힘에 있을 뿐임을 밝힌 것이다.

詳說
○ 心誠以下, 是釋『書』意也.

'인『서』이석지(引『書』而釋之 : 『서경(書經)』을 인용해서 해석하고)'에서 '심성(心誠 : 마음에 진실로)' 아래의 말이 『서경(書經)』을 해석한 의미이다.

○ 承上節.

'우(又 : 또)'는 위의 절을 이어받았다는 말이다.

○ 上聲.

'불가강위(不假強爲)'에서 '강(强 : 억지로)'자는 상성이다.

집안에는 부모가 있기 때문에 효라고 하였고, 형과 어른이 있기 때문에 공손함이라고 하였으며, 자식·동생·종이 있기 때문에 자애라고 하였다. 임금을 섬기고 장관을 섬기며 백성을 부리는 것은 나라를 다스리는 것에서 설명한 것이다.(脩身以上, 皆是學之事, 齊家治國, 方是教之事, 所以此章首拈出教之一字, 然其所以爲教者, 又只從身上說來. 孝弟慈, 所以脩身而教於家者也. 獨舉三者, 蓋從齊家上說. 一家之中, 有父母, 故曰孝, 有兄長, 故曰弟, 有子弟僕隷, 故曰慈. 事君事長使衆, 方從治國上說.)"라고 되어 있다.

○ 新安陳氏曰 : "立敎之本, 總言孝弟慈. 「傳」引『書』只言慈幼, 『章句』乃總三者言之. 蓋因慈之良知良能而知孝弟之良知良能, 皆不假强爲, 只在識其端之發見處, 而從此推廣去耳."382)

신안 진씨(新安陳氏 : 陳櫟)가 말하였다. "가르침을 세우는 근본은 총괄하여 말하면 효도·공손함·자애이다. 「전(傳)」에서는 『서경(書經)』을 인용하여 어린아이에게 자애롭게 하는 것을 말했을 뿐인데, 『대학장구(大學章句)』에서는 바로 세 가지를 총괄해서 말하였다. 자애의 양지(良知)와 양능(良能)으로 말미암아 효도와 공손함의 양지와 양능을 아니, 모두 억지로 함을 빌린 것이 아니라 단지 그 단서가 발현하는 것을 아는 데서 이것을 따라 미루어 넓혀 간 것일 뿐이다."

○ 栗谷曰 : "小註諸說中, 新安爲是."383)

율곡(栗谷 : 李珥)이 말하였다. "소주(小註)의 여러 설 가운데 신안 진씨(新安陳氏 : 陳櫟)의 말이 옳다."

○ 仁山金氏曰 : "此段章句本章首敎字, 三者俱作敎說, 不作推說. '不假强爲'說'未有學養子而后嫁', '識端推廣'說'心誠求之'."384)

인산 김씨(仁山金氏 : 金履祥)가 말하였다. "이 단락의 장구는 장 첫머리의 '가르친다[敎]'는 말을 근본으로 하였으니, 세 가지를 갖춰 가르침으로 설명한 것은 추론하여 한 것이 아니다. '억지로 함을 빌리지 않았다.'라는 것은 '자식 기르는 것을 배운 뒤에 시집가는 자는 있지 않다.'라는 것을 설명한 것이고, '단서를 알아 미루어 넓힌다.'라는 것은 '마음에 진실로 구한다.'라는 것을 설명한 것이다."385)

○ 三山陳氏曰 : "'不中不遠'者, 愛出於誠, 彼己不隔."386)

---

382) 호광 편(胡廣 編), 『대학장구대전(大學章句大全)』. "立敎之本, 總言孝弟慈. 傳引書只言慈幼, 章句乃總三者言之, 蓋因慈之良知良能而知孝弟之良知良能, 皆不假於强爲, 只在識其端倪之發見處, 而從此推廣去耳."
383) 이이(李珥), 『율곡(栗谷 : 李珥)선생전서(栗谷先生全書)』 권 32, 「어록(語錄)」 '우계집(牛溪集)'.
384) 호광 편(胡廣 編), 『대학장구대전(大學章句大全)』.
385) 이 단락의 장구는 장 첫머리의 …… '마음에 진실로 구한다.'라는 것을 설명한 것이다 : 호광 편(胡廣 編), 『대학장구대전(大學章句大全)』, 「전」 9장에는 "이 단락의 장구는 '가르친다[敎]'는 말을 근본으로 하였다. 세 가지를 갖춰 가르침으로 설명한 것은 추론하여 한 것이 아니니, '가르침의 근본을 세운다.'라는 것은 효도·공손함·자애를 설명한 것이고, '억지로 함을 빌리지 않았다.'라는 것은 '자식 기르는 것을 배운 뒤에 시집가는 자는 있지 않다.'라는 것을 설명한 것이며, '단서를 알아 미루어 넓힘에 있다.'라는 것은 '마음에 진실로 구한다.'라는 것을 설명한 것이다.(此段章句本章首敎字. 三者俱作敎說, 不作推說, 立敎之本, 說孝弟慈, 不假强爲, 說未有學養子而后嫁, 在識其端而推廣之, 說心誠求之.)"라고 되어 있다.
386) 호광 편(胡廣 編), 『대학장구대전(大學章句大全)』.

삼산 진씨(三山陳氏 : 陳孔碩)가 말하였다. "'딱 맞지는 않을지라도 멀리 벗어나지 않을 것이다.'라는 말은 사랑이 정성에서 나온다는 것이니, 저것과 자신이 떨어져 있지 않다는 것이다."387)

○ 按 : 養子之法, 不出'誠求'二字, 而自能知之, 故云 : "未有學而后嫁".

살펴보건대, 자식을 기르는 법은 '진실로 구한다.'라는 말을 벗어나지 않으니, 저절로 알 수 있다는 것이기 때문에 "자식 기르기를 배운 다음에 시집가는 자는 있지 않다."라고 하였다.

○ 朱子曰 : "程子有言'赤子未能自言其意, 爲母者慈愛之心出於至誠'. 凡所以求其意者, 不至大相遠, 豈特學而後能哉. 若民則非如赤子之不能自言, 而使之者未能無失於其心, 以本無慈愛之實耳."388)

주자(朱子)가 말하였다. "정자가 '갓난아기는 자신의 뜻을 스스로 말할 수 없으니, 엄마는 자애로운 마음이 지극한 정성에서 나온다.'라고 한 것이 있다. 보통 그 뜻을 구할 경우에 크게 서로 멀어지지 않게 되니, 어찌 특별히 배운 다음에 능하게 될 것인가? 백성들이라면 갓난아기가 스스로 말할 수 없는 것과 같지는 않지만 그들을 부리는 경우에 그들의 마음을 잃지 않을 수 없는 것은 본래 자애로운 정성이 없기 때문이다."389)

---

387) 딱 맞지는 않을지라도 멀리 벗어나지 않을 …… 저것과 자신이 떨어져 있지 않다는 것이다 : 호광 편(胡廣 編), 『대학장구대전(大學章句大全)』「전」9장에는 "갓난아기는 뭔가 하고 싶어도 스스로 말할 수가 없어 자애로운 어머니만이 그가 하고 싶은 것을 알 수 있으니, '비록 딱 맞지는 않을지라도 멀리 벗어나지 않는다.'라는 것은 사랑이 정성에서 나온다는 것이다. 저것과 자신이 떨어져 있지 않으니, '마음으로 구한다.'라는 것은 배운 뒤에 능한 것이 아니라는 것이다.(赤子有欲, 不能自言, 慈母獨得其所欲, 雖不中, 亦不遠者, 愛出於誠. 彼己不隔, 以心求之, 不待學而後能也.)"라고 되어 있다.
388) 주희(朱熹), 『대학혹문(大學或問)』권2, 「대학(大學)·전(傳)10장」.
389) 정자가 '갓난아기는 자신의 뜻을 …… 본래 자애로운 정성이 없기 때문이다 : 『대학혹문』권2, 「대학(大學)·전(傳)10장」에는 "어떤 이가 물었다. '갓난아기 보호하듯이 하라는 것은 무슨 의미입니까?' 답하였다. '정자가 「갓난아기는 자신의 뜻을 스스로 말할 수 없으니, 엄마는 자애로운 마음이 지극한 정성에서 나온다.」라고 한 것이 있습니다. 그러니 보통 그 뜻을 구할 경우에 비록 혹 딱 맞지는 않을지라도 크게 서로 멀어지지 않으니, 어찌 특별히 배운 다음에 능하게 될 것입니까? 백성들이라면 갓난아기가 스스로 말할 수 없는 것과 같지는 않지만 그들을 부리는 경우에 도리어 그들의 마음을 잃지 않을 수 없는 것은 본래 자애로운 정성이 없어 여기에서 살피지 못했기 때문입니다.'(或問 : '如保赤子何也.' 曰 : '程子有言「赤子未能自言其意, 而爲之母者, 慈愛之心出於至誠」則凡所以求其意者, 雖或不中, 而不至於大相遠矣. 豈待學而後能哉. 若民則非如赤子之不能自言矣, 而使之者反不能無失於其心, 則以本無慈愛之實, 而於此有不察耳.')"라는 말이 있다.

○ 又曰 : "孝弟雖人所同有, 能不失者鮮. 惟保赤子罕有失者, 故卽人所易曉者以示訓."390)

> 또 말하였다. "효도와 공손함은 사람들이 동일하게 가지고 있을지라도 그것을 잃지 않는 경우는 드물다. 그런데 갓난아기를 보호할 때만은 잃음이 드물기 때문에 사람들이 쉽게 깨달을 수 있는 것을 내보여서 훈계한 것이다."391)

○ 又曰 : "保赤子, 慈於家也, 如保赤子, 慈於國也. 保赤子是慈, 如保赤子是使衆."392)

> 또 말하였다. "갓난아기를 보호하는 것은 집안에서 자애이고, 갓난아기를 보호하듯이 하는 것은 나라에서 자애이다. 그러니 갓난아기를 보호하는 것은 자애이고, 갓난아기를 보호하듯이 하는 것은 백성을 부리는 것이다."393)

○ 愚伏曰 : "或云如保赤子一段, 專爲保赤子而言, 引『書』全句, 幷存'如'字, '如'字不須著意看, 或說太曲."

> 우복(愚伏 : 鄭經世)이 말하였다. "어떤 이가 '갓난아기 보호하듯이 하라는 것은 전적으로 갓난아기를 보호하기 위하여 말한 것으로『서경(書經)』의 전체 구절을 인용하여 '~하듯이 하라[如]'는 말까지 아울러 둔 것이니, '~하듯이 하라[如]'는 말에 의도가 있는 것으로 보지 않아야 합니다.'라고 하였는데, 그 말이 너무 왜곡되었다."

○ 按 : 此節承上節末句言之, 而其義迭相賓主. 蓋主慈而觀, 則如字虛, 主使衆而觀, 則如字實. 或說是主慈者也, 似亦備其一義耳.

---

390) 호광 편(胡廣 編),『대학장구대전(大學章句大全)』.
391) 효도와 공손함은 사람들이 동일하게 가지고 …… 깨달을 수 있는 것을 내보여서 훈계한 것이다 : 호광 편(胡廣 編),『대학장구대전(大學章句大全)』전9장에는 "효도와 공손함은 사람들이 동일하게 가지고 있을지라도 그것을 지키고 잃지 않을 수 있는 경우는 드물다. 그런데 갓난아기를 보호할 때만은 잃음이 드물기 때문에 사람들이 쉽게 깨달을 수 있는 것을 내보여서 훈계하였으니, 또한『맹자(孟子)』에서 어린아이가 우물에 들어가려는 것을 본다고 말한 의미와 같다.(孝弟雖人所同有, 能守而不失者鮮. 惟保赤子罕有失者, 故特卽人所易曉者以示訓, 亦與『孟子』言見孺子入井之意同.)"라고 되어 있다.
392) 호광 편(胡廣 編),『대학장구대전(大學章句大全)』.
393) 갓난아기를 보호하는 것은 집안에서 자애이고 …… 보호하듯이 하는 것은 백성을 부리는 것이다 : 호광 편(胡廣 編),『대학장구대전(大學章句大全)』전9장에는 "갓난아기를 보호하는 것은 집안에서 자애이고, 갓난아기를 보호하듯이 하는 것은 나라에서 자애이다. 그러니 갓난아기를 보호하는 것은 자애이고, 갓난아기를 보호하듯이 하는 것은 백성을 부리는 것이다. 마음이 진실로 갓난아기가 하고자 하는 것을 구하는 것은 백성들에게서도 그들이 스스로 할 수 없는 것을 구해야 하는 것이니, 이것은 아기에게 자애로운 마음을 미뤄 백성을 부리는 것이다.(保赤子, 慈於家也, 如保赤子, 慈於國也. 保赤子是慈, 如保赤子是使衆. 心誠求赤子所欲, 於民亦當求其不能自達者, 此是推慈幼之心以使衆也.)"라고 되어 있다.

살펴보건대, 이 절은 앞 절의 마지막 구(句)를 이어받아 말한 것인데, 그 의미가 서로 번갈아 주객이 된다. 자애를 주로 해서 보면, '-하듯이 하라[如]'는 말은 의미가 없고, 백성을 부리는 것을 주로 해서 보면 '-하듯이 하라[如]'는 말은 의미가 있다. 혹자의 말은 자애를 주로 한 경우이니, 또한 하나의 의미를 갖춘 것 같다.

○ 朱子曰 : "傳之言此, 蓋以明使衆之道, 不過自其慈幼者而推之也. 事君之孝事長之弟, 亦何以異於此哉. 擧其細, 則大者可知矣."394)

주자(朱子)가 말하였다. "전(傳)에서 이것을 말한 것은 백성을 부리는 방법이 어린 아기에게 자애롭게 하는 것에서 미룬 것에 불과함을 밝힌 것이다. 임금을 섬기는 효도와 장관을 섬기는 공손함도 어찌 이것과 다르겠는가? 그 세세한 것을 들었으니, 큰 것을 알아야 된다."395)

○ 沙溪曰 : "盧氏說乃或問之意也. 『章句』之意, 則本, 指孝弟慈也, 端, 指孝弟慈之端也."

사계(沙溪 : 金長生)가 말하였다. "노씨의 설명은 바로 어떤 사람이 묻는 의미이다. 『대학장구(大學章句)』의 의미를 보면, 근본은 효도·공손함·자애를 가리키고, 단서는 효도·공손함·자애의 단서를 가리킨다."

○ 按 : '識其端而推廣', 朱子初說以爲識其端而推廣孝弟慈矣. 後來改之, 以爲識其孝弟慈之端而推廣之耳, 『或問』未及改之.

살펴보건대, '그 단서를 알아 미루어 넓힌다.'라는 것은 주자(朱子)의 초년의 설명으로 그 단서를 알아 효도·공손함·자애를 미루어 넓히는 것이다. 뒤에 그 설명을 수정해서 그 효도·공손함·자애의 단서를 미루어 넓히는 것으로 여겼는데, 『대학혹문(大學或問)』에서는 고치지 못하였다.

---

394) 주희(朱熹), 『대학혹문(大學或問)』 권2, 「대학(大學)·전(傳)10장」.
395) 전(傳)에서 이것을 말한 것은 백성을 부리는 …… 세세한 것을 들었으니, 큰 것을 알아야 된다 : 주희(朱熹), 『대학혹문』 권2, 「대학(大學)·전(傳)10장」에는 "전(傳)에서 이것을 말한 것은 백성을 부리는 방법이 어린 아기에게 자애롭게 하는 것에서 미룬 것에 불과하고, 어린 아기에게 자애롭게 하는 마음은 또한 밖에서 나를 녹여 들어와서 억지로 하는 것이 아님을 밝힌 것이다. 임금을 섬기는 효도와 장관을 섬기는 공손함도 어찌 이것과 다르겠는가? 이미 그 세세한 것을 들었으니, 큰 것을 알아야 된다.(傳之言此, 蓋以明夫使衆之道, 不過自其慈幼者而推之, 而慈幼之心, 又非外鑠而有待於强爲也. 事君之孝事長之弟, 亦何以異於此哉. 旣擧其細, 則大者可知矣.)"라고 되어 있다.

○ 栗谷曰 : "小註朱子說'此只說動化爲本, 未說到推上, 後方全是說推'. 此說是通論一章, 而誤在此."396)

율곡(栗谷 : 李珥)이 말하였다. "소주(小註)에서 주자(朱子)가 '이것은 단지 감화가 근본임을 말한 것이니, 미루어 올라간 것을 아직 설명하지 않은 것이다.'라고 하였다. 이것은 한 장을 통론한 것이어서 여기에 잘못이 있게 된 것이다."

○ 沙溪曰 : "此說疑當在一家仁節下."397)

사계(沙溪 : 金長生)가 말하였다. "여기의 설명은 '한 집안이 어질면'398)이라는 절의 아래에 있어야 할 것 같다."

○ 朱子曰 : "以上是推其家以治國, '一家仁'以下是人自化之也."399)

주자(朱子)가 말하였다. "이 위로는 그 집안을 미뤄 나라를 다스리는 것이니, '한 집안이 어질면' 아래로는 사람들이 저절로 교화된다는 것이다."

[傳9-3]

一家仁, 一國興仁, 一家讓, 一國興讓, 一人貪戾, 一國作亂, 其機如此. 此謂一言僨事, 一人定國.

한 집안이 어질면 한 나라가 어짊을 일으키고, 한 집안이 사양하면 한 나라가 사양함을 일으키며, 한 사람이 탐하고 어그러지면 한 나라가 혼란을 일으키니, 그 기틀이 이와 같다. 이것을 '한마디 말이 일을 그르치며, 한 사람이 나라를 안정시킨다.' 라고 하는 것이다.

詳說

○ 僨, 音奮.

'차위일언분사(此謂一言僨事)'에서 '분(僨 : 그르친다)'자는 음이 분(奮 : 떨치다)이다.

---

396) 이이(李珥),『율곡선생전서(栗谷先生全書)』권14,「잡저(雜著)」.
397) 유숙기(兪肅基),『겸산집(兼山集)』권20,「차의(箚疑)」.
398) 한 집안이 어질면 :『대학장구』전9장에 "한 집안이 어질면 한 나라가 어짊을 일으키고, 한 집안이 사양하면 한 나라가 사양함을 일으키며, 한 사람이 탐하고 어그러지면 한 나라가 혼란을 일으키니, 그 기틀이 이와 같다. 이것을 '한마디 말이 일을 그르치며, 한 사람이 나라를 안정시킨다.'라고 하는 것이다.(一家仁, 一國興仁, 一家讓, 一國興讓, 一人貪戾, 一國作亂, 其機如此. 此謂一言僨事, 一人定國.)"라는 말이 있다.
399) 호광 편(胡廣 編),『대학장구대전(大學章句大全)』.

朱註

一人, 謂君也. 機, 發動所由也. 僨, 覆敗也.

한 사람은 임금을 말한다. 기틀은 발동이 일어나는 곳이다. '그르치다[僨]'는 것은 전복되고 패함이다.

詳說

○ 家與言, 亦皆以君言.

'일인, 위군야(一人, 謂君也 : 한 사람은 임금을 말한다)'는 집안과 말이 또한 모두 임금으로써 말한 것이다.

○ 新安陳氏曰 : "機, 弩牙, 矢之發動所由, 譬仁讓之興, 其機由一家, 悖亂之作, 其機由一人. 故總斷云'其機如此'."400)

'기, 발동소유야(機, 發動所由也 : 기틀은 발동이 일어나는 곳이다)'에 대해, 신안 진씨(新安陳氏 : 陳櫟)가 말하였다. "기틀은 '화살의 시위를 거는 곳[弩牙]'으로 화살이 나가기 시작하는 곳이니, 어짊과 사양함을 일으키는 것은 그 기틀이 한 집안으로 말미암고 그르침과 혼란이 일어나는 것은 그 기틀이 한 사람으로 말미암는다는 것을 비유하였다. 그러므로 총괄적으로 단정하여 '그 기틀이 이와 같다.'라고 한 것이다."401)

○ 朱子曰 : "仁讓言家, 貪戾言人. 何也. 善必積而後成, 惡雖小而可懼."402)

주자(朱子)가 말하였다. "어짊과 사양함은 집안을 말한 것이고, 탐하고 어그러진 것은 사람을 말하니, 무엇 때문인가? 선함은 반드시 쌓인 이후에 이루어지고,

---

400) 호광 편(胡廣 編), 『대학장구대전(大學章句大全)』.
401) 기틀은 '화살의 시위를 거는 곳[弩牙]'으로 …… '그 기틀이 이와 같다.'라고 한 것이다 : 호광 편(胡廣 編), 『대학장구대전(大學章句大全)』 전9장에는 "한 집안이 어질고 사양하면 한 나라가 어질고 사양하니, 집안이 가지런히 되어 나라가 다스려지는 것이다. 한 사람이 탐하고 어그러지면 한 나라가 바로 혼란을 일으키니, 자신이 닦이지 않아 집안과 나라가 가지런히 되지 않고 다스려지지 않는 것이다. 기틀은 '화살의 시위를 거는 곳[弩牙]'으로 화살이 나가기 시작하는 곳이니, 어짊과 사양함을 일으키는 것은 그 기틀이 한 집안으로 말미암고 그르침과 혼란이 일어나는 것은 그 기틀이 한 사람으로 말미암는다는 것을 비유하였다. 그러므로 총괄적으로 단정하여 '그 기틀이 이와 같다.'라고 한 것이다. '한마디 말은 일을 그르친다.'라는 것은 '혼란을 일으킨다.'라는 구를 매듭지었고, '한 사람이 나라를 안정시킨다.'라는 것은 '어짊과 사양함을 일으킨다.'라는 구를 매듭지었다.(一家仁讓, 而一國仁讓, 家齊而國治也. 一人才貪戾, 而一國即作亂, 身不脩, 則家國即不齊不治也. 機者, 弩牙矢之發動所由, 譬仁讓之興, 其機由一家, 悖亂之作, 其機由一人. 故總斷云其機如此. '一言僨事', 結'作亂'句, '一人定國', 結'興仁讓'句.)라고 되어 있다."
402) 주희(朱熹), 『대학혹문(大學或問)』 권2, 「대학(大學)·전(傳)10장」.

악함은 작을지라도 두려워해야 하기 때문이다."403)

○ 玉溪盧氏曰 : "貪則不讓, 戾則不仁."404)
　옥계 노씨(玉溪盧氏 : 盧孝孫)가 말하였다. "탐하면 사양하지 못하고 어그러지면 어질지 못하다."405)

○ 音福.
　'복패야(覆敗也)'에서 '복(覆 : 전복되다)'자는 음이 '복(福 : 복)'이다.

○ 沙溪曰 : "'一言僨事, 一人定國', 出『國語』."406)
　사계(沙溪 : 金長生)가 말하였다. "'한마디 말이 일을 그르치며, 한 사람이 나라를 안정시킨다.'라는 말은 『국어』가 출처이다."

○ 玉溪盧氏曰 : "觀'此謂'二字, 可見引以證上文."407)
　옥계 노씨(玉溪盧氏 : 盧孝孫)가 말하였다. "'이것을 -라고 하는 것이다.'라는 말을 보면, 인용에서 앞의 말을 증빙했음을 알 수 있다."408)

---

403) 어짊과 사양함을 집안을 말한 것이고 …… 악함은 작을지라도 두려워해야 하기 때문이다 : 『대학혹문』에는 "말하였다. '어짊과 사양함을 집안을 말한 것이고, 탐하고 어그러진 것은 사람을 말하니, 무엇 때문입니까?' 답하였다. '선함은 반드시 쌓인 이후에 이루어지고, 악함은 작을지라도 두려워해야 하니, 옛사람들이 깊이 경계한 것입니다.(曰 : '仁讓言家, 貪戾言人, 何也.' 曰 : '善必積而後成, 惡雖小而可懼, 古人之深戒也.')'라고 되어 있다.
404) 호광 편(胡廣 編), 『대학장구대전(大學章句大全)』.
405) 탐하면 사양하지 못하고 어그러지면 어질지 못하다 : 호광 편(胡廣 編), 『대학장구대전(大學章句大全)』 전 9장에는 "어짊과 사양함은 선함으로 앞의 글 효도와 공손함을 이어서 말한 것이다. 탐하고 어그러진 것은 악함이니, 탐하면 사양하지 못하고 어그러지면 어질지 못하다. 선함은 있고 악함이 없는 이치는 비록 하늘에 근원하고 있을지라도 선함이 되고 악함이 되는 기미는 실로 임금에게서 말미암는다. 그러니 어질고 사양하는 교화는 집안에서 기다린 다음에 나라에 행해지나, 탐하고 어그러지는 잘못은 임금에서 일어나자마자 바로 나라에 드러난다. 선함을 따르는 것이 산을 올라감과 같은 것은 그 어려움을 나타낸 것이고, 악함을 따르는 것은 무너짐과 같으니, 그 쉬움을 나타낸 것이다. 기미가 있는 곳은 이처럼 두려워해야 하니, 삼가지 않을 수 있겠는가? '일을 그르치고 나라는 안정시킨다.'라는 것은 옛말이다. '이것을 -라고 하는 것이다.'라는 말을 보면, 인용에서 앞의 말을 증빙했음을 알 수 있다.(仁讓, 善也, 接上文孝弟言. 貪戾, 惡也, 貪則不讓, 戾則不仁. 有善無惡之理, 雖原於天, 而爲善爲惡之機, 實由於君. 仁讓之化, 必待行於家, 而後行於國, 貪戾之失, 才自於君即見於國. 從善如登, 見其難, 從惡如崩, 見其易. 機之所在, 可畏如此, 可不謹歟. '僨事定國,' 蓋古語. 觀'此謂'二字, 可見引以證上文.)"라고 되어 있다.
406) 『후재선생문집(厚齋先生集)』 권23, 「차기(箚記)」「대학(大學)」.
407) 호광 편(胡廣 編), 『대학장구대전(大學章句大全)』.
408) '이것을 -라고 하는 것이다.'라는 말을 보면, 인용에서 앞의 말을 증빙했음을 알 수 있다 : 호광 편(胡廣 編), 『대학장구대전(大學章句大全)』 전9장에는 "…… 기미가 있는 곳은 이처럼 두려워해야 하니, 삼가지 않을 수 있겠는가? '일을 그르치고 나라는 안정시킨다.'라는 것은 옛말이다. '이것을 -라고 하는 것이다.'라는 말을 보면, 인용에서 앞의 말을 증빙했음을 알 수 있다.(…… 機之所在, 可畏如此, 可不謹歟. '僨事定國,' 蓋古語. 觀'此謂'二字, 可見引以證上文.)"라고 되어 있다.

○ 按 : 此書中'此謂', 或於蒙上文處用之, 或於引古語處用之, 其
　兼之者, '聽訟章'是也.
　　살펴보건대, 이 책에서 '이것을 -라고 하는 것이다.'라는 말은 혹 앞의 글을 이
　　어받는 곳에서 쓰기도 하고, 혹 옛말을 인용하는 곳에서 쓰기도 하는데, 그것들
　　을 겸한 것은 '청송장(聽訟章)'409)이 여기에 해당한다.

○ 新安陳氏曰 : "'一言僨事', 結'作亂'句, '一人定國', 結'興仁
　讓'句."410)
　　신안 진씨(新安陳氏 : 陳櫟)가 말하였다. "'한마디 말이 일을 그르친다.'라는 것
　　은 '혼란을 일으킨다.'라는 구를 매듭지은 것이고, '한 사람이 나라를 안정시킨
　　다.'라는 것은 어짊과 사양함을 일으킨다는 구를 매듭지은 것이다."411)

○ 仁山金氏曰 : "'定國'言一人, 總一身而論, '僨事'言一言, 則不
　過片言之間, 善惡功效之難易, 尤可懼耳."412)
　　인산 김씨(仁山金氏 : 金履祥)가 말하였다. "'나라를 안정시킨다.'라는 것이 한
　　사람을 말한다는 것은 자기 한 몸을 전체로 해서 말한 것이고, '일을 그르친다.'
　　라는 것이 한마디 말을 말한다는 것은 몇 마디 사이에 불과하다는 것이니, 선함
　　과 악함에 대한 공효의 어려움과 쉬움을 더욱 두려워해야 할 뿐이라는 것이다
　　."413)

朱註

此言教成於國之效.

---

409) 청송장(聽訟章) : 『대학장구』「전」4장에 "공자(孔子)께서 말씀하시기를 '송사(訟事)를 다스림이 내 남과 같
　　이 하나, 반드시 백성들이 송사함이 없게 하겠다.' 하셨으니, 실정(實情)이 없는 자가 그 거짓말을 다하지
　　못하게 함은 백성의 마음을 크게 두렵게 하기 때문이니, '이것을 근본을 안다'라고 하는 것이다.(子曰 :
　　'聽訟, 吾猶人也, 必也使無訟乎.' 無情者, 不得盡其辭, 大畏民志, 此謂知本.)"라는 말이 있다.
410) 호광 편(胡廣 編), 『대학장구대전(大學章句大全)』.
411) '한마디 말이 일을 그르친다.'라는 것은 …… 사양함을 일으킨다는 구를 매듭지은 것이다 : 호광 편(胡廣
　　編), 『대학장구대전(大學章句大全)』「전」9장에는 "…… 그러므로 총괄적으로 단정하여 '그 기틀이 이와 같
　　다.'라고 한 것이다. '한마디 말은 일을 그르친다.'라는 것은 '혼란을 일으킨다.'라는 구를 매듭지었고, '한
　　사람이 나라를 안정시킨다.'라는 것은 '어짊과 사양함을 일으킨다.'라는 구를 매듭지었다.(…… 故總斷云其
　　機如此. '一言僨事', 結'作亂'句, '一人定國', 結'興仁讓'句.)"라고 되어 있다.
412) 호광 편(胡廣 編), 『대학장구대전(大學章句大全)』.
413) '나라를 안정시킨다.'라는 것이 …… 더욱 두려워해야 할 뿐이라는 것이다 : 호광 편(胡廣 編), 『대학장구
　　대전(大學章句大全)』「전」9장에는 "'나라를 안정시킨다.'라는 것이 한 사람을 말한다는 것은 자기 한 몸을
　　전체로 해서 말한 것이고, '일을 그르친다.'라는 것이 한마디 말을 말한다는 것은 몇 마디에 불과하다는
　　것이니, 선함과 악함에 대한 공효의 어려움과 쉬움을 더욱 두려워해야 할 뿐이라는 것이다.('定國'謂之一
　　人, 蓋總一身而論, '僨事'謂之一言, 則不過片言之間, 善惡功效之難易, 尤爲可懼也已.)"라고 되어 있다.

이는 가르침이 나라에 이루어지는 효험을 말한 것이다.

詳說

○ 承首節.
첫 절을 이어받은 것이다.

○ 雙峯饒氏曰 : "仁讓, 本上文孝弟而言, 仁屬孝, 讓屬弟. 上言不出家成敎於國底道理, 此言不出家成敎於國底效驗."414)
쌍봉 요씨(雙峰饒氏 : 饒魯)가 말하였다. "어짊과 사양함은 앞의 말 효도와 공손함을 근본으로 해서 말한 것이니, 어짊은 효도에 속하고 사양함은 공손함에 속한다. 앞에서는 집안에서 나가지 않고 나라에 가르침을 이루는 도리를 말하였고, 여기서는 집안에서 나가지 않고 나라에 가르침을 이루는 효험을 말하였다."415)

○ 新安陳氏曰 : "一家仁讓而一國仁讓, 家齊而國治也. 一人貪戾而一國作亂, 身不修則家國即不齊不治也."416)
신안 진씨(新安陳氏 : 陳櫟)가 말하였다. "한 집안이 어질고 사양하면 한 나라가 어질고 사양하니, 집안이 가지런히 되어 나라가 다스려진다는 것이다. 한 사람이 탐하고 어그러지면 한 나라가 바로 혼란을 일으키니, 자신이 닦이지 않아 집안과 나라가 가지런히 되지 않고 다스려지지 않는다는 것이다."417)

---

414) 호광 편(胡廣 編), 『대학장구대전(大學章句大全)』.
415) 어짊과 사양함은 앞의 말 효도와 공손함을 …… 나라에 가르침을 이루는 효험을 말하였다 : 호광 편(胡廣 編), 『대학장구대전(大學章句大全)』 「전」9장에는 "어짊과 사양함은 앞의 말 효도와 공손함을 근본으로 해서 말한 것이니, 어짊은 효도에 속하고 사양함은 공손함에 속한다. 탐하고 어그러지는 것은 자애의 반대이다. 앞에서는 집안에서 나가지 않고 나라에 가르침을 이루는 도리를 말하였고, 여기서는 집안에서 나가지 않고 나라에 가르침을 이루는 효험을 말하였다.(仁讓, 是本上文孝弟而言, 仁屬孝, 讓屬弟. 貪戾者, 慈之反也. 上言不出家而成敎於國底道理, 此言不出家而成敎於國底效驗.)"라고 되어 있다.
416) 호광 편(胡廣 編), 『대학장구대전(大學章句大全)』.
417) 한 집안이 어질고 사양하면 …… 가지런히 되지 않고 다스려지지 않는 것이다 : 호광 편(胡廣 編), 『대학장구대전(大學章句大全)』 「전」9장에는 "한 집안이 어질고 사양하면 한 나라가 어질고 사양하니, 집안이 가지런히 되어 나라가 다스려지는 것이다. 한 사람이 탐하고 어그러지면 한 나라가 바로 혼란을 일으키는 것이다. 자신이 닦이지 않아 집안과 나라가 가지런히 되지 않고 다스려지지 않는 것이다. 기틀은 '화살의 시위를 거는 곳[弩牙]'으로 화살이 나가기 시작하는 곳이니, 어짊과 사양함을 일으키는 것은 그 기틀이 한 집안으로 말미암고 그릇됨과 혼란이 일어나는 것은 그 기틀이 한 사람으로 말미암는 것을 비유하였다. 그러므로 총괄적으로 단정하여 '그 기틀이 이와 같다.'라고 한 것이다. '한마디 말은 일을 그르친다.'라는 것은 '혼란을 일으킨다.'라는 구를 매듭지었고, '한 사람이 나라를 안정시킨다.'라는 것은 '어짊과 사양함을 일으킨다.'라는 구를 매듭지었다.(一家仁讓, 而一國仁讓, 家齊而國治也. 一人才貪戾, 而一國即作亂, 身不脩, 則家國即不齊不治也. 機者, 弩牙矢之發動所由, 譬仁讓之興, 其機由一家, 悖亂之作, 其機由一人. 故總斷云其機如此. '一言僨事', 結'作亂'句, '一人定國', 結'興仁讓'句.)"라고 되어 있다.

[傳9-4]

堯舜帥天下以仁, 而民從之, 桀紂帥天下以暴, 而民從之, 其所令反其所好, 而民不從. 是故君子有諸己而後求諸人, 無諸己而後非諸人. 所藏乎身不恕, 而能喩諸人者, 未之有也.

요(堯)·순(舜)이 천하를 어짊으로써 거느리자 백성들이 그를 따랐고, 걸(桀)·주(紂)가 천하를 포악함으로써 거느리자 백성들이 따랐으니, 그 명령하는 것이 자신의 좋아하는 것과 반대되면 백성들이 따르지 않는다. 이러므로 군자는 자신에게 선함이 있은 뒤에 남에게 선함을 요구하며, 자신에게 악함이 없는 뒤에 남의 악함을 비난하는 것이다. 자신에게 간직하고 있는 것이 서(恕)하지 못하고서 남을 깨우칠 수 있는 경우는 있지 않다.

詳說

○ 好, 去聲. 帥, 入聲.

'기소령반기소호(其所令反其所好)'에서 '호(好 : 좋아한다)'자는 거성이다. '솔(帥 : 거느리다)'자는 입성이다.

朱註

此又承上文'一人定國'而言.

이것은 또 위 글에 '한 사람이 나라를 안정시킨다.'라는 것을 이어서 말한 것이다.

詳說

○ 堯與舜皆一人也. 主言堯舜定國而幷及桀、紂之僨事.

요와 순은 모두 '한 사람'이다. 요와 순이 나라를 안정시킨 것을 말하면서 아울러 걸과 주가 일을 그르친 것까지 아울러 언급하였다.

○ 亦承仁戾而言. 暴卽戾也.

또한 어짊과 어그러짐을 이어받아 말하였다. 포악함은 어그러짐이다.

朱註

有善於己, 然後可以責人之善, 無惡於己, 然後可以正人之惡.

자신에게 선함이 있은 뒤에 남의 선함을 책할 수 있고, 자신에게 악함이 없게 된 뒤에 남의 악함을 바로잡을 수 있다.

詳說

○ 添'善'字.
'유선어기(有善於己 : 자신에게 선함이 있은)' 구절에서, '선함'이라는 말을 더하였다.

○ 朱子曰 : "'有諸己', 說修身是齊治平之本."418)
'유선어기(有善於己 : 자신에게 선함이 있은)에 대해, 주자(朱子)가 말하였다. "'자신에게 있다.'라는 것은 자신을 닦는 것이 가지런히 하고 다스리며 바로잡는 것의 근본이라는 말이다."419)

○ 雙峰饒氏曰 : "此章自'一人貪戾'以下, 皆歸重人主之身."420)
쌍봉 요씨가 말하였다. "이 장에서 '한 사람이 탐하고 어그러지면'이라는 구절 아래는 모두 임금 자신에게로 무거움을 돌리는 것이다."421)

○ 望人之亦爲善.
'가이책인지선(可以責人之善 : 남의 선함을 책할 수 있고)'는 남도 선한지 보는 것이다.

○ 添'惡'字.

---

418) 호광 편(胡廣 編), 『대학장구대전(大學章句大全)』.
419) '자신에게 있다.'라는 것은 자신을 닦는 것이 …… 바로잡는 것의 근본이라는 말이다 : 호광 편(胡廣 編), 『대학장구대전(大學章句大全)』「전」9장에는 "물었다. '이 장에서 나라를 다스린다고 말한 것은 바로 천하를 어짊으로 거느린다고 말하는 것이니, 또 천하를 바로잡는다고 말한 것과 비슷하고, 자신에게 있다고 말하는 것은 또 자신을 닦는다고 말하는 것과 비슷하니 무엇 때문입니까?' 주자(朱子)가 말하였다. '성현의 말씀은 간략하니, 자신에게서 펴 나가는 것이 가지런히 하고 다스리고 바로잡는 근본입니다. 나라를 다스리고 천하를 바로잡는 것은 본래 서로 관련된 것이니, 어찌 분명하게 서로 쓰이지 않겠습니까?'(問 : '此章言治國, 乃言帥天下以仁, 又似說平天下, 言有諸己, 又似說脩身, 何也.' 朱子曰 : '聖賢之文簡, 暢身, 是齊治平之本. 治國平天下, 自是相關, 豈可截然不相入.')"라고 되어 있다.
420) 호광 편(胡廣 編), 『대학장구대전(大學章句大全)』.
421) 이 장에서 '한 사람이 탐하고 어그러지면' …… 자신에게로 무거움을 돌리는 것이다 : 호광 편(胡廣 編), 『대학장구대전(大學章句大全)』 전9장에는 "선함이 없으면서 남을 책하려고 하고, 악함이 있으면서 남을 막으려고 하는 것은 자신이 미루어서 남에게 미치려는 것이 없는 것이다. 이 장에서 집안을 가지런히 하고 나라를 다스리는 것을 풀이하였을지라도 '한 사람이 탐하고 어그러지면'이라는 구절 아래는 모두 임금 자신에게로 무거움을 돌리는 것이니, 이것이 바로 본원을 끝까지 궁구한 말이다.(無善而欲責人, 有惡而欲禁人, 是無己可推而欲及人也. 此章雖釋齊家治國, 然自一人貪戾以下, 皆歸重人主之身, 此乃極本窮原之論.)"라고 되어 있다.

'무악어기(無惡於己 : 자신에게 악함이 없게 된) 구절에서 '악함'이라는 말을 더하였다.

○ 非之所以正之也.
비난하는 일은 바로잡기 위한 것이다.

朱註

皆推己以及人, 所謂恕也.
이는 모두 자기를 미루어 남에게 미치는 것이니, 이른바 '서(恕)'이다.

詳說

○ 新安陳氏曰 : "有善無惡於己, 盡己之忠也, 推己以責人正人, 由忠以爲恕也."422)
신안 진씨(新安陳氏 : 陳櫟)가 말하였다. "자신에게 선함이 있고 악함이 없는 것은 자신을 극진하게 하는 충(忠)이고, 자신을 미루어 남을 책하고 바로잡는 것은 충으로 말미암아 서(恕)를 행하는 것이다."423)

○ 仁山金氏曰 : "'藏乎身', 自其盡己處言之, '所藏乎身不恕', 反上文也, 謂所藏於己者, 未有可推以及人."424)
인산 김씨(仁山金氏 : 金履祥)가 말하였다. "'자신에게 간직하고 있다.'라는 것은 자신을 극진하게 하는 것으로 말하였다. '자신에게 간직하고 있는 것이 서(恕)하지 못하다.'라는 것은 앞의 말을 거꾸로 한 것으로 자신에게 간직하고 있는 것을 미루어 남에게 미칠 수 없다는 말이다."425)

---

422) 호광 편(胡廣 編), 『대학장구대전(大學章句大全)』.
423) 자신에게 선함이 있고 악함이 없는 것은 …… 충으로 말미암아 서(恕)를 행하는 것이다 : 호광 편(胡廣 編), 『대학장구대전(大學章句大全)』「전」9장에는 "자신에게 선함이 있고 악함이 없는 것은 자신을 극진하게 한 충(忠)이고, 자신을 미루어 남을 책하고 바로잡는 것은 충으로 말미암아 서를 행하는 것이다. 그러니 충은 곧 서가 안에 간직하고 있는 것이고, 서는 곧 충이 밖으로 드러난 것이다. ……(有善無惡於己, 盡己之忠也. 推己以責人正人, 由忠以爲恕也. 忠卽恕之藏於內者, 恕卽忠之顯於外者. ……)"라고 되어 있다.
424) 호광 편(胡廣 編), 『대학장구대전(大學章句大全)』.
425) '자신에게 간직하고 있다.'라는 것은 …… 미루어 남에게 미칠 수 없다는 말이다 : 호광 편(胡廣 編), 『대학장구대전(大學章句大全)』 전9장에는 "'자신에게 간직하고 있다.'라는 것은 자신을 극진하게 하는 것으로 말하였고, '서(恕)'는 자신을 미루는 것으로 말하였다. '간직하고 있다.'라는 것은 자신에게 선함이 있고 자신에게 악함이 없는 것을 가리킨 것이고, 서(恕)는 남에게 선함을 요구하고 남의 악함을 비난하는 것을 가리킨 것이다. '자신에게 간직하고 있는 것이 서(恕)하지 못하다.'라는 것은 자신에게 간직하고 있는 것을 미루어 남에게 미치지 못하니, 어떻게 남을 깨우칠 수 있겠는가라는 말이다. 그런데 이른바 '요·순이 천하

○ 栗谷曰 : "恕字實指忠字. 忠是恕之藏乎身者, 借恕而言忠."426)
율곡(栗谷 : 李珥)이 말하였다. "서(恕) 자는 실로 충(忠) 자를 가리킨다. 충은 서가 자신에게 간직되어 있는 것이니, 서를 빌려서 충을 말한 것이다."

○ 朱子曰 : "恕字之義, 本以如心而得, 故可以施之於人, 而不可以施之於己."427)
주자(朱子)가 말하였다. "서(恕) 자의 의미는 본래 마음을 같이해서 얻는 것이기 때문에 남들에게 베풀 수 있고 자신에게 베풀 수 없는 것이다."428)

○ '不恕'猶言不可恕, 如首節'不可敎'之意耳.
'서하지 못한다[不恕]'라는 것은 서할 수 없다는 것과 같으니, 머리 절[1절]의 '가르칠 수 없다.[不可敎]'429)라는 의미와 같다.

○ 雙峰饒氏曰 : "恕有首有尾. 忠是恕之首. 此章要人於修己上下工夫, 重在首, 下章要人於及人處下工夫, 重在尾, 兩章互相發明."430)
쌍봉 요씨가 말하였다. "서(恕)에는 머리가 있고 꼬리가 있다. 충(忠)이 서(恕)의 머리이다. 이 장에서 사람들에게 자신을 닦는 것에서 공부하기를 요구한 것은 중점이 머리에 있는 것이고, 아래의 장에서 사람들에게 미치는 것에서 공부하기를 요구한 것은 중점이 꼬리에 있으니, 두 장이 서로 드러내 밝혀 준다."431)

를 어짊으로 거느렸다.'라는 것은 자신이 사물에 미친 것으로 어짊이다. 이른바 '자신에게 선함이 있은 뒤에 남에게 선함을 요구하며, 자신에게 악함이 없는 뒤에 남의 악함을 비난한다.'라는 것은 자신을 미루어 사물에 미친 것으로 서(恕)이다. 심지어 이른바 '걸·주가 천하를 포악함으로써 거느렸다.'라는 것은 자신에게 간직하고 있는 것이 서(恕)하지 못한 것으로 앞의 말을 거꾸로 한 것이다.('藏乎身'者, 自其盡己處言之. '恕'者自其推己處言之. '所藏', 是指有諸己無諸己者也, '恕'是指求諸人. 非諸人者也. '所藏乎身不恕', 謂所藏於己者, 未有可推以及人, 如何能喩諸人. 然所謂'堯舜帥天下以仁', 以己及物者也, 仁也. 所謂'有諸己, 而後求諸人, 無諸己, 而後非諸人'推己及物者也, 恕也. 至所謂'桀紂帥天下以暴', 不仁者也, '所藏乎身不恕, 反上文也.)"라고 되어 있다.

426) 이이(李珥), 『율곡선생전서(栗谷先生全書)』 권32, 「어록(語錄)」 「우계집(牛溪集)」.
427) 모성래(茅星來), 『근사록집주(近思錄集註)』 권5.
428) 서(恕) 자의 의미는 본래 마음은 …… 자신에게 베풀 수 없는 것이다 : 『근사록집주』에는 "서(恕)자는 본래 마음을 같이하는 것으로 의미를 취했으니, 자신을 다스리는 마음과 같이해서 남을 다스리고, 자신을 사랑하는 마음과 같이해서 남을 사랑하는 것을 말한다. 그러므로 단지 남들에게 베풀 수 있고 자신에게 베풀 수 없는 것이다.(恕本取義如心, 謂如治己之心以治人, 如愛己之心以愛人也. 故但可施之於人, 而不可以施之於己也.)"라고 되어 있다.
429) 1절의 '가르칠 수 없다.[不可敎]' : 『대학장구(大學章句)』 「전(傳)」 9장에 "이른바 나라를 다스림에 반드시 먼저 그 집안을 가지런히 한다는 것은 그 집안을 가르칠 수 없으면서 남을 가르칠 수 있는 경우는 없다는 것이다.(所謂治國, 必先齊其家者, 其家不可敎, 而能敎人者, 無之.)"라는 말이 있다.
430) 호광 편(胡廣 編), 『대학장구대전(大學章句大全)』.

○ 蛟峯方氏曰 : "此章是如治己之心以治人之恕, 下章是如愛己之
心以愛人之恕."432)
　　교봉 방씨(蛟峯方氏 : 方逢辰)가 말하였다. "이 장은 자신을 다스리는 것과 같
　　은 마음으로 남을 다스리는 서(恕)이고, 아래의 장은 자신을 사랑하는 것과 같
　　은 마음으로 남을 사랑하는 서이다."

朱註

不如是, 則所令反其所好, 而民不從矣.
이와 같이 하지 않으면 명령하는 바가 자기가 좋아하는 것과 반대가 되어 백성들
이 따르지 않을 것이다.

詳說

○ 亦指君.
　　'자기[其]'라는 말은 또한 임금을 가리킨다.

○ 新安陳氏曰 : "如好暴而令以仁, 所令與所好反矣."433)
　　신안 진씨(新安陳氏 : 陳櫟)가 말하였다. "포악함을 좋아하면서 어짊을 명령한
　　다면 명령하는 것과 좋아하는 것이 상반된다."434)

○ 按 : 好仁而令以暴, 此必無之事也, 乃知此句主好暴者言之耳.

---

431) 서(恕)에는 머리가 있고 꼬리가 있다 …… 두 장이 서로 드러내 밝혀 준다 : 호광 편(胡廣 編), 『대학장구
대전(大學章句大全)』 전9장에는 "물었다. '서(恕)는 자신을 미루어 남에게 미치는 것인데, 자신에게 간직하
고 있는 것으로 설명합니까?' 답하였다. '서에는 머리와 꼬리가 있는데, 자신에게 간직하고 있는 것
은 그 머리이고, 남에게 미치는 것은 그 꼬리입니다. 충(忠)이 서의 머리입니다. 나라를 다스리고 천하를
바로잡는다는 장에서는 모두 서를 말했습니다. 이 장에서 자신에게 선함이 있고 남에게 악함이 없는 것을
말한 것은 사람들에게 자신을 닦는 것에서 공부하기를 요구한 것으로 그 중점이 머리에 있고, 아래의 장
에서 윗사람에게 싫었던 것으로 아랫사람을 부리지 않는다는 것을 말한 것은 사람들에게 미치는 것에서
공부하기를 요구한 것으로 그 중점이 꼬리에 있습니다. 그러니 두 장이 서로 드러내 밝혀 줍니다.'(問 :
'恕者推己及人, 却說所藏乎身.' 曰 : '恕有首有尾, 藏乎身者, 其首, 及人者, 其尾也. 忠是恕之首. 治國平天
下章, 皆說恕. 此章言有諸己無諸人, 是要人於己上下工夫, 其重在首. 下章言所惡於上, 無以使下等, 是要
人於及人上下工夫, 其重在尾. 兩章互相發明.')"라고 되어 있다.
432) 호광 편(胡廣 編), 『대학장구대전(大學章句大全)』. "此章是如治己之心以治人之恕, 絜矩章是如愛己之心以
愛人之恕."
433) 호광 편(胡廣 編), 『대학장구대전(大學章句大全)』.
434) 포악함을 좋아하면서 어짊을 명령한다면 명령하는 것과 좋아하는 것이 상반된다 : 호광 편(胡廣 編), 『대
학장구대전(大學章句大全)』 전9장에는 "백성들이 어질고 포악함은 위에서 이끄는 것에 달렸을 뿐이니, 좋
아하는 것으로 이끌면 백성들이 따른다. 포악함을 좋아하면서 어짊을 명령한다면 명령하는 것과 좋아하는
것이 상반되어 백성들이 따르지 않는다.(民之仁暴, 惟上所帥, 帥之以所好, 則民從. 如好暴而令以仁, 所令
與所好反, 民弗從矣.)"라고 되어 있다.

살펴보건대, 어짊을 좋아하면서 난폭함을 명령한다면 이것은 절대로 있을 수 없는 일이니, 여기의 구에서만 주로 난폭함을 좋아한다고 말했을 뿐임을 알아야 한다.

○ 此註從其善否之類, 而錯擧釋之.
여기에서는 선함과 그렇지 않음을 따른다고 주한 것은 번갈아들면서 해석한 것이다.

朱註
喩, 曉也.
'깨우치다[喩]'는 일은 깨닫게 한다는 것이다.

詳說
○ 喩之使從己.
깨우쳐서 자신을 따르게 한다.

○ 此節二'天下'字, 已爲下章張本.
이 절에서 두 번의 '천하'라는 말은 이미 아래의 장을 위해 근본을 넓힌 것이다.

[傳9-5]
故治國在齊其家.
그러므로 나라를 다스림이 그 집안을 가지런히 함에 있다는 것이다.

朱註
通結上文.
위의 글을 통틀어 맺었다.

詳說
○ 此章正義在以上, 而此下則咏歎其餘意耳.
이 장의 바른 의미는 이 위에 있으니, 이 아래로는 그 나머지 의미를 노래한 것일 뿐이다.

[傳9-6]
『詩』云 : "桃之夭夭, 其葉蓁蓁. 之子于歸, 宜其家人." 宜其家人, 而后可以敎國人.

『시경(詩經)』에서 "복숭아의 피어나고 화사함이여, 그 잎이 울창하구나! 이 아가씨의 시집 감이여, 그 집안 식구에게 마땅하게 한다."라고 하였으니, 그 집안 식구에게 마땅하게 한 뒤에 나라 사람들을 가르칠 수 있다는 것이다.

詳說

○ 夭, 平聲. 蓁, 音臻.

'도지요요(桃之夭夭)'에서 '요(夭 : 예쁨)'자는 평성이다. '기엽진진(其葉蓁蓁)'에서 '진(蓁 : 우거지다)'자는 음이 '진(臻 : 많다)'이다.

朱註

『詩』, 「周南·桃夭」之篇. 夭夭, 少好貌. 蓁蓁, 美盛貌. 興也.

『시경(詩經)』은 「주남(周南)·도요(桃夭)」편이다. '피어나고 화사함[夭夭]'은 어리고 예쁜 모양이고, '울창하다[蓁蓁]'는 것은 아름답고 성대한 모양이니, '시작하면서 흥취를 돋게 하는 것[興]'이다.

詳說

○ 去聲.

'소호모(少好貌)'에서 '소(少 : 어리다)'자는 거성이다.

○ 與猗猗之訓同.

'진진, 미성모(蓁蓁, 美盛貌)'는 '꽉 들어차 있다[猗猗]'는 시구의 풀이와 같다.[435]

---

435) '꽉 들어차 있다[猗猗]'는 것의 풀이와 같다 : 「전(傳)」3장에 『시경(詩經)』에서 '저 기수(淇水) 모퉁이를 보니, 푸른 대나무가 꽉 들어차 있구나! 문채 나는 군자여, 잘라 놓은 듯하고, 간 듯하며, 쪼아 놓은 듯하고, 간 듯하다. 엄밀하고 굳세며, 빛나고 점잖으니, 문채 나는 군자여, 끝내 잊을 수 없다.'라고 하였다.(詩云 : '瞻彼淇澳, 菉竹猗猗. 有斐君子, 如切如磋, 如琢如磨. 瑟兮僩兮, 赫兮喧兮. 有斐君子, 終不可諠兮.')" 라는 말이 있고, 주석에서 '꽉 들어차 있다[猗猗]'에 대해 '아름답고 성대한 모양[美盛貌]'이라고 풀이하고

○ 去聲.
  '흥야(興也)'에서 '흥(興 : 흥취를 돋움)'자는 거성이다.

○ 指'桃之'二句也. 當與'淇澳'「註」參看.
  '흥야(興也)'는 '복숭아'의 두 구절[桃之夭夭, 其葉蓁蓁]을 가리킨다. '기수의 모퉁이[淇澳]'의 주석436)과 참고해서 봐야 한다.

朱註
之子, 猶言是子. 此指女子之嫁者而言也. 婦人謂嫁曰歸. 宜, 猶善也.
'이 아가씨[之子]'는 '이 아가씨[是子]'라는 말과 같으니, 이는 여자가 시집가는 것을 가리켜 말한 것이다. 부인이 시집가는 것을 '귀(歸 : 시집가다)'라고 한다. '마땅하게 한다[宜]'는 것은 '좋게 한다[善]'는 것과 같다.

詳說
○ 指'之子'.
  '차지녀자지가자(此指女子之嫁者)'에서 '차(此)'는 '이 아가씨[之子]'를 가리킨다.

○ 猶和也.
  '의, 유선야(宜, 猶善也 : '마땅하게 한다[宜]'는 것은 '좋게 한다[善]'는 것과 같다)'라는 구절의 의미는 화합한다는 것과 같다.

○ 尤菴曰 : "雲峯亦以'刑寡'爲言, 則非專指婦人而言. 專指婦人, 則正朱子所譏'論二南者不本於文王之身'者也, 可乎哉."437)
  우암(尤庵 : 宋時烈)이 말하였다. "운봉도 '내 아내에게 모범이 되는 것'438)으로 말을 했으니, 부인만 가리켜서 말한 것은 아니다. 부인만 가리킨다는 것은 바로

있다.
436) '기수의 모퉁이[淇澳]'의 주석 : 위의 「전(傳)」3장 주석을 말한다.
437) 송시열(宋時烈), 『송자대전(宋子大全)』 권105, 「서(書)」「답심명중(答沈明仲)」.
438) 내 아내에게 모범이 되는 것 : 호광 편(胡廣 編), 『대학장구대전(大學章句大全)』 전9장에 "운봉 호씨(雲峯胡氏 : 胡炳文)가 말하였다. …… 집안사람이 이반되는 것은 반드시 부인에게서 일어나지만, 내 아내에게 모범을 보이는 것이 쉽지 않고 심지어 형제까지도 쉽지 않은 것이 아니다. 집안과 나라를 다스림에 사람들에게 나라를 다스리는 것이 그 집안을 가지런히 함에 있는 것을 보여준 것이 더욱 엄하다.'(雲峯胡氏曰 : '…… 蓋家人離必起於婦人, 非刑于寡妻者未易, 至于兄弟亦未易. 御于家邦也, 其示人以治國之在齊其家也, 益嚴矣.')"라는 말이 있다.

주자(朱子)가 이남(二南 : 「주남」과 「소남」)을 논한 것이 문왕 자신에 근본하지 않았다고 나무란 것이니 가능한 것이겠는가?"

○ 農巖曰 : "詩雖本爲婦人作, 此書引之, 恐是斷章取義, 兩箇'宜其家人', 皆以君子之齊家者而言, 何嘗矛盾哉."439)
농암(農巖 : 金昌協)이 말하였다. "시가 비록 본래 부인 때문에 지은 것이고 『대학』에서 인용한 것이 단장취의한 것 같을지라도 두 번의 '집안 식구에게 마땅하게 한다.'라는 것은 모두 군자가 집안을 가지런히 하는 것을 가지고 말한 것이니, 어찌 모순이 되겠는가?"

○ 按 : 以下文只擧'宜其家人'者觀之, 則'之子于歸'一句只是帶引耳.
살펴보건대 아래의 글에서 '집안 식구들에게 마땅하게 한다.'라는 것으로만 보면, '이 아가씨가 시집감이여'라는 한 구는 둘러서 인용한 것일 뿐이다.

○ 玉溪盧氏曰 : "'可以敎國人'應'其家不可敎而能敎人者無之'之意."440)
옥계 노씨(玉溪盧氏 : 盧孝孫)가 말하였다. "'나라 사람을 가르칠 수 있는 것이다.'라는 말은 '그 집안을 가르칠 수 없으면서 남을 가르칠 수 있는 경우는 없다.'441)라는 의미와 호응한다."

[傳9-7]

『詩』云 : "宜兄宜弟." 宜兄宜弟, 而后可以敎國人.

『시경(詩經)』에서 "형에게도 마땅하게 하고, 아우에게도 마땅하게 한다."라고 하였으니, 형에게 마땅하게 하고 아우에게 마땅하게 한 뒤에야 나라 사람을 가르칠 수 있다는 것이다.

朱註

---

439) 김창협(金昌協), 『농암집(農巖集)』 권16, 「서(書)」「답이현익(答李顯益)」.
440) 호광 편(胡廣 編), 『대학장구대전(大學章句大全)』.
441) 그 집안을 가르칠 수 없으면서 남을 가르칠 수 있는 경우는 없다 : 『대학장구(大學章句)』「전(傳)」9장에 "이른바 나라를 다스림에 반드시 먼저 그 집안을 가지런히 한다는 것은 그 집안을 가르칠 수 없으면서 남을 가르칠 수 있는 경우는 없다는 것이다.(所謂治國, 必先齊其家者, 其家不可敎, 而能敎人者, 無之.)"라는 말이 있다.

『詩』,「小雅·蓼蕭」篇.
『시경(詩經)』은 「소아(小雅)·육소(蓼蕭)」편이다.

詳說
○ 音六.
'육소(蓼蕭)'에서 '육(蓼 여뀌)'자는 음이 '육(六 : 여섯)'이다.

[傳9-8]
『詩』云 : "其儀不忒, 正是四國." 其爲父子兄弟足法, 而后民法之也.

『시경(詩經)』에서 "그 위의가 어그러지지 않아 이 사방 나라를 바르게 한다."라고 하였으니, 그 부자와 형제가 충분히 본받을 만한 뒤에야 백성들이 본받는다는 것이다.

朱註
『詩』,「曹風·鳲鳩」篇.
『시경(詩經)』은 「조풍(曹風)·시구(鳲鳩)」편이다.

詳說
○ 音尸.
'시구(鳲鳩)'에서 '시(鳲 : 뻐꾸기)'자는 음이 '시(尸 : 주검)'이다.

○ 沙溪曰 : "儀, 『詩』註'威儀也'. 『直解』云'禮儀也', 其釋不是."442)

사계(沙溪 : 金長生)가 말하였다. "'위의[儀]'는 『시경(詩經)』에서 '위의(威儀)'라고 주석하였다. 『대학직해(大學直解)』에서 '예의(禮儀)'라고 말했는데 그 풀이는 옳지 않다."

朱註

---
442) 김간(金榦),『후재선생집(厚齋先生集)』권23,「차기(箚記)」「대학(大學)」.

忒, 差也.
'어그러졌다[忒]'는 것은 어긋났다는 것이다.

詳說

○ '其爲父子兄弟'者, 諺讀得之.
'그 부자와 형제'는 『언해』에서 읽는 것이 옳다.443)

○ 新安陳氏曰：" '足法', 家齊而可以示法於人也."444)
신안 진씨(新安陳氏：陳櫟)가 말하였다. "'충분히 본받을 만하다.'라는 것은 집안이 가지런해져서 사람들에게 모범을 보일 수 있다는 것이다."445)

○ 玉溪盧氏曰：" '足法', 儀不忒也. '法之', 國正也. 敎國人是治國之事, '民法之'是國治之事."446)
옥계 노씨(玉溪盧氏：盧孝孫)가 말하였다. "'충분히 본받을 만하다.'라는 것은 위의가 어그러지지 않았다는 것이다. '본받는다.'라는 것은 나라가 바르게 된다는 것이다. 나라 사람들을 가르치는 것은 나라를 다스리는 일이고, 백성들이 본받는 것은 나라가 다스리는 일이다."447)

○ 東陽許氏曰：" 三引詩, 自內以至外. 婦人最難化, 故爲首, 而兄弟次之, 總一家言者又次之."448)
동양 허씨(東陽許氏：許謙)가 말하였다. "세 번 시를 인용함에 안에서 밖으로 나아갔다. 그런데 부인은 감화시키기가 가장 어렵기 때문에 첫머리가 되었고,

---

443) '그 부자와 형제'는 『언해』에서 읽는 것이 옳다 : 『대학언해』에는 "其기爲위父부子조兄형弟데"라고 되어 있다.
444) 호광 편(胡廣 編), 『대학장구대전(大學章句大全)』.
445) '충분히 본받을 만하다.'라는 것은 …… 사람들에게 모범을 보일 수 있다는 것이다 : 호광 편(胡廣 編), 『대학장구대전(大學章句大全)』 전9장에는 "'충분히 본받을 만하다.'라는 것은 집안이 가지런하여져서 사람들에게 모범을 보일 수 있다는 것이다. '백성들이 본받는다.'라는 것은 나라 사람들이 자신에게서 모범을 취한다는 것이다.('足法', 家齊而可以示法於人也. '民法之', 國人取法於己也.)"라고 되어 있다.
446) 호광 편(胡廣 編), 『대학장구대전(大學章句大全)』.
447) '충분히 본받을 만하다.'라는 것은 …… 나라가 다스리는 일이다 : 호광 편(胡廣 編), 『대학장구대전(大學章句大全)』「전」9장에는 "부자와 형제가 충분히 본받을 만하고, 위의가 어그러지지 않으며, 백성들이 본받는 것은 사방의 나라가 바르게 된 것이다. 나라 사람들을 가르치는 것은 나라를 다스리는 일로 밝은 덕을 그 나라에 밝히는 것이고, 백성들이 본받는 것은 나라가 다스려진 일로 밝은 덕이 그 나라에 밝아진 것이다.(父子兄弟足法, 儀之不忒也, 民法之, 四國之正也. 敎國人, 是治國之事, 所以明明德於其國, 民法之, 是國治之事, 則明德明於其國矣.)"라고 되어 있다.
448) 호광 편(胡廣 編), 『대학장구대전(大學章句大全)』.

형제가 그다음이 되었으며, 한 집안을 모두 말한 것이 그다음이 되었다."449)

[傳9-9]
此謂治國在齊其家.

이것을 '나라를 다스림은 그 집안을 가지런히 함에 있다.'라고 하는 것이다.

朱註

此三引詩, 皆以咏歎上文之事, 而又結之如此, 其味深長, 最宜潛玩.
여기에서 세 번 인용한 시는 모두 위 글의 일을 노래하였고, 또 맺기를 이와 같이 하여 그 맛이 심장하니, 아주 마음에 푹 젖도록 보아야 할 것이다.

詳說

○ 堯舜以上四節.
요와 순450) 이 위로 네 구절이다.

○ 三山陳氏曰 : "古人凡辭有盡而意無窮者, 多援詩以吟咏其餘意."451)
삼산 진씨(三山陳氏 : 陳孔碩)가 말하였다. "옛사람들이 일반적으로 말에 다함이 있으나 뜻에 다함이 없는 것은 대부분 시를 취해 그 나머지 뜻을 노래한 것이다."

○ 再結, 是十「傳」中所獨之例也.
'결지여차(結之如此)'로 볼 때, 다시 매듭지은 것은 10장의 「전(傳)」 가운데 여기만 있는 사례이다.

---

449) 세 번 시를 인용함에 안에서 밖으로 나아갔다 …… 한 집안을 모두 말한 것이 그다음이 되었다 : 호광 편(胡廣 編), 『대학장구대전(大學章句大全)』 「전」9장에는 "세 번 시를 인용함에 안에서 밖으로 나아갔다. 그런데 부인과 여자는 감화시키기가 가장 어려우니, 부부 사이에는 일상적으로 사람의 정이 가장 잃기 쉬움 행동에 바르지 못하는 것이다. 감화가 내실에서 행해질 수 있다면 덕이 성대한 것이다. 그러므로 시를 인용하여 말함에 부부가 첫머리가 되었고, 형제가 그다음이 되었으며, 한 집안을 모두 말한 것이 그다음이 되었다.(三引詩, 自內以至外. 婦人女子最難於化, 而夫婦之間, 常人之情最易失, 於動不正. 化能行於閨門, 則德盛矣. 故引詩言夫婦爲首, 而兄弟次之, 總一家言者又次之.)"라고 되어 있다.
450) 앞의 「전」9-4에 있는 "堯舜帥天下以仁"을 말한다.
451) 호광 편(胡廣 編), 『대학장구대전(大學章句大全)』 전9장에 삼산 진씨(三山陳氏 : 陳孔碩의 말로 동일하게 실려 있다.

○ 當與第三章末註參看.
'기미심장, 최의잠완(其味深長, 最宜潛玩 : 그 맛이 심장하니, 아주 마음에 푹 젖도록 보아야 할 것이다)'라는 구절은 3장 끝의 주석452)과 참고해서 봐야 한다.

朱註
右「傳」之九章, 釋齊家治國.
위는 「전(傳)」9장으로 집안을 가지런히 하고 나라를 다스리는 일을 풀이하였다.

詳說
○ 自此以下二章, 皆兩事相參言之, 視正修二「傳」之例, 又自別已.
여기서부터 아래로 두 장에서는 모두 두 가지 일로 참고하여 말하였으니, 바르게 하고 닦는 것은 두 「전(傳)」의 사례를 보면 또 저절로 구별될 뿐이다.

○ 玉溪盧氏曰 : "此章言治國甚略, 言齊家甚詳, 所以明齊家之道, 卽治國之道也."453)
옥계 노씨(玉溪盧氏 : 盧孝孫)가 말하였다. "이 장에서 나라를 다스리는 것에 대해 말한 것은 너무 간략하고, 집안을 가지런히 하는 것에 대해 말한 것은 너무 상세하니, 집안을 가지런히 하는 방법을 밝히는 것이 곧 나라를 다스리는 방법이기 때문이다."454)

○ 按 : '堯舜'節雖若專說治國, 而又本於身言之.
살펴보건대, '요와 순'의 구절455)은 나라를 다스리는 것만 말한 것 같을지라도

---

452) 3장 끝의 주석 : 「전(傳)」3장 끝의 주석에 "이 두 절은 노래하고 즐김에 그 맛이 심장하니, 익도록 봐야 한다.(此兩節, 詠歎淫泆, 其味深長, 當熟玩之.)"라는 말이 있다.
453) 호광 편(胡廣 編), 『대학장구대전(大學章句大全)』.
454) 이 장에서 나라를 다스리는 것에 대해 말한 것은 …… 나라를 다스리는 방법이기 때문이다 : 호광 편(胡廣 編), 『대학장구대전(大學章句大全)』 전9장에는 "이 장에서 나라를 다스리는 것에 대해 말한 것은 너무 간략하고, 집안을 가지런히 하는 것에 대해 말한 것은 너무 상세하니, 집안을 가지런히 하는 방법을 밝히는 것이 곧 나라를 다스리는 방법이고, 사람들은 이 마음을 같이 하고 마음은 이 밝은 덕을 같이하기 때문이다.(此章言治國甚略, 言齊家甚詳, 所以明齊家之道, 卽治國之道, 以人同此心, 心同此明德故也.)"라고 되어 있다.
455) '요와 순'의 구절 : 『대학장구』「전」9장(앞의「전」9-4)에 "요(堯)·순(舜)이 천하를 어짊으로써 거느리자 백성들이 그를 따랐고, 걸(桀)·주(紂)가 천하를 포악함으로써 거느리자 백성들이 따랐으니, 그 명령하는 것이 자신의 좋아하는 것과 반대되면 백성들이 따르지 않는다. 이러므로 군자는 자신에게 선함이 있은 뒤에 남에게 선함을 요구하며, 자신에게 악함이 없는 뒤에 남의 악함을 비난하는 것이다. 자신에게 간직하고 있는 것이 서(恕)하지 못하고서 남을 깨우칠 수 있는 경우는 있지 않다.(堯舜帥天下以仁, 而民從之, 桀紂帥天下

또 자신에 근본해서 말한 것이다.

○ 仁山金氏曰 : "自修身而齊治平有二道, 一是化, 一是推. 化者, 自身教之而化也, 推者, 推此道而廣充之也, 此一章幷含兩意. 章首至'成教於國'是化, 三'所以', 是推, '如保赤子'繼'慈者''使衆'而言, 是推, '一家仁'一節, 是化, '帥天下'一節, 是化, '有諸己'一節繼'所令反所好'而言, 是推, 三引詩, 是化. 非化則推不行, 非推則化不周."456)

인산 김씨(仁山金氏 : 金履祥)가 말하였다. "자신을 닦는 것부터 가지런히 하고 다스리고 바로잡는 것까지에는 두 방법이 있으니 하나는 감화시키는 것이 하나는 미루는 것이다. 감화시키는 것은 자신이 가르쳐서 감화시키는 것이고, 미루는 것은 이 방법을 미루어 확충하는 것인데, 여기의 한 장에서는 아울러 두 의미를 포함시켰다. 장의 처음부터 '나라에 가르침을 이루는 것'457)까지가 감화시키는 것이다. 세 번의 '~하는 것[所以]'458)은 미루는 것이고, '갓난아기를 보호하듯이 한다.'라는 것459)은 '자애가 백성을 부리는 것'460)을 이어서 말한 것으로 미루는 것이다. '한 집안이 어질다.'라는 한 절461)은 감화시키는 것이고, '천하

以暴, 而民從之, 其所令反其所好, 而民不從. 是故君子有諸己而後求諸人, 無諸己而後非諸人. 所藏乎身不恕, 而能喩諸人者, 未之有也.)"라는 말이 있다.
456) 호광 편(胡廣 編), 『대학장구대전(大學章句大全)』.
457) 장의 처음부터 '나라에 가르침을 이루는 것' : 『대학장구(大學章句)』「전」9장에 "이른바 나라를 다스림에 반드시 먼저 그 집안을 가지런히 한다는 것은 그 집안을 가르칠 수 없으면서 남을 가르칠 수 있는 경우는 없다는 것이다. 그러므로 군자는 집안에서 나가지 않고 나라에 가르침을 이루는 것이다. ……(所謂治國, 必先齊其家者, 其家不可教, 而能教人者, 無之. 故君子不出家, 而成教於國……)"라는 말이 있다.
458) 세 번의 '~하는 것[所以]' : 『대학장구(大學章句)』「전」9장에 "이른바 나라를 다스림에 반드시 먼저 그 집안을 가지런히 한다는 것은 그 집안을 가르칠 수 없으면서 남을 가르칠 수 있는 경우는 없다는 것이다. 그러므로 군자는 집안에서 나가지 않고 나라에 가르침을 이루는 것이다. 효도는 임금을 섬기는 것이고 공손함은 장관을 섬기는 것이며, 자애는 백성을 부리는 것이다.(所謂治國, 必先齊其家者, 其家不可教, 而能教人者, 無之. 故君子不出家, 而成教於國. 孝者, 所以事君也, 弟者, 所以事長也, 慈者, 所以使衆也.)"라는 말이 있다.
459) '갓난아기를 보호하듯이 한다.'라는 것 : 『대학장구(大學章句)』「전」9장에 "'강고(康誥)'에서 '갓난아기를 보호하듯이 한다.'라고 하였으니, 마음에서 진실로 구하면 비록 딱 맞지는 않을지라도 멀리 벗어나지 않을 것이다. 자식 기르는 것을 배운 뒤에 시집가는 자는 있지 않다.(「康誥」曰 : '如保赤子', 心誠求之, 雖不中不遠矣. 未有學養子而后嫁者也.)"라는 말이 있다.
460) 자애가 백성을 부리는 것 : 『대학장구(大學章句)』「전」9장에 "이른바 나라를 다스림에 반드시 먼저 그 집안을 가지런히 한다는 것은 그 집안을 가르칠 수 없으면서 남을 가르칠 수 있는 경우는 없다는 것이다. 그러므로 군자는 집안에서 나가지 않고 나라에 가르침을 이루는 것이다. 효도는 임금을 섬기는 것이고 공손함은 장관을 섬기는 것이며, 자애는 백성을 부리는 것이다.(所謂治國, 必先齊其家者, 其家不可教, 而能教人者, 無之. 故君子不出家, 而成教於國. 孝者, 所以事君也, 弟者, 所以事長也, 慈者, 所以使衆也.)"라는 말이 있다.
461) '한 집안이 어질다.'라는 한 절 : 『대학장구(大學章句)』「전」9장에 "한 집안이 어질면 한 나라가 어짊을 일으키고, 한 집안이 사양하면 한 나라가 사양함을 일으키며, 한 사람이 탐하고 어그러지면 한 나라가 혼란을 일으키니, 그 기틀이 이와 같다. 이것을 '한마디 말이 일을 그르치며, 한 사람이 나라를 안정시킨다.'라

를 거느린다.'라는 한 절462)은 감화시킨다는 것이다. '자신에게 선함이 있다.'라는 한 절은 '명령하는 것이 자기가 좋아하는 것과 반대된다.'라는 것을 이어서 말한 것으로 미루는 것이고, 세 번 인용한 시는 감화시키는 것이다. 감화되는 것이 아니면 미루는 것을 행하지 못하고, 미루는 것이 아니면 감화가 두루 되지 못한다."463)

○ 栗谷曰 : "仁山說亦似矣. 但朱子論此章曰'只說動化爲本', 未說到推. 蓋第十章方說推, 此章只是躬行化下之說."464)
율곡(栗谷 : 李珥)(栗谷 : 李珥)이 말하였다. "인산의 설명도 비슷하다. 다만 주자(朱子)가 이 장을 논하면서 '단지 감화시키는 것을 근본으로 설명했을 뿐이다.'라고 하였으니, 미루는 것까지는 설명하지 않은 것이다. 10장에서 미루는 것을 설명했으니, 이 장은 단지 몸소 실행하여 아랫사람을 감화시키는 설명일 뿐이다."

고 하는 것이다.(一家仁, 一國興仁, 一家讓, 一國興讓, 一人貪戾, 一國作亂, 其機如此. 此謂一言僨事, 一人定國.)"라는 말이 있다.

462) '천하를 거느린다.'라는 한 절 : 『대학장구(大學章句)』「전」9장에 "요(堯)·순(舜)이 천하를 어짊으로써 거느리자 백성들이 그를 따랐고, 걸(桀)·주(紂)가 천하를 포악함으로써 거느리자 백성들이 따랐으니, 그 명령하는 것이 자신의 좋아하는 것과 반대되면 백성들이 따르지 않는다. 이러므로 군자는 자신에게 선함이 있은 뒤에 남에게 선함을 요구하며, 자신에게 악함이 없은 뒤에 남의 악함을 비난하는 것이다. 자신에게 간직하고 있는 것이 서(恕)하지 못하고서 남을 깨우칠 수 있는 경우는 있지 않다.(堯舜帥天下以仁, 而民從之, 桀紂帥天下以暴, 而民從之, 其所令反其所好, 而民不從. 是故君子有諸己而後求諸人, 無諸己而後非諸人. 所藏乎身不恕, 而能喩諸人者, 未之有也.)"라는 말이 있다.

463) 자신을 닦는 것부터 가지런히 하고 다스리고 바로잡는 것까지에는 …… 감화가 두루 되지 못한다 : 호광편(胡廣 編), 『대학장구대전(大學章句大全)』「전」9장에는 "세 번 인용한 시에서 처음은 이 아가씨가 집안에 마땅하게 하는 것이고, 이어서 인용한 것은 형에게 마땅하게 하는 것이고 아우에게 마땅하게 하는 것이니, 무엇 때문인가? 천하에서 감화시키기 쉽지 않은 것이 부인이고, 인정에 매번 잘못하기 쉬운 것이 형제이다. 집안을 가지런히 해서 이 아가씨가 집안을 마땅하게 하도록 하고 형제가 서로 마땅하게 하도록 하면, 집안이 가지런해지지 않는 경우가 없는 것은 당연하다. 그러니 그 위의가 어그러지지 않아 충분히 이 사방 나라를 바르게 하는 것이다. 자신을 닦는 것에서 집안을 가지런히 하고 나라를 다스리며 천하를 바로잡는 것에는 두 가지 방법이 있으니, 하나는 교화시키는 것이고 나머지 하나는 미루는 것이다. 교화시키는 것은 자신이 가르쳐서 감화시키는 것이고, 미루는 것은 이 방법을 미루어서 확충하는 것이다. 그러므로 여기 한 장에서는 아울러 두 의미를 포함시켰다. 장의 처음부터 '나라에 가르침을 이룬다.'라는 절까지가 교화시키는 것이다. 세 번의 '-하는 것[所以]'은 미루는 것이고, '갓난아기를 보호하듯이 하는 것'은 미루어 자애가 백성을 부린다는 것을 이어서 말한 것으로 미루는 것이다. '한 집안이 어질다.'라는 아래의 한 구절은 감화시키는 것이고, '천하를 거느린다.'라는 한 절은 감화시킨다는 것이다. '자신에게 선함이 있다.'라는 한 절은 '명령하는 것이 자기가 좋아하는 것과 반대된다.'라는 것을 이어서 말한 것으로 미루는 것이고, 세 번 인용한 시는 감화시키는 것이다. 오직 감화되는 것은 미룰 수 있는 것이고, 오직 미루는 것은 모두 감화된다. 감화되는 것이 아니면 미루는 것을 행하지 못하고, 미루는 것이 아니면 감화가 두루 되지 못한다.(三引詩, 首011之子宜家, 繼引宜兄宜弟何也. 蓋天下之未易化者, 婦人, 而人情之每易失者, 兄弟. 齊家而能使之子之宜家, 兄弟之相宜, 則家無不齊者矣, 宜乎. 其儀不忒, 而足以正是四國也. 自脩身而齊家, 自齊家而治國, 而平天下有二道焉, 一是化, 一是推. 化者, 自身教而動化也, 推者, 推此道而擴充之也. 故此一章竝含兩意. 自章首至'成教於國'一節, 是化. 三'所以'是推, '如保赤子', 繼慈者使衆而言, 是推. 一家仁以下一節, 是化. 帥天下一節, 是化. 有諸己一節, 繼所令反其所好而言, 是推. 三引詩是化. 惟化則可推, 惟推則皆化. 非化則推不行, 非推則化不周.)"라고 되어 있다.

464) 이이(李珥), 『율곡선생전서(栗谷先生全書)』권32, 「어록(語錄)」「우계집(牛溪集)」.

○ 沙溪曰 : "但'如保赤子'一說, 未知朱子亦以化看否.『章句』云
'識其端而推廣之', 更詳之."465)

사계(沙溪 : 金長生)가 말하였다. "다만 '갓난아기를 보호하듯이 한다.'466)라는 하나의 설명에서는 주자(朱子)도 감화로 보았는지는 알 수 없다. 『대학장구(大學章句)』에서 '그 단서를 알아 미루어 넓힌다.'라고 한 것467)에서 더욱 자세하게 알겠다."

○ 按 : 沙溪嘗以朱子說爲當在'一家仁'下,468) 而今又以其上之'如保赤子'爲推, 其義未詳.

살펴보건대, 사계(沙溪 : 金長生)는 일찍이 주자(朱子)의 설명은 '한 집안이 어질면'469)이라는 절의 아래에 있어야 할 것 같다고 여겼는데, 이제 또 그 위의 '갓난아기를 보호하듯이 한다.'라는 것을 미루는 것으로 여겼으니, 그 뜻을 자세히 알 수 없다.

○ 農巖曰 : "'如保赤子',『或問』雖若以推言之,『章句』則專以'立教之本'爲言. 只言孝弟慈之道, 不過因其良心發見之端而推廣之, 不待勉强云耳, 非以孝弟慈推及於人之謂也. 至於'求諸人', 雖似於推, 其意亦專在於反己自修, 不可以推言也. 栗谷說似爲得之."470)

농암(農巖 : 金昌協)이 말하였다. "'갓난아기를 보호하듯이 한다.'라는 구절에 대해, 『대학혹문(大學或問)』에서 그와 같이 미루어 말했을지라도 『대학장구(大學

---

465) 김간(金榦),『후재선생집(厚齋先生集)』권23,「차기(箚記)·대학(大學)」.
466) 갓난아기를 보호하듯이 한다 : 『대학장구(大學章句)』「전」9장에서 「강고」에서 '갓난아기를 보호하듯이 한다.'라고 하였으니, 마음에서 진실로 구하면 비록 딱 맞지는 않을지라도 멀리 벗어나지 않을 것이다. 자식 기르는 것을 배운 뒤에 시집가는 자는 있지 않다.(康誥曰 : '如保赤子', 心誠求之, 雖不中不遠矣. 未有學養子而后嫁者也.)"라는 말이 있다.
467) '그 단서를 알아 미루어 넓힌다.'라고 한 것 : 『대학장구(大學章句)』「전」9장의 주자(朱子) 주석에 "『서경(書經)』을 인용해서 해석하고, 또 가르침을 세우는 근본이 억지로 함을 빌리지 않고, 그 단서를 알아서 미루어 넓힘에 있을 뿐임을 밝힌 것이다.(又此引『書』而釋之, 明立教之本, 不假强爲, 在識其端而推廣之耳.)"라는 말이 있다.
468) 유숙기(兪肅基),『겸산집(兼山集)』권20,「차의(箚疑)」.
469) 한 집안이 어질면 : 『대학장구(大學章句)』「전」9장에 "한 집안이 어질면 한 나라가 어짊을 일으키고, 한 집안이 사양하면 한 나라가 사양함을 일으키며, 한 사람이 탐하고 어그러지면 한 나라가 혼란을 일으키니, 그 기틀이 이와 같다. 이것을 '한마디 말이 일을 그르치며, 한 사람이 나라를 안정시킨다.'라고 하는 것이다.(一家仁, 一國興仁, 一家讓, 一國興讓, 一人貪戾, 一國作亂, 其機如此. 此謂一言僨事, 一人定國.)"라는 말이 있다.
470) 권병(權炳),『약재선생문집(約齋先生文集)』권2,「서(書)」「상대산선생(上大山先生)」.

章句)』에서는 오로지 '가르침을 세우는 근본'으로 말을 하였다. 단지 효도·공손함·자애의 도는 그 양심이 발현하는 단서로 말미암아 미루어 넓히는 것일 뿐이고 힘써 억지로 하는 것이 아니니, 효도·공손함·자애로 미루어 남에게 미치는 것을 말함이 아니다. 심지어 '남에게 선함을 요구하는 것'은 미루는 것과 비슷하지만 그 뜻도 전적으로 자신에게 되돌려 스스로 닦는 것에 있으니, 미루는 것으로 말해서는 안 된다. 율곡(栗谷 : 李珥)의 설이 옳은 것 같다."

○ 尤菴曰 : "通論則似皆說化, 而細分則其中亦有推底."[471]

우암(尤庵 : 宋時烈)이 말하였다. "통틀어 말하면 감화를 설명한 것 같지만 세분하면 그중에 또한 미루는 것도 있다."

---

[471] 송시열(宋時烈), 『송자대전(宋子大全)』 권105, 「서(書)」 「답심명중(答沈明仲)」.

전10장(「傳」之十章)

[傳10-1]
所謂平天下在治其國者, 上老老而民興孝, 上長長而民興弟, 上恤孤而民不倍, 是以君子有絜矩之道也.

이른바 천하를 바로잡음이 그 나라를 다스림에 있다는 것은, 윗사람이 노인을 노인으로 대우함에 백성들이 효도를 일으키고, 윗사람이 어른을 어른으로 대우함에 백성들이 공손함을 일으키며, 윗사람이 고아를 구휼함에 백성들이 저버리지 않는 것이다. 이 때문에 군자는 자로 재는 방법이 있는 것이다.

詳說
○ 長, 上聲. 弟, 去聲. 倍, 與背同. 絜, 胡結反.

'상장장이민흥제(上長長而民興弟)'에서 '장(長 : 어른)'자는 상성이고, '제(弟 : 공손함)'자는 거성이다. '상휼고이민불배(上恤孤而民不倍)'에서 '배(倍 : 저버리다)'자는 '배(背 : 등지다)'자와 같다. '시이군자유혈구지도야(是以君子有絜矩之道也)'에서 '혈(絜 : 재다)'자의 음은 '호(胡)'와 '결(結)'의 반절이다.

○ 恤, 諺音誤.

'상휼고이민불배(上恤孤而民不倍)'에서 '휼(恤 : 규휼하다)'자의 음은 『언해』의 음472)이 잘못되었다.

朱註
老老, 所謂'老吾老'也. 興, 謂有所感發而興起也. 孤者, 幼而無父之稱. 絜, 度也. 矩, 所以爲方也.

'노인을 노인으로 대우한다[老老]'는 것은 이른바 '내 노인을 노인으로 섬긴다.'라는 것이다. '일으킨다[興]'는 것은 감동이 터져 나와 흥기함을 말한다. '고아[孤]'는 어려서 아버지가 없는 것에 대한 칭호이다. '잰다[絜]'는 것은 헤아린다는 말이다. '직각자[矩]'는 네모진 것을 만드는 기구이다.

---

472) 『언해』의 음 : 『대학언해』에는 '上샹이恤휼孤고'로 되어 있다.

詳說

○ '老吾老', 見『孟子』「梁惠王」.

'노오노(老吾老 : 내 노인을 노인으로 섬긴다)'는 『맹자(孟子)』「양혜왕」에 보인다.473)

○ '幼而無父', 見『孟子』「梁惠王」.

'유이무부(幼而無父 : 어려서 아버지가 없는 것)'는 『맹자(孟子)』「양혜왕」에 보인다.474)

○ 入聲, 下同.

'탁(度 : 헤아리다)'자는 입성으로, 아래에서도 같다.

○ 朱子曰 : "『莊子』所謂'絜之百圍', 賈子所謂'度長絜大'者也. 前此諸儒强訓以'絜', 殊無意謂. 先友范太史獨以此言之, 而後其理可得而通也."475)

'혈, 탁야(絜, 度也 : '잰다[絜]'는 것은 헤아린다는 말이다)'에 대해, 주자(朱子)가 말하였다. "『장자(莊子)』에서 말한 '둘레를 재니 백 아름이나 되었다.'라는 것476)이고 가자(賈子 : 賈誼)가 말한 '길고 큰 것을 헤아린다.'라는 것477)이다. 이에 앞서 여러 학자들이 억지로 잰다는 것에 대해 풀이했는데 거의 의미 없는 말이었다. 아버님의 친구 범태사(范太史 : 范祖禹)만 이렇게 말씀하셨고, 이후에 그 이치가 통할 수 있었다."478)

---

473) 『맹자(孟子)』「양혜왕(梁惠王)」에 보인다 : 『맹자(孟子)』「양혜왕상(梁惠王上)」에 "내 노인을 노인으로 섬겨서 남의 노인에게까지 미친다(老吾老, 以及人之老.)"라는 말이 있다.
474) 『맹자(孟子)』「양혜왕」에 보인다 : 『맹자(孟子)』「양혜왕 하」에 "어려서 부모가 안 계신 것을 고아라고 한다.(幼而無父曰孤.)"라는 말이 있다.
475) 주희(朱熹), 『대학혹문(大學或問)』 권2, 「대학(大學)·전(傳)10장」.
476) 『장자(莊子)』에서 말한 '둘레를 재니 백 아름이나 되었다.'라는 것 : 『장자』「인간세(人間世)」에 "장석이 제나라로 가는 길에 곡원에 이르러 사당의 나무로 서 있는 상수리나무를 보았다. 그 크기는 그늘이 소 수천 마리를 가릴 수 있어 둘레를 재어 보니, 백 아름이나 되었다.(匠石之齊, 至於曲轅, 見櫟社樹. 其大蔽數千牛, 絜之百圍.)"하였다
477) 가자(賈子)가 말한 '길고 큰 것을 헤아린다.'라는 것 : 가의(賈誼), 『고문진보후집(古文眞寶後集)』「과진론(過秦論)」.
478) 『장자』에서 말한 '둘레를 재니 …… 이후에 그 이치가 통할 수 있었다 : 주희(朱熹), 『대학혹문(大學或問)』 권2, 「대학(大學)·전(傳)10장」에 "말하였다. '어떻게 재는 것을 헤아린다고 할 수 있습니까?' 답하였다. '이것은 『장자』에서 말한 「둘레를 재니 백 아름이나 되었다.」라는 것이고 가자(賈子)가 말한 「길고 큰 것을 헤아린다.」라는 것이다. 이에 앞서 여러 학자들이 아무도 살피지 못해 억지로 잰다는 것에 대해 풀이했는데 거의 의미 없는 말이었다. 아버님의 친구 범태사(范太史 : 范祖禹)만 이렇게 말씀하셨고, 이후에 그

○ 雙峰饒氏曰 : "絜者, 以索圍物而知其大小也."479)
'혈, 탁야(絜, 度也 : '잰다[絜]'는 것은 헤아린다는 말이다)'에 대해, 쌍봉 요씨(雙峰饒氏 : 饒魯)가 말하였다. "'잰다[絜]'는 것은 새끼줄로 사물을 재어 보아 그 대소를 아는 일이다."480)

○ 『大全』曰 : "俗呼曲尺, 此借以爲喩."481)
'구, 소이위방야(矩, 所以爲方也 : '직각자[矩]'는 네모진 것을 만드는 기구이다)'에 대해, 『대학장구대전(大學章句大全)』에서 말하였다. "세속에서 곡척이라고 부르니, 이것은 가차해서 비유한 것이다."482)

朱註

言此三者, 上行下效, 捷於影響, 所謂家齊, 而國治也,
이 세 가지는 윗사람이 행하면 아랫사람이 본받는 것이 그림자와 메아리보다도 빠르니, 이른바 집안이 가지런해짐에 나라가 다스려진다는 것이니,

詳說

○ 推本而言家齊.
근본을 미루어서 집안이 가지런해지는 것에 대해 말하였다.

○ 新安陳氏曰 : "'上行'謂老老長長恤孤, '下效'謂興孝興弟不倍. 此卽上章孝弟慈所以'不出家而成敎於國'者. 『章句』接上章說下

이치가 통할 수 있었다.'(曰 : '何以言絜之爲度也.' 曰 : '此莊子所謂挈之百圍, 賈子所謂度長絜大者也. 前此諸儒, 蓋莫之省, 而强訓以絜殊無意謂. 先友太史范公, 乃獨推此以言之, 而後其理可得而通也.')"라는 말이 있다.
479) 호광 편(胡廣 編), 『대학장구대전(大學章句大全)』.
480) '잰다[絜]'는 것은 새끼줄로 사물을 재어 보아 그 대소를 아는 것이다 : 호광 편(胡廣 編), 『대학장구대전(大學章句大全)』「전」10장에는 "직각자는 네모난 것을 만드는 도구이다. 목공이 네모난 것을 만들려면 반드시 먼저 직각자로 먼저 재어 보니, 천하를 바로잡으려는 자는 무엇으로 직각자를 삼아 재어 보겠는가? 또한 오직 이 마음으로 할 뿐이다. '잰다[絜]'는 것은 새끼줄로 사물의 둘레를 재어보아 그 대소를 아는 것이니, 헤아린다는 의미이다. 목공이 사물을 잴 때는 직각자로 해서 직각자가 되었으니, 군자가 사람을 헤아릴 때는 마음으로 직각자를 삼았다.(矩, 所以爲方之具也. 匠欲爲方, 必先度之以矩, 欲平天下者, 以何物爲矩而度之. 亦惟此心而已. 絜者以索圍物, 而知其大小, 度之義也. 匠之度物以矩爲矩, 君子之度人以心爲矩.)"라고 되어 있다.
481) 호광 편(胡廣 編), 『대학장구대전(大學章句大全)』.
482) 세속에서 곡척이라고 부르니, 이것은 가차해서 비유한 것이다 : 호광 편(胡廣 編), 『대학장구대전(大學章句大全)』「전」10장에는 "직각자는 네모난 것을 만드는 기구인데, 세속에서 곡척이라고 부르니, 이것은 가차해서 비유한 것이다.(矩者, 制之器, 俗呼曲尺此借以爲喩.)"라고 되어 있다.

來."483)

신안 진씨(新安陳氏 : 陳櫟)가 말하였다. "'윗사람이 행한다.'라는 것은 노인을 노인으로 대우하고 어른을 어른으로 대우하며 고아를 구휼한다는 것이고, '아랫사람이 본받는다.'라는 것은 효도를 일으키고 공손함을 일으키며 저버리지 않는다는 것이다. 이것은 곧 앞장의 효도하고 공손하며 자애하기 때문에 집안에서 나가지 않고 나라에 가르침을 이룬다는 것이다. 『대학장구(大學章句)』에서 앞장을 이어서 설명한 것이다."

○ '上', 卽'一人'也. 興孝興弟與興仁、興讓同意. '不倍'以上復說上文之事, 以引起絜矩之說.

'윗사람'은 곧 '한 사람'이다. 효도를 일으키고 공손함을 일으키는 것은 어짊을 일으키고 사양함을 일으키는 것과 같은 의미이다. '저버리지 않는다.'구절 위로는 앞글의 일을 다시 설명해서 자로 잰다는 설명을 이끌어 일으킨 것이다.

○ 朱子曰 : "三者, 人道之大端, 衆心之所同得者也, 家國天下雖有大小之殊, 然其道不過如此而已."484)

주자(朱子)가 말하였다. "세 가지는 인도(人道)의 큰 단서로 모든 마음이 함께 얻는 것이다. 집안과 나라와 천하에 대소의 차이가 있을지라도 그 도는 이와 같을 뿐이다."485)

○ 農巖曰 : "不曰'興慈'而曰'不倍'者, 恐無深意."486)

농암이 말하였다. "'자애를 일으킨다.'라고 하지 않고 '저버리지 않는다.'라고 한 것에는 깊은 뜻이 없는 것 같다."

---

483) 호광 편(胡廣 編), 『대학장구대전(大學章句大全)』.
484) 주희(朱熹), 『대학혹문(大學或問)』 권2, 「대학(大學)·전(傳)10장」.
485) 세 가지는 인도(人道)의 큰 단서로 …… 차이가 있을지라도 그 도는 이와 같을 뿐이다 : 주희(朱熹), 『대학혹문(大學或問)』 권2, 「대학(大學)·전(傳)10장」에는 "어떤 이가 물었다. '앞장에서 집안을 가지런히 하고 나라를 다스리는 도를 논하면서 이미 효도·공손함·자애로 말을 했는데, 여기에서 나라를 다스리고 천하를 바로잡는 도를 논하면서 다시 이렇게 말하는 것은 무엇 때문입니까?' 대답하였다. '세 가지는 인도의 큰 단서로 모든 마음이 함께 얻는 것입니다. 집안에서 나라까지 나라에서 천하까지 대소의 차이가 있을지라도 그 도는 이와 같을 뿐입니다. 다만 앞장에서는 전적으로 자신이 미루어서 사람들이 감화되는 것으로 말하였고, 이 장에서는 또 그것을 거듭 말해서 사람들의 마음이 같아 그만둘 수 없는 것이 이와 같음을 드러냈습니다. 이 때문에 군자는 감화시킬 뿐만이 아니라 또 그렇게 처신합니다.'(或問 : '上章論齊家治國之道, 旣以孝弟慈爲言矣, 此論治國平天下之道, 而復以是爲言何也.' 曰 : '三者人道之大端, 衆心之所同得者也. 自家以及國, 自國以及天下, 雖有大小之殊, 然其道不過如此而已. 但前章專以推而人化爲言, 此章又申言之, 以見人心之所同而不能已者, 如此. 是以君子不唯有以化之, 而又有以處之也.')"라고 되어 있다.
486) 김창협(金昌協), 『농암집(農巖集)』 권16, 「서(書)」「답이현익(答李顯益)」.

○ 按 : ‘不倍’非謂不倍其君也, 蓋言不倍於慈之道也云.
살펴보건대, "'저버리지 않는다.'라는 것은 그 임금을 저버리지 않는다는 말이 아니라 자애의 도를 저버리지 않는다는 말이다.

朱註

亦可以見人心之所同, 而不可使有一夫之不獲矣.
또한 사람 마음이 똑같아서 한 사나이라도 살 곳을 얻지 못함이 있게 해서는 안 됨을 알 수 있다.

詳說

○ 大略同也, 與‘性之皆同’又有間.
'인심지소동(人心之所同 : 사람 마음이 똑같아서)'은 대략 같다는 말이니, '본성이 모두 같다.'라는 것과는 또 차이가 있다.

○ 出『書』「說命」.
'일부불획(一夫不獲 : 한 사나이라도 살 곳을 얻지 못한다)'라는 말은 『서경(書經)』「열명」이 출처이다.487)

○ 新安陳氏曰 : "人同欲遂其孝弟慈之心, 便當平其敎而處之, 不可使一夫之不得其所也."488)
신안 진씨(新安陳氏 : 陳櫟)가 말하였다. "사람들은 똑같이 효도하고 공손하며 자애하려는 마음을 이루려고 하니, 정교(政敎)를 바로잡아 처리해야 되고 한 사나이라도 그 있을 곳을 얻지 못하게 해서는 안 된다."489)

○ 先補說心字, 以釋上三句之意, 然後乃釋絜矩.

---

487) 『서경(書經)』「설명」이 출처이다 : 『서경(書經)』「열명하(說命下)」에 "내가 나의 임금을 요순처럼 만들지 못한다면 시장에서 종아리를 맞는 것처럼 내 마음이 부끄러울 것이고, 한 사나이라도 살 곳을 얻지 못한다면 이는 또한 나의 죄라고 할 것이다.(予弗克俾厥后爲堯舜, 其心愧恥若撻于市, 一夫不獲, 則曰時予之辜.)"라고 말하였다.
488) 호광 편(胡廣 編), 『대학장구대전(大學章句大全)』.
489) 사람들은 똑같이 효도하고 공손하며 …… 얻지 못하게 해서는 안 된다 : 호광 편(胡廣 編), 『대학장구대전(大學章句大全)』「전」10장에는 "사람들이 똑같이 효도하고 공손하며 자애하려는 마음을 이루려고 하는 것을 아니, 정교(政敎)를 바로잡아 처리해야 되고 한 사나이라도 그 있을 곳을 얻지 못하게 해서는 안 된다.(可見人同欲遂其孝弟慈之心, 便當平其政以處之, 不可使有一人之不得其所也.)"라고 되어 있다.

먼저 마음에 대해 보완 설명해서 앞의 세 구의 의미를 풀이한 다음에 자로 잰다는 것을 풀이하였다.

朱註
是以君子必當因其所同, 推以度物, 使彼我之間, 各得分願.
이 때문에 군자가 반드시 그 같은 것으로 말미암아 미루어 사물을 헤아려서 저들과 내가 각기 분수와 소원을 얻게 한다.

詳說

○ 再言人之所同, 以緊接於絜矩.
'군자필당인기소동(君子必當因其所同 : 군자가 반드시 그 같은 것으로 말미암아)'은 사람들의 같은 것을 거듭 말해 자로 재는 것을 긴밀하게 이었다.

○ 『大全』曰 : "物卽人也."[490]
'추이탁물(推以度物 : 미루어 사물을 헤아려서)'에서 사물에 대해, 『대학장구대전(大學章句大全)』에서 말하였다. "사물은 바로 사람이다."

○ 此句正釋絜字.
'추이탁물(推以度物 : 미루어 사물을 헤아려서)'이라는 이 구절에서는 '잰다[絜]'는 말을 바르게 풀이하였다.

○ 民也.
'피아지간(彼我之間)'에서 피(彼 : 저들)는 백성이다.

○ 去聲.
'각득분원(各得分願)'에서 '분(分 : 분수)'자는 거성이다.

○ 此句釋絜而矩之之事.
'사피아지간, 각득분원(使彼我之間, 各得分願 : 저들과 내가 각기 분수와 소원을 얻게 한다)'이라는 이 구절에서는 재는 데 직각자로 한다는 일에 대해 풀이하였다.

---

490) 호광 편(胡廣 編), 『대학장구대전(大學章句大全)』.

朱註

則上下四旁, 均齊方正,

그렇게 하면, 상하와 사방이 고르고 방정하여

詳說

○ 取後下節語.

'上下四旁(상하사방 : 상하와 사방)'은 뒤에 있는 아래 절의 말을 취하였다.

○ 此二句釋矩之而爲矩之事.

이 두 구절에서는 직각자로 해서 직각자가 된다는 일에 대해 풀이하였다.

○ 朱子曰 : "'是以'二字是接續上文, 猶言君子爲是之故, 所以有 絜矩之道."491)

주자(朱子)가 말하였다. "'시이(是以 : 이 때문에)' 두 글자492)는 위의 글을 잇는 것이니, 군자는 이런 연고 때문에 자로 재는 도가 있는 것이라고 말하는 것과 같다."

○ 按 : '爲是之故', 卽爲心同之故也.

살펴보건대, '이런 연고'는 곧 마음이 같은 연고라는 것이다.

○ 朱子曰 : "絜矩是說到政事上."493)

주자(朱子)가 말하였다. "'자로 잰다.'라는 것은 정사의 측면으로 말한 것이다."494)

---

491) 『주자어류(朱子語類)』 권16, 「대학3(大學三)」 214조목에는 다음과 같이 되어 있다. "老老興孝, 長長興弟, 恤孤不倍, 這三句是說上行下效底道理. '是以君子有絜矩之道', 這卻是說到政事上. '是以'二字, 是結上文, 猶言君子爲是之故, 所以有絜矩之道. 旣恁地了, 卻須處置教他得所, 使之各有以遂其興起之心始得.(노인을 노인으로 대우하면 효심이 일어나고, 어른을 어른으로 대접하면 공경심이 일어나고, 고아를 불쌍히 여기면 저버리지 않는다는 이 세 구절은 위에서 행하고 아래서 본받는 도리를 말한 것이다. '이 때문에 군자는 혈구의 도가 있는 것이다.'라고 하였는데, 이것은 도리어 정사(政事)의 측면에서 말한 것이다. '시이(是以 : 이 때문에)' 두 글자는 위의 글을 잇는 것이니, 군자는 이런 연고 때문에 자로 재는 도가 있는 것이라고 말하는 것과 같다. 이미 이렇게 하고 나서, 도리어 반드시 그들을 가르치는 일을 처리하고, 각기 흥기하는 마음을 이루게 함으로써 비로소 얻게 한 것이다.)"

492) '시이(是以 : 이 때문에)' 두 글자 : 『대학장구(大學章句)』 「전」 10장에 "이른바 천하를 바로잡음이 그 나라를 다스림에 있다는 것은, 윗사람이 노인을 노인으로 대우함에 백성들이 효도를 일으키고, 윗사람이 어른을 어른으로 대우함에 백성들이 공손함을 일으키며, 윗사람이 고아를 구휼함에 백성들이 저버리지 않는 것이다. 이 때문에 군자는 자로 재는 방법이 있는 것이다.(所謂平天下在治其國者, 上老老而民興孝, 上長長而民興弟, 上恤孤而民不倍, 是以君子有絜矩之道也.)"라는 말이 있다.

493) 『주자어류(朱子語類)』 권16, 「대학3(大學三)」 214조목.

○ 南塘曰 : "朱子「答江德功書」曰, '絜矩度物而得其方也', 今曰 '度物以矩', 則當爲矩絜. 「江書」之意以絜字爲工夫, 矩字爲成效, 則'所惡''毋以'僅釋絜字義, 無'矩'所釋語矣. 矩在絜後, 則方絜之時, 用何物而絜之耶. 「江書」一時偶失之."495)

남당(南塘 : 韓元震)이 말하였다. "주자(朱子)가 「강덕공에게 답한 편지」에서는 '자로 재고 사물을 헤아려서 그 방법을 얻는다.'라고 하였고, 지금에서는 '사물을 자로 헤아린다.'라고 하였으니, 자로 재는 것이 되어야 한다. 「강덕공 편지」의 의미는 '잰다'는 말을 공부로 여겨 '자'가 공을 이루는 것이 되면, '싫어하는 것[所惡]' '그것으로 -하지 말라[毋以]'는 것은 간신히 잰다는 말의 의미를 해석하는 것으로 '자'를 풀이해서 말할 것이 없다. '자'가 '잰다'는 말의 뒤에 있으니, 한창 재고 있을 때 어떤 것을 가지고 재겠다는 것인가? 「강덕공의 편지」는 뜻하지 않게 잘못된 것이다."

○ 按 : 「江書」是朱子晚年定論, 是謂'絜而矩之'也. '絜而矩之'雖兼用功與成效言, 然之字終有用力底意, 又不如'絜則爲矩'之截然分屬於功與效耳. 是故上下'絜矩'註及『或問』, 皆著則字, 於其間, 則字以上釋絜字, 則字以下釋矩字. 視「江書」尤爲明切. 但讀者被諺釋所先入, 遂不察『章句』·『或問』·「江書」之意. 南塘

---

494) '자로 잰다.'라는 것은 정사의 측면으로 말한 것이다 : 『주자어류(朱子語類)』 권16, 214조목에는 "'이 때문에 군자는 혈구의 도가 있는 것이다.'라고 하였는데, 이것은 도리어 정사의 측면에서 말한 것이다.('是以君子有絜矩之道', 這卻是說到政事上.)"라고 되어 있다. 224조목에는 다음과 같이 자세하게 설명하고 있다. "단지 '상하(上下)'·'전후(前後)'·'좌우(左右)' 등의 구절을 보면 알 수 있다. 혈(絜)은 헤아림[度]이다. 진짜로 곱자를 가지고 헤아리는 것이 아니라, 단지 자신이 마음속으로 몰래 그것이 긴지 짧은지 재는 것이다. 이른바 길이를 재고 크기를 헤아린다는 것은 위아래·앞뒤·왼쪽 오른쪽이 모두 한 가지이다. 마음은 그와 나의 차이가 없으며, 거기에서 돌아와 여기에 이를 뿐이다. 위에 있는 사람이 나를 부리기에 이와 같이 하여 내가 싫어하면, 내 아래에 있는 사람의 마음 또한 내가 이와 같이 할 것을 알기 때문에 다시 윗사람을 책망하는 마음으로 아랫사람을 대해서는 안 된다. 이와 같이 하면 자신은 중앙에 있고, 위로 많은 위치를 점하고, 아래로 많은 위치를 점하여 고루 공평하고 바르게 된다. 만약 윗사람을 책망하는 마음으로 아랫사람을 대하면 위는 길어지고 아래는 짧아져서 바르게 되지 않는다. 아랫사람이 나를 모시기를 이와 같이 하여 내가 그를 싫어하면 내 위에 있는 사람의 마음은 또한 내가 이와 같이 할 것을 안다. 장차 아랫사람을 책망하는 마음으로 다시 일을 하면 또한 아래는 길어지고 위는 짧아진다. 좌우 전후가 모두 그러하다. 앞사람을 대하는 마음이 돌아와서 뒷사람을 대하고, 왼편의 사람을 대하는 마음이 돌아와서 오른편 사람을 대하여, 이와 같이 하면 곧 바르다. 매사(每事)가 모두 이와 같다면 공평하지 않을 것이 없다.(只把'上下'·'前後'·'左右'等句看, 便見. 絜, 度也. 不是眞把那矩去量度, 只是自家心裏暗度那箇長那箇短. 所謂度長絜大, 上下前後左右, 都只一樣. 心無彼己之異, 只是將那頭折轉來比這頭. 在我之上者使我如此, 而我惡之, 則知在我下者心亦似我如此, 故更不將下責上底人之心來待下人. 如此, 則自家在中央, 上面也占許多地步, 下面也占許多地步, 便均平正方. 若將所責上底人之心來待下, 便上面長, 下面短, 不方了. 下之事我如此, 而我惡之, 則知在我之上者心亦似我如此. 若將所責下底人之心更去事上, 便又下面長, 上面短了. 左右前後皆然. 待前底心, 便折轉來待後 ; 待左底心, 便折轉來待右, 如此便方. 每事皆如此, 則無所不平矣.)"
495) 한원진(韓元震), 『남당선생문집(南塘先生文集)』 권20, 「서(書)」 「여김백삼(與金伯三)」.

至以方絜用何物爲疑, 殊不知以心絜之也. 心卽在我本然之矩,
如『孟子』註所云'本然之權度'也. 非是謂旣絜後所成者, 在事物
無形之矩也. 心與矩自是兩事, 故註先就傳文上三句中說出所同
之吾心, 然後次言推而絜之, 乃及成矩之事, 又何患於無可絜之
物乎. 至於下節'所惡'句, 是心之同也, '毋以'句是絜而成矩也.
南塘於此恐偶未深考耳.

살펴보건대, 「강덕공의 편지」는 주자(朱子)의 만년 정설로 '재는데 직각자로 한다.'라는 것을 말하였다. '재는데 직각자로 한다.'라는 말은 공부와 공을 이루는 것을 겸해서 설명한 것일지라도 '~로 한다[之]'는 것에는 마침내 힘쓰는 의미가 있으니, 또 '재는 것은 자이다.'라는 말이 분명히 공과 효과에 속하는 것만 못하다. 이 때문에 위아래의 '자로 잰다'는 주석과 『대학혹문(大學或問)』에서 모두 '그렇게 하면[則]'이라는 말을 나타냈으니, 그 사이에 '그렇게 하면[則]'이라는 말 위로는 '잰다'는 말을 풀이한 것이고, '그렇게 하면[則]'이라는 말 아래로는 '자'라는 말을 풀이한 것이다. 「강덕공의 편지」의 편지를 보면 더욱 분명하다. 다만 독자들이 『언해』의 풀이 때문에 선입견이 있어 마침내 『대학장구(大學章句)』와 『대학혹문(大學或問)』과 「강덕공의 편지」의 살피지 못한 것이다. 남당이 심지어 '한창 재고 있을 때 어떤 것을 가지고 재겠다는 것인가?'라고 의심한 것은 마음으로 잰다는 사실을 전혀 모른 것이다. 마음은 곧 나에게 있는 본연의 자로 이를테면 『맹자(孟子)』의 주석에서 말한 '본연의 권도(權度)'[496]이니, 잰 다음에 이루는 사안을 말한 것이 아니라 사물에 있는 무형의 자이다. 마음과 자는 본래 두 가지 일이기 때문에 주석에서 먼저 「전(傳)」의 말에서 앞의 세 구절을 가지고 똑같은 나의 마음을 설명하고, 그런 다음에 이어서 미루어 재는 것을 말해 바로 자를 이루는 일에 미쳤으니, 또 어찌 잴 수 있는 것이 없다고 근심하겠는가? 아래의 절 '싫어하는 것[所惡]'이라는 구절은 마음의 같은 것이고, '그것으로 ~하지 말라[毋以]'는 구절은 재서 자를 이루는 것이다. 남당은 여기에서 아마도 깊이 생각하지 못한 듯하다.

朱註

---

496) 본연의 권도(權度) : 『맹자(孟子)』「양혜왕 상」에서 "저울질을 한 뒤에야 경중을 알고, 재어본 뒤에야 장단을 알 수 있습니다. 사물이 다 그러하거니와 그중에도 마음이 유독 심하니, 왕께서는 이것을 헤아리셨으면 합니다.(權然後, 知輕重, 度然後, 知長短, 物皆然, 心爲甚, 王請度之.)"라는 구절의 『집주』에 '마음이 사물에 응함으로 말하면 그 경중과 장단을 가지런히 하기가 어려워서 본연의 권도로 헤아리지 않으면 안 되니, 이것은 또 물건보다도 심함이 있다.(若心之應物, 則其輕重長短之難齊, 而不可不度以本然之權度, 又有甚於物者.)"라는 말이 있다.

而天下平矣.
천하가 바로잡혀질 것이다.

詳說

○ 補此句.
이 구절을 보충하였다.

○ 由'絜矩'二字約而言之, 則'平'一字可以當之.
'혈구(絜矩 : 자로 잰다)'라는 두 글자에 따라 요약해서 말하면, '평(平 : 바로잡는다)'이라는 한 글자가 이에 해당할 수 있다.

○ 仁山金氏曰 : "首三句是化, '絜矩'是推."[497]
인산 김씨(仁山金氏 : 金履祥)가 말하였다. "앞의 세 구절은 감화시키는 것이고, '자로 잰다.'는 말은 미루는 것이다."[498]

○ 朱子曰 : "孝弟慈, 上行下效之事, 上章已言之矣. 此章再擧者, 乃欲引起下文'絜矩'也. 此一章首尾皆以絜矩之意推之, 未嘗復言躬行化下之說."[499]
주자(朱子)가 말하였다. "효도·공손함·자애는 윗사람들이 행하면 아랫사람들이 본받는 것으로 앞의 장에서 이미 말했었다. 그런데 여기에서 다시 거론한 것은 바로 아래의 글 '자로 잰다'라는 것을 끌어 일으키고자 하는 것이다. 여기 한 장의 머리와 꼬리는 모두 '자로 잰다'라는 의미로 미룬 것인데, 몸소 행해 아랫사람들을 감화시킨다는 설명을 일찍이 다시 설명한 적은 없었다."[500]

---

497) 호광 편(胡廣 編), 『대학장구대전(大學章句大全)』.
498) 앞의 세 구절은 감화시키는 것이고, '자로 잰다.'는 말은 미루는 것이다 : 호광 편(胡廣 編), 『대학장구대전(大學章句大全)』「전」10장에는 "앞의 세 구는 감화시키는 것이고, '자로 잰다.'라는 말은 미루는 것이다. 그렇게 감화시키고 나서 효도하고 공손하며 저버리지 않는 마음을 일으켜 반드시 미루게 하면 마침내 그 소원을 이루니, 미루는 것은 좋아하는 것을 따르고 싫어하는 것을 베풀지 않는 것보다 큰 것이 없다. 좋아하는 것은 그들의 이로움을 그대로 해주는 데 있고 싫어하는 것은 그들의 이로움을 빼앗는 데 있다.(首三句是化, 絜矩是推. 既有以化之, 而興其孝弟不倍之心, 必有以推之, 而遂其孝弟不倍之願, 推之者莫大於從其所好, 勿施所惡. 所好在因其利, 所惡在奪其利.)"라고 되어 있다.
499) 호광 편(胡廣 編), 『대학장구대전(大學章句大全)』.
500) 효도·공손함·자애는 윗사람들이 행하면 …… 일찍이 다시 설명한 적은 없었다 : 호광 편(胡廣 編), 『대학장구대전(大學章句大全)』「전」10장에는 "효도를 일으키고 공손함을 일으키며 저버리지 않는다는 것은 윗사람들이 행하면 아랫사람들이 본받는다는 의미로 앞의 장에서 이미 말했었다. 그런데 여기에서 다시 거론한 것은 바로 아래의 글 '군자는 반드시 자로 잰 다음에 천자를 바로잡는다.'라는 의미를 끌어 일으키고자 하는 것이다. 그렇게 하지 않으면 백성들이 감화되고 그 윗사람들이 선함을 일으킬지라도 천하는 끝내 바

○ 又曰 : "仁者不待絜矩. 絜矩是恕者之事."501)

또 말하였다. "어진 자는 자로 잴 필요가 없다. 자로 재는 것은 서(恕)의 일이다."502)

○ 又曰 : "'是以君子有絜矩之道也', 此句方是引起絜矩事, 下面方說絜矩, 而結之云'此之謂絜矩之道'."503)

또 말하였다. "'이 때문에 군자는 자로 재는 방법이 있는 것'으로 여기의 구는 자로 재는 일을 끌어 일으키는 것이니, 아래에서 자로 재는 것을 설명하고 매듭지어 '이것을 자로 재는 방법이라고 하는 것이다.'라고 한 것이다."504)

○ 按 : '是以有''此之謂', 是呼應之辭.

살펴보건대 '이 때문에 (군자는 자로 재는 방법이) 있는 것이다.'라는 것505)은 '이것을 (자로 재는 방법)이라고 하는 것이다.'라는 것506)과 호응하는 말이다.

로잡아지지 않는다는 것이다. 그러므로 여기 한 장의 머리와 꼬리는 모두 '자로 잰다'라는 의미로 미루었는데, 몸소 행해 아랫사람들을 감화시킨다는 설명을 일찍이 다시 설명한 적은 없었다.(興孝興弟不倍, 上行下效之意, 上章已言之矣. 此章再擧之者, 乃欲引起下文君子必須絜矩, 然後可以平天下之意. 不然, 則雖民化其上以興於善, 而天下終不免於不平也. 故此一章首尾, 皆以絜矩之意推之, 而未嘗復言躬行化下之說.)"라고 되어 있다.

501) 호광 편(胡廣 編), 『대학장구대전(大學章句大全)』.
502) 어진 자는 자로 잴 필요가 없다. 자로 재는 것은 서(恕)의 일이다 : 호광 편(胡廣 編), 『대학장구대전(大學章句大全)』 「전」 10장에는 "물었다. '자로 재는 방법은 어짊을 넓히는 데에 사용합니까?' 답하였다. '이것은 어짊을 구하는 공부로 바로 힘쓰고자 하는 것입니다. 어짊과 같은 것은 단지 들어서 놓았던 것뿐이니 자로 재지 않아도 저절로 바로잡아지지 않음이 없습니다. 자로 재는 것은 서(恕)의 일입니다.'(問 : 絜矩之道, 是廣仁之用否.' 曰 : 『此乃求仁工夫, 正要著力. 若仁者, 只是擧而措之耳, 不待絜矩, 而自無不平矣. 絜矩, 正是恕者之事.')"라고 되어 있다. 『주자어류(朱子語類)』 권16, 「대학3(大學三) 230조목에는 "서(恕) 또한 혈구의 뜻이다.(恕, 亦是絜矩之意.)"라고하였다.
503) 호광 편(胡廣 編), 『대학장구대전(大學章句大全)』.
504) '이 때문에 군자는 자로 재는 방법이 있는 것'으로 …… 방법이라고 하는 것이다.'라고 한 것이다 : 호광 편(胡廣 編), 『대학장구대전(大學章句大全)』 「전」 10장에는 "노인을 노인으로 대우하고, 어른을 어른으로 대우하며, 고아를 구휼하는 것은 집안에서 아주 가까운 것을 가지고 설명한 것이니, 이른바 집안이 가지런해지는 것이다. 백성들이 효도를 일으키고 공손함을 일으키며 저버리지 않는 것은 백성들이 감동해서 일어나는 것을 가지고 설명한 것이니, 나라를 다스려 나라가 다스려진 일이다. 윗사람이 행하면 아랫사람이 본받는 것은 감응이 아주 빨라 사람들의 마음이 이처럼 같다는 것을 알 수 있는 것이다. '이 때문에 군자는 자로 재는 방법이 있는 것'으로 여기의 구는 자로 재는 일을 끌어 일으키는 것이니, 아래에서 자로 재는 것을 설명하고 매듭지어 '이것을 자로 재는 방법이라고 하는 것이다.'라고 한 것이다.(老老長長恤孤, 方是就自家切近處說, 所謂家齊也. 民興孝興弟不倍, 是就民之感發興起處說, 治國而國治之事也. 上行下效, 感應甚速, 可見人心所同者如此. 是君子有絜矩之道也, 此句方是引起絜矩事, 下面方說絜矩, 而結之云此之謂絜矩之道.)"라고 되어 있다.
505) '이 때문에 (군자는 자로 재는 방법이) 있는 것이다.'라는 것 : 『대학장구(大學章句)』 「전」 10장에 "이른바 천하를 바로잡음이 그 나라를 다스림에 있다는 것은, 윗사람이 노인을 노인으로 대우함에 백성들이 효도를 일으키고, 윗사람이 어른을 어른으로 대우함에 백성들이 공손함을 일으키며, 윗사람이 고아를 구휼함에 백성들이 저버리지 않는 것이다. 이 때문에 군자는 자로 재는 방법이 있는 것이다.(所謂平天下在治其國者, 上老老而民興孝, 上長長而民興弟, 上恤孤而民不倍, 是以君子有絜矩之道也.)"라는 말이 있다.
506) '이것을 (자로 재는 방법)이라고 하는 것이다.'라는 것 : 『대학장구(大學章句)』 「전」 10장에 "윗사람에게서

○ 雲峯胡氏曰 : "此章當分爲八節. 右第一節, 言所以有絜矩之道. '不踰矩', 絜矩, 只是一箇矩字, 但不踰矩之矩, 渾然在聖人方寸中, 是矩之體. 絜矩之矩於人己交接之際見之, 是矩之用. 規矩皆法度之器, 此獨曰矩者, 規圓矩方, 圓者動而方者止. 不踰矩, 卽是明德之止至善, 絜矩, 卽是新民之止至善."507)

운봉 호씨(雲峯胡氏 : 胡炳文)가 말하였다. "이 장은 8절로 나눠야 한다. 앞의 1절은 자로 재는 방법이 있는 것을 말하였다. '법도를 넘지 않았다.'508)라는 것은 자로 재는 것인데, 단지 하나의 자라는 말은 법도를 넘지 않았다고 할 때의 법도이니, 혼연히 성인의 마음에 있는 것으로 법도라는 본체이다. '자로 잰다.'라고 할 때의 자는 사람들과 자신이 사귀는 데서 드러나는 것으로 법도라는 작용이다. 그림쇠와 자는 모두 법도가 되는 기구인데, 여기서 자만 말한 것은 그림쇠로 원을 만들고 자로 네모를 만듦에 원은 움직이지만, 네모는 멈추어 있기 때문이다. 법도를 넘지 않는 것은 곧 밝은 덕이 지극한 선에 멈추어 있는 것이고, 자로 재는 것은 곧 백성들을 새롭게 해서 지극한 선에 멈추어 있는 것이다."509)

싫었던 것으로써 아랫사람을 부리지 말고, 아랫사람에게서 싫었던 것으로써 윗사람을 섬기지 말며, 앞사람에게서 싫었던 것으로써 뒷사람에게 앞서지 말고, 뒷사람에게서 싫었던 것으로써 앞사람에게 따르지 말며, 오른쪽에게서 싫었던 것으로써 왼쪽에게 사귀지 말고, 왼쪽에서 싫었던 것으로써 오른쪽에게 사귀지 말 것이니, 이것을 자로 재는 방법이라고 하는 것이다.(所惡於上, 毋以使下, 所惡於下, 毋以事上. 所惡於前, 毋以先後, 所惡於後, 毋以從前. 所惡於右, 毋以交於左, 所惡於左, 毋以交於右. 此之謂絜矩之道.)"라는 말이 있다.

507) 호광 편(胡廣 編), 『대학장구대전(大學章句大全)』 전10장에 운봉 호씨(雲峯胡氏 : 胡炳文의 말로 실려 있다.
508) 법도를 넘지 않았다 : 『논어(論語)』「위정(爲政)」에 "일흔 살에 마음에 하고자 하는 바를 좇아도 법도에 넘지 않았다.(七十而從心所欲, 不踰矩.)"라는 말이 있다.
509) 이 장은 8절로 나눠야 한다 …… 새롭게 해서 지극한 선에 멈추어 있는 것이다 : 호광 편(胡廣 編), 『대학장구대전(大學章句大全)』 「전」10장에는 "이 장은 8절로 나눠야 한다. 앞의 ·1절은 자로 재는 방법이 있는 것을 말하였다. 공자가 '15살에 학문에 뜻을 두었다.'라는 것은 곧 여기서 이른바 『대학(大學)』에서 학문에 뜻을 두었다는 것 아래로 지와 행을 나눈 것에서 끝의 절까지 말한 것이다 '법도를 넘지 않았다.'라는 것은 태어나면서부터 아는 것과 편안히 행하는 것의 극치로 『대학(大學)』에서 사물의 이치를 궁구하는 것 아래이니, 또한 지와 행을 나눈 것에서 끝의 장까지 또한 자로 재는 것을 말한 것으로 지식을 지극하게 하고 힘써 행하는 극치의 공이다. 자가 어떻게 사람의 마음과 천리의 당연한 법칙인가? 나의 마음에는 본래 이런 천리가 있다는 것은 성인이 자신의 마음에서 하고자 하는 것을 따라 스스로 이 법칙을 넘어서지 않은 것이기 때문에 '법도를 넘지 않았다.'라고 한 것이다. 사람들의 마음에는 똑같이 이런 천리가 있으니, 배우는 자들은 자신의 마음의 하고자 것에 따라 남에게 베푸는 법칙을 삼기 때문에 '자로 잰다.'라고 한 것이다. 단지 하나의 '자'라는 말은 법도를 넘지 않았다고 할 때의 법도이니, 혼연히 성인의 마음에 있는 것으로 법도라는 본체이다. '자로 잰다.'라고 할 때의 '자'는 사람들과 자신이 사귀는 데서 드러나는 것으로 법도라는 작용이다. 그림쇠와 자는 모두 법도가 되는 기구인데, 여기서 자만 말한 것은 그림쇠로 원을 만들고 자로 네모를 만듦에 원은 움직이지만, 네모는 멈추어 있기 때문이다. 법도를 넘지 않는 것은 곧 밝은 덕이 지극한 선에 멈추어 있는 것이고, 자로 재는 것은 곧 백성들을 새롭게 해서 지극한 선에 멈추어 있는 것이다.(此章當分爲八節. 右第一節, 言所以有絜矩之道. 夫子十五志學, 卽此所謂大學志學以下, 分知行到末節方言. 不踰矩, 是生知安行之極致, 大學格物而下, 亦分知行到末章, 亦言絜矩, 是致知力行之極功. 矩者, 何人心天理當然之則也. 吾心自有此天, 則聖人隨吾心之所欲, 自不踰乎此則, 故曰不踰矩. 人心同有此

○ 農巖曰 : "雲峰分爲八節, 本出朱子說."510)

농암이 말하였다. "운봉이 8절로 나눈 것은 본래 주자(朱子)의 설명에서 나왔다."

[傳10-2]

所惡於上, 毋以使下, 所惡於下, 毋以事上. 所惡於前, 毋以先後, 所惡於後, 毋以從前. 所惡於右, 毋以交於左, 所惡於左, 毋以交於右. 此之謂絜矩之道.

윗사람에게서 싫었던 것으로써 아랫사람을 부리지 말고, 아랫사람에게서 싫었던 것으로써 윗사람을 섬기지 말며, 앞사람에게서 싫었던 것으로써 뒷사람에게 앞서지 말고, 뒷사람에게서 싫었던 것으로써 앞사람에게 따르지 말며, 오른쪽에게서 싫었던 것으로써 왼쪽에게 사귀지 말고, 왼쪽에게서 싫었던 것으로써 오른쪽에게 사귀지 말 것이니, 이것을 자로 재는 방법이라고 하는 것이다.

詳說

○ 惡先, 幷去聲.

'오(惡 : 싫어하다)'자와 '선(先 : 앞서다)'자는 모두 거성이다.

朱註

此覆解上文絜矩二字之義.

이는 앞의 말 '혈구(絜矩 : 자로 잰다)'라는 두 글자의 의미를 반복하여 해석한 것이다.

詳說

○ 音福.

'차복해상문(此覆解上文)'에서 '복(覆 : 반복하다)'자는 음이 '복(福 : 복)'이다.

天, 則學者即吾心之所欲, 以爲施於人之則, 故曰絜矩, 只是一箇矩字, 但不踰矩之矩, 渾然在聖人方寸中, 是矩之體, 絜矩之矩於人己交接之際見之, 是矩之用. 規矩, 皆法度之器, 此獨曰矩者, 規圓矩方, 圓者動而方者止. 不踰矩, 即是明德之止至善, 絜矩, 即是新民之止至善."라고 되어 있다.

510) 김창협(金昌協), 『농암집(農巖集)』 권16, 「서(書)」 「답이현익(答李顯益)」.

○ 反覆釋之.
반복해서 해석한 것이다.

○ 先總提.
먼저 전체적으로 제시하였다.

○ 上只說出絜矩之名, 至此乃言其事.
위에서는 '자로 잰다'는 이름을 해석했을 뿐이고, 여기에 와서야 그 일을 말하였다.

朱註
如不欲上之無禮於我, 則必以此度下之心, 而亦不敢以此無禮使之,
윗사람이 나에게 무례함을 원하지 않거든, 반드시 이것으로써 아랫사람의 마음을 헤아려서 역시 감히 이렇게 무례함으로써 아랫사람을 부리지 말며,

詳說
○ '所惡'非必是憎之之義, 故以'不欲'釋之.
'불욕상지무례어아(不欲上之無禮於我 : 윗사람이 나에게 무례함을 원하지 않거든)'의 경우, '싫었던 것'은 반드시 싫어한다는 뜻이 아니기 때문에 '원하지 않거든'으로 풀이하였다.

○ 君親, 皆上也.
'불욕상지무례어아(不欲上之無禮於我 : 윗사람이 나에게 무례함을 원하지 않거든)'에서 임금과 어버이가 모두 윗사람이다.

○ 補'無禮'字.
'불욕상지무례어아(不欲上之無禮於我 : 윗사람이 나에게 무례함을 원하지 않거든)'에서 보면, '무례(無禮)'라는 글자를 보충하였다.

○ 入聲, 下同.
'탁하지심(度下之心)'에서 '탁(度 : 헤아리다)'자는 입성으로 아래에서도 같다.

○ 補‘度’‘心’字.

'탁하지심(度下之心)'의 경우, '탁(度 : 헤아리다)'과 '심(心 : 마음)'이라는 글자를 보충하였다.

○ 所受於上者.

'불감이차무례사지(不敢以此無禮使之 : 감히 이렇게 무례함으로써 아랫사람을 부리지 말며)'는 윗사람에게서 받은 것이다.

○ 朱子曰 : "緊要在‘毋511)以’字上."512)

주자(朱子)가 말하였다. "핵심은 「전」에서 언급한 '~하지 말라[毋以]'는 두 글자에 있다."

朱註

不欲下之不忠於我, 則必以此度上之心, 而亦不敢以此不忠事之, 至於前後左右, 無不皆然,

아랫사람이 나에게 불충함을 원하지 않거든, 반드시 이로써 윗사람의 마음을 헤아려서 나 역시 이 불충함으로써 윗사람을 섬기지 말아야 하니, 전후좌우에서도 모두 그렇게 하지 않음이 없다면,

詳說

○ 朱子曰 : "中庸‘所求乎子以事父未能’, 亦此意. 但中庸言其所好, 此言其所惡."513)

---

511) 毋 : 원문에 '무(無)'자로 되어 있는 것을 '무(毋)'자로 바로잡았다.
512) 『주자어류(朱子語類)』 권16, 「대학3(大學三) 219조목에는 다음과 같이 되어 있다. "問 : '絜矩一條, 此是上下四方度量, 而知民之好惡否?' 曰 : '知在前面, 這處是推. 老老而民興孝, 長長而民興弟, 恤孤而民不倍, 這處便已知民之好惡與己之好惡相似. 是以君子有絜矩之道, 便推將去, 緊要在‘毋以’字上.' 又曰 : '興, 謂興起其善心 ; 遂, 謂成遂其事.' 又曰 : '爲國, 絜矩之大者又在於財用, 所以後面只管說財. 如今茶鹽之禁, 乃是人生日用之常, 卻反禁之, 這箇都是不能絜矩.'(물었다. '혈구[絜矩]' 한 조목은 위아래와 사방을 헤아리는 것이니 백성의 좋아하고 싫어하는 것을 알지 않겠습니까?' 주희가 말하였다. '앎이 앞에 있고, 여기서 헤아리는 것이다. 노인을 노인으로 대우하면 백성에게 효심이 일어나고, 어른을 어른으로 대접하면 백성에게 공경심이 일어나며, 고아를 불쌍히 여기면 백성들이 져버리지 않으니, 여기서 이미 백성들이 좋아하고 싫어하는 것과 내가 좋아하고 싫어하는 것이 서로 비슷하다는 것을 안다. 이 때문에 군자는 혈구의 도가 있는 것이니, 곧 미루어 나아가면, 핵심은 '~하지 말라[毋以]'는 두 글자에 있다.' 또 말하였다. ''흥(興)'은 그 선한 마음을 불러일으키는 것을 말하고, '수(遂)'는 그 일을 끝까지 이루어 내는 것을 말한다. 또 말하였다. '나라를 다스리는데, 혈구의 큰 것은 또 재용(財用)에 있으니. 그래서 뒤에서 단지 재물만을 말한 것이다. 이제 차와 소금을 금하는 것은 사람이 살아가면서 날마다 쓰는 상비품인데 도리어 거꾸로 금지하면 이것은 모두 혈구라 할 수 없다.')"

주자(朱子)가 말하였다. "『중용(中庸)』의 '자식에게 바라는 것으로 부모를 섬김을 잘하지 못한다.'514)라는 것도 이런 의미이다. 다만 『중용』에서는 그 좋아하는 것을 말하였고, 여기에서는 그 싫어하는 것을 말하였다."515)

○ 朱子曰 : "如交代官."516)

'전후(前後)'에 대해, 주자(朱子)가 말하였다. "관을 교대하는 것과 같다."517)

○ '先後'謂先之而施於其後者, '從前'謂從之而施於其前者.

'뒷사람을 앞서다.'라는 것은 앞서 있으면서 뒤에 베푸는 것을 말하고, '앞사람에게 따르지 말라.'라는 것은 따라가면서 앞 사람에게 베푸는 것을 말한다.

○ 朱子曰 : "如東西隣."518)

'좌우(左右)'에 대해, 주자(朱子)가 말하였다. "동서의 이웃과 같다."519)

○ 先後有序, 故分言先、後二字, 左右則無分, 故皆以 '交'言之.

선후에는 차례가 있기 때문에 선후라는 말을 구분해서 말하였고, 좌우는 구분이 없기 때문에 모두 '사귄다'는 것으로 말하였다.

---

513) 호광 편(胡廣 編),『대학장구대전(大學章句大全)』.
514) 자식에게 바라는 것으로 부모를 섬김을 잘하지 못한다 :『중용장구(中庸章句)』13장에 "군자의 도가 네 가지인데 나는 그중에 한 가지도 잘하지 못하니, 자식에게 바라는 것으로 부모를 섬김을 잘하지 못하고, 신하에게 바라는 것으로 임금을 섬김을 잘하지 못하며, 아우에게 바라는 것으로 형을 섬김을 잘하지 못하고, 붕우에게 바라는 것을 내가 먼저 베풂을 잘하지 못한다.(君子之道四, 丘未能一焉, 所求乎子, 以事父, 未能也, 所求乎臣, 以事君, 未能也, 所求乎弟, 以事兄, 未能也, 所求乎朋友, 先施之, 未能也.)"라는 말이 있다.
515) 『중용(中庸)』의 '자식에게 바라는 것으로 부모를 섬김을 …… 여기에서는 그 싫어하는 것을 말하였다 : 호광 편(胡廣 編),『대학장구대전(大學章句大全)』「전」10장에는 "'자신이 서고자 함에 다른 사람을 세우고, 내가 통달하고자 함에 다른 사람을 통달토록 한다.'라는 것은 두 겹으로 된 설이니, 자신이 다른 사람에 대하는 것으로 말한 것이다. '자로 재는 것'은 윗사람이 자신을 대하고 자신이 또 다른 사람을 대하는 것이니, 세 겹으로 된 설로 이를테면『중용(中庸)』에서 '자식에게 바라는 것으로 부모 섬김을 잘하지 못한다.'라는 것도 이런 의미이다. 다만『중용』에서는 그 좋아하는 것을 말하였다고, 여기에서는 그 싫어하는 것을 말하였다.(己欲立而立人, 己欲達而達人, 是兩摺說, 只以己對人言. 若絜矩, 則上之人所以待我, 我又思以待下之人, 是三摺說. 如『中庸』所求乎子以事父未能, 亦是此意. 但『中庸』是言其所好, 此言其所惡也.)"라고 되어 있다.
516) 호광 편(胡廣 編),『대학장구대전(大學章句大全)』.
517) 관을 교대하는 것과 같다 : 호광 편(胡廣 編),『대학장구대전(大學章句大全)』「전」10장에는 "비유하자면 관을 교대하는 것과 같으니, 앞의 관이 나를 대함에 잘못했을지라도 내가 앞의 관이 한 것으로 뒤의 관을 대하지 않는다.(譬如交代官, 前官之待我, 旣不善, 吾毋以前官所以待我者, 待後官也.)"라고 되어 있다.
518) 호광 편(胡廣 編),『대학장구대전(大學章句大全)』.
519) 동서의 이웃과 같다 : 호광 편(胡廣 編),『대학장구대전(大學章句大全)』「전」10장에는 "좌우는 동서의 이웃과 같으니, 이웃국가를 구렁으로 삼으면, 이것은 '왼쪽에서 싫었던 것으로 오른쪽에게 사귀지 말라'는 것이 된다.(左右如東西鄰. 以鄰國爲壑, 是所惡於左, 毋以交於右, 可也.)"라고 되어 있다.

○ 以上釋‘絜之’之事.
'무불개연(無不皆然 : 모두 그렇게 하지 않음이 없다면)'은 앞에서 '재게 하다'는 일을 풀이한 것이다.

朱註
則身之所處, 上下四旁, 長短廣狹, 彼此如一, 而無不方矣.
몸으로 처신하는 것의 상하와 사방에 길고 짧음과 넓고 좁음이 피차로 똑같아서 방정(方正)하지 않음이 없을 것이다.

詳說
○ 上聲.
'신지소처(身之所處)'에서 '처(處 : 처신하다)'자는 상성이다.

○ 朱子曰 :"自家在中央."520)
'신지소처(身之所處 : 몸으로 처신하는 것)'에 대해, 주자(朱子)가 말하였다. "자신은 중앙에 있다."521)

○ 『大全』曰 :"前後左右爲四旁, 四旁卽四方也."522)
'상하사방(上下四旁)'에 대해, 『대학장구대전(大學章句大全)』에서 말하였다. "전후좌우가 사방(四旁)이고, 사방(四旁)은 바로 사방(四方)이다."

○ 朱子曰 :"我不欲人之加諸我, 吾亦欲無加諸人, 只是兩人, 絜矩則是三人."
주자(朱子)가 말하였다. "내가 남이 나에게 한 것을 원하지 않으면, 나도 남에게 그렇게 하지 않는 것을 원하는 것은 두 사람의 관계일 뿐이고, 자로 재는 것은 세 사람 관계이다."

---

520) 호광 편(胡廣 編), 『대학장구대전(大學章句大全)』.
521) 자신은 중앙에 있다 : 호광 편(胡廣 編), 『대학장구대전(大學章句大全)』「전」10장에는 "내 위에 있는 자가 이처럼 나에게 해서 내가 싫었다면, 다시 아래에 있는 사람을 이와 같이 대하지 않는다. 그렇다면 자신은 중앙의 중에 있는 것이다.(在我上者, 使我如此, 而我惡之, 更不將來待在下之人如此. 則自家在中央上面也.)"라고 되어 있다.
522) 호광 편(胡廣 編), 『대학장구대전(大學章句大全)』.

○ 朱子曰 : "一畔長, 一畔短, 不是絜矩."523)

'장단광협, 피차여일(長短廣狹, 彼此如一 : 길고 짧음과 넓고 좁음이 피차로 똑같아서)'에 대해, 주자(朱子)가 말하였다. "한쪽 두둑이 길고 다른 한쪽 두둑이 짧은 것은 자로 잰 것이 아니다."524)

○ 以上釋'成矩'之事.

이 위에서는 '자를 이루는 일'을 풀이하였다.

朱註

彼同有是心而興起焉者, 又豈有一夫之不獲哉.

저들이 똑같이 이 마음을 가지고 있어서 이것을 흥기할 경우에 또 어찌 한 지아비라도 살 곳을 얻지 못함이 있겠는가?

詳說

○ '一夫不獲', 出『書』「說命」.

'한 지아비라도 살 곳을 얻지 못함이 있겠는가?'라는 구절은 『서경(書經)』「열명」이 출처이다.525)

○ 承上節註而畢其意.

앞 절의 주석을 이어서 그 뜻을 마쳤다.

○ 新安陳氏曰 : "有此絜矩之道以處之, 則始焉興起其孝弟不倍之心者, 今果得以遂其心矣."526)

신안 진씨(新安陳氏 : 陳櫟)가 말하였다. "이렇게 자로 재는 방법으로 처신하면,

---

523) 호광 편(胡廣 編), 『대학장구대전(大學章句大全)』.
524) 한쪽 두둑이 길고 다른 한쪽 두둑이 짧은 것은 자로 잰 것이 아니다 : 호광 편(胡廣 編), 『대학장구대전(大學章句大全)』「전」10장에는 "…… 자신은 자손들이 자신에게 효도하기를 원하면서 자신은 도리어 부모에게 효도하지 못하고, 자신은 부모님이 자신에게 자애롭기를 원하면서 자신은 도리어 자손에게 자애롭지 못하다면, 한쪽 두둑이 길고 다른 한쪽 두둑이 짧은 것이니, 자로 잰 것이 아니다.(…… 我欲子孫孝於我, 而我却不能孝於親, 我欲親慈於我, 而我却不能慈於子孫, 便是一畔長一畔短, 不是絜矩.)"라고 되어 있다.
525) 『서경(書經)』「열명」이 출처이다 : 『서경(書經)』「열명 하(說命下)」에 "내가 나의 임금을 요순처럼 만들지 못한다면 시장에서 종아리를 맞는 것처럼 내 마음이 부끄러울 것이고, 한 사나이라도 살 곳을 얻지 못한다면 이는 또한 나의 죄라고 할 것이다.(予弗克俾厥后爲堯舜, 其心愧恥若撻于市, 一夫不獲, 則曰時予之辜.)"라고 말하였다.
526) 호광 편(胡廣 編), 『대학장구대전(大學章句大全)』.

처음부터 그 효도·공손함·저버리지 않는 마음을 일으키는 경우이니, 이제 과연 그런 마음을 이룰 수 있다."

朱註
所操者約, 而所及者廣, 此平天下之要道也.
잡고 있는 것이 요약되면서도 미치는 것이 넓으니, 이것은 천하를 바로잡는 중요한 도이다.

詳說
○ 平聲.
'소조자약(所操者約)'에서 '조(操 : 잡다)'자는 평성이다.

○ 雲峰胡氏曰 : "只一矩字, 此心'所操者約', 加一絜字, 此心'所及者廣'."527)
운봉 호씨(雲峯胡氏 : 胡炳文)가 말하였다. "'자'라는 말만이 이 마음을 잡는 요약이고, '재다'는 말을 더하면 이 마음이 미치는 것이 넓어진다."

○ 按: 雲峰蓋亦以'絜之以矩'之意言之, 恐不然. '約'謂以本然之矩絜之也, '廣'謂上下四旁之皆爲矩也.
살펴보건대, 운봉은 또한 자로 잰다는 의미로 말하였는데 그렇지 않은 것 같다. '요약되다'는 것은 본연의 자로 재는 것을 말하고, '넓다'는 것은 상하사방이 모두 자라는 것이다.

○ 補此句, 與上節註末同.
'차평천하지요도야(此平天下之要道也)'의 경우, 이 구절을 보충하니, 앞 절 끝의 주석과 같아진다.

○ 雙峯饒氏曰 : "以上之使我者使下, 而不以事上, 以下之事我者事上而不以使下, 則上下之分殊矣, 前後之分亦然. 是理一之中又有分殊者存, 此所以異於墨氏之兼愛、佛法之平等也."528)

527) 호광 편(胡廣 編), 『대학장구대전(大學章句大全)』.

쌍봉 요씨(雙峯饒氏 : 饒魯)가 말하였다. "윗사람이 나를 부리는 것으로 아랫사람을 부리지만 그것으로 윗사람을 섬기지 않으며, 아랫사람이 나를 섬기는 것으로 윗사람을 섬기지만 그것으로 아랫사람들 부리지 않은 것은 상하의 분수가 다르기 때문이다."529)

朱註

故章內之意, 皆自此而推之.
그러므로 장(章) 안의 뜻이 모두 여기서 미루어간 것이다.

詳說

○ 此二句總提一章.
이 두 구절이 총체적으로 한 장을 제시한다.

○ 新安陳氏曰 : "下文節節提綴能絜矩與不能絜矩者之得與失, 皆是自此一節而推廣之."530)
신안 진씨(新安陳氏 : 陳櫟)가 말하였다. "아래의 글에서는 구절마다 자로 잴 수 있는지 없는지의 득실을 제시하며 이었으니, 모두 여기의 한 구절로부터 미루어 넓힌 것이다."

○ 按 : 此句與章下註, 皆推言絜矩, 正相爲呼應. 其間註凡五提 '絜矩'.
살펴보건대, 이 구와 장 아래의 주에서는 모두 자로 재는 것을 미루어 말하였는

---

528) 호광 편(胡廣 編), 『대학장구대전(大學章句大全)』.
529) 윗사람이 나를 부리는 것으로 …… 부리지 않은 것은 상하의 분수가 다르기 때문이다 : 호광 편(胡廣 編), 『대학장구대전(大學章句大全)』「전」10장에는 "상하와 좌우와 전후로 말하였으니, 나는 그 중앙에 해당한다. 윗사람이 나를 부리는 것이 내가 아랫사람을 부리는 것과 같고, 아랫사람이 나를 섬기는 것이 내가 윗사람을 섬기는 것과 같다. 전후와 좌우에까지 모두 그렇기 때문에 모두 싫어하는 것으로 미쳐서는 안 되는 것이다. 그러나 윗사람이 나를 부리는 것으로 아랫사람을 부리지만 그것으로 윗사람을 섬기지 않으며, 아랫사람이 나를 섬기는 것으로 윗사람을 섬기지만 그것으로 아랫사람들 부리지 않으니, 상하의 분수가 다르기 때문이다. 앞이 나를 앞서 가고 있지만 그것으로 뒤보다 앞서 가지 않지만 그것으로 앞을 따라가서 뒤처지지 않는다. 나를 따르는 자는 앞을 따르지만 그것으로 뒤보다 앞서 가지 않으니, 전후의 분수가 다르기 때문이다. 이것은 이치가 하나인 가운데 또 분수의 다름이 있는 것이니, 이 때문에 묵씨의 겸애와 불법의 평등과 다른 것이다.(以上下左右前後言, 則我當其中. 上之使我, 猶我之使下, 下之事我, 猶我之事上. 至於左右前後皆然, 故皆不當以所惡者及之. 然以上之使我者使下, 而不以事上, 以下之事我者事上, 而不以使下, 則上下之分殊矣. 以前之先我者先後, 而不以從前以後之. 從我者從前, 而不以先後, 則前後之分殊矣. 是理一之中, 又有分殊者存, 此所以異於墨氏之兼愛佛法之平等也.)"라고 되어 있다.
530) 호광 편(胡廣 編), 『대학장구대전(大學章句大全)』.

데, 바로 서로 호응한다. 그 사이의 주에서는 모두 다섯 번 '자로 잰다.'라는 것을 제시하였다.

○ 朱子曰 : "絜矩是前章所謂恕者也, 恕必以忠爲本. 程子言忠恕如形影, 欲去其一而不可得."531)

주자(朱子)가 말하였다. "자로 재는 것은 앞 장에서 말한 서(恕)인데, 서는 반드시 충을 근본으로 한다. 정자는 '충과 서를 형체와 그림자와 같아 그 하나를 없애려고 해도 할 수 없다.'라고 하였다."532)

○ 又曰 : "絜矩之大者在於財. 財者, 人之所同好也, 所以後面只說財."533)

또 말하였다. "자로 재는 것의 큰 것은 재물에 있다. 재물은 사람들이 똑같이 좋아하는 것이기 때문에 뒤에서 재물에 대해 설명하는 것이다."534)

---

531) 주희(朱熹),『대학혹문(大學或問)』권2,「대학(大學)·전(傳)10장」.
532) 자로 재는 것은 앞 장에서 말한 서(恕)인데 …… 없애려고 해도 할 수 없다.'라고 하였다 : 주희(朱熹),『대학혹문(大學或問)』권2,「대학(大學)·전(傳)10장」에는 "이 때문에 성현이 서(恕)를 말할 경우에는 또 반드시 충을 근본으로 하였다. 그런데 정자도 '충과 서는 양쪽으로 형제와 그림자와 같아 그 하나를 없애려고 해도 할 수 없다.'라고 하였다. 오직 충한 다음에 같게 여기는 마음이 비로소 바름을 얻으니, 또한 여기 편에서 선후와 본말의 의미이다.(是以聖賢凡言恕者, 又必以忠爲本, 而程子亦言忠恕, 兩言如形與影, 欲去其一而不可得. 蓋唯忠而後所如之心始得其正, 是亦此篇先後本末之意也.)"라고 되어 있다. 『주자어류(朱子語類)』권16,「대학3(大學三) 205조목에는 충서의 관계를 다음과 같이 설명한다. "물었다. ''자신의 몸에 간직하고 있는 것이 자신을 미루어서 다른 사람에게 미치지 못한다.'고 한 것에서 '서'자는 또한 사물과 접촉하는 측면에서 말한 것인데, 어떻습니까?' 주희가 말하였다. '사물과 접촉하는 측면에서 깨우친 것이다. 충은 실심(實心)이니, 곧바로 진실하여 거짓되지 않은 것이다. 사물에 접촉하여 또한 이러한 마음을 미루어 나가는 것이다. 실로 충이라야 비로소 자신을 미루어서 다른 사람에게 미칠 수 있다. 충이 아니라면 본령이 없는 것이니, 다시 무엇을 잡아서 사물에 미치겠는가! 정자가 '하늘의 명은 아! 심원하여 그치지 않는다.'라고 말한 것은 충이니, 곧 실리가 유행하는 것이다. 건도(乾道)가 변화하여 각기 성명(性命)을 바르게 하는 것은 서이니, 곧 실리가 사물에 미치는 것이다. 이수약(李守約)이 '이렇게 말하면 '부자의 도는 충서일 따름이다.'에서 '충서'와 서로 비슷합니다.'라고 묻자, 주희가 말하였다. '단지 하나의 충서이니, 어떻게 둘로 나눌 수 있겠는가? 성인과 일반 사람들의 충서는 크게 서로 멀지 않다.' 또 말하였다. '자기를 다하는 것[盡己]은 나 자신의 실리를 다하는 일을 말하는 것이 아니라, 스스로 다하는 것[自盡]이 곧 실리이다.'(問 : "所藏乎身不恕"處, '恕'字還只接物上說, 如何?' 曰 : '是就接物上見得. 忠, 只是實心, 直是眞實不僞. 到應接事物, 也只是推這箇心去. 直是忠, 方能恕. 若不忠, 便無本領了, 更把甚麼去及物! 程子說 : "維天之命, 於穆不已", 忠也, 便是實理流行 ; '乾道變化, 各正性命', 恕也, 便是實理及物.' 守約問 : '恁地說, 又與'夫子之道, 忠恕而已矣'之'忠恕'相似.' 曰 : '只是一箇忠恕, 豈有二分! 聖人與常人忠恕也不甚相遠.' 又曰 : '盡己, 不是說盡吾身之實理, 自盡便是實理.')"
533) 호광 편(胡廣 編),『대학장구대전(大學章句大全)』.
534) 자로 재는 것의 큰 것은 재물에 있다 …… 뒤에서 재물에 대해 설명하는 것이다 : 호광 편(胡廣 編),『대학장구대전(大學章句大全)』「전」10장에는 "이 장의 대략은 전적으로 자로 재는 것에 종사하는 것이다. 재물은 사람들이 똑같이 좋아하는 것인데, 내가 그 이로움을 독차지하려고 하면 백성들은 좋아하는 것을 얻지 못하는 것이다. 대체로 나라가 있고 집안이 있기 때문에 재난과 혼란이 생기는 것은 모두 이 때문이다.(此章大槩, 是專從絜矩上來. 蓋財者, 人之所同好也, 而我欲專其利, 則民有不得其所好者矣. 大抵有國有家, 所以生起禍亂, 皆是從這裏來.)"라고 되어 있다.

○ 雲峰胡氏曰 : "右第二節言'此之謂絜矩之道', 須看'是以有''此之謂'六字."535)

운봉 호씨(雲峯胡氏 : 胡炳文)가 말하였다. "앞의 2절에서는 '이것을 자로 재는 방법이라고 하는 것이다.'536)에 대해 말하였으니, '이 때문에 (군자는 자로 재는 방법이) 있는 것이다.'537)라는 말과 '이것을 자로 재는 방법이라고 하는 것이다.'라는 말을 반드시 봐야 한다."538)

[傳10-3]

『詩』云: "樂只君子, 民之父母." 民之所好好之, 民之所惡惡之, 此之謂民之父母.

『시경(詩經)』에서 "즐거운 군자여, 백성의 부모이다."라고 하였으니, 백성들이 좋아하는 것을 좋아하고, 백성들이 싫어하는 것을 싫어함, 이것을 백성들의 부모라고 하는 것이다.

詳說

○ 樂, 音洛. 只, 音紙. 好惡, 幷去聲, 下幷同.

'락지군자(樂只君子)'에서 '락(樂 : 즐겁다)'자는 음이 '락(洛 : 강이름)'이고, '지(只)'자는 음이 '지(紙 : 종이)'이다. '민지소호호지(民之所好好之)'에서 '호(好 : 좋아하다)'자와 '민지소오오지(民之所惡惡之)'에서 '오(惡 : 미워하다)'자는 아울

---

535) 호광 편(胡廣 編), 『대학장구대전(大學章句大全)』.
536) 이것을 자로 재는 방법이라고 하는 것이다 : 『대학장구(大學章句)』「전」10장에 "윗사람에게서 싫었던 것으로써 아랫사람을 부리지 말고, 아랫사람에게서 싫었던 것으로써 윗사람을 섬기지 말며, 앞사람에게서 싫었던 것으로써 뒷사람에게 앞서지 말고, 뒷사람에게서 싫었던 것으로써 앞사람에게 따르지 말며, 오른쪽에게서 싫었던 것으로써 왼쪽에게 사귀지 말고, 왼쪽에게서 싫었던 것으로써 오른쪽에게 사귀지 말 것이니, 이것을 자로 재는 방법이라고 하는 것이다.(所惡於上, 毋以使下, 所惡於下, 毋以事上. 所惡於前, 毋以先後, 所惡於後, 毋以從前. 所惡於右, 毋以交於左, 所惡於左, 毋以交於右. 此之謂絜矩之道.)"라는 말이 있다.
537) 이 때문에 (군자는 자로 재는 방법이) 있는 것이다 : 『대학장구(大學章句)』「전」10장에 "이른바 천하를 바로잡음이 그 나라를 다스림에 있다는 것은, 윗사람이 노인을 노인으로 대우함에 백성들이 효도를 일으키고, 윗사람이 어른을 어른으로 대우함에 백성들이 공손함을 일으키며, 윗사람이 고아를 구휼함에 백성들이 저버리지 않는 것이다. 이 때문에 군자는 자로 재는 방법이 있는 것이다.(所謂平天下在治其國者, 上老老而民興孝, 上長長而民興弟, 上恤孤而民不倍, 是以君子有絜矩之道也.)"라는 말이 있다.
538) 앞의 2절에서는 '이것을 자로 재는 …… 말을 반드시 봐야 한다 : 호광 편(胡廣 編), 『대학장구대전(大學章句大全)』「전」10장에는 "앞의 2절에서는 '이것을 자로 재는 방법이라고 하는 것이다.'에 대해 말하였으니, '이 때문에 (군자는 자로 재는 방법이) 있는 것이다.'라는 말과 '이것을 자로 재는 방법이라고 하는 것이다.'라는 말을 반드시 봐야 한다. 남들의 마음이 본래 자신과 간격이 없기 때문에 자로 재는 방법이 있고, 자신의 마음이 남들과 간격이 없을 수 있으니, 이것을 자로 재는 방법이라고 하는 것이다.(右第二節, 言此之謂絜矩之道, 須看是以有此之謂六字. 人之心本無間於己, 是以有絜矩之道, 己之心能不間於人, 此之謂絜矩之道.)"라고 되어 있다.

러서 거성이고, 아래에서도 아울러서 같다.

○ 君子, 指君.
군자는 임금을 가리킨다.

朱註
『詩』「小雅·南山有臺」之篇. 只, 語助辭. 言能絜矩, 而以民心爲己心, 則是愛民如子, 而民愛之如父母矣.
『시경(詩經)』은 「소아(小雅)·남산유대(南山有臺)」편이다. '지(只)'는 어조사이다. 자로 잴 수 있어 백성들의 마음을 자신의 마음으로 여긴다면, 바로 백성들을 자식처럼 사랑하는 것이어서 백성들이 부모처럼 사랑할 것이다.

詳說
○ 一提'絜矩.'
'능혈구(能絜矩)'에서 '혈구(絜矩)'는 첫 번째로 '자로 잰다.'라는 것을 제시하였다.

○ 承上節惡字而幷言'好'.
앞 절의 '싫어하다'는 말539)을 이어 아울러서 '좋아하다'는 말을 하였다.

○ 朱子曰 : "'所好'與之聚之, '所惡'不以施焉."
주자(朱子)가 말하였다. "'좋아하는 것'을 주어 모여드니, '싫어하는 것'을 베풀지 않는다."

○ '此之謂'三字承上節末文勢而來.
'이것을 ~라고 하는 것이다.'라는 말은 앞 절 끝의 문세를 이어서 한 것이다.540)

---

539) 앞 절의 '싫어하다'는 말 : 『대학장구』「전」10장에 "윗사람에게서 싫었던 것으로써 아랫사람을 부리지 말고, 아랫사람에게서 싫었던 것으로써 윗사람을 섬기지 말며, 앞사람에게서 싫었던 것으로써 뒷사람에게 앞서지 말고, 뒷사람에게서 싫었던 것으로써 앞사람에게 따르지 말며, 오른쪽에서 싫었던 것으로써 왼쪽에게 사귀지 말고, 왼쪽에게서 싫었던 것으로써 오른쪽에게 사귀지 말 것이니, 이것을 자로 재는 방법이라고 하는 것이다.(所惡於上, 毋以使下, 所惡於下, 毋以事上. 所惡於前, 毋以先後, 所惡於後, 毋以從前. 所惡於右, 毋以交於左, 所惡於左, 毋以交於右. 此之謂絜矩之道.)"라는 말이 있다.

○ 『大全』曰 : "此言能絜矩之效."541)
『대학장구대전(大學章句大全)』에서 말하였다. "여기에서는 자로 재는 효과를 말하였다."

○ 補此句.
'민애지여부모의(民愛之如父母矣 : 백성들이 부모처럼 사랑할 것이다)'의 경우, 이 구절을 보충하였다.

[傳10-4]

『詩』云 : "節彼南山, 維石巖巖. 赫赫師尹, 民具爾瞻." 有國者不可以不愼, 辟則爲天下僇矣.

『시경(詩經)』에서 "깎아지른 저 남산이여, 바위가 가파르구나! 빛나는 사윤(師尹)이여, 백성들이 모두 너를 본다."라고 하였다. 국가를 소유한 자는 삼가지 않으면 안 되니, 편벽되면 천하의 죽임이 되는 것이다.

詳說

○ 節, 讀爲截. 辟, 讀爲僻. 僇, 與戮同.
'절피남산(節彼南山)'에서 '절(節 : 높이 가파르다)'자는 '절(截 : 끊어지다)'자로 읽는다. '벽즉위천하륙의(辟則爲天下僇矣)'에서 '벽(辟 : 치우치다)'자는 '벽(僻 : 치우치다)'자로 읽고, '륙(僇 : 죽이다)'자는 '륙(戮 : 죽이다)'자와 같다.

朱註

『詩』「小雅·節南山」之篇. 節, 截然, 高大貌. 師尹, 周太師尹氏也. 具, 俱也. 辟, 偏也. 言在上者, 人所瞻仰, 不可不謹.
『시경(詩經)』은 「소아(小雅)·절남산(節南山)」편이다. '높이 가파르다[節]는 것은 깎

---

540) '이것을 ~라고 하는 것이다.'라는 말은 앞 절 끝의 문세를 이어서 한 것이다 : 『대학장구』「전」10장에 "윗사람에게서 싫었던 것으로써 아랫사람을 부리지 말고, 아랫사람에게서 싫었던 것으로써 윗사람을 섬기지 말며, 앞사람에게서 싫었던 것으로써 뒷사람에게 앞서지 말고, 뒷사람에게서 싫었던 것으로써 앞사람에게 따르지 말며, 오른쪽에게서 싫었던 것으로써 왼쪽에게 사귀지 말고, 왼쪽에게서 싫었던 것으로써 오른쪽에게 사귀지 말 것이니, 이것을 자로 재는 방법이라고 하는 것이다.(所惡於上, 毋以使下, 所惡於下, 毋以事上. 所惡於前, 毋以先後, 所惡於後, 毋以從前, 所惡於右, 毋以交於左, 所惡於左, 毋以交於右. 此之謂絜矩之道.)"라는 말이 있다.
541) 호광 편(胡廣 編), 『대학장구대전(大學章句大全)』 전10장에 실려 있다.

아지른 듯이 높고 큰 모양이다. 사윤(師尹)은 주(周)나라 태사(太師)인 윤씨(尹氏)이다. 구(具)는 모두이고, '벽(辟 : 치우치다)'은 편벽됨이다. 윗자리에 있는 자는 사람들이 보고 우러러보는 것이어서 삼가지 않을 수 없다.

詳說

○ 巀通.
'절남산(節南山)'에서 '절(節 : 높이 가파르다)'자는 '절(巀 : 높고 험하다)'자와 통한다.

○ 赫赫, 顯盛貌.
'혁혁사윤(赫赫師尹)'에서 빛난다[赫赫]'는 것은 드러나고 성대한 모양이다.

○ 蒙前章註而去猶字.
앞 장의 주석을 이어서 같은 말은 없앴다.

○ 太師, 位在百僚上.
'재상자(在上者)'에서 볼 때, 태사는 지위가 모든 관료들의 위에 있다.

○ 如南山之高大.
'재상자(在上者)'는 남산이 높고 큰 것과 같다.

朱註

若不能絜矩, 而好惡徇於一己之偏, 則身弒國亡, 爲天下之大戮矣.
만일 자로 잴 수 없어 좋아함과 싫어함을 자신 한 몸의 편벽됨에 따르게 되면, 자신이 시해를 당하고 나라가 망하여 천하의 큰 죽임이 된다는 말이다.

詳說

○ 二提'絜矩'.
'불능혈구(不能絜矩)'에서 '혈구(絜矩)'는 두 번째로 '자로 잰다.'라는 것을 제시하였다.

○ 承上節補'好惡'字.
'호오순어일기지편(好惡徇於一己之偏 : 좋아함과 싫어함을 자신 한 몸의 편벽됨에 따르게 되면)'의 경우, 앞 절을 이어받아 '호오(好惡 : 좋아함과 싫어함)'이라는 글자를 보충하였다.

○ 出『孟子』「離婁」.
'신시국망(身弑國亡 : 자신이 시해를 당하고 나라가 망하여)'은 『맹자(孟子)』「이루」가 출처이다.542)

○ 天下共誅之, 是大戮也.
'위천하지대륙의(爲天下之大戮矣 : 천하의 큰 죽임이 된다)'의 경우, 천하가 함께 죽이는 것이 큰 죽임이다.

○ 『大全』曰 : "此言不能絜矩之禍, 與上節正相反."543)
『대학장구대전(大學章句大全)』에서 말하였다. "여기에서는 자로 잴 수 없는 재앙에 대해 말하였으니, 앞의 절과는 정반대이다."

○ 上下節言君, 此節言相, 蓋以平天下是君相之貴故也.
상하의 절에서 임금을 말하였고, 이 절에서는 재상을 말하였으니, 천하를 바로 잡는 것이 임금과 재상의 귀함이기 때문이다.

[傳10-5]

『詩』云 : "殷之未喪師, 克配上帝, 儀監于殷. 峻命不易."
道得衆則得國, 失衆則失國.

『시경(詩經)』에서 "은(殷)나라가 민중을 잃지 않았을 때에는 상제에게 잘 짝했었으니 은나라를 거울로 삼아야 한다. 높은 명은 보존하기가 쉽지 않다." 라고 하였으니, 민중을 얻으면 나라를 얻고, 민중을 잃으면 나라를 잃는다는 말이다.

---

542) 『맹자(孟子)』「이루」가 출처이다 : 『맹자(孟子)』「이루상(離婁上)」에 "백성을 포악하게 함이 심하면 자신이 시해를 당하고 나라가 망하며, 심하지 않으면 몸이 위태롭고 나라가 줄어든다.(暴其民, 甚, 則身弑國亡, 不甚, 則身危國削.)"라는 말이 있다.
543) 호광 편(胡廣 編), 『대학장구대전(大學章句大全)』. "此言不能絜矩之禍, 與上一節, 正相反者也."

詳說

○ 喪, 去聲. 儀,『詩』作宜. 峻,『詩』作駿. 易, 去聲.

'은지미상사(殷之未喪師)'에서 '상(喪 : 잃다)'자는 거성이다. '의감우은(儀監于殷)'에서 '의(儀 : 위의)'자는『시경(詩經)』에 '의(宜 : 마땅하다)'자로 되어 있다. '준명불이(峻命不易)'에서 '준(峻 : 높다)'자는『시경(詩經)』에는 '준(駿 : 빼어나다)'자로 되어 있다. '이(易 : 쉽다)'자는 거성이다.

朱註

『詩』,「文王」篇. 師, 衆也.

『시경(詩經)』은「문왕(文王)」편이다. 민중[師]은 무리이다.

詳說

○ '「大雅」'二字蒙前章註.

'「대아(大雅)」'라는 말은 앞 장의 주를 이어받은 것이다.

○ 喪師, 卽失衆也. '未喪師', 本爲紂之喪師而言, 故末句幷及失衆.

'민중을 잃었다.'라는 것은 바로 백성들을 잃었다는 것이다. '민중을 잃지 않았을 때'는 본래 주왕(紂王)이 민중을 잃었기 때문에 말한 것이므로 끝의 구에서 아울러 민중을 잃었다고 언급하였다.

○ 玉溪盧氏曰 : "未喪師, 先王之得人心也."544)

옥계 노씨(玉溪盧氏 : 盧孝孫)가 말하였다. "민중을 잃지 않았을 때는 선왕이 인심을 얻었을 때이다."545)

---

544) 호광 편(胡廣 編),『대학장구대전(大學章句大全)』.
545) 민중을 잃지 않았을 때는 선왕이 인심을 얻었을 때이다 : 호광 편(胡廣 編),『대학장구대전(大學章句大全)』「전」10장에는 "'은나라가 민중을 잃었다.'라는 것은 주(紂)가 인심을 잃었다는 것이다. '민중을 잃지 않았을 때'는 선왕이 민심을 얻었을 때이다. 인심을 얻었기 때문에 상제를 짝하였고, 인심을 잃었기 때문에 할 수 없었다. 천명이 떠나고 머무름은 인심의 향배로 구별할 수 있고, 인심의 향배는 또 임금이 자로 재는 여부에 있을 뿐이다. 민중을 얻으면 나라를 얻는다는 것은「남산유대」편의 의미에 호응하고, 민중을 잃으면 나라를 잃는다는 것은「절남산」편의 의미에 호응한다. 이것을 보존하여 잃지 않는 것이 밝은 덕의 본체를 세우는 것이고, 자로 재어 백성들과 원하는 것을 똑 같이 하는 것이 밝은 덕의 효용을 행하는 것이다.(殷之喪師, 紂之失人心也. 其未喪師, 先王得人心也. 得人心, 所以配上帝, 失人心, 所以不能, 天命之去留, 判於人心之向背, 人心之向背, 又在君之能絜矩與否而已. 得衆得國, 應「南山有臺」之意, 失衆失國, 應「節南山」之意. 存此而不失, 明德之體, 所以立. 絜矩, 而與民同欲, 明德之用, 所以行.)"라고 되어 있다.

|朱註|
配, 對也. 配上帝, 言其爲天下君, 而對乎上帝也. 監, 視也. 峻, 大也. 不易, 言難保也. 道, 言也.

'짝하다[配]'는 것은 대한다는 것이니, '상제를 대한다[配上帝]'는 것은 천하의 군주가 되어 상제께 대함을 말한다. '거울로 삼는다[監]'는 것은 본다는 말이다. '높다[峻]'는 것은 크다는 것이다. '쉽지 않다[不易]'는 것은 보존하기 어렵다는 말이다. '말했다[道]'는 것은 '말했다[言]'는 것이다.

|詳說|

○ 與上帝爲敵偶也, 主言紂之不能然也.

상제와 짝이 되는 것은 주(紂)가 그렇게 할 수 없었다는 것을 위주로 말한 것이다.

○ 卽'殷監不遠, 在夏后之世'之意, 謂宜監紂之失國, 以爲戒也.

'감, 시야(監, 視也 : '거울로 삼는다[監]'는 것은 본다는 말이다)'의 경우, 곧 은 나라에서 거울로 삼은 것이 멀리 있지 않아 하나라 임금의 시대에 있다는 의미는 주(紂)의 나라 잃음을 거울삼아야 하는 것으로 경계를 해야 한다는 말이다.

○ 主言紂, 故只言難保, 而不言難得.

'불이, 언난보야(不易, 言難保也 : '쉽지 않다[不易]'는 것은 보존하기 어렵다는 말이다)'의 경우, 주(紂)를 위주로 말했기 때문에 보존하기 어렵다고만 말하고 얻기 어렵다고 말하지는 않았다.

|朱註|
引『詩』而言此, 以結上文兩節之意.

『시경(詩經)』을 인용하고 이것을 말하여 위 글에서 두 절의 뜻을 매듭지었다.

|詳說|

○ 指末二句.

'언차(言此 : 이것을 말하여)'는 끝의 두 구절을 가리킨다.

○ 朱子曰 : "能絜矩, 則民父母之, 而得衆得國, 不能絜矩, 則爲天下僇, 而失衆失國."546)
주자(朱子)가 말하였다. "자로 잴 수 있으면 백성들이 부모로 여겨서 민중을 얻고 나라를 얻으며, 그렇게 하지 못하면 천하의 죽임이 되어 민중을 잃고 나라를 잃는다."547)

朱註

有天下者, 能存此心而不失, 則所以絜矩, 而與民同欲者, 自不能已矣.
천하를 소유한 자가 이 마음을 보존하고 잃지 않을 수 있으면, 자로 재서 백성들과 함께하고자 하는 것을 저절로 그만둘 수 없을 것이다.

詳說

○ 以得衆得國失衆失國, 存於心而不忘. 或曰 : '卽上註所同之心推廣者, 及以民心爲心者', 恐太闊矣.
'유천하자, 능존차심이부실(有天下者, 能存此心而不失 : 천하를 소유한 자가 이 마음을 보존하고 잃지 않을 수 있으면)'은 민중을 얻고 나라를 얻으며 민중을 잃고 나라를 잃는 것을 마음에 담아두어 잃지 않는 것이다. 어떤 이가 '위의 주에서 똑 같은 마음으로 미루어 넓힌 자는 백성들의 마음으로 마음을 삼는다는 경우이다.'라고 하였으니, 너무 거친 것 같다.

○ 三提'絜矩'.
'소이혈구(所以絜矩)'에서 '혈구(絜矩)'는 세 번째로 '자로 잰다.'라는 것을 제시하였다.

○ 所好好之, 所惡惡之.
'여민동욕자(與民同欲者 : 백성들과 함께 하고자 하는 것을)'는 좋아하는 것을 좋아하고 싫어하는 것을 싫어한다는 말이다.

---

546) 주희(朱熹), 『대학혹문(大學或問)』 권2, 「대학(大學)·전(傳)10장」.
547) 자로 잴 수 있으면 백성들이 부모로 여겨서 …… 민중을 잃고 나라를 잃는다 : 주희(朱熹), 『대학혹문(大學或問)』 권2, 「대학(大學)·전(傳)10장」에 "물었다. '민중을 얻고 나라를 얻으며, 민중을 잃고 나라를 잃는 것은 무엇 때문입니까?' 답하였다. '자로 잴 수 있으면 백성들이 부모로 여겨서 민중을 얻고 나라를 얻으며, 그렇게 하지 못하면 천하의 죽임이 되어 민중을 잃고 나라를 잃습니다.'(曰 : '得衆得國, 失衆失國, 何也.' 曰 : '言能絜矩, 則民父母之, 而得衆得國矣. 不能絜矩, 則爲天下僇, 而失衆失國矣.')"라는 말이 있다.

○ 有字以下, 又歸重於上一節之意, 而申論之.

'유(有 : 소유하다)'라는 글자 아래로는 중점을 위의 한 구절의 의미를 돌려서 거듭 말한 것이다.

○ 玉溪盧氏曰 : "存此而不失, 明德之體, 所以立, 絜矩而與民同欲, 明德之用, 所以行."548)

옥계 노씨(玉溪盧氏 : 盧孝孫)가 말하였다. "이것을 보존하여 잃지 않는 것이 밝은 덕의 본체를 세우는 것이고, 자로 재어 백성들과 원하는 것을 똑같이 하는 것이 밝은 덕의 효용을 행하는 것이다."549)

○ 雲峯胡氏曰 : "右第三節就好惡言絜矩. 好惡二字已見誠修二章. '誠意章'是好惡其在己者, '修身章'推之以好惡其在人者, 此章又推之以好惡天下之人者也. '修身章'言不能愼獨, 則好惡之辟不足以齊其家, 此章言不能絜矩, 則好惡之辟不足以平天下. 所謂血脈貫通者, 又於此見之."550)

운봉 호씨(雲峯胡氏 : 胡炳文)가 말하였다. "앞의 세 구절은 좋아하고 싫어하는 것으로 자로 재는 것을 말하였다. '좋아하고 싫어한다.'는 말은 이미 '성의장(誠意章)'과 '수신장(修身章)' 두 장에 있다.551) 성의장은 좋아하고 싫어하는 것이 자신에게 있다는 것이고, 수신장은 미루어서 남에게 있는 것을 좋아하고 싫어하는 것이며, 이 장은 또 미루어서 천하의 사람들을 좋아하고 싫어하는 것이다.

---

548) 호광 편(胡廣 編), 『대학장구대전(大學章句大全)』.
549) 이것을 보존하여 잃지 않는 것이 …… 밝은 덕의 효용을 행하는 것이다 : 호광 편(胡廣 編), 『대학장구대전(大學章句大全)』 「전」10장에는 "은나라가 민중을 잃었다.'라는 것은 주(紂)가 인심을 잃었다는 것이다. '민중을 잃지 않았을 때'는 선왕이 민심을 얻었을 때이다. 인심을 얻었기 때문에 상제를 짝하였고, 인심을 잃었기 때문에 할 수 없었다. 천명이 떠나고 머무름은 인심의 향배로 구별할 수 있고, 인심의 향배는 또 임금이 자로 재는 여부에 있을 뿐이다. 민중을 얻으면 나라를 얻는다는 것은 「남산유대」편의 의미에 호응하고, 민중을 잃으면 나라를 잃는다는 것은 「절남산」편의 의미에 호응한다. 이것을 보존하여 잃지 않는 것이 밝은 덕의 본체를 세우는 것이고, 자로 재어 백성들과 원하는 것을 똑 같이 하는 것이 밝은 덕의 효용을 행하는 것이다.(殷之喪師, 紂之失人心也. 其未喪師, 先王之得人心也. 得人心, 所以配上帝, 失人心, 所以不能, 天命之去留, 判於人心之向背, 人心之向背, 又在君之能絜矩與否而已. 得衆得國, 應 「南山有臺」之意, 失衆失國, 應 「節南山」之意. 存此而不失, 明德之體, 所以立. 絜矩, 而與民同欲, 明德之用, 所以行.)"라고 되어 있다.
550) 호광 편(胡廣 編), 『대학장구대전(大學章句大全)』.
551) '좋아하고 싫어한다.'는 말은 이미 '성의장(誠意章)'과 '수신장(修身章)' 두 장에 있다 : 『대학장구』 「전」6장에 "이른바 그 뜻을 성실히 한다는 것은 스스로 속이지 않는 것이니, 악(惡)을 싫어하기를 악취(惡臭)를 싫어하는 것과 같이 하고, 선(善)을 좋아하기를 여색 좋아하는 것과 같이 하여야 하니, 이것을 자겸(自慊)이라 이른다. 그러므로 군자는 반드시 그 홀로를 삼가는 것이다.(所謂誠其意者, 毋自欺也, 如惡惡臭, 如好好色, 故君子必愼其獨也.)"라는 말이 있고, 전8장에 "그러므로 좋아하면서도 그의 나쁨을 알며, 미워하면서도 그의 아름다움을 아는 자는 천하에 적은 것이다.(故好而知其惡, 惡而知其美者, 天下鮮矣.)"라는 말이 있다.

수신장에서 홀로를 삼갈 수 없는 것을 말하였으니, 좋아하고 미워하는 치우침은 그 집안을 가지런히 하기에 부족하다는 것이고, 이 장에서 자로 잴 수 없는 것을 말하였으니, 좋아하고 미워하는 치우침은 천하를 바로잡는 것에 부족하다는 것이다. 이른바 문맥이 관통하는 것을 또 여기에서 알 수 있다."552)

○ 沙溪曰 : "雲峰說牽合."
사계(沙溪 : 金長生)가 말하였다. "운봉의 설명은 억지로 합한다."

○ 人情之所好莫如財, 故好惡節之下遂說出財字. 蓋得衆之道在乎足財, 孟子制産而王亦此意也.
사람이 마음으로 좋아하는 것들로는 재물만 한 것이 없기 때문에 '좋아하고 싫어한다.'라는 절의 아래에서 마침내 재물이라는 말로 설명하였다. 민중을 얻는 방법은 재물을 풍족하게 해 주는 데 있으니, 맹자가 재물을 다스려서 왕 노릇한다는 것도 이런 의미이다.

[傳10-6]

是故, 君子先愼乎德. 有德此有人, 有人此有土, 有土此有財, 有財此有用.

이렇기 때문에 군자는 먼저 덕을 삼가는 것이다. 덕이 있으면 이 인민이 있고, 인민이 있으면 이 토지가 있으며, 토지가 있으면 이 재물이 있고, 재물이 있으면 이 소용이 있는 것이다.

---

552) 앞의 세 구절은 좋아하고 싫어하는 것으로 자로 재는 것을 …… 관통하는 것을 또 여기에서 알 수 있다 : 호광 편(胡廣 編), 『대학장구대전(大學章句大全)』「전」10장에는 "앞의 세 구절은 좋아하고 싫어하는 것으로 자로 재는 것을 말하였다. '좋아하고 싫어한다.'라는 말은 이미 성의장과 수신장의 두 장에 있다. 다만 성의장은 좋아하고 싫어하는 것이 자신에게 있다는 것이고, 수신장은 미루어서 남에게 있는 것을 좋아하고 싫어하는 것이며, 이 장은 또 미루어서 천하의 사람들을 좋아하고 싫어하는 것이다. 성의장에서 홀로를 삼가는 것을 위주로 하였으니, 그 좋아하고 싫어함은 한결같이 진실이고 가식이 없는 것이고, 이 장에서 자로 재는 것을 위주로 그 좋아하고 싫어함이 한결같이 공평하고 사사로움이 없는 것이다. 수신장에서 홀로를 삼갈 수 없는 것을 말하였으니, 좋아하고 미워하는 치우침은 그 집안을 가지런히 하기에 부족하다는 것이고, 이 장에서 자로 잴 수 없는 것을 말하였으니, 좋아하고 미워하는 치우침은 천하를 바로잡는 것에 부족하다는 것이니 자세히 음미하지 않아서는 안 된다. 홀로를 삼가는 것은 경으로 안을 바르게 하는 것이고, 자로 재는 것은 의로 밖을 방정하게 하는 것이다.(右第三節, 就好惡言絜矩. 蓋好惡二字已見誠意脩身二章, 特誠意章, 是好惡其在己者, 脩身章推之以好惡其在人者, 此章又推之以好惡天下之人者也. 誠意章主愼獨, 其爲好惡也, 一誠無僞, 此章主絜矩, 其爲好惡也, 一公無私. 脩身章, 是言不能愼獨, 則好惡之辟, 不足以齊其家, 此章是言不能絜矩, 則好惡之辟, 不足以平天下. 所謂血脈貫通者, 又於此見之, 不可不詳味也. 愼獨, 是敬以直內, 絜矩, 是義以方外.)"라고 되어 있다.

|朱註|

"先愼乎德", 承上文'不可不謹'而言. 德卽所謂明德.
먼저 덕(德)을 삼간다는 것은 위 글의 '삼가지 않을 수 없다[不可不謹]'는 것을 이어서 말한 것이다. 덕(德)은 곧 이른바 '밝은 덕[明德]'이다.

|詳說|

○ 一作謹.
'선신호덕(先愼乎德)'에서 '신(愼 : 삼간다)'자는 어떤 판본에는 '근(謹 : 삼간다)'자로 되어 있다.

○ 照「經」首.
'덕즉소위명덕(德卽所謂明德 : 덕(德)은 곧 이른바 '밝은 덕[明德]'이다''의 경우, 「경(經)」의 머리 부분을 비추어 봤다.

○ 朱子曰 : "所以謹之, 亦曰格致誠正以修其身而已."
주자(朱子)가 말하였다. "삼가는 것도 '사물의 이치를 궁구하고 지식을 지극하게 하며 뜻을 진실하게 하고 뜻을 바르게 해서 자신을 닦는 것일 뿐이다."

|朱註|

有人謂得衆, 有土謂得國, 有國則下患無財用矣.
'인민이 있다[有人]'는 것은 민중을 얻음을 말하고, '토지가 있다[有土]'는 것은 나라를 얻음을 말한다. 나라가 있으면 재물의 소용이 없음을 걱정할 필요가 없다.

|詳說|

○ 『大全』曰 : "應上文'得衆則得國'."553)
'유인위득중, 유토위득국(有人謂得衆, 有土謂得國 : '인민이 있다[有人]'는 것은 민중을 얻음을 말하고, '토지가 있다[有土]'는 것은 나라를 얻음을 말한다)'에 대해, 『대학장구대전(大學章句大全)』에서 말하였다. "앞의 글 '민중을 얻으면 나라를 얻는다.'라는 말과 호응한다."

---

553) 호광 편(胡廣 編), 『대학장구대전(大學章句大全)』.

○ 財是土地所出者.
재물은 토지에서 나오는 것이다.

○ 按：饒氏以爲"此"猶"斯"也者, 得之. 斯字有則字義, 註中一則字, 所以該四此字也.
살펴보건대, 요씨는 '차(此 : 이)'자를 '사(斯)'자와 같다고 여겼는데, 옳다. '사(斯)'에는 '즉(則 : ～하면)'이라는 의미가 있다. 주석에서 '즉(則 : ～하면)'자는 네 번의 '차(此)'를 갖추기 위한 것이다.

○ 栗谷曰："柳眉嚴云'用, 器用也', 不是."
율곡(栗谷 : 李珥)이 말하였다. "유미엄(柳眉嚴)이 '씀은 기물의 쓰임이다.'라고 했는데 옳지 않다."

○ 按, 卽後節'用之者舒'之用.
살펴보건대, 곧 뒷 절의 '쓰기를 느리게 한다.'라고 할 때의 쓰기이다.

○ 新安陳氏曰："此章言財用始於此. 財用本於明德而有之, 非私有也."554)
신안 진씨(新安陳氏 : 陳櫟)가 말하였다. "이 장에서 '재물의 소용이 여기에서 시작된다는 것은 그것이 밝은 덕에 근본해서 있다는 것이지 사사롭게 소유하는 것이 아니라는 말이다."555)

[傳10-7]

德者, 本也, 財者, 末也.

덕(德)은 근본이고, 재물은 말엽이니,

---

554) 호광 편(胡廣 編),『대학장구대전(大學章句大全)』.
555) 이 장에서 '재물의 소용이 여기에서 …… 사사롭게 소유하는 것이 아니라는 말이다 : 호광 편(胡廣 編),『대학장구대전(大學章句大全)』「전」10장에는 "밝은 덕을 게시해서 여기의 덕(德) 자를 풀이하면, 밝은 덕을 밝히는 것이『대학(大學)』이라는 책에서 강령임을 안다. 이 장에서 재물의 소용이 여기에서 시작된다는 것은 그것이 덕을 삼가는 덕에 근본해서 있다는 것이지 사사롭게 소유하는 것이 아니라는 말이다.(揭明德, 訓此德字, 見明明德, 爲『大學』一書之綱領. 此章言財用始於此, 財用之有本於愼德而有之, 非私有也.)"라고 되어 있다.

朱註

本上文而言.

앞의 글을 근본으로 하여 말하였다.

詳說

○ 新安陳氏曰 : "有德而後有人有土, 有土而後方有財, 可見德爲本而財爲末矣."556)

신안 진씨(新安陳氏 : 陳櫟)가 말하였다. "덕이 있는 다음에 인민이 있고, 인민이 있는 다음에 토지가 있으며, 토지가 있는 다음에 재물이 있으니, 덕이 근본이고 재물이 말엽임을 알 수 있다."

[傳10-8]

外本內末, 爭民施奪.

근본을 밖으로 하고 말엽을 안으로 하면, 백성을 다투게 하여 겁탈하는 가르침을 베푸는 것이다.

朱註

人君以德爲外, 以財爲內, 則是爭鬪其民, 而施之以劫奪之敎也.

임금이 덕을 밖으로 여기고 재물을 안으로 여긴다면, 백성을 다투고 싸우게 하여 겁탈하는 가르침을 베푸는 것이다.

詳說

○ 猶言後義而先利.

'이덕위외, 이재위내(以德爲外, 以財爲內 : 덕을 밖으로 여기고 재물을 안으로 여긴다면)'은 '의를 뒤로 하고 이익을 앞세운다.'557)라고 말하는 것과 같다.

---

556) 호광 편(胡廣 編), 『대학장구대전(大學章句大全)』.
557) 의를 뒤로하고 이익을 앞세운다 : 『맹자(孟子)』「양혜왕상(梁惠王上)」에 "왕께서 '어떻게 하면 내 나라를 이롭게 할까?'라고 하시면, 대부들은 '어떻게 하면 내 집안을 이롭게 할까?'라고 하며, 사(士)·서인(庶人)들은 '어떻게 하면 내 몸을 이롭게 할까'라고 하면서 윗사람과 아랫사람이 서로 이익을 취한다면 나라가 위태로울 것입니다. 만승의 나라에 그 임금을 시해하는 자는 반드시 천승을 가진 공경의 집안이요, 천승의 나라에 그 임금을 시해하는 자는 반드시 백승을 가진 대부의 집안이니, 만승에 천승을 취하고 천승에 백승을 취함이 많지 않은 것은 아니지만, 만일 의를 뒤로 하고 이익을 앞세우면, 빼앗지 않으면 만족해하지 않습니다.(王曰'何以利吾國', 大夫曰'何以利吾家', 士庶人曰'何以利吾身,' 上下交征利, 而國危矣. 萬乘之國,

○ 使民鬪也.
'쟁투기민(爭鬪其民 : 백성을 다투고 싸우게 하여)'는 백성들이 싸우게 한다는 말이다.

○ 添'敎'字.
'시지이겁탈지교야(施之以劫奪之敎也)'의 경우, '교(敎 : 가르침)'라는 글자를 더하였다.

○ '爭民施奪'一句, 古人之語, 奧簡.
'쟁투기민, 이시지이겁탈(爭鬪其民, 而施之以劫奪 : 백성을 다투고 싸우게 하여 겁탈하는 가르침을 베푸는 것이다.'을 줄인 '쟁민시탈(爭民施奪)'이라는 한 구절은 옛사람의 말로 심오하면서 간결하다.

朱註
蓋財者, 人之所同欲, 不能絜矩, 而欲專之, 則民亦起而爭奪矣.
대개 재물은 사람들이 똑같이 원하는 것이니, 자로 재지 못해 독차지하고자 한다면 백성들 또한 일어나 다투어 빼앗게 될 것이다.

詳說
○ 照前節註.
'인지소동욕(人之所同欲)'의 경우, 앞 절의 주석에 비춰 보라.

○ 四提'絜矩'.
'불능혈구(不能絜矩)'에서 '혈구(絜矩)'는 네 번째로 '자로 잰다.'라는 말을 제시하였다.

○ 三山陳氏曰 : "上欲專之則不均平, 便是不能絜矩."558)
'욕전지(欲專之 : 독차지하고자 한다면)'에 대해, 삼산 진씨(三山陳氏 : 陳孔碩)가 말하였다. "위에서 독차지하고자 한다면, 고르게 되고 바로잡히지 않으니,

───────────
弑其君者, 必千乘之家, 千乘之國, 弑其君者, 必百乘之家, 萬取千焉, 千取百焉, 不爲不多矣. 苟爲後義而先利, 不奪不饜.)"라는 말이 있다.
558) 호광 편(胡廣 編), 『대학장구대전(大學章句大全)』.

자로 잴 수 없는 것이다."559)

○ 朱子曰 : "民效尤相攘奪."560)
'민역기이쟁탈의(民亦起而爭奪矣 : 백성들 또한 일어나 다투어 빼앗게 될 것이다)'에 대해, 주자(朱子)가 말하였다. "백성들이 바로 본받아 더욱 서로 노략질하고 서로 빼앗는다."561)

○ 蓋字以下申論本文二句之意.
'개(蓋 : 대개)'라는 글자 아래로는 거듭 본문 두 구절의 의미를 논하였다.

[傳10-9]
是故財聚則民散, 財散則民聚.
이렇기 때문에 재물이 모이면 백성이 흩어지고, 재물이 흩어지면 백성들이 모이는 것이다.

朱註

外本內末, 故財聚, 爭民施奪, 故民散. 反是則有德而有人矣.
근본을 밖으로 하고, 말엽을 안으로 하기 때문에 재물이 모이는 것이고, 백성을 다투게 하여 겁탈하는 가르침을 베풀기 때문에 백성이 흩어지는 것이다. 이와 반대로 하면 덕이 있어서 인민이 있게 될 것이다.

詳說

○ 承上節而釋上句.
'외본내말, 고재취, 쟁민시탈, 고민산(外本內末, 故財聚, 爭民施奪, 故民散)'은 앞의 구절을 이어받아 위의 구절을 해석하였다.

---

559) 위에서 독차지하고자 한다면, 고르게 되고 바로잡히지 않으니, 자로 잴 수 없는 것이다 : 호광 편(胡廣 編), 『대학장구대전(大學章句大全)』「전」10장에는 "재물은 사람들이 똑같이 원하는 것인데, 위에서 독차지하고자 한다면, 고르게 되고 바로잡히지 않으니, 자로 잴 수 없는 것이다.(財人所同欲, 上欲專之, 則不均平, 便是不能絜矩.)"라고 되어 있다.
560) 호광 편(胡廣 編), 『대학장구대전(大學章句大全)』.
561) 백성들이 바로 본받아 더욱 서로 노략질하고 서로 빼앗는다 : 호광 편(胡廣 編), 『대학장구대전(大學章句大全)』「전」10장에는 "백성들은 본래 다투어 빼앗을 필요가 있는 것이 아니다. 오직 위에 있는 사람들이 덕을 바깥으로 여겨 사납게 빼앗고 횡포하게 취하면, 백성이 바로 본받아 더욱 서로 노략질하고 서로 빼앗으니, 위에서 교화가 이처럼 그들을 얻게 한다는 것이다.(民本不是要爭奪. 惟上之人以德爲外, 而暴征橫斂, 民便效尤相攘相奪, 是上敎得他如此.)"라고 되어 있다.

○ 承前節而釋下句.

'반시칙유덕이유인의(反是則有德而有人矣)'는 앞의 구절을 이어받아 아래 구절을 해석하였다.

○ 東陽許氏曰："散財不是上之人把財與人, 只取於民有制."562)

동양 허씨가 말하였다. "'재물이 흩어진다.'라는 것은 윗사람들이 재물을 인민들에게 준다는 것이 아니라 단지 백성들에게 취함에 다스림이 있는 것일 뿐이다."563)

[傳10-10]

是故言悖而出者, 亦悖而入, 貨悖而入者, 亦悖而出.

이렇기 때문에 말이 도리에 어긋나게 나간 것은 또한 도리에 어긋나게 들어오는 것이고, 재물이 도리에 어긋나게 들어온 것은 또한 도리에 어긋나게 나가는 것이다.

詳說

○ 悖, 布內反.

'시고언패이출자(是故言悖而出者)'에서 '패(悖 : 어긋나다)'자의 음은 '포(布)'와 '내(內)'의 반절이다.

朱註

悖, 逆也. 此以言之出入, 明貨之出入也. 自'先愼乎德'以下至此, 又因財貨以明能絜矩, 與不能者之得失也.

'어긋나다[悖]'는 것은 어그러졌다는 것이다. 이것은 말의 나가고 들어옴을 가지고 재물의 나가고 들어옴을 밝힌 것이다. '먼저 덕을 삼가는 것이다[先謹乎德]'는 구절 아래로부터 여기까지는 또한 재화(財貨)를 가지고 잴 수 있는 것과 잴 수 없는

---

562) 호광 편(胡廣 編), 『대학장구대전(大學章句大全)』.
563) '재물이 흩어진다.'라는 것은 윗사람들이 재물을 …… 취함에 다스림이 있는 것일 뿐이다 : 호광 편(胡廣 編), 『대학장구대전(大學章句大全)』「전」10장에는 "'재물이 모이면 백성이 흩어진다.'라는 것은 자로 잴 수 없어 백성들에게 취함에 다스림이 없는 해로움이라는 말이다. '재물이 흩어지면 백성들이 모인다.'라는 것은 자로 잴 수 있어 백성들에게 취함에 다스림이 있는 이로움이라는 말이다. 재물이 흩어지게 하는 것은 윗사람들이 재물을 인민들에게 주게 하는 것이 아니라 얻어야 할 것을 취하는 것에 불과한 것일 뿐이다. 대개 토지에서 나오는 것은 허다한 것들이 있는데, 위에서 취하는 것이 많으면 아래에서 적게 된다.(財聚民散, 言不能絜矩, 取於民, 無制之害. 財散民聚, 言能絜矩, 取於民, 有制之利, 散財不是要上之人把財與人, 只是取其當得者而不過. 蓋土地所生, 只有許多數目, 上取之多, 則在下少.)"라고 되어 있다.

것의 득실을 밝혔다.

詳說

○ 三山陳氏曰 : "言與貨, 其出入雖不同, 其爲不可悖, 一也."564)
 '언지출입, 명화지출입야(言之出入, 明貨之出入也 : 말의 나가고 들어옴을 가지고 재물의 나가고 들어옴을 밝힌 것)'에 대해, 삼산 진씨(三山陳氏 : 陳孔碩)가 말하였다. "말과 재화는 그 나가고 들어옴이 같지 않을지라도 그것이 어긋나지 않아야 하는 것에서는 마찬가지이다."565)

○ 一作謹.
 '선신호덕(先愼乎德)'에서 '신(愼 : 삼가다)'자는 어떤 판본에는 '근(謹 : 삼가다)'자로 되어 있다.

○ 五提'絜矩'.
 '명능혈구(明能絜矩)'에서 '혈구(絜矩)'는 다섯 번째로 '자로 잰다.'라는 것을 제시하였다.

○ 總五節而論之. 本文凡三言'是故'字, 正相照應.
 다섯 절을 총괄해서 말하였다. 본문에서 모두 세 번 '이렇기 때문에[是故]'라는 말을 했으니, 바로 서로 호응하는 것들이다.

[傳10-11]

「康誥」曰 : "惟命不于常." 道善則得之, 不善則失之矣.

「강고(康誥)」에서 "천명은 일정한 곳에 하지 않는다."라고 하였으니, 선하면 얻고, 그렇지 못하면 잃는다는 말이다.

---

564) 호광 편(胡廣 編), 『대학장구대전(大學章句大全)』.
565) 말과 재화는 그 나가고 들어옴이 …… 어긋나지 않아야 하는 것에서는 마찬가지이다 : 호광 편(胡廣 編), 『대학장구대전(大學章句大全)』「전」 10장에는 "싫은 소리를 사람들에게 하면 그 사람도 자신에게 똑같이 하고, 도리가 아닌 것으로 사람들의 재물을 취하면 그 사람도 자신에게 똑같이 자신에게 빼앗아 간다. 말과 재화는 그 나가고 들어옴이 같지 않을지라도 모두 이치로 귀결되니, 그것들이 어긋나지 않게 해야 되는 것은 마찬가지이다.(以惡聲加人, 人必以惡聲加己, 以非道取人之財, 人必以非道奪之. 言與貨, 其出入雖不同, 而皆歸諸理, 其爲不可悖一也.)"라고 되어 있다.

朱註

道, 言也. 因上文引「文王」詩之意而申言之, 其丁寧反覆之意益深切矣.

'말이다[道]'라는 것은 '말한다'는 것이다. 위의 글에서 「문왕(文王)」 시를 인용한 뜻으로 말미암아 거듭 말하였으니, 그 간곡하게 반복하는 뜻이 더욱 깊고 간절하다.

詳說

○ 玉溪盧氏曰 : "'命不于常', 即'駿命不易'之意. 善則得, 不善則失, 即得國、失國之意. 善, 即'止至善'之善."566)

옥계 노씨(玉溪盧氏 : 盧孝孫)가 말하였다. "'천명은 일정한 곳에 하지 않는다.'라는 말은 곧 '높은 명은 보존하기가 쉽지 않다.'라는 의미이다. '선하면 얻고 그렇지 못하면 잃는다.'라는 것은 곧 '나라를 얻고 나라를 잃는다.'라는 의미이다."567)

○ 音福.

'정녕반복(丁寧反覆)'에서 복(覆 : 반복하다)'자의 음은 '복(福 : 복)'이다.

○ 玉溪盧氏曰 : "此引『書』以結前五節之意."568)

옥계 노씨(玉溪盧氏 : 盧孝孫)가 말하였다. "여기에서는 『서경(書經)』의 글을 인용하여 앞의 다섯 절의 뜻을 매듭지었다."569)

---

566) 호광 편(胡廣 編), 『대학장구대전(大學章句大全)』.
567) '천명은 일정한 곳에 하지 않는다.'라는 말은 …… '나라를 얻고 나라를 잃는다.'라는 의미이다 : 호광 편(胡廣 編), 『대학장구대전(大學章句大全)』「전」10장에는 "덕이 있으면 자로 잴 수 있어 이것을 선함이라고 하니, 사람들의 마음을 얻을 수 있는 것이 여기에 있기 때문이고 천명을 얻을 수 있는 것도 여기에 있기 때문이다. 덕이 없으면 자로 잴 수 없어 이것을 선하지 않음이라고 하니, 사람들의 마음을 잃는 것이 여기에 있기 때문이고, 천명을 잃는 것도 여기에 있기 때문이다. 사람들의 마음이 돌아오면 천명도 돌아오고, 사람들의 마음이 떠나가면 천명도 떠나가니, 천명이 일정하지 않다는 것인데, 바로 천명은 일정하다는 것이다. 여기에서는 「강고」의 글을 인용하여 앞의 다섯 절의 뜻을 매듭지었는데, 「문왕」 시를 인용한 것과 서로 상응한다. '천명은 일정한 곳에 하지 않는다.'라는 말은 곧 '높은 명은 보존하기가 쉽지 않다.'라는 의미이다. '선하면 얻고 그렇지 못하면 잃는다.'라는 것은 곧 '나라를 얻고 나라를 잃는다.'라는 의미이다. 그러니 여기에서 말한 선은 지극한 선에 머문다고 할 때의 선이다.(有德則能絜矩, 是之謂善, 所以得人心在此, 所以得天命亦在此. 無德則不能絜矩, 是謂不善, 所以失人心在此, 所以失天命亦在此. 人心歸則天命歸, 人心去則天命去, 是天命之不常, 乃所以爲有常也. 此引康誥之書, 以結前五節之意, 與前引「文王」詩相應. 命不于常, 即峻命不易之理, 善則得, 不善則失, 即得國失國之意. 此所謂善即止至善之善.)"라고 되어 있다.
568) 호광 편(胡廣 編), 『대학장구대전(大學章句大全)』.
569) 여기에서는 『서경(書經)』의 글을 인용하여 앞의 다섯 절의 뜻을 매듭지었다 : 호광 편(胡廣 編), 『대학장구대전(大學章句大全)』「전」10장에는 "사람들의 마음이 돌아오면 천명도 돌아오고, 사람들의 마음이 떠나가

○ 雲峰胡氏曰 : "右第四節, 就財用言絜矩."570)

운봉 호씨(雲峯胡氏 : 胡炳文)가 말하였다. "앞의 네 절에서는 재화의 소용을 가지고 자로 재는 것을 말하였다."571)

[傳10-12]
『楚書』曰 : "楚國無以爲寶, 惟善以爲寶."

『초서(楚書)』에서 "초(楚)나라에서는 보배로 삼을 것이 없고, 오직 선한 사람을 보배로 삼는다."라고 하였다.

朱註
『楚書』, 「楚語」.
『초서(楚書)』는 「초어(楚語)」이다.

詳說
○ 『國語』.
'『초서』, 「초어」(『楚書』, 「楚語」)'는 『국어(國語)』에 들어 있다.

○ 三山陳氏曰 : "楚史官所記之策書."572)
'『초서』, 「초어」(『楚書』, 「楚語」)'에 대해, 삼산 진씨(三山陳氏 : 陳孔碩)가 말하였다. "초나라 사관이 기록한 책이다."

면 천명도 떠나가니, 천명이 일정하지 않다는 것인데, 바로 천명은 일정하다는 것이다. 여기에서는 「강고」의 글을 인용하여 앞의 다섯 절의 뜻을 매듭지었는데, 「문왕」 시를 인용한 것과 서로 상응한다. '천명은 일정한 곳에 하지 않는다.'라는 말은 곧 '높은 명은 보존하기가 쉽지 않다.'라는 의미이다. '선하면 얻고 그렇지 못하면 잃는다.'라는 것은 곧 '나라를 얻고 나라를 잃는다.'라는 의미이다. 그러니 여기에서 말한 선은 지극한 선에 머문다고 할 때의 선이다.(人心歸則天命歸, 人心去則天命去, 是天命之不常, 乃所以爲有常也. 此引「康誥」之書, 以結前五節之意, 與前引「文王」詩相應. 命不于常, 卽峻命不易之理, 善則得, 不善則失, 卽得國失國之意. 此所謂善卽止至善之善.)"라고 되어 있다.

570) 호광 편(胡廣 編), 『대학장구대전(大學章句大全)』.
571) 앞의 네 절에서는 재화의 소용을 가지고 자로 재는 것을 말하였다 : 호광 편(胡廣 編), 『대학장구대전(大學章句大全)』「전」10장에는 "앞의 네 절에서는 재화의 소용을 가지고 자로 재는 것을 말하였다. 좋아하고 싫어함을 자로 잴 수 없어 자신에게 맡긴 것을 사사롭게 하면 천하를 바로잡을 수 없다. 재화의 소용을 자로 잴 수 없어 백성들을 피폐하게 하고 자신을 살찌우면 또한 천하를 바로잡을 수 없다. 천하를 바로잡고자 할 경우에는 깊이 경계하고 반성하지 않아서는 안 된다.(右第四節, 就財用言絜矩. 若好惡不能絜矩, 任己自私, 不可以平天下. 財用不能絜矩, 瘠民自肥, 亦不可以平天下. 欲平天下者, 不可不深自警省也.)"라고 되어 있다.
572) 호광 편(胡廣 編), 『대학장구대전(大學章句大全)』. "楚史官所記之策書也."

○ 古括鄭氏曰 : "楚昭王時書."573)

'『초서』,「초어」(『楚書』,「楚語」)'에 대해, 고괄 정씨(古括鄭氏)가 말하였다. "초나라 소왕 당시의 책이다."

朱註

言不寶金玉而寶善人也.

금(金)이나 옥(玉)을 보배로 여기지 않고 선한 사람을 보배로 여긴다는 말이다.

詳說

○ 以『國語』考之, 蓋指白珩.

'불보금옥(不寶金玉 : 금(金)이나 옥(玉)을 보배로 여기지 않고)'에 대해서는 『국어』로써 상고해 보면 '흰 패옥[白珩]'574)을 가리킨다.

○ 添'人'字.

'보선인야(寶善人也)'의 경우, '인(人 : 사람)'이라는 글자를 더하였다.

○ 以『國語』考之, 蓋指觀射父左史倚相.

『국어』로써 상고해 보면, '관석보(觀射父)'575)와 '좌사 의상(左史倚相)'576)이다.

---

573) 호광 편(胡廣 編), 『대학장구대전(大學章句大全)』. "楚書楚昭王時書也."
574) 흰 패옥[白珩] : 『국어(國語)』「초어(楚語)」에 전국 시대 초(楚)나라의 대부(大夫) 왕손어가 진(晉)나라에 사신으로 갔는데, 조간자(趙簡子)가 "초나라의 보배인 백형(白珩)은 아직도 있는가?"라고 하고 묻자, 왕손어는 "그것은 보배가 아닙니다. 우리 초나라에서 보배로 삼는 것은 관석보(觀射父) 등 임금을 도와 정사를 하는 어진 이들입니다."라고 하였다고 한다.
575) 관석보(觀射父) : 왕당(王當), 『춘추신전(春秋臣傳)』 권23에 "왕손어가 진나라에 사신으로 가니, 정공이 잔치를 베풀어 주었다. 조간자가 옥을 울리며 거들면서 왕손어에게 물었다. '초나라의 백형은 아직도 있습니까? 그것이 보배가 되는 것이 어느 정도입니까?' 답하였다. '보배로 삼는 것이 없습니다. 초나라에서 보배로 여기는 것은 관석보가 훈사를 지어 제후에게 일을 행하고 저희 임금께 구실로 삼는 것이 없게 하는 것입니다.'(王孫圉聘于晉, 定公享之. 趙簡子鳴玉以相, 問於王孫圉, 曰: '楚之白珩猶在乎. 其爲寶也幾何.' 曰: '未嘗爲寶. 楚之所寶者, 觀射父能作訓辭以行事於諸侯, 使無以寡君爲口實.')"라는 말이 있다.
576) 좌사 의상(左史倚相) : 『국어(國語)』「초어(楚語)」에 "좌사(左史) 벼슬에 있던 의상(倚相)이 조정에서 신공(申公) 자미(子亹)를 뵙고자 하였는데, 자미가 나오지 아니하여 좌사가 헐뜯는 말을 한 것을, 거백(舉伯)이 그대로 고자질하였다. 자미가 성을 내어 나와 '네가 나를 늙어 정신없는 사람으로 생각하고서 나를 버리고 또 나를 비방하는 것이 아니더냐?'라고 하였다. 좌사가 '어르신께서 늙어 정신이 없는 까닭에 찾아뵙고서 도와 깨우쳐 드리고자 한 것입니다. 만일 어르신께서 한창 장년의 나이에 능히 모든 일을 경영하고 계시면, 의상은 분주히 오가며 일 순서에 따른 지시를 받들기에도 시간이 모자랄 터입니다. 어느 겨를에 뵈러 올 틈이 나겠습니까? 옛날 위무공(衛武公)은 나이가 95세였는데도 오히려 나라 사람들에게 훈계해 '경(卿)으로부터 아래로 대부(大夫)와 여러 사(士)들까지 진실로 조정에서 일하는 자들은 나를 늙어 정신없는 사람이라 여기고서 나를 버리지 말고, 반드시 조정에서 공경하고 조심하고 아침부터 저녁까지 두루두루 나를 경계시켜 주도록 하라. 한두 마디라도 나에 관한 말을 들었거든, 반드시 외워 기억하였다가 나에게 말해 주어서 나를 가르쳐 인도해야 할 것이다.'라고 하시고서 수레에 있을 때는 호위하는 군사들의 간하는

[傳10-13]

舅犯曰 : "亡人無以爲寶, 仁親以爲寶."

구범(舅犯)이 말하였다. "도망 온 사람은 보배로 여길 것이 없고, 어버이를 사랑함을 보배로 여깁니다."

朱註

舅犯, 晉文公舅狐偃, 字子犯.

구범(舅犯)은 진(晉)나라 문공(文公)의 외삼촌인 호언(狐偃)으로 자(字)가 자범(子犯)이다.

詳說

○ 九字一句.

'진문공구호언, 자자범(晉文公舅狐偃, 字子犯 : 진(晉)나라 문공(文公)의 외삼촌인 호언(狐偃)으로 자(字)가 자범(子犯)이다)' 아홉 글자가 한 구절이다.

○ 云'舅犯'者, 是晉人之辭.

'구범(舅犯)'이라고 한 것은 진나라 사람의 말이다.

朱註

亡人, 文公時爲公子, 出亡在外也. 仁, 愛也. 事見「檀弓」.

'도망 온 사람[亡人]'은 문공(文公)이 당시 공자(公子)로 나가 망명하여 밖에 있었기 때문이다. '인(仁)'은 '사랑한다[愛]'는 말이다. 이 사실은 『예기』「단궁(檀弓)」에

말을 들었고, 위저(位宁)에서는 관아의 으뜸 관원들로부터 전장(典章) 제도에 관한 말을 들었고, 궤에 기대어 있을 때는 궤에 써 둔 악사(樂師)들이 전하는 말을 읽으셨고, 침소에 들어서는 가까이 모시는 신하들에게 간하도록 하였고, 군사 관계 일이나 제사에 임하여서는 악사와 태사(太史)의 지도가 있었고, 한가로이 거처하며 쉬실 적에는 악사가 옛 시(詩)를 읊어 드렸습니다. 사관(史官)은 임금의 말씀을 놓치지 아니하고 모두 기록하며 소경들은 때맞춰 옛 훌륭한 말씀들을 외워 올려 훈계의 말로 인도하였습니다. 이에 의계(懿戒)를 지어서 스스로를 깨우치셨습니다. 그분이 돌아가시자 그를 '슬기롭고 성스러운 무공[叡聖武公]'이라 하였습니다. 어르신께서 참으로 슬기롭거나 성덕을 갖추지 못하였다 하더라도 저에게야 무슨 해될 일이 있겠습니까? 『주서(周書)』에서 「문왕(文王)께서 해가 중천에 떠서 기울어지기까지 밥 먹을 겨를조차 없이 백성들에게 은혜를 입히며, 정사를 공손히 수행하였다.」라고 했습니다. 문왕께서도 오히려 감히 게을리 하지 못했다 하였습니다. 지금 어르신께서는 초나라의 원로로서 스스로를 편안히 하고자 하여 비방하는 자마저 막고자 드시는데 왕께서는 앞으로 어떠하시겠습니까? 만일 늘 이와 같다면, 초나라는 정치가 잘 되기 어려울 것입니다.'라고 하니, 자미가 두려워하며, '나의 잘못이다.'라고 하고서, 급히 나와서 좌사를 접견하였다."라는 말이 있다.

보인다.

詳說

○ 『大全』曰 : "名重耳."577)
'문공시위공자(文公時爲公子 : 문공(文公)이 당시 공자(公子))'에 대해, 『대학장구대전(大學章句大全)』에서 말하였다. "이름은 중이(重耳)이다."

○ 未爲君時.
'문공시위공자(文公時爲公子 : 문공(文公)이 당시 공자(公子))'의 경우, 아직 임금이 되지 않았을 때이다.

○ 出亡, 故稱'亡人'.
나가 망명하여 있었기 때문에 '도망 온 사람'이라고 하였다.

○ 此'仁'字輕說.
여기서의 '인(仁)'이라는 글자는 가볍게 말한 것이다.

○ 音現.
'사현「단궁」(事見「檀弓」)'에서 '현(見 : 드러나다)'자의 음은 '현(現 : 드러나다)'이다.

○ 『禮記』.
'사현「단궁」(事見「檀弓」)'에서 「단궁」은 『예기』의 편명이다.

○ 以「檀弓」考之, 上'寶'字蓋指國也, '親'卽獻公也.
『예기』「단궁」으로 고찰해 보면, 앞에 있는 '보배'라는 말은 나라를 가리키고, '어버이'라는 말은 곧 헌공(獻公)이다.

○ 古括鄭氏曰 : "時文公亡在翟, 獻公薨, 秦穆公使人吊之, 勸之復國, 犯爲之對此辭."

---

577) 호광 편(胡廣 編), 『대학장구대전(大學章句大全)』.

고괄 정씨(古括鄭氏)가 말하였다. "당시 문공(文公)은 적(翟) 땅에 망명해 있었는데, 헌공(獻公)이 돌아가자 진목공(秦穆公)이 사람을 시켜 조문하고 나라로 돌아갈 것을 그에게 권했으니, 구범이 그 때문에 이 말로 대답한 것이다."578)

朱註
此兩節, 又明不外本而內末之意.
이 두 절에서는 또 근본을 밖으로 하고 말엽을 안으로 하지 않는 뜻을 밝혔다.

詳說
○ 前節.
앞의 절이다.

○ 雲峰胡氏曰: "右第五節, 當連上文善與不善看. 兩寶字結上文財用善仁, 又起下文之意. 蓋第三節言好惡, 第四節言財用, 此則兼財用好惡言也."579)
운봉 호씨(雲峯胡氏: 胡炳文)가 말하였다. "앞의 제 5절은 앞의 글 '선하다'와 '그렇지 않다'와 이어서 봐야 한다. 두 번의 '보배'라는 말은 앞의 글 재물의 소용과 선인을 보배로 삼는 것과 어버이를 사랑함을 매듭지으면서 또 아래 글의 의미를 일으킨 것이다. 3절에서 좋아하고 싫어함을 말하였고, 4절에서는 재물의 소용을 말하였으며, 여기에서는 재물의 소용을 겸하여 좋아하고 싫어함을 말하였다."580)

---

578) 당시 문공(文公)은 적(翟) 땅에 망명해 있었는데 …… 구범이 그 때문에 이 말로 대답한 것이다 : 호광 편(胡廣 編), 『대학장구대전(大學章句大全)』「전」10장에는 "문공이 당시에 여희의 참소를 피해 적 땅에 망명해 있었는데, 헌공이 돌아가자 진나라 목공이 자현을 시켜 사람을 시켜 조문하고 나라로 돌아갈 것을 그에게 권했으니, 구범이 그 때문에 이 말로 대답한 것이다.(文公時避驪姬之讒, 亡在狄, 而獻公薨, 秦穆公使子顯弔之, 勸之復國, 舅犯爲之對此辭也)"라고 되어 있다.
579) 호광 편(胡廣 編), 『대학장구대전(大學章句大全)』.
580) 앞의 제 5절은 앞의 글 '선하다'와 …… 겸하여 좋아하고 싫어함을 말하였다 : 호광 편(胡廣 編), 『대학장구대전(大學章句大全)』「전」10장에는 "앞의 제5절은 앞의 글 '선하다'와 '그렇지 않다'와 이어서 봐야 한다. 나에게서 오직 선한 사람을 보배로 삼는 것일 뿐이라면 그것을 얻어 남에게서도 당연히 오직 선한 사람을 보배로 여길 뿐이다. 여기서의 두 번의 '보배'라는 말은 앞의 글 재물의 소용과 오직 선인을 보배로 삼는 것과 어버이를 사랑함을 매듭지으면서 또 아래 글의 의미를 일으켰다. 3절에서 좋아하고 싫어함을 말하였고, 4절에서는 재물의 소용을 말하였으며, 여기에서는 재물의 소용을 겸하여 좋아하고 싫어함을 말하였다.(右第五節, 當連上文善與不善看. 在我者惟善, 則得之, 在人者亦當惟善, 是寶兩寶字結上文財用惟善仁親, 又起下文之意. 蓋第三節言好惡, 第四節言財用, 此則兼財用好惡言也.)"라고 되어 있다.

[傳10-14]

「秦誓」曰：“若有一个臣, 斷斷兮無他技, 其心休休焉, 其如有容焉. 人之有技, 若己有之, 人之彦聖, 其心好之, 不啻若自其口出, 寔能容之, 以能保我子孫黎民, 尚亦有利哉. 人之有技, 媢疾以惡之, 人之彦聖, 而違之俾不通, 寔不能容, 以不能保我子孫黎民, 亦曰殆哉.”

「진서(秦誓)」에서 "어떤 한 신하가 한결같이 성실하고 다른 기예가 없으나, 그 마음이 곱고 고와 용납함이 있는 듯하여, 다른 사람이 가지고 있는 기예를 자기가 소유한 것처럼 여기며, 남의 훌륭함과 '착함[聖]'을 그 마음에 좋아함이 자기 입에서 나온 것보다도 더한다면, 이는 다른 사람을 포용할 수 있는 것이어서, 나의 자손과 백성을 보전할 수 있는 것이니, 거의 또한 이로움이 있을 것이다. 다른 사람이 가지고 있는 기예를 시기하고 미워하며, 다른 사람의 훌륭함과 착함을 어겨서 통하지 못하게 하면, 이것은 포용할 수 없는 것이어서, 나의 자손과 백성을 보전하지 못할 것이니, 또한 '위태로울 것이다!' 라고 하였다." 라고 하였다.

詳說

○ 个, 古賀反. 『書』作介. 斷, 丁亂反. 媢, 音冒.

'약유일개신(若有一个臣)'에서 '개(个 : 낱)'자는 음이 '고(古)'와 '하(賀)'의 반절이다. 『서경(書經)』에서는 '개(介 : 갑옷)'로 되어 있다. '단단혜무타기(斷斷兮無他技)'에서 '단(斷 : 끊다)'자는 음이 '정(丁)'과 '란(亂)'의 반절이다. '모질이오지(媢疾以惡之)'에서 '모(媢 : 강샘하다)'자는 음이 '모(冒 : 무릅쓰다)'이다.

○ 个, 『諺』音誤.

'개(个)'자는 『언해』의 음이 잘못되었다.[581]

朱註

「秦誓」, 『周書』. 斷斷, 誠一之貌.

「진서(秦誓)」는 『주서(周書)』이다. '한결같이 성실하다[斷斷]'는 것은 정성스럽고 한결같은 모양이다.

---

581) 『언해』의 음이 잘못되었다 : 『언해』에는 "若약有유一일个개臣신"이라고 되어 있다.

詳說

○ '若有一个臣'一句, 當幷蒙下一人, 蓋利殆兩人, 其各爲'一个臣'均焉.

'어떤 한 신하가'라는 한 구절은 아울러 아래의 한 다른 사람까지 이어져야 하니,
이롭게 되고 위태롭게 되는 두 사람은 각기 어떤 한 신하로서 균등한 것이다.

○ 玉溪盧氏曰 : "斷斷無他技, 德有餘而才不足也."582)

'단단, 성일지모(斷斷, 誠一之貌 : '한결같이 성실하다[斷斷]'는 것은 정성스럽고 한결같은 모양이다)'에 대해, 옥계 노씨(玉溪盧氏 : 盧孝孫)가 말하였다. "'한결같이 성실하고 다른 기예가 없다.'라는 것은 덕은 충분하지만 재주가 부족하다는 것이다."583)

○ 南塘曰 : "'有容'二字, 卽'休休'之訓詁, 故不更訓."584)

남당이 말하였다. "'유용(有容 : 용납하다)'라는 두 글자는 곧 '곱고 곱다.'라는 말의 훈고이기 때문에 다시 풀이한 것이다."

---

582) 호광 편(胡廣 編), 『대학장구대전(大學章句大全)』 전10장에 옥계 노씨(玉溪盧氏 : 盧孝孫)(玉溪盧氏 : 盧孝孫)의 말로 실려 있다.

583) '한결같이 성실하고 다른 기예가 없다.'라는 것은 …… 재주가 부족하다는 것이다 : 호광 편(胡廣 編), 『대학장구대전(大學章句大全)』 전10장에는 "'어떤 한[一个]'이라는 말은 빼어나게 홀로 서 있으면서도 붕당이 없는 것을 말한다. '한결같이 성실하고 다른 기예가 없다.'라는 것은 덕은 충분하지만 재주가 부족하다는 것이다. '곱고 곱다.'라는 말은 그 뜻이 심장하고 담담하면서 욕심이 없다는 의미에다가 또 순수하게 지극한 선이라는 의미가 있다. '용납함이 있는 듯하다.'라고 한 것은 그 도량의 큼을 헤아릴 수 없어서 또 어떻게 이름 붙여 말할 수 없다는 것이다. '기예를 가지고 있는 것을 자기가 소유한 것처럼 여긴다.'라는 것은 천하의 재주 있는 사람들을 포용할 수 있으면 천하의 재주가 모두 자신의 재주라는 것이다. '자기가 소유한 것처럼 여긴다.'라는 것은 시기하고 미워하지 않을 뿐만이 아니라는 것이다. '훌륭함과 착함을 그 마음에 좋아함이 자기 입에서 나온 것보다 더한다.'라는 것은 천하의 덕 있는 사람들을 포용할 수 있으면 천하의 덕이 모두 자신의 덕이라는 것이다. '자기 입에서 나온 것보다 더한다.'라는 것은 선을 좋아함이 진실이어서 입으로는 자기의 마음을 다하기에 부족하다는 것이다. 천하의 재주와 덕을 자신의 재주와 덕으로 삼을 수 있다면 그 용납함을 믿을 수 있다. 앞에서는 '용납함이 있는 듯하다.'라고 한 구와 여기서 '포용할 수 있는 것이다.'라고 한 구는 서로 호응한다. 임금이 이런 사람을 등용하면 사람들과 나라에 유익함을 알 수 있다. 기예가 있는 것을 미워하고 훌륭함과 착함을 통하지 않게 하는 것은 천하의 재주와 덕을 자신의 재주와 덕으로 삼을 수 없는 것이다. 임금이 이런 사람을 등용하면 국가가 어찌 위태롭게 되지 않겠는가? 용납할 수 있는 자를 등용하면 그 이로움이 이와 같고 용납할 수 없는 자를 등용하면 그 해로움이 이와 같다. 임금이 재상을 선택하는 것은 이 때문이다. 이것이 또 자로 재는 것의 급선무이다.(一个挺然獨立, 而無朋黨之謂. 斷斷無他技, 德有餘而才不足也. 休休二字, 其意深長有淡然無欲之意, 又有粹然至善之意. 曰如有容, 其量之大不可得而測, 亦不可得而名言也. 有技若己有, 能容天下有才之人, 則天下之才, 皆其才也. 若己有之, 不特不媢疾而已. 彦聖心好, 不啻若自其口出, 能容天下有德之人, 則天下之德, 皆其德也. 不啻若自其口出, 好善有誠, 而口不足以盡其心也. 能以天下之才德爲己之才德, 信乎其能容矣. 前言如有容, 此言能容, 二句相應. 人君用此人, 其有益於人國可知. 有技疾惡之, 彦聖俾不通, 不能以天下之才德爲才德. 人君而用此人, 國家豈不危殆. 能容者用之, 其利如此, 不能容者用之, 其害又如此. 人主於擇一相者此也. 此又絜矩之先務也.)"라고 되어 있다.

584) 한원진(韓元震), 『남당선생문집(南塘先生文集)』 권20, 「서(書)」「답김백삼대학문목(答金伯三大學問目)」.

○ 按: 栗谷『諺解』上焉字不句絶, 南塘蓋得其意.
살펴보건대, 율곡(栗谷 : 李珥)의 『언해』로는 '언(焉)'자에서 끊어서는 안 되니, 남당이 그 뜻을 얻은 것이다.

○ 沙溪曰 : "一个臣休休有容, 玉溪說非本文之意."
사계(沙溪 : 金長生)가 말하였다. "'어떤 한 신하'와 '곱고 곱다.'라는 것과 '용납함이 있는 듯하다.'라는 것에 대해 옥계의 설명은 본문의 의미가 아니다."

○ 農巖曰 : "方氏說未然也."
농암(農巖 : 金昌協)이 말하였다. "방씨(方氏)의 설명은 그렇지 않다."585)

朱註
彦, 美士也. 聖, 通明也.
'훌륭함[彦]'은 아름다운 선비이고, 착함[聖]'은 통명(通明)함이다.

詳說
○ 三山陳氏曰 : "聖字專言則爲衆善之極, 對衆善而言, 則止於通明之一端."586)
삼산 진씨(三山陳氏 : 陳孔碩)가 말하였다. "'착함[聖]'이라는 말은 전적으로 말하면, 모든 선의 극치이니, 모든 선에 상대하여 말하면 통명이라는 한 단서에 머문다."

○ 沙溪曰 : "心之所好, 甚於口之所言."587)
사계(沙溪 : 金長生)가 말하였다. "마음으로 좋아하는 것은 입으로 말하는 것보다 심하다."

○ 玉溪盧氏曰 : "口不足以盡其心也. 前言'如有容', 此言'寔能

---

585) 방씨(方氏)의 설명은 그렇지 않다 : 호광 편(胡廣 編), 『대학장구대전(大學章句大全)』 '전' 10장에 "교봉 방씨가 말하였다. '용납함이 있는 듯하다.'라는 것은 미심쩍어 하는 말이다. 어떤 것에 누가 용납함이 있는 것 같다는 것은 누가 크게 용납함이 있다는 것에 미칠 수 없다는 말이다.'(蛟峯方氏曰 : '其如有容, 其疑辭也. 有甚物似他有容者, 言無可比他有容之大.')"라는 말이 있다.
586) 호광 편(胡廣 編), 『대학장구대전(大學章句大全)』.
587) 김간(金榦), 『후재선생집(厚齋先生集)』 권23, 「차기(箚記)·대학(大學)」.

容', 二句相應."588)

옥계 노씨(玉溪盧氏 : 盧孝孫)가 말하였다. "입으로는 자기의 마음을 다하기에 부족하다는 것이다. 앞에서는 '용납함이 있는 듯하다.'라고 한 구와 여기서 '포용할 수 있는 것이다.'라고 한 구는 서로 호응한다."589)

○ 寔, 實也. 容, 謂容賢也. "人之"至"口出", 是 "有容"之註脚而又以"寔能容"收之

'식(寔 : 이)'은 '진실로'라는 말이다. 용(容)은 현명한 이를 포용하는 일이다. "인지(人之)"에서 "구출(口出)"까지[人之有技, 若己有之, 人之彦聖, 其心好之, 不啻若自其口出]는 "유용(有容)"의 뜻을 풀이하였다. 그리고 또 "이에 사람을 포용할 수 있다(寔能容)"의 뜻을 거두었다.

○ 穆公自我也.

'통명야(通明也)'에 해당하는 것은 목공 자신이다.

○ 沙溪曰 : "孤靑以'保我子孫'爲句, 不是."

사계(沙溪 : 金長生)가 말하였다. "고청(孤靑 : 徐起)590)은 '나의 자손과 백성을 보전할 수 있는 것이다.'라는 말을 구절로 여겼는데 옳지 않다."

朱註

尙, 庶幾也. 媢, 忌也. 違, 拂戾也. 殆, 危也.

'거의[尙]'는 '가깝다[庶幾]'는 것이다. '시기하다[媢]'는 말은 꺼린다는 것이다. '어긴다[違]'는 말은 거스른다는 것이다. '위태롭다[殆]'는 말은 위급하다는 것이다.

---

588) 호광 편(胡廣 編), 『대학장구대전(大學章句大全)』.
589) 입으로는 자기의 마음을 다하기에 …… 한 구는 서로 호응한다 : 호광 편(胡廣 編), 『대학장구대전(大學章句大全)』「전」10장에는 "'자기 입에서 나온 것보다 더한다.'라는 것은 선을 좋아함이 진실이어서 입으로는 자기의 마음을 다하기에 부족하다는 것이다. 천하의 재주와 덕을 자신의 재주와 덕으로 삼을 수 있다면 그 용납함을 믿을 수 있다. 앞에서는 '용납함이 있는 듯하다.'라고 한 구와 여기서 '포용할 수 있는 것이다.'라고 한 구는 서로 호응한다. 임금이 이런 사람을 등용하면 사람들과 나라에 유익함을 알 수 있다. 기예가 있는 것을 미워하고 훌륭함과 착함을 통하지 않게 하는 것은 천하의 재주와 덕으로 자신의 재주와 덕으로 삼을 수 없는 것이다. 임금이 이런 사람을 등용하면 국가가 어찌 위태롭게 되지 않겠는가? 용납할 수 있는 자를 등용하면 그 이로움이 이와 같고 용납할 수 없는 자를 등용하면 그 해로움이 이와 같다. 임금이 재상을 선택하는 것은 이 때문이다. 이것이 또 자로 재는 것의 급선무이다.(不啻若自其口出, 好善有誠, 而口不足以盡其心也. 能以天下之才德爲己之才德, 信乎其能容矣. 前言如有容, 此言寔能容, 二句相應. 人君用此人, 其有益於人國可知. 有技疾惡之, 彦聖俾不通, 不能以天下之才德爲才德. 人君而用此人, 國家豈不危殆. 能容者用之, 其利如此, 不能容者用之, 其害又如此. 人主在擇一相者此也. 此又絜矩之先務也.)"라고 되어 있다.
590) 고청(孤靑, 1523~1591) : 본관은 이천(利川), 자는 대가(待可), 호는 고청초로(孤靑樵老)·구당(龜堂)·이와(頤窩). 서구령(徐龜齡)의 아들이다. 서경덕(徐敬德)·이중호(李仲虎)·이지함(李之菡)을 사사하였다.

> 詳說

○ 玉溪盧氏曰 : "人君用此人, 其有益於人國可知."591)

'상, 서기야(尙, 庶幾也 : '거의[尙]'는 '가깝다[庶幾]'는 것이다)'에 대해, 옥계 노씨(玉溪盧氏 : 盧孝孫)가 말하였다. "임금이 이런 사람을 등용하면 사람들과 나라에 유익함을 알 수 있다."592)

○ '俾不通', 蓋'違之'之註脚.

'위, 불려야(違, 拂戾也 : '어긴다[違]'는 것은 거스른다는 것이다)'로 볼 때, '통하지 못하게 한다.'는 말은 '어기게 하다.'의 뜻을 풀이한 것이다.

○ 不能容賢.

'위, 불려야(違, 拂戾也 : '어긴다[違]'는 것은 거스른다는 것이다)'는 현인을 용납할 수 없다는 것이다.

○ 東陽許氏曰 : "此專言爲政者好惡之公私, '利哉'以上言能絜矩, 而以公心好人, 以下言不能絜矩, 而以私心惡人."593)

동양 허씨가 말하였다. "여기에서는 전적으로 위정자의 좋아함과 싫어함의 공평함과 사사로움에 대해 말하였다. '이로움이 있을 것이다'라는 말 위로는 자로 잴 수 있는 것을 말하였는데, 공평한 마음을 사람을 좋아한 것이고, 이 아래는 자로 잴 수 없는 것을 말하였는데, 사사로운 마음으로 사람을 싫어한 것이다."594)

---

591) 호광 편(胡廣 編), 『대학장구대전(大學章句大全)』.
592) 임금이 이런 사람을 등용하면 사람들과 나라에 유익함을 알 수 있다 : 호광 편(胡廣 編), 『대학장구대전(大學章句大全)』「전」10장에는 "앞에서는 '용납함이 있는 듯하다.'라고 한 구와 여기서 '포용할 수 있는 것이다.'라고 한 구는 서로 호응한다. 임금이 이런 사람을 등용하면 사람들과 나라에 유익함을 알 수 있다. 기예가 있는 것을 미워하고 훌륭함과 착함을 통하지 않게 하는 것은 천하의 재주와 덕을 자신의 재주와 덕으로 삼을 수 없는 것이다. 임금이 이런 사람을 등용하면 국가가 어찌 위태롭게 되지 않겠는가? 용납할 수 있는 자를 등용하면 그 이로움이 이와 같고 용납할 수 없는 자를 등용하면 그 해로움이 이와 같다. 임금이 재상을 선택하는 것은 이 때문이다. 이것이 또 자로 재는 것의 급선무이다.(前言如有容, 此言寔能容, 二句相應. 人君用此人, 其有益於人國可知. 有技疾惡之, 彦聖俾不通, 不能以天下之才德爲才德. 人君而用此人, 國家豈不危殆. 能容者用之, 其利如此, 不能容者用之, 其害又如此. 人主於擇一相者此也. 此又絜矩之先務也.)"라고 되어 있다.
593) 호광 편(胡廣 編), 『대학장구대전(大學章句大全)』.
594) 여기에서는 전적으로 위정자의 좋아함과 싫어함 …… 사사로운 마음으로 사람을 싫어한 것이다 : 호광 편(胡廣 編), 『대학장구대전(大學章句大全)』「전」10장에는 "여기에서는 전적으로 위정자의 좋아함과 싫어함의 공평함과 사사로움에 대해 말하였다. '거의 또한 이로움이 있을 것이다'라는 말 위로는 단정하여 자로 잴 수 있는 것을 말하였는데, 공평한 마음을 사람을 좋아한 것이고, 이 아래는 단정하여 자로 잴 수 없는 것을 말하였는데, 사사로운 마음으로 사람을 싫어한 것이다.(此專言爲政者好惡之公私. 尙亦有利哉以上, 一截言能絜矩, 而以公心好人, 以下, 一截言不能絜矩, 而以私心惡人.)"라고 되어 있다.

○ 新安陳氏曰 : "人君能好有容者而用之, 惡媢疾者而舍之, 是又 絜矩之大者."595)

신안 진씨(新安陳氏 : 陳櫟)가 말하였다. "임금이 용납하기를 좋아하는 자를 등용하고 시기하고 미워하는 자를 버릴 수 있다면, 이것이 또 자로 재는 큰 것이다."596)

[傳10-15]

唯仁人放流之, 迸諸四夷, 不與同中國. 此謂唯仁人爲能愛人, 能惡人.

어진 사람만이 이들을 추방하여 유배함에 사방 오랑캐의 땅으로 내쫓아, 중국에 함께하지 못하게 하니, 이것을 '어진 사람만이 남을 사랑할 수 있고, 남을 미워할 수 있다.'라고 하는 것이다.

詳說

○ 迸, 讀爲屛, 古字通用. 屛, 必正反, 除也.

'병저사이(迸諸四夷)'에서 '병(迸 : 내쫓다)'자는 '병(屛 : 병풍)'자로 읽는데, 옛날 글자로는 통용되었다. '병(屛 : 병풍)'자의 음은 '필(必 : 반드시)'과 '정(正 : 바로잡다)'의 반절로, '덜어낸다[除]'는 말이다.

朱註

迸, 猶逐也. 言有此媢疾之人, 妨賢而病國,

'내쫓다[迸]'는 것은 '물리치다[逐]'는 것과 같다. 여기의 시기하고 미워하는 사람이 있어 현명한 이를 방해하고 나라를 병들게 하면,

詳說

---

595) 호광 편(胡廣 編), 『대학장구대전(大學章句大全)』.
596) 임금이 용납하기를 좋아하는 자를 등용하고 …… 이것이 또 자로 재는 큰 것이다 : 호광 편(胡廣 編), 『대학장구대전(大學章句大全)』「전」10장에는 "'용납함이 있다.'라는 것은 자로 잴 수 있어 사람들이 똑같이 좋아하는 것이다. '시기하고 미워한다.'라는 것은 자로 잴 수 없어 사람들이 똑같이 싫어하는 것이다. 임금이 용납하기를 좋아하는 자를 등용하고 시기하고 미워하는 자를 버릴 수 있다면, 이것이 또 자로 재는 큰 것이다.(有容者, 能絜矩, 而人所同好者也. 媢疾者, 不能絜矩, 而人所同惡者也. 人君能好有容者而用之, 惡媢疾者而舍之, 是又絜矩之大者.)"라고 되어 있다.

○ 不能容.

'방현(妨賢 : 현명한 이를 방해하고)'은 '용납할 수 없다'는 말이다.

○ 殆.

'병국(病國 : 나라를 병들게 하면)'은 '위태롭게 한다'는 뜻이다.

○ 玉溪盧氏曰 : "承上節下一截而言."597)

옥계 노씨(玉溪盧氏 : 盧孝孫)가 말하였다. "앞의 절 아래를 이어 단정하여 말하였다."598)

朱註

則仁人必深惡而痛絶之, 以其至公無私, 故能得好惡之正如此也.

어진 사람이 반드시 깊이 미워하고 통렬히 끊으니, 그 지극히 공평하고 사사로움이 없기 때문에 이처럼 좋아하고 미워할 수 있는 올바름을 얻는 것이다.

詳說

○ 仁君.

'인인(仁人 : 어진 사람)'은 '어진 임금'이다.

○ 四字釋仁字.

'지공무사(至公無私 : 지극히 공평하고 사사로움이 없다.)'라는 네 글자는 '인(仁 : 어짊)'자를 풀이한 것이다.

---

597) 호광 편(胡廣 編),『대학장구대전(大學章句大全)』.
598) 앞의 절 아래를 이어 단정하여 말하였다 : 호광 편(胡廣 編),『대학장구대전(大學章句大全)』「전」10장에는 "앞의 절 아래를 이어 단정하여 말하였다. 시기하고 미워하는 사람은 이처럼 대해야 하니, 사람을 미워한다고 하는 것은 되는데, 사람을 사랑할 수 있다고 하는 것은 무엇 때문인가? 소인을 제거하지 않으면 군자가 나오지 못한다. 소인을 제거하고 끊을 수 없으면 군자가 나올지라도 편안할 수 없다. 소인을 제거하는 것은 진실로 군자가 나오는 까닭이고, 소인을 끊는 것은 바로 군자를 편안하게 하는 것이다. 나의 위엄은 시기하고 미워하는 사람에게 있고, 나의 은혜는 천하와 후세에 있다. 나의 마음은 천리의 공평함에 순수할 뿐이기 때문에 나의 좋아함과 싫어함은 천하와 공평하니, 이것이 어진 사람이 사람을 사랑하고 미워할 수 있는 것이다.(此承上節下一截而言. 媢疾之人待之宜如此, 謂之能惡人可也, 而謂之能愛人何也. 蓋小人不去, 則君子不進. 去小人不能絶之, 則雖進君子而不能安之. 去小人固所以進君子, 絶小人, 乃所以安君子. 吾之威在媢疾之人, 吾之恩在天下後世矣. 惟吾心純乎天理之公, 故吾之好惡, 與天下爲公, 此仁人所以能愛惡人也.)"라고 되어 있다.

○ 新安陳氏曰 : "引論語孔子之言, 故以'此謂'冠之, 乃引援古語之例."599)

'능득호오지정여차야(能得好惡之正如此也 : 이처럼 좋아하고 미워할 수 있는 올바름을 얻는 것이다)'에 대해, 신안 진씨(新安陳氏 : 陳櫟)가 말하였다. "『논어(論語)』에 있는 공자의 말600)을 인용했기 때문에 '이것을 ~라고 하는 것이다[此謂]'라는 말에 앞에 두었으니, 바로 옛말을 인용하는 사례이다."

○ 東陽許氏曰 : "惡人旣去, 則善人方得道, 又以仁人總結之, 言能絜矩者也."601)

동양 허씨가 말하였다. "나쁜 사람을 제거하고 나면 선한 사람이 도를 얻으니, 또 어진 사람으로 총괄하여 매듭지었으니, 자로 잴 수 있다는 말이다."602)

○ '此謂'以下, 申結上三句惡人之事而幷及愛人, 擧承上節而起下節.

「전(傳)」의 '차위유인인위능애인(此謂唯仁人爲能愛人)'에서 '이것을 ~라고 하는 것이다[此謂]'라는 말 아래는 거듭해서 위의 세 구에서 사람을 미워하는 일을 매듭지으면서 아울러 사람을 사랑하는 것을 언급하고, 앞의 절을 들고 이어받으면서 아래의 절을 일으킨 것이다.

[傳10-16]

見賢而不能擧, 擧而不能先, 命也, 見不善而不能退, 退而不能遠, 過也.

---

599) 호광 편(胡廣 編), 『대학장구대전(大學章句大全)』. "此引家語孔子之言, 故以此謂冠之, 乃引援古語之例."
600) 『논어(論語)』에 있는 공자의 말 : 『논어(論語)』「이인(里仁)」에 "공자가 말하였다. '어진 자만이 사람을 좋아할 수 있고, 사람을 미워할 수 있다.'(子曰 : '惟仁者, 能好人, 能惡人.')"라는 말이 있다. 『대학장구』 전10장에는 "어진 사람만이 이들을 추방하여 유배함에 사방 오랑캐의 땅으로 내쫓아, 중국에 함께하지 못하게 하니, 이것을 '어진 사람만이 남을 사랑할 수 있고, 남을 미워할 수 있다.'라고 하는 것이다.(唯仁人放流之, 迸諸四夷, 不與同中國. 此謂唯仁人爲能愛人, 能惡人.)"라고 되어 있으니, 글이 다소 미세하게 다르지만 같은 구절을 말한 것으로 봐야 할 것이다.
601) 호광 편(胡廣 編), 『대학장구대전(大學章句大全)』.
602) 나쁜 사람을 제거하고 나면 선한 사람이 …… 자로 잴 수 있다는 말이다 : 호광 편(胡廣 編), 『대학장구대전(大學章句大全)』「전」10장에는 "자로 잴 수 있어 나쁜 사람을 싫어하고 바름을 얻은 것이 이른바 곧 미워하고 시기하며 현명한 사람을 가리는 것을 추방하여 유배하는 것이다. 조정에서 나쁜 사람을 제거하고 나면 선한 사람이 통할 수 있어 또 어진 사람으로 총괄하여 매듭지었으니, 자로 잴 수 있다는 말이다.(能絜矩而惡惡, 得其正, 所謂放流卽媢疾蔽賢之人. 朝廷之上, 惡人旣去, 則善人方得通, 又以仁人總結之, 言能絜矩者也.)"라고 되어 있다.

현명한 사람을 보고도 들어 쓸 수 없고, 들어 쓰면서도 먼저 하지 못함이 운수이고, 선하지 못한 자를 보고도 물리칠 수 없고, 물리치면서도 멀리하지 못함이 과실이다.

詳說

○ 遠, 去聲.
'퇴이불능원(退而不能遠)'에서 '원(遠 : 멀리하다)'자는 거성이다.

○ 先, 去聲.
'거이불능선(擧而不能先)'에서 '선(先 : 먼저 하다)'자는 거성이다.

朱註
命, 鄭氏云"當作慢", 程子云"當作怠", 未詳孰是.
'운수[命]'에 대해 정현은 "'태만함[慢]'으로 해야 한다."라고 했고, 정자는 "게으름으로 해야 한다."라고 하였는데, 누가 옳은지는 자세하지 않다.

詳說

○ 蓋引用『禮記』「大學」篇注.
『예기』「대학」편의 주석에서 인용하였다.

○ 『大全』曰 : "命, 慢聲相近, 近是."
『대학장구대전(大學章句大全)』에서 말하였다. "'명(命 : 운수)'자는 '만(慢 : 태만함)'과 소리가 서로 가까우니 거의 옳다."

○ 叔子.
'정자운(程子云)'에서 정자(程子)는 동생 정이(程頤)이다.

○ '命', '怠'字相似者也.
'명(命: 운수)'은 '태(怠 : 게으름)'라는 글자와 서로 비슷한 것이다.

○ 此亦本在音訓遠去上, 今姑依『大全』本移置于此.
이는 또한 본래의 음훈과는 거리가 먼 것인데, 이제 잠시 『대학장구대전(大學章

句大全)』에 따라 이곳으로 옮겨 놓은 것이다.

朱註

若此者, 知所愛惡矣, 而未能盡愛惡之道, 蓋君子而未仁者也.
이와 같은 자는 사랑하고 미워할 바를 알면서도 사랑하고 미워하는 도리를 다하지 못한 것이니, 군자이면서도 아직 어질지 못한 것이다.

詳說

○ 擧退.
'소애오(所愛惡 : 사랑하고 미워하는 바)'는 들어 쓰고 물리치는 일이다.

○ 新安陳氏曰 : "擧不先, 未盡愛之道. 退不遠, 未盡惡之道."603)
신안 진씨(新安陳氏 : 陳櫟)가 말하였다. "들어 쓰면서도 먼저 하지 못하는 것은 사랑을 다하지 못하는 도이다. 물리치면서도 멀리하지 않는 것은 싫어함을 다하지 못하는 도이다."604)

○ 朱子曰 : "先是早底意, 是不能速用."605)
주자(朱子)가 말하였다. "먼저 한다는 것은 일찍부터 한다는 의미이니, 경문의 뜻은 빨리 등용할 수 없다는 것이다."

○ 遠字, 照上節 '四夷'.
'멀리 한다'는 말은 앞의 절 '사방 오랑캐[四夷]'에 비춰 보라.

○ 見而不擧, 不退, 又其下者也, 不足言, 故註略之.
'보고도 들어 쓰지 못하고, 물리치지 못한다.'606)라는 것은 그 아래의 것으로 말

---

603) 호광 편(胡廣 編), 『대학장구대전(大學章句大全)』.
604) 들어 쓰면서도 먼저 하지 못하는 것은 …… 싫어함을 다하지 못하는 도이다 : 호광 편(胡廣 編), 『대학장구대전(大學章句大全)』 「전」 10장에는 "들어 쓰면서도 먼저 하지 못하는 것은 사랑을 다하지 못하는 도이다. 물리치면서도 멀리하지 않는 것은 싫어함을 다하지 못하는 도이다. 앞의 글에서 사랑하고 미워할 수 있다는 것은 어진 사람이기 때문이고, 여기서 사랑하고 미워하는 도를 다할 수 없는 것은 군자이지만 아직 어질지 못한 자이기 때문이다.(擧不先, 未盡愛之道. 退不遠, 未盡惡之道. 上文能愛惡, 仁人也, 此不能盡愛惡之道, 所以爲君子而未仁者也.)"라고 되어 있다.
605) 호광 편(胡廣 編), 『대학장구대전(大學章句大全)』. "先是早底意, 是不能速用之."
606) 보고도 들어 쓰지 못하고, 물리치지 못한다 : 호광 편(胡廣 編), 『대학장구대전(大學章句大全)』 「전」 10장에 "현명한 사람을 보고도 들어 쓸 수 없고, 들어 쓰면서도 먼저 하지 못함이 운수이고, 선하지 못한 자를 보

할 것도 못 되기 때문에 주에서 생략하였다.

○ 照上節仁字.
'군자이미인자(君子而未仁者 : 군자이면서도 아직 어질지 못한 것이다)'는 앞 절의 '어진 사람[仁]'에 비춰보라.

[傳10-17]
好人之所惡, 惡人之所好, 是謂拂人之性, 菑必逮夫身.

남의 미워하는 것을 좋아하며, 남의 좋아하는 것을 미워함, 이것을 사람의 성품을 어긴다고 하는 것이니, 재앙이 반드시 그 자신에게 미칠 것이다.

詳說
○ 菑, 古災字. 夫, 音扶.
'재필체부신(菑必逮夫身)'에서 '재(菑 : 재앙)'자는 옛날의 '재(災 : 재앙)'자이고, '부(夫)'자는 음이 '부(夫)'이다.

朱註
拂, 逆也. 好善而惡惡, 人之性也, 至於拂人之性, 則不仁之甚者也.
'어긴다[拂]'는 말은 거스른다는 것이다. 선함을 좋아하고 악함을 미워함은 사람의 성(性)이니, 사람의 성(性)을 어기게 되면 어질지 못함이 심한 것이다.

詳說
○ 如字.
'오악(惡惡 : 악함을 미워하다)'에서 '악(惡 : 악함)'자는 음이 글자 그대로처럼 '악(惡)'이다.

○ 先論文上意.
'인지성야(人之性也)'는 먼저 글자의 의미를 말한 것이다.

고도 물리칠 수 없고, 물리치면서도 멀리하지 못함이 과실이다.(見賢而不能擧, 擧而不能先, 命也, 見不善而不能退, 退而不能遠, 過也.)'라는 말이 있다.

○ 照前節仁字.

'지어불인지성, 칙불인지심자야(至於拂人之性, 則不仁之甚者也 : 사람의 성(性)을 어기게 되면 어질지 못함이 심한 것이다)'는 앞 절의 '어진 사람[仁]'에 비춰 보라.

○ 以'不'視'未'已有間, 而'甚'又尤辭也.

'지어불인지성, 칙불인지심자야(至於拂人之性, 則不仁之甚者也 : 사람의 성(性)을 어기게 되면 어질지 못함이 심한 것이다)'에서 볼 때, '~하지 못하다[不]'는 것을 '아직 ~이 아니다[未]'라는 것에 비교하면 이미 차이가 있는데 '심하다[甚]'는 것은 또 더욱 ~하다는 말이다.

○ 玉溪盧氏曰:"'菑必逮身','爲天下僇', 是也."

'지어불인지성, 칙불인지심자야(至於拂人之性, 則不仁之甚者也 : 사람의 성(性)을 어기게 되면 어질지 못함이 심한 것이다)'에 대해, 옥계 노씨(玉溪盧氏 : 盧孝孫)가 말하였다. "'재앙이 반드시 그 자신에게 미칠 것이다.'라는 말은 '천하의 죽임이 된다.'라는 것이 여기에 해당한다."

朱註

自「秦誓」至此, 又皆以申言好惡公私之極, 以明上文所引「南山有臺」・「節南山」之意.

「진서(秦誓)」에서 여기까지는 또 모두 좋아하고 미워하기를 공평함과 사사로움으로 함의 지극함을 거듭 말해 위 글에 인용한 「남산유대(南山有臺)」와 「절남산(節南山)」의 뜻을 밝힌 것이다.

詳說

○ 玉溪盧氏曰 : "「秦誓」節見君子小人之分, 次節言用舍之能盡其道者, 又次節言用舍之不盡其道者, 此節言用舍之全失其道者."607)

옥계 노씨(玉溪盧氏 : 盧孝孫)가 말하였다. "「진서」절에서는 군자와 소인의 구분을 드러냈고,608) 다음 절에서는 등용하고 버림에 그 도를 다할 수 있는

---

607) 호광 편(胡廣 編), 『대학장구대전(大學章句大全)』.
608) 「진서」절에서는 군자와 소인의 구분을 드러냈고 : 『대학장구(大學章句)』「전」10장에 "「진서(秦誓)」에서 말

것을 말하였으며,609) 또 다음 절에서는 등용하고 버림에 그 도를 다할 수 없는 것을 말하였고,610) 여기에서는 등용하고 버림에 모두 그 도를 잃은 것을 말하였다."611)

○ 雲峯胡氏曰 : "右第六節, 就用人言.『大學』於此提出仁字, 而『章句』又以'未仁不仁'言之, 蓋絜矩是恕之事, 恕所以行仁, 故特以仁結之."612)

운봉 호씨(雲峯胡氏 : 胡炳文)가 말하였다. "앞의 제6절은 사람을 등용하는 것을 가지고 말하였다.『대학』에서는 이런 점에서 어짊이라는 말을 찍어서

하였다. '어떤 한 신하가 한결같이 성실하고 다른 기예가 없으나, 그 마음이 곱고 곱와 용납함이 있는 듯하여, 다른 사람이 가지고 있는 기예를 자기가 소유한 것처럼 여기며, 남의 훌륭함과 착함을 그 마음에 좋아함이 자기 입에서 나온 것보다도 더한다면, 이는 다른 사람을 포용할 수 있는 것이어서, 나의 자손과 백성을 보전할 수 있는 것이니, 거의 또한 이로움이 있을 것이다. 다른 사람이 가지고 있는 기예를 시기하고 미워하며, 다른 사람의 훌륭함과 착함을 어겨서 통하지 못하게 하면, 이것은 포용할 수 없는 것이어서, 나의 자손과 백성을 보전하지 못할 것이니, 또한 '위태로울 것이다!'(「秦誓」曰 : '若有一个臣, 斷斷兮無他技, 其心休休焉, 其如有容焉. 人之有技, 若己有之, 人之彦聖, 其心好之, 不啻若自其口出, 寔能容之, 以能保我子孫黎民, 尙亦有利哉. 人之有技, 媢疾以惡之, 人之彦聖, 而違之俾不通, 寔不能容, 以不能保我子孫黎民, 亦曰殆哉.')'라는 말이 있다.

609) 다음 절에서는 등용하고 버림에 그 도를 다할 수 있는 것을 말하였으며 ;『대학장구(大學章句)』「전」10장에 "어진 사람만이 이들을 추방하여 유배함에 사방 오랑캐의 땅으로 내쫓아, 중국에 함께하지 못하게 하니, 이것을 '어진 사람만이 남을 사랑할 수 있고, 남을 미워할 수 있다.'라고 하는 것이다.(唯仁人放流之, 迸諸四夷, 不與同中國. 此謂唯仁人爲能愛人, 能惡人.)"라는 말이 있다.

610) 또 다음 절에서는 등용하고 버림에 그 도를 다할 수 없는 것을 말하였고 ;『대학장구(大學章句)』「전」10장에 "현명한 사람을 보고도 들어 쓸 수 없고, 들어 쓰면서도 먼저 하지 못함이 운수이고, 선하지 못한 자를 보고도 물리칠 수 없고, 물리치면서도 멀리하지 못함이 과실이다.(見賢而不能擧, 擧而不能先, 命也, 見不善而不能退, 退而不能遠, 過也.)"라는 말이 있다.

611)「진서」절에서는 군자와 소인의 구분을 드러냈고 …… 모두 그 도를 잃은 것을 말하였다 : 호광 편(胡廣 編),『대학장구대전(大學章句大全)』「전」10장에는 "사람의 본성은 본래 선함이 있고 악함이 없기 때문에 사람들은 모두 선함을 좋아하고 악함을 미워하니, 어진 사람이 좋아하고 미워할 수 있는 것은 본성을 따른 것에 불과할 뿐이다. 악함을 좋아하고 선함을 싫어해서 사람의 본성을 어긴다면 그 본심을 잃어버린 것이 심하니, 어질지 않음이 심한데 어찌 재앙이 미치지 않겠는가? 천하의 죽임이 된다는 것이 여기에 해당한다. 옛날부터 천하를 가진 경우에 군자를 등용해서 소인을 등용하지 않은 적이 없다. 사람을 사랑하고 미워할 수 있으면, 군자가 나오고 소인은 물러나 천하가 그 이로움을 입으니, 이것이 자로 잴 수 있는 자가 하는 것이다. 사람들이 싫어하는 것을 좋아하고 사람들이 좋아하는 것을 싫어하면, 군자는 물러나고 소인이 나와 천하가 그 재앙을 당하니, 이것은 자로 잴 수 없는 자가 하는 것이다.「진서」에서 여기까지는 모두 네 절이다.「진서」한 절에서는 군자와 소인의 구분을 드러냈고, 다음 절에서는 등용하고 버림에 그 도를 다할 수 있는 것을 말하였으며, 또 다음 절에서는 등용하고 버림에 그 도를 다할 수 없는 것을 말하였고, 여기에서는 등용하고 버림에 모두 그 도를 잃은 것을 말하였는데, 모두 자로 재는 의미에 따라 좋아하고 싫어하는 공평함과 사사로움의 극치를 거듭 밝힘으로써 천하를 바로잡는 중요한 도를 거듭 밝힌 것이다.(人性本有善而無惡, 故人皆好善而惡惡, 仁人之能好惡, 不過順人之性耳. 苟好惡惡善, 而拂人之性, 則失其本心甚矣. 非不仁之甚而何莫必逮身. 爲天下僇, 是也. 自古有天下者, 未嘗不以用君子而興, 用小人而亡. 能愛惡人, 則君子進, 小人退, 而天下蒙其利, 此能絜矩者之所爲也. 好人所惡, 惡人所好, 則君子退, 小人進, 而天下受其禍, 此不能絜矩者之所爲也. 自「秦誓」至此, 凡四節.「秦誓」一節, 見君子小人之分, 次節言用舍之能盡其道者, 又次節言用舍之不盡其道者, 此節言用舍之全失其道者, 皆因絜矩之義, 而申明好惡公私之極, 以申明平天下之要道也.)"라고 되어 있다.

612) 호광 편(胡廣 編),『대학장구대전(大學章句大全)』.

드러냈고, 『장구』에서는 또 '아직 어질지 못함[未仁]'과 '어질지 못함[不仁]'으로 말하였다. 대개 자로 재는 것은 서(恕)의 일이고, 서는 어짊을 행하는 것이기 때문에 특별히 어짊으로 매듭지었다."613)

[傳10-18]

是故君子有大道, 必忠信以得之, 驕泰以失之.

이러므로 군자는 큰 도가 있으니, 반드시 충(忠)과 신(信)으로써 얻고, 교만함과 방자함으로써 잃는다.

朱註

君子, 以位言之.

군자(君子)는 지위로써 말한 것이다.

詳說

○ 『大全』曰:"治國平天下之君子."614)

『대학장구대전(大學章句大全)』에서 말하였다. "나라를 다스리고 천하를 바로잡는 군자이다."615)

○ 上文三君子皆兼德位言之, 而此節之得失專以位言, 故特訓之.

앞의 글에서 세 번의 군자616)는 모두 덕과 지위를 겸하여 말한 것이고, 이 절에

---

613) 앞의 제6절은 사람을 등용하는 것을 가지고 …… 특별히 어짊으로 매듭지었다 : 호광(胡廣) 편, 『대학장구대전(大學章句大全)』「전」10장에는 "앞의 제6절은 사람을 등용하는 것을 가지고 말하였다. 좋아하고 미워하는 것에 대해 『대학』에서는 이런 점에서 어짊이라는 한마디 말을 제출했고, 『대학장구(大學章句)』에서는 또 '군자가 아직 어질지 못함[未仁]'과 '소인이 어질지 못함[不仁]'으로 말하였다. 대개 자로 재는 것은 서(恕)의 일이고, 서는 어짊을 행하는 것이기 때문에 특별히 어짊으로 매듭지었다.(右第六節, 就用人言. 好惡『大學』於此提出仁之一字, 而『章句』又以君子之未仁, 小人之不仁者言之, 蓋絜矩是恕之事, 恕所以行仁, 故特以仁結之.)"라고 되어 있다.
614) 호광 편(胡廣 編), 『대학장구대전(大學章句大全)』.
615) 나라를 다스리고 천하를 바로잡는 군자이다 : 호광 편(胡廣 編), 『대학장구대전(大學章句大全)』「전」10장에는 "이것은 나라를 다스리고 천하를 바로잡는 군자를 말한다.(此謂治國平天下之君子.)"라고 되어 있다.
616) 앞의 글에서 세 번의 군자 : 『대학장구(大學章句)』「전」10장에 "이른바 천하를 바로잡음이 그 나라를 다스림에 있다는 것은, 윗사람이 노인을 노인으로 대우함에 백성들이 효도를 일으키고, 윗사람이 어른을 어른으로 대우함에 백성들이 공손함을 일으키며, 윗사람이 고아를 구휼함에 백성들이 저버리지 않는 것이다. 이 때문에 군자는 자로 재는 방법이 있는 것이다.(所謂平天下在治其國者, 上老老而民興孝, 上長長而民興弟, 上恤孤而民不倍, 是以君子有絜矩之道也.)"라는 말과 『시경(詩經)』에서 '즐거운 군자여, 백성의 부모이다.'라고 하였으니, 백성들이 좋아하는 것을 좋아하고, 백성들이 싫어하는 것을 싫어함. 이것을 백성들의 부모라고 하는 것이다.(『詩』云:'樂只君子, 民之父母.'民之所好好之, 民之所惡惡之, 此之謂民之父母.)"라는 말과 "이렇기 때문에 군자는 먼저 덕을 삼가는 것이다. 덕이 있으면 이 인민이 있고, 인민이 있으면 이

서 '얻는다'는 것과 '잃는다'는 것은 전적으로 지위로 말했기 때문에 특별히 풀이한 것이다.

朱註
道, 謂居其位而修己治人之術.
도는 그 지위에 있으면서 자신을 닦고 남을 다스리는 방법을 말한다.

詳說
○ 因上位字.
 '거기위(居其位 : 그 지위에 있으면서)'는 앞의 지위라는 말로 말미암은 것이다.

○ 『大全』曰 : "道, 卽大學之道. 修己, 明明德之事, 治人, 新民之事."617)
 『대학장구대전(大學章句大全)』에서 말하였다. "도는 곧 대학의 도로 자신을 닦고 밝은 덕을 밝히는 일이고, 남을 다스리는 것은 백성들을 새롭게 하는 일이다."

○ 按 : 謂之『大學』之道者, 以一書言也, 謂之絜矩之道者, 以一事言也. 若以一節言, 則當指忠信. 忠信釋大道, 得字應君子. '驕泰以失之'一句, 只是因"忠信得之"而帶過幷及耳. 蓋下節'有大道'之下卽以其事釋之, 則上下'有大道'之文勢不宜異. 而況註中'修己'襯'發己''治人'襯'循物'者乎.
 살펴보건대, '『대학(大學)』의 도'라고 하는 것은 하나의 책으로 말한 것이고, '재는 도'라고 하는 것618)은 하나의 일로 말한 것이다. 하나의 절로 말한다면 충과 신을 가리켜야 한다. 충과 신으로 『대학』을 풀이하면, '얻는다'는 것은 군자와 호응한다. '교만함과 방자함으로써 잃는다.'라는 한 구절은 단지 '충과 신으로

토지가 있으며, 토지가 있으면 이 재물이 있고, 재물이 있으면 이 소용이 있는 것이다.(是故, 君子先愼乎德. 有德此有人, 有人此有土, 有土此有財, 有財此有用.)"라는 말이 있다.
617) 호광 편(胡廣 編), 『대학장구대전(大學章句大全)』. "道, 卽大學之道, 脩己明明德之事, 治人, 新民之事也."
618) '재는 도'라고 하는 것 : 『대학장구(大學章句)』「전」10장에 "이른바 천하를 바로잡음이 그 나라를 다스림에 있다는 것은, 윗사람이 노인을 노인으로 대우함에 백성들이 효도를 일으키고, 윗사람이 어른을 어른으로 대우함에 백성들이 공손함을 일으키며, 윗사람이 고아를 구휼함에 백성들이 저버리지 않는 것이다. 이 때문에 군자는 자로 재는 방법이 있는 것이다.(所謂平天下在治其國者, 上老老而民興孝, 上長長而民興弟, 上恤孤而民不倍, 是以君子有絜矩之道也.)"라는 말이 있다.

얻는다.'라는 말로 말미암아 띠고 가면서 아울러 언급한 것일 뿐이다. 아래의 절에 '큰 도가 있다.'는 아래에서 곧 그 일로 풀이했다면, 위아래로 '큰 도가 있다.'는 문맥이 달라서는 안 된다. 그리고 하물며 주에서 '자신을 닦는다.'라는 것은 '몸을 일으킨다.'라는 것과 가깝고, '사람을 다스린다.'라는 것은 '남을 따른다.'라는 것과 가까움에야 말해 무엇하겠는가?

朱註

發己自盡爲忠, 循物無違謂信.
자기 마음을 드러내어 스스로 다함이 충(忠)이고, 남을 따라 어김이 없음을 신(信)이라 이른다.

詳說

○ 主忠而曰爲, 主人而曰謂.
　　충(忠)을 주로 해서는 '~이다[爲]'라고 하고, 사람을 주로 해서는 '~라고 한다[謂]'라고 하였다.

○ 朱子曰 : "發於己心而自盡, 循於物理而不背, 忠是信之本, 信是忠之發. 伊川見明道此語尙晦, 故更云'盡己之謂忠', '以實之謂信', 便更穩當."619)
　　주자(朱子)가 말하였다. "자신의 마음을 드러내어 스스로 다하고, 사물의 이치를 따라 어기지 않으니, 충(忠)은 신(信)의 근본이고, 신은 충이 드러난 것이다. 이천(伊川 : 程頤)은 명도(明道 : 程顥)가 이 말에 오히려 어두운 것을 알았기 때문에 다시 '자신의 마음을 다한 것을 충이라고 하고, 그것으로 내용이 있게 하는 것을 신이라고 한다.'라고 하였으니, 곧 다시 합당하고 적절한 것이다."620)

○ 農巖曰 : "『論語』註用伊川訓, 於此著明道訓, 欲使學者參互以

---

619) 호광 편(胡廣 編), 『대학장구대전(大學章句大全)』.
620) 자신의 마음을 드러내어 스스로 다하고 …… 곧 다시 합당하고 적절한 것이다 : 호광 편(胡廣 編), 『대학장구대전(大學章句大全)』 「전」 10장에는 "자신의 마음을 드러내어 스스로 다하는 것은 충(忠)이고, 사물의 이치를 따라 어기지 않는 것은 신(信)이니, 충은 신의 근본이고, 신은 충이 드러난 것이다. 이천은 명도가 이 말에 오히려 어두운 것을 알았기 때문에 다시 '자신의 마음을 다한 것을 충이라고 하고, 그것으로 내용이 있게 하는 것을 신이라고 한다.'라고 하였으니, 곧 다시 합당하고 적절한 것이다.(發於己心而自盡, 則爲忠, 循於物理而不違背, 則爲信. 忠是信之本, 信是忠之發, 伊川見明道此語尙晦, 故更云'盡己之謂忠, 以實之謂信', 便更穩當.)"라고 되어 있다.

盡其義."

농암(農巖 : 金昌協)이 말하였다. "『논어(論語)』의 주석에서 이천(伊川 : 程頤)의 풀이를 썼는데, 여기에 명도(明道 : 程顥)의 풀이를 드러냈으니, 배우는 자들이 참고하여 서로 그 뜻을 다하게 한 것이다."

朱註

驕者矜高, 泰者侈肆. 此因上所引「文王」, 「康誥」之意而言. 章內三言得失, 而語益加切, 蓋至此而天理存亡之幾決矣.

교만함[驕]은 자랑하고 높은 체함이고, '방자함[泰]'은 사치하고 마음대로 함이다. 이것은 위에서 인용한 「문왕(文王)」 시와 「강고(康誥)」의 뜻을 따라 말한 것이다. 이 장 안에 '얻는다'는 것과 '잃는다'는 것을 세 번 말하였는데621) 말이 더욱더 간절하니, 이것에 도달함에 천리가 보존되고 멸망되는 기미가 결판난다.622)

詳說

○ 得衆, 得國.

'「문왕」(「文王」)'은 '민중을 얻고 나라를 얻는다.'는 뜻이다.623)

○ 善則得之.

---

621) 이 장 안에 '얻는다'는 것과 '잃는다'는 것을 세 번 말하였는데 : "『시경(詩經)』에서 '은(殷)나라가 민중을 잃지 않았을 때에는 상제에게 잘 짝했으니 은나라를 거울로 삼아야 한다. 높은 명은 보존하기가 쉽지 않다.'라고 하였으니, 민중을 얻으면 나라를 얻고, 민중을 잃으면 나라를 잃는다는 말이다.(『詩』云 : '殷之未喪師, 克配上帝, 儀監于殷. 峻命不易.' 道得衆則得國, 失衆則失國.)"라는 말과 「강고(康誥)」에서 '천명은 일정한 곳에 하지 않는다.'라고 하였으니, 선하면 얻고, 그렇지 못하면 잃는다는 말이다.(康誥曰 : '惟命不于常.' 道善則得之, 不善則失之矣.)"라는 말과 "이러므로 군자는 큰 도가 있으니, 반드시 충(忠)과 신(信)으로써 얻고, 교만함과 방자함으로써 잃는다.(是故君子有大道, 必忠信以得之, 驕泰以失之.)"라는 말이 있다.

622) 이것에 도달함에 천리가 보존되고 멸망되는 기미가 결판난다 : 『주자어류(朱子語類)』 권16, 「대학3(大學三) 242조목에는 다음과 같이 설명하고 있다. "조당경(趙唐卿)이 물었다. '10장[治平章]에서 득실(得失)을 세 번 말하였는데, 『대학장구』에서 '이것에 도달함에 천리가 보존되고 멸망되는 기미가 결판난다.'고 한 것은 무엇 때문입니까?' 주희가 말하였다. '그 처음에 또한 백성을 얻고 잃은 것을 말하고, 다시 선과 불선을 말하였으니, 뜻이 이미 절실하다. 충실과 믿음·교만과 방자함으로써 마무리했으니, 분명히 마음의 측면에서 득실(得失)의 이유를 말함으로써 판가름하였다. 충실과 믿음은 천리가 보존되는 까닭이고, 교만과 방자함은 천리가 없어지는 까닭이다.(趙唐卿問 : '十章三言得失, 而『章句』云 : '至此而天理存亡之機決矣!' 何也?' 曰 : '他初且言得衆·失衆, 再言善·不善, 意已切矣. 終之以忠信·驕泰, 分明是就心上說出得失之由以決之. 忠信乃天理之所以存, 驕泰乃天理之所以亡.')"

623) 민중을 얻고 나라를 얻는다 : 『대학장구(大學章句)』「전」10장에 "『시경(詩經)』에서 '은(殷)나라가 민중을 잃지 않았을 때에는 상제에게 잘 짝했으니 은나라를 거울로 삼아야 한다. 높은 명은 보존하기가 쉽지 않다.'라고 하였으니, 민중을 얻으면 나라를 얻고, 민중을 잃으면 나라를 잃는다는 말이다.(『詩』云 : '殷之未喪師, 克配上帝, 儀監于殷. 峻命不易.' 道得衆則得國, 失衆則失國.)"라는 말이 있다.

'「강고」(「康誥」)'는 '선하면 얻는다'는 말이다.624)

○ 朱子曰 : "終之以忠信驕泰, 是就心上說出得失之由以決之, 忠信乃天理之所以存, 驕泰乃天理之所以亡."625)
주자(朱子)가 말하였다. "충과 신과 교만함과 방자함으로 끝내는 것은 마음에서 얻고 잃는 연유를 설명하여 판결한 것이니, 충과 신은 바로 천리를 보존하는 것이고, 교만함과 방자함은 바로 천리를 잃는 것이다."626)

○ 雲峰胡氏曰 : "右第七節, 不分言好惡與財用之絜矩, 但言'有大道'. 此道字卽章首'絜矩之道'也. 前兩言得失, 人心天命存亡之幾也. 此言得失, 吾心天理存亡之幾也. 『章句』此幾字當與'誠意章'幾字參看."627)
운봉 호씨(雲峯胡氏 : 胡炳文)가 말하였다. "위는 제7절로 좋아함과 싫어함과 재물의 소용에 대해 자로 재는 것을 나눠 말하지 않고, 단지 큰 도가 있을 뿐임을 말하였으니, 여기에서 '도'라는 말은 곧 장 첫머리의 '자로 재는 도'628)이다. 앞에서 두 번 '얻는다'는 것과 '잃는다'는 것을 말한 것629)은 사람들의 마음이 천명을 보존하고 없애는 기틀이기 때문이고, 여기서 '얻는다'는 것과 '잃는다'는 것을 말한 것은 내 마음이 천리를 보존하고 없애는 기미이기 때문이다. 『장구』

---

624) 선하면 얻는다는 것이다 : 『대학장구(大學章句)』「전」 10장에 "「강고(康誥)」에서 '천명은 일정한 곳에 하지 않는다.'라고 하였으니, 선하면 얻고, 그렇지 못하면 잃는다는 말이다.(「康誥」曰 : '惟命不于常.' 道善則得之, 不善則失之矣.)"라는 말이 있다.
625) 호광 편(胡廣 編), 『대학장구대전(大學章句大全)』.
626) 충과 신과 교만함으로 끝내는 것은 …… 교만함과 방자함은 바로 천리를 잃는 것이다 : 호광 편(胡廣 編), 『대학장구대전(大學章句大全)』 「전」 10장에는 "처음에는 '민중을 얻고 민중을 잃는다.'라고 하였고, 두 번째는 '선하면 얻고 그렇지 못하면 잃는다.'라고 하였으니, 이미 절실하다. 그런데 충과 신과 교만함과 방자함으로 끝내는 것은 분명히 마음에서 얻고 잃는 연유를 설명하여 판결한 것이니, 충과 신은 바로 천리를 보존하는 것이고, 교만함과 방자함은 바로 천리를 잃는 것이다.(初言得衆失衆, 再言善則得, 不善則失, 已切矣. 終之以忠信驕泰, 分明是就心上說出得失之由以決之, 忠信乃天理之所以存, 驕泰乃天理之所以亡.)"라는 말이 있다.
627) 호광 편(胡廣 編), 『대학장구대전(大學章句大全)』.
628) 자로 재는 도 : 『대학장구(大學章句)』「전」 10장 "이른바 천하를 바로잡음이 그 나라를 다스림에 있다는 것은, 윗사람이 노인을 노인으로 대우함에 백성들이 효도를 일으키고, 윗사람이 어른을 어른으로 대우함에 백성들이 공손함을 일으키며, 윗사람이 고아를 구휼함에 백성들이 저버리지 않는 것이다. 이 때문에 군자는 자로 재는 방법이 있는 것이다.(所謂平天下在治其國者, 上老老而民興孝, 上長長而民興弟, 上恤孤而民不倍, 是以君子有絜矩之道也.)"라는 말이 있다.
629) 앞에서 두 번 '얻는다'는 것과 '잃는다'는 것을 말한 것 : 『시경(詩經)』에서 '은(殷)나라가 민중을 잃지 않았을 때에는 상제에게 잘 짝했으니 은나라를 거울로 삼아야 한다. 높은 명은 보존하기가 쉽지 않다.'라고 하였으니, 민중을 얻으면 나라를 얻고, 민중을 잃으면 나라를 잃는다는 말이다.(「詩」云 : '殷之未喪師, 克配上帝, 儀監于殷. 峻命不易.' 道得衆則得國, 失衆則失國.)"라는 말과 "「강고(康誥)」에서 '천명은 일정한 곳에 하지 않는다.'라고 하였으니, 선하면 얻고, 그렇지 못하면 잃는다는 말이다.(「康誥」曰 : '惟命不于常.' 道善則得之, 不善則失之矣.)"라는 말이 있다.

에서 여기의 '기미'라는 말과 '성의장(誠意章)'의 '기미'630)라는 말은 참고해서 봐야 한다.631)

[傳10-19]

生財有大道, 生之者衆, 食之者寡, 爲之者疾, 用之者舒, 則財恒足矣.

재물을 생산함에 큰 도가 있으니, 생산하는 자가 많고 먹는 자가 적으며, 하기를 빨리하고 쓰기를 느리게 하면, 재물이 항상 풍족할 것이다.

詳說

○ 恒, 胡登反.
'즉재항족의(則財恒足矣)'에서 '항(恒)'자의 음은 '호(胡 : 오랑캐)'와 '등(登 : 오르다)'의 반절이다.

朱註

呂氏曰 : "國無遊民, 則生者衆矣, 朝無幸位, 則食者寡矣, 不奪農時, 則爲之疾矣, 量入爲出, 則用之舒矣."
여씨(呂氏 : 呂大臨)가 말하였다. "나라에 노는 백성이 없으면 생산하는 자가 많은 것이고, 조정에 요행의 지위가 없으면 먹는 자가 적은 것이며, 농사철을 빼앗

---

630) '성의장(誠意章)'의 '기미' : 『대학장구(大學章句)』「전」6장의 주석에 "그러나 그 성실하고 성실하지 못함은 남은 미처 알지 못하거나 자기만이 홀로 아는 데 있다. 그러므로 반드시 이것을 삼가해 그 기미(幾微)를 살펴야 한다.(然其實與不實, 蓋有他人所不及知, 而己獨知之者, 故必謹之於此, 以審其幾焉.)"라는 말이 있다.
631) 위는 제7절로 좋아함과 싫어함과 재물의 소용에 …… '기미'라는 말은 참고해서 봐야 한다 : 호광 편(胡廣 編), 『대학장구대전(大學章句大全)』「전」10장에는 "위는 제7절로 좋아함과 싫어함과 재물의 소용에 대해 자로 재는 것을 나눠 말하지 않고, 단지 큰 도가 있을 뿐임을 말하였으니, 여기에서 '도'라는 말은 곧 장 첫머리의 '자로 재는 도'이다. 충(忠)과 신(信)으로 얻는 것은 자신에게 자라는 마음이 있어 자신의 마음을 드러내어 스스로 다하는 것이 충이고, 사물에 자라는 이치가 있어 사물에 따라 어김이 없는 것이 신이기 때문이다. 교만함과 방자함으로 잃는다는 것은 교만함으로 자랑하고 높이며 사람들이 좋아하고 싫어하는 것을 겸손하게 함께하려고 하지 않아 자로 재는 도가 아니고, 방자함으로 사치하고 제멋대로 하며 백성들에게 있는 재물의 소용을 함부로 빼앗아 자로 재는 도가 아니기 때문이다. 앞에서 두 번 '얻는다'는 것과 '잃는다'는 것을 말한 것은 사람들의 마음이 천명을 보존하고 없애는 기미이기 때문이다. 여기서 '얻는다'는 것과 '잃는다'는 것을 말한 것은 내 마음이 천리를 보존하고 없애는 기미이기 때문이다. 『대학장구(大學章句)』에서 여기의 '기미'라는 말은 '뜻을 정성스럽게 한다(誠意)'는 장의 '기미'라는 말과 참고해서 봐야 한다.(右第七節, 不分言好惡與財用之絜矩, 但言君子有大道, 此道字, 即章首絜矩之道也. 忠信以得之者, 在己有矩之心, 而發己自盡則爲忠, 在物有矩之理, 而循物無違, 則爲信. 驕泰以失之者, 驕者, 矜高不肯下同人之好惡, 非絜矩之道也, 泰者, 侈肆必至於橫斂平民之財用, 非絜矩之道也. 前兩言得失, 人心天命存亡之幾也. 此言得失, 吾心天理存亡之幾也, 『章句』此一幾字, 當與誠意章幾字參看.)"라고 되어 있다.

지 않으면 하기를 빨리 하는 것이고, 수입을 헤아려 지출을 하면 쓰기를 느리게 하는 것이다."

詳說

○ 『大全』曰 : "藍田."632)
'여씨(呂氏)'에 대해, 『대학장구대전(大學章句大全)』에서 말하였다. "남전이다."633)

○ 音潮.
'조무행위(朝無幸位)'에서 조(朝)'자는 음이 '조(潮 : 조수)'이다.

○ 無才而得祿.
'조무행위(朝無幸位)'에서 행위(幸位)는 재주가 없으면서 봉록을 받는 것이다.

○ 主人而曰'者', 主事而曰'之'. 本文兼言, 而註分言.
'즉식자과의, 불탈농시, 즉위지질의, 량입위출, 즉용지서의(則食者寡矣, 不奪農時, 則爲之疾矣, 量入爲出, 則用之舒矣 : 먹는 자가 적은 것이며, 농사철을 빼앗지 않으면 하기를 빨리 하는 것이고, 수입을 헤아려 지출을 하면 쓰기를 느리게 하는 것이다.)라는 구절에서 볼 때, 사람을 주로 하면 '~하는 자[者]'라고 하고, 일을 주로 하면 '~하는 것[之]'이라고 한다. 본문에서는 겸하여 말했고, 주석에서는 나눠 말하였다.

○ 新安陳氏曰 : "疾謂速, 舒謂緩."634)
'불탈농시, 즉위지질의, 량입위출, 즉용지서의(不奪農時, 則爲之疾矣, 量入爲出, 則用之舒矣 : 농사철을 빼앗지 않으면 하기를 빨리 하는 것이고, 수입을 헤아려 지출을 하면 쓰기를 느리게 하는 것이다.)에 대해, 신안 진씨(新安陳氏 : 陳櫟)가 말하였다. "'빨리한다[疾]'는 것은 일찍부터 한다는 것이고, '느리게 한다[舒]'는 것은 천천히 한다는 것이다."635)

---

632) 호광 편(胡廣 編), 『대학장구대전(大學章句大全)』.
633) 남전이다 : 호광 편(胡廣 編), 『대학장구대전(大學章句大全)』「전」10장에는 "여씨는 이름이 남전이고, 자가 여숙으로 남전 사람이다.(呂氏, 名大臨, 字與叔, 藍田人.)"라고 되어 있다.
634) 호광 편(胡廣 編), 『대학장구대전(大學章句大全)』.
635) '빨리한다[疾]'는 것은 일찍부터 한다는 것이고, '느리게 한다[舒]'는 것은 천천히 한다는 것이다 : 호광 편(胡廣 編), 『대학장구대전(大學章句大全)』「전」10장에는 "씀씀이를 절약하는 것은 먹는 자가 적은 것을

朱註

愚按 : 此因有土有財而言, 以明足國之道在乎務本而節用, 非必外本內末而後財可聚也.

내가 살펴보건대, 이것은 토지가 있고 재물이 있는 것에 따라 말하여 나라를 풍족히 하는 도(道)가 본업(本業)[농업(農業)]을 힘쓰고 씀씀이를 절약함에 있는 것이고, 반드시 근본을 밖으로 하고 말엽을 안으로 한 뒤에 재물이 모이는 것이 아님을 밝힌 것이다.

詳說

○ 新安陳氏曰 : "務本謂生者衆, 爲者疾, 所以開財之源也. 節用謂食者寡, 用者舒, 所以節財之流也."636)

신안 진씨(新安陳氏 : 陳櫟)가 말하였다. "근본에 힘쓰는 것은 생산하는 자가 많은 것을 말하고, 하기를 빨리하는 것은 재물의 근원을 열기 위함이다. 씀씀이를 절약하는 것은 먹는 자가 적은 것을 말하고, 쓰기를 느리게 하는 것은 재물의 흐름을 절약하기 위함이다."637)

○ 前節.

'비필외본내말(非必外本內末 : 반드시 근본을 밖으로 하고 말엽을 안으로 하다)'는
앞의 절이다.

○ 玉溪盧氏曰 : "國無遊民而不奪農時, 民之財所以足, 朝無幸位而量入爲出, 國之財所以足."638)

옥계 노씨(玉溪盧氏 : 盧孝孫)가 말하였다. "나라에 노는 백성이 없고 농사지을

말하고, 쓰기를 느리게 하는 것은 재물의 흐름을 절약하기 위함이다. '빨리한다[疾]'는 것은 일찍부터 한다는 것이고 '느리게 한다[舒]'는 것은 천천히 한다는 것이다.(節用, 謂食者寡, 用者舒, 所以節財之流也. 疾謂速, 舒謂緩.)"라고 되어 있다.
636) 호광 편(胡廣 編), 『대학장구대전(大學章句大全)』.
637) 근본에 힘쓰는 것은 생산하는 자가 …… 재물의 흐름을 절약하기 위함이다 : 호광 편(胡廣 編), 『대학장구대전(大學章句大全)』「전」10장에는 "근본에 힘쓰는 것은 생산하는 자가 많은 것을 말하고, 하기를 빨리하는 것은 재물의 근원을 열기 위함이다. 씀씀이를 절약하는 것은 먹는 자가 적은 것을 말하고, 쓰기를 느리게 하는 것은 재물의 흐름을 절약하기 위함이다. '빨리한다[疾]'는 것은 일찍부터 한다는 것이고 ……(務本, 謂生者衆, 爲者疾, 所以開財之源也. 節用, 謂食者寡, 用者舒, 所以節財之流也. 疾謂速, ……)"라고 되어 있다.
638) 호광 편(胡廣 編), 『대학장구대전(大學章句大全)』.

때를 빼앗지 않으면, 백성들의 재물이 풍족해지는 까닭이고, 조정에 요행으로 지위를 차지한 사람들이 없고 수입을 헤아려 지출을 하면, 나라의 재물이 풍족한 까닭이다."

○ 仁山金氏曰 : "「傳」之四語, 萬世理財之大法也."639)

인산 김씨(仁山金氏 : 金履祥)가 말하였다. "「전(傳)」의 네 가지 말은 영원토록 재물을 다스리는 큰 법이다."640)

朱註

自此以至終篇, 皆一意也.

여기서부터 끝 편까지는 모두 똑같은 뜻이다.

詳說

○ 生財有道之意.

재물을 생산함에 도가 있다는 의미이다.

[傳10-20]

仁者以財發身, 不仁者以身發財.

어진 사람은 재물로써 자신을 일으키고, 어질지 못한 자는 자신으로써 재물을 일으킨다.

朱註

發, 猶起也. 仁者, 散財以得民, 不仁者, 亡身以殖貨.

'일으킨다[發]'는 것은 출세시킨다는 것과 같다. 어진 자는 재물을 나눠주어 백성을 얻고, 어질지 못한 자는 몸을 망쳐서 재물을 증식한다.

詳說

---

639) 호광 편(胡廣 編), 『대학장구대전(大學章句大全)』.
640) 「전(傳)」의 네 가지 말은 영원토록 재물을 다스리는 큰 법이다 : 호광 편(胡廣 編), 『대학장구대전(大學章句大全)』「전」10장에는 "천지에는 본래 무궁한 이익이 있으니, 국가를 소유한 자에게는 무궁한 재물이 있다. 다만 근면한 자는 얻고, 게으른 자는 잃으며, 검소한 자는 여유가 있고, 사치스러운 자는 모자랄 뿐이다. 그러므로 전의 네 가지 말은 만세토록 재물을 다스리는 큰 법이다.(天地間, 自有無窮之利, 有國家者, 亦本有無窮之財. 但勤者得之, 怠者失之, 儉者裕之, 奢者耗之. 故傳之四語, 萬世理財之大法也.)"라고 되어 있다.

○ 朱子曰 : "以其效言爾, 非謂仁者眞有以財發身之意."641)

주자(朱子)가 말하였다. "그 효과로 말하였을 뿐이지 어진 자가 진실로 재물로 자신을 일으킨다는 것을 말한 뜻은 아니다."642)

○ 得民則得位得名, 是起身也.

백성을 얻으면 지위를 얻고 이름을 얻으니, 바로 자신을 일으키는 것이다.

○ 雙峰饒氏曰 : "財散民聚, 此以財發身, 財聚民散, 此以身發財."643)

쌍봉 요씨(雙峰饒氏 : 饒魯)가 말하였다. "재물을 나눠주면 백성들이 모이니, 이것은 재물로 자신을 일으킨 것이고, 재물을 모으면 백성들이 흩어지니, 이것은 자신으로 재물을 일으킨 것이다."

○ 雲峯胡氏曰 : "六節言仁人, 此節言仁者, 皆因絜矩而言也."644)

운봉 호씨(雲峯胡氏 : 胡炳文)가 말하였다. "6절에서 어진 사람을 말하고645), 이 절에서 어진 자를 말한 것은 모두 자로 재는 것으로 말미암아 말한 것이다."646)

---

641) 호광 편(胡廣 編), 『대학장구대전(大學章句大全)』. 『주자어류(朱子語類)』 권16, 「대학3(大學三) 243조목에는 "'어진 사람은 재물로써 자신을 일으킨다.'는 것에 대해 묻자, 주희가 말하였다. '특별히 재물로써 명성을 얻는 것이 아니라 사람을 가르쳐서 자기를 받들게 한다. 다만 그가 가진 것을 사유화하지 않는다면 사람은 스스로 책임지고 몸소 자신을 높인다. 재물을 흩어서 나누어주는 효과가 이와 같음을 말했을 뿐이다.(問 : '仁者以財發身.' 曰 : '不是特地散財以取名, 買敎人來奉己. 只是不私其有, 則人自歸之而身自尊. 只是言其散財之效如此.')"라고 하였고, 244조목에서는 "'어진 사람은 재물로써 자신을 일으킨다.'는 것은 재물을 흩어서 백성을 모이게 하고 몸소 스스로를 높일 뿐 재물에 뜻을 두지 않는다. 어질지 못한 자는 재물만을 많이 취할 뿐 자신을 위태롭게 하여 망치는 것은 관여하지 않는다.('仁者以財發身', 但是財散民聚, 而身自尊, 不在於財. 不仁者只管多聚財, 不管身之危亡也.)"라고 하였다.
642) 그 효과로 말하였을 뿐이지 어진 자가 진실로 재물로 자신을 일으킨다는 것을 말한 뜻은 아니다 : 호광 편(胡廣 編), 『대학장구대전(大學章句大全)』 「전」 10장에는 "어진 자는 특별히 재물을 나눠주고 사람을 사서 자기에게 돌아오게 하는 것이 아니라 단지 그가 가진 것을 사사롭게 하지 않을 뿐인데, 사람들이 스스로 돌아와 자신이 높아지는 것이니, 재물을 나눠주는 효과가 이와 같음을 말한 것이다. 어질지 못한 자는 재물을 모으는 데만 힘쓰고 자신을 관리하지 않으니 위태롭게 되어 망한다.(仁者, 不是特地散財買人歸己, 只是不私其有, 人自歸之而身自尊, 是言散財之效如此. 不仁者只務聚財不管身, 危亡也.)"라고 되어 있다.
643) 호광 편(胡廣 編), 『대학장구대전(大學章句大全)』.
644) 호광 편(胡廣 編), 『대학장구대전(大學章句大全)』.
645) 6절에서 어진 사람을 말하고 : 『대학장구(大學章句)』 「전」 10장에 "어진 사람만이 이들을 추방하여 유배함에 사방 오랑캐의 땅으로 내쫓아, 중국에 함께하지 못하게 하니, 이것을 '어진 사람만이 남을 사랑할 수 있고, 남을 미워할 수 있다.'라고 하는 것이다.(唯仁人放流之, 迸諸四夷, 不與同中國. 此謂唯仁人爲能愛人, 能惡人.)"라는 말이 있다.
646) 6절에서 어진 사람을 말하고, 이 절에서 …… 자로 재는 것으로 말미암아 말한 것이다 : 호광 편(胡廣 編), 『대학장구대전(大學章句大全)』 「전」 10장에는 "위는 제8절로 재물을 생산하는 큰 도로 곧 자로 재는 도이다. 천하의 사람들을 모두 근본에 힘쓰게 할 수 있을지라도 윗사람이 스스로 비용을 절약하지 않으면 자로 재는 것이 아니다. 제6절에서 어진 사람을 말하고, 이 절에서 어진 자를 말한 것은 모두 자로 재는

[傳10-21]

未有上好仁, 而下不好義者也, 未有好義其事不終者也, 未有府庫財, 非其財者也.

윗사람이 어짊을 좋아하는데 아랫사람들이 의로움을 좋아하지 않는 경우는 있지 않으니, 아랫사람들이 의로움을 좋아하고서 그 일이 끝마쳐지지 못하는 경우가 없고, 부고(府庫)의 재물이 그 윗사람의 재물이 아닌 경우가 없다.

朱註

上好仁以愛其下, 則下好義以忠其上, 所以事必有終, 而府庫之財無悖出之患也.

윗사람이 인(仁)을 좋아하여 그 아랫사람을 사랑하면, 아랫사람들이 의로움을 좋아하여 그 윗사람에게 충성하기 때문에 일이 반드시 마침이 있고, 부고(府庫)의 재물이 어그러지게 나가는 우환이 없다.

詳說

○ 承上節 '仁'字.

'상호인(上好仁)'은 위의 절의 '인(仁 : 어짊)'자를 이어받았다.

○ 添 '愛' '忠' 字.

'이애기하, 즉하호의이충기상(以愛其下, 則下好義以忠其上)'에서 볼 때, '애(愛 : 사랑한다)'자와 '충(忠 : 충성한다)'자를 더하였다.

○ 朱子曰 : "只是一箇道理, 在上便喚做仁, 在下便喚做義."[647]

주자(朱子)가 말하였다. "하나의 도리일 뿐으로 위에서는 어짊이라고 하고 아래에서는 의로움이라고 한다."[648]

것으로 말미암아 말한 것이다. 자로 재는 것은 서(恕)의 일이고, 서는 어짊의 방편이다.(右第八節, 生財大道, 亦卽絜矩之道. 能使天下之人, 皆務本, 而上之人自不節用, 非絜矩矣. 第六節言仁, 此節言仁者, 皆因絜矩而言也. 絜矩爲恕之事, 恕爲仁之方.)"라고 되어 있다.

[647] 호광 편(胡廣 編), 『대학장구대전(大學章句大全)』.

[648] 하나의 도리일 뿐으로 위에서는 어짊이라고 하고 아래에서는 의로움이라고 한다 : 호광 편(胡廣 編), 『대학장구대전(大學章句大全)』 전10장에는 "물었다. '어떻게 윗사람이 어질다고 해서 아랫사람이 의롭습니까?' 주자(朱子)가 말하였다. '단지 하나의 도리일 뿐으로 위에서는 어짊이라고 하고, 아래에서는 의로움이라고 하며, 아버지에게는 자애라고 하고, 자식에게는 효도라고 합니다.'(問 : '如何上仁下便義.' 朱子曰 :

○ 本文此句, 是自五仁字爲四義字之承接樞紐也. 仁爲體而義爲用, 故以義字終乎天下之事.

「전」의 본문에서 이 구절은 다섯 번의 '인(仁 : 어짊)'자[649]에서 네 번의 '의(義 : 의로움)'자[650]로 이어지는 핵심이 되는 것이다. 어짊은 본체이고 의로움은 작용이기 때문에 의로움이라는 말로 천하의 일을 마쳤다.

○ 其事, 指君之事. 所包者廣, 而此章本主言財, 故下句又說還本事.

'소이사필유종(所以事必有終 : 때문에 일이 반드시 마침이 있고)'에서 일은 임금의 일을 가리켜서 포함된 것이 넓은데, 이 장은 본래 재물을 중심으로 말하였기 때문에 아래의 구절에서 또 본래의 일을 말해 되돌렸다.

○ 照前節.

'부고지재무패출(府庫之財無悖出 : 부고(府庫)의 재물이 어그러지게 나가는)'의 경우, 앞의 절에 비춰 보라.

○ 朱子曰 : "此以財發身之效."[651]

주자(朱子)가 말하였다. "이것이 재물로 자신을 일으킨 효험이다."[652]

'只是一箇道理, 在上便喚做仁, 在下便喚做義, 在父便謂之慈, 在子便謂之孝.')"라고 되어 있다.
649) 다섯 번의 '인(仁 : 어짊)'자 : 『대학장구(大學章句)』「전」10장에 "구범(舅犯)이 말하였다. '도망 온 사람은 보배로 여길 것이 없고, 어버이를 사랑함을 보배로 여깁니다.'(舅犯曰 : '亡人無以爲寶, 仁親以爲寶.')"라는 말과 "어진 사람만이 이들을 추방하여 유배함에 사방 오랑캐의 땅으로 내쫓아, 중국에 함께하지 못하게 하니, 이것을 '어진 사람만이 남을 사랑할 수 있고, 남을 미워할 수 있다.'라고 하는 것이다.(唯仁人放流之, 迸諸四夷, 不與同中國. 此謂唯仁人爲能愛人, 能惡人.)"라는 말과 "어진 자는 재물로써 자신을 일으키고, 어질지 못한 자는 자신으로써 재물을 일으킨다.(仁者以財發身, 不仁者以身發財.)"라는 말이 있다.
650) 네 번의 '의(義 : 의로움)'자 : 『대학장구(大學章句)』「전」10장에 "윗사람이 어짊을 좋아하는데 아랫사람들이 의로움을 좋아하지 않는 경우는 있지 않으니, 아랫사람들이 의로움을 좋아하고서 그 일이 끝마쳐지지 못하는 경우가 없고, 부고(府庫)의 재물이 그 윗사람의 재물이 아닌 경우가 없다.(未有上好仁, 而下不好義者也, 未有好義其事不終者也, 未有府庫財, 非其財者也.)"라는 말과 "맹헌자(孟獻子)가 '마승(馬乘)을 기르는 자는 닭과 돼지를 기름에 살피지 않고, 얼음을 쓰는 집안은 소와 양을 기르지 않고, 백승(百乘)의 집안은 세금 걷기에 급급한 신하를 기르지 않으니, 그런 신하를 기를 것이라면 차라리 도둑질하는 신하를 두라.'라고 하였으니, 이것을 '나라는 이익을 이익으로 여기지 않고 의로움을 이익으로 여긴다.'라고 하는 것이다.(孟獻子曰 : '畜馬乘不察於鷄豚, 伐冰之家不畜牛羊, 百乘之家不畜聚斂之臣, 與其有聚斂之臣, 寧有盜臣.' 此謂國不以利爲利, 以義爲利也.)"라는 말과 "국가의 어른이 되어 재용(財用)을 힘쓰는 것은 반드시 소인 때문이다. (저 선을 행하는) 소인이 국가를 다스리게 하면 재해(菑害)가 함께 오니, 잘하는 자가 있더라도 또한 어쩔 수가 없는 것이다. 이것을 '나라는 이로움을 이로움으로 여기지 않고, 의로움을 이로움으로 여긴다.'라고 하는 것이다.(長國家而務財用者, 必自小人矣. 彼爲善之, 小人之使爲國家, 菑害竝至, 雖有善者, 亦無如之何矣. 此謂國不以利爲利, 以義爲利也.)"라는 말이 있다.
651) 주희(朱熹), 『대학혹문(大學或問)』권2, 「대학(大學)·전(傳)10장」.

○ 末句亦蒙上句之'好義', 以註中而字而可知也. 雖然, 所蒙'好義'者二事, 實皆蒙'上好仁'云.

끝의 구절에서 또한 위의 구절 '의로움을 좋아한다.'라는 것을 받았으니, 주석에서 '이(而 : 말을 잇다)'자로 알 수 있다. 그렇지만 '의로움을 좋아한다.'라는 것은 두 번째의 일이니, 실제로 모두 '윗사람이 어짊을 좋아한다.'라는 말을 이어받은 것이다.

[傳10-22]

孟獻子曰 : "畜馬乘不察於雞豚, 伐冰之家不畜牛羊, 百乘之家不畜聚斂之臣, 與其有聚斂之臣, 寧有盜臣." 此謂國不以利爲利, 以義爲利也.

맹헌자(孟獻子)가 "마승(馬乘)을 기르는 자는 닭과 돼지를 기름에 살피지 않고, 얼음을 쓰는 집안은 소와 양을 기르지 않으며, 백승(百乘)의 집안은 세금 걷기에 급급한 신하를 기르지 않으니, 그런 신하를 기를 것이라면 차라리 도둑질하는 신하를 두라." 라고 하였으니, 이것을 '나라는 이익을 이익으로 여기지 않고 의로움을 이익으로 여긴다.'라고 하는 것이다.

詳說

○ 畜, 許六反. 乘斂, 幷去聲.

'축마승불찰어계돈(畜馬乘不察於雞豚)'에서 '휵(畜 : 기르다)'자의 음은 '허(許 : 허락하다)'와 '육(六 : 여섯)'의 반절이다. '승(乘)'자와 '렴(斂)'자는 아울러 거성이다.

朱註

孟獻子, 魯之賢大夫仲孫蔑也. 畜馬乘, 士初試爲大夫者也.

맹헌자(孟獻子)는 노(魯)나라의 어진 대부(大夫)인 중손멸(仲孫蔑)이다. 마승(馬乘)

652) 이것이 재물로 자신을 일으킨 효험이다 : 주희(朱熹), 『대학혹문(大學或問)』 권2, 「대학(大學)·전(傳)10장」에는 "물었다. '「부고(府庫)의 재물이 그 윗사람의 재물이 아닌 경우가 없다.」라는 것은 무엇 때문입니까?' 답하였다. '윗사람이 어짊을 좋아하면 아랫사람들이 의로움을 좋아합니다. 아랫사람들이 의로움을 좋아하면 그 일은 끝마쳐집니다. 일이 끝마쳐지면, 임금은 편안하고 부귀하며 영화롭고, 부고의 재물은 길이 보전할 수 있습니다. 이것이 재물로 자신을 일으킨 효험입니다.'(曰 : '未有府庫財, 非其財者, 何也.' 曰 : '上好仁, 則下好義矣. 下好義, 則事有終矣. 事有終, 則爲君者安富尊榮, 而府庫之財, 可長保矣. 此以財發身之效也.')"라고 되어 있다.

을 기른다는 것은 사(士)가 처음 등용되어 대부(大夫)가 된 것이다.

> [詳說]
>
> ○ 乘, 四匹也.
> '휵마승(畜馬乘)'에서 승(乘 : 타다)'은 네 필이다.
>
> ○ 新安陳氏曰 : "大夫以上乃得乘四馬. 下云'伐冰之家', 是卿大夫, 今別云'畜馬乘', 故知士初試爲大夫."653)
> 신안 진씨(新安陳氏 : 陳櫟)가 말하였다. "대부 이상이어야 네 필의 말이 끄는 마차를 탈 수 있다. 아래에서 '얼음을 쓰는 집안은 경대부이다.'라고 하고 이제 별도로 '마승을 기른다는 것은'이라고 했기 때문에 사(士)가 처음 등용되어 대부가 된 것임을 알겠다."654)
>
> ○ 不曰不畜, 而曰不察, 蒙上畜字也. 或曰非謂全不畜也, 但不致察耳.
> '기르지 않는다.'라고 하지 않고, '살피지 않는다.'라고 한 것은 앞의 '기르다'는 말을 이어받은 것이다. 어떤 이는 '전혀 기르지 않음을 말한 것이 아니니, 단지 살피지 않게 되는 것일 뿐이다.'라고 하였다.

[朱註]

伐冰之家, 卿大夫以上, 喪祭用冰者也.
'얼음을 쓰는 집안[伐冰之家]'은 경대부(卿大夫) 이상으로 초상이 나고 제사를 지낼 때에 얼음을 쓰는 것이다.

> [詳說]
>
> ○ 上聲.

---

653) 호광 편(胡廣 編), 『대학장구대전(大學章句大全)』.
654) 대부 이상이어야 네 필의 말이 끄는 마차를 …… 등용되어 대부가 된 것임을 알겠다 : 호광 편(胡廣 編), 『대학장구대전(大學章句大全)』 「전」 10장에는 "공씨의 소(疏)에서 말하였다. '살펴보건대 『서전』에서 '사(士)는 수레를 장식하고 말을 나란히 한다.'라고 했고, 『시경(詩經)』에서 '네 필의 말이 끝없이 달려간다.'라고 하였으니, 대부 이상이어야 네 필의 말이 끄는 마차를 탈 수 있는 것이다. 이제 아래에서 '얼음을 쓰는 집안은 경대부이다.'라고 하고 이제 별도로 '마승을 기르는 것은'이라고 했기 때문에 사(士)가 처음에 등용되어 대부가 된 것임을 알겠다.(孔氏疏曰 : 按『書傳』士飾車騈馬.'『詩』云'四牡騑騑', 大夫以上乃得乘四馬. 今下云'伐冰之家是卿大夫今', 別云'畜馬乘', 故知士初試爲大夫者也.)"라고 되어 있다.

'경대부이상(卿大夫以上)'에서 '상(上 : 위)'자는 상성이다.

○ 至於公.

'벌빙지가, 경대부이상(伐冰之家, 卿大夫以上 : 얼음을 쓰는 집안은 경대부 이상으로)' '공(公)'까지이다.

○ 新安陳氏曰 : "『左傳』云 '大夫命婦喪浴用冰', 『禮記』云 '士不用冰', 故知卿大夫也."655)

신안 진씨(新安陳氏 : 陳櫟)가 말하였다. "『춘추좌전(春秋左傳)』에서 '대부나 그 부인의 장례에 시신에 얼음을 채워 놓는다.'656)라고 하고, 『예기(禮記)』에서 '사는 얼음을 쓰지 않는다.'657)라고 했기 때문에 경대부임을 알겠다."658)

○ 朱子曰 : "與民爭利, 便是不絜矩. 此公儀子所以 '拔園葵去織婦' 也."659)

주자(朱子)가 말하였다. "백성들과 이익을 다투면, 자로 잴 수 없다. 이것이 공의자(公儀子)660)가 전원에 있는 아욱을 뽑아 버리고 베 짜는 지어미를 쫓아 버린 까닭이다."661)

---

655) 호광 편(胡廣 編), 『대학장구대전(大學章句大全)』.
656) 대부나 그 부인의 장례에 시신에 얼음을 채워 놓는다 : 『춘추좌전(春秋左傳)』 소공(昭公) 4년 기사에 "얼음을 꺼낼 때에는 시기가 있고, 고기를 먹는 지위에 있는 자에게는 모두 그 얼음을 나누어 주었다. 대부나 그의 아내는 장례에 얼음으로 목욕을 시켰다.(其出入也時, 食肉之祿, 冰皆與焉. 大夫命婦喪浴用冰.)"라는 말이 있다.
657) 사는 얼음을 쓰지 않는다 : 『예기(禮記)』「상대기(喪大記)」에 "임금은 큰 대야[大盤]에 얼음을 넣고, 대부는 그보다 작은 대야[夷盤]에 얼음을 넣으며, 사는 와기로 만든 대야[瓦盤] 두 개를 함께 놓지만 얼음이 없다. 평상을 놓고 홑자리를 깔지만 베개가 있다.(君設大盤造冰焉, 大夫設夷盤造冰焉, 士倂瓦盤無冰, 設牀襢笫有枕.)"라고 하였고, 여기의 주에서 "중춘 이후로는 먼저 대야에 얼음을 넣고 그 위에 평상을 놓고 자리를 깔지 않고 시신을 그 위에 옮기고, 서늘한 가을이 되면 그렇게 하지 않는다. 사(士)는 얼음을 사용하지 않고 와기를 대야로 해서 두 개를 함께 놓고 물을 채운다.(自仲春之後, 先內冰於盤中, 乃設床於其上, 不施席而遷屍焉, 秋凉而止. 士不用冰, 以瓦爲盤, 倂以盛水.)"라고 하였다.
658) 『춘추좌전(春秋左傳)』에서 '대부나 그 부인의 장례에 …… 했기 때문에 경대부임을 알겠다 : 호광 편(胡廣 編), 『대학장구대전(大學章句大全)』 전10장에는 "『좌전』 소공 4년 기사에 '대부나 그 부인의 장례에 시신에 얼음을 채워놓는다.'라고 하고, 『예기』「상대기」에서 '사는 얼음을 쓰지 않는다.'라고 했기 때문에 경대부임을 알겠다. 사가 얼음을 은혜로 받아 또한 그것을 쓸지라도 단지 일상적인 것이 아니기 때문에 사가 장례에 임금이 얼음을 주면 대야를 크게 해도 된다.(『左』昭四年, 大夫命婦喪浴用冰, 『喪大記』云, 士不用冰, 故知卿大夫也. 士若恩賜, 亦得用之. 但非其常, 故士喪禮賜冰, 則夷槃可也.)"라고 되어 있다.
659) 주희(朱熹), 『대학혹문(大學或問)』 권2, 「대학(大學)·전(傳)10장」.
660) 공의자(公儀子) : 춘추시대 노나라 목공[魯穆公]의 재상 공의휴(公儀休)를 말한다. 『사기(史記)』 권119 「순리열전(循吏列傳)」에서 "그는 자기 집 채마밭의 아욱이 향기롭게 자라자 뽑아 버리고 베를 잘 짜는 처를 내쫓고 베틀을 불태워 버릴 정도로 백성들과 이익을 다투지 않았다."라고 하였다.
661) 백성들과 이익을 다투면, 자로 잴 수 없다 …… 베 짜는 지어미를 쫓아 버린 까닭이다 : 주희(朱熹), 『대학혹문(大學或問)』 권2, 「대학(大學)·전(傳)10장」에는 "물었다. '맹헌자의 말을 인용한 것은 무엇 때문입니

朱註

百乘之家, 有采地者也.

백승지가(百乘之家)는 채지(采地)를 가지고 있는 자이다.

詳說

○ 音菜.

'유채지자야(有采地者也)'에서 '채(采 : 채지)'자는 음이 '채(菜 : 나물)'이다.

○ 『大全』曰 : "臣之食邑也."662)

『대학장구대전(大學章句大全)』에서 말하였다. "신하의 식읍이다."

朱註

君子寧亡己之財, 而不忍傷民之力, 故寧有盜臣, 而不畜聚斂之臣.

군자는 차라리 자기의 재물을 잃을지라도 차마 백성의 힘을 상하게 하지 못한다. 그러므로 차라리 도둑질하는 신하를 두면 두었지 세금 걷기에 급급한 신하를 기르지 않는 것이다.

詳說

○ 朱子曰 : "竊君之府庫以自私, 而禍不及下."663)

주자(朱子)가 말하였다. "임금의 창고에서 훔쳐서 스스로 사사롭게 하는데 화가 아래로 미치지는 않는다."664)

○ 倒釋以便文.

까?' 대답하였다. '닭·돼지·소·양은 백성들이 기르는 것으로 그렇게 해서 이익을 삼는 것입니다. 이미 임금의 봉록을 받고 있어 백성들의 봉양을 누린다면, 다시 그들과 다투어서는 안 됩니다. 이것이 공의자가 전원에 있는 아욱을 뽑아 버리고 베 짜는 지어미를 쫓아 버린 까닭입니다.'(曰 : '其引孟獻子之言何也.' 曰 : '鷄豚牛羊, 民之所畜, 養以爲利者也. 旣已食君之祿, 享民之奉矣, 則不當復與之爭. 此公儀子所以拔園葵去織婦.')"라고 되어 있다.
662) 호광 편(胡廣 編),『대학장구대전(大學章句大全)』전10장에 동일하게 "采地, 臣之食邑也."라고 실려 있다.
663) 주희(朱熹),『대학혹문(大學或問)』권2,「대학(大學)·전(傳)10장」.
664) 임금의 창고에서 훔쳐서 스스로 사사롭게 하는데 화가 아래로 미치지는 않는다 : 주희(朱熹),『대학혹문(大學或問)』권2,「대학(大學)·전(傳)10장」에는 "세금 걷기에 급급한 신하는 백성들의 고혈을 짜내어 윗사람을 섬기는데, 백성들이 그 재앙을 당한다. 도둑질하는 신하는 임금의 창고를 털어 스스로 사사롭게 하는데, 화가 아래로 미치지는 않는다.(聚斂之臣, 剝民之膏血以奉上, 而民被其殃. 盜臣竊君之府庫以自私, 而禍不及下.)"라고 되어 있다.

'영유도신, 이불휵취렴지신(寧有盜臣, 而不畜聚斂之臣 : 차라리 도둑질하는 신하를 두면 두었지 세금 걷기에 급급한 신하를 기르지 않는 것이다)'은 풀이를 거꾸로 해서 말을 바꾸었다.

○ 聚斂之臣與馬、牛羊槪言畜, 其賤之之意嚴矣.
'영유도신, 이불휵취렴지신(寧有盜臣, 而不畜聚斂之臣 : 차라리 도둑질하는 신하를 두면 두었지 세금 걷기에 급급한 신하를 기르지 않는 것이다)'라는 구절에서 볼 때, 세금 걷기에 급급한 신하를 말·소·양과 함께 모두 기른다고 했으니, 천박하게 여긴다는 의미가 엄한 것이다.

○ 雙峰饒氏曰 : "此段大意在'不畜聚斂之臣', 見用人與理財相關."665)
쌍봉 요씨(雙峰饒氏 : 饒魯)가 말하였다. "이 단락의 큰 의미는 '세금 걷기에 급급한 신하를 기르지 않는다.'라는 것에 있으니, 사람을 부리는 것은 재물을 다스리는 것과 서로 관계가 있다는 것이다."

朱註
'此謂'以下, 釋獻子之言也.
'이것을 ~라고 하는 것이다.[此謂]'는 구절 아래는 헌자(獻子)의 말을 해석한 것이다.

詳說
○ 此書凡有十'此謂', 或指上文, 或指古語. 惟此節之'此謂'只是'此言'之意, 觀於註可知也. 玉溪幷作古語看, 恐未然. 且獻子在孔子以前世, 何從而師子思乎. 尤翁嘗疑孟獻子有兩人云.
이 책에서 '이것을 ~라고 하는 것이다[此謂]'라는 말이 열 번 있는데, 혹 앞의 글을 가리키기도 하고 혹 옛날의 말을 가리키기도 한다. 그런데 오직 여기 절에서 '이것을 ~라고 하는 것이다[此謂]'라는 말은 단지 '이것은 ~라는 말이다.[此言]'라는 의미이니, 주를 보면 알 수 있다. 옥계는 옛말로 아울러 보았는데 그렇지 않은 것 같다. 또 헌자는 공자 이전 시대의 사람이니, 어떻게 자사를 스승으로 할 수 있었겠는가? 우옹(尤翁)은 두 명의 맹헌

---
665) 호광 편(胡廣 編), 『대학장구대전(大學章句大全)』.

자가 있었던 것이 아닌가라고 여겼다.

○ 朱子曰 : "孟子分別義利之意, 其傳蓋出於此."
주자(朱子)가 말하였다. "맹자가 의로움과 이익의 의미를 분별함에 그 전함이 여기에서 나왔다."

[傳10-23]

長國家而務財用者, 必自小人矣. 彼爲善之, 小人之使爲國家, 菑害竝至,雖有善者, 亦無如之何矣. 此謂國不以利爲利, 以義爲利也.

국가의 어른이 되어 재용(財用)을 힘쓰는 것은 반드시 소인 때문이다. (저 선을 행하는) 소인이 국가를 다스리게 하면 재해(菑害)가 함께 오니, 잘하는 자가 있더라도 또한 어쩔 수가 없는 것이다. 이것을 '나라는 이로움을 이로움으로 여기지 않고, 의로움을 이로움으로 여긴다.' 라고 하는 것이다.

詳說

○ 長, 上聲.
'장국가이무재용자(長國家而務財用者)'에서 '장(長 : 어른)'자는 상성이다.

朱註

'彼爲善之', 此句上下疑有闕文誤字.
'저 선을 행하는[彼爲善之]' 것, 이 구절의 위아래로는 아마도 글이 빠졌거나 잘못된 글자가 있는 듯하다.

詳說

○ 此亦本在音訓'上聲'下, 今姑依『大全』本移置于此.
이것도 본래의 음훈에서 '상성(上聲)'의 아래에 있었는데, 지금 『대학장구대전(大學章句大全)』에 따라 잠시 여기로 옮겨 놓았다.

○ 按 : 伊川改正本曰 : "一本云'彼爲不善之小人, 使之爲國家'",

而『章句』不取. 蓋旣言小人, 則更不消言爲不善故耳. 『諺解』衍之, 恐得.

살펴보건대, 이천(伊川 : 程頤)의 개정본에서는 "어떤 판본에는 '저 선하지 못한 소인, 그가 국가를 다스리게 하면'으로 되어 있다."라고 하였는데, 『대학장구(大學章句)』에서 취하지 않고 이미 소인이라고 했다면, 다시 선하지 않다고 할 필요가 없기 때문이다. 『언해』에서 부연해 놓은 것은 옳은 것 같다.666)

○ 長於國家, 謂君也.

「전(傳)」에서 국가에 어른이 된다는 것은 임금을 말한다.

朱註

自, 由也, 言由小人導之也. 此一節深明以利爲利之害,

'~때문이다[自]'라는 말은 '~로 말미암는다[由]'는 말이다. 소인의 인도로 말미암는다는 말이다. 이 한 절은 이로움을 이로움으로 삼을 때의 피해를 깊이 밝히고,

詳說

○ 釋"何矣"以上.

"어쩔 수가 없는 것이다[何矣]"라는 말의 위에 대해 풀이하였다.

○ 東陽許氏曰 : "菑如水旱蝗疫, 害如寇賊變亂."667)

「전(傳)」의 '재해병지(菑害竝至)'에 대해, 동양 허씨(東陽許氏 : 許謙)가 말하였다. "재(菑)는 이를테면 가뭄과 황충과 전염병이고, 해(害)는 이를테면 도적과 변란이다."668)

○ 玉溪盧氏曰 : "此時雖用君子亦晚矣, 無救於禍."669)

옥계 노씨(玉溪盧氏 : 盧孝孫)가 말하였다. "이런 때는 군자를 등용할지라도 늦

---

666) 『언해』에서 부연해 놓은 것은 옳은 것 같다 : 『언해』에는 "長당國家가而이務무財지用用者쟈ᄂ, 必필自ᄌᆞ小쇼人인矣의니彼爲善之小쇼人인之지使ᄉ爲위國家家가 ……."라고 되어 있다.
667) 호광 편(胡廣 編), 『대학장구대전(大學章句大全)』.
668) 재(菑)는 이를테면 가뭄과 황충과 전염병이고, 해(害)는 이를테면 도적과 변란이다 : 호광 편(胡廣 編), 『대학장구대전(大學章句大全)』「전」10장에는 "재(菑)는 일식·별자리의 변화·가뭄·황충·전염병과 같은 것들이 모두 여기에 해당하고, 해(害)는 민심의 원망과 이반·도적의 약탈·전쟁의 변란과 같은 것들이 모두 여기에 해당한다.(災如日食星變水旱蝗疫皆是, 害如民心怨叛寇賊姦宄兵戈變亂皆是.)"라고 되어 있다.
669) 호광 편(胡廣 編), 『대학장구대전(大學章句大全)』.

어서 재앙에서 구할 수 없다."670)

|朱註|

而重言以結之,
거듭 말씀하여 맺었으니,

|詳說|

○ 去聲.
'중(重 : 거듭)'자는 거성이다.

○ 上下節末句相爲呼應.
위아래 절의 마지막 구가 서로 호응한다.

○ 此節之'此謂', 照上節言, 而又與上節之'此謂'微不同.
이 절에서 '이것을 ~라고 하는 것이다[此謂]'라는 말은 앞의 절에 비춰 말한 것인데, 또 앞 절의 것과는 미미하게 같지 않다.

|朱註|

其丁寧之意切矣.
그 간곡한 뜻이 간절하다.

|詳說|

○ 須看「康誥」'忠信'及此註三切字.
'기정녕지의절의(其丁寧之意切矣 : 그 간곡한 뜻이 간절하다)'는 「강고」에서 '충과 신[忠信]' 및 여기 주석에서 세 번의 '절(切 : 절실하다)'자671)를 봐야 한다.

---

670) 이런 때는 군자를 등용할지라도 늦어서 재앙에서 구할 수 없다 : 호광 편(胡廣 編), 『대학장구대전(大學章句大全)』「전」 10장에는 "재물은 하늘이 내는 것이고 백성들이 원하는 것이다. 세금 걷기에 급급하게 일삼으면, 사람의 마음을 잃어 하늘의 분노를 범하기 때문에 재해가 함께 온다. 재는 하늘에서 내리는 것이고, 해는 사람에게서 생긴 것인데, 이미 함께 온 뒤 이런 때에는 군자를 등용할지라도 늦어서 재앙에서 구할 수 없다.(財者, 天所生而民所欲, 事聚斂, 則失人心, 而干天怒, 故菑害竝至. 菑由天降, 害自人作, 旣已竝至, 此時雖用君子亦晚矣, 無救於禍矣.)"라고 되어 있다.
671) 여기 주석에서 세 번의 '절(切 : 절실하다)'자 : 『대학장구(大學章句)』「전」 10장에서 "「강고(康誥)」에서 '천명은 일정한 곳에 하지 않는다.'라고 하였으니, 선하면 얻고, 그렇지 못하면 잃는다는 말이다.(「康誥」曰 : '惟命不于常.' 道善則得之, 不善則失之矣.)"라는 구절의 주에 "그 간곡하게 반복하는 뜻이 더욱 깊고 간절하다.(其丁寧反覆之意, 益深切矣.)"라는 말이 있고, "이러므로 군자는 큰 도가 있으니, 반드시 충(忠)과 신

○ 此章多言財利, 恐啓以利爲利之弊. 故至末特言義字以救之. 四箇義字足以奪章中十一財字一貨字四寶字七利字云.

이 장에서 대부분 재물의 이로움에 대해 말한 것은 이로움을 이로움으로 여기는 폐단을 가르친 것 같다. 그러므로 끝에서 특히 의로움이라는 말을 해서 구제하였다. 네 번의 의로움이라는 말로 충분히 장에서 11번의 재물이라는 말과 1번의 재화라는 말과 4번의 보물이라는 말과 7번의 이로움이라는 말을 압도할 수 있다.

○ 玉溪盧氏曰 : "'生財有大道'以後四節, 前兩節自君身言, 後兩節自君之用人言. 進君子退小人, 是絜矩之要道, 故必以此終焉, 乃『大學』反本窮源之意."672)

옥계 노씨(玉溪盧氏 : 盧孝孫)가 말하였다. "'재물을 생산함에 큰 도가 있다.'라는 말 이후의 4절에서 앞의 두 절은 임금 자신으로 말했고, 뒤의 두 절은 임금이 사람을 쓰는 것으로 말하였다. 군자를 나오게 하고 소인을 물리치는 것이 자로 재는 중요한 도이기 때문에 굳이 이것으로 끝냈으니, 바로 『대학』에서 근본으로 되돌아가 근원을 궁구하는 의미이다."673)

○ 雲峰胡氏曰 : "右第八節, 生財大道, 亦卽絜矩之道, 用人, 亦

(信)으로써 얻고, 교만함과 방자함으로써 잃는다.(是故君子有大道, 必忠信以得之, 驕泰以失之.)"라는 구절의 주석에 「『강고(康誥)』의 뜻을 따라 말한 것이다. 이 장 안에 '얻는다'는 것과 '잃는다'는 것을 세 번 말하였는데 말이 더욱더 간절하다.(『康誥』之意而言. 章內三言得失, 而語益加切.)"라는 말이 있고, "국가의 어른이 되어 재용(財用)을 힘쓰는 것은 반드시 소인 때문이다. (저 선을 행하는) 소인이 국가를 다스리게 하면 재해(菑害)가 함께 오니, 잘하는 자가 있더라도 또한 어쩔 수가 없는 것이다. 이것을 '나라는 이로움을 이로움으로 여기지 않고, 의로움을 이로움으로 여긴다.'라고 하는 것이다.(長國家而務財用者, 必自小人矣. 彼爲善之, 小人之使爲國家, 菑害竝至,雖有善者, 亦無如之何矣. 此謂國不以利爲利, 以義爲利也.)"라는 구절의 주에 "이 한 절은 이로움을 이로움으로 삼을 때의 피해를 깊이 밝히고, 거듭 말씀하여 맺었으니, 그 간곡한 뜻이 절실하다.(此一節深明以利爲利之害, 而重言以結之, 其丁寧之意切矣.)"라는 말이 있다.
672) 호광 편(胡廣 編), 『대학장구대전(大學章句大全)』.
673) '재물을 생산함에 큰 도가 있다.'라는 말 이후의 …… 근본으로 되돌아가 근원을 궁구하는 의미이다 : 호광 편(胡廣 編), 『대학장구대전(大學章句大全)』「전」10장에는 "'재물을 생산함에 큰 도가 있다.'라는 말부터 이후의 모두 4절에서 앞의 두 절은 임금 자신으로 말했고, 뒤의 두 절은 임금이 사람을 쓰는 것으로 말하였다. 군자를 나오게 하고 소인을 물리치는 것이 바로 백성들과 함께 좋아하고 미워하는 큰 것이니, 또 자로 재는 중요한 도이다. 그러므로 이 장에서 자로 재는 도를 말하여 반드시 군자를 나오게 하고 소인을 물리치는 것으로 끝낸 것은 이미 군자와 소인의 구분에 엄하게 한 다음에 다시 의로움과 이로움, 이치와 욕망의 구분에 엄하게 한 것으로 바로 『대학』에서 근본으로 되돌아가 근원을 궁구하는 의미, 곧 본심을 보존하고 없애는 기틀이 천하가 다스려지고 혼란해지는 기틀을 결정하는 것이고, 바로 밝은 덕으로 백성을 새롭게 하는 것이니, 모두 지극한 선에 머물러야 하는 까닭이다.(自生財有大道以後凡四節, 前兩節自君身言, 後兩節自君之用人言. 進君子退小人, 乃與民同好惡之大者, 是又所以爲絜矩之要道也. 故此章言絜矩之道, 必以進君子退小人終焉, 旣致嚴於君子小人之辨, 復致嚴於義利理欲之辨者, 乃『大學』反本窮源之意, 卽本心存亡之幾, 決天下治亂之幾, 正以明德新民, 皆當止於至善故也.)"라고 되어 있다.

當取其絜矩也. 義利之辨, 大學之書以此終, 『孟子』之書以此始."674)

운봉 호씨(雲峯胡氏 : 胡炳文)가 말하였다. "위는 8절로 재물을 생산하는 큰 도도 자로 재는 도이니, 사람을 쓰는 데도 자로 재는 것을 취해야 한다. 의로움과 이로움의 분변은 『대학』에서는 이것으로 끝냈고, 『맹자(孟子)』에서는 이것으로 시작하였다."675)

朱註

右「傳」之十章, 釋治國平天下. 此章之義, 務在與民同好惡, 而不專其利, 皆推廣絜矩之意也.

위는 「전(傳)」 10장으로 나라를 다스리는 것과 천하를 바로잡는 것을 풀이하였다. 이 장의 뜻은 백성들과 좋아함과 싫어함을 함께하고 그 이익을 독차지하지 않음에 힘쓰는 것으로, 모두 자로 재는 뜻을 미루어 넓힌 것이다.

詳說

○ 朱子曰 : "此章不過好惡義利兩端而已."

주자(朱子)가 말하였다. "이 장은 좋아함과 미워함, 의로움과 이로움 양단에 불과할 뿐이다."

○ 陳氏曰 : "又要其歸, 則不出於絜矩而已."676)

---

674) 호광 편(胡廣 編), 『대학장구대전(大學章句大全)』.
675) 위는 8절로 재물을 생산하는 큰 도도 ······ 『맹자(孟子)』에서는 이것으로 시작했다 : 호광 편(胡廣 編), 『대학장구대전(大學章句大全)』 전10장에는 "위는 제8절로 재물을 생산하는 큰 도도 곧 자로 재는 도이다. 천하의 사람들을 모두 근본에 힘쓰게 할 수 있을지라도 윗사람이 스스로 비용을 절약하지 않으면 자로 재는 것이 아니다. 제6절에서 어진 사람을 말하고, 이 절에서 어진 자를 말한 것은 모두 자로 재는 것으로 말미암아 말한 것이다. 자로 재는 것은 서(恕)의 일이고, 서는 어짊의 방편이다. 좋아함과 미워함을 서(恕)할 수 없으면, 어떻게 어진 사람처럼 사람을 사랑하고 미워할 수 있겠는가? 재물의 쓰임을 서할 수 없으면 어떻게 어진 자처럼 재물로 자신을 일으키겠는가? 끝에서 또 헌자의 말을 든 것은 사람을 씀에도 자로 재는 것을 취해야 한다는 것이다. 좋아하고 미워함에 자로 잴 수 없는 자는 시기하고 미워하는 사람이고, 재물의 씀에 자로 잴 수 없는 자는 세금 걷기에 급급한 신하이니, 모두 소인으로 아주 어질지 못한 자들이다. 그러므로 '재앙이 그 자신에게 미칠 것이다.'라고 했고, '재해가 함께 온다.'라고 했으니, 모두 자로 잴 수 없는 재앙을 가리켜 말한 것으로 경계를 깊이 한 것이다. 의로움과 이로움의 분변은 『대학』이라는 책에서는 이것으로 끝냈고, 『맹자(孟子)』의 말에서는 이것을 시작했으니, 도학(道學)의 전래가 그것에서 온 것이다.(右第八節, 生財大道, 亦即絜矩之道. 能使天下之人, 皆務本而上之人, 自不節用, 非絜矩矣. 第六節言仁人, 此節言仁者, 皆因絜矩而言也. 絜矩爲恕之事, 恕爲仁之方. 好惡不能恕, 安能如仁人, 能愛人, 能惡人. 財用不能恕, 安能如仁者以財發身. 末又擧獻子之言者, 用人亦當取其絜矩也. 於好惡不能絜矩者, 媢疾之人也, 於財用不能絜矩者, 聚斂之臣也, 皆小人不仁之甚者也, 故曰菑必逮身, 曰菑害竝至. 皆指其不能絜矩之禍言之, 爲戒深矣. 義利之辨, 『大學』之書, 以此終, 孟子之言, 以此始, 道學之傳, 有自來矣.)"라고 되어 있다.

진씨(陳氏)가 말하였다. "또 그 귀결점을 구하면 자로 재는 것을 벗어나지 않는다."677)

朱註

能如是, 則親賢樂利,

이와 같이 할 수 있으면, 친하게 여기고 어질게 여기며, 즐거워하고 이롭게 여기는 것이

詳說

○ 同好惡不專利.

'능여시(能如是 : 이와 같이 할 수 있으면)'는 좋아하고 미워함을 똑같이 하여 이로움을 독차지 않는 것이다.

○ 取前王節四事, 以襯用人理財二事.

'친현악리(親賢樂利 : 친하게 여기고 어질게 여기며, 즐거워하고 이롭게 여기는 것이)'는 전왕절(前王節)에서 네 가지 일을 취해678) 사람을 쓰고 재물을 다스리는 두 가지에 베푼 것이다.

○ 朱子曰 : "此章專言財用, 繼言用人."679)

주자(朱子)가 말하였다. "이 장에서는 오로지 재물의 씀을 말하면서 사람을 쓰는 것을 이어서 말하였다."680)

---

676) 호광 편(胡廣 編), 『대학장구대전(大學章句大全)』.
677) 또 그 귀결점을 구하면 자로 재는 것을 벗어나지 않는다 : 호광 편(胡廣 編), 『대학장구대전(大學章句大全)』 「전」 10장에는 "이 장에서 반복해서 인용하면서 경전을 출입한 것은 수천 글자로 의미가 한결같지 않은 것 같지만 그 실마리를 구하면 마침내 좋아함과 미워함, 의로움과 이로움 양단에 불과할 뿐이다. 또 따라서 그 귀결점을 구하면 또한 자로 재는 것을 벗어나지 않는다. 자로 재는 도는 자신을 저들을 알고, 저들로 나에게 되돌려서 좋아하고 미워하며, 의롭고 이로운 이치에 분명한 것이다.(此章反覆援引出入經傳者, 幾千言, 意若不一然, 求其緒, 卒不過好惡義利之兩端. 又從而要其歸, 則亦不出於絜矩之道而已. 絜矩之道, 以己知彼, 以彼反己, 而好惡義利之理明矣.)"라고 되어 있다.
678) 전왕절(前王節)에서 네 가지 일을 취해 : 『대학장구(大學章句)』 「전(傳)」 3장에 "『시경(詩經)』에서 '아아! 전왕(前王)을 잊지 못한다.' 하였으니, 군자(君子)는 그 어짊을 어질게 여기고, 그 친한 이를 친히 여기며, 소인은 그 즐겁게 해 주심을 즐거워하고, 그 이롭게 해 주심을 이롭게 여기니, 이 때문에 세상에 없어도 잊지 못하는 것이다.(『詩』云 : '於戲前王不忘', 君子賢其賢而親其親, 小人樂其樂而利其利, 此以沒世不忘也.)"라는 말이 있다.
679) 호광 편(胡廣 編), 『대학장구대전(大學章句大全)』.
680) 이 장에서는 오로지 재물의 씀을 말하면서 사람을 쓰는 것을 이어서 말하였다 : 호광 편(胡廣 編), 『대학장구대전(大學章句大全)』 「전」 10장에는 "혈구장(絜矩章)에서는 전적으로 재물의 쓰임을 말하고 이어서 사람을 쓰는 것을 말하였다. 임금이 자로 잴 수 없을 것은 모두 이익을 보려는 마음 때문이다. 그러므로 자신

○ 雙峯饒氏曰 : "'先愼'以下說理財, '秦誓'以下說用人, '生財'以下又說理財. 二事反覆言之, 末後又說'務財用必自小人', 則理財用人, 又只是一事."681)

쌍봉 요씨(雙峰饒氏 : 饒魯)가 말하였다 "'덕을 삼간다'는 것 아래에서는 재물을 다스리는 것에 대해 말하였고, ''「진서」' 아래에서는 사람을 쓰는 것에 대해 말하였다. '재물을 생산함'이라는 구절 아래에서 또 재물을 다스리는 것에 대해 말하였다. 두 가지 일을 반복해서 말하면서 끝의 뒤에서 또 '재용(財用)을 힘쓰는 것은 반드시 소인 때문이다.'라고 한 것은 재물을 다스리고 사람을 쓰는 것은 또 단지 한 가지 일일 뿐이라는 것이다."682)

○ 勿軒熊氏曰 : "後乃合而言之, 其實能用人, 則能理財, 不過一道而已."683)

물헌 웅씨(勿軒熊氏 : 熊禾)가 말하였다. "뒤에서야 합해서 말하였으니, 실로 사람을 쓸 수 있으면 재물을 다스릴 수 있다는 것은 하나의 도에 불과한 것일 뿐이라는 것이다."684)

의 욕심만 부리고 남이 있다는 것을 알지 못하니, 이 때문에 재물의 씀을 전적으로 말한 것이다. 인재를 쓰고 버리는 것에는 인심의 향배가 달려 있다. 공평함으로 사사로움을 없애고 좋아하고 싫어함을 민중에 따를 수 있다면, 쓰고 버림이 인심에 합당할 것이니, 이 때문에 이어서 전적으로 사람을 씀을 말한 것이다.(絜矩章專言財用, 繼言用人. 蓋人主不能絜矩者, 皆由利心之起. 故狗己欲而不知有人, 此所以專言財用也. 人才由舍, 最係人心向背. 若能以公滅私好惡從衆, 則用舍當於人心矣, 此所以繼言用人也.)"라고 되어 있다.

681) 호광 편(胡廣 編), 『대학장구대전(大學章句大全)』.
682) '덕을 삼간다'는 것 아래에서는 재물을 다스리는 것 …… 한 가지 일일 뿐이기 때문이다 : 호광 편(胡廣 編), 『대학장구대전(大學章句大全)』'전' 10장에는 "이 장의 대요는 재물을 다스리고 사람을 쓰는 두 가지 일에 불과하다. '덕을 삼간다.'라는 것 아래는 재물을 다스리는 것에 대해 설명한 것이다. 「진서」 아래는 사람을 쓰는 것에 대해 설명한 것이다. '재물을 생산함에 큰 도가 있다.'라는 것 아래는 또 재물을 다스리는 것에 대해 설명한 것이다. 그러니 두 가지 일을 반복해서 말한 것이다. 그런데 쓰이는 것이 군자라면, 군자의 마음이 공평해서 반드시 사람들을 이롭게 하는 것을 고르게 할 것이고, 쓰이는 것이 소인이라면, 소인의 마음은 사사로워 반드시 자신을 이롭게 하는 것에 전적으로 매달릴 것이기 때문에 끝의 뒤에서 또 '국가의 어른이 되어 재용(財用)을 힘쓰는 것은 반드시 소인 때문이다.'라고 한 것이다. 이와 같다면, 재물을 다스리고 사람을 쓰는 것은 또한 단지 한 가지 일일 뿐이라는 것이다.(此章大要, 不過理財用人二事. 自慎乎德以下, 是說理財. 自秦誓以下, 是說用人. 自生財有大道以下, 又說理財. 二事反覆言之. 然所用者君子, 則君子之心公, 必能均其利於人, 所用者小人, 則小人之心私, 必至專其利於己, 所以末後又說長國家而務財用, 必自小人矣. 如此, 則理財用人, 又只是一事.)"라고 되어 있다.
683) 호광 편(胡廣 編), 『대학장구대전(大學章句大全)』.
684) 뒤에서야 합해서 말하였으니, 실로 사람을 …… 하나의 도에 불과한 것일 뿐이라는 것이다 : 호광 편(胡廣 編), 『대학장구대전(大學章句大全)』'전' 10장에는 "사람을 쓰는 것을 가리켜서 말하고, 또 '재용(財用)을 힘쓰는 것은 반드시 소인에게서 시작한다.'라고 매듭지어 의로움과 이익의 구변에 매우 엄격하게 하였다. 군자를 쓰면 본래 의로운 가운데 이로움이 있고, 소인을 쓰면 이로움을 얻지도 못하고 해로움이 자신을 따른다. 이 장은 앞에서는 재물을 다스리고 사람을 쓰는 것을 나눠 두 절로 하였고, 뒤에서야 합해서 말하였으니, 실로 사람을 쓸 수 있으면 재물을 다스릴 수 있다는 것은 하나의 도에 불과한 것일 뿐이라는 것이다.(指用人而言, 又結以務財用必自小人始, 而深致嚴於義利之辨. 用君子, 則自有義中之利, 用小人, 則利未得而害己隨之. 此章前以理財用人分爲二節, 後乃合而言之, 其實能用人, 則能理財, 不過一道而已.)"라고 되

朱註

各得其所, 而天下平矣.
각기 제자리를 찾게 되어 천하가 바로잡아질 것이다.

詳說

○ 出『論語』「子罕」.
'각득기소(各得其所 : 각기 제자리를 찾게 되어)'는 『논어(論語)』「자한」이 출처이다.[685]

○ 與首節註末句, 相爲呼應.
'천하평의(天下平矣 : 천하가 바로잡아질 것이다)'는 머리 절의 주석에서 마지막 구절과 서로 호응한다.

○ 此章文長, 讀者未易領會, 故特爲章下註, 以提其要, 與'誠''正'兩章下註之補闕略, 其例又不同矣.
이 장은 글이 길어서 독자들이 이해하기가 쉽지 않기 때문에 특별히 장의 아래에서 주석를 하여 그 중요한 것을 제시했으니, '성의장(誠意章)'[686]과 '정심장(正心章)'[687]의 아래의 주석에서 빠진 것을 보완한 것과는 그 사례가 같지 않다.

어 있다.
[685] 『논어(論語)』「자한」이 출처이다 : 『논어(論語)』「자한(子罕)」에 "공자가 말하였다. '위(衛)나라에서 노(魯)나라로 돌아온 뒤로 음악이 바루어져서 아(雅)와 송(頌)이 각기 제자리를 찾게 되었다.'(子曰 : '吾自衛反魯然後樂正, 雅頌, 各得其所.')"라는 말이 있다.
[686] 성의장(誠意章) : 『대학장구(大學章句)』「전」6장 아래에 있는 주석에 "경문(經文)에서 '그 뜻을 성실히 하고자 한다면 먼저 그 앎을 지극하게 하라.'라고 하였고, 또'앎이 지극한 뒤에 뜻이 성실하게 된다.'라고 하였으니, 심체(心體)의 밝음이 미진(未盡)한 바가 있으면 그 발(發)하는 바가 반드시 실제로 그 힘을 쓰지 못하여 구차하게 스스로 속임이 있는 것이다. 그러나 혹 이미 밝게 알았다 하더라도 이것을 삼가지 않으면 그 밝힌 것이 또 자기의 소유가 아니어서 덕(德)에 나아가는 기초로 삼을 수가 없다. 그러므로 이 장(章)의 뜻은 반드시 위 장(章)을 이어서 통틀어 상고한 뒤에야 힘을 쓰는 시작과 끝을 볼 수 있으니, 그 순서를 어지럽힐 수 없고, 공부를 빠뜨릴 수 없음이 이와 같다.(經曰 : '欲誠其意, 先致其知. 又曰 知至而后意誠.' 蓋心體之明, 有所未盡, 則其所發, 必有不能實用其力, 而苟焉以自欺者. 然或已明而不謹乎此, 則其所明, 又非己有, 而無以爲進德之基. 故此章之指, 必承上章而通考之然後, 有以見其用力之始終, 其序不可亂而功不可闕, 如此云.)"라는 말이 있다.
[687] 정심장(正心章) : 『대학장구(大學章句)』「전」6장 아래에 있는 주석에 "이 또한 위의 장을 이어서 아래의 장을 일으킨 것이다. 뜻이 성실해지면 참으로 악(惡)이 없고 진실로 선(善)이 있을 것이니, 이 때문에 마음을 보존하여 그 몸을 검속할 수 있는 것이다. 그러나 혹 다만 뜻을 성실하게 하는 것만을 알고, 이 마음의 보존되고 보존되지 않음을 치밀히 살피지 못한다면, 또 안을 곧게 하여 몸을 닦을 수가 없다. 이로부터 아래는 모두 옛 글을 옮긴 것으로 삼는다.(此亦承上章, 以起下章. 蓋意誠, 則眞無惡而實有善矣, 所以能存是心以檢其身. 然或但知誠意, 而不能密察此心之存否, 則又無以直內而修身也. 自此以下, 竝以舊文爲正)"라는 말이 있다.

朱註

凡「傳」十章, 前四章統論綱領指趣, 後六章細論條目工夫.
『대학장구(大學章句)』의 전체「전(傳)」열 장(章) 가운데 앞의 네 장(章)은 강령(綱領)의 중요한 뜻을 통합하여 논하였고, 뒤의 여섯 장(章)은 조목(條目)의 공부를 세세히 논하였다.

詳說

○ 照'明明德'註.

'통론강령지취(統論綱領指趣 : 강령(綱領)의 중요한 뜻을 통합하여 논하였고)'는 '밝은 덕을 밝힌다.'라는 주석에 비춰 보라.688)

○ 三綱領之指趣.

'강령지취(綱領指趣 : 강령(綱領)의 중요한 뜻)'는 '삼강령(三綱領 : 明明德, 新民, 止於至善)'의 중요한 뜻이다.

○ 照'古之欲明明德'註.

'세론조목공부(細論條目工夫 : 조목(條目)의 공부를 세세히 논하였다)'는 '옛날에 밝은 덕을 밝히려고 하는 자'라는 말에 대한 주석에 비춰 보라.689)

---

688) '밝은 덕을 밝힌다.'라는 주석에 비춰 보라 : 『대학장구(大學章句)』「경(經)」1장에 "대학(大學)은 대인(大人)의 학문이다. 명(明)은 밝힘이다. 밝은 덕은 사람이 하늘에서 얻은 것으로 허령하고 어둡지 않아서 모든 이치를 갖추어 있고 만사에 응하는 것이다. 다만 기품(氣稟)에 구애되고 인욕(人慾)에 가려지면 때로 어두울 적이 있으나, 그 본체의 밝음은 일찍이 쉬지 않는다. 그러므로 배우는 자가 그 발하는 것을 따라 마침내 밝혀서 그 처음을 회복하여야 한다. 신(新)은 옛것을 고침을 이른다. 이미 스스로 그 밝은 덕을 밝혔으면, 또 미루어 남들에게 미쳐서, 그들로 옛날에 물든 더러움을 제거함이 있게 해야 함을 말한 것이다. 지(止)는 반드시 이에 이르러 옮기지 않는 뜻이고, 지극한 선은 사리(事理)의 당연한 표준이다. 이는 밝은 덕을 밝히는 것과 백성들을 새롭게 하는 것을 다 지극한 선의 경지에 멈추어 옮기지 않음을 말한 것이니, 반드시 그 천리의 표준을 다함이 있고, 조금이라도 인욕의 사사로움이 없는 것이다.(大學者, 大人之學也. 明, 明之也. 明德者, 人之所得乎天, 而虛靈不昧, 以具衆理, 而應萬事者也. 但爲氣稟所拘, 人欲所蔽, 則有時而昏, 然其本體之明, 則有未嘗息者. 故學者當因其所發而遂明之, 以復其初也. 新者, 革其舊之謂也, 言旣自明其明德, 又當推以及人, 使之亦有以去其舊染之汚也. 止者, 必至於是而不遷之意, 至善, 則事理當然之極也. 言明明德新民, 皆當止於至善之地而不遷, 蓋必其有以盡夫天理之極, 而無一毫人欲之私也. 此三者, 大學之綱領也.)"라는 말이 있다.
689) '옛날에 밝은 덕을 밝히려고 하는 자'라는 말에 대한 주석에 비춰 보라 : 『대학장구(大學章句)』「경(經)」1장에 "밝은 덕을 천하에 밝힌다는 것은 천하의 사람들이 모두 그 밝은 덕을 밝히게 하는 것이다. 마음은 몸을 주장하는 것이다. 성(誠)은 성실함이요, 의(意)는 마음의 발(發)하는 바이니, 그 마음의 발하는 것을 성실히 하게 하여 반드시 스스로 만족하고 스스로 속임이 없고자 하는 것이다. 치(致)는 미루어 지극히 함이고, 지(知)는 식(識)과 같으니, 나의 지식(知識)을 미루어 지극하게 하여 그 아는 것을 다하지 않음이 없고자 하는 것이다. 격(格)은 이름이고, 물(物)은 사(事)와 같으니, 사물의 이치를 궁구하여 그 극처(極處)가 이르지 않음이 없고자 하는 것이다. 이 여덟 가지는 『대학』의 조목이다.(明明德於天下者, 使天下之人, 皆有以明其明德也. 心者, 身之所主也. 誠, 實也, 意者, 心之所發也, 實其心之所發, 欲其必自慊而無自欺也.

○ 八條目之工夫.

'조목공부(條目工夫 : 條目의 공부)'는 '팔조목(八條目 : 格物, 致知, 誠意, 正心, 修身, 齊家, 治國, 平天下)'의 공부이다.

○ 以上總論十章. 此下又摘出兩章而歸重焉.

위는 『대학장구(大學章句)』「전(傳)」열 장을 총괄해서 말한 것이다. 이 아래에서는 또 두 장을 꼭 찍어내어 중점을 돌린 것이다.

朱註

其第五章乃明善之要, 第六章乃誠身之本, 在初學尤爲當務之急, 讀者不可以其近而忽之也.

『대학장구(大學章句)』「전(傳)」가운데 제5장은 바로 선(善)을 밝게 아는 요체(要體)이고, 제6장은 바로 자신을 성실히 하는 근본이니, 처음 배우는 자들이 더욱 힘써야 할 급선무(急先務)이니, 읽는 자들은 평범하다고 하여 소홀히 해서는 안 될 것이다

詳說

○ 此章雖亡, 尙有結語一句, 可考其爲明善之要. 況有朱子所補者耶.

'제오장내명선지요(第五章乃明善之要 : 제5장은 바로 선(善)을 밝게 아는 요체(要體)이고)라는 구절에서 볼 때, 이 장이 없었을지라도 도리어 결론짓는 말 한 구절은 있었을 것이니, 선을 밝게 아는 요체를 고찰해야 한다. 하물며 주자(朱子)가 보완한 것이 있음에야 말해 무엇 하겠는가?

○ 雲峰胡氏曰 : "明善誠身, 『中庸』言之, 『孟子』亦言之, 其說元自大學致知誠意來. 『章句』之末, 擧此二者, 以見曾思孟三子之相授受."690)

운봉 호씨(雲峯胡氏 : 胡炳文)가 말하였다. "선을 밝게 알고 자신을 성실하게 한다는 것은 『중용(中庸)』에서 말하고 『맹자(孟子)』에서도 말했는데691), 그 설은

致, 推極也. 知, 猶識也. 推極吾之知識, 欲其所知無不盡也. 格, 至也. 物, 猶事也. 窮至事物之理, 欲其極處無不到也. 此八者, 『大學』之條目也.)"라는 말이 있다.

690) 호광 편(胡廣 編),『대학장구대전(大學章句大全)』.

본래 『대학』의 앎을 지극하게 하고 뜻을 성실하게 한다는 것에서 왔다. 『장구』의 끝에 이 두 가지를 든 것은 증자와 자사와 맹자 세 분이 서로 주고받은 것을 드러낸 것이다."

○ 節齋蔡氏曰 : "明善卽致知也, 誠身卽力行也."692)

절재 채씨(節齋蔡氏 : 蔡伯靜)가 말하였다. "선을 밝게 아는 것은 곧 앎을 지극하게 하는 것이고, 자신을 성실하게 하는 것은 곧 힘써 행하는 것이다."693)

○ 應篇題之'初學'.

'재초학(在初學 : 처음 배우는 자들이)'에서 '초학(初學)'은 편의 앞에 있는 '처음 배우는 자들'이라는 말과 호응한다.694)

---

691) 선을 밝게 알고 자신을 성실하게 한다는 것은 『중용(中庸)』에서 말하고 『맹자(孟子)』에서도 말했는데 : 『중용장구(中庸章句)』20장에 "아랫자리에 있으면서 윗사람에게 신임을 얻지 못하면 백성을 다스리지 못할 것이다. 윗사람에게 신임을 얻는 것에는 방법이 있으니, 붕우(朋友)에게 믿음을 받지 못하면 윗사람에게 신임을 얻지 못할 것이다. 붕우에게 믿음을 받는 것에는 방법이 있으니, 어버이에게 순종하지 못하면 붕우에게 믿음을 받지 못할 것이다. 어버이에게 순종함에는 방법이 있으니, 자기 몸에 돌이켜보아 성실하지 못하면 어버이에게 순종하지 못할 것이다. 몸을 성실히 함에는 방법이 있으니, 선(善)을 밝게 알지 못하면 몸을 성실히 하지 못할 것이다.(在下位, 不獲乎上, 民不可得而治矣. 獲乎上, 有道, 不信乎朋友, 不獲乎上矣. 信乎朋友, 有道, 不順乎親, 不信乎朋友矣. 順乎親, 有道, 反諸身不誠, 不順乎親矣. 誠身, 有道, 不明乎善, 不誠乎身矣.)"라는 말이 있다. 『맹자(孟子)』 「이루상(離婁上)」에 "맹자가 말하였다. '아래 지위에 있으면서 윗사람에게 신임을 얻지 못하면 백성을 다스리지 못할 것이다. 윗사람에게 신임을 얻는 데는 방법이 있으니, 벗에게 믿음을 받지 못하면 윗사람에게 신임을 얻지 못할 것이다. 벗에게 믿음을 받는 데는 방법이 있으니, 어버이를 섬겨 기쁨을 받지 못하면 벗에게 믿음을 받지 못할 것이다. 어버이를 기쁘게 하는 데는 방법이 있으니, 자신을 돌이켜봄에 성실하지 못하면 어버이에게 기쁨을 받지 못할 것이다. 자신을 성실히 하는 데는 방법이 있으니, 선(善)을 밝게 알지 못하면 그 자신을 성실히 하지 못할 것이다.'(孟子曰 : '居下位而不獲於上, 民不可得而治也. 獲於上有道, 不信於友, 弗獲於上矣. 信於友有道, 事親弗悅, 弗信於友矣. 悅親有道, 反身不誠, 不悅於親矣. 誠身有道, 不明乎善, 不誠其身矣.')"라는 말이 있다.

692) 호광 편(胡廣 編), 『대학장구대전(大學章句大全)』: "明善誠身, 中庸言之, 孟子又言之, 其說元自大學致知誠意來. 章句之末, 擧此二者, 以見曾思孟三子之相授受焉."

693) 선을 밝게 아는 것은 곧 앎을 지극하게 하는 것은 …… 성실하게 하는 것은 곧 힘써 행하는 것이다 : 호광 편(胡廣 編), 『대학장구대전(大學章句大全)』 「전」 10장에는 "선을 밝게 아는 요체와 자신을 성실하게 하는 근본에 대해 주자(朱子)가 편의 끝에서 더욱 간절하게 배우는 자들을 위해 말한 것은 무엇 때문인가? 도는 넓고 넓으니, 어디에서 손을 대야 하는가? 배우는 자들이 공부를 하는 지극한 요체는 선을 밝게 알고 자신을 성실하게 하는 것에 불과할 뿐이다. 선을 밝게 아는 것은 곧 앎을 지극하게 하는 것이고, 자신을 성실하게 하는 것은 힘써 행하는 것이다. 처음에 앎을 지극하게 하는 것은 마음에 모든 이치를 밝혀 의심이 없도록 하는 것이고, 끝에 힘써 행하는 것은 자신에게 모든 선을 회복해서 갖추어지지 않음이 없도록 하는 것이다. 앎이 지극하게 하지 않은 것은 진실로 옳고 진실로 그른 것을 분변하지 못하는 것이니, 그런 다음에 무엇을 따라서 갈 수 있겠는가? 행함을 힘써 하지 않는 것은 뜻을 정밀하게 하고 신묘한 경지에 들어간 것일지라도 또한 헛된 말일 뿐이다. 그러니 여기 『대학장구』 「전」 제5장의 선을 밝게 아는 것과 제6장의 자신을 성실하게 하는 것은 배우는 자들이 힘을 써야 하는 지극히 절실한 것이고 지극히 중요한 것이다.(明善之要, 誠身之本, 朱子於篇末, 尤懇切爲學者言之何耶. 蓋道之浩浩, 何處下手. 學者用工夫之至要者, 不過明善誠身而已. 明善卽致知也, 誠身卽力行也. 始而致知, 所以明萬理於心, 而使之無所疑, 終而力行, 所以復萬善於己, 而使之無不備. 知不致, 則眞是眞非莫辨, 而後何所從適, 行不力, 則雖曾義入神, 亦徒爲空言. 此 『大學』第五章之明善, 第六章之誠身, 所以爲學者, 用功之至切至要.)"라고 되어 있다.

694) 편의 앞에 있는 '처음 배우는 자들'이라는 말과 호응한다 : 『대학장구(大學章句)』 처음에 "자정자(子程子)

○ 四字出『孟子』「盡心」.

'당무지급(當務之急 : 급선무)'이라는 네 글자는 『맹자(孟子)』「진심」이 출처이다.695)

○ 此則「傳」下註也, 亦特例也, 與篇題相對, 以提一書之要而終之者也.

'독자불가이기근이홀지야(讀者不可以其近而忽之也 : 읽는 자들은 평범하다고 하여 소홀히 해서는 안 될 것이다)'라는 구절의 경우, 이것은 「전(傳)」 아래에 있는 주석인데, 또한 특별한 사례이니, 편의 앞과 서로 짝이 되는 것으로 글의 요지를 제시하면서 끝낸 것이다.

가 말였다. '『대학』은 공씨(孔氏)가 남긴 글로 처음 배우는 자들이 덕에 들어가는 문이다.'(子程子曰 : '大學, 孔氏之遺書, 而初學入德之門也.')"라는 말이 있다.
695) 급선무라는 말은 『맹자(孟子)』「진심」이 출처이다. 『맹자(孟子)』「진심상(盡心上)」에 "맹자가 말하였다. '지혜로운 자는 알지 않음이 없으나, 힘써야 할 일을 급선무로 여기고, 어진 자는 사랑하지 않음이 없으나, 어진 이를 친히 함을 급선무로 여기니, 요순의 지혜로 물건을 두루 알지 않음은 먼저 해야 할 일을 급히 여겼기 때문이고, 요순의 어짊으로 사람을 두루 사랑하지 않음은 어진 이를 친히 함을 급히 여겼기 때문이다.'(孟子曰 : '知者無不知也, 當務之爲急, 仁者無不愛也, 急親賢之爲務, 堯舜之知, 而不遍物, 急先務也, 堯舜之仁, 不遍愛人, 急親賢也')"라는 말이 있다.

연구번역자 소개

신창호(申昌鎬)
현) 고려대학교 교수, 고려대학교 박사(동양철학/교육사철학 전공), 고려대학교 교육문제연구소 소장, 한국교육철학학회 회장, 한중철학회 회장 역임, 현) 한국학중앙연구원 이사
저서에는 『『중용』교육사상의 현대적 조명』(박사학위논문), 『유교의 교육학 체계』 외 다수의 논문·번역·저서가 있음

김학목(金學睦)
전) 고려대학교 연구교수, 건국대학교 박사(한국철학 전공), 해송학당 원장(동양학·사주명리 강의)
저서에는 「박세당의 『신주도덕경』 연구」(박사학위논문), 『한국주역대전』 외 다수의 논문·번역 저서가 있음

윤원현(尹元鉉)
전) 고려대학교 연구교수, 私立中國文化大學 박사(朱子哲學 전공), 한중철학회 회장 역임
저서에는 「從朱子思想中之天人架構闡論其義理脈絡」(박사학위논문), 『성리대전』 외 다수의 논문·번역·저서가 있음

조기영(趙麒永)
전) 고려대학교 연구교수, 연세대학교 박사(한문학 전공), 서정대 교수·연세대국학연구원 연구원
저서에 「하서 김인후 시 연구」(박사학위논문), 『한국시가의 정신세계』 외 다수의 논문·번역·저서가 있음

김언종(金彦鐘)
현) 고려대학교 명예교수, 國立臺灣師範大學(韓國經學 전공), 한국고전번역원 이사 및 고전번역학회 회장 역임, 현) 한국고전번역원장
저서에 「丁茶山論語古今注原義總括考徵」(박사학위논문), 『(역주)시경강의』 외 다수의 논문·번역·저서가 있음

임헌규(林憲圭)
현) 강남대학교 교수, 한국학중앙연구원 박사(동양철학 전공), 동양고전학회 회장 역임, 현) 강남대학교 참인재대학장
저서로 『유가의 심성론 연구-맹자와 주희를 중심으로』(박사학위논문), 『공자에서 다산 정약용까지 - 유교인 문학의 동서철학적 성찰』 외 다수의 논문·번역·저서가 있음

허동현(許東賢)
현) 경희대학교 교수. 고려대학교 박사(한국근대사 전공), 경희대학교 학부대학 학장·한국현대사연구원 원장 역임. 현) 국사편찬위원장
저서로 「1881년 조사시찰단 연구」(박사학위논문), 『한국의 국가 형성과 민주주의』 외 다수의 논문 번역 저서가 있음

대학장구상설

초판 1쇄 | 2024년 7월 30일

책임역주(주저자) | 신창호
전임역주 | 김학목·윤원현·조기영
공동역주 | 김언종·임헌규·허동현
편   집 | 강완구
디자인 | S-design
브랜드 | 우물이있는집
펴낸곳 | 써네스트
펴낸이 | 강완구
출판등록 | 2005년 7월 13일 등록번호 제2017-000293호
주   소 | 서울시 마포구 망원로 94, 203호
전   화 | 02-332-9384   팩   스 | 0303-0006-9384
이메일 | sunestbooks@yahoo.co.kr
홈페이지 | www.sunest.co.kr
ISBN 979-11-94166-08-5 93140 값 24,000원
* <우물이 있는 집>은 써네스트의 인문브랜드입니다.

이 책은 신저작권법에 따라 보호받는 저작물이므로 무단 전재와 복제를 금하며, 내용의 전부 또는 일부를 재사용하려면 반드시 저작권자와 도서출판 써네스트 양측의 동의를 받아야 합니다.
정성을 다해 만들었습니다만, 간혹 잘못된 책이 있습니다. 연락주시면 바꾸어 드리겠습니다.